大清一統志

第四册

江蘇（一）

江蘇（一）

目録

江蘇全圖

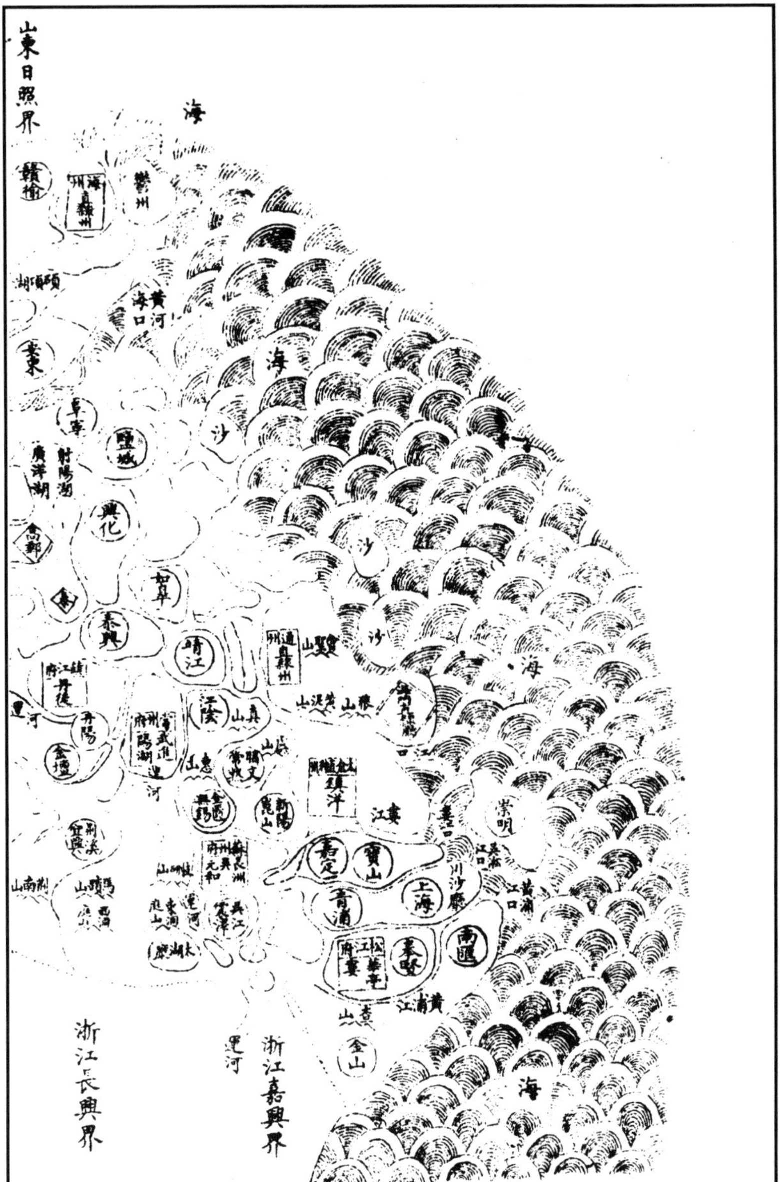
山東日照界
海
贛榆
海州
黄河海口
安東
阜寧
鹽城
沙
射陽湖
廣洋湖
興化
高郵
如皋
泰興
靖江
通州
沙
海
運河
丹陽
金壇
江陰
鎮洋
江東
崇明
嘉定
寶山
上海
青浦
南匯
奉賢
金山
黄浦江
太湖
吳江
運河
海
浙江長興界
運河
浙江嘉興界

山東單縣界
山東魚臺界
山東滕縣界
山東沂州界
山東郯城界
運河
沂河
沭河
沭陽
黃河
沛
豐
微山湖
邳
宿遷
碭山
蕭
徐州府銅山
睢寧
桃源
清河
淮安府山陽
寶應
洪澤湖
睢河
河南虞城界
安徽靈璧界
安徽泗州界
清口
六合
儀徵
揚州府江都甘泉
江浦
江寧府上元江寧
句容
鍾山
安徽和州界
大江
石臼湖
溧水
高淳
溧陽
浙江長興界
丹陽湖
固城湖
浙江嘉興界

江蘇統部表

		江寧府
秦	會稽、鄣郡地。	屬鄣郡。
兩漢	初置吳、楚二國。元封五年置十三部刺史，分屬揚、徐二州。後漢增置下邳國。	丹陽郡地。
三國	吳揚州丹陽、吳郡地，魏徐州彭城、下邳二國地。	揚州丹陽郡 吳建都，置郡兼置州。
晉	揚州丹陽、吳郡、毘陵、義興等郡地。徐州彭城、下邳二國，東海、廣陵、臨淮三郡地。東晉增置山陽郡。義熙中，又僑置徐、兗二州。	揚州丹陽尹 東晉改郡爲尹。
南北朝	宋揚、徐二州及南徐、南兗二州地。梁增置東徐州，淮北地屬魏。陳增置吳州，江淮地屬齊，旋屬後周。	揚州丹陽尹
隋	揚州丹陽、江都、毘陵、吳四郡，徐州彭城、東海、下邳三郡。	丹陽郡 開皇初廢郡，改蔣州。大業三年復郡。
唐	武德初改諸郡爲州。貞觀初，分屬江南及淮南道。開元二十一年又分江南爲東、西道。	昇州 武德三年復曰揚州。七年改蔣州。至德二載置江寧郡。乾元元年又改。屬江南道。
五代	屬南唐，蘇州屬吳越。	江寧府 楊吳改金陵府。南唐建西都，改名。
宋金附	開寶八年置江南、淮南二路及兩浙路。熙寧中，分江南、淮南皆爲東、西路，又分兩浙置浙西路。	建康府 開寶八年復置昇州。建炎三年復府改名。
元	分屬河南、江浙行中書省。	集慶路 至元十四年改建康路。天曆二年又改名。
明	南京應天府，及直隸蘇、松、常、鎮、淮、揚六府，徐州地。	南京應天府 初建都改府。正統六年定爲南京。

續表

蘇州府	松江府	常州府
會稽郡 始皇三十六年置，治吳。	屬會稽郡。	會稽郡地。
吳郡 高帝改置吳國。後漢永建四年分置。	會稽郡地。後分屬吳郡。	會稽郡毗陵縣地。後漢分屬吳郡。
吳郡 屬吳。	吳郡地。	吳置典農校尉。
吳郡	吳郡地。	晉陵郡 太康二年置毗陵郡。永嘉五年改名，徙治丹徒。義熙九年復移來治。
吳郡 陳置吳州。	宋、齊爲吳郡地。梁、陳爲崑山縣地。	晉陵郡
吳郡 開皇九年郡廢，改蘇州。大業初復，曰吳州，尋復爲郡。	崑山縣地。	常州 毗陵郡 開皇九年廢郡置州。大業初州廢，復改郡。
蘇州 武德四年復改蘇州，屬江南東道。	華亭縣 天寶十年析置，屬蘇州。	常州 武德三年復置州。天寶初復曰晉陵郡。乾元初復州，屬江南東道。
蘇州 屬吳越。	華亭縣 吳越屬秀州。	常州 屬南唐。
平江府 太平興國三年改平江軍節度。政和三年升府，屬浙西路。	華亭縣 嘉興府地。	常州 晉陵郡 屬浙西路。
平江路 至元十三年改路，屬江浙行省。	松江府 至元十四年置華亭府。明年改名，屬嘉興路。二十九年屬江浙行省。	常州路 至元十三年升路，屬江浙行省。
蘇州府 洪武初改府，直隸南京。	松江府 直隸南京。	常州府 初曰長春府。尋改名，直隸南京。

續表

鎮江府	淮安府	揚州府
屬會稽郡。	九江郡地。	屬九江郡。
初屬江都國，後屬會稽郡。後漢屬吳郡。	臨淮郡地。後漢分屬廣陵郡及下邳國。	廣陵郡 高帝六年屬荆國。十一年屬吳國。景帝四年改江都國。元狩三年改廣陵國。後漢爲郡。
屬吳。	屬魏。	初屬魏。繼屬吳。尋復屬魏，徙治淮陰。
毘陵郡 太康二年置。永嘉五年改晉陵郡。永和中僑置南東海郡。	山陽郡 義熙七年置。	廣陵郡 東晉復移來治，兼僑置青、兖二州。
南徐州 東海郡 宋永初二年置州。梁改郡，曰蘭陵。陳復故。	山陽郡 後屬東魏。	吳州 廣陵郡 宋置南兖州。齊改東廣州。陳復爲南兖州。周又改。
初廢州、郡。開皇十五年改置潤州。大業三年廢。	開皇初廢郡。十二年改置楚州。大業初廢，屬江都郡。	江都郡 開皇初廢郡，改曰揚州。大業初復改郡。
潤州 武德三年復置州。天寶元年改丹陽郡。乾元初復州，屬江南東道。	楚州 武德四年置東楚州。八年更名，屬淮南道。	揚州 武德三年復置南兖州。七年改邗州。尋復故，隸淮南道。
潤州 屬南唐。	楚州	揚州 楊吳建都，改江都府。南唐爲東都。周復故。
鎮江府 開寶八年改置鎮江軍。政和三年升府，屬兩浙路。南宋屬浙西路。	淮安州 初曰楚州山陽郡，屬淮南東路。紹定元年改置淮安軍。端平元年又改州。	揚州廣陵郡 淳化四年屬淮南道。至道三年爲淮南東路治。
鎮江路 改路，屬江浙行省浙西路。	淮安路 至元二十年升路，屬河南行省。	揚州路 至元十三年置江淮行省。明年改路，屬河南江北行省。
鎮江府 初曰江淮府。洪武四年改名，直隸南京。	淮安府 升府，直隸南京。	揚州府 初曰淮海府，尋改淮揚府。尋又改，直隸南京。

續表

徐州府	太倉直隸州	海州直隸州
楚國 本爲西楚國都。		
彭城國 地節元年改彭城郡。後漢章和二年改國。	婁縣地。	屬東海郡。
徐州彭城國 魏移州來治。		
徐州彭城國 義熙七年改北徐州。		
徐州彭城郡 宋永初二年復郡。	梁崑山縣地。	朐山郡 宋僑置青、冀二州。齊兼置東莞、琅邪二郡。東魏改海州，仍領琅邪郡。周又改。
彭城郡 開皇初廢郡。大業初改州爲郡。		東海郡 開皇初廢郡。大業初改州爲郡。
徐州 武德四年復置州，屬河南道。		海州東海郡 武德四年復置州，屬江南道。
徐州		海州東海郡
徐州彭城郡 宋屬京東西路。金屬山東西路。貞祐三年改隸河南道。		海州東海郡 宋屬淮南東路。金屬山東東路。
武安州 至元二年降州，屬歸德府。至正八年升路。十二年又降州，改名。	崑山州地。	海寧州 至元十五年改海寧府。尋降州，屬淮安路。
徐州 洪武初復州名，屬鳳陽府。八年直隸南京。	太倉州 弘治十年置，屬蘇州府。	海州 初復故，屬淮安府。

續表

通州直隸州	海門直隸廳
海陵縣地。	
東晉蒲濤縣地。	
海陵縣地。	
通州南唐置静海鎮。周升爲軍，尋改州。	
通州天聖初改崇州。明道二年復故，屬淮南東路。	
通州屬揚州路。	
通州屬揚州府。	

大清一統志卷七十二

江蘇統部

江寧府爲省會，在京師南二千四百里。東西距九百五十里，南北距一千一百三十里。東至太倉州海岸七百七十里，西至安徽和州界一百八十里，南至浙江嘉興府嘉興縣界四百七十里，北至山東沂州府郯城縣界六百六十里，東南至松江府金山縣海岸九百三十里，西南至浙江湖州府長興縣界四百八十里，東北至山東沂州府日照縣界八百三十里，西北至河南歸德府虞城縣界九百四十里。

分野

天文斗、牛、女分野，星紀之次。兼魯地奎、婁分野，降婁之次，今淮安府之清河、安東、桃源，徐州府之邳州、宿遷、睢寧及海州是。宋地氐、房、心分野〔一〕，大火之次，今徐州府之銅山、蕭縣、碭山、豐縣、沛縣是。

建置沿革

禹貢揚州及徐、豫二州之域。禹貢：「淮海惟揚州。」孔安國傳：「揚州北據淮，南距海。」按經云「東漸於海」，則青、徐、揚之海皆主東言。通典云揚州北距淮，東南距海。今境内淮以南皆揚州之地，惟徐州府之邳州、宿遷、睢寧及海州，淮安府之清河、安東、桃源，爲古徐州域。徐州府之銅山、蕭縣、碭山、豐縣、沛縣，爲豫州之域。春秋時，分屬吴、楚，亦兼魯、宋之疆。邳、泗以北屬魯，徐州屬宋。後越滅吴，并其地。戰國時爲楚地。秦置會稽、鄣諸郡。漢初置吴、楚二國。秦置會稽郡。後漢分置吴郡，治吴，今蘇州府；吴國，今揚州府；楚國，今徐州府。元封五年，置十三部刺史，分屬揚、徐二州。漢置揚州，領郡國七，丹陽、會稽二郡屬之。徐州，楚國屬之。後漢因之。改徐州之楚國爲彭城國，爲州治，增置下邳國。

三國時，揚州屬吴，吴都建業，置揚州，領丹陽、吴郡。徐州屬魏。徐州治彭城國，兼領沛國、梁國、下邳國。晉亦爲揚、平吴後治建鄴，領丹陽、吴郡，增置毘陵郡。惠帝增置義興郡。徐治彭城國，領下邳國、東海、廣陵、臨淮郡。二州。東晉都建康，揚州遂爲王畿。徐州增置山陽郡。義熙中，僑置徐、兖二州於江淮間。劉宋仍爲揚、領丹陽、吴等郡。徐領彭城、下邳、南蘭陵等郡。二州，改晉之僑州曰南徐、領南東海、南琅邪、晉陵、義興等郡。南兖領廣陵、海陵、山陽等郡。二州。蕭齊及梁初，仍爲揚、徐、南徐、南兖州。天監中，增東徐州。晉泰始中，徐州入魏，改爲東徐州。尋廢。天監初復置。梁中大通五年，又改魏東徐州爲武州。而淮表屬魏。魏延興初，置南徐州。太和十九年，置南兖州。武定七年，置東楚州宿、豫郡，復梁武州爲東徐州。大寶以後，江北盡入於高齊。先有南徐、東徐、南兖，改東楚州曰東徐州，復東徐州曰武州，復睢州曰潼州。天保二年，克廣陵，改東廣州。陳承梁緒，僅保江南，亦置揚州、南徐等州。禎明初，增置吴州。而江淮地屬齊，旋屬後周。大象元年，取陳南、北兖州，改武州曰邳州，南兖州曰吴州。

隋開皇九年，平陳，置揚州、徐州總管府。大業初，改爲丹陽、江都、毗陵、吳郡、以上屬揚州。彭城、東海、下邳等郡。以上屬徐州。唐武德初，復改諸郡爲州。貞觀初，分屬江南及淮南道。開元二十一年，又分江南爲東、西道。淮南道採訪使治揚州，領揚、楚等州。江南東道採訪使治蘇州，領潤、昇、常、蘇四州。昭宗時，爲楊行密所據。五代時，楊隆演建吳國。都廣陵。李昪代之，是爲南唐，都建康。增置泰州。惟吳郡屬於吳越錢氏。周顯德五年，克淮南十四州，以江爲界。又增置通州。宋開寶八年，平南唐，分江南、淮南二路及分屬兩浙路。熙寧中，分江南爲東、西二路，淮南爲東、西二路，亦分屬爲浙西路。江寧府屬江南東路。淮安州、清河軍、海州、真州、高郵軍、泰州、通州，屬淮南東路。常州、江陰軍、鎮江府、平江府，屬浙西路。元分屬河南、江浙行中書省。揚州、淮安二路，高郵一府，徐、邳二州，屬河南江北行省。平江、常州、鎮江、集慶四路，松江一府，屬江浙行省。至元二十三年，自杭州移江南諸道，行御史臺於集慶路。明初，定鼎建康，改集慶路曰應天府，建爲京師。嘗置江南行省，旋罷。永樂二年，改建北京，以爲行在。正統六年，定北京爲京師，以應天府爲南京，直隸府六、蘇州，松江，常州，鎮江，揚州，淮安。州一。徐州。

本朝改置江南省，治江寧府。順治十八年，分屬左、右布政使司。淮安、揚州二府，徐州一州，屬左布政使司。江寧、蘇州、松江、常州、鎮江五府，屬右布政使司。康熙六年，改爲江蘇省。領江寧、蘇州、松江、常州、鎮江、淮安、揚州七府，徐州一州。雍正二年，升蘇州府屬之太倉州、淮安府屬之海州、揚州府屬之通州爲直隸州。十一年，升徐州爲府。乾隆三十二年，以通州及崇明縣沙地析置海門直隸廳。領府八，直隸州三，直隸廳一：

江寧府、蘇州府、松江府、常州府、鎮江府、淮安府、揚州府、徐州府，太倉直隸州、海州直隸州、通州直隸州，海門直隸廳。

形勢

東濱海，自海州東北接山東日照縣界，南至松江府東南接浙江海鹽縣界，中間迴環所及，濱海幾一千二百里。而淮安府之安東，爲河淮入海之口。通州之海門，爲大江入海之口。太倉州之崇明，則孤懸海中，爲江口扞蔽。南據五湖，即太湖也。與浙江湖州府分界。西接梁、楚，自徐州府亳州以西，爲河南歸德府，故梁自潁州府以西，爲河南汝南府，故楚地。北有淮甸。徐、邳之境，跨淮北，上接山東。其名山則有鍾山、在江寧府東北。唐六典：江南道名山曰蔣山。朱子曰：「天下山皆發源於岷山，鍾山實其脈之盡者。」攝山、在江寧府東北。輿地志云：山多藥草，可以攝生。雞鳴、在江寧府西北，本名雞籠山。樂史太平寰宇記：西接落星岡，北臨棲玄塘。牛首、在江寧府南。李吉甫元和郡縣志：山有二峯，東西相對，名曰雙闕，亦曰牛頭山。北固、在鎮江府北，下臨長江。其勢險固，實爲京口壯觀。焦山、在鎮江府東九里大江中。通典：丹徒縣有京口譙山成，一名樵山。金山、在鎮江府西北七里大江中。與焦山對峙，相距十里許，世稱金、焦、北固爲「京口三山」云。惠山、在常州府西。通志：古名華山，又曰西神山。下有慧山寺，第二泉在焉。靈巖。在蘇州府西。寰宇記：山西有石鼓，亦名石鼓山。其大川則有大江、自江西彭澤縣流入，東北逕江寧縣西、江浦縣東、上元縣北、六合縣東，又東逕句容縣北、儀徵縣南，又東逕丹徒縣北、江都縣南，又東逕丹徒縣北、泰州南、武進縣北，又東南逕江陰縣北、泰興縣、靖江縣、如皋縣南，又東逕常熟縣北、通州南，又東逕太倉州北，東入於海。淮、自河南固始縣界東北流入，逕清河縣南，曰清口，與黃河會。又東北逕山陽縣北，又東北逕安東縣南，又東北入於海。黃河、南岸自河南虞城縣，北岸自山東單縣界東流入，經碭山縣北、豐縣南，又東南逕沛縣南、蕭縣北，又東逕銅山縣北，又東逕睢寧縣北、邳州南，又東逕宿遷縣南，又東南逕桃源縣北，又東南逕清河縣南，與淮水會。又東逕山陽縣北，又東北逕安東縣南，又東北入於海。徐州以上，蓋奪古汴水之道。至州東北合泗，又奪泗水之經流。清口以下，東至海，并奪淮之經流矣。清河、即泗水也。舊自山東魚臺縣南流入徐州府境，至淮安府清河縣合於淮，謂之清口，亦曰泗口，亦曰淮口。周禮職方：青州川曰淮泗。漢書地理志：泗水過郡六，行一千一百一十里。今爲大河所奪。睢水、汴水支流也。舊自河南永城縣界流入徐州府碭山縣界，下流至宿遷縣東南合泗，謂之睢口，亦曰小河。漢書地理志。睢水歷郡四，行千三百六十里。今爲大河所奪。運河、南自浙江嘉興府界，北遡經吳江縣東，又北至蘇州府城西，又西北至無錫縣南，又西北至常州府城東，又西北至丹陽縣南，又北而西過鎮江府城南，又西北出京口閘，逾大江，入瓜洲口，北遡至揚州府城東南，又北至高郵州西，又北至寶應縣西，又北至淮安府城西，又西北出清江浦天妃閘，逾淮河，東北入楊莊口，西遡逕清河縣北，又西北至桃源縣北，又西北至宿遷縣北，又北至邳州西，又西北接山東嶧縣界，又西北遡至沛縣北，又西北接山東魚臺縣界。凡逕蘇、常、鎮江、揚、淮安、徐六府，迴環千五百五十餘里。供輸數百萬，皆取給於此。洮湖、一名長蕩湖。在鎮江府溧陽縣北二十里，金壇縣東南三十里，常州府宜興縣西百里。湖周一百二十里，西通石臼、丹陽等湖，東通太湖。太湖。即古震澤，亦曰具區，又曰笠澤，曰五湖。在蘇州府西南三十里，常州府東南八十里，浙江湖州府北二十八里。縱橫三百八十三里，周圍三萬六千頃。旁近州邑之水，以湖爲壑，宣洩入海。恃有三江：一曰松江，即吳淞江，自湖分流，經吳江縣東南，下流至嘉定縣東南入海。一曰婁江，即下江，自湖分流，經吳江縣西北入運河，下流至太倉州劉河口入海。一曰東江，即上江，自湖分流，經浙江嘉興界，至海鹽縣乍浦入海。其重險則有京口。山水清峙，土壤優渥，東南之勝，實惟名邦。

文職官

兩江總督。駐江寧府，轄江蘇、安徽、江西三省。

江蘇巡撫。駐蘇州府。

漕運總督。駐淮安府。

河道總督。駐清江浦，管江南河道。舊有副總河，嘉慶十五年裁。

提督江蘇學政。駐江陰縣。

巡視兩淮鹽政。駐揚州府，轄江南、江西、湖廣、河南汝寧等處。

督理織造二員。一駐江寧府，兼管龍江西新關稅務。一駐蘇州府，兼管滸墅鈔關稅務。

淮、宿等關監督。駐淮安府。

江寧布政使司，駐江寧府，轄江寧、淮安、揚州、徐州四府，海、通二州。乾隆二十五年增設，並置理問以下官。理問，倉大使，庫大使。日盈。

江蘇布政使司，駐蘇州府，轄蘇州、松江、常州、鎮江四府，太倉州，海門廳。理問，庫大使。永盈。

江蘇按察使司，駐蘇州府，統轄全省驛傳事務。經歷，司獄。

江安督糧道，駐江寧府，轄江寧、淮安、揚州、徐州四府，海州、通州二州，及安徽之安慶、徽州、寧國、池州、太平、廬州、鳳陽、潁州八府，廣德、滁、和、六安、泗五州漕務。庫大使。雍正五年設。

蘇松糧儲道，駐常熟縣，轄蘇州、松江、常州、鎮江四府、太倉州漕務，兼管水利。庫大使。雍正五年設。

鹽法道。駐江寧府，轄江蘇、安徽兩省鹽法，分巡江寧，兼管水利。

河庫道，駐清江浦。庫大使。乾隆十八年設。

分巡松太兵備道。駐上海縣，兼管水利，監收海關税務。

分巡淮揚河務兵備道。舊駐淮安府，乾隆五十七年移駐清江浦。兼管漕務、鹽法、海防。

分巡淮徐海河務兵備道。駐徐州府，轄邳、宿、銅、豐，兼管淮安府桃源黄河。舊爲海防道，乾隆八年改設。

分巡淮海河務兵備道。駐安東縣，轄桃北、山安、海安、海阜。嘉慶十六年增設。

分巡常鎮通海兵備道。駐鎮江府，兼管河務，監收揚州鈔關税務。

兩淮鹽運使，駐揚州府。經歷，知事，庫大使，廣盈。監掣同知二員，淮南駐儀徵，淮北駐淮安。批驗所大使二員，巡檢二員，淮南屬白塔河，淮北屬烏沙河。分司運判三員，海州一員，舊駐淮安，名淮安分司，乾隆二十四年移駐板浦，二十八年改名。通州一員，駐石港場。泰州一員，駐東臺場。鹽課大使二十三員。海州運判屬，板浦、臨興、中正三員。通州運判屬，豐利、掘港、石港、角斜、金沙、餘西、栟茶、餘東、吕四九員。泰州運判屬，富安、安豐、伍祐、梁垛、東臺、丁溪、草堰、新興、廟灣、劉莊、河垛十一員。按舊設二十五員，乾隆三十三年裁通州西亭場一員、泰州小海場一員。

江寧府知府，理事同知，江防同知，督糧同知，駐懷集橋。南捕通判，北捕通判，府學教授，訓導，經歷，照磨，檢校，巡檢三員，江東、江淮、秣陵鎮。宣課大使二員，龍江關、聚寶門。舊有都税大使，乾隆二十六年裁。批驗茶引所大使，知縣七員，上元、江寧、句容、溧水、江浦、六合、高淳。縣丞三員，上元、江寧、句容。縣學教諭七員，訓導七員，巡檢五員，上元屬淳化，江寧屬江寧鎮，句容屬龍潭，六合屬瓜步，高淳屬廣通。典史七員，税課局大使。六合。

蘇州府知府，太湖撫民同知，舊駐吳江縣同里鎮，乾隆二年移駐吳縣洞庭東山。督糧水利同知，總捕同知，海防同知，駐常熟縣福山鎮。乾隆三十三年裁，三十五年復設。管糧通判，府學教授，訓導，照磨，知事，舊有經歷，乾隆三十一年裁。司獄，太湖廳。巡檢二員，太湖屬甪頭〔二〕、東山。知縣九員，吳、長洲、元和、崑山、新陽、常熟、昭文、吳江、震澤。縣丞八員，長洲、崑山、新陽、常熟、震澤俱駐縣城。吳駐木瀆鎮。元和駐甪直〔三〕。吳江駐盛澤鎮。縣學教諭五員，吳、長洲、崑山、常熟、吳江。訓導五員，吳、元和、新陽、昭文、震澤。主簿五員，吳、長洲、元和、昭文、吳江。按元和一員，乾隆二十六年由崑山改隸。巡檢十一員，吳屬光福，長洲屬吳塔，元和屬周莊，崑山屬石浦。新陽屬巴城，常熟屬黃泗浦，昭文屬白茆港，吳江屬同里、汾湖，震澤屬平望、震澤。典史九員。

松江府知府，川沙撫民同知，舊爲董漕同知。乾隆二十四年移駐川沙，嘉慶十七年易今名。水利通判，駐奉賢縣柘林。糧捕通判，府學教授，經歷，知事，司獄，川沙廳。知縣七員，華亭、婁、奉賢、金山、上海、南匯、青浦。舊設八員，乾隆八年裁福泉一員。縣丞六員，上海、南匯俱駐縣城。華亭駐曹涇。婁駐白龍潭。奉賢駐四團鎮。青浦駐七寶鎮。舊設七員，乾隆二十四年裁金山一員。縣學教諭四員，華亭、婁、上海、青浦。訓導四員，奉賢、金山、南匯、青浦。主簿四員，華亭、婁、上海、青浦。巡檢九員，華亭屬金山，婁屬小蒸村，奉賢屬南橋，金山屬金華，上海屬黃浦、吳淞江，南匯屬三林莊，青浦屬澱山、新涇。典史七員。

常州府知府，舊有海防同知，乾隆二十七年裁。總捕通判，督糧水利通判，府學教授，訓導，知事，舊有經歷，乾隆二十六年裁。照磨，知縣八員，武進、陽湖、無錫、金匱、江陰、宜興、荆溪、靖江。縣丞五員，武進、無錫、江陰、靖江俱駐縣城。宜興駐楊港鎮。縣學教諭五員，武進、無錫、江陰、宜興、靖江。訓導五員，陽湖、金匱、江陰、荆溪、靖江。主簿三員，陽湖、金匱、江陰。巡檢十一員，武進屬奔牛、小河，陽湖屬馬蹟，無錫屬高橋，金匱屬望亭，江陰屬顧山鎮，宜興屬鍾溪、下邾，荆溪屬湖汊、張渚，靖江屬新港。典史八員。

鎮江府知府，海防理事同知，督糧總捕通判，舊設二員，乾隆五十四年裁水利一員。府學教授，訓導，經歷，知事，照磨，知縣四員，丹徒、丹陽、金壇、溧陽。縣丞四員，金壇、溧陽俱駐縣城。丹徒、丹陽分管河務。縣學教諭四員，訓導四員，主簿三員，金壇駐縣城。丹徒駐京口驛。丹陽駐珥陵鎮。巡檢六員，丹徒屬丹徒鎮、安港、高資鎮，丹陽屬呂城、包港，金壇屬湖溪。典史四員，閘官。丹徒屬橫越閘。

淮安府知府，山清外河同知，山安南岸河務同知，駐山陽縣童家營。海防河務同知，駐安東縣。桃源北岸同知，駐桃源縣。乾隆五十四年改江防同知設。山清裏河同知，駐清江浦。海阜同知，嘉慶十六年設。海安同知，嘉慶十六年設。淮河北岸通判，嘉慶十六年設。山盱河務通判，駐山陽縣周家橋。軍捕通判，駐淮安府。桃源安清中河通判，駐清江浦。桃源南岸通判，乾隆五十四年裁鎮江水利通判設。高堰河務通判，駐清江浦。府學教授，訓導，經歷，舊有照磨，乾隆十八年裁。檢校，税課局大使，舊有倉大使，乾隆二十九年裁。知縣六員，山陽、阜寧、鹽城、清河、安東、桃源。縣丞十員，鹽城、安東、桃源俱駐縣城。山陽二，一駐縣城，一駐裏河。阜寧二，一駐縣城，一駐北岸。清河三，一駐縣城，二分駐裏河、外河。縣學教諭五員，山陽、鹽城、清河、安東、桃源。訓導五員，山陽、阜寧、清河、安東、桃源。主簿十二員，山陽屬四，裏河、外河、高家堰、高良澗。阜寧屬北岸。清河屬三，中河、外河、裏河。安東屬管河。桃源屬三，中河、北岸、南岸。巡檢十三員，山陽屬板閘鎮、童家營，阜寧屬草堰、羊寨、大套、馬邏，鹽城屬上岡、沙溝，清河屬馬頭，安東屬五港、長樂，桃源屬史家集、三義。典史六員，閘官六員。清河屬清江閘、通濟閘、清河閘、福興閘、惠濟閘，鹽城屬天妃閘。

揚州府知府，清軍捕盜同知，揚河江防同知，駐江都縣瓜洲鎮。揚河通判，駐高郵州。下河通判，府學教授，訓導，經歷，照磨，檢校，知州二員，高郵、泰。州同二員，管河。州判，高郵，管河。舊設二員。乾隆二十二年，裁泰州一員。州學學正二員，訓導，高郵舊設二員。乾隆三十二年，裁泰州一員。吏目二員，巡檢四員，高郵屬界首、時堡，泰州屬海安、安鄉。舊有泰州西溪一員，乾隆三十二年裁。知縣六員，江都、甘泉、儀徵、興化、寶應、東臺。縣丞五員，江都、儀徵、興化、寶應、東臺。俱管河。縣學教諭四員，江都、儀徵、興化、寶應。訓導五員，甘泉、儀徵、興化、寶應、東臺。主簿二員，甘泉、寶應。俱管河。巡檢九員，江都屬萬壽鎮、瓜洲鎮，甘泉屬上官橋、邵伯。儀徵屬舊江口，興化屬安豐，寶應屬槐樓、衡陽鎮、富安場。典史六員，稅課局大使，儀徵。閘官四員。儀徵屬清江閘、芒稻河閘，興化屬白駒三閘，東臺屬草堰四閘。

徐州府知府，銅沛河務同知，兼管鹽糧、捕務。宿北同知，嘉慶七年，改宿虹同知設。蕭碭南岸同知，駐碭山。舊置豐碭通判，乾隆五十五年，改名蕭碭南岸通判。嘉慶五年，改同知。睢南同知，駐睢寧姚家集。乾隆五十二年，改邳睢同知設。邳宿運河通判，邳北通判，駐邳州。乾隆五十二年，裁揚州六塘同知設。嘉慶五年，改通判。宿南通判，嘉慶七年增設。豐碭北岸通判，駐豐縣梁家口。乾隆五十五年，改鹽捕通判設。府學教授，經歷，知州，邳。州同，管河。州判，管河。州學學正，訓導，吏目，巡檢三員，舊城、直河、新安。知縣七員，銅山、蕭、碭山、豐、沛、宿遷、睢寧。縣丞六員，銅山、碭山、豐，宿遷屬糧河、永濟橋，睢寧。俱管河。舊設四員，嘉慶七年增碭山、豐縣各一員。按宿遷永濟橋一員，舊駐中河，乾隆二十七年移。縣學教諭六員，蕭、碭山、豐、沛、宿遷、睢寧。訓導七員，主簿十員，銅山屬南岸、北岸，蕭，碭山，豐，沛，宿遷屬北岸、南岸，運河，睢寧。俱管河。巡檢九員，銅山屬利國、四界、呂梁、闞虎店，蕭屬張山店，沛屬夏陽，宿遷屬峒峿、劉馬莊、歸仁隄。典史七員，閘官二員。銅沛屬彭口閘、楊莊閘。

太倉直隸州知州，州同，舊駐州城，乾隆十一年移駐茜涇。州學學正，吏目，巡檢二員，七浦、甘草。閘官，七浦、天妃閘。知縣四員，鎮洋、崇明、嘉定、寶山。縣丞四員，鎮洋駐縣城，崇明駐五滧，嘉定駐南翔，寶山駐高橋。縣學教諭二員，崇明、嘉定。訓導二員，鎮洋、寶山。舊設三員，嘉慶十七年裁崇明一員。主簿，寶山。巡檢二員，崇明屬豹貔鎮、嘉定屬諸翟鎮。典史四員。

海州直隸州知州，州同，管河。舊駐大伊鎮，嘉慶十六年移駐南岸。州判，乾隆十二年設。州學學正，訓導，吏目，巡檢二員，高橋、惠澤。知縣二員，贛榆、沭陽。縣丞，沭陽，駐錢家集。縣學教諭二員，訓導二員，巡檢，贛榆屬青口鎮。典史二員。

通州直隸州知州，舊有沙務州同，乾隆三十三年裁。州判，管河。州學學正，訓導，吏目，稅課局大使，巡檢，呂東。舊有狼山一員，乾隆三十三年裁。知縣二員，如皋、泰興。縣丞，如皋，管河。縣學教諭二員，訓導二員，主簿，如皋駐掘港。巡檢五員，如皋屬西場、石莊，泰興屬黄橋、印莊、口岸。典史二員。

海門直隸廳同知，乾隆三十三年設。訓導，嘉慶十七年設。照磨，兼管司獄。

武職官

江寧將軍，駐江寧府。副都統，舊置左、右翼二員，乾隆三十四年裁一員。協領兼佐領八員，佐領三十二員，内委署前鋒翼長二員。防禦四十員，内委署前鋒章京八員。驍騎校四十員。

鎮守京口副都統，駐鎮江府京口。舊置將軍、左右副都統，乾隆二十八年裁將軍，並裁副都統一員。協領兼佐領二員，佐領十四員，防禦十六員，驍騎校十六員。

督標，駐江寧府，中、左二營。副將，中營，兼中軍。遊擊，左營。都司，中營。守備，左營。千總三員，中營一員，左營二員。把總八員，中營四員，左營四員。經制外委十一員，中營六員，左營五員。額外外委十一員。中營六員，左營五員。舊設六員，乾隆四十八年增中營三員、左營二員。

撫標，駐蘇州府，左、右二營。參將，左營，兼中軍。守備二員，左營一員，右營一員。千總四員，把總七員，左營四員，右營三員。經制外委五員，左營三員，右營二員。額外外委六員。舊設二員，乾隆四十八年增四員。

提督，駐松江府中、左、右、前、後五營。參將，中營。遊擊四員，左、前、後三營駐本營，右營駐上海縣。守備五員，四駐本營，右營駐上海縣。千總九員，中營二員、左營一員、前營二員、後營一員，俱駐本營，右營三員分防上海、泗涇、北簳山各汛。舊設十一員，嘉慶十一年，裁左、後各一員。把總十八員，中營三員，分防于呂港、朱涇、小涇各汛；左營四員，一駐本營，三分防盧墟、震澤、盛澤各汛；右營四員，分防中浦、北浦、南汛、北汛各汛；前營三員，分防金澤、菉葭濱、章練塘各汛；後營四員，一駐本營，三分防鍾賈山、青浦、白鶴江各汛。舊設二十一員，嘉慶十一年，裁中、右、前各一員。經制外委二十九員，中營五員，二駐本營，三協防于吕港、洙涇、小涇各汛；左營六員，三駐本營，三協防蘆墟、震澤、盛澤各汛；右營七員，協防泗涇、北簳山、中浦、南汛、北汛、北浦、上海城各汛；前營五員，二駐本營，三協防菉葭濱、金澤、章練塘各汛；後營六員，三駐本營，三協防鍾賈山、青浦、白鶴江各汛。舊設三十一員，嘉慶十一年，裁中、前各一員。額外外委十五員，中營四員，左營二員，右營四員，前營三員，後營二員。舊設十四員，乾隆四十八年，增中、左、前、後四員。嘉慶十一年，裁左、前、後三員。

河標，駐清河縣中、右二營。副將，中營兼中軍，駐清江浦。遊擊，右營，駐桃源縣白洋河鎮。都司，中營。守備，右營，駐宿遷縣。千總五員，中營二員，俱駐本營；右營三員，二駐本營，一防邳州汛。把總九員，中營五員，四駐本營，一防舊城汛；右營四員，分防桃源、宿遷、磘灣口、泇口各汛。經制外委十三員，中營六員，四駐本營，二分防城守、舊城二汛；右營七員，協防宿遷、仰化集、劉馬莊、皁河、衆興集、邳州、歸仁集各汛。額外外委八員，中營五員，右營三員。舊設七員，乾隆四十八年，增中營一員。

漕標，駐淮安府中、左、右三營。副將，中營。遊擊，右營。都司二員，中營兼中軍一員。其左營一員，乾隆二十八年改遊擊設。守備二員，左、右二營。千總四員，中營二員，左、右營各一員。把總十員，中營四員，左、右營各三員。經制外委十二員，額外外委九員。舊設六員，乾隆四十八年增三員。

蘇松鎮總兵官，駐崇明東沙。中、左、右三營。遊擊二員，中、左二營。都司，右營。守備三員，中、左、右三營。千總六員，分防施翘河、永安沙、北合洪、蒲沙、套堡鎮、拳頭港各汛。把總十二員，分防永安沙、頭條港、北竪河外海、山前野鸛沙、南洪、郁黄狀、當頭沙、港岸溝、高頭沙、陳六港、張家港外海、大安戲臺沙各汛。經制外委十八員，十七駐本營，一防七溆汛。額外外委十二員。舊設九員，乾隆四十八年增三員。

狼山鎮總兵官，駐通州。中、左、右三營。遊擊二員，中、右二營。都司，左營。守備三員，中、左、右三營。千總六員，舊設五員，嘉慶二十四年增右營一員。把總十二員，舊設十員，嘉慶二十四年增右營二員。經制外委十八員，十駐本營，二防新城汛，六分防西亭場、力乏橋、白蒲、鎮江汛三十里、四方沙、西闗廂各汛。額外外委九員。舊設八員，乾隆四十八年增右營一員。

徐州鎮總兵官，駐徐州府。中、右二營。舊爲河標左營副將，嘉慶十四年改設，兼置遊擊以下官。遊擊，中營。守備二員，中營一員，右營防夏鎮汛。千總四員，一駐本營，三分防睢寧、沛縣、豐縣各汛。舊設三員，嘉慶二十四年增一員。把總二員，舊設三員，嘉慶二十四年裁一員。經制外委五員，一駐本營，四協防夏鎮、睢寧、沛縣、豐縣各汛。舊設六員，嘉慶二十四年裁一員。額外外委七員。舊設六員，嘉慶二十四年增一員。

以上蘇松等三鎮，均聽兩江總督、江南提督節制，徐州一鎮，兼聽河道總督節制。

江寧城守協副將，駐江寧府。都司，左營。舊設二員，嘉慶十一年裁右營一員。守備二員，左、右二營。千總四員，左營二員，右營二員。把總八員，左營四員，右營四員。經制外委十二員，額外外委六員。乾隆二十六年設。

京口協水師營副將，駐江陰縣。舊隸江寧將軍，乾隆三十三年改隸督標。遊擊，駐靖江縣。守備，千總二員，一駐本營，一防靖江汛。把總四員，經制外委六員，額外外委三員。

蘇州城守營參將，駐蘇州府。守備二員，一駐本營，一駐崑山縣。千總二員，分防西城、楓橋二汛。把總七員，分防周莊、滸墅關、沙河、崑山、木瀆鎮、社壇、黄埭各汛。經制外委九員，額外外委五員。

鎮江城守營參將，駐鎮江府。守備，千總二員，一駐本營，一防金壇縣。乾隆三十一年增一員，嘉慶十年裁。把總五員，一駐本營，四分防朱張圩、關廂、丹陽、運河各汛。舊設四員，乾隆三十一年增一員。經制外委八員，額外外委四員。

海州營參將，駐海州。舊置遊擊，隸漕標，嘉慶十七年改設，隸督標。都司，駐錢家集。嘉慶十七年增設。守備，駐青口鎮。千總二員，舊設一員，嘉慶十七年增一員。把總四員，舊設三員，嘉慶十七年增一員。經制外委六員，四駐本營，二分防三尖、馬廠二汛。舊設四員，嘉慶十七年增二員。額外外委四員。舊設二員，嘉慶十七年增二員。

揚州營參將，駐揚州府。舊置遊擊，隸漕標，嘉慶二十五年改設，隸督標。守備二員，舊設一員，嘉慶十八年增一員。千總四員，分防寶應、衡陽、高郵、邵伯各汛。舊設三員，嘉慶十八年增一員。把總七員，二駐本營，五分防鈔關、寶應、馬家橋、北壩、僧道橋各汛。舊設六員，嘉慶十一年裁一員，十八年增二員。經制外委五員，三分防馬家橋、界首、水南各汛，二協防邵伯、僧道橋二汛。舊設一員，嘉慶十八年增二員，二十五年增二員。額外外委四員。三駐本營，一防水北汛。嘉慶十八年設三員，二十五年增一員。

京口右營遊擊，駐江都縣瓜洲鎮。舊隸江寧將軍，乾隆三十三年改隸督標。守備，駐丹徒縣圌山寨。千總二員，分防大沙、三江口二汛。把總四員，分防匡家橋、簰灣、黄家港、大礅臺各汛。經制外委六員，額外外委三員。

奇兵營遊擊，駐儀徵縣。守備，千總二員，分防江口、江寧河口二汛。把總三員，分防舊江口、江寧北河口、六合瓜埠各汛。經制外委五員，額外外委三員。

常州營遊擊，駐常州府。守備三員，分駐陽湖、金匱、荆溪各縣。千總三員，分防陽湖、無錫清安、宜興和橋各汛。把總四員，分防東埠、西埠、黄埠墩、徐舍各汛。經制外委七員，額外外委五員。二駐本營，三分防金匱、宜興二汛。

江陰營遊擊，駐江陰縣。守備，千總，防周莊汛。把總二員，分防申港、青暘二汛。經制外委三員，分防長涇、四河口、祝塘各汛。額外外委。

京口高資營都司，駐丹徒縣高資鎮。舊隸江寧將軍，乾隆三十一年改隸督標。千總，把總，經制外委二員，額外外委。

楊舍營都司，駐江陰縣楊舍堡。把總，防沿江内地等汛。經制外委，額外外委。

孟河營都司，駐武進縣孟河堡。把總，防石橋灣汛。經制外委，額外外委。

溧陽營都司，駐溧陽縣。千總，把總二員，分防句容、高淳二汛。經制外委三員，額外外委二員。

浦口營都司，駐江浦縣浦子口，兼管安徽省交界地方。所屬千總一員、把總二員、經制外委一員，分防安徽地界。詳載安徽統部武職門。經制外委三員，二駐本營，一防安徽地界。詳安徽統部武職門。額外外委。

青山營守備，駐儀徵縣青山頭。把總，防官山頂汛。經制外委，防東溝鎮汛。額外外委。

瓜洲營守備，駐瓜洲鎮。千總，把總二員，分防城外、大橋二汛。經制外委三員，額外外委。

以上江寧、京口二協，蘇州城守等十五營，均隸兩江總督統轄。其江寧一協，鎮江、常州、江陰、楊舍、孟河五營，兼隸提督管轄。溧陽、浦口、青山、瓜洲四營，兼隸江寧協副將管轄。

太湖營副將，駐太湖廳洞庭東山。都司，中軍。守備，駐宜興縣周鐵橋。千總三員，分防東山、簡村、馬蹟山各汛。舊設四員，嘉慶二十三年裁一員。把總四員，分防鮎魚口、吴漊、黿山、荆溪鳳川各汛。經制外委六員，分防胥口、烏溪、楊灣、黿山、練聚橋、金墅各汛。額外外委四員，一駐本營，三分防簡村、周鐵橋、銅坑各汛。舊設三員，嘉慶二十三年增一員。

松江城守營遊擊，駐松江府。守備，千總二員，分防南半城、北半城二汛。把總四員，分防東外、南外、西外、倉城各汛。經制外委六員，額外外委四員。舊設三員，乾隆四十八年增一員。

金山營遊擊，駐金山縣。舊置參將，嘉慶二十五年改設。守備，千總二員，分防東半城、西半城二汛。把總四員，分防海汛、張堰、亭林鎮、張澤鎮各汛。經制外委六員，協防東半城、西半城、海汛、張堰、亭林鎮、張澤鎮各汛。額外外委三員。乾隆二十八年設。

劉河營遊擊，駐鎮洋縣茜涇。守備，千總二員，分防太倉、劉河閘二汛。把總四員，分防七寨、七丫、劉河礮臺、橫涇各汛。經制外委六員，額外外委三員。

福山營遊擊，駐常熟縣福山。守備，千總二員，分防城守、鹿苑二汛。把總四員，分防城外、徐六涇、唐市、支塘鎮各汛。經制外委六員，額外外委三員。二駐本營，一防蘇松糧道庫。

柘林營都司，駐華亭縣柘林城。千總，把總二員，分防内、外二汛。經制外委二員，額外外委二員。舊設一員，乾隆四十八年增員〔四〕。

青村營都司，駐奉賢縣青村城。千總，防青村港。把總，防二墩荒汛。經制外委，防新場汛。額外外委。

南匯營都司，駐南匯縣。守備，乾隆三十八年增設。千總，把總二員，分防杜家行、一團二汛。舊設一員，乾隆三十一年增一員。經制外委二員，舊設一員，乾隆三十一年增一員。額外外委二員。舊設一員，乾隆四十八年增一員。

平望營都司，駐吴江縣。舊置守備，雍正十年改設。千總，駐平望鎮。把總二員，分防巡湖、震澤城守二汛。經制外委三員，額外外委二員。舊設一員，乾隆四十八年增一員。

靖江營守備，駐靖江縣。把總二員，一駐本營，一防西汛。舊有千總一員，嘉慶十一年裁。經制外委三員，分防火王、永定、西來各汛。額外外委。

以上太湖一協、松江城守等九營，均隸提督管轄。

淮徐淮揚河營參將，駐清江浦。轄淮徐、淮揚二營。遊擊二員，淮徐營駐宿遷縣，淮揚營駐清江浦。守備二十二員，淮徐屬八營各一員：蕭碭南岸駐順河集，豐銅北岸駐石林工，銅沛駐徐城夾河，睢靈南岸駐戴家樓，邳州北岸駐七灞工，宿虹南岸駐古城，宿遷北岸駐宿遷縣，邳宿運河駐宿遷縣皁河。淮揚屬十四營各一員：桃源南岸駐桃源縣，山清裏河駐楊家廟，山清外河南岸駐老壩口，山清外河北岸駐煙墩工，高堰駐武家墩，山盱駐高澗，高寶運河駐高郵州，桃源北岸駐單家莊，桃源安清中河駐楊莊，山安阜駐東門工，山阜海防南岸駐童家營，海安北岸駐馬港工，海阜南岸駐陳家鋪，揚河江防駐瓜洲。按豐銅北岸營，乾隆五十六年裁安阜營，增設海安北岸、海阜南岸二營，均嘉慶十六年設。山清外河北岸營，嘉慶十七年設。千總十九員，淮徐屬八員，均駐本營：蕭碭南岸二員，豐銅北岸、銅沛睢靈南岸、邳州北岸、宿虹南岸、宿遷北岸各一員。淮揚屬十一員，六駐本營；山清裏河、山清外河南岸、高堰、桃源安清中河、山安阜、揚河江防各一員；五分防各汛：桃源南岸屬駐龍窩，高寶運河屬駐清水潭、泥甸橋，桃源北岸屬駐崔鎮，海安北岸屬駐海北。按：蕭碭南岸營舊設一員，嘉慶八年增一員。豐銅北岸營，是年增設。山清外河南岸營舊設二員，嘉慶十七年裁一員。海安北岸營，十八年增設。**把總三十三員**，淮徐屬十二員，十一駐本營：蕭碭南岸、睢靈南岸、邳州北岸、宿遷北岸各一員，豐銅北岸、銅沛各二員，邳宿運河三員；一分防宿虹南岸，屬駐蔡家樓。淮揚屬二十一員，十五駐本營：山清裏河、高寶運河、山安阜、海阜南岸、揚河江防各二員，山清外河南岸、桃源安清中河各一員，海安北岸三員；六分防各汛：桃源南岸屬駐煙墩，山盱屬駐周橋，桃源北岸屬駐三義鎮，三阜海防南岸屬駐小陵、馬遷、大套。按蕭碭南岸、邳州北岸、邳宿運河三營，舊各二員，乾隆四十八年裁蕭碭南岸一員，三十三年裁邳州北岸一員，增邳宿運河一員。桃源安清中河營，舊設二員；揚河江防營，舊設一員。乾隆五十七年，裁桃源安清中河一員，增揚河江防一員。海安北岸、海阜南岸二營，嘉慶十六年各設一員，十八年增海安北岸二員，海阜南岸一員。**經制外委協防六十七員**，淮徐屬二十三員，二駐本營，均宿虹南岸；二十一分防各汛：蕭碭南岸屬王平莊、定國寺田工，豐銅北岸屬豐上、陸堡、張莊壩，銅沛屬郭村、大壩、小店，睢靈南岸屬戴家樓、余紀、魏工、王家堂下，邳州北岸屬童家堂五工頭，宿虹南岸屬周家樓，宿遷北岸屬皁河上、皁河下、古城，邳宿運河屬貓兒窩、利運閘、濼流閘。淮揚屬四十四員，十六駐本營：桃源南岸、桃源北岸各二員，山清裏河三員，高寶運河五員，山阜海防南岸四員；二十八分防各汛：山清外河南岸屬外河上、外河下、南岸下，山清外河北岸屬北岸上、北岸下，高堰屬高堰、高澗北，山盱屬徐壩上、徐壩下、高澗南，桃源安清中河屬雙金閘、楊莊、高臺、雲家渡、衆興集，山安阜屬安東、上河、下河，海安北岸屬五套、沈家灘、王家灘，海阜南岸屬仁和、十巨、海南，揚河江防屬京口、江甘各汛。按蕭碭南岸、豐銅北岸、睢靈南岸、宿虹南岸、宿遷北岸五營，舊各二員，嘉慶八年，增蕭碭南岸、豐銅北岸各一員。十二年，增宿虹南岸一員。二十年，增睢靈南岸、宿遷北岸各一員。邳州北岸營舊設三員，乾隆三十三年裁一員。山清外河北岸營舊設一員，山盱營舊設二員，高寶運河、山安阜二營舊各四員，桃源安清中河、山阜海防二營舊各三員。乾隆五十七年，裁桃源安清中河一員，嘉慶十三年增一員。十六年，裁山清外河南岸、山安阜各一員，設海安北岸二員、海阜南岸一員。十七年，裁山清外河南岸一員。十八年，增山清外河南岸、山清外河北岸、桃源安清中河、山阜海防、海安北岸各一員，海阜南岸營二員。二十年，增山盱、高寶運河各一員。二十一年，增山清外河南岸、桃源安清中河各一員。外委効用一百三十六員。淮徐屬五十九員，蕭碭南岸、豐銅北岸、宿遷北岸、邳宿運河各六員，銅沛十一員，睢靈南岸九員，邳州北岸八員，宿虹南岸七員。淮揚屬七十七員，桃源南岸、山清裏河、桃源北岸、山安阜、海安北岸、海阜南岸各六員，山清外河南岸五員，山清外河北岸、高堰各三員，山盱、揚河江防各四員，高寶運河、山阜海防各七員，桃源安清中河八員。均駐本營。按蕭碭南岸營舊設七員，銅沛營舊設十二員，乾隆四十八年各裁一員。豐銅北岸、宿虹南岸、宿遷北岸三營舊各四員，嘉慶八年、十二年增豐銅北岸二員，九年裁睢靈南岸一員，二十年增宿遷北岸二員。山清外河南岸營舊設九員，山盱、揚河江防二營舊各三員，山安阜營舊設五員，山阜海防營舊設六員，嘉慶十六年裁山清外河南岸一員，設海安北岸、海阜南岸各一員，十七年裁山清外河南岸三員，增海安北岸、海阜南岸各三員，十九年又各增二員，二十一年增山盱、揚河江防各一員，二十五年增山安阜一員。

廟灣營遊擊，駐阜寧縣廟灣城。舊隸漕標，嘉慶二十一年改隸河標。守備，中軍。千總二員，分防射陽湖、黄河二汛。把總，防陸營汛。經制外委協防四員，外委効用二員。

佃湖營都司，駐佃湖集。舊隸漕標，嘉慶十年改隸河標。把總二員，一駐本營，一分防安東汛。經制外委協防二員，外委効用一員。

葦蕩左營守備，駐海州大尹山鎮。千總，防海州湖河北岸。把總二員，分防海州車輛河南岸、北岸。經制外委協防三員，外委効用三員。

葦蕩右營守備，駐阜寧縣仁和鎮。千總，防阜寧八灘汛。把總二員，分防阜寧縣二本樓、新淤尖二汛。經制外委協防三員，外委効用三員。

船務營守備，把總二員，經制外委協防四員，舊設二員，嘉慶二十一年增二員。外委効用十一員。

以上淮徐、淮揚等六營，均隸河道總督管轄。

淮安城守營參將，駐淮安府。守備，中軍。千總二員，把總四員，經制外委六員，分防塔兒頭、舊城、草灣、永豐壩、新聯、岔河、車橋各汛。額外外委四員。

鹽城營遊擊，駐鹽城縣。守備，千總二員，分防興化縣劉莊、阜寧縣小關二汛。把總二員，分防新洋港、沙溝二汛。經制外委五員，額外外委二員。

東海營都司，駐海州南城。雍正十年改守備設。千總，把總二員，分防北城、西連二汛。經制外委三員，額外外委二員。

以上淮安城守等三營，均隸漕運總督管轄。東海一營，兼隸狼山鎮管轄。

川沙營參將，駐南滙縣川沙城。舊隸提標，嘉慶十年改隸。守備，千總三員，一駐本營，二分防曹家路、寶山縣礮臺二汛。舊設二員，嘉慶十一年增一員。把總五員，分防川沙窪、周浦鎮、三尖嘴、寶山縣城、礮臺各汛。舊設四員，嘉慶十一年增一員。經制外委七員，二分防黃家灣、城守二汛，五協防川沙窪、周浦、寶山縣城、礮臺、曹家路各汛。舊設六員，嘉慶十一年增一員。額外外委四員。舊設三員，嘉慶十一年增一員。

吴淞營參將，駐寶山縣。舊隸提標，嘉慶十年改隸。守備，千總三員，分防嘉定、礮臺、胡港口各汛。舊設二員，嘉慶十一年增一員。把總五員，分防練祁、南翔、江灣、深淘、礮臺各汛。舊設四員，嘉慶十一年增一員。經制外委七員，分防練祁、城廂、大場、江灣、嘉定、原設礮臺、添設礮臺各汛。舊設六員，嘉慶十一年增一員。額外外委四員。舊設三員，嘉慶十一年增一員。

奇營遊擊，駐崇明縣西北路。守備，千總二員，分防施翹河、掘頭港二汛。把總四員，二分防渡船港、二套，二協防施翹河、掘頭港各汛。經制外委六員，額外外委四員。舊設三員，乾隆四十八年增一員。

以上川沙等三營，均隸蘇松鎮管轄。

泰州營遊擊，駐泰州。守備，中軍。千總，防東臺汛。把總四員，分防興化、闞廂、姜堰、中沓竈各汛。經制外委五員，分防中堡莊、安豐、海安、沈家竈、港口各汛。額外外委二員。

泰興營都司，駐泰興縣。雍正九年改守備設。把總，防黄橋汛。舊設二員，嘉慶十一年裁一員。經制外委二員，一駐本營，一防包家橋汛。額外外委。

掘港營都司，駐如皋縣掘港場。雍正十年改守備設。把總二員，分防李家堡、坌河鎮二汛。經制外委二員，額外外委。

三江營守備，駐江都縣東南三十里。把總。嘉慶二十五年增設。

以上泰州等四營，均隸狼山鎮管轄。

徐州城守營都司，駐徐州府。千總二員，一駐本營，一防柳泉汛。把總三員，分防南路、東路、西路各汛。經制外委三員。一駐本營，二分防北路、雙溝二汛。舊設二員，嘉慶二十四年增一員。

蕭營都司，駐蕭縣。舊隸河標，嘉慶十一年改隸。把總三員，一駐本營，二防碭山、蟠龍二汛。舊設二員，嘉慶二十四年增一員。經制外委三員，一駐本營，二分防楊家集、馬良集二汛。舊設一員，嘉慶二十四年增二員。額外外委二員。舊設一員，嘉慶十四年增一員。

以上徐州城守等二營，均隸徐州鎮管轄。按：徐州鎮管轄徐州城守、蕭營、宿州三營。其宿州一營，駐安徽宿州地界，詳載安徽統部武職官門。

江淮衛守備，領運千總十八員。頭幫二員，二幫二員，三幫二員，四幫二員，五幫二員，六幫二員，七幫二員，八幫二員，九幫二員。

興武衛守備，領運千總十八員。頭幫二員，二幫二員，三幫二員，四幫二員，五幫二員，六幫二員，七幫二員，八幫二員，九幫二員。

蘇州衛守備，領運千總四員。前幫二員，後幫二員。

鎮海衛守備，領運千總六員。前幫二員，後幫二員，金山幫二員。按：金山幫舊隸金山衛，乾隆十五年裁守備併入。

太倉衛守備，領運千總四員。前幫二員，後幫二員。

鎮江衛守備，領運千總四員。前幫二員，後幫二員。

淮安衛守備，領運千總八員。頭幫二員，二幫二員，三幫二員，四幫二員。

大河衛守備，領運千總六員。頭幫二員，二幫二員，三幫二員。

揚州衛守備，領運千總八員。頭幫二員，二幫二員，三幫二員，儀徵幫二員。按：儀徵幫舊隸儀徵衛，乾隆十五年裁守備併入。

徐州衛守備，領運千總六員。徐州幫二員，河南前幫二員，河南後幫二員。

蘇州白糧幫領運千總二員。

常州白糧幫領運千總二員。

松江白糧幫領運千總二員。

稅課

海關額徵銀二萬一千四百八十兩三錢三分，銅觔水脚銀二千五百兩，盈餘銀四萬二千兩。滸墅關額徵銀十六萬八千七百九分五釐，銅觔水脚銀二萬二千四百四十二兩三錢一分二釐，盈餘銀二十五萬兩。淮安關額徵銀十八萬六千二百五十五兩，銅觔水脚銀一萬五千三百八十四兩六錢，盈餘銀十二萬一千兩。廟灣口額徵銀三千八百四十兩，盈餘銀二千二百兩。揚州關額徵銀四萬四千八百八十四兩，銅觔水脚銀七千六百九十二兩三錢五分，由關額徵銀四萬二百十四兩九錢六分，盈餘銀七萬一千兩。西新戶關額徵銀三萬三千六百八十四兩，銅觔水脚銀七千六百九十二兩三錢二分五釐，盈餘銀三萬三千兩。淮南鹽引一百四萬二千三百六十道，額徵課銀七十萬四千五十四兩四錢八分有奇，又帶徵銀九萬三千七百八十兩四錢九分有奇。淮北鹽引二十二萬九千一百三十三道，内減去蘆課銀六千一百四十六兩三錢五分零，額徵課銀十四萬八千六百八兩六錢六分有奇。

户口

康熙五十二年，原額人丁二百八十二萬一千一百四十六。乾隆三十七年停編丁，今滋生男婦大小共二千六百三十九萬五千二百五十二名口。又蘇太等衛屯丁男婦六萬二千七百三十九名口。

田賦

田地共六十四萬八千七百四十六頃九十五畝五分五釐有奇。額徵地丁正雜銀三百十四萬三千二百七十九兩三分一釐，又雜辦銀一萬九百七十一兩二錢七分，米二百三十七萬四千五百八石四斗五升六合五勺，麥一萬五百九十二石三斗二升六合，豆五千一百四十三石八十七升。又蘇太等衛屯田二千八百六十二頃四十七畝八分有奇。額徵丁糧銀一萬九千八十二兩九錢八分二釐，米一萬四百一石七斗五升一合四勺。

名宦

漢

魏相。定陶人。昭帝時，遷揚州刺史。

黃霸。陽夏人。宣帝時，爲揚州刺史。

何武。郫縣人。宣帝時，爲揚州刺史。二千石有罪，應時舉奏，州中清平。行部必先即學宫見諸生，試其誦論，問以得失，然後入傳舍，出記問墾田頃畝，五穀美惡，已乃見二千石，以爲常。

鮑永。屯留人。光武時，遷揚州牧。時南土尚多寇暴，永以吏人痍傷之後，乃緩其銜轡，誅强横而鎮撫其餘，百姓安之。

樊仲華。新野人。建武中，遷揚州牧。教民耕田、種樹、理家之術。

陳衆。廬江人。建武中，爲揚州從事。李憲餘黨淳于臨等聚衆屯灊山，揚州牧歐陽歙遣兵不能克。衆請諭降臨，於是乘單車，駕白馬，往説而降之。灊山人共爲立祠，號「白馬陳從事」。

張禹。襄國人。建初中，拜揚州刺史。歷行郡邑，深幽畢到，親録囚徒，多所明舉。民懷喜悦，莫不來歸焉。

滕撫。北海劇人。拜中郎將，督揚、徐二州事。擊廣陵賊張嬰，斬獲千餘人。又歷陽賊華孟攻九江，殺郡守，撫乘勝進擊破之，斬孟等。於是東南悉平。

馮緄。宕渠人。順帝末，以緄持節督揚州諸郡軍事。與滕撫擊破郡賊。

劉祐。安國人。桓帝初，遷揚州刺史。會稽太守梁文，大將軍冀之從弟也。祐舉奏其罪，文坐徵還。

陳翔。邵陵人。桓帝時，遷揚州刺史。舉奏豫章太守王永奏事中官，吴郡太守徐參在職貪穢，並徵詣廷尉，威名大振。

臧文。射陽人。熹平初，拜揚州刺史。時會稽妖賊許昭起兵句章，攻破城邑，衆以萬數。文連戰三年，破平之。

陶謙。丹陽人。靈帝時，爲徐州刺史。擊黄巾，大破走之，境内晏然。

三國　魏

劉馥。沛國相人。爲揚州刺史。單馬造合肥空城，建立州治。數年中，恩化大行，流民越江山而歸者以萬數。於是聚諸生，立學校，廣屯田，興治芍陂及茹陂、七門、吴塘諸堨，以溉稻田。官民有蓄。

晉

胡威。壽春人。武帝時，遷徐州刺史。勤於政術，風化大行。

郄鑒。金鄉人。明帝時，鎮合肥，尋鎮廣陵。蘇峻反，進都督揚州八郡軍事。率衆渡江，築大業、曲阿、庱亭三壘以拒賊，斬蘇逸，降男女萬餘口。又海寇抄東南諸縣，鑒城京口，復率衆平諸寇。

謝安。陽夏人。太元中，以太保鎮廣陵。築新城，又築埭於城北。後人追思之，名曰邵伯埭。

南北朝　宋

劉義欣。彭城人。元嘉中，監豫、司、雍、并四州諸軍，豫州刺史。於時土荒民散，義欣綱維補葺，隨時經理，境内畏服，道不拾遺，城府軍藏並皆充實。

梁

蕭秀。武帝弟。都督南徐、兖二州諸軍事，徐州刺史。招懷撫納，惠愛大行。

隋

辛公義。狄道人。仁壽元年，充揚州道黜陟大使。豫章王暕恐其部内官僚犯法，未入州境，豫令使屬之。公義至揚州，皆無所縱捨，暕銜之。及去官，吏人守闕訴冤，相繼不絶。

唐

李襲譽。安康人。高祖時，擢揚州大都督府長史、江南巡察大使。多所黜陟。俗喜商賈，不事農。襲譽爲引雷陂水，築句城塘，溉田百頃，以盡地利，民多歸本。

狄仁傑。太原人。高宗時，持節江南巡撫使。吴楚俗多淫祠，仁傑一切禁止，凡毁千七百所，止留夏禹、吴泰伯、季札、伍員四祠而已。

韋虛心。萬年人。景龍中，爲揚州大都督府長史。以廬江多盜，遂縣舒城，盜賊爲衰。

韋陟。萬年人。肅宗初，爲江東節度使。時永王璘兵起，委陟招諭。與高適、來瑱會安州，爲載書登壇，詞旨慷慨，士皆隕泣。

顔真卿。琅邪人。乾元二年，拜浙西觀察使。劉展將反，真卿豫飭戰備，都督李峘以爲生事，非短之。展卒舉兵渡淮，而峘奔江西。

劉晏。南華人。代宗時，領江淮轉運租庸鹽鐵常平使。時大兵後，京師斗米千錢，禁膳不兼。晏乃自按行，浮淮泗，達於汴，入於河，右循底柱、硤石，觀三門遺迹。至河陰鞏洛，見宇文愷梁公堰，廝河爲通濟渠，視李傑新隄，盡得其利病。乃移書宰相元載，言運之利與害各有四。載得書，盡以漕事委晏。晏得盡其才，凡歲致四十萬斛。

李栖筠。趙人。代宗時，爲浙西都團練觀察使。平盧行軍司馬許杲，擅留上元，有窺江吴意。栖筠至，張設武備，遣辯士厚賫金幣，抵杲軍賞勞，使士歆愛，奪其謀。杲懼，悉衆渡淮，掠楚、泗而潰。又奏部豪姓多徙貫京兆、河南，規脱徭科，請量産出賦，以杜姦謀。詔可。

韓滉。京兆人。建中初，爲鎮海軍節度使。綏輯百姓，均租調，不踰年境内稱治。

杜佑。萬年人。建中中，爲淮南節度使。決雷陂以廣灌溉，斥海濱棄地爲田，積米至五十萬斛。列營三十區，士馬整飭，四鄰畏之。

杜亞。京兆人。興元初，拜淮西節度使。治漕渠，引湖陂，築防庸入之渠中，以通大舟。夾隄高卬，田因得灌溉。疏啓道衢，徹壅通堙，人皆悦賴。

張建封。南陽人。貞元中，除徐濠泗節度使。地迫於寇，嘗困蹙不支。時李泌建言：「東南漕自淮達諸汴，徐之埇橋爲江淮計口。今徐州刺史高明應甚少，脱爲李納所并，以梗餉路，是失江淮也。請以建封代之，益與濠、泗二州。」由是徐復爲雄鎮。

李吉甫。贊皇人。元和中，爲淮南節度使。奏蠲逋賦數百萬。築富人、固本二塘，溉田萬頃。漕渠不能居水，乃築隄蓄洩。

李德裕。贊皇人。憲宗時，爲浙西觀察使。初潤州王國清亂，貲用空殫。德裕自儉約，以留州財贍軍，再期，賦物儲牣。南方信禨巫，雖父母癘疾，子棄不敢養。德裕諭以孝慈大倫，敕違約者顯置以法。數年，惡俗大變。又按屬州非經祠者，毀千餘所，撤私邑山房千四百舍，寇無所廋蔽。敬宗立，詔浙西上脂盝粃具，又詔索盤縧繚綾千匹。德裕皆上奏力言。開成初，復起爲浙西觀察使。德裕三在浙西，出入十年，遷淮南節度使。

崔從。齊州人。敬宗時，爲淮南節度使。蠲除苛政。及卒，下有刲股以祭者。

李珏。趙郡人。宣宗時，拜淮南節度使。江淮旱，發倉賑民，以軍羨儲粟半價糶之。卒於鎮。淮南之人德之。

宋

許驤。睢陽人。宋太宗時，改江南轉運副使。洪吉上供運船，水損物，主吏懼罪，故覆舟。鞫獄者按以欺盜，當流死者數百人。驤詢得其實，多獲輕典。優詔褒之。又上言刼盜配流，遇赦得原還本鄉，讎告捕者，多所殺害。請以隸軍，詔可。

楊允恭。綿竹人。太宗時，緣江多賊，命督江南水運，因捕寇黨。行及臨江軍，擇驍卒挐輕舟，伺下江賊所止，悉梟其首。又趨通州境上，躡海賊，賊赴水死者大半。自是江路無剽掠之患。

任中正。濟陰人。太宗時，爲江南轉運副使。至部，歲大稔，民出租賦平糴皆盈羨。發運使欲悉調餉京師，中正曰：「東南歲輸五百餘萬，而江南所出過半。今歲有餘，或歲稍歉，則數不登，患及吾民矣。」乃止。

向敏中。開封人。太宗時，爲淮南轉運副使。時領外計者，皆以權寵自尊，所至畏憚。敏中不尚威察，待僚屬有禮，勤於勸勗，職務修舉。

喬維岳。南頓人。太宗時，爲淮南轉運使。淮河西流三十里曰山陽灣，水勢湍悍，運舟多罹覆溺。維岳規度，開故沙河，自末口至磨盤口，凡四十里。又建安北至淮澨總五堰。又命創二斗門於西河第三堰，覆以夏屋，設縣門積水，俟潮平乃泄之。建橫橋岸上，累石以牢其址。自是運舟往來無滯。

胡則。永康人。太宗時，提舉江南路鑄錢監。得吏所匿銅數萬斤，吏懼且死，則曰：「馬伏波哀重囚而釋之，吾豈重貨而輕數人之生乎？」籍爲羨餘，不之罪。

王嗣宗。汾州人。至道中，爲淮南轉運使。揚楚間有窣家神廟，民有疾不服藥，但謁致祀以邀福。嗣宗撤其廟，選名方，刻石州門，自是民風稍變。初，漕運經泗州浮橋，舟多覆壞。嗣宗徙置城隅，遂獲安濟。

夏侯嶠。鉅野人。咸平中，爲江南巡撫使。所過疏理刑訟，存問耆老，務從寬簡，人以爲便。使還，采病民二十餘事上之，亟詔釐革。

黄震。浦城人。真宗時，爲江淮發運使。先是，李溥自三司小吏爲發運使，十餘年姦贜狼籍，丁謂黨之，無敢言者。震既至，發溥姦贜數十事，溥坐廢。

趙賀。封丘人。真宗時，爲江淮制置發運使。籍諸州物産厚薄，分劇易爲三等，視其功過自裁定，吏巧不得施。蘇州太湖塘岸壞，及並海支渠多湮廢，水浸民田。賀伐石築隄，浚積潦，自吴江東赴海。流民歸者二萬六千户，歲出苗租三十萬。

任布。河南人。真宗時，擢江淮制置發運使。前使者多聚山海珍異之物以餉權要，布一切罷去。

張綸。汝陰人。真宗時，除江淮發運副使。時鹽課大虧，奏除通、泰、楚三州鹽户宿負，官助其器用，鹽入優與之直，歲增課數十萬。復置鹽場於杭、秀、海三州，歲課又百五十萬。疏五渠，導太湖入海，又築漕河隄二百里於高郵，以洩横流。泰州有捍海堰，綸修復之。見漕卒凍餓道死者，曰：「此有司之過。」推俸錢市絮襦，衣其不能自存者。

薛奎。正平人。真宗時，遷江淮制置發運使。疏漕河，廢三堰，以便餉運。

王隨。河南人。真宗時，遷淮南轉運使。歲比饑，隨敕屬部出庫錢貸民市種糧，約歲終輸絹以償。流傭多復業。

徐起。鄄城人。真宗時，爲江東轉運使。請開長淮舊浦，以便漕運。

李防，内黄人。景德中，爲江南轉運使。淮南舊不禁鹽，制置使請禁鹽而官自鬻之，使兵夫輦載江上，多漂失之患。防請令商人入錢帛京師而給以鹽，則公私皆利。後采用之。

吴遵路。丹陽人。仁宗時，爲淮南轉運副使，兼江淮發運司事。嘗於真、楚、泰州、高郵軍置斗門十九，以蓄泄水利。廣屬郡常平倉，儲二百萬以待凶歲。後皆便之。

許元。宣城人。慶曆中，擢江淮制置發運判官。時江淮歲漕不給，京師乏軍儲。元至，悉發瀕江州縣藏粟，所在留三月食，遠近以次相補，引千餘艘轉漕而西。未幾，京師足食。朝廷以爲任職，就遷副使。

范仲淹。吴縣人。仁宗時，歲大蝗旱，江淮、京東滋甚，命仲淹按撫江淮。所至開倉賑之，且禁民淫祀，奏蠲廬舒折役茶、江東丁口鹽錢。條上救敝十餘事。

方偕。莆田人。爲江南按撫。三司歲出乳香、綿綺，下州郡配民，偕奏罷之。

龔鼎臣。須城人。仁宗時，淮南災，以鼎臣體量安撫。蠲賦賑貸，全活甚衆。

韓絳。雍丘人。仁宗時，江南饑，爲體量安撫使，行便民事數十條。

李繹。萬年人。仁宗時，爲江淮制置發運使。內出絹五十萬匹，責貿於東南。繹曰：「百姓饑，不宜重擾。」奏罷之。

徐的。建安人。仁宗時，爲江淮制置發運副使。奏通泰州、海安、如皋漕河，詔未下，的以便宜調兵夫濬治之。出滯鹽三百萬斛，得錢八百萬緡。遂爲制置發運使。

王鼎。館陶人。爲淮南兩浙荊湖制置發運副使。前使者多漁市南物，持遺權貴。鼎一無所市，獨悉意吏事。凡調發綱吏，度漕路遠近定先後，爲成法。於是勞逸均，吏不能爲重輕。

蔣堂。宜興人。爲淮南轉運使兼江淮發運使。歲薦部吏二百人，曰：「十得二三，亦足報國。」後爲江淮制置發運使。先是，發運使上計，造大舟數十，載江湖物入遺京師權貴。堂曰：「吾豈爲此！歲入自可附驛奏也。」前後五年，未嘗一至京師。

張瓌。全椒人。爲淮南轉運使。三司下諸道責羨財，淮南獨上金九錢。三司使怒，移文誚責，瓌以賦數民貧對。

楊察。合肥人。仁宗時，歷江南東路轉運使。屬吏以察年少易之。及行部，數摘姦隱，衆始畏伏。察在部，專以舉官爲急務，人或議之。察曰：「此按察職也。苟掎拾羨餘，則俗吏之爲，何必我哉！」

齊廓。會稽人。爲江淮西南轉運使。時初兼按察，奉使者競爲苛刻，邀聲名，獨廓奉法如平時。人以爲長厚。

王素。莘縣人。仁宗時，爲淮南郡轉運按察使。時新置按察，類多以苛爲明，素獨不摘細故。即有貪刻，必繩治窮竟。吏愛而畏之。

沈立。歷陽人。爲江淮發運使。居職辦治。

楊紘。浦城人。爲江東轉運按察使。江東饑，紘開義倉賑之，吏持不可。紘曰：「義倉爲民而設，稍稽，人將殍矣。」

張景憲。河南人。任淮南轉運副使。山陽令鄭昉贓累巨萬，親戚多要人。景憲首案治，流之嶺外，貪吏望風引去。

張洞。祥符人。英宗時，爲淮南轉運使。淮南地不宜麥，民艱於所輸。洞命輸錢，官爲糴麥，不踰時而足。

羅拯。祥符人。爲江淮發運副使。江淮故無積倉，漕舟繫岸下，俟糴入乃得行，蓋官吏以淮南不受陳粟爲逃譴計。拯始請凡未至而不可上供者以廩軍，又貯浙西米於潤倉以時運，自是漕增而費省。

馬仲甫。廬江人。爲淮南轉運使。真、揚諸州地狹，出米少，官糴之多，價常踴登。濱江米狼戾，而農無所售。仲甫請移糴以紓其患，兩益於民。從之。又建議鑿洪澤渠六十里，漕者便之。

蔣之奇。宜興人。爲淮東轉運副使。歲惡民流，之奇募使修水利以食流者。如揚之天長三十六陂，宿之臨渙、横、斜三溝，尤其大也。用工至百萬，溉田九千頃，活民八萬四千。後擢江淮荆浙發運副使。鑿龜山左肘至洪澤爲新河，以避淮險，自是無覆溺之患。凡所經度，皆爲故事。

薛向。萬泉人。神宗時，爲江浙荆淮發運使。綱舟歷歲久，篙工利於盜貨，常假風水沈溺以滅迹。向募客舟分載，以相督察。

王宗望。固始人。哲宗時，爲江淮發運使。楚州沿淮至漣州，風濤險，舟多溺。議者謂開支氏渠，引水入運河，歲久不決。宗望始成之，爲公私利。

毛漸。江山人。哲宗時，爲江東兩浙轉運副使。浙部水溢，漸案錢氏有國時故事，起長安堰至鹽官，徹清水浦入於海。開無錫、武進、常熟諸河入大江，又開崑山諸浦東北道吳江，開大盈、顧匯、柘湖，下金山小官浦以入海。自是水不爲患。

沈遘。臨江人。徽宗時，爲淮南發運使。朝廷方督綱餉，運渠壅澀。遘使決吕城、陳公兩塘達於渠，漕路始通。而朱勔花石綱塞道，官舟不得行。遘捕繫其人，上書自劾，帝爲黜勔人。

張根。德興人。徽宗時，爲淮南轉運使。根以水災多，乞蠲租賦，散洛口米、常平青苗米，以貸流民。詔褒諭之。

章綷。浦城人。提點淮南東路刑獄。新鈔發行，舊鈔盡廢，一時商賈束手，或自殺。綷得訴者所持舊鈔爲錢以千計者三十萬，上疏言鈔法誤民，請如約以示大信。帝怒，罷之。

韓宗武。雍丘人。徽宗時，爲淮南轉運判官。前使者貸上供錢，禁庭遣使來索。宗武奏其狀，詞極鯁切，坐貶秩罷歸。

向子諲。臨江人。宣和初，除江淮發運使，主管文字。淮南仍歲旱，漕不通，有欲濬河與江淮平者。内侍主其議，發運使檄子諲行。子諲言決不可，請復舊制，嚴禁約，則無患。使者用其言，漕復通。

張大經。南城人。紹興中，提點江東刑獄。他路有巨豪犯法，歲久不決，命移屬大經。豪挾權勢求脱，大經卒正其罪。

葉夢得。吴縣人。紹興初，爲江東安撫大使，知建康，兼壽春等六州宣撫使。時建康兵不滿三千，夢得遣將分屯要害。劉豫兵入寇，夢得諭降其將。八年，除安撫制置大使，建康留守。奏防江措畫八事。金兵至拓皋〔五〕，夢得團結民兵，分據江津，金兵不得渡而去。夢得兼總四路漕計，以給饋餉，軍用不乏。

尤袤。無錫人。紹興中，提舉江東常平。江東旱，單車行部，覈一路常平米，通融有無，以之賑貸。推行朱子所講荒政於諸郡，民無流殍。

洪适。番陽人。提舉江東路常平茶鹽。首言役法不均之弊。會完顔亮來侵，上親征。适覲金陵，言本路旱，百姓逐食於淮，復遭金兵，今各懷歸，而田産爲官鬻，請聽其贖。

劉錡。德順軍人。紹興三十一年，金主亮自將南來，以錡爲江淮浙西制置使，引兵屯揚州，建大將旗鼓，軍容甚肅。金萬户高景山攻揚州，錡遣員琦拒於皂角林，大敗之，斬景山。

楊存中。𨚗縣人。隆興中，金人攻淮甸，詔存中都督江淮事。時諸將各守分地，不相統一，存中集諸將調護之。於是始更相爲援。帝親札賜之曰：「諸帥協和，互相策應，卿之力也。」會金兵已深入，朝廷欲舍淮保江。存中持不可，乃已。

鄭興裔。開封人。爲江東路鈐轄。乾道初，建康留司請治行宫，備巡幸。興裔奏勞人費財，乞罷其役。

韓彦直。延安人。乾道中，總領淮東軍馬錢糧。會大軍倉給糧，徑乘小輿往察之，給米不如數，捕吏置於理。初代者以乏興罷，交承爲緡錢，僅二十萬。明年奏計，乃四倍。

岳珂。湯陰人。任江東轉運判官。以所積經常錢，糴米五萬石，樁留江東九郡，以時濟糴。諸部皆蒙其利。

謝深甫。臨海人。孝宗時，江東大旱，擢爲提舉常平。講行救荒條目，所全活百六十餘萬人。

楊萬里。吉水人。光宗時，爲江東轉運副使，權總領淮西、江東軍馬錢糧。朝議欲行鐵錢於江南諸郡，萬里疏其不便。

丘崈。江陰軍人。爲江淮宣撫使。時師潰，崈奏泗州孤立〔六〕，淮北所屯精兵幾二萬，萬一金人南出清河口及犯天長等城，則首尾中斷，墮敵計矣。莫若棄之，還軍盱眙。從之。金人自渦口犯淮南，或勸崈棄廬、和州，爲守江計。崈曰：「棄淮，則與敵共長江之險矣。吾當與淮南共存亡。」益增兵爲防。

袁甫。鄞人。提舉江東常平。適歲旱，亟發庫庚之積，凡州縣窠名隸倉司者，無新舊，皆住催，遣官分行賑濟。饑者予粟，病者予藥，尺籍之單弱者，市民之失業者，皆曲軫之。提點本部刑獄。行部，問民疾苦，薦循良，劾姦貪，決滯獄，所至詣學宫講説。前後持節江東五年，所活不可勝計。

常楙。理宗時，監江淮茶鹽所蕪湖局。不受商税羸。

唐璘。古田人。理宗時，爲江東運判。時邊事急，置四察訪使，就詔璘分建康、太平、池州、江西。檄當塗宿設戰具，防采石，撥和糴續生券，具奏捐總領所錢二十萬緡助江防，聲大振。

耿世安。爲江東副總管、兩淮都撥發官。諜報元兵至，世安迎至魚溝，以三百騎入陣鏖擊。自午至酉，身被七創，猶追殺潰兵。收兵還，至數里歿。

趙淮。衡山人。爲淮東轉運使。德祐中，戍銀樹壩，兵敗被執。阿珠使招李庭芝，淮陽許諾，至城下大呼曰：「李庭芝，男子死耳，毋降也！」阿珠殺之，棄尸江濱。「阿珠」舊作「阿朮」，今改正。

元

趙良弼。女直人。世祖南征，召參議元帥事兼江淮安撫使〔七〕。親執桴鼓，率先士卒，五戰皆捷。禁焚廬舍、殺降民，所至宣布恩德，民皆安堵。

商琥。濟陰人。至元十四年，拜江南行御史臺監察御史。建康戍卒有利湯氏財者，投戈於其家，誣爲反具。琥知其冤，罪誣者而釋之。華亭蟠龍寺僧思月，謀叛被擒，其黨縱火來刼，民大擾，琥亟誅其魁。文法吏責琥擅誅，中丞張雄飛曰：「江南殘毀之餘，盜賊屢起，顧尚循常例，安用憲臺爲哉！」

薩里。至元中，奉使江南。省風俗，訪遺逸。時行省理財方急，賣所在學田，以價輸官。薩里曰：「學田所以供祭祀、育人才也，安可鬻？」遽止之。還朝以聞，帝嘉納焉。「薩里」舊作「撒里」，今改正。

瑠濟哩威。至元中，爲江東道宣慰使。在官務興學，諸生有俊秀者，拔而用之。爲政嚴明。豪猾吏束手不敢犯，然亦無所刑戮而治。「瑠濟哩威」舊作「立智理威」，今改正。

陳思濟。柘城人。至元中，授兩淮都轉運使。姦弊盡革，商賈通行，歲課以足。

趙宏偉。甘陵人。大德中，遷江南行臺都事。江南大饑，宏偉請以贓罰錢賑之，民賴以生。

伊克德伊爾丹。大德中，除江東建康道肅政廉訪使。始視事，見獄具陳列庭下甚備，問之，乃前官創置，以待有罪者。伊克德伊爾丹蹙然曰：「凡逮至臬司，皆命官及有出身之吏。廉得其情，則將服罪，獄具無庸施也。」即屏去之。監憲一年，贓吏削迹。「伊克德伊爾丹」舊作「奕赫抵雅爾丁」，今改正。

敬儼。河東人。至大元年，擢江南諸道行御史臺治書侍御史。以議立尚書省忤宰臣意，適兩淮鹽法久滯，乃遷轉運使，欲以陷之。比至，首劾場官之貪污者。法既大行，課復增益，至二十五萬引。河南行省參政來會鹽筴，將以益數爲歲入常額。儼以亭户凋敝已甚，以羡爲額，民力將殫，病人以爲己，非宰臣事。事遂止。

崔敬。惠州人。至正初，遷江東廉訪使。抑豪强，惠下窮，洗冤滯，興學勸農，百廢具舉。

福壽。唐古特人。至正十五年，遷江南行臺御史大夫。明兵圍集慶，福壽數督兵出戰，勢不能支，城遂破，百司皆奔潰，福壽獨據胡牀坐鳳凰臺下，指麾左右。或勸之去，叱之曰：「吾爲國家重臣，城存則生，破則死，尚安往哉！」亂兵四集，遂遇害。「唐古特」舊作「唐兀」，今改正。

明

陳瑄。合肥人。宣德中，以平江伯充總兵都督。疏清江浦引水達淮，開泰州白河通大江。築高郵河隄，隄内鑿渠亘四十里。淮濱作常盈倉，貯江南輸税。鎮守淮安，兼督漕運、漕政，益修漕渠。在江淮間，瑄功爲大。

周忱。吉水人。宣德五年，始設巡撫官，以忱爲工部右侍郎巡撫江南。奏減蘇州府田租七十二萬石，他府亦以次減，民得蘇息。修吴淞江顧浦諸處水利，至今賴之。

孫鼎。廬陵人。正統中，督南畿學政。教士以德行爲本，每學置本源録，録諸生善行。行部不使人知，單輿猝至，集諸生試之，即日定其甲乙，請託者無所容。

王竑。河州人。景泰時，以右僉都御史總督漕運，兼巡撫江北四府、徐和滁三州。時大水民饑，道殣相望。竑不待報，開倉發賑，家賦牛種，復業者無算。他境流移，安輯者萬六百餘家。病者給藥，死者具櫘，鬻子女則贖而歸之，還籍者與道里費，由是人忘其饑。

李秉。曹州人。天順初，以僉都御史巡撫蘇松。歲饑，發廩賑貸，又請滸墅關稅悉徵米備荒。内官金保於淮安倉肆科索，秉發其罪，帝宥之，令盡革其弊。居職數載，惠政大敷。

崔恭。廣宗人。天順初，代李秉巡撫蘇松。浚儀徵漕河及常鎮河避江險。又大治吴淞江，起崑山夏家口，至上海白鶴江、嘉定卞家渡，迄於莊家涇，凡浚萬四千二百餘丈。又浚曹家港、浦匯塘、新涇諸水，民賴其利。蘇松旱饑，奏蠲秋糧四十餘萬石，民困以蘇。

陳選。臨海人。成化初，以御史督學南畿。患士習浮夸，範以古禮。嘗止宿學宫，夜巡行兩廡，察其誦讀。諸生競勸，文教大興。

王恕。三原人。成化中，以右副都御史巡撫江南。舊制應天、鎮江、太平、寧國、廣德官田徵半租，民田全免。其後民田悉歸豪右，而官田累貧民。恕乃減官田耗，均之民田。常州時有羨米，奏以六萬餘石補夏税，又補他府户口鹽六百萬貫，公私便焉。水災，奏免秋糧六百餘萬石，周行賑貸，全活二百餘萬口。

戴珊。浮梁人。成化中，以御史督學南畿。抑奔競，嚴約束，賞拔皆知名士。

侣鐘。鄆城人。弘治初，以右副都御史巡撫蘇松。首擇廉幹吏主倉庾，侵漁弊絶。所部災，奏免歲辦織造諸物，改折漕糧五十萬石，留滸墅關税二年。皆報許。

何鑑。浙江新昌人。弘治中，以右副都御史巡撫江南。蘇松大水，民饑，用便宜發漕米十五萬石賑之。屢奏便民事宜，多報可。與侍郎徐貫疏吴淞白茆諸渠，泄水入海，水患始息。

朱瑄。鄞縣人。弘治中，以右副都御史巡撫江南。濬三江下流以殺太湖水，疏孟瀆諸河通漕。自蘇州至崑山，經沙河，舟多覆溺，瑄爲甃石作隄，樹柳其上。太倉、鎮海二衛，軍民雜處難治，建議置太倉州，減蘇松歲辦雜徭。實心幹濟，口不言錢，歸之日，饔飧不給。

李充嗣。内江人。正德時，巡撫應天。歲大饑，悉心賑濟。時宸濠有逆謀，充嗣爲之備。及宸濠反，自將精兵萬人，西屯采石，傳檄部内，詭言京邊兵十萬且至。賊疑懼，會王守仁破南昌，賊乃潰去。就進工部尚書。修蘇松水利，大開白茅港，疏吴淞江。嘉靖初，奏減正德時所加白糧，并蠲歲辦之浮舊額者，民困以蘇。

蕭鳴鳳。山陰人。正德時，以御史督學南畿。取士先德行，後文藝，誨諭懇摯。諸生感悦，以比前御史陳選，稱之曰：「陳泰山，蕭北斗。」

歐陽鐸。太和人。嘉靖初，以右都御史巡撫應天十府。以蘇松田賦不均，乃令賦最重者減耗米、派輕齎以輕之，最輕者徵本色、增耗米陰重之。由是版籍不更，賦無偏畸。

曾鈞。進賢人。嘉靖時，以右副都御史總理河道。徐、邳等十七州縣連被水患，鈞乃疏劉伶臺至赤晏廟八十里，築草灣老黄河口，餘三里溝、新開河、高家堰並建閘築隄。閲數月工成，民以安居。

周如斗。餘姚人。嘉靖中，以御史巡按蘇松。時倭患方棘，而歲又不登。如斗悉心經畫，外應軍旅，内撫士民，奏免田租數十萬石。奉命監軍，將吏畏服。期滿當代，以士民請，更留一年。

曹邦輔。定陶人。嘉靖中，以右僉都御史巡撫應天。時倭寇犯南京，破溧水，邦輔督兵進勦。賊走太湖，追及之，盡殲其衆。

鄭曉。海鹽人。嘉靖時，以兵部侍郎總督漕運。時大江南北皆被倭患，曉懸重賞，捕戮其嚮導。請增設泰州海防副使，築瓜洲城，諸海口皆增兵設堠。遂連破之，斬馘甚衆，餘賊潰去。

唐龍。蘭溪人。以右僉都御史總督漕運，兼撫鳳陽諸府、壽州、正陽關榷税。通、泰二州虚田税，及漕卒船料，皆人所患苦，並奏罷之。

俞大猷。晉江人。嘉靖時，爲蘇松副總兵。時倭寇猖獗，總督張經檄速戰。大猷不可，俟諸軍畢集，大破之。又擊倭蘇州，倭出海走，生擒其魁。别倭犯吴江，又破之於鶯脰湖。倭懼皆遁，江南遂安。

劉景韶。崇陽人。嘉靖時，爲淮揚道副使。饒將略，每戰必身先士卒，自丁堰至廟灣，大小十餘戰，巨寇畢殲。又山西驍將丘升，以倭警調援淮揚，景韶挾與俱，所向無不克。後升自仲家園追賊至鍋團，輕騎先進，爲賊所圍，馬蹶，死於陣。

朱衡。萬安人。嘉靖末，以工部尚書兼右副都御史總理河漕。時河決沛縣飛雲橋，塞運道。衡開新渠一百九十四里，築馬家橋隄以遏飛雲橋隄決口，漕艘通行無阻。

海瑞。瓊山人。隆慶中，巡撫應天十府。屬吏憚其威，莫不飭厲。疏請濬吴淞、白茆，通流入海，民賴其利。甫半歲去，小民號泣載路，家繪像祀之。後卒官南京。

潘季馴。烏程人。萬曆初，以右都御史兼工部侍郎總理河漕。時河決崔鎮，全淮南徙，高堰湖隄大壞，維揚、高、寶間皆爲巨浸。季馴相度地勢，條上六事，河工以成。本朝乾隆二十二年，高宗純皇帝南巡，奉旨建祠，春秋致祭。

劉東星。沁水人。萬曆中，以工部侍郎總理河漕。開濬元賈魯所浚故道，起曲里鋪至三仙臺抵小浮橋。又濬漕渠，自徐、邳至宿。又奏開泇河，南通淮海，引漕甚便。卒於官。

李化龍。長垣人。萬曆中，以工部侍郎總理河道。與巡撫李三才，開泇河由直河入泇口抵夏鎮二百六十里，避黄河、吕梁之險。漕至今便焉。

周起元。海澄人。天啓間，巡撫吳中。爲政持大體，尚清浄。性剛介，不畏彊禦。織造内監李實，倚魏忠賢勢，貪暴不法，誣劾蘇州同知楊姜。起元申救，因疏實侵尅罪。忠賢怒，逮死獄中。

張國維。東陽人。崇禎中，擢僉都御史巡撫應天十府。流寇犯江北，國維往來堵勦，得稍靖。在事六年，以寬惠得民。尤究心水道，輯三吳水利全書，建蘇州石塘、松江海隄，濬江陰、鎮江漕渠。立社學，修常平倉，並有成績。

祁彪佳。山陰人。崇禎中，巡按蘇松諸郡。首以弊政當革者十，良法當復者十，偏詢屬吏而行之，風采大著。吳中積猾最多，訪其尤甚者四人，大會縉紳父老，立杖殺之，遠近震慴。後擢巡撫。

史可法。大興人。崇禎八年，分巡池州、安慶，監江北諸軍。蒐軍實，治戰具，流賊不敢犯。十年，擢右僉都御史，巡撫安慶，屢敗賊衆。十四年，總督漕運。時漕輓每歲缺餉，幾至百萬。可法大濬南河，祛除宿弊殆盡，又興屯田，繕城郭，威望大著。福王時，以東閣大學士督師淮揚。揚州破，慷慨就死。

何騰蛟。黎平衛人。崇禎中，官淮揚兵備僉事。討平土寇程有宇等數萬衆，部内晏然。

本朝

馬國柱。漢軍正白旗人。順治四年，總督江南。時八旗駐防兵民不相習，國柱盡心撫戢，令行禁止，兵民相安。

李日芃。漢軍正藍旗人。順治七年，操江都御史。時沿江多盜，日芃令五里置汛兵稽之，行旅晏然。海寇犯鎮江，遣將堵勦，斬獲甚衆。刊定經賦全書，剏立書院，來四方學者，士民德之。

李嵩陽。封邱人。順治七年，提學江南。時士習靡譎，尚詞華，棄義理。嵩陽痛革之，遵用傳註，文體乃正。

秦世禎。廣寧人。順治八年，巡按江南。墨吏蠹胥，誅逐不遺。理囚多所平反。漕卒爲横，索贈無藝，疏請立五米五銀法，著爲令。

李來泰。撫州人。順治十二年，督學江南。所拔皆孤寒知名士。尋任蘇松糧儲，復分守蘇松常道。歷官清慎，能持大體，不事威嚴，而所部懾服。

郎廷佐。漢軍鑲黄旗人。順治十三年，總督江南。捍海口有功。

石廷柱。漢軍正藍旗人。順治十三年，以鎮海將軍駐鎮江。能飭兵安民，民間稱爲「石佛」。

額楚。滿洲鑲黄旗人。江南都統。善綏戢兵民。吴逆之亂，提兵援江右，軍律嚴明，所至安堵。

郎賽。漢軍正紅旗人。江南都統。時初設軍屯，法紀嚴肅，廛市晏然。

李森先。平度州人。順治中，巡按江南。置姦胥之虐民者十一人於法，民大悦。

陳培禎。奉天人。順治中，江南左布政，以廉幹稱。海寇薄城，食盡，民將爲變。培禎開聚寶門以通運，人心乃安。與總兵梁化鳳，潛開小東門，出不意擊賊，大破之。

梁化鳳。榆林人。崇明鎮總兵。海寇出没不常，化鳳收復平渾、平安、大安、聯福等沙，寇氛稍息。鎮兵皆寄居民間，化鳳始建營房處之，兵民稱便。順治十六年，赴援江寧。突圍入守，潛自間道出擊，賊大敗，遂復潤州。

崔華。平山人。順治進士，由揚州知府擢任兩淮鹽運使。寬於督課，商得休息而賦悉辦。先是，湖南長沙各府因用兵蠲引三十九萬一千有奇，有請補行蠲引者，計課可四十餘萬兩。華力言不便，以兩淮浮課甚重，又帶加斤，商力疲乏。若再補行蠲引，必致額售者滯銷誤課。事遂寢。

周維新。奉天人。以副都統住鎮江。戢兵禮士，人皆德之。

馬祜。滿洲鑲紅旗人。康熙八年，巡撫江南。疏蠲全省逋賦百九十餘萬，又請賑淮揚六郡之被水災者，并其賦除之。又濬河以時蓄洩，民賴其利。後霖雨爲災，以憂卒官。遺疏極陳水災民困，無一語及私。

方國棟。順天宛平人。順治舉人。康熙十二年，除守蘇松常道。地濱太湖，隄岸歲久傾圮，國棟親率吏民，併力修築。又修沿海墩臺，及吴淞、劉河兩閘，區晝經費，不以擾民。時值官兵進征閩、粵，羽書旁午中，獨國棟事事與民休息。芻茭糗糧之需，日儲以俟，軍興賴以無乏，而民間晏然，若不知有兵事者。

王之鼎。漢軍正紅旗人。鎮海將軍。禮遇士人，而御兵極嚴，有古名將風。

靳輔。漢軍鑲紅旗人。康熙中，總督河道。大挑山、清、高、寶四州縣運河。詳審兩淮全局，陳經理河工事宜八疏。復請開中河三百餘里，令漕艘由仲家莊閘而上，即入中河，避百八十里黄河湍悍之險。勞績茂著，卒謚文襄。雍正十二年，入祀賢良祠。

于成龍。永寧人。康熙中，總督兩江。貪墨吏望風解綬，豪猾皆潛徙他境。杜苞苴，減火耗，清營伍，除蠹商，剏立虹橋書院，檄取高才之士講習其中，親自誨訓。自奉儉約。以疾卒官，謚清端。入祀賢良祠。

湯斌。睢州人。康熙中，巡撫江蘇。吴俗奢靡，裁之以禮，立嫁娶喪葬定式。又累疏陳吴民疾苦。淮揚水災，倡屬捐濟。撫吴三年，食惟疏菜，還朝之日，吴人攀送者數千人。卒謚文正，入祀賢良祠。

施世綸。漢軍鑲黄旗人。康熙中，累擢淮徐道，總督漕運。革羡金，劾貪弁，除蠹役，號稱嚴明。

傅臘塔。滿洲鑲黄旗人。康熙中，總督江南。薦賢能，斥貪墨，讞獄明慎，摘發如神。請免江寧號房蓬搭地租銀八千兩，又疏請江南鄉試增廣解額。三載，卒於官。入祀賢良祠。

許汝霖。海寧人。康熙中，督學江南。手定甲乙，釐正文體，人咸服其公鑑。

張鵬翮。遂寧人。康熙中，總理河道。徧行勘履，悉心經晝，拆攔黄壩，築高堰，廣闢清口，疏人字、芒稻等河。又請改中河，築隄三義壩，每歲糧艘通行無阻，黃淮皆循故道。所著有河防記。入祀賢良祠。

張泰交。陽城人。康熙中，督學江南。刻苦勵操，雖周親宿好，莫敢干以私。

陳鵬年。湘潭人。康熙中，總督河道。時漕渠歲澀，遣幹吏直溯淮源，疏其上流，使清水暢達，會黃濟運。又挑濬黃河南北岸引河四道。以疾卒於官，謚勤恪。入祀賢良祠。

張伯行。儀封人。康熙中，巡撫江蘇。清正著聞，豪猾望風遠遁。舉劾屬員，無所阿徇。奏請蠲瓜洲浮税，賑恤高、寶下河災黎。撫吴五載，官吏莫敢冒法貪濫。

邵嗣堯。猗氏人。康熙進士，以參議督江南學政。杜絶苞苴，論文宗尚簡質。著四書講義，傳示學者。尋以勞疾卒。士民思之，爲立祠祀焉。

徐士林。文登人。康熙進士。乾隆年間，擢至江蘇布政使。時湖廣資送山東流民，經過兩江，數至三千有奇，蜂擁江干，恃衆逞刁。士林分别資送，處置得宜。尋授江蘇巡撫，覈議淮鹽，俱如所請。徐、淮、海等處被水，賑濟撫卹，全活甚衆。又勸捐輸社倉，積貯充裕。以病卒，予入京師賢良祠、蘇州名宦祠。

齊蘇勒。滿洲正白旗人。雍正初，總督河道。疏復瓜洲花園港運道，建閘啓閉，以順水勢。堵瓜洲城西新開河道，以免江水逼城之患。莅政清勤，河防完固。卒謚勤恪，入祀賢良祠。

馮景夏。桐鄉人。雍正中，任蘇松糧儲道。剔弊除蠹，不避嫌怨。改用小口倉斛，以杜溢收。盡革陋規浮費，漕政肅清，民咸稱頌。又清查松、常二府積欠，稽覈精詳，爲人所不能及。

尹繼善。滿洲鑲黃旗人。乾隆年間，三任兩江總督，晉大學士。繼善恭正端厚，前後歷任二十年，愛民養士，整飭吏治。不尚嚴厲，而吏民畏懷；不動聲色，而大小悉就。卒謚文端，入祀賢良祠。

陳弘謀。臨桂人。乾隆二十二年，任江蘇巡撫，尋授兩廣總督。二十三年，以總督銜仍管江蘇巡撫。弘謀精性理之學，爲政綜覈名實，清漕弊，禁淫祠，崇樸黜華，治無不舉。以東閣大學士予告回籍，卒於途。贈太子太傅，謚文恭。入祀賢良祠。

劉墉。諸城人。乾隆二十四年，督江蘇學政。奏士習官方略云：「生監中滋事妄爲者，府州縣多所瞻顧，既不肯速爲審斷，又不欲太分皁白，闒冗怠玩，訟棍蠹吏因得互售其姦。」詔褒其留心政體。四十二年，再督學江蘇。官至體仁閣大學士，卒謚文清。入祀賢良祠。

康基田。興縣人。諳習河務，洊任河道總督。乾隆五十四年，周家樓漫溢，適上游挑溜，大埽將陷。基田上埽搶鑲，被大溜翻入河底，爲埽所壓，撈救得生。屢緣事降褫，俱留工効力。嘉慶十三年，以知府銜隨尚書長麟等赴江南勘河。查出天龍閘迤東十八里屯，有前河臣靳輔所建石閘二座，足以減黃利運。請旨興修，賞加道銜並花翎。

胡高望。仁和人。乾隆戊申、己酉兩科連主江南試，旋奉命督學江蘇者再。端士習，拔寒畯，被其化者，謂愛人如慈父，誨人如嚴師。官至都察院左都御史，嘉慶三年卒。五年，補謚文恪，入祀賢良祠。

費淳。仁和人。乾隆六十年，任江蘇巡撫。嘉慶四年，總督兩江。奏挑徐州食城河以利農田，就漕糧調濟以濟疲丁。官至體仁閣大學士。卒謚文恪。

岳起。滿洲鑲白旗人。嘉慶四年，任江蘇巡撫。嚴禁州縣浮收，疏清查漕弊章程。詔褒其操守清潔，在督撫中，最爲出衆。卒贈太子太保銜。

許兆椿。雲夢人。嘉慶初，歷松江、江寧知府，擢蘇松糧道。十四年，授漕運總督。奏請減造江廣漕運剥船，節省銀四十萬兩。卒祀名宦祠。

校勘記

〔一〕宋地氏房心分野　「氐」，原作「氏」，據乾隆志卷四九江蘇省分野(下同卷徑稱乾隆志)改。
〔二〕角頭　「角」，原作「角」，據乾隆志、吴郡志卷八改。
〔三〕元和駐角直　「角」，原作「角」，據乾隆志、雍正江南通志卷二五改。
〔四〕乾隆四十八年增員　據文意，「增」下當有「一」字，疑脱。
〔五〕金兵至柘皋　「柘」，原作「拓」，乾隆志同，據宋史卷四五五葉夢得傳改。
〔六〕密奏泗州孤立　「州」，原作「洲」，據乾隆志改。
〔七〕召參議元帥事兼江淮安撫使　「召」，原作「名」，據乾隆志及元史卷一五九趙良弼傳改。

江寧府圖

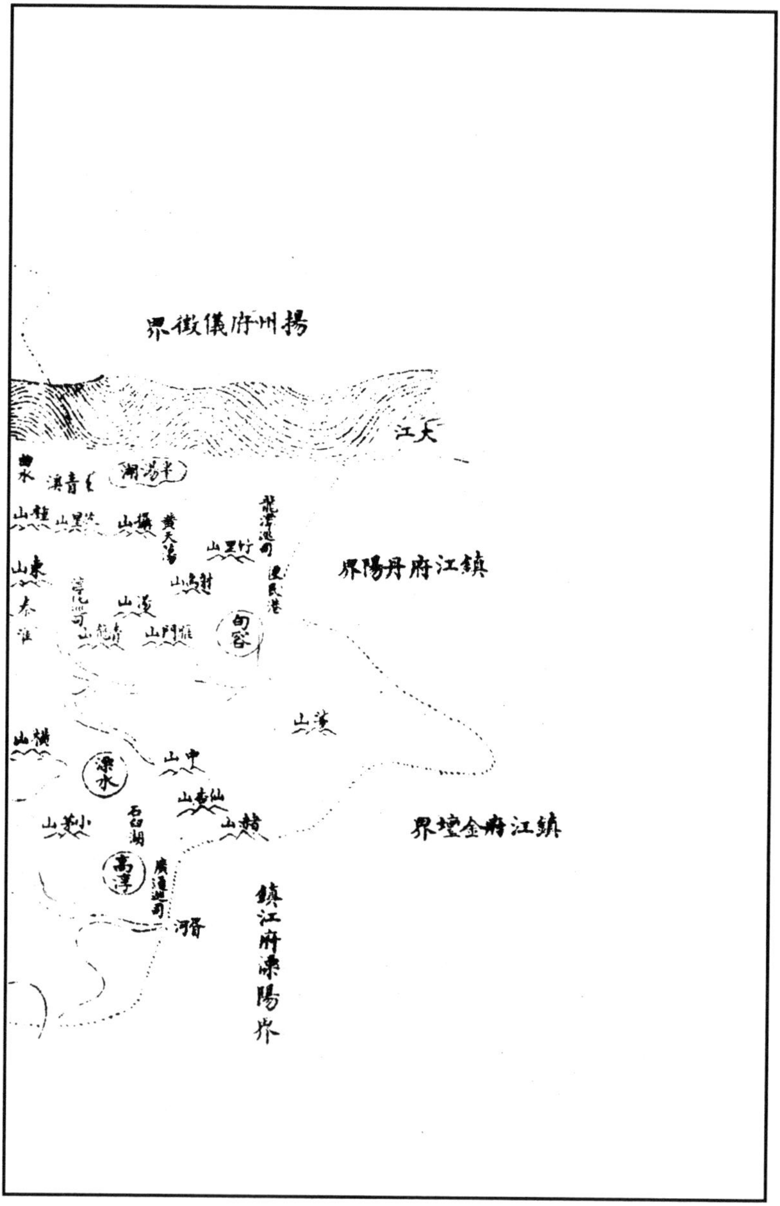
揚州府儀徵界
大江
鎮江府丹陽界
龍潭巡司
句容
溧水
石臼湖
高淳
廣通巡司
鎮江府金壇界
鎮江府溧陽界

安徽天長界
安徽來安界
安徽滁州界
安徽全椒界
六合
安徽和州界
大江
安徽當塗界
丹陽湖
固城湖
安徽宣城界

江寧府表

	江寧府	上元縣
秦	屬鄣郡。	秣陵縣 始皇時改金陵置。
兩漢	丹陽郡地。後漢建安末孫權建都，置丹陽郡，兼置揚州。	秣陵縣地。後漢建安末孫權改置建業縣，爲丹陽郡治。
三國吴	揚州丹陽郡 黄龍元年遷都建業。	建業縣
晉	揚州丹陽尹 東晉改丹陽内史爲尹。	建康縣 太康三年改「業」爲「鄴」。建興初改名。
南北朝	揚州丹陽郡	建康縣
隋	丹陽郡 開皇初廢郡，改蔣州。大業三年復郡。	江寧縣 開皇中改置，省建康及同夏縣入，仍爲郡治。
唐	昇州 武德三年復曰揚州。七年改蔣州。至德二載置江寧郡。乾元元年改名。光啓三年又復，屬江南道。	上元縣 武德三年更名歸化。八年改金陵。九年改白下，屬潤州。貞觀九年復爲江寧。乾元元年州治。上元二年又改。
五代	江寧府 楊吴改金陵府。南唐建西都，改名。	上元縣 府治。
宋	建康府 開寶八年復置昇州。仁宗時升建康軍。建炎三年復府改名。	上元縣 府治。
元	集慶路 至元十四年升建康路。天曆二年又改名。	上元縣 路治。
明	南京應天府 初建都，改府。正統六年定爲南京。	上元縣 府治。

續表

魏郡 咸康四年僑置，領肥鄉、元城二縣。		懷德縣 太興三年置。後改名費縣，屬琅邪郡。	臨沂縣 東晉僑置，屬南琅邪郡，兼置陽都、即丘二縣。
宋省。	同夏縣 梁大同三年置，陳屬建興郡。	宋元嘉十五年省。	臨沂縣 元嘉中省即丘入陽都。大明五年又省陽都入陳，屬建興郡。
	省。		省。

	江寧縣
湖熟縣屬丹陽郡。	秣陵縣屬丹陽郡，後漢建安中省入建業。
省。	
湖熟縣復置。	江寧縣太康元年置臨江縣。二年改名，屬丹陽郡。 秣陵縣太康三年分置，仍屬丹陽郡。
南琅邪郡齊永明六年移治白下。陳廢。 湖熟縣陳屬建興郡。	江寧縣 秣陵縣
省。	開皇十年徙。 省入。
	上元縣地。 安業縣武德二年析置。八年省。
	江寧縣南唐復置。
	江寧縣府治。
	江寧縣路治。
	江寧縣府治。

	句容縣
	句容縣 屬丹陽郡。 江乘縣 初屬丹陽郡。後漢省。
	句容縣
	句容縣 江乘縣 太康元年復置，屬南琅邪郡。 南琅邪郡 咸康元年僑置。
建興郡 陳置。	句容縣 江乘縣 陳屬建興郡。 齊徙廢。
廢。	句容縣 改屬江都郡。 廢。
	句容縣 武德三年置茅州。七年州廢，縣屬蔣州。九年屬潤州。至德二載屬江寧郡。乾元初屬昇州。上元二年復屬潤州。光啓三年復屬昇州。
	句容縣 楊吴屬金陵府。南唐屬江寧府。
	句容縣 天禧四年更名常寧。尋復故，屬建康府。
	句容縣 屬集慶路。
	句容縣 屬應天府。

續表

續表

溧水縣	江浦縣	六合縣
溧陽縣地。	堂邑、全椒二縣地。	
	尉氏縣地。	
	梁末置臨滁郡，屬譙州。陳廢。	六合郡 梁復置秦郡。大寶元年置西兗州。後齊曰秦州。後陳改爲義州。後周改置方州，又改郡名。
溧水縣 開皇十八年改置，屬蔣州。大業中屬丹陽郡。	六合縣地。	開皇初郡廢。大業初州廢。
溧水縣 武德三年屬揚州。九年屬宣州。乾元初屬昇州。		
溧水縣		
溧水縣 屬建康府。		
溧水州 元貞初升州。		
溧水縣 復降縣，屬應天府。	江浦縣 洪武九年析六合縣及滁、和二州地置，屬應天府。	

續表

	堂邑縣 高帝六年置，屬臨淮郡。後漢屬廣陵郡。			
	堂邑縣			
尉氏縣 安帝改置。	秦郡 永興元年分置堂邑郡。安帝改名。	永興初升爲郡，改置尉氏，縣廢。		
尉氏縣 齊屬齊郡，北齊置瓦梁郡。陳廢。	齊永明初罷。		齊郡 齊置，兼置臨淄縣，爲郡治。梁廢。	方山縣 周置。
六合縣 開皇四年改名，屬江都郡。				省入。
六合縣 武德七年復置方州。貞觀初州廢，屬揚州。				
六合縣 南唐置雄州。周徙。				
六合縣 至道二年改屬真州。				
六合縣				
六合縣 洪武三年屬揚州府。二十一年屬應天府。				

高淳縣
溧陽縣地。
溧水縣地。
高淳鎮。
高淳縣弘治四年分置，屬應天府。

續表

大清一統志卷七十三

江寧府一

江蘇省治，在蘇州府西北四百五十里。東西距三百四十里，南北距三百八十里。東至鎮江府丹陽縣界一百六十里，西至安徽和州界一百八十里，南至安徽寧國府宣城縣界二百四十里，北至安徽泗州天長縣界一百四十里。東南至鎮江府溧陽縣界一百九十里，西南至安徽太平府當塗縣界一百三十五里，東北渡江至揚州府儀徵縣界一百三十五里，西北渡江至安徽滁州界一百四十里。自府治至京師二千四百四十五里。

分野

天文斗、牛、女分野，星紀之次。

建置沿革

禹貢揚州之域。春秋吴地。戰國屬越，後屬楚，置金陵邑。秦改曰秣陵，屬鄣郡。漢爲丹陽郡地。北境爲臨淮郡地。後漢因之。北境堂邑改屬廣陵。建安十六年，孫權建都，吴志：權徙治秣陵。明年，改秣陵爲建業。移置丹陽郡，兼置揚州。晉平吴，因之。東晉改丹陽内史爲尹。北境僑置秦郡。宋、齊、梁、陳因之。隋開皇初，廢郡，改曰蔣州。大業三年，復曰丹陽郡。唐武德三年，復曰揚州。七年，又改蔣州。八年，復曰揚州，置大都督府。九年，揚州移治江都，分屬宣、潤二州。至德二載，置江寧郡。乾元元年，改曰昇州。唐書方鎮表：是年置浙江西道節度使，兼江寧軍使，治昇州，尋徙蘇州。上元二年，州廢。光啓三年，復置昇州，屬江南道。天祐二年，楊行密建大都督府。五代楊吴武義二年，改曰金陵府。石晉天福二年，南唐李氏建都，改爲江寧府，謂之西都。以江都爲東都。宋開寶八年，復爲昇州。天禧二年，升爲江寧府建康軍節度，仁宗初封昇王也。屬江南東路。建炎三年，改爲建康府。元至元十四年，升爲建康路。二十三年，自杭州移江南諸道行御史臺於此。天曆二年，改爲集慶路。明太祖元年，始定都於此，改曰應天府，置江南行中書省。永樂二年，以爲行在。正統六年，定爲南京。

本朝改曰江寧府，隸江蘇布政使司。乾隆二十五年，增設江寧布政使司，府爲司治，領縣八。雍正八年，以溧陽縣改隸鎮江府。今領縣七。

上元縣。附郭。府治東北偏。東西距九十五里，南北距九十九里。東至句容縣界九十里，西至江寧縣界五里，南至江寧、溧水二縣分界處五十里，北至大江中流六合縣界四十九里。東南至句容縣界七十里，西南至江寧縣界四里，東北至句容縣治一百十里，西北渡江至六合縣治一百二十里。戰國楚金陵邑。秦爲秣陵縣地。漢因之。後漢建安末，孫權都此，改置建業，爲丹陽郡治。晉太康三年，改「業」爲「鄴」。建興初，又改曰建康。東晉復都此。宋、齊以後因之。隋平陳，省建康，改置江寧縣，仍爲丹陽郡治。唐武德三年，改曰歸化，爲揚州治。八年，改縣曰金陵。九年，又改曰白下，屬潤州。貞觀九年，仍曰江寧。至德二載，於縣置江寧。乾元元年，爲昇州治。上元二年，州廢，改縣曰上元，屬潤州。光啓三年，復爲昇州治。五代楊吳爲府治。南唐爲西都。宋爲建康府治。元爲集慶路治。明洪武初，定都於此，爲應天府治。本朝爲江寧府治。

江寧縣。附郭。治城西南偏。東西距三十里，南北距一百里。東至上元縣界五里，西至大江中流江浦縣界二十五里，南至溧水縣界九十五里，北至上元縣界五里。東南至溧水縣界六十里，西南至安徽太平府當塗縣治百三十五里，東北至上元縣界六里，西北渡江至江浦縣治四十里。漢置秣陵縣，屬丹陽郡。後漢建安中，併入建業。晉太康元年，分置臨江縣。二年，更名江寧。三年，又分建業置秣陵縣，皆屬丹陽郡。宋、齊以後因之。隋平陳，省秣陵入江寧，爲江寧縣地。唐初，爲上元縣地。天祐十四年，楊吳復析上元置江寧縣，與上元皆爲昇州治。宋、元因之。明爲應天府治。本朝爲江寧府治。

句容縣。在府東九十里。東西距七十里，南北距一百二十里。東至鎮江府丹陽縣界五十里，西至上元縣界二十里，南至溧水縣界五十里，北至大江中流揚州府儀徵縣界七十里。東南至鎮江府金壇縣治一百二十里，西南至江寧縣界一百里，東北至鎮江府丹徒縣治一百十里，西北渡江至江浦縣治一百四十里。漢置句容縣，屬丹陽郡。後漢及晉、宋以後皆因之。隋改屬江都郡。唐武德三年，於縣置茅州。七年，州廢，縣屬蔣州。九年，屬潤州。至德二載，屬江寧郡。乾元初，屬昇州。上元二年，屬潤州。光啓三年，仍屬昇州。楊吳屬金陵府。南唐屬江寧府。宋天禧四年，改曰常寧，尋復曰句容，屬建康府。元屬集慶路。明屬應天府。本朝屬江寧府。

溧水縣。在府東南百四十里。東西距一百里，南北距一百十里。東至鎮江府溧陽縣界五十里，西至安徽太平府當塗縣界五十里。南至高淳縣界六十里，北至江寧縣界五十里。東南至溧陽縣治七十里，西南至當塗縣治百五十里，東北至句容縣界四十里，西北至江寧縣界四十五里。漢溧陽縣地。隋開皇十八年，改置溧水縣，屬蔣州。大業中，屬丹陽郡。唐武德三年，屬揚州。

九年，屬宣州。乾元初，屬昇州，尋復屬宣州。光啓三年，又屬昇州。五代因之。宋屬建康府。元元貞初，升爲溧水州。明初，復爲縣，屬應天府。本朝屬江寧府。

江浦縣。在府西北四十里。東西距七十里，南北距五十里。東至大江中流江寧縣界二十里，西至安徽滁州全椒縣界五十里，南至大江中流安徽和州界二十里，北至六合縣界三十里。東南至江寧縣界三十里，西南至和州治一百里，東北至六合縣治百里，西北至滁州界六十里。漢堂邑、全椒二縣地。東晉爲尉氏縣地。劉宋大明七年，置懷德縣，兼置臨江郡。永光元年，郡廢，以縣屬秦郡。蕭齊屬臨江郡。梁末置臨滁郡。東魏因之。陳郡、縣俱廢。隋以後爲六合縣地。明洪武九年，始析六合縣及滁、和二州地，置江浦縣，屬應天府。本朝屬江寧府。

六合縣。在府北百二十里。東西距八十五里，南北距百二十里。東至揚州府儀徵縣界三十里，西至安徽滁州來安縣界五十五里，南至江浦縣界七十里，北至安徽泗州天長縣界五十里。東南渡江至句容縣治一百五十里，西南至江浦縣治百里，東北至儀徵縣治五十里，西北至來安縣治七十五里。春秋楚邑，後屬吴。漢置堂邑縣，屬臨淮郡。後漢屬廣陵郡。晉仍屬臨淮郡。惠帝永興元年，分立堂邑郡。安帝改爲秦郡，又改堂邑，置尉氏縣。劉宋因之。蕭齊永明初，罷秦郡，以尉氏縣屬齊郡。梁復置秦郡。大寶元年，侯景以郡置西兖州。後齊改秦州。陳大建五年，州廢。十年，復置州曰義州。後周改曰方州，又改郡曰六合。隋開皇初，郡廢。四年，改尉氏縣曰六合。大業初，州廢，以縣屬江都郡。唐武德七年，復置方州。貞觀初，州廢，屬揚州。五代南唐時，改置雄州。周顯德中，州徙，仍爲六合縣。宋至道二年，改屬真州。元因之。明洪武二年，屬揚州府。二十一年，改屬應天府。本朝屬江寧府。

高淳縣。在府東南二百四十里。東西距一百里，南北距七十里。東至鎮江府溧陽縣界七十里，西至安徽太平府當塗縣界三十里，南至安徽寧國府宣城縣界四十里，北至溧水縣界三十里。東南至安徽廣德州建平縣治一百里，西南至宣城縣治百二十里，東北至溧水縣界三十里，西北至當塗縣界二十五里。漢溧陽縣地。隋爲溧水縣地。宋置高淳鎮。明弘治四年，分置高淳縣，屬應天府。本朝屬江寧府。

形勢

鍾山龍盤，石頭虎踞。晉書王導傳。長江天塹，險過湯池。南唐書。東以赤山爲成皋，南以長淮爲伊洛，北以鍾山爲曲阜，西以大江爲黄河。藝文類聚。控制長江，呼吸千里，足以虎視吴、楚，應接梁、宋。宋胡安國集。控引二浙，襟帶江淮，漕運儲穀，無不便利。宋李綱集。外連江淮，内控湖海。東南形勢，莫重建康。宋張浚集。

風俗

山川渾深，土壤平厚，故人物敦重質直，罕翾巧浮僞。宋戚綸志。俗毅且英，士清以邁，地大而才傑。宋楊萬里集。君子勤禮恭謹，小人盡力耕植。祥符圖經。風流文物，冠映古今。江藻集。建業自六代爲都邑，民物浩繁，人才輩出，實士林之淵藪。湯演集。

城池

江寧府城。周九十六里，門九。舊十三門，明初，惟南門、大西、水西三門因舊，更名聚寶、石城、三山，改建通濟、正陽、朝陽、太平、神策、金川、鍾阜、儀鳳、定淮、清涼十門。本朝閉鍾阜、定淮、清涼三門。順治十六年，改神策爲得勝，以旌破海寇功。又外城周百八十里，門十六，亦明初建。本朝因之。上元、江寧二縣附郭。

句容縣城。周七里，門五。環城有濠，明嘉靖三十三年，因舊址甃甎。

溧水縣城。周五里有奇，門六。環以濠，明嘉靖三十六年始甃石。本朝康熙十三年修，乾隆三十七年重修。

江浦縣城。周十六里有奇，門七。明洪武四年，築浦子口城，後遷治曠山口。萬曆元年土築，本朝康熙年間修，乾隆三十一年、嘉慶二十三年重修。

六合縣城。周六里有奇，門六，有濠。明崇禎九年築，本朝乾隆四十三年修。

高淳縣城。東北因岡阜，西南藉淳溪爲池。設關防門樓七。明嘉靖五年土築。

學校

江寧府學。在府治西北雞鳴山之陽。明洪武十四年，建爲國子監。本朝改江寧府學。順治九年修，康熙二十一年、雍正十三年重修。入學額數二十五名。

上元縣學。在府治東南。宋景祐中，建爲府學。明洪武初，改爲國學，後又改應天府學。本朝順治六年，改爲上元縣學。康熙五十八年修，雍正十二年、嘉慶十一年重修。入學額數二十五名。

江寧縣學。與上元縣同。入學額數二十五名。

句容縣學。在縣治南，明初因宋故址建。本朝順治十年修，雍正四年、乾隆六十年重修。入學額數二十五名。

溧水縣學。在縣大西門内。明嘉靖三十九年，即朝元觀基址建。本朝順治十三年修，乾隆四十年重修。入學額數二十名。

江浦縣學。在縣治東。明洪武九年，剏建於浦子口城。二十五年，移今所。本朝康熙元年修，二十三年、雍正四年重修。入學額數十六名。

六合縣學。在縣治西，明洪武五年建。本朝康熙三十四年，移建於小東門外。五十二年修，雍正四年、乾隆三十八年、嘉慶十二年重修。入學額數十六名。

高淳縣學。在縣治東，明弘治六年建。本朝康熙三十八年修，五十八年、乾隆十五年、四十三年、嘉慶四年重修。入學額數二十名。

文昌書院。在江寧府學成賢街明國子監文昌閣。萬曆間建，本朝順治十七年修，額曰「文昌書院」。

明道書院。在府城南鎮淮橋東北，明嘉靖初建。

尊經書院。在府治縣學内。本尊經閣地，明貯經籍及二十一史板。本朝嘉慶十年閣燬，布政使康基田重建，即其地設書院。

鳳池書院。在府治縣學忠義祠後。原名文會樓，本朝乾隆四十三年改建。

鍾山書院。在上元縣治北錢廠橋西。本朝雍正二年，總督查弼納建，世宗憲皇帝賜御書「敦崇實學」扁額。十年，賜帑金一千兩，置田爲士子膏火之資。

華陽書院。舊在句容縣治察院東，明萬曆間建。本朝雍正十年，學使改駐府城，乾隆六年，知縣宋楚望以舊學使院知本堂爲華陽書院，延師講學其中。

高平書院。在溧水縣治學宫旁，本朝乾隆四十一年建。

珠江書院。在江浦縣治學宫旁，本朝乾隆二十六年，知縣曹襲先等建。

六峯書院。

養正書院。在六合縣治，本朝乾隆十一年建。按：舊志載句容縣有句曲書院、三友書院、江左書院，高淳縣有高淳書院，今並廢。謹附記。

户口

原額人丁十九萬八千五百十八，今滋生男婦大小共一百八十七萬四千十八名口。

田賦

田地五萬二千三百三十九頃四十八畝五分有奇。額徵地丁正雜銀二十五萬三千四百一兩四錢六釐，又雜辦銀三百二十六兩八錢六分六釐，米十萬四千九百九十九石四斗三升四合六勺，豆二千九百三十五石四斗九升八合二勺。

山川

白山。輿地紀勝：在上元縣東三十里。建康志：南連蔣山，北連攝山，西有水下注平陸。階礎碑石，悉出此山。宋書：昇明中，劉述與從弟秉同謀誅蕭道成，事敗，走白山，被執。陳書韋載傳：天嘉元年，去官，有田十餘頃在江乘之白山，遂築室而居。

湯山。寰宇記：西接雲穴山。有湯泉六穴出山下，湯澗繞其東南。建康志：在上元縣東六十里。

雲穴山。輿地紀勝：在上元縣東八十五里。有洞甚幽邃，天欲雨，則穴中出雲，故名。建康志：周二十里，南有水流入石驢溪。

東山。舊名土山。晉太元中，謝安于土山營墅，樓館竹林甚盛。唐韓滉築石頭城，自京口至土山，皆修塢壁。寰宇記：土山，在縣東南三十里。丹陽記云：安舊隱會稽東山，築此擬之，故名。上無巖石，下有湖水。建康志：在縣東南二十里。本朝乾隆二十二年，高宗純皇帝南巡，有御製東山詩。輿地志：上元縣有兩東山。一在鍾山鄉，去縣十五里。宋劉勔隱居之地。

青龍山。建康志：在上元縣東南三十五里。周二十里，前有蘼蕪澗。通志：山趾石堅而色青，郡人多取爲碑礎。唐李白詩：「白鷺映春洲，青龍見朝暾。」指此。又祈澤山，亦在縣東南三十五里。又東南十里有彭城山。

方山。在上元縣東南。晉元帝時，張闓自至方山迎賀循。宋元嘉末，何尚之請致仕，退居方山。又隱逸傳周韶居湖熟之方山。元和志：在縣東南七十里。秦鑿金陵以斷其勢，方山是所鑿之地也。寰宇記：在縣東南五十里，四面等方孤絶。輿地紀勝：一名天印山。建康志：東南有水下注，流溉平陸。明初敗元將陳埜先於此，進至蔣山，遂克集慶。通志：葛仙翁所居。上有石龍池，下有葛公井，一名洗藥池。秦淮水經其下。

雁門山。輿地紀勝：在上元縣東南六十里。建康志：周二十里。山勢連亘，類北地雁門，因名。東北有温泉，能治冷疾。通志：李白詩：「緑水向雁門，黄雲蔽龍山。」即此。又大城山，在縣東七十里，西連雁門山，北連竹堂山。竹堂山，在縣東南七十五里。

石頭山。建康志：在上元縣西二里。北緣大江，南抵秦淮口，去臺城九里。六朝以來，皆守此爲固。南徐州記曰：「此山與盧龍、幕府諸山相連，迤邐達於京口。江乘浦出此，東入大江。」又曰：「石頭西嶺，下臨大江。當嶄絶之處，有洞户，真誥云此小有洞天之南門也。俗呼爲龍洞口。」又曰：「石城之東有巨石，俗呼爲塘岡，即王敦害周顗、戴淵處。」府志：在上元縣西四里。自江北而來，山皆無石，至此山始有石，故名。明建都城，皆據岡隴之脊。通志：在府西石城門内。後有駐馬坡，諸葛亮嘗駐此以觀形勢，謂之「石頭虎踞」是也。又相近有冶城山。

清涼山。通志：在府西六里清涼門内。舊有清涼臺。本朝乾隆十六年，高宗純皇帝南巡，御製清涼山詩。

雞鳴山。本名雞籠山。宋元嘉十五年，徵廬山處士雷次宗至建康，爲開館於雞籠山，使聚徒教授。齊永明二年，竟陵王子良鎮西州，開西邸於雞籠山，即此。寰宇記：西接落星岡，北臨棲元塘，狀如雞籠。晉元帝等五陵，皆在山之陽。建康志：在上元縣西北六七里許，覆舟山之西，其北臨玄武湖上。宋時嘗以黑龍見湖中，改名龍山。府志：明初於山巔築臺置儀表，名觀象臺，亦名欽天山。左右列十廟，繚以朱垣。東麓有憑虚閣，普濟塔在閣後。又西爲祇闍山。山頂有北極閣。本朝康熙二十三年，聖祖仁皇帝南巡，臨幸其上，御書「曠觀」二字，勒碑建亭。乾隆十六年，高宗純皇帝南巡，御製登雞鳴山即事詩。二十二年，御製題雞鳴山憑虚閣詩。二十七年，御製雞鳴山詩。

四望山。晉書：咸和中，蘇峻據石頭，温嶠於四望磯築壘以逼賊。寰宇記：在上元縣西北十五里。西臨大江，南連石頭，北接盧龍山。縣志：吴大帝嘗與葛玄共登。通志：在府西北十里定淮門外。

馬鞍山。建康志：在上元縣西北十里。西臨大江，東接石頭山。又江寧縣東南三十五里，亦有馬鞍山。

盧龍山。寰宇記：在上元縣西北二十里，西臨大江。舊經云晉元帝初渡江，以其山連石頭，開鑿爲固，故以盧龍爲名。建康志：在縣西北二十五里。舊與馬鞍山相接，秦時鑿山，至今溝内石骨連焉。府志：山首突出城堞，明太祖嘗伏兵大破陳友諒於山下。又有金陵岡，在盧龍、馬鞍二山之下，秦所鑿以斷王氣者，相傳即瘗金處。

幕府山。宋書禮志：元嘉二十五年，設武帳於幕府山。南史：敬帝末，齊軍踰鍾山，將據北郊壇。陳霸先率麾下出幕府山南大戰，齊師大潰。陳書：禎明初，幸幕府山校獵。輿地紀勝：晉元帝初過江，王導建幕府其上，因名。有虎跑泉。俗傳即古宣武場也。建康志：在城西北二十里。周三十里，南接盧龍、石頭。府志：山隴多石，居人於此煆石取灰，又名石灰山。明初陳友諒侵建康，太祖命常遇春伏兵於石灰山側，即此。山有五峯，南曰北固峽，中有石洞幽邃。中峯有虎跑泉。西北峯曰峽蘿，亦名翠蘿，上有達摩洞。又東南麓曰武帳岡，宋元嘉二十二年，以衡陽王義季爲南兖州刺史，餞之於武帳岡，即此。本朝乾隆二十二年，高宗純皇帝南巡，御製幕府山詩。三十年、四十九年，俱有御製望幕府山百詠詩。

大壯觀山。陳書：太建十一年，幸大壯觀閱武。建康志：在上元縣北十八里。東接鍾山，南臨玄武湖，北臨蠡湖，西有水下注平陸。陳宣帝起大壯觀於此。府志：山與直瀆山接。舊有蠡湖，元時築爲塘以溉田，今廢。

直瀆山。建康志：在上元縣北三十五里。傍有直瀆洞，東西有水流入大江。通志：在府北二十五里。

觀音山。舊志：在上元縣北三十里觀音門外。北濱大江，西引幕府諸山，東連臨沂、衡陽諸山，形如繡錯，皆懸崖峭壁，共捍大江，真天設之險也。有觀音閣、永濟寺。有石臨瞰江水，形如飛燕，曰燕子磯。通志：燕子磯磴道盤曲而上，丹崖翠壁，淩江欲飛，絶頂有亭。本朝聖祖仁皇帝南巡，屢幸此。乾隆十六年，高宗純皇帝南巡，御書「德水香林」、「江天净界」、「覺岸」、「氣攝怒濤」扁額及對聯，御製觀音山詩、燕子磯詩、永濟禪院花笑軒小憩詩。二十二年、二十七年、三十年、四十五年、四十九年，疊邀宸翰天章，照耀江表。四十九年，仁宗睿皇帝扈蹕，有御製燕子磯詩。

鍾山。在上元縣東北朝陽門外。諸葛亮曾使建業，謂孫權曰：「鍾山龍蟠。」其後權避祖諱，改名蔣山。晉咸和三年，蘇峻自横江濟至蔣山。宋高祖初，周續之移病鍾山。元嘉二十四年，蕭思話從帝登鍾山北嶺，中道有盤石清泉，上使於石上彈琴。齊永元元年，崔慧景叛，遣千餘人魚貫緣蔣山自西巖夜下，鼓叫臨城中，臺軍驚潰。梁天監十一年，築西静壇於鍾山。太清二年，侯景迫臺城，邵陵王綸自京口入援，徑指鍾山，營于愛敬寺，景黨大駭。陳禎明末，隋賀若弼趨建康，進據鍾山。皆即此地。隋書志：江寧縣有蔣山。唐六典：江南道名山之一。元和志：在縣東北十八里，古金陵山也。縣邑之名，由是而立。吴大帝時，蔣子文發神異於此，因改名曰蔣山。宋復名鍾山。江表上巳常遊於此。爲衆山之傑。寰宇記：在縣東北十五里。周六十一里，東連青龍、雁門等山，西臨青溪，北連雉亭，南有鍾浦水流入秦淮。晉謝尚、齊周容、梁阮孝緒、劉孝標並隱居此山。建康志：山高百五十八丈。其最秀者，有屏風嶺。東有八功德水，西有道光泉、宋熙泉。其北高峯絶頂，有一人泉，僅容一勺，挹之不竭。皆山之勝處。道書爲第三十一洞，名朱湖大生之天。明通志：有漆園、桐園、椶園，皆在鍾山之陽。洪武中植以備用者。府志：嘉靖中，詔改爲神烈山。又名紫金山，以晉元帝未渡江時，望氣者云望之常有紫氣也。又名聖遊山，又名北山。本朝乾隆三十年，高宗純皇帝南巡，御製鍾山詩。

覆舟山。一名龍舟山，又名玄武山。宋書禮志：晉成帝世，立北郊於覆舟山南，太祖以其地爲樂遊苑。陳書：大建七年，甘露頻降樂遊苑，詔立甘露亭。元和志：覆舟山，在上元縣東北十里，鍾山西足也。形如覆舟，故名。方輿勝覽：覆舟山東連鍾山，北臨玄武湖。宋元嘉中，嘗改名玄武。建康志：周三里，高三十一丈。東際清溪，北臨真武湖。東麓爲東陵，桓玄使桓謙屯處。又東爲白石坡，陶侃斬蘇峻處。通志：在府東北太平門内。舊有甘露亭、瑶臺、閬風亭、藏冰井。

臨沂山。建康志：在上元縣東北四十里。周三十里，東北接落星山，西臨大江，西南有東晉僑置之臨沂舊縣城。又雉亭山，亦在縣東北四十里，與舊縣相望，俗呼爲騎亭山。石邁古蹟編：齊武帝東遊鍾山射雉，故名。又東北五里，有衡陽山，西北有水下湖。

落星山。寰宇記：在上元縣東北三十五里。東接臨沂，西接攝山，北臨大江。南徐州記云：「臨沂縣前有落星山，吴大帝時，山西江上，置三層高樓。」吴都賦云：「饗戎旅於落星之樓。」建康志：有落星墩，去城四十里。縣志：在攝山北。

攝山。齊書：建元中，明僧紹住江乘攝山。寰宇記：在上元縣東北五十里，高百三十二丈。東連畫石山，南接落星山。輿地志云：山多藥草，可以攝生，故名。江乘記云：山形方正，四面重嶺似繖，又名繖山。建康志：在縣東北四十五里。周四十里，西北有水，注江乘浦，入攝湖。中有千佛巖、天開巖、中峯澗、白乳泉、品外泉諸勝。一名棲霞山。本朝乾隆二十二年，高宗純皇帝南巡，御製遊棲霞山詩、駐蹕棲霞行宫作詩、遊攝山棲霞寺用尹繼善沈德潛倡和韻詩、江寧迴蹕駐棲霞山詩、登最高峯望江放歌詩、玉冠峯詩。 按玉冠峯，舊名紗帽峯，御製用尹繼善沈德潛韻詩得句云：「久聞攝山名，秀如玉而冠。」即以易之。帝錫嘉名，江山增勝，峯名今改爲玉冠云。二十七年、三十年、四十五年、四十九年，高宗純皇帝臨幸，疊邀宸翰，輝映江天。四十九年，仁宗睿皇帝扈蹕，有御製棲霞八景詩。

雲臺山。在江寧縣東南六十里，有泉石之勝。

銅山。建康志：在江寧縣東南七十里，周十九里。里人採銅於此，故名。

聚寶山。建康志：在江寧縣南雨花臺側，上多細石如瑪瑙，俗呼爲聚寶山。通志：在府南聚寶門外。山麓曰梅岡，爲郡人遊覽勝地。又戚家山，亦在聚寶門外。鄭文寶江南遺事：韓熙載嘗居此山。縣志：山絶頂平曠，爲雨花臺。本朝乾隆二十二年、二十七年、三十年，高宗純皇帝南巡，皆有御製雨花臺詩。

梓桐山。建康志：在江寧縣南十五里。通志：下有謝氏詩樓及繙經臺。府志：山北爲石子岡。又紫巖山、翠屏山，俱在府南十五里。

巖山。宋書符瑞志：元嘉二十五年，甘露降秣陵巖山。又大明四年，甘露降秣陵龍山。寰宇記：在江寧縣南四十里。其山巖險，因名。宋孝武改曰龍山。府志：在牛首山東北。有上公山，在斷石岡南。又東爲大山、小山，皆相連。

夏侯山。建康志：在江寧縣南二十二里。梁夏侯亶居此，因名。

湖山。建康志：在江寧縣南三十里。上有湖，久旱不竭。

覩子山。建康志：在江寧縣南三十里，東有水，下注新林浦。府志：一名覩山。

牛首山。一名牛頭，在江寧縣南。宋書禮志：移南郊壇於秣陵牛頭山西。梁書：何允曰：「世傳晉室欲立闕，王丞相指牛頭山曰：『此即天闕也。』」陸倕石闕銘：假天闕於牛頭。元和志：山在縣南四十里。山有二峯，東西相對，名曰雙闕。建康志：在縣南三十里，周四十七里。六朝記云：「自朱雀門沿御道四十里，至山下。西峯中有石窟，不測深淺。又南有芙蓉峯，北有大石如卧鼓，中空可容數十人，吴時呼爲石鼓。宋建炎四年，金烏珠趨建康，岳飛設伏於牛頭山上，大破之。」府志：自山椒起石磴數百級，杉檜行列而上。有白龜池、虎跑泉。南有捨身臺，臺側懸巖突出，曰兜率巖。其下爲文殊洞。南爲芙蓉峯，峯巔有雪樓。六合亦有牛頭山。本朝乾隆二十二年，高宗純皇帝南巡，御賜「萬法皆如」扁額。二十七年，御製牛首山詩。「烏珠」舊作「兀术」，今改正。

祖堂山。建康志：在江寧縣南四十五里。周四十里，東有水下注平陸。宋大明三年，於山南建幽棲寺，因名幽棲山。唐貞觀初，改名祖堂。府志謂之花巖山，在牛頭山南五里。其頂曰芙蓉峯。又有桃花洞、西風嶺、石窟、獻花巖拱北峯。本朝乾隆二十二年，高宗純皇帝南巡，御賜扁額，御製祖堂詩、獻花巖詩。二十七年，御製祖堂詩、戲題獻花巖詩。三十年，御製祖堂詩。

吉山。寰宇記：在江寧縣南五十里，周二十餘里。宋將軍吉翰葬此，故名。建康志：在縣南四十五里，西臨大江。

陰山。建康志：在江寧縣西南十二里，臨大江。

三山。在江寧縣西南。晉太康中，王濬伐吴，自牛渚順流鼓棹，徑造三山。元和志：三山，在縣西南五十里。寰宇記：輿地志云「其山積石，濱於大江，有三峯南北相接。吴時爲津濟所」。府志：上三山在江寧鎮西，下三山在鎮東。大江從西來，勢如建瓴，而此山特當其衝。一名護國山。又六合縣亦有三山。

麻山。在江寧縣西南六十里江寧鎮。自太平府境延亘而來，凡數百里。

烈山。輿地紀勝：在江寧縣西南七十里烈洲傍，臨江中流。舊志：今舟行自采石東下，未至三山，江中有山，即烈山也。有磯突出湍間，曰亂石磯。

白都山。吴志：孫峻殺諸葛恪，又追殺恪子竦於白都。寰宇記：白都山，在江寧縣西南八十里，西南面臨大江。輿地志：昔白仲都隱居於此，故名。

龍山。建康志：在江寧縣西南九十五里，接當塗縣界。府志：又有龍口山，在縣西南七十五里江寧鎮。

慈姥山。在江寧縣西南，接當塗縣界。積石臨江，岸壁峻絶。輿地志：山南有慈姥神廟。寰宇記：山上出竹，堪爲簫管，故歷代常給樂府，名爲鼓吹山。

天竺山。輿地紀勝：在江寧縣西南百二十里，本名多墅山。唐上元中，有天竺僧居此，因名。建康志：東南有水，下注慈姥浦。其北連岡十里。

鳳臺山。寰宇記：在江寧縣北一里。周迴連三井岡，迤邐至死馬澗。宋元嘉十六年，有三鳥翔集此山，狀如孔雀，文彩五色，音聲諧和，衆鳥羣集。乃置鳳凰里，起臺於此山，號爲鳳臺山。府志：鳳凰岡，近鳳臺門，南傍秦淮。通志：在府西南聚寶門内。

虎耳山。在句容縣東三十里。通志：一名苦耳山。

茅山。在句容縣東南。梁書：齊永明十年，陶弘景辭禄，止於句容之句曲山，恒曰此山下是第八洞宫，名金壇華陽之天，昔漢有咸陽三茅君得道，來掌此山，故謂之茅山。又真誥云：句曲地肺，土良水清，謂之華陽洞天。又茅君雜記云：東西四十五里，南北二十里。洞五，東通王屋，西達峨嵋，南接羅浮，北連岱岳。隋志：句容縣有茅山。元和志：在縣東南六十里，本名句曲。以形似己字，句曲有所容，故邑號句容。寰宇記：山跨句容、金壇、延陵三縣界。輿地紀勝：三茅峯，在縣東南四十五里，曰大茅、中茅、小茅。壘玉山，在大茅峯東南，三山壘積，石與玉類。又龍尾山，在大茅峯東。又積金峯，在中茅峯側，梁陶弘景所居。五雲峯，在小茅峯側。通志：高三十里，周百五十里。有丹砂鎮此山，泉皆赤色，飲之延年。本朝康熙四十四年，聖祖仁皇帝南巡，御書「第八洞天」四字。乾隆二十七年，高宗純皇帝南巡，御製茅山正譌文。

良常山。在小茅峯之北。建康志：秦始皇登句曲山北垂，嘆曰：「巡狩之樂，莫過於山海。自今以往，良爲常矣。」乃改句曲北垂爲良常之山。道書爲第三十二洞，名方會之天。又伏龍山，在柳汧之間，與中峯相近，上産金。雷平山，在伏龍之東。北有柳汧水，一名柳谷泉。又有衡珠山，在雷平山東。仙凡山，在縣東南四十里茅山側。

四平山。在句容縣東南。輿地紀勝：真誥云：「大茅西南有四平山，俗曰方山。」舊志：方山在大茅峯南，周八十五里。山頂平衍，故名。下有方臺洞，接金壇縣界。又青龍山，在縣東南七十里，接溧陽、金壇二縣界。

瓦屋山。在句容縣東南，接溧陽縣界。通志作石屋山。

秦山。建康志：在句容縣南三里。有明月灣，通秦淮，相傳謝安垂釣於此。

絳巖山。在句容縣西南三十里。新唐志：絳巖故赤山，天寶中更名。寰宇記：在絳巖湖側，上有龍坑祠。一名丹山，郡名丹陽之義出於此。建康志：周二十四里，一名赭山。極險峻。山之巔頗坦夷。

甲山。在句容縣西南五十里。

射烏山。建康志：在句容縣西北五十里。縣志：湯泉出此，一名湯山。

亭山。建康志：在句容縣北三十五里。又胄山，亦在縣北三十五里。通志：山高聳如介胄。又胄山東有葆山，北與華山接。

花碌山。寰宇記：在句容縣北五十里，有古取礬坑存。

華山。梁書云：武帝東行過此，因問：「華山何如蔣山高？」薛秦答云：「華山高九里，似與蔣山等，泉水倍多也。」府志：在縣北六十里，亦曰花山。

竹里山。晉隆安初，王恭舉兵京口，會稽王道子遣兵戍竹里。元興三年，劉裕討桓玄，自京口軍於竹里。元和志：在句容縣北六十里。塗甚傾險，行者號爲翻車峴。山間有長澗，高下深阻，説者云似洛陽金谷。通志：六朝時，京口至建康，皆取道於此。

戍山。建康志：在句容縣北六十里，北臨大江。相傳齊沈慶之嘗戍守於此。

銅冶山。元和志：在句容縣北六十五里。出銅鉛，歷代採鑄。建康志謂之銅山。

崙山。建康志：在句容縣東北五十里，第四十二福地也。唐肅宗時，謁者伍達靈於此山得道，記於絶頂石壁。下有伍達靈潭。其東相連者，曰駒驪山。

青山。建康志：在句容縣東北六十里鬱岡山西，北臨大江。又鬱岡山，在小茅峯東北，俗呼爲大横山。學道者多居於此。山下有泉。

中山。在溧水縣東十里。元和志：在縣東南十五里。出兔毫，爲筆精妙。寰宇記：在縣東南十里，又名獨山，不與羣山相連。前有水源，號爲獨水。

東廬山。隋志：溧水縣有廬山。寰宇記：在縣東二十里。山謙之丹陽記云：溧水縣西八十里有廬山，與丹陽分嶺。俗傳嚴子陵結廬於此，或云形似廬舍，因名。輿地紀勝謂之東廬山。建康志：山有水源三，一自西流入秦淮河，一自東北流入馬沈港，一自東南流爲吴漕河，入丹陽湖。

浮山。建康志：在溧水縣東三十七里，與句容茅山相接。舊志：上有朝陽洞，相傳葛仙翁修道於此。

蘆塘山。建康志：在溧水縣東南二十三里。梁大同二年，嘗採銅錫於此。

鸞山。在溧水縣東南二十五里。頂有育德泉，味甘冽。中有蜥蜴。土人逢旱，取水禱雨輒應。下有埆塘，光澄如練。

馬占山。建康志：在溧水縣東南三十五里。梁大同二年，採銅於此。又回峯山，在縣東南四十里。上有龍池，下有龍泉，東有水注平陸。

仙杏山。輿地紀勝：在溧水縣東南四十里，絶頂有杏林及仙人跡。建康志：上有仙壇三所，及丹井，一名仙壇山。下有清泉，流入丹陽湖。

赭山。建康志：在縣東南五十里。舊志：有觀山，在縣東南五十里，山形陡峻。中有石屋，可容數十人。上有池，四時不涸。本朝順治二年，土賊王聘徵嘯聚其間，副將彭永琦擒斬之。相近有分界山，半入溧陽縣界。

東破山。建康志：在溧水縣東南五十五里。梁大同二年，採銅於此。又方山，在縣東南六十五里。上有青龍洞。

芝山。建康志：在溧水縣東南七十里。上有李子洞、燕洞，相去三百步，可容數千人。李子洞有泉沸湧〔一〕，燕洞有石燕，遇雨則飛，有洞數十。通志：在縣東南，接高淳及鎮江府溧陽兩縣界。又荆山，亦在縣東南七十里，或曰即隋志溧水縣之楚山也。

杜城山。在溧水縣南十二里，周五十里。隋大業末，杜伏威嘗屯兵於此，因名。又荆塘山，建康志：在縣南十里。

䴡船山。寰宇記：在溧水縣南十二里，一名感泉山。有清絲洞，泉脈澄澈，四時不絶。舊志：有無想山，在縣南十五里。

山形環抱，與杜城諸山相連。中有南唐韓熙載讀書臺址。山頂有泉，下注巖石間，成瀑布，曰鳳泉。

小茅山。建康志：在溧水縣西南五里。新志：一名玦山。又西南二里有璚山，俗名竹山。皆嘗產玉。

澳洞山。建康志：在溧水縣西南二十五里。內有祈雨潭。

稟丘山。寰宇記：石臼湖東臨稟丘山。建康志：在溧水縣西南三十里，上有井泉。又有石羊山，在縣西南三十七里。

銅山。建康志：在溧水縣西南四十里。昔嘗採銅於此，鑪冶舊址猶存。

臘山。建康志：在溧水縣西南六十里。又鳳棲山，在縣西南七十里。皆西並石臼湖。府志：山翠湖光，極雲水煙嵐之勝。

雀壘山。寰宇記：有軍山、塔子、馬頭、雀壘四山，俱在石臼湖中。

琛山。建康志：在溧水縣西十五里。昔嘗產玉，因名。石湖澗出此。

橫山。寰宇記：石臼湖北枕橫山。建康志：在江寧縣東南百二十里，接太平州界。高二百丈。其山四方望之皆橫，又名橫望。有十五峯。正峯頂有陶弘景丹井。春秋楚子重伐吳之所至也。舊志：在溧水縣西三十里，周百里，跨上元縣及安徽當塗縣界。其在縣境者，曰白蓮山、茅連山、乳山。溧水縣志：乳山從橫山西來，二峯聳峙，巖石巉削，形如雙乳。下有玉乳泉。又有獨山，在縣西三十里，亦謂之東獨山，以其在橫山之東，獨起一山，故名。又六合縣亦有橫山。

望湖山。在溧水縣西三十里。登其巔，望石臼湖中盡見，故名。

赤虎山。建康志：在溧水縣北三十三里。又大人山，通志：在縣北三十五里。一峯崛起，淮水繞其前，遙望蔚然深秀。

金家山。在江浦縣東二十里浦子口城內。山壁立數百丈，眺望江南諸峯如畫。

陰陵山。在江浦縣西南四十五里。又西南十里有四濆山，皆接安徽和州界。

龍洞山。在江浦縣西二十五里，上有泉洞。

福龍山。在江浦縣北十二里。孤峯插漢，映帶長江，中多巖洞之勝。

靈巖山。輿地紀勝：在揚子縣西北七十里。山嶺高峻。南北爲偃月巖，前有鳳凰臺，左有鹿跑泉，又有白龍泉、瑪瑙澗、龍鬭港。府志：在六合縣東十五里。巖巒層聳，四面如一。瑪瑙澗雨後出石卵，所謂「靈巖石」也。縣志：瑪瑙澗五色文石，有雲霞、草木、人物、鳥獸之狀，甚至字畫天然，一石數金。邑人以山爲市。

方山。在六合縣東三十里，接儀徵縣界。輿地紀勝：隋立方山府於此。有黃龍池。

横山。輿地紀勝：在揚子縣西三十里，與方山並峙。府志：在六合縣東三十里，接儀徵縣界，元魏嘗置横山縣。宋建炎中，劉綱嘗聚保此山。咸淳中，施忠亦拒敵於此。

瓜步山。劉宋元嘉二十七年，魏主至六合，登瓜步，隔江望秣陵纔數十里。因鑿山爲盤道，於其上設氈殿。鮑照瓜步山揭文：瓜步山者，江中之眇小山，徒以因迥爲高，據絶作雄，而淩清瞰遠，擅奇含秀，亦居勢使之然也。寰宇記：在六合縣東南二十里，東臨大江。南兗州記：南臨江中。濤水自海注江，衝激六百里許，至此岸側，其勢稍衰。

赤岸山。在六合縣東南四十里。郭璞江賦：「鼓洪濤於赤岸。」寰宇記引南兗州記云：瓜步山東五里有赤岸，南臨江中。輿地紀勝：其山巖與江岸數里，土色皆赤。舊志：亦名紅山。

石帆山。在六合縣東南四十里。宋鮑照常過小帆山出佛洞，傍有石帆，因爲之銘。輿地紀勝謂之石帆堆。又曰：出佛洞，在小帆山北。寰宇記：即小石山也。舊志：在瓜步山東，矗起江中，形若張帆。通體皆石，無草木。山之東即黃天蕩。

滁口山。在六合縣南十八里，臨滁水。相對者爲城子山，在縣西南二十五里。

晉王山。在六合縣南六十里。通志：舊有晉王城，相傳即隋伐陳時晉王廣所築。

桃葉山。隋開皇九年，伐陳，晉王廣屯軍於此。輿地紀勝：在縣南六十五里。府志：亦謂之晉王山。

六合山。在六合縣西南，接江浦縣界。寰宇記：六合縣因六合山爲名。隋開皇三年，於此山置六合鎮。輿地紀勝：即定山也。有寒山、獅子、石人、雙雞、芙蓉、妙高六峯相接，謂之六合山。又有虎跑、珍珠、白鼉三泉。府志：在六合縣西南六十里。山有六峯，五峯在縣境，惟獅子峯入江浦界中。舊志：獅子峯，在江浦縣東北二十五里。西南麓有卓錫泉，後有湯溝泉。

龍山。在六合縣西北五十里，接安徽來安縣界。蜿蜒如龍，亦名東龍山，以其西有西龍山也。

三山。輿地紀勝：巴山、麝香山、盤石山爲三山，並在竹鎮。府志：在縣西北六十五里，接安徽天長、來安二縣界。竹鎮港之水出焉，流入滁河。

馬頭山。在六合縣東北三十五里。山勢雄秀，泉石奇勝。上有龍洞，歲旱，居民禱雨輒應。

苻融山。在六合縣東北三十五里。相傳苻融曾築城於此，俗訛爲芙蓉城。東畔有泉，溉田數百畝。

蛾眉山。在六合縣東北四十里，綿秀如峨眉。接揚州府儀徵縣界。

冶山。在六合縣東北五十里。産銅鐵及磁石，相傳吳王濞鑄錢於此，坑冶之跡尚存。

牛頭山。在六合縣東北五十里。冶山之北。峯巒聳秀，高入雲表。有泉西南流爲冶浦河。

大遊山。在高淳縣東。建康志：上有石壇，相傳孔子適楚嘗經此。府志：在縣東三十七里。又三里曰遊子山，一名小遊山，接溧水縣界。又東五里有溧山。

遮軍山。建康志：山北有水，下入固城湖。舊志：在高淳縣東五十里固城湖濱。並峙者有畫眉山。

木城山。在高淳縣東六十里。四面皆山，平地特起一峯，崖石奇峻。昔紅巾之亂，民避兵其上，樹柵守之，故名。

花山。在高淳縣東南四十里。山最高，上産白牡丹，故名。

黄悦嶺。在江浦縣西北十五里。明初鑿通江淮東葛驛路，爲南北孔道。又篠嶺，在縣西北三十里。

白土岡。在上元縣東。梁紹泰末，齊兵進及兒塘，周文育、侯安都頓白土岡，旗鼓相望。陳禎明三年，隋將賀若弼進據鍾山，頓白土岡之東南。金陵記：在城東十三里，南至淮，即鍾山南麓。本朝順治十六年，破海寇於此。又有西陵，亦在鍾山南麓，即吴大帝葬處，亦曰孫陵。晉咸和三年，卞壼與蘇峻戰於孫陵，敗績。齊武帝建商飈館，以九日宴羣臣於此，世又呼爲九日臺。

三井岡。寰宇記：在江寧縣南三里，有三井，汲一井則二井俱動，故名。舊志有土門岡，在縣南長干里，即宋楊邦乂死節處。今其地有楊巷，褒忠祠在焉。

梅嶺岡。寰宇記：在江寧縣南九里。輿地志：晉豫章太守梅頤家於岡下，故名。

石子岡。吴志：建業南有長陵，名石子岡，葬者依焉。孫峻殺諸葛恪，投尸於此。隋書：韓擒虎自横江至新林，任忠迎降於石子岡。寰宇記：在江寧縣南十五里，周二十里。輿地志：宋大明中，起觀風亭於上，即新亭岡，古送行處。府志：今城南高座寺後，即石子岡之地。

段石岡。寰宇記：在江寧縣南二十里。有大碣石，長二丈，折爲三段，故名，碣即吴皇象書也。輿地紀勝：在縣南三十里，西接牛頭山。有吴紀功德碑，孫皓所建。後移置學舍中。

落星岡。南齊書：陳顯達平旦以千人登落星岡。梁王僧辯討侯景於石頭西，連營立栅，至於落星墩。胡三省通鑑注：石頭城西有横隴，謂之落星岡，亦名落星墩。建康志：在江寧縣西南五十里，西臨大江。明一統志：在縣西南九里，一名落星墩，又名落星磯。按此與上元縣之落星山，名同地異。

臙脂岡。在溧水縣西十里。其下即臙脂河。

桃花岡。在高淳縣東南十五里。有九十九墩。又界牌墩，在縣東南七十里，接安徽建平縣界。

蜀岡。在六合縣東北三十里。南接儀徵，北接江都，延亘數十里。

華陽洞。在句容縣東南大茅峯下。寰宇記：去縣四十里。建康志：華陽西南有二洞。西洞在崇壽觀後。南洞在元符宫東，其門有五，三顯二隱。三茅、二許，俱得道於此。又玉柱洞，在西洞之南，中有石乳，其大如柱。茅洞，在太茅峯南，直下可行七八里，能容三百人。

謝公墩。在上元縣北。六朝事跡：在半山報安寺後。謝安與王羲之嘗登此。縣志：城北二里有山，亦名謝公墩。土色赤，俗呼爲紅土山。

道士墩。在江寧縣南。齊末蕭衍東下至新林，命鄧元起據道士墩以逼臺城。縣志：舊在臺城南五里。

赤石磯。在江寧縣東南。通志：長河東來，有赤石枕中流。居人競種石榴，每盛夏時，緣隄燦若霞錦，爲畫舫歡遊之所。

蚵蚾磯。建康志：在江寧縣西南。後唐宋齊丘，疾汪台符之才，使人誘之痛飲，推沈石城蚵蚾磯下。又有礀砂夾，在縣西南七十里。張耒有礀砂夾阻風詩。

大江。南岸自安徽當塗縣界，北岸自安徽和州界，東北流入，經江寧縣西四十里，北岸經江浦縣東南三里。又東北經上元縣北四十里，北岸經六合縣東南二十五里。又東經句容縣北七十里，與揚州府儀徵縣分界。又東入鎮江府丹徒縣界，亦曰揚子江，又稱宣化江。晉紀：魏文帝之在廣陵，吴人臨江爲疑城，自石頭至於江乘，垣以木植，衣以葦蓆，加彩飾焉，一夕而成。南史宋紀：元嘉二十七年，魏太武率衆至瓜步，聲欲渡江。都下戒嚴，緣江六七百里，舳艫相接。寰宇記：始吴臨江建國，謂得天險之固，東晉遂定都焉。今從江寧縣西百二十里，承當塗縣分嶲浦、上田爲界。紆迴屈曲二百九十三里，與和州烏江及揚州六合並分中流爲界。建康志：大江隸府界者百二十里。西至和州烏江縣四十里，以鰻鰲洲爲界。北至真州六合縣界四十里，以瓜步中流爲界。東北至揚子縣界七十里，以下蜀鎮中流爲界。通鑑注：江水東流，自武昌以下，漸漸向北。至江寧江流愈北，蓋建康當下流都會，望潯陽、武昌皆直南，望歷陽、壽陽皆直西，故建康謂歷陽、皖城以西皆曰江西，而江西亦謂建康爲江東。建康謂姑孰爲南京，京口爲北府，皆地勢然也。府志：今府境之江，南岸上自慈姥浦，下至下蜀港，二百里而遥。北岸上自浮沙口，下至東溝，不及二百里。一名揚子江，又名宣化江。江流南北遷徙，今昔迥殊。異時江泊石頭，後漸徙而北，今又漸南。自慈姥浦而東下，爲鐮刀灣。又東爲烈山港，有磯名亂石磯。又東北即白鷺洲。其南岸曰犢兒磯，上接江寧浦口，下爲大勝河。其東有水數曲，曰響水溝、燈盞溝，上新河、中新河、下新河。其北岸則芝蔴河、穴子河、王家套、八字溝、浦子口。在江浦縣境。南岸自下新河而東，分爲三股，名三汊河。又東爲草鞋夾，夾外爲道士洲，有江心營。近南曰護國洲、中口洲，皆屬江寧縣境。自中口洲而下，有山曰焦家嘴。又東爲觀音港，港口曰燕子磯。又東歷濤山、唐家渡、袁家河、東陽港，接黄天蕩。其中有洲，皆屬上元縣境。北岸自浦子口東，有欄江、工部、官洲、老洲、柳洲、趙家、扁擔等洲，其東爲扁擔河，其北即滁河口。江流至此，亦曰宣化漾，有洲亦名新洲。其下有礬山。又數里爲西溝，近黄天蕩。又東爲東溝。皆屬六合縣界。南岸自龍潭而東，有斜牐洲、太子洲，洲外爲老鴉夾。又東爲天寧洲，皆句容縣境。境内諸水分流入江，斜溝尤爲險要。

古中江。在高淳縣北，自蕪湖縣東流入，又東入溧陽縣界。自唐宋時，築銀林五堰，而水中斷。建康志：蕪湖縣南有支江，俗稱爲縣河，流經縣市中。東達黄池，入三湖，至銀林止，所謂中江也。自築銀林五堰，中江不復東，而宣、歙諸水皆由蕪湖西出達大江，故濱湖之地皆隄爲圩田，而中江亦漸隘狹。按中江，即元和志所謂蕪湖水，非禹貢中江也。

黄天蕩。在上元縣東北八十里。宋建炎間，韓世忠與金烏珠相持於此。通鑑注：大江過昇州界，浸以深廣。自老鸛嘴度白沙，横闊三十餘里，俗呼黄天蕩。

秦淮。源自溧水縣北。西北流合諸水，經上元縣東南入通濟水門，横貫府城中。西出江寧縣三山水門，又西北沿石頭城西，又西北入大江。晉書：王導渡淮，使郭璞筮之。卦成，璞曰：「吉，淮水絶，王氏滅。」晉陽秋：秦時所鑿，故曰秦淮。南史：梁天監九年，新作緣淮塘。又陳禎明二年，淮渚暴溢，漂没舟乘。元和志：淮水源出華山，在丹陽、湖熟兩縣界，西北流經秣陵、建康二縣之間入江。寰宇記：淮水源從溧水縣，西北流百五十里，縈紆京邑之内，至石頭入江，延亘三百里。宋史：乾道五年，守臣張孝祥言：「秦淮水有三源，一自華山由句容，一自廬山由溧水，一自茅山由赤山湖，至府城東南合而爲□。流經上水閘入府城，别爲兩派。正河自鎮淮新橋直注大江。又府東門有順聖河，正分秦淮之水，自南門外直入於江，故秦淮無泛溢之患。今一半淤塞爲田，請疏導之。」建康志引實録云：本名龍藏浦，有二源。一自華山經句容西南流，一自東廬山經溧水西北流，入江寧界，至方山埭合流注江。或曰方山西瀆，直屬土山三十里，是秦所開。府志：自吴至六朝都城，皆南去秦淮五里，史所稱柵塘是也。梁時作塘，又作兩重柵。自石頭至方山運瀆，總二十四渡，皆浮航往來，亦曰二十四航。楊吴時改築金陵城，乃貫秦淮於城中。本朝乾隆二十二年，高宗純皇帝南巡，御製秦淮歌。二十七年，御製秦淮曲。四十九年，仁宗睿皇帝隨扈，御製秦淮歌。

小新河。建康志：在上元縣東門外土橋之東。宋嘉定八年，江東運副真德秀開，自蔣山至半山寺而止。舊志：又有御河，在故宫城内。明初所鑿，合於城濠。

靖安河。在上元縣北。宋紀畧：大江自金陵抵白沙，風濤至爲險阻。宣和六年，發運使盧公得古漕河於靖安鎮之下缺口，取徑道於青沙夾，趨北岸，入儀徵新河，抵新城下，安流八十餘里，以易大江百五十里之險。舊志：在縣西北二十里。有龍安津，在靖安河口，亦曰新安。津，即靖安渡也。

蘆門河。在上元縣東北六十里。建康志：建炎四年，韓世忠以舟師扼金兵歸路，相持於黄天蕩，烏珠不得渡。或教之於蘆場地鑿大渠二十餘里，上接江口，出世忠上流，得絶江遁去。古跡編云：蘆門河，在蘆門漾之側。建炎間，始開以通真州，亦名蓄人湖。

新河。在江寧縣西南。建康志：在白鷺洲西南，流通大江。宋建炎間，金烏珠所開。汪藻奏議，敵於鍾山雨花臺，各劄大寨，抱城開兩河以護之，此其一也。明一統志：有上新河，在江東門外稍南五里。又有新河，皆洪武中新開，流通大江。江中舟船盡泊於此，以避風浪。按新河有三。通志謂下新河，自三山橋歷石城、定淮諸門，由草鞋夾以達於江。中新河，在江東門外五里。上新河，又在其南。三河口通江處，與北岸江浦縣新河口正相對。舊志：江浦新河，在縣東南新路西三里。明洪武中新開通江。通志失載。「烏珠」改見前牛頭山注。

臙脂河。在溧水縣西十里。明洪武中議通蘇浙糧運，命崇山侯李新鑿開臙脂岡，引石臼湖水會於秦淮，以爲運河，因名臙脂河。有龍潭在縣西南二十里，南通石臼湖，北入臙脂河。

浦子口河。在江浦縣東二十里。源出定山卓錫、珍珠二泉，由浦子口城西東流入江，直江寧道士洲。

沙河。江水支流也，在江浦縣東三十里。東流經六合縣長蘆鎮，一曰西河，亦曰長蘆江。流至瓜步口，復入江。宋會要：天聖三年，發運使張綸，請開真州長蘆口河屬之江，即此。按府志，謂天禧中范仲淹領漕事，以大江風濤之險，開此河引江水。未知何據。

芝蔴河。在江浦縣南六十里，接安徽和州界。分大江支流合白馬河，曰穴子河，出西江口入江。其白馬河在縣南四十里。又石磧河，在縣西三十五里，會縣西境諸山水，東南流通白馬河。

滁河。自安徽滁州東流入，經江浦縣北三十里，又東經六合縣南，又東至瓜步鎮東南入江。一名後河，亦名大河。孫吴赤烏十三年，作堂邑滁塘以淹北道。陳太建五年，吴明徹攻齊秦州，州前江浦通滁水，齊人以大木立柵水中。五代時，南唐於滁水上立瓦梁堨。宋紹興十一年，海陵王南侵，屯重兵滁河，造三牐儲水，即此。方輿紀要：涂水即滁河，源出安徽合肥縣東北七十里廢梁縣界。

冶浦河。在六合縣東二里。源出牛頭山，北通天長，南入滁河。

溧橋河。在高淳縣東三十里。源從溧水西北諸山，西南出溧橋，入固城湖。

胥河。在高淳縣東南四十里，自廣德州建平縣界流入，即古桐水。杜預左傳注：桐水西北入丹陽湖。舊志：春秋伍子胥伐楚時所開，故名。流經東壩下壩之中曰中河，長十餘里。分爲二，一自驛橋而東，入溧陽三塔湖。一自東壩而西，經固城渡入固城湖。按明初常以胥河爲運道，於東壩建閘啓閉。凡蘇浙糧運，直過東壩，由胥河入固城湖，由胭脂河會秦淮，直達金陵。永樂後廢閘，連築土壩，胥河始專注固城湖而西入江，不復東通震澤矣。

水陽河。在高淳縣西南三十里，與安徽宣城縣分界。

鷰雀湖。輿地紀勝：在上元縣東四里梁昭明太子墓側。建康志：其水流入青溪。縣志：一名前湖。明大內正值其地。

迎檐湖。在上元縣西北。宋書符瑞志：元嘉七年，建康額檐湖二蓮一蒂。齊書作「雒檐湖」。寰宇記：在縣西北八里，周五里。其水坳下，不通江河。南徐州記云：「縣西五里有迎檐湖。晉永嘉中，衣冠席捲過江，客主相迎湖側，遂以迎檐爲名。」建康志：在石頭城後五里。今爲田。

蘇峻湖。在上元縣西北。晉咸和二年，蘇峻叛據石頭，陶侃督護李陽，斬峻於白石陂岸。建康志：在縣西北十五里。南徐州記：「本名白石陂。」

玄武湖。丹陽記：後湖一名練湖。晉元帝時爲北湖，肄舟師於此，在上元縣北。南史：宋元嘉二十三年，築北隄，立玄武湖於樂遊苑。齊永明二年，幸玄武湖講武。梁太清二年，邵陵王綸入援臺城，由蔣山而前，軍玄武湖。陳至德四年，幸玄武湖，肄艫艦閱武。寰宇記：在上元縣西北七里，周四十里。東西兩派，下入秦淮。宋天禧初，知昇州丁謂言：「城北有後湖，往時旱水竭，給爲民田，凡七十六頃。今宜復舊制，疏爲隄塘以蓄水。」四年，給爲放生池。熙寧八年，王安石請於內權開十字河源，洩去餘水，使貧困飢人盡得螺蚌魚蝦之饒。自是開十字河，立四斗門以洩水，湖遂廢爲田。歲久，舊跡益堙，惟城北十三里僅存一池。府志：明初復濬，中有舊洲、新洲及龍引、蓮萼等洲。置庫於洲上，以貯天下圖籍。本朝乾隆十六年，高宗純皇帝南巡，御製玄武湖即景雜詠詩。二十二年，御製泛舟後湖覽古詩。

半湯湖。輿地紀勝：在上元縣東北四十里。水同一壑，而冷熱相半。建康志：又名半陽湖。周十五里。二處皆有魚，互相入則死。居民種稻，則溉熱水，一年再熟。

攝湖。在上元縣東北五十里攝山之側，周二十里。舊志：攝山之水，流入江乘浦，注於攝湖，又北入於江。

婁湖。在江寧縣東南，與上元縣分界。南史：沈慶之有園舍在焉。大明四年，一夕徙居之。齊永明初，望氣者言新林婁湖有王氣，因作新婁湖苑以厭之。陳書紀：太建十年，立方明壇於婁湖。元和志：溉田數十頃，吴張昭所開。昭封婁侯，故名。寰宇記：在縣東南十里。流入艦澳，通秦淮。其澳梁武帝所開。

陽劉湖。寰宇記：在江寧縣東南六十里，周三十里。在陽劉村前，因名。

葛塘湖。齊書：劉善明子滌，清貧，太祖賜以葛塘屯穀。建康志：在江寧縣東南七十里。

慈湖。在江寧縣西南五十里，接安徽當塗縣界。

莫愁湖。在江寧縣三山門外。明時爲中山王徐達園。府志：相傳爲莫愁舊居，因名。

赤山湖。在句容縣西南。南史：齊明帝使沈瑀築赤山塘。元和志：在縣南三十五里。新唐書志：縣西南三十里，有絳巖湖，麟德中因梁故隄置。後廢。大曆十二年，復置。周百里，爲塘，立二斗門以節旱暵，開田萬頃。建康志：在句容、上元兩縣界。上接九源山，下通秦淮，周二十里。南去百步有磬石，建二斗門，以爲疏閉之節。通志：有江城湖，在縣西北六十里。

沙湖。在溧水縣南六十里，周五十餘畝。今爲埨以資灌溉，名沙塘埨。

石臼湖。在溧水縣南四十里，高淳縣北二十里。西與安徽當塗縣分界。寰宇記：在溧水縣西南三十里，西連丹陽湖。岸廣百六十餘里。北枕横山，東連稾丘山。建康志：在縣西南四十里。縱五十里，衡四十里。其水舊有二派，入龍潭梅梁港，通濁水。舊志：有蘆溪，在高淳縣西北十里，爲漁舟所泊。長十里，迤邐接於石臼湖。

丹陽湖。在高淳縣西，接安徽當塗縣界。舊名南湖。應劭曰：溧水出南湖。三國吴志：永安三年，都尉嚴密建丹陽田，作浦里塘。郭璞江賦：「旁有朱滻丹漅。」丹即此也。元和志：在溧水縣西南二十八里，與當塗縣分中流爲界。建康志：即應劭所謂「南湖」。張鉉金陵志：周百九十五里，東北連石臼湖。明統志：在高淳縣西北三十里。府志：源有三，一出安徽黟縣者爲舒泉，一出安徽廣德州白石山者爲桐水，一出溧水縣東廬山者爲吴漕水，俱匯於此。其流有二，一西出安徽蕪湖，一西北出安徽當塗、姑孰，俱入江。舊志：按杜預左傳注，止有丹陽湖，至寰宇記始有石臼、固城之名。蓋元和志所云，即今石臼湖也。

固城湖。在高淳縣西南。元和志：在溧水縣南百里。周九十里，多蒲魚之利。建康志：南北三十里，東西二十五里，環楚王故城。與丹陽、石臼，號曰「三湖」，有水四派。明統志：在高淳縣南三里。府志：北通丹陽、石臼二湖，與安徽當塗、宣城分界。俗又謂之小南湖。

長溪。建康志：在上元縣東南六十里。丹陽記：湖熟縣前有長溪，東承句容縣赤山湖水，入於秦淮。又曰：有長溪埭，在縣東南五十里。堰秣陵浦水，過秦淮。

鎖石溪。建康志：在上元縣東南四十八里。源發白石巖，北流經攝湖六十餘里，入大江。

青溪。在上元縣東北。寰宇記：在縣北六里。洩玄武湖水，南入秦淮。輿地紀勝：吴赤烏四年，鑿東渠名青溪。自鍾山西南流，通城北塹潮溝，東出於青溪閘口，接於秦淮。及楊溥城金陵，始分爲二，在城外者，自城濠合淮，在城内者，堙塞僅存。上元縣志：今自舊内傍遶出淮青橋，與秦淮河合者，是青溪所存之一曲也。其接秦淮處有閘口。本朝乾隆二十二年，高宗純皇帝南巡，御製青溪覽古詩。二十七年，御製青溪曲。四十九年，仁宗睿皇帝隨扈，御製青溪曲。

龍淵溪。源出句容縣南四十里仇山下，流入赤山湖。又有高平溪、後白溪、蒲里溪，俱出縣南浮山，西北流入赤山湖。

上容溪。在句容縣南。九域志：縣有上容溪。建康志：源出中茅峯，入赤山湖。舊志：今縣南三十里，有上容路。

横溪。在高淳縣西南二十里。上流受固城湖水，西出澄溝河，入蕪湖。

落馬澗。在江寧縣西南。宋書：元凶劭兵敗，競奔落馬澗，澗爲之滿。寰宇記：在縣東南五里，水下秦淮，即劭敗死處。建康志：一名南澗。在縣南五里，東北流入城濠。陳亡竭涸。明統志謂之躍馬澗。王安石詩「小澗何年躍馬蹄」，即此。

楚王東西澗。在句容縣東南。建康志：在茅山崇禧觀東。又冷水澗，在玉晨觀北。舊志：冷水澗，在中茅峯東北，舊名蒼龍溪。水漱石出，其色如玉，堅潤可愛，即茅山石也。

冷水澗。在溧水縣西南二十五里。源出荆塘山，西南流，九曲入石臼湖。又石湖澗、花溪港，俱流入石臼湖。

曲水。在上元縣北。建康志：晉海西公於鍾山立流杯曲水，以延百僚。水經注云：舊樂遊苑。晉元嘉中，以其地爲曲水。本朝乾隆十六年，高宗純皇帝南巡，御製曲水用謝惠連韻即效其體詩。

亭水。在句容縣東。建康志：源出亭山，南流遶縣城東，又南與赤山湖合，流入秦淮。舊志：又有石溪，在縣北三十里，源出胄山，與亭山水合流入赤山湖。按：秦淮水，諸書言一源出句容華山。今華山無水，當即亭山諸水也。輿圖句容縣東北，有水南流，經縣東，西南流，有運河水自東南來注之。西流經柘塘鎮北，與溧水縣之水合，西北流，湯泉水自北來注之，又西北入上元界。即此。

吴漕水。在溧水縣南，流入石臼湖。建康志：源出東廬山，南流入吴漕。又曰：溧水一派，西流爲吴王漕，楊行密時漕運所行。

橫山水。在溧水縣西三十五里。有兩源，出橫山東，會於望湖山下，至石湫壩，合秦淮河。

鄱陽浦。在上元縣西。建康志：在石城西。上通秦淮，下入馬昂洲，九里達江乘。梁鄱陽王嘗於此置屯田，因名。又江乘浦，在上元縣西北十七里。南徐州記：江乘縣西二里，有大浦，源出石城山，東入大江。

蟹浦。在上元縣西北十六里。輿地志：白下城西南有蟹浦，源出鍾山，北流九里入江。

秣陵浦。建康志：在江寧縣東南五十里，溉田四十頃。輿地志：以舊縣爲名。源出竹堂山，北流十里入葛塘湖，又十里入長溪，合於秦淮。府志：源出上元縣竹堂山。

牧馬浦。建康志：在縣東南三十九里。黃元之丹陽記云：牧馬亭東南一里，有牧馬浦，晉永和中所置。流入秦淮浦。南朝放牧多在此。又有義溝瀆，在縣東二十里。源出東青村，下入秦淮，溉田百餘頃。王安石詩：「霹靂溝西路，柴荊四五家。」輿地紀勝：溝在縣東五里。

江寧浦。在江寧縣西南。南史：梁敬帝初，王僧辯迎立蕭淵明於齊。既濟江，會於江寧浦。建康志：在縣南七十五里，源出安徽當塗縣界。

板橋浦。在江寧縣西南。晉康帝時，譙王無忌餞褚裒於板橋。齊謝朓有之宣城出新林浦向板橋詩〔二〕。梁太清二年，侯景犯建康，由板橋至朱雀航南。寰宇記：在縣南四十七里。源出觀山，流三十七里注大江。建康志：在城西南三十里。

新林浦。在江寧縣西南。齊永明五年，起新林苑。梁太清二年，侯景之叛，韋粲、柳中禮等赴援，合軍屯新林。宋開寶七年，曹彬等伐南唐，自采石敗其兵於新林港。建康志：在縣西南二十里。源出牛頭山，西流七里入大江。

大桑浦。寰宇記：在江寧縣西南十二里。吳大帝時，平南將軍呂範屯大桑，即此。其水從蔡洲通大江。

查浦。在江寧縣西。晉蘇峻之亂，陶侃入援，屯於查浦。又義熙六年，盧循犯建康，劉裕屯石頭，栅淮斷查浦。宋元徽二年，桂楊王休範之亂，陳顯達自查浦渡淮，緣石頭北道入承明門。建康志：吴時夾淮立栅，自石頭南上十里至查浦，又南上十里至新亭，又南上十里至新林，又南上十里至板橋，又東上三十里至烈洲。通鑑注：在大江南岸，直秦淮口。舊志：在縣西南十里。又西有沙門浦，温嶠屯軍處。

便民港。在上元縣東。舊有沙溪一道，自鎮江師古灘，逕句容，至上元，長百里許。歲久湮塞。本朝乾隆四十七年，督臣奏請開濬寬深，引注江水入新港。自鎮江舟行至江寧，可越黄天蕩江路之險，行旅稱便。四十八年，賜名曰便民港。四十九年，高宗純皇帝南巡，有御製便民港紀事詩。

竹篠港。在上元縣東北。建康志：竹篠河，西至靖安，東至石步，南連直瀆，北臨大江。由靖安港口至城四十里。有竹篠鎮，接句容縣界。

石步港。在上元縣東北。建康志：攝山西有石步港，去縣四十里，北達大江。有羅落浦，在縣東北六十里，合於攝湖。又曰：石步橋，下爲羅落浦。宋武帝進至羅落橋，即此。

大城港。在江寧縣西南三十里。納大江東流，會板橋、新林等浦之水。又東與陰山河合，又東北與秦淮河合。又北爲三汊河，流至龍江關外入江。明初改爲大勝港，置大勝關於此。

下蜀港。在句容縣北。唐書：上元初，劉展以廣陵叛，潛自上流濟，襲下蜀。宋史：紹興十一年，海陵王南侵，虞允文駐京口，命苗定駐下蜀爲援。建康志：在縣北六十里，府城東北百里。後有河入大江，俗曰官港，即古漕河也。

蒲塘港。在溧水縣南二十五里。又還步港，在縣東南三十五里。二水皆源出方山，西流入石臼湖。或曰即孫吴時蒲里塘也。

程駕港。在六合縣西二十里，其水上通竹鎮。源出三山，南流入滁河。

運瀆。輿地紀勝：在上元縣西北一里半。建康志：吴赤烏二年，使左臺御史郗儉鑿城西，開溝入秦淮，通吴越運船也。城内有倉，名苑倉。府志：今自三山門内斗門橋南，引秦淮北流，至内橋與青溪合，又西從鐵窗櫺出城者，其故迹也。

直瀆。在上元縣東北。晉書：温嶠討蘇峻，遣王愆期屯軍直瀆。輿地紀勝：在幕府山東北。建康志：在城東北三十五里。東北接竹篠港，流入大江。傍有直瀆山、直瀆洞，其道直，故名。

破岡瀆。在句容縣東南，六朝時運道也。吴志：赤烏八年，遣校尉陳勳將三萬人，鑿句容中道山，直至雲陽西城通會市，作邸閣其後，因曰破岡。建康志：在縣東南二十五里。建康實録：吴鑿以通吴會船艦，上下十四埭。晉、齊、宋因之。梁以太子名綱，改爲破墪瀆。尋廢。

潮溝。在上元縣西。梁書：天監四年，以嚴植之兼五經博士，開館潮溝。輿地紀勝：在縣西四里。輿地志：吴大帝所鑿以引潮，接青溪，抵秦淮，西通運瀆，北連後湖。又建康志有鐵冶溝，在縣北馬鞍山下。有地三畝餘，皆鐵，梁時聚江南之鐵載往淮上，棄所聚之餘於此。其地堅不可入。

九曲溝。在句容縣治東南。

河子溝。在六合縣東南二十五里。舊名急流江，今名急水溝。舊志：宋淳熙中所開新河也。下流入大江。又岳子河，在溝東。金烏珠屯瓜步，岳飛遣其子雲鑿此河襲之，因名。今俗呼鴨子河。

東溝。在六合縣東南瓜步山之東，接儀徵縣界。舊志：宋紹興間所開，爲商旅艤舟之所，江防隘口也。

舟子洲。寰宇記：在上元縣西五里。輿地志：梁天監十三年，以朱雀門東北淮水紆曲，數有水患，乃鑿通之。中央爲洲，四方諸郡秀士上計者憩止於此。金陵記：在城南隅，周迴七里，當朱雀航、長樂渡之間。

馬印洲〔三〕。在上元縣西北。梁太清三年，南兖州刺史南康王會理等援臺城，至馬印洲〔四〕。寰宇記：在縣西北三十三里。南徐州記〔五〕：臨沂西入江，北三里有洲，晉帝渡江，牧馬於其所，故名。通鑑注：即江乘蒲洲之地，與白下城相近。

新洲。在上元縣北。三國志：孫綝使其黨孫慮襲執朱據於此。晉書：孫恩至白石，欲掩建康不備。聞劉牢之引軍還，至新洲，不敢進而去。宋書：武帝微時，嘗伐荻新洲。建康志：一名薛家洲。在縣北四十里，與幕府山相對。有上新洲、下新洲。通鑑注：在京口西大江中，意即今之金珠沙也。

闔廬洲。在上元縣北。晉書：元帝初，江東草創，盜賊多有。賀循言：「江中劇地，惟有闔廬一處，地勢險奥，逃亡所聚，宜以重兵備戍。」即此。

概洲。建康志：在上元縣東北七十五里，周三十八里。南徐州記：石壠山北，中有洲，百姓於洲上概種，所收倍於平陸。

烈洲。在江寧縣西南。晉書：會稽王昱，會桓温於烈洲，共議征討。寰宇記：在縣西南八十里，周六十里。輿地志：吴舊津所。内有小水，堪泊舟，商人多停此以避烈風，故名。亦名溧洲。上有小山，形如栗。相近又有龍潭洲。

迷子洲。在江寧縣西南。王安石詩：「迷子山前漲一洲。」建康志：在縣南四十五里。又簰槍洲，在縣西南三十五里。舊志：南唐保大中，治宫室，取材上江，成巨筏至此。時會潮退，爲浮沙所沫，漲成洲渚。又董雲洲，在縣西南十五里。西有小江名曰澧江，又名澧江場，上有田五百頃。

茄子洲。在江寧縣西南。晉咸和中，陶侃等討蘇峻，郗鑒自廣陵帥師渡江，與侃會於茄子浦。寰宇記：在縣西南十三里。永昌初，忽崩陷數里。其形曲折，凡作九灣，舟行者依焉。

蔡洲。在江寧縣西南。晉書：王敦在石頭，欲禁私伐蔡洲荻。參軍温嶠曰：「中原有菽，庶民采之。」乃止。又蘇峻之亂，陶侃、温嶠等入援，舟師四萬，次於蔡洲。元和志：在縣西十二里江中。寰宇記：周五十五里。通鑑注：在石頭西岸。又梁承聖元年，王僧辯督諸軍至張公洲。注：張公洲，即蔡洲之別渚。

白鷺洲。在江寧縣西南。唐李白詩：「朝別朱雀門，暮宿白鷺洲。」又：「二水中分白鷺洲。」宋史：曹彬伐南唐，破其兵於白鷺洲。寰宇記：在縣西三里大江中心。通志：在府西三里，與新林浦相對。

長命洲。寰宇記：在江寧縣西四里。輿地志：梁武帝遣人放生於此，仍置十户在洲中，掌穀粟以飼之。建康志：在石頭城前。

九里汀。在上元縣東南五十里。東下入秦淮，溉田五百二十頃。即九里固。

汝南灣。建康志：在上元縣東八里，當秦淮曲折處。晉汝南王渡江居此，因名。此水釀酒極佳，灣東冶亭也。又桐林灣，在秦淮南，逼近府城。舊植桐甚盛，故名。

烏龍潭。在上元縣北。建康志：水旱祈禱屢應。舊志：近清涼門虎踞關。夏月多荷，西岸皆園亭。

濮家潭。在高淳縣東五里，廣百畝。大旱不竭。又潭灣，在縣東南十五里，廣二百餘畝，長二里。

天淵池。在上元縣北。宋書：景平二年，遊天淵池。建康志：宋元嘉二十三年鑿，一名天泉池。陳江總有華林園天淵池銘。今宫城後法寶寺西南荒池尚餘一畝，即此池也。

西池。在上元縣北。晉書：明帝爲太子時，起西池樓觀，温嶠諫止之。丹陽記：吴太子登所鑿，謂之西苑。晉明帝爲太子時重修。建康志：在太初宫西門外。縣志：今名太子湖，在縣北六里。

九曲池。在上元縣東北。建康志：在臺城東東宫城，梁昭明太子所鑿。

覆杯池。建康志：在上元縣北三里。元帝以酒廢政，王導諫之，帝覆杯池中以爲戒，因名。

龍池。在句容縣東南。明統志：在茅山天聖觀。梁陶弘景養龍子於池中。宋真宗嘗敕中使取龍以進，尋送歸池，有御製觀龍歌刻於石。

天池。在句容縣茅山絶頂。又有碧玉池。

飲馬池。在江浦縣西十五里西華山北。俗傳項羽曾飲馬於此。

六合龍池。輿地紀勝：在六合縣南五里。今爲放生池。舊志：周十里，傍臨大道，水味如泉。

蓮花池。在高淳縣南三十里。

尚書塘。在溧水縣西琛山，周數十里，淵深莫測，大旱不涸。

沸泉。建康志：在句容縣東虎耳山。又丹陽記：縣東三十五里有龍岡，岡頂有沸潭，周十二丈，聞人聲便沸。

朱沙泉。即丹沙泓。明統志：在句容縣燕洞山。東有大石盆，常無盈耗。續志：在中茅峯。

撫掌泉。在句容縣東南。建康志：在茅山崇壽觀前，雖旱不涸。聞擊掌之聲，湧出如沸，其味甚佳。冬時常暖，亦呼冬温泉。又田公泉，在茅山玉晨觀東南一里。玉液泉，在茅山崇壽觀後。海眼泉，在積金中茅之西。

湯泉。府境有二：一在句容縣西北射烏山之東麓、南麓，俱有泉噴湧。初出處太熱，不可手探，土人用其流處爲池，貯水以供澡浴之用。一在江浦縣西南三十五里，數泓湧出，流入後河，近泉之田，賴以灌溉。相傳梁昭明太子曾浴於此，因名太子泉，明初更名香泉。

湯溝泉。在江浦縣北三十里駱駝嶺下。北入三汊河，溉田數十頃。

珍珠泉。在江浦縣東北二十里定山西南麓，東流入江。

龍王泉。在高淳縣東三十里。味香洌，能愈疾。

景陽井。在上元縣北。建康志：一名胭脂井，又名辱井。在臺城内。輿地紀勝：今白蓮閣下有小池，面方丈餘，或曰即景陽井。

應潮井。酉陽雜俎：蔣山有應潮井，在半山間。輿地紀勝：在上元縣東十里蔣山頭陀寺中，與江潮盈縮相應。

寶公井。在上元縣大市街心。

響井。在江寧縣南六十里。明一統志：井欄有「元祐五年」四字。或以紗帛蒙其上，擊之作鼓聲。投以瓦石，則其聲如鐘磬。

上方井。在溧水縣西二十里上方寺中。縣志：井上有石刻，世傳孫鐘種瓜井也。

戴橋井。在溧水縣南五里，其水香洌可愈疾。又金井，在縣南，其泉可灌溉。

天井。在高淳縣東六十里竹山東畔。深尺許，泉從石孔出，居民引以溉田。

尋真井。在高淳縣北二十五里尋真觀内，相傳許旌陽煉丹井也。

校勘記

〔一〕李子洞有泉沸湧　「子」，原脱，乾隆志卷五。江寧府山川（下同卷簡稱乾隆志）同，據上文改。

〔二〕齊謝朓有之宣城出新林浦向板橋詩　「朓」，原作「眺」，據乾隆志改。

〔三〕馬卬洲　「卬」，原作「邛」，乾隆志同，據資治通鑑卷一六二梁紀改。

〔四〕至馬卬洲　「洲」，原作「州」，據乾隆志及上文改。

〔五〕南徐州記　「州」，原作「洲」，據乾隆志改。

大清一統志卷七十四

江寧府二

古蹟

丹陽郡故城。在上元縣東南。三國志：建安二十五年，孫權以吕範爲丹陽太守，治建業。元和志：丹陽郡故城，在縣東南五里。寰宇記：郡城在今長樂橋東一里，南臨大路。城周一頃，晉太康元年所築也。黄元之金陵記：今武定橋東南有長樂巷，是其地。陳沂南畿志：東城角之内外，皆是郡治。

湖熟故城。在上元縣東南。漢縣，屬丹陽郡。武帝封江都易王子胥行爲侯邑。後漢興平中，孫策破劉繇别將於海陵，轉攻湖熟、江乘，皆下之。尋省。晉復置縣。義熙九年，罷臨沂、湖熟脂澤田，以賜貧民。宋元嘉二十二年，浚淮，起湖熟廢田千餘頃。陳太建十年，以湖熟縣屬建興郡。隋廢。元和志：湖熟故縣，在上元縣東南七十里。建康志：今在丹陽鄉，去縣五十里，淮水北。古城猶存。

白下故城。在上元縣西北。本名白石陂。晉咸和三年，陶侃討蘇峻至石頭，從部將李根言，於白石築壘。宋元嘉二十年，閱武於白下。昇明中，蕭道成使李安民鎮白下，治城隍。齊書：南琅邪郡，本治金城，永明元年，徙治白下。世祖以白下地帶江山，故徙郡治之也。又永元二年，崔慧景率軍征壽陽，頓白下，帝出琅邪城送之。舊唐志：武德九年，改金陵爲白下，移治白下故城。建康志：今靖安鎮北有白下城故基，去府城十八里。胡三省通鑑注：蓋即今之龍灣。

懷德故城。在上元縣北。晉書元帝紀：太興三年詔曰：「先王君臨琅邪四十餘年，今琅邪國人在此者，近有千户。其立爲懷德縣，統丹陽郡，以爲湯沐邑。優復之。」宋書志南琅邪郡所領，無懷德。永初郡國有費縣，治宫城之北。元嘉十五年省費，併建康臨沂。寰宇記：費縣故城，在上元縣西北九里。南徐州記云即懷德縣，寄建康北境，及置琅邪郡，割潮溝爲界。陳亡，廢。建康志：實録云：「懷德縣，舊置於宫城南七里，後改爲費縣，移於宫城西北三里。」今在鍾山鄉。

江乘故城。在句容縣北。秦縣。史記始皇三十七年，自會稽還過吴，從江乘渡，即此。漢屬丹陽郡。後漢興平間，孫策渡江，自秣陵轉攻江乘。尋省。晉太康元年，復立。咸康元年，改屬南琅邪郡。陳書紀：太建十年，以江乘屬建興郡。隋平陳，縣廢。括地志：故城在句容縣北六十里。

南琅邪故城。在句容縣北。晉書志：元帝以江乘置琅邪郡。金陵新志：上元縣金陵鄉，舊名金城戍，爲其故址。晉太康八年，謝安勞師於金城，即此。咸康元年，桓温爲琅邪内史，鎮江乘之蒲洲、金城，上求割丹陽之江乘立郡。去南徐州水二百，陸一百；去京都水一百六十。寰宇記：琅邪城，在上元縣東北六十里。建康志：琅邪城，在江乘南岸。今句容縣北有琅邪鄉，即其地。按：此晉、宋之琅邪郡治也。及齊永明六年，徙治白下，所謂琅邪城，在今上元縣西北。

溧水故城。即今溧水縣治。元和志：縣南至宣州二百二十五里。開皇十一年，宇文述割溧陽之西、丹陽之東置。寰宇記：在昇州東南一百二十里。

堂邑故城。在六合縣北。春秋時楚棠邑，後又屬吴。左傳襄公十四年：楚子囊師於棠，以伐吴。又：伍尚爲棠邑大夫。史記刺客傳「專諸，吴棠邑人」是也。漢高帝六年，封陳嬰爲堂邑侯國。後置縣。晉時升爲郡，又改置尉氏而縣廢。

建康舊城。在上元縣南。秦漢秣陵縣地。三國吴志：建安十六年，孫權徙治秣陵。明年，改秣陵曰建業，因置縣。二十五年，權都武昌，以吕範領丹陽太守，治建業。黄龍元年，權遷都建業。晉書志：武帝平吴，以爲秣陵。太康三年，分秣陵北爲建業，又改「業」爲「鄴」。愍帝立，避諱，改建鄴爲建康。元帝紀：永嘉初鎮建鄴。建武元年，立宗廟社稷於建康。元和志：建康舊城，在上元縣南三里。寰宇記：建康縣，初置在宣陽門内。晉咸和三年燬，移入苑城。六年，又徙出宣陽門外御街西。唐貞觀七年，移江寧縣還舊郭。上元二年，以童謡改爲上元。光啓三年，徙於鳳臺山西南一里。今移在司會府。輿地紀勝：建康舊城在北，去秦淮五里。楊溥時，徐温改築，稍遷近南。夾淮帶江，以盡地利。建康志：上元縣，宋初遷司會府，今府治之東。建炎初，徙今治，在城東隅。建鄴故城，在吴冶城東。景定元年，太守馬光祖繞城浚濠。明初建爲京師，益廓而大之。舊志：南朝故都城周二十里，有門十二。正南曰宣陽門。晉王敦將沈充、錢鳳渡淮，突犯宣陽門。梁太清二年，侯景渡朱雀航，入宣陽門，是也。宣陽之東曰平昌門。又東曰開陽門。正東曰東陽門。東陽之南曰清明門，北曰建春門，後改曰建陽門。齊明帝末，王敬則起兵，以奉南康侯子恪爲名，子恪從吴郡自歸，達建陽門，是也。正西曰西明門，一名白門。宋元嘉二年，徐羨之承詔至西明門外。梁敬帝時，徐嗣徽逼建康，陳霸先出西明門大敗之，是也。西明之南曰廣陽門。西明之北曰閶闔門。北面之東曰廣莫門。晉咸康初，石虎遊騎至歷陽，帝觀兵於廣莫門以備之。齊崔慧景之亂自鍾山西巖而下，入廣莫門，是也。西曰大夏門。又自晉以來，於秦淮南北兩岸，設籬門五十六所，謂之郊門，亦曰籬門。齊永元初，始安王遥光舉兵東府城，詔左興盛屯東籬門。明年，崔慧景作亂，復遣左興盛拒之於北籬門。又蕭衍東下至新林，分遣陳伯之等據西籬門，是也。隋平陳，盡廢。五代徐知誥，復廣金陵城爲八門。建康志：府城八門，由尊賢坊東出曰東門；由鎮淮南出曰南門；由武衛橋西出曰西門，由清化市而北曰北門；由武定橋泝秦淮而東，曰上水門；由飲虹橋沿秦淮而西，出折柳亭前，曰下水門；由斗門橋西出曰龍光門；由崇道橋西出曰柵寨門。按晉自元帝渡江以後，諸城門皆用洛陽舊名。建康實録：都城三重，外門六，宣陽、廣陽、津陽、清明、建陽、西明。後增十二門。李昉宫苑記：南四門，最西曰陵陽，後改廣陽。正門曰宣陽。稍東曰開陽，後改津陽。最東曰清明。東面二門，南曰東陽，北曰建春，後改建陽。西面二門，南曰閶闔，北曰西明。北四門，西曰大夏；中曰玄武，齊時改曰宣平；稍東曰廣莫，陳改北捷；最東曰延熹。與諸書所載門名互異。今並存之。

臨沂舊城。在上元縣東北。漢縣，在今山東沂州府東。晉僑置於此。宋書志：咸康元年，分江乘縣地立，屬南琅邪郡。又永初郡國有陽都、費、即丘三縣，皆割臨沂及建康爲之。元嘉八年省即丘，併陽都。大明五年，又省陽都，併臨沂。陳書紀：太建十年，以臨沂縣屬建興郡。隋初廢。寰宇記：臨沂城，在縣東北三十里臨沂山西北，臨大江。建康志：實録云：「縣城在江寧縣北四十里獨石山西，臨大江。」今上元縣長寧鄉攝山之西白常邨，蓋即其地，距縣三十八里。

秣陵舊城。在江寧縣東南。秦置。漢武帝元朔元年，封江都易王子纏爲侯邑。元鼎四年爲縣，屬丹陽郡。後漢建安中，改置建業，而故縣廢。晉太康三年，分淮水南復置秣陵縣。宋書志：秣陵縣，本治去京邑六十里，今故治邨是也。義熙九年，移治京邑，在鬭場。隋書志：平陳，省秣陵縣入江寧。括地志：秣陵舊城，在江寧縣東南五里。元和志：在縣東南四里。寰宇記：舊城在縣南五十五里，秣陵橋東北。山謙之建康實録：秣陵城，在故臺城南八里。建康志：秣陵縣更名凡六。秦改金陵爲秣陵，在舊江寧縣東南六十里秣陵橋東北。晉太康初，復以建業爲秣陵，即今上元縣。三年，分淮水南爲秣陵。義熙中，移於鬭場柏社，在江寧縣東南廢長樂橋，古丹陽郡是也。元熙初，又移治揚州參軍廨，在宮城南八里一百步小長干巷内。梁末，齊兵軍於秣陵故治，跨淮立栅，當是其地。景德二年，置秣陵鎮，在今江寧縣東南五十里。

江寧舊城。在江寧縣西南六十里。宋書志：晉太康初，分秣陵立臨江縣。二年，更名江寧。寰宇記：江寧縣，隋開皇十年移於冶城。唐武德九年，移白下。貞觀七年，移還冶城。九年，復曰江寧，後改曰上元。天祐十四年，楊吴析上元、當塗，復置江寧縣，與上元縣皆在州郭。舊城在縣南七十里。王存九域志：縣有江寧鎮，即舊縣也。建康志：南唐復置縣，在州城西偏。又西即吴冶城。宋初移郭下，在城西北，距行宫三百步。

句容舊城。即今句容縣治。漢置。武帝元光六年，封長沙定王子黨爲侯邑。章懷太子曰：縣近句曲山，山有所容，故名。元和志：縣東北去潤州一百里。晉元帝興於江左，爲畿内第一品縣。九域志：在江寧府東九十里。縣志有南城，在縣南五里。又北城，在縣東北八里。皆北朝時築。

廢魏郡。在上元縣界。晉書志：咸康四年，僑置魏郡、廣川、高陽、堂邑等諸郡及所統縣，並寄居京邑。義熙元年，劉裕以弟道憐領堂邑太守，戍石頭。十二年，以高陽内史劉鍾領石頭戍事，屯冶亭。宋初，道憐子義欣歷青州刺史、魏郡太守，戍石頭。顧野王輿地志：晉僑立魏郡，領肥鄉、元城二縣。後省元城。又廣川郡，領廣川一縣。宋初省爲縣，屬魏郡。又高陽郡，領北新城、博陸二縣。堂邑郡，領堂邑一縣。後省堂邑併高陽，又省高陽併魏郡。元嘉二十年，以其民併建康。又義熙初，劉裕弟道規爲并州刺史、義昌太守。四年，道憐代諸葛長民爲并州刺史、義昌太守，戍石頭。地志晉咸和後，僑立青、并等四州，後以青、并合兗。

建興廢郡。在江寧縣東南。梁書：天監四年，置建興苑於秣陵建興里。陳書：太建十年，罷義州及琅邪、彭城二郡，立建興郡，領建安、同夏、烏山、江乘、臨沂、湖熟六縣。輿地紀勝：建興苑，在秦淮南岸。建康志：南苑，在瓦官寺東北，梁改名建興苑。

按隋志不言建興郡所以廢，當時平陳後，省入丹陽郡也。

臨滁廢郡。在江浦縣西北。梁末置，屬譙州。尋入東魏。魏書志：郡治葛城。陳廢。輿地紀勝：古臨滁郡，在清流縣東南五十五里之葛城，俗呼爲羅城。明初割屬今縣。舊志：有東葛城，在江浦縣西北三十五里。西葛城，在縣西北四十里。

廢齊郡。在六合縣東南，蕭齊置。齊書志：建元初，徙齊郡，治瓜步，仍置臨淄縣爲治。梁廢。陳太建五年，伐北齊，克秦郡瓜步城，即齊郡城也。舊志：瓜步城，在瓜步山側。

瓦梁廢郡。在六合縣西。陳書：太建五年北伐，石梁城降。隋書志：六合有後齊置瓦梁郡，陳廢。舊志：南唐時，於滁水上立東、西瓦梁城，即今之瓦梁壘，在縣西五十五里，西北距滁州八十里。東、西二城，餘址尚存。輿地紀勝云：有吴王城，在縣瓦梁埠高岡之上，有四壁，即孫權分兵屯守之城也。

同夏廢縣。在上元縣東。梁書武帝紀：宋大明八年，生於秣陵之同夏里三橋宅。陳書：太建十年，以同夏縣屬建興郡。隋平陳，省入江寧。寰宇記：輿地志云：「梁大同三年，分建康之同夏里置。」建康志：圖經云：「縣東十五里同夏浦，舊有城，今上元縣長樂鄉是其地。」通鑑注：梁武以三橋舊宅爲光宅寺，在同夏里。

懷德廢縣。在江浦縣西。劉宋置。宋書志：秦郡懷德令，孝武大明五年立。又以歷陽之烏江並此爲二縣，立臨江郡。前廢帝永光元年，省臨江郡，懷德即住郡治。府志：今懷德鄉在縣西。按此係宋所置之懷德，屬秦郡。蕭齊屬臨江郡，東魏改屬臨滁郡，後廢。與東晉大興三年所置懷德縣，在今上元縣北者不同。

方山廢縣。在六合縣東。隋書志：開皇四年，改尉氏曰六合，省方山縣入焉。舊志：蓋齊、周時所置。在六合縣方山下。

安業舊縣。在江寧縣南。新唐書志：武德三年，析江寧縣置丹陽、安業二縣。八年，省安業。建康志：安業，析江寧、溧水置。又小丹陽路，在縣南，與當塗縣接界。舊志：丹陽故縣，在縣南八十里，又西南至當塗八十里。

舊紫禁城。在上元縣城内東偏。明太祖建，當鍾山之陽，宋、元東城外二里燕雀湖之地。其西安門以北宫牆，即都城故址，東出青谿橋處也。本朝聖祖仁皇帝南巡，御製金陵舊紫禁城懷古詩。乾隆四十五年，高宗純皇帝南巡，御製江寧舊宫城歌。

故宫城。在上元縣城内，亦曰皇城。五代史：晉天福二年，吴徐知誥建號，以子城爲宫城。陸游南唐書：先主即金陵府爲宫，惟加鴟尾欄檻而已。入宋，仍爲府治。紹興二年，命即府舊治修爲行宫。八年，始設行宫留守。輿地紀勝：在天津橋北，即南唐宫也。建康志：皇城在府城中，周四里二百八十步。紹興二年，即舊子城基增築。有東、南、西三門。舊志：宋行宫，在京城内大中街。元至元十五年，拆故宫材木，輸之大都，遺址僅存。二十三年，改爲御史臺治。至正十六年，明太祖入金陵，建軍府於此。尋爲王府。又建爲皇宫。後又改築皇城於東偏，稱此爲「舊内」。

東府城。在上元縣東。晉簡文爲王時舊第，後爲會稽王道子宅。太元中，道子領揚州，以爲治所。使嬖人趙牙築山穿池，列樹竹木。帝嘗幸之。義熙中，劉裕自石頭還鎮東府。宋景和元年，以東府城爲長樂宫。泰始初罷。元徽五年，蕭道成備法駕，詣東城迎立順帝。道成移鎮東府。及道成封齊王，以東府爲齊宮。齊建元二年，子嶷爲揚州刺史，鎮東府。元和志：東府城，在上元縣東七里。其地西則簡文爲會稽王時邸第，東則會稽王道子府。寰宇記：東府城，在縣東二里。建康志：城在青谿橋東，南臨淮水，周三百九十步。去臺城四里。梁紹泰末焚毁。陳天嘉中，更徙治城東三里，西臨淮水。陳亡廢。顧野王輿地志：東府城，安帝時築。宋以後常爲宰相府第。每建康有事，必置兵守此。亦謂之東城。

古檀城。在上元縣東。輿地志：本謝玄别墅。宋屬檀道濟，因以爲名。建康志：在墅城東八里，地圖，謂之城子墅。今清風鄉有城子邨，在黄城橋之西，即其地。去府城四十里。

白城。在上元縣東。梁書紀：武帝起兵向建康，使王茂斜趨白城。又紹泰二年，徐嗣徽引齊兵自丹陽步上，陳霸先拒之於白城。通鑑注：城在湖熟縣界。府志：今有白山，在府東北三十里，南接鍾山。白城當在其地。

輔公祏城。元和志：在上元縣東七里，本齊文惠太子苑地。武德七年，公祏搆亂，築以爲城。其年，趙郡王孝恭平之，城遂毁廢。輿地紀勝：博望苑，在子城東七里，即輔公祏城。

五城。在上元縣東南。晉明帝時，王敦黨王含、錢鳳戰敗，率餘黨自栅塘西置五城造營。宋大明五年，使劉延孫於五城受封版。建康志：在府城東南二十五里。唐景雲中，縣令陸彦恭於城側造橋渡秦淮，亦名五城渡。又唐德宗時，韓滉築石頭五城，自京口至土山。舊志：在縣西。

石頭城。在上元縣西石頭山。後漢建安十六年，孫權徙治秣陵，明年城石頭。晉太康初伐吴，王濬帥舟師過三山入石頭。東晉咸和三年，蘇峻入京師，逼遷帝於石頭，以倉屋爲宫。元熙初，劉裕以其子義真爲揚州刺史，鎮石頭。宋景和元年，以石頭城爲長樂宫。泰始初罷。昇明初，袁粲鎮石頭，爲蕭道成所殺。三年，道成封齊公，以石頭城爲其世子宫。梁敬帝初，王僧辯立蕭淵明爲帝，仍屯石頭，陳霸先自京口襲之。陳禎明二年，大風自西北激濤水入石頭城。隋開皇元年，平陳，毁建康城邑，更於石頭置蔣州。唐武德四年，爲揚州治。八年，建揚州大都督府治焉。明年，揚州移治江都，此城遂廢。建中四年，朱泚亂，江東觀察使韓滉築石頭五城，又於城中穿井，皆百尺。元和志：石頭城，在上元縣西四里，即楚之金陵城也。吴改爲石頭。宋張順民曰：石頭城，天生城壁，有如城然。在清涼寺北覆舟山上。江行自北來者，循石頭城轉入秦淮。陸游曰：龍灣望石頭山不甚高，然峭立江中，繚繞如垣牆。清涼寺距石頭里許，西望即宣化渡，及歷陽諸山也。本朝乾隆二十二年，高宗純皇帝南巡，御製石城歌詩。四十九年，仁宗睿皇帝隨扈，有御製石城歌。

冶城。在上元縣西。張敦頤六朝事迹：本吴冶鑄之所，因以爲名。寰宇記：晉王導疾，方士戴洋云：「君命在申，而申地有冶，金火相爍，不利。」遂移冶城於石頭城東，以其地爲冶城園。古冶城在上元縣西五里。隋開皇九年，移江寧縣治冶城。輿地紀勝：嘉定中，制帥黄度，即冶城山建冶城樓，爲一郡登覽之盛。黄元之金陵記：冶城，即今府治西北朝天宫，楊吴之紫極宫，宋之天慶觀也。又有冶亭。晉義熙十二年，劉裕以高陽内史劉鍾領石頭戍事，屯冶亭。又有東冶亭。宋元嘉六年，王裕之辭尚書令東還，車駕幸東冶亭餞送。通鑑注：在半山寺後。六朝事迹：東冶亭，在汝南灣，爲士大夫餞送處。

西州城。在上元縣西，晉揚州刺史治所。太元十年，謝安還都，輿病入西州門。安薨後，所知羊曇行不由西州路。嘗大醉，不覺至州門，因慟哭而去。宋初，徐羨之治西州，高祖每思之，即步出西掖門往見焉。孝建中，西陽王子尚爲揚州時，熒惑守南斗，上乃廢西州舊館，使子尚移居東府城，西州竟廢。齊建元三年，詔南郡王長懋，自石頭移鎮西州。永明元年，竟陵王子良爲揚州刺史，鎮西州。元和志：揚州故理在縣東百步。孫策定江東，置揚州於建業。其州廨，王敦及王導所創也。後會稽王道子於東府城領州，故號此爲西州。寰宇記：古揚州城，東至西州橋，西至冶城，周迴三里。今江寧縣城在其西偏。通鑑注：揚州治所在臺城西，故謂之西州。舊志：在上元縣西二里。今武衛橋，即古西州橋，城當在其處。

宣武城。在上元縣西北，亦謂之宣武堂。寰宇記：宣武城，在縣西北九里。輿地志云：宋大明三年，沈慶之所築。帝閲武於其地，亦謂武帳岡。陳亡廢。通鑑注：江左倣洛都之制，築宣武場於臺城北。

白馬城。在上元縣北。建康志：在故江寧縣北三十里，吴時烽火之所。金陵故事：吴時沿江烽火臺二所，一在石城左，一在白馬城。

越城。在江寧縣南。晉王敦遣王含、錢鳳奄至南岸，温嶠遣段秀乘夜渡水，戰於越城，大破之。義熙六年，盧循至蔡州，劉裕修治越城，使王仲德屯守。梁天監七年，作國門於越城南。寰宇記：故越城，在江寧縣西南七里，越相范蠡所築。在今瓦官寺東南，國門橋西北。建康志：古越城，一名范蠡城。圖經云：在秣陵縣長干里，今江寧縣尉廨後，遺址猶存，俗呼爲越臺。通志：在聚寶門外報恩寺西。

捍國城。在江寧縣南。南史：梁承聖初，侯景於大航跨水築城，名曰捍國。建康志：今洞林灣，即古大航。侯景城在其南。

開化城。建康志：在江寧縣南九十里。

金城。在句容縣北。晉咸康七年，桓温出鎮江乘之金城。後温北伐，見爲琅邪時所種柳皆十圍，歎曰：「木猶如此，人何以堪！」太元八年，謝玄等破苻堅，師旋，謝安勞師於金城。輿地紀勝：金陵覽古云：「金城，在縣北四十五里。」建康志：金城，吴築，今上元縣金陵鄉，地名金陵戍，即其地。按齊書志，南琅邪郡本治金城，是齊永明以前，金城即琅邪城也。建康志云：琅邪城在府城東北六十三里，金城在府城東二十五里。又似兩地。今姑存之。

竹里城。建康志：在句容縣北六十里，東陽鎮東二十五里。齊永元中，張佛護等拒崔慧景時所築。

杜城。建康志：在溧水縣南十二里，環地四百餘步。隋大業末，杜伏威屯軍於此。

浦子口城。在江浦縣東二十五里。本六合縣地。明洪武元年，設巡司於此。四年築城，周十四里有奇。九年，析六合及滁、和二州地，置江浦縣。二十四年，又割江寧一鄉隸之。尋移治廣口山，即今治。

曹城。在江浦縣西南三十五里，相傳曹操所築。

黄龍城。在江浦縣西南六十里。

胡墅城。在六合縣東。梁敬帝初，徐嗣徽引齊兵據石頭城，齊遣崔子崇等，於胡墅渡米載馬以濟之。陳太建十三年，周羅睺攻隋胡墅，拔之。明年，歸胡墅於隋，以請和。舊志：城在縣東三十里。濱江，南對石頭城。

晉王城。通志：在六合縣宣化鎮。隋晉王廣伐陳築此，對石頭城。

盤城。通志：在六合縣盤城山側，下有宋步軍司莊及砦。

竹城。在高淳縣東六十里。建康志：在溧水縣東南七十里，環地二里，高五尺。舊志：今固城渡有竹城圩。

皇姥城。在高淳縣東南六十里。建康志：在溧水縣南百十里大山南。

茅城。在高淳縣南二十里，相傳三茅煉丹處。

固城。在高淳縣南三十里。寰宇記：溧水縣有古固城。建康志：固城，春秋時吴瀨渚縣。漢溧陽縣治在焉。紹興中，得後漢溧陽校官碑於固城湖旁，故知爲漢縣治。

開化城。在高淳縣南五十里。寰宇記：在固城東，去溧水縣九十里。即溧水舊縣。

薛城。在高淳縣西十五里。俗傳元末有邢光輔者，築此以禦寇。明初，以城來歸。今遺址尚存，林木繁茂，爲游覽之所。

賴鄉。在江寧縣西南。三國志吴孫登傳：登晝夜兼行，到賴鄉，自聞，即時召見。齊書祥瑞志：永明六年，江寧縣北界賴鄉齊平里邏門外太常蕭惠基園，楥樹二株連理，合爲一樹，枝葉繁茂，圓密如蓋。即此。

長干里。在江寧縣南。吴都賦：長干延屬。晉書：元興中謡曰：「長干巷，巷長干。今年殺郎君，明年斬諸桓。」既而桓玄敗死。文選注：江東謂山間爲干。宋史：曹彬下江南，登長干北望金陵。輿地紀勝：長干，是秣陵縣東里巷名。建康南五里有山岡，其間平地，民庶雜居，有大長干、小長干。小長干在瓦官南巷，西頭出江。張敦頤六朝事迹：長干，秣陵縣里巷名。江東謂山隴之間曰干。又天禧寺，在城南門外，舊名長干寺，乃大長干也。通志：今報恩寺前大道。

華里。在江寧縣西南。吳志：孫晧建衡三年，舉大衆出華里，晧母及妃妾皆行。東觀令華覈等因争，乃還。通鑑注：華里，在建業西。

烏榜邨。通志：在上元縣天慶觀西。慶元志：初立西州城，未有籬門，樹烏榜而已。故以名邨。

牛屯。在上元縣東南。吳志：孫晧寶鼎元年，永安山賊施但等，劫晧庶弟謙，出烏程，至建業。丁固、諸葛靚逆之於牛屯大戰，但等敗走，獲謙。梁書：武帝時，江紑父蒨，啓捨同夏縣界牛屯里舍爲寺。通鑑注：牛屯，去建業城二十一里。

馬牧。在江寧縣東南。通鑑：梁末，徐嗣徽等導齊兵至秣陵故治，陳霸先遣周文育屯方山，徐度頓馬牧，杜稜頓大航南以禦之。舊志：馬牧，在縣東南二十五里，蓋舊時閑牧之地。

韓擒虎壘。在上元縣西四里。有平陳碑，薛道衡詩。

賀若弼壘。元和志：在上元縣北二十里。隋伐陳，若弼渡江，乃於蔣山龍尾築壘。

仁威壘。在句容縣南。南史：梁承聖二年，周弘讓爲仁威將軍，城句容居之，命曰仁威壘。建康志：亦曰甲城。舊志：在白羊門内。

朱雀桁。在江寧縣南。吳志：孫綝築室於朱雀橋南。晉書：永嘉初，陳敏竊據建業，周玘使錢廣等討之，勒兵朱雀橋，陳兵水南。明帝時，王敦兄含奄至南岸，温嶠移屯水北，燒朱雀航以挫其鋒。咸康二年，新作朱雀浮桁。南史：梁中大通元年，朱雀航華表災。輿地紀勝：沿淮上皆列浮航，緩急則撤航爲備。鎮淮橋，即古朱雀桁也。建康志：朱雀桁，對朱雀門，南渡淮水，亦名朱雀橋。本吳南津大航橋。又有二十四航，在都城内外。輿地志：朱雀，與竹格、驃騎、丹陽爲四航。自隋滅陳，惟竹格渡獨存。通志謂之南航，又曰大航，以秦淮諸航，此爲之最。方輿紀要：今聚寶門内鎮淮橋，即孫吴之南津橋，晉之朱雀桁也。

古御街。在江寧縣南。輿地紀勝：御道，亦名御街。吴時自吴門南出，至朱雀門七八里，府寺相屬。晉成帝因吴苑城築新宫，正中曰宣陽門，南對朱雀門，相去五里餘，名爲御道。夾道開御溝，植楊柳。其實自大司馬門出爲御街，自端門出爲馳道，自西掖門出爲右御街。宋本紀：大明五年，立馳道，自閶闔門至於朱雀門，又自承明門至於玄武湖。八年罷，景和復立。建康志：今自天津橋直南，夾道猶有故溝，即古御街也。

烏衣巷。在上元縣東南。世説：王導曰：「庚元規若來，吾角巾還烏衣。」宋書：謝混與族子靈運、瞻、曜、弘微，並居在烏衣巷。輿地紀勝：在秦淮南，去朱雀橋不遠。建康志：今城南長干寺北，有小巷曰烏衣。又有烏衣園，在縣南二里烏衣巷東。黄元之丹陽記：烏衣巷，吴時烏衣營處所。府志：巷在縣東南二里。

馬糞巷。在上元縣北。梁書：王志世居建康禁中里馬糞巷。

邀笛步。在上元縣青谿橋右。舊志：在江寧縣上水閘，晉王徽之邀桓伊吹笛處。

宋耕壇。在上元縣東。宋書禮志：元嘉二十年，將親耕，度宫之辰地八里之外，整制千畝，開阡陌，立先農壇、御耕壇。輿地紀勝：按隋志，梁普通二年，移耤田於建康北岸，别有祈年殿。蔡宗旦金陵賦注云：梁耤田壇，在縣東二十里青龍山前。舊志：耤壇，在故臺城東南二里。

明天地壇。通志：在上元縣洪武門外。明京城圖志云：太祖以王者父天母地，無異祀理，乃建壇於此，合而祀之。壇制闢四門，繚以朱垣，内復爲垣圍列壇中。上爲大祀殿，前爲齋宫。今廢。

晉社稷壇。通志：在上元縣古都城宣陽門外，晉元帝立。張鉉金陵志：在舊江寧縣東二里。

晉北郊壇。在上元縣北。晉咸康八年立。隆安二年，王恭等作亂，詔王恂守北郊。義熙六年，盧循入寇，劉裕使劉敬宣屯北郊。宋書禮志：北郊，晉成帝立，在覆舟山南。太祖移於覆舟山西。後以其地爲北湖，又移於湖塘西北。其地卑濕，又移於白石邨東。其地又爲湖，乃移於鍾山北東道西，與南郊相值。後罷白石東湖，北郊復舊處。南史：梁敬帝時，齊軍至玄武湖西北，將據北郊壇。陳霸先帥衆軍，自覆舟山東移屯壇北以拒之，是也。

吴南郊壇。在江寧縣南。宋書禮志：孫權太元元年，祭南郊。其地今秣陵縣南十餘里郊中是也。晉氏南遷，立南郊於巳地。宋大明三年，乃移郊兆於牛頭山西，正在宫之午地。前廢帝移還本處。通志：梁武帝南郊壇，在今城東南，與婁湖近。

華林園。在上元縣東北。世説：晉簡文帝在華林園，曰：「會心處不必在遠。」南史宋紀：永初二年，聽訟於華林園。又少帝於華林園爲列肆，親自酤賣。又元嘉二十三年，築景陽山於華林園。又王儉傳：齊高帝幸華林園宴集，使各效伎藝，儉跪上前，誦相如封禪書。又到溉傳：溉齋前山池有奇礓石，梁武帝戲與賭之。溉輸，石即迎置華林園宴殿前。移石之日，都下傾城縱觀。舊志：華林園内有華光等殿，及景陽樓、竹林堂，皆宋元嘉時建。建康志云：園在臺城内，本吴舊宫苑也。

樂游苑。在上元縣東北。宋書禮志：晉立北郊，在覆舟山南，太祖以其地爲樂游苑。元嘉十一年，禊飲樂游苑。范蔚宗樂游苑應詔詩序曰：苑在宫城北三里，晉時藥園也。南史陳紀：太建四年，幸樂游苑，採甘露。寰宇記：苑在覆舟山南。北連山築臺觀，苑内起正陽、林光等殿。建康志：在北郊之西。顧野王輿地志：苑在縣東北八里。舊志：今城北土橋南小教場，即其地。

芳林苑。在上元縣東北。南史齊武帝紀：宋元嘉二十七年，生於建康青谿宅。永明元年，築青谿舊宫，即故宅也。五年，禊飲於芳林苑。又張緒傳：劉悛獻蜀柳數株。時舊宫芳林園始成，武帝以植於大昌靈和殿前。梁書：齊世，青谿宫改爲芳林苑。天監初，賜南平王偉爲第。偉又加穿築，增植嘉樹珍果，窮極雕麗。吴都賦注：在縣東北十里。寰宇記：芳林苑，一名桃花園，在東府城東秦淮大路。建康志：在古湘宫寺前巷，近青谿中橋。

上林苑。府志：在上元縣雞籠山東。宋孝武大明三年築，初名西苑。梁改曰上林。其地有古池，俗呼爲馬塘，亦曰飲馬池。其西又有望臺宮。

芳樂苑。在上元縣建康子城北。齊書：東昏侯於芳樂苑内立市肆，以潘妃爲市令。即此。又方山苑，在方山側。府志：齊武帝於此築苑。

桂林苑。寰宇記：在上元縣北四十里落星山之陽，吴立。吴都賦云「數軍實於桂林之苑」，即此。

王游苑。在江寧縣西南。梁書紀：太清元年，王游苑成。輿地紀勝：江潭苑，亦名王游苑。建康志：江潭苑，在新林路西，去城二十里。

東田。在上元縣東。南史：齊永明中，太子長懋引晉明帝爲太子時立西池例，求東田起小苑，許之。十一年，太子薨，世祖以東田殿堂爲崇虚館。建武二年，罷東田。輿地紀勝：在縣東八里。

玄圃。在上元縣北臺城北。齊書：太子長懋開拓玄圃園，與臺城北塹等。梁書：太子於玄圃立館以延朝士。輿地志：圃有明月觀、婉轉廊、徘徊橋，内作浄名精舍。

明故宮。在上元縣舊紫禁城内。本朝乾隆十六年，高宗純皇帝南巡，御製過明故宮詩。

東宮。在上元縣城内。建康志：晉永安宮，即吴東宮，在臺城東南隅。宮苑記：永安宮，在臺城東華門外。太元二十一年，以東海王第作東宮。安帝立，何皇后居此，謂之永安宮。桓玄篡位，析其材木入西宮，以其地爲射圃。宋元嘉十五年，修永吉宮爲東宮城，四周土牆，塹兩重。在臺城東門外。按南史：侯景圍臺城時，於東宮置酒作樂。太子綱遣人焚之，臺殿及所聚圖書皆盡。陳太建九年，東宮成，皇太子移於新宮，蓋即此地。

親蠶宮。在上元縣西北。南史宋紀：大明三年，立皇后親蠶宮於西郊。輿地紀勝：金陵覽古云：「在縣北七里沙市中。」

太初宮。在上元縣北。吴志：孫權赤烏十年，適南宫，尋改作太初宫。孫晧寶鼎二年，起顯明宫，移居之。地記曰：「吴有太初宫，方三百丈，權所起也。昭明宫，方五百丈，晧所作也。避晉諱，故曰顯明。」吴曆云顯明在太初之東。晉書：惠帝時石冰之亂，太初宫盡焚。陳敏平石冰，因故基創造府舍。元帝領江左，即敏所造爲府舍。及即位，仍在舊府，稱爲建康宫，更不改作。咸和中燬，始營新宫於臺城。寰宇記：太初宫，本孫策故府也。建康志：太初宫正殿曰神龍，北直臺城西掖門前路，東即古御街。又吴南宫，即太子宫，在南。今在舊江寧縣北二里半。

安德宫。在江寧縣治南。建康志：在宣陽門外，直西即都城西南角。陳宣帝爲文皇后所築。隋平陳，移江寧縣治此。明年復罷。中有池，人謂之安德宫池。

梧園宫。在句容縣西。舊志：吴王别館也。有梧楸成林。

太極殿。在上元縣北。晉書王獻之傳：太元中，新起太極殿，謝安欲使獻之題榜。南史梁紀：天監十二年，新作太極殿，改爲十三間，以從閏數。又王僧辯傳：承聖初，僧辯復臺城，軍人失火，燒太極殿及東西堂。陳紀：永定二年，營太極殿。輿地紀勝：晉孝武建，又名梅梁殿。建康志：建康宫内正殿也。

清暑殿。在上元縣北。晉書孝武紀：太元二十一年，起清暑殿。宋書符瑞志：大明元年，嘉禾一株五莖，生清暑殿鴟尾中。南史儒林傳：宋明帝好周易，嘗集朝臣於清暑殿上，詔伏曼容執經。府志：清暑殿，在臺城内。

永福省。在上元縣北故臺城中，劉宋時太子所居。梁太清三年，太子綱遷居永福省。

宣猷堂。通志：在上元縣。梁書蕭子顯傳云：謝嘏出守建安，於宣猷堂飲餞。陳書姚察傳云：察年十三，即於宣猷堂聽講論難，爲儒者所稱。

澄心堂。在上元縣城内。南唐建，爲藏書撰述之所。舊有澄心堂紙。金陵瑣事：堂在今内橋東，舊中城兵馬司地。

大本堂。在上元縣舊紫禁城。府志：明洪武初建，以爲太子諸王授經之所。延四方耆儒於其中，公侯子弟皆就學焉。

晝錦堂。在上元縣舊府治西廳。宋紹興末，王綸以建康人知鄉郡，建此堂。

戲綵堂。在上元縣舊轉運司堂後。宋真德秀將母出使，葺而名之。

清如堂。通志：在上元縣青谿緑波橋北。明統志：宋馬光祖建，取御翰中「一清如水」之語名之。

草堂。在上元縣鍾山北。李善文選注：汝南周容，昔經在蜀，以蜀草堂寺林壑可懷，乃於鍾嶺雷次宗學館立寺，因名草堂，亦號山茨。

積弩堂。在上元縣故臺城北。晉隆安五年，孫恩窺建康，豫州刺史司馬尚之帥精騎入衛京師，屯積弩堂。

儀賢堂。在上元縣東北，本名延賢堂。宋元嘉三年，帝臨延賢堂聽訟，因名聽訟堂。梁天監七年，改名儀賢。太清二年，侯景立蕭正德爲帝，即位於儀賢堂。建康志：在都城宣陽門内路西，梁時策孝廉秀士於此。

中堂。在江寧縣治南。晉明帝以王敦反，出次中堂，又出次南皇堂。孝武帝以太學在秦淮南，去臺城懸遠，權以中堂爲太學，親釋奠焉。宋景平二年，宜都王義隆即位於中堂。

景陽樓。在上元縣北。南史宋紀：元嘉二十三年，興景陽山於華林園。又后妃傳：齊武帝永明中，置鐘於景陽樓上，應五鼓及三鼓。宫人聞鐘聲，早起粧飾。輿地紀勝：在法寶寺西南。遺址尚存，俗呼爲景陽臺。

閲江樓。舊志：在上元縣獅子山上。明初建樓於巔，宋濂奉敕撰記。按明太祖所製閲江樓記序，則樓不果建，特敕儒臣撰記耳。

入漢樓。在上元縣石頭城南，晉義熙中建。

觀稼樓。在上元縣東二十五里，梁武帝建。

穿鍼樓。在上元縣東北。宋武帝七月七日，使宫人穿鍼乞巧於此。

百尺樓。在上元縣東北，南唐李後主建。通志云：在南唐宫中。

來賓樓。在江寧縣聚寶門外，明初所建十六樓之一。通志：金陵瑣事云：「在城内者，曰南市，曰北市。在聚寶門，西曰來賓，東曰重譯。在瓦屑壩，曰集賢，曰樂民。在西關，曰鶴鳴，曰醉仙，曰輕煙，曰淡粉，曰柳翠，曰梅妍。在石城門外，曰石城，曰謳歌。在清涼門外，曰清江，曰鼓腹。」俱洪武中建。今毁。

東南佳麗樓。在江寧縣。建康志：在銀行街。舊爲賞心樓，久廢。景定元年，馬光祖改建，曰東南佳麗樓。即今縣治基。

伏龜樓。在江寧縣。府志：在府城上東南隅。景定初，馬光祖增創八十八間。按方輿紀要：曹彬登長干，北望金陵，問其地，曰伏龜案也。督攻之，南城遂陷。樓之命名以此。

層樓。建康志：在府城右，宋咸淳中黄萬石建。

孫楚酒樓。在江寧縣西。唐李白詩云：「朝沽金陵酒，歌吹孫楚樓。」即此。

南樓。周應合景定志〔一〕：在府城右，與舊佳麗樓相對。

三閣。在上元縣故臺城内，陳後主建。南史：後主自居臨春閣，張貴妃居結綺閣，龔、孔二貴嬪居望仙閣，並複道交相往來。

涵虚閣。在上元縣北。通志：南唐建，即憑虚閣。金陵四十景曰「憑虚聽雨」。

青谿閣。通志：在上元縣東北青谿上，本梁江總故宅。

昇元閣。在江寧縣西南。唐李白詩：「晨登瓦官閣，極眺金陵城。」輿地紀勝：昇元閣，又名瓦官閣，乃梁朝所建。高二百四十尺。建康志：今崇勝戒壇近昇元故基，建廬舍那佛閣，亦高七丈。

招隱館。在上元縣鍾山西巖下，劉宋時爲雷次宗築。

商飆館。在上元縣蔣祠西南。南史：齊武帝永明初，立商飆館於孫陵岡。世呼爲九日臺。五年秋九月，車駕幸焉。通志：館去城十五里。

涼館。在府治，宋元符中呂升卿建。元時敏記，米芾書，舊有石刻。

士林館。在上元縣舊臺城西，梁武帝建。南史張綰傳：城西開士林館，聚學者，綰與朱异、賀琛遞述制旨禮記中庸義。按舊志載：士林館在六合縣西北，引通鑑梁時齊兵圍秦郡，陳霸先赴援，大敗齊將郭元建於士林〔二〕。此士林乃地名，非館名也。

忠孝亭。在上元縣冶城，晉卞壼父子死難處。

翠微亭。在上元縣清涼山頂，南唐時建。又紅羅亭，在縣内。望湖亭，在雞籠山上。俱南唐時建。本朝乾隆十六年，高宗純皇帝南巡，御書「翠微亭」額懸亭内。

古永昌亭。在上元縣東。吴志孫休傳：孫亮廢孫綝，使孫楷、董朝迎休。休行至曲阿，進及布塞亭，百僚以乘輿法駕迎於永昌亭，築宫，以武帳爲便殿。即此。

古征虜亭。在上元縣東。晉書：謝萬嘗與蔡系送客於征虜亭。又殷浩徙東陽，泊船征虜亭。通鑑注：征虜亭，在方山南。自玄武湖頭大路東，出至征虜亭。按黄元之丹陽記，謂太元中謝安爲征虜將軍，始立此亭。而謝萬、殷浩事，俱在永和中，不至太元始立也。知丹陽記傅會之謬。

半山亭。輿地紀勝：在上元縣東北。王安石故宅。由縣東門至蔣山，此爲半道，故以半山爲名。

木末亭。在江寧縣聚寶門外雨花臺北，梅岡之東。高出林表。通志：旁有方孝孺祠，北有景清祠。

清水亭。在江寧縣東南。宋建炎四年，岳飛敗金人於清水亭。建康志：去府城三十里。有鋪，路通溧水。

古新亭。在江寧縣南。晉書王導傳：過江人士每至暇日，相要出新亭飲宴。又謝安傳：桓温請安爲司馬，將發新亭，朝士咸送。又桓温入赴山陵，止新亭。又安帝紀：元興元年，王師敗績於新亭。南史宋本紀：孝武帝帥衆入討元凶，至新亭，即皇帝位，改新亭爲中興亭。唐李白勞勞亭詩序：亭在江寧縣西十五里，一名臨滄觀。寰宇記：臨滄觀，在縣南勞勞山上，有亭七間，名曰新亭。吴時築。中名臨滄觀，亦謂之勞城。宋史：建炎四年，烏珠趨龍灣，岳飛邀擊之於新亭，大破之。黄元之丹陽記：新亭，吴所立。晉隆安中，司馬恢之徙創今地。輿地紀勝：亭去江寧十里，俯近江渚。方輿紀要：宋乾道五年，史正志重建。吕祉曰：「自吴以來，石頭南上至查浦，查浦南上至新亭，新亭南上至新林，新林南上至板橋，板橋南上至烈州，陸有城埠，水有舟楫，建康西南面之險也。」按寰宇記，新亭即勞勞亭，原無兩地。而建康志謂新亭壘在城西南十二里，臨滄觀在城南，始歧爲二地。當以寰宇記爲是。「烏珠」改見前。

賞心亭。在江寧縣西下水門城上。輿地紀勝：亭下臨秦淮，丁謂建。下有折柳亭，張詠建。其西有白鷺亭，下瞰白鷺洲。又有二水亭，北與賞心亭相對。通志：有風亭在折柳亭東，葉清臣建。又覽輝亭，在鳳凰臺側，有宋神宗時殘碑。

烽火臺。在上元縣石頭城最高處。吴時沿江築臺，以舉烽燧，自建康至西陵，半日而達。

郭文舉書臺。在上元縣西。晉書：王導聞文舉名，迎置西園中。寰宇記：郭文舉臺，在冶城内，王導所築。輿地紀勝謂之文舉讀書臺。

昭明讀書臺。一在上元縣鍾山北高峯上，一在句容縣東南四十里。昭明嘗從陶隱居學，築臺於此，舊址尚存。

日觀臺。在上元縣故臺城内。通志：祥符圖經宋司天臺也。又望耕臺，在白上邨，宋文帝嘗登此以觀公卿親推之禮。又通天臺，在臺城内，宋大明七年建。

觀象臺。在上元縣雞鳴山之巔。通志：元至正元年建，明改爲欽天臺。山側有北極閣。本朝康熙二十三年，聖祖仁皇帝南巡，御書「曠觀」二字，建亭勒石。三十八年，賜御書「欣然有得」四字額。乾隆四十九年，高宗純皇帝南巡，御製觀象臺詩。

鳳凰臺。在江寧縣南。宋書符瑞志：元嘉十四年，大鳥集秣陵永昌里，改曰鳳凰里。唐李白有鳳凰臺詩。本朝乾隆二十二年，高宗純皇帝南巡，御製金陵鳳凰臺用李白韻並效其體詩。

雨花臺。在江寧縣南。輿地紀勝：在縣南三里，據岡阜最高處，俯瞰城闉。相傳梁武時，有法師講經此處，天花雨落，故名。又廣輿記：法師號雲光。通志：臺在聚寶山上。萬家煙火，與遠近雲峯相亂。遥望大江如帶。本朝聖祖仁皇帝有御製雨花臺詩。乾隆十六年、二十二年、二十七年、三十年，高宗純皇帝南巡，皆有御製雨花臺詩。

義臺。在句容縣西南隅，唐孝子張常洧旌表之所。令李哲有記。

占星臺。明統志：在句容縣後圃。宋景祐中，丘濬知縣事，明天文，登此臺觀象，故名。後改爲先春臺。

八卦臺。在句容縣大茅山南，茅洞之東。

煉丹臺。在高淳縣東二十里談谿渡口。舊傳許旌陽煉丹處。

是儀宅。在上元縣故臺城西。吴志：儀不治產業，爲屋舍，財足自容。鄰家有起大宅者，孫權望見，問起大屋者誰。左右對曰：「似是儀家也。」權曰：「儀儉，必非也。」問果他家。其見知信如此。

劉勔宅。在上元縣鍾山。南史：勔經始鍾嶺之南，以爲棲息，聚石蓄水，髣髴邱中。朝士雅素者多往游之。通志：宅在蔣廟東北，名東山園。

徐鉉宅。在上元縣攝山西。輿地紀勝：在棲霞寺西，園池甚盛。中有來賢亭，今陶莊即其地。

明僧紹宅。在上元縣東攝山。輿地紀勝：齊永明七年，僧紹捨宅爲寺。

紀瞻宅。在上元縣東南。晉書：元帝初，瞻立宅於烏衣巷，館宇崇麗。舊志：瞻嘗爲驃騎將軍，即其宅爲驃騎府，遂名其府側浮橋曰驃騎航。

王導宅。在上元縣東南烏衣巷。南史：江左初立，琅邪諸王皆居烏衣巷。

謝安宅。在上元縣東南。晉書：桓玄欲以安宅爲營，謝混曰：「召伯之仁，猶惠及甘棠。文靖之德，更不保五畝宅耶？」玄慚而止。輿地紀勝：宅在烏衣巷。圖經云在驃騎航側。通志：謝玄宅在上元縣土山，地名康樂坊。旁有謝玄走馬路。

徐達宅。在上元縣南大功坊。左帶秦淮，右通古御街。明洪武初，賜第於此。通志：有瞻園，在賜第內。竹石卉木，爲金陵園亭之冠。又南園，在賜第南。又萬竹園，在城西南隅，近瓦官寺。又東園，在武定橋東城下，明武宗嘗釣於此。又西園，在城西南近驍騎倉，有古松一，古石二。又栝園，在大功坊東巷。皆魏公別業。

何點宅。在上元縣西卞壼墓側。南史：點居東籬門園，優游自得。豫章王嶷造點，點從後門遁去。通志：東籬門園，即烏榜邨。

杜姥宅。在上元縣北。宋元徽二年，桂陽王休範反，遣別將杜墨蠡入朱雀門，徑進至杜姥宅。齊永元初，陳顯達舉兵江州，東昏侯使將軍徐世標領兵屯杜姥宅。梁末，王僧辯等討侯景，復遣裴之橫等分屯杜姥宅。舊志：宅在臺城南掖門外。晉成帝杜后母裴氏立第於此，因名。

沈約宅。在上元縣北。南史：約居處儉素，立宅東田。嘗爲郊居賦以自敘云：「王父從官京師，義熙十年，高祖賜館於都亭里之運巷。」建康志：運巷，在今天慶觀。又引世説敘録：「冶城，在今運巷東舊里亭，今俗呼爲黄泥巷。」

劉瓛宅。在上元縣東北。齊書：瓛住在檀橋，瓦屋數間，上皆穿漏。學徒不敢指斥，呼爲青谿焉。永明七年，爲瓛立館，以揚烈橋故主第給之，未及徙而卒。

江總宅。在上元縣東北。金陵故事：南朝鼎族多夾青谿而居，江令宅又占勝地。王安石詩：「往時江總宅，近在青谿曲。」宋時爲段約宅。安石詩：「昔時江令宅，今日段侯家。」

張昭宅。在江寧縣南。輿地紀勝：按丹陽記：「大長干道西，有張子布宅，對瓦官寺門張侯橋。」府志：在今聚寶門外。

陸機宅。在江寧縣南。輿地紀勝：按金陵覽古：「上元縣南秦淮側，有二陸讀書臺，舊址猶存。」本朝乾隆二十七年，高宗純皇帝南巡，御製題陸機宅詩。

吴隱之宅。在江寧縣南古都城南五里，今雙橋門内。晉書：數畝小宅，籬垣仄陋。内外茅屋六間，不容妻子，以竹篷爲屏風，坐無氈席。

李琮宅。在江寧縣西南江寧鎮橋西。琮常手植槐數株，至元末猶存。

許長史宅。在句容縣東南雷平山西北。南有井。後爲道觀。

魏良臣宅。在高淳縣東十里。今有南塘井，其旁即宅址。

周瑜宅。在高淳縣西二十五里。舊志：周氏世居於此。以甎爲垣，周一里。遺址尚存，俗呼爲甎墻周。

漢溧陽長校官碑。在溧水縣，光和四年立。後沈於固城湖濱。宋紹興十一年，溧水尉喻仲遠始得之，置於官舍。今在文廟大門右。

關隘

大勝關。在江寧縣西南三十里。其地有大城港，合板橋、新林等浦之水入江。其江流險阨處，宋置巡簡寨。紹興二年，復置烽火臺。元爲大城水驛，亦曰大城港鎮。明初陳友諒來侵，太祖命楊璟駐兵大城港敗之，因改曰大勝港，置大勝關，兼置巡司。今裁。

新江關。即西新關，在江寧縣西江東門外。出中新河渡二十里，達江浦口，明設户部鈔關於此，專理粟帛雜貨之税。本朝康熙十年，始以西新税務並入龍江，歸織造專管。貨物往來，不至淹時，商旅稱便。

龍江關。在江寧縣西儀鳳門外。明設關於龍江，徵竹木之税，屬工部。國初因之。康熙十年，改隸江寧織造。有宣課大使駐此。

淳化鎮巡司。在上元縣東。九域志：縣有淳化、土橋、湖熟、石步四鎮。建康志：在縣東四十五里，淳化五年置。縣志亦曰：淳化關，其地遮蔽句容，應接京口，形勢衝要。明設巡司，今因之。

江東巡司。在江寧縣江東門外。

秣陵鎮巡司。建康志：在江寧縣南五十里。舊志：元置巡司及税務，明置秣陵關。今仍爲鎮，有巡司。

江寧鎮巡司。在江寧縣西南。九域志：縣有江寧、秣陵、金陵三鎮。建康志：在縣西南六十里。明置巡司，今因之。

龍潭鎮巡司。在句容縣北八十里，逼臨大江。地有龍潭。明建文四年，燕王濟江，次龍潭，是也。明初設巡司。正統二年，復設歲積倉於此，爲濱江要害。後廢巡司，以驛丞兼攝司事。本朝乾隆二十五年，省龍潭驛丞，復改設巡司。按龍潭爲京口、金陵適中之地，康熙中聖祖仁皇帝南巡，敬設行殿。乾隆十六年，高宗純皇帝南巡，御書「勝攬龍蟠」、「江聲潭影」扁額及對聯。四十五年，御製江寧旋蹕駐龍潭行宫詩。

江淮關巡司。在江浦縣東南三里。明洪武二十四年，置關及巡司，後裁。本朝復設，改隸江寧府。

瓜步鎮巡司。在六合縣東南瓜步山下。九域志：揚子縣有瓜步鎮。

廣通鎮巡司。在高淳縣東，即宋鄧步鎮也。建康志：鄧步鎮，在溧水縣南百二十里。乾道四年，差官收税。寶祐四年，移東壩市。舊志：在高淳縣東六十里，接鎮江府溧陽縣界，即古東壩之地。明洪武二十五年，置鎮，設巡司，兼設税課司及茶引所於此。今税課司、茶引所皆罷。

土橋鎮。建康志：在上元縣東六十里，接句容縣界。又湖熟鎮，在縣東南六十里。

靖安鎮。在上元縣。本曰龍安鎮，以鎮有龍灣也。宋建炎四年，金人焚掠建康，欲自静安渡宣化而去。岳飛邀敗之於此。建康志：龍灣市在金陵鄉，去城十五里。元置龍灣水站。明初陳友諒突犯金陵，太祖命康茂才守龍灣。縣志：龍灣，在縣西北十五里。

石步鎮。在上元縣東北四十里，即古羅落橋鎮。宋置石步砦巡司。

金陵鎮。建康志：在江寧縣南六十里，宋景德二年置。舊志：元設税務於此。

白土鎮。在句容縣東四十里，爲句容及鎮江府丹陽縣之中路。元置税務於此。

長安鎮。九域志：句容縣有長安、東陽、下蜀三鎮。舊志：在縣東南四十里。舊有巡司及税務局，今廢。又縣東南有北鎮，與此相去十里，宋亦嘗置巡司及税課局。

東陽鎮。建康志：在句容縣西北六十里，淳熙十二年置驛。

下蜀鎮。在句容縣北。通典：縣有下蜀戍。即此。宋置鎮。建康志：在縣北六十里。唐世置鹽鐵轉運使，在揚州，宋發運使在真州，皆於倉南岸置倉轉搬。今下蜀鎮北有倉城基，並鹽倉遺址尚存。

孔家鎮。在溧水縣南。九域志：溧水縣有孔家岡、高淳、固城三鎮。建康志：在縣南四十五里。

高望鎮。在江浦縣西南。晉太康初，伐吴，王渾使李純屯高望城。舊志：在縣西南三十里。又烏江鎮，在縣西南七十里，接安徽和州界。

香泉鎮。在江浦縣西。九域志：烏江縣有湯泉、永安、石磧、新市、高望五鎮。舊志：在縣西三十里，南去湯泉五里。以近湯泉而名，即故湯泉鎮也。又有湯泉寨，元末居人築以禦寇。

葛城鎮。在江浦縣之西北，即故東葛城。明初置館驛於此。

宣化鎮。在六合縣南。九域志：縣有宣化、長蘆二鎮。建康志：在宣化山之陽，爲建康往來津渡要道。晉五王南奔，渡江於此，至今謂之五馬渡。

長蘆鎮。在六合縣南二十五里。齊建元初，魏人南寇，詔於長蘆置三軍，即此。又有長蘆寺。

竹鎮。在六合縣西北五十里，宋設巡司及税務於此。本名竹墩，以宋廟諱更名。

固城鎮。在高淳縣南。舊志：在高淳縣南三十里。

水陽鎮。在高淳縣西南三十里。臨水陽河，接安徽宣城縣界。

江淮衛。在上元縣北門橋。

興武衛。在上元縣城北。明統志：又有孝陵衛，在朝陽門外，今廢。舊志：省會原設江寧、上元等二十六衛。本朝順治十三年，併爲十六衛。康熙十二年，裁存江寧、上元、江淮、興武四衛。十七年，四衛俱裁。十八年，仍留江淮、興武二衛。

花林市。在上元縣東北。輿地紀勝：去城三十五里，齊、梁諸墳多在其地。建康志：北至大江十二里。又東流市，在縣東北四十里。竹篠市，在縣東北二十里。

洪藍市。在溧水縣南十五里，亦曰洪藍埠。其地有河道，北通秦淮，南達石湖。商賈聚集，新糧倉在焉。

邵邨市。在溧水縣南六十里，接安徽建平縣界。明嘉靖中設河泊所於此，萬曆間裁。

遞運所。在江寧縣城西懷集橋，有督糧同知駐此。

三汊河泊所。在六合縣南滁河上。明初置，天啓中裁。

浦子口。在江浦縣東二十五里，爲南北津渡之衝。有城，明宣德間設守禦所。本朝初設參將，康熙中改置守備。又有税課局，明初置，弘治間裁。

江東驛。在江寧縣江東門内。

江寧驛。在江寧縣南六十里。

龍潭驛。在句容縣盤龍山北。

東葛驛。在江浦縣西北三十里。又江淮驛，在縣城内。棠邑驛，在六合縣東，本朝雍正八年裁。

校勘記

〔一〕周應合景定志 「應」字原脱，乾隆志卷五一江寧府二古蹟同。按，景定志爲景定建康志之省稱，乃宋周應合撰，四庫全書收録。本志此條所引在景定建康志卷二一。據補。

〔二〕大敗齊將郭元建於士林 「郭元建」，原作「郭元義」，乾隆志同，據資治通鑑卷一六四梁紀二十改。

大清一統志卷七十五

江寧府三

津梁

南津。通志：在江寧縣南。南朝置校尉守之。侯景入寇，南津校尉江子一，與弟子四、子五，同殉難於此。

鎮淮橋。建康志：在府南門内，即古朱雀航所。宋乾道五年，留守史正志建。横跨秦淮，長十有六丈，爲二亭。明統志：在聚寶門外，即孫吴南津橋，晉朱雀航也。

武定橋。建康志：在鎮淮橋東。明統志：在織錦三坊。

文德橋。在武定橋之東。縣學之右。其東爲利涉橋。通志：利涉橋，即桃葉渡。

北門橋。建康志有武勝橋，在府治親兵教場。即此橋。明統志：在洪武街南。

金川橋。明統志：在金川門内。

斗門橋。在上元縣城内。建康志：跨運瀆。其北又有乾道南、北二橋。明統志：在三山門内，秦淮合運瀆處。

景定橋。在上元縣城内。建康志：景定二年，馬光祖建。明統志：今名會同橋。

内橋。在上元縣治西。建康志：天津橋，在行宫前，舊名虹橋。政和中，蔡嶷建。後改名。又明統志：天津橋，即六朝大内門。舊志：在運瀆合青谿處。又昇平橋，在内橋東北，即宋東虹橋。又大市橋，在内橋西北，即宋西虹橋。皆跨古宫城濠。

大中橋。在上元縣城内。明統志：在長安街西，即白下橋。舊志：在通濟門内。通志：北有復成橋。

鼎新橋。在上元縣朝天宫西南，跨運瀆。建康志：馬光祖重建。通志：西有崇道橋。東有太平橋，俗呼爲笪橋。皆跨運瀆。

淮青橋。在上元縣東，秦淮與青谿相接處。舊名東水閘，跨青谿。

亭子橋。在上元縣東。建康志：在清風鄉黄城之東，去棲霞寺三里。徐鉉棲霞寺新路記云：「建高亭於路周，跨重橋於川上。」即此。

菰首橋。在上元縣東。梁太清三年，高州刺史李遷仕等援臺城，營於青谿東，率鋭卒深入。進至菰首東，爲侯景伏兵所敗。建康志：青谿舊有七橋。建康實録注：最北樂游苑爲東門橋；南爲尹橋；次南爲雞鳴橋；次南爲募士橋；次南爲菰首橋，一名走馬橋；次南爲青谿中橋，在湘宫寺門前巷，即今上水閘；次南爲青谿大橋，東即句容大路，西即江總宅。橋皆不存。

銅橋。在上元縣。建康志：在城東十里。南唐天祚三年，以步騎八萬講武於銅橋，即此。舊志：在上方橋東。

高橋。在上元縣東。梁末徐嗣徽自丹陽至姑孰，陳霸先遣侯安都拒之於此。建康志：在縣東十五里。

土橋。建康志：在上元縣東十五里，接句容縣界。

上方橋。在上元縣東南。明統志：在正陽門外。通志又有通濟橋，在通濟門外；中和橋，在通濟東南。與上方皆跨濠水。

葛橋。在上元縣東南。宋元徽中，李安民破建平王景素於此。建康志：在上元縣崇禮鄉方山東南。

羅落橋。在上元縣東北。晉元興末，劉裕討桓玄，自江乘進至此，斬玄將皇甫敷。梁敬帝初，陳霸先自京口襲王僧辯於石頭，使侯安都等帥水軍前發，霸先帥馬步自江乘羅落橋會之。建康志：石步橋，在縣東北四十五里，即古羅落橋也。下有羅落浦，北入大江。方輿紀要：在府東北四十里，地名石安鎮，亦名石步橋。

重譯橋。在江寧縣南。明統志：在長安橋東，稍南即古烏衣巷。

聚寶橋。在江寧縣西南。明統志有長安橋，即古長干橋。楊吳城金陵，鑿濠引秦淮水遶城，置此橋跨之。又有賽工橋，在縣南馴象門外，明黄觀妻女死節處。三山橋，在縣西南三山門外。

飲虹橋。在江寧縣西南百餘步，東即鎮淮橋。建康志：在鳳臺坊，本名萬歲橋。宋乾道五年，守臣史正志與鎮淮同建更名。長十三丈，爲屋十有六楹。至今俗呼爲新橋。舊志：又有上浮橋，在新橋西。下浮橋，又在其西。皆跨秦淮。

新林橋。建康志：在江寧縣西南十五里，即梁武帝敗齊師處。金陵世紀云即今西善橋也，在安德門外。

板橋。在江寧縣西南四十里。晋簡文帝爲王時，嘗與桓温及武陵王晞同游幸於此。建康志：在縣南三十里。吴丞相張悌死於板橋，即此。有悌冢在橋西。

來賓橋。明統志在長安橋西稍南。善世橋，在聚寶門外。舊志：善世橋，在來賓橋西。皆跨躍馬澗水，流通城濠。通志：在馴象街。

石城橋。在江寧縣西石城門外，跨城濠。本朝康熙十八年修。

白鶴橋。建康志：在句容縣東南三里。明統志：相傳大茅君每歲十二月二日駕白鶴來此會羣仙，故名。

永安橋。建康志：在句容縣南七里，下有小港入秦淮。

懸纛橋。建康志：在句容縣西十五里。通志：吴周瑜嘗駐軍於此。

莆塘橋。建康志：在溧水縣南二十五里。舊志：尚義橋，在縣南，跨莆塘河上。明正德中重建，改名。

天生橋。在溧水縣西十里。通志：高十二丈。明洪武十年，太祖命崇山侯李新鑿臙脂河，因石勢而成，故名。

烏刹橋。在溧水縣西北四十五里。秦淮河經其下，接江寧縣界。

宣化橋。在江浦縣。有二：一在縣治西數百步，一在浦子口城，東接六合縣界。

茅塘橋。在江浦縣西北三十里，跨滁河。

龍津橋。在六合縣南數十步，爲水陸要會。

程家橋。在六合縣西二十里。水通滁河，縣西諸山集鎮，悉由此出。

竹鎮橋。在六合縣西北五十三里，跨竹鎮港。

驛橋。在高淳縣東六十里廣通鎮下壩。又東有永清橋。又東有永康橋。俱跨胥河。

雙橋。在高淳縣南十里，本雙河渡。

水碧橋。在高淳縣西南三十里，跨水陽河，接安徽宣城縣界。宣、徽之水至此澄碧，故名。

漆橋。在高淳縣東北三十里。建康志：在溧水縣南七十五里。

五馬渡。建康志：在上元縣西北二十三里。晉元帝與彭城諸王同於此渡江。又靖安渡，舊名龍安津，在縣西北二十里，與六合縣安化鎮相對。明統志：在幕府山之前。

麾扇渡。輿地紀勝：在江寧縣東南四里淮河上。晉陳敏據建業，出軍臨大航，顧榮以羽扇揮之，其軍遂潰〔二〕，因名。建康志：在朱雀航之左。

桃葉渡。張敦頤六朝事蹟：在縣南一里秦淮口。通志：在江寧縣秦淮、青谿合流處。

馬家渡。在江寧縣西南九十五里，亦曰馬家洲，又稱馬家步。宋建炎三年，金人由馬家渡渡江，陷太平州，即此。

浦子口渡。在江浦縣東三十里。又八字溝渡，在縣東八里。又新江口渡，在縣東南十三里。與江寧中河相對。

西陡門渡。在高淳縣西三十里，界丹陽湖三汊河，爲安徽太平衝要。

隄堰

黄城堰。建康志：在句容縣東二十里。舊志：宋慶元中，黄提舉監造石堰，故名。

百堽堰。在句容縣西南，亦曰柏岡埭。建康志：在句容縣西南三十五里，接上元縣界。水通秦淮，本赤山湖埭也。

石湫堰。在溧水縣西二十五里，本名原瀨壩，以石爲坎。西鄉萬山之水，至此入秦淮河。水噴石上，響若轟雷。地據上游，亦一津口。

瓦梁堰。在六合縣西五十里滁水上，五代南唐時作。輿地紀勝：即滁塘也。舊志亦曰吴堰。

五堰。在高淳縣東廣通鎮中江下流。唐景福元年，楊行密將臺濛作五堰，拖輕舸餽糧。宋元祐間，宜興進士單諤著書，言修臺濛五堰，蘇、常之水十可去其七八。蘇軾奏議：五堰者，以節宣、歙、金陵九陽江之水，使入蕪湖。其後商人販賣簰木，東入二浙者，以五堰爲阻，紿官廢去。於是宣、歙諸水多入荆谿。輿地紀勝：續志云蘇、常承中江下流，常病漂没，故築銀林五堰以窒之。自是中江不復東，而宣、歙之水皆自蕪湖以達大江。舊以石窒五堰路，又液鐵以錮石，故曰銀淋。今譌爲「林」。建康志：銀林堰，在溧水縣東南百里，長十二里。自銀林稍東曰分水堰，長十五里。又東五里曰苦李堰，長八里。又五里曰何家堰，長九里。又五里曰余家堰，長十里。所謂魯陽五堰也。明韓邦憲東壩考：太祖初都金陵，以蘇、浙糧道自東壩入，可避江險。洪武二十五年，復浚胥谿河爲運道，建石閘起閉，因置廣通鎮。又鑿溧水縣臙脂岡，引丹陽諸湖之水會秦淮以入江，於是蘇、浙運道經東壩直達金陵。永樂初，運道廢，改築土壩。自是宣、歙諸水希入震澤。嘉靖三十五年，倭入寇，商旅多由壩上行，復於壩東十里許古分水堰處，更築下壩，謂之東、西二壩，而統名曰東壩。自是兩壩相隔，湖水絶不復向東矣。

藕絲堰。在高淳縣北三十里，接溧水縣南境界。明崇禎間，始造石閘。

方山埭。在上元縣東南。通志：吴赤烏八年，使陳勳於方山立埭，號方山埭。齊書：湖熟方山埭高峻，公私行旅以爲艱。明帝使沈瑀治之。乃開四洪立辦。通典：東晉至陳，西有石頭津，東有方山埭，各置津主一人。輿地紀勝：南埭即方山埭，今上水閘也，正對青谿。建康志：去城四十里。通鑑注：建康城東南有方山埭，直瀆所經，截淮立埭。在山南。

雞鳴埭。在上元縣南。南史：齊武帝數幸琅邪城講武，宫人常從早發。至湖北埭，雞始鳴，故呼爲雞鳴埭。唐李商隱詩：「玄武湖中玉漏催，雞鳴埭口繡襦迴。」輿地紀勝：在青谿西南潮溝上。

南埭。在江寧縣東水門。王安石贈段約詩：「聞君更欲開南埭，割取鍾山一半青。」通志：正對舊青谿閣。

檀家壩。在江浦縣西南三十里，居人堰山水溉田。

洪灃壩。在高淳縣西三里。

臨賀塘。建康志：在上元縣東二十里，梁臨賀王正德理田於此，因名。又銅塘，在縣東四十里，屈曲十五里，皆溉田二十頃。長塘，在縣東南六十里，屈曲五十里，溉田百頃。

倪塘。在上元縣東南。梁紹泰末，齊兵自方山進，及倪塘，游騎至臺。建康志：在縣東南二十五里。通鑑注：倪氏所築，故名。在方山埭南。

横塘。在江寧縣西南。吴時自江口緣淮築隄，謂之横塘。在今秦淮徑口。吴都賦云：「横塘查下。」樓臺之盛，天下莫比。

建康志：橫塘，在秦淮南，近陶家渚。金陵記：陶家渚，西對蔡洲。陳紀：永定二年，營太極殿，有大樟木流泊陶家後渚，即此。

郭西塘。在句容縣西一里。又南黄塘、西黄塘，皆在縣東北十里。

東龍塘。在江浦縣南四十里。相去里許曰西龍塘。

陵墓

三國　吴

大帝陵。元和志：在上元北二十二里。舊志：在縣東北十五里鍾山南麓。

晉

元帝建平陵。明帝武平陵。成帝興平陵。元和志：俱在上元縣北六里雞籠山。又哀帝安平陵，在雞籠山南。康帝崇平陵、簡文帝高平陵、孝武帝隆平陵、安帝休平陵、恭帝沖平陵，並在縣東北二十里蔣山西南。寰宇記：晉中宗陵，在縣東北十里。張敦頤六朝事蹟：晉穆帝永平陵，在幕府山之陽。

宋

武帝陵。文帝陵。元和志：俱在上元縣東北二十二里，蔣山東南。又孝武帝景陵，在縣西南四十里巖山。明帝陵，在縣北十九里幕府山東南。寰宇記：宋高祖陵，在縣東北十里。

梁

昭明太子陵。元和志：在上元縣東北五十四里査硎山。通志：與齊文惠太子陵相並。

陳

武帝萬安陵。元和志：在上元縣東三十八里方山西北。貞觀十年，詔百步内禁樵採。又文帝陵，在蔣山東北。宣帝陵，在牛頭山西北。縣志：其地舊名陵里，亦曰天子陵，石獸尚存。俗呼石馬沖。

明

太祖孝陵。在上元縣東北朝陽門外，當鍾山之陽故蔣山寺。明初置孝陵衛典守，本朝亦設陵戶守衛。康熙二十八年，聖祖仁皇帝南巡，詣奠。三十八年，御書「治隆唐宋」四字勒碑，特諭嚴禁樵牧，立石陵前以垂永久。乾隆十六年，高宗純皇帝南巡，御製謁明太祖陵詩，御書扁額對聯。二十七年、三十年，皆有御製謁明太祖陵詩。四十五年，御製題明陵口號。四十九年，御製題明陵用庚子韻詩。是年仁宗睿皇帝隨扈，有御製明陵詩。

三國　吴

甘興霸墓。在上元縣北直瀆山下。

魯肅墓。在江寧縣西南上新河南岸圩田中，近江。

晉

山簡墓。在上元縣玄武湖南，覆舟山之陽。

顔含墓。在上元縣靖安道旁。曾孫延之銘，十四代孫真卿重爲立石。

卞壼墓。在上元縣城内朝天宫後。壼與二子盱、眕，皆死蘇峻之難。義熙十八年，盜開卞壼墓，面貌如生，手拳，爪甲出達手背。詔給錢十萬，重營兆域。梁書何點傳：居東籬門園，園内有卞忠貞冢。點植花卉於冢側，每飲必舉酒酹之。寰宇記：冢在今紫極宫後。臨嶺構亭，號曰忠貞亭。

王導墓。元和志：在上元縣西北十四里幕府山西。

温嶠墓。在上元縣北石灰山之陽。初葬豫章，後遷此。

郭璞墓。在上元縣北後湖中，有大墩，俗傳爲璞墓。

謝安墓。在江寧縣南。陳書：晉世王公多葬梅嶺。太建十一年，始興王叔陵母彭氏卒，啓求於梅嶺葬之，乃發謝安舊墓，棄去安櫬，以葬其母。元和志：安墓在縣東南十里石子岡。

衛玠墓。在江寧縣南十里新亭東。

王祥墓。在江寧縣西八十里何湖側，有斷碑。

紀瞻墓。在句容縣東南二十五里。

葛洪墓。寰宇記：在句容縣西南一里，亦名葛仙翁墓，蓋仙翁之宗族也。又有平西將軍葛府君墓，在縣西七里土岡山。

南北朝　齊

竟陵王子良墓。在上元縣東北。本傳：豫章王葬金牛山，文惠太子葬夾石。子良臨送，至祖硎山，歎曰：「北瞻吾叔，前望吾兄，死而有知，請葬兹地。」及薨，遂葬焉。

梁

始興王憺墓。在上元縣清風鄉黄城邨。

安成王秀墓。在上元縣甘家巷。

陶弘景墓。在句容縣東南雷平山，墓前石獸尚存。

南康簡王績墓。建康志：在句容縣西北二十五里姜石山。

唐

劉太真墓。在溧水縣北四十五里，俗名相公墩。有祠，在縣北三十五里。

宋

王安石墓。在上元縣半山寺後。

李邈墓。在上元縣東青龍山。

楊邦乂墓。在江寧縣南聚寶門外。

王福墓。在江寧縣南新亭鄉王墓邨。舊志：福爲牛富裨將，從富死樊城，贈少師、平海軍節度使。

尹起莘墓。在江寧縣南新亭鄉印塘邨。

秦鉅墓。在江寧縣西南處真鄉移忠寺側。

汪立信墓。金陵志：在溧水縣都堂山。

張孝祥墓。在江浦縣北十里七乳山。

魏良臣墓。在高淳縣南塘。又宣城縣亦有墓，在南湖北道山。

明

梁邨墓。在上元縣東白山。

顧璘墓。在上元縣東南彭成山。

吴良墓。吴禎墓。與顧時、王志、吴復、楊璟墓俱在上元縣鍾山西。

花雲墓。在上元縣南五十里水橋。洪武七年，以衣冠與夫人郜氏合葬。宋濂爲墓碑。

陳遇墓。在上元縣鍾山之陰。

徐達墓。常遇春墓。李文忠墓。湯和墓。俱在上元縣東北鍾山之陰。

康茂才墓。舊志：在神策門外。通志：在幕府山。

孫炎墓。在江寧縣聚寶山。

俞通海墓。在江寧縣南聚寶山西天寺旁，有虢國公神道碑存。

倪岳墓。在江寧縣南新亭鄉堈墓邨。

趙德勝墓。在江寧縣烏石岡。

郭子興墓。郭英墓。俱在江寧縣南聚寶山。

渤泥國王墓。在江寧縣南石子岡。永樂中來朝，卒，賜葬於此。

方孝孺墓。在江寧縣聚寶山。舊志：孝孺死，門人王稌輩收遺骸殯之於此。縣志：明故宫午門前有數尺地，至今不生青草，云爲孝孺受刑處。通志：萬曆十九年，禮部主事汪應蛟、湯顯祖爲文立石表其墓。三十三年，徐鯨復修之。按吾學編，收遺骸者，都督廖鏞也。與志異。

梅殷墓。在江寧縣南牛首山。

馮國用墓。在江寧縣南五里鳳西鄉。

胡大海墓。在江寧縣南十五里。

沐英墓。在江寧縣南四十里。通志：在長泰北鄉。

鄧愈墓。在江寧縣西南安德門内。

齊泰墓。在溧水縣南十五里甗船山青絲洞前。

莊杲墓。在江浦縣東北定山。

黄宏墓。在六合縣東靈巖山之陽。

祠廟

忠節祠。一在府學内，祀明周是修。一在桃葉渡，祀黄觀。

景都憲祠。在正學廟左，祀明都御史景清。

表忠祠。通志：在府城全節坊。明萬曆三年，詔祀建文死難諸臣方孝孺、陳迪、齊泰、鐵鉉等。

程明道祠。在上元縣治東。宋淳熙三年，劉珙建，以祀明道程子。朱子作記。

一拂清忠祠。在上元縣西，近清涼寺。宋建，祀鄭俠。

汪公祠。在上元縣治城西，祀明汪偉。本朝順治八年建，賜謚文毅。

廉直祠。在上元縣富民坊西，祀明正德中工部主事何遵。

范忠宣祠。在江寧縣舊轉運司西廳。宋嘉定八年，真德秀建，祀范純仁。

二賢祠。在江寧縣西鳳凰臺旁，祀晉阮籍、唐李白。通志：本朝雍正初建，專祀李白。後於臺址掘得斷碑，有「晉賢阮步兵墓」六字，因合祀籍於此。按：周亮工募贖鳳凰臺疏云：萬曆壬辰，李公昭於鳳凰臺旁掘得石碑半段，曰「籍之墓」，又得半段，曰「晉賢阮」，始知此地爲籍墓。則通志説不足據也。

表忠祠。在溧水縣北門外。明嘉靖四年，建中山書院祀齊泰。萬曆初，詔更名表忠。

定山祠。在江浦縣治南大街，祀明莊㫤。

黄忠節祠。在六合縣治西，祀明黄宏。

福吴富農龍神廟。通志：在府城錢廠橋，本朝雍正五年敕建。

諸葛武侯廟。在上元縣鎮淮橋，俗呼軍師廟。舊志曰起鳳祠。

卞忠貞廟。在上元縣西冶城西，祀晉卞壼及二子昕、昣。南唐時，即墓側建忠貞亭。宋慶曆中，葉清臣改曰忠孝。紹興中，改廟額曰忠烈。明初，别建忠貞廟於雞鳴山側，忠烈廟仍其舊。又廟側建歷代忠臣祠，祀南唐陳喬，宋楊邦乂、姚興、王珙諸人。本朝乾隆十六年，御賜扁額。

帝王廟。在上元縣北雞鳴山。明初建，今圮。

劉忠肅廟。在上元縣雞鳴山之陽，祀南唐劉仁贍。舊在縣東，明洪武二十年，改建於此。

曹武惠王廟。在上元縣雞鳴山之陽，祀宋曹彬。舊在聚寶門外，明洪武二十年，改建於此。本朝乾隆十六年，御賜扁額。

衛國忠肅公廟。在上元縣雞鳴山之陽，祀元福壽。舊在城南土岡，明洪武二十年，改建於此。

明功臣廟。在上元縣雞鳴山之陽。明洪武二十年建，祀開國功臣。

蔣侯廟。輿地紀勝：金陵覽古云在上元縣東北十八里鍾山西北，吴大帝爲漢秣陵尉蔣子文立。初封蔣侯，晉蘇峻平，升帝號。府志：本在孫陵岡。明洪武初，改建於雞鳴山。又青谿小姑祠，府志：在金陵牐，祀漢蔣子文妹。明萬曆間，改名節烈祠。

禹王廟。有三：一在江寧縣城内飲馬巷磨盤街口，一在句容縣秋千邨，一在赤山湖。

方正學廟。在江寧縣南聚寶山，祀方孝孺。明萬曆十六年，建祠於木末亭側，後燬。本朝順治十三年重建，乾隆十六年，御賜扁額。

三忠廟。在江寧縣聚寶門外南岡，祀宋楊邦乂、文天祥、明李邦華。

忠烈廟。在江寧縣治西南隅，祀宋清江軍節度使牛富。富，霍邱人。守樊城，六年城陷。死之，謚忠烈，賜廟建康。裨將王福從祀。

顔魯公廟。在句容縣東三十里顔家邨，祀唐顔真卿。

李衛公廟。在句容縣治東南隅。唐武德間，輔公祏據丹陽，李靖討平之，民立祠以祀。

孔子廟。通志：在高淳縣東三十里漆橋。謹按先師孔子五十四世孫文昇，自序家世畧云：「文昇之十二世祖檜，唐同光中避亂，自闕里遷浙之平陽。傳十一世孫潼孫，宋德祐末居建康。」闕里志：潼孫生四子，長文昇，季文昱。文昱又自溧陽徙高淳，遂世家焉。本朝康熙六年建廟。

寺觀

翼善寺。通志：在府東南。相傳晉謝安與張玄圍碁處。梁資福院，宋、元改浄名寺。明正統間，改翼善寺。明統志：在東山之側。

香林寺。在上元縣太平門内。舊名興善寺，明建。本朝康熙三十八年，聖祖仁皇帝南巡，改爲香林寺，賜御書扁額。

湘宫寺。在上元縣東青谿北。宋明帝初爲湘東王，及即位，以舊地建寺，備極土木之勝。齊永元初，始安王遥光舉兵東府，詔蕭坦之討之，坦之屯湘宫寺。

慈應寺。在上元縣東三十二里。爲寶華山往來下院，舊名排頭菴。本朝康熙六年建。乾隆十六年，御書「慈雲普應」扁額及對聯。

慧居寺。在上元縣東六十里句容縣界。舊名興化隆昌寺，明建。本朝康熙四十二年，聖祖仁皇帝南巡，敕改今名。四十六年，駕臨幸，賜御書扁額。雍正十二年，奉旨重修。乾隆十六年，高宗純皇帝南巡，御製寶華山慧居寺詩，御賜扁額、對聯。二十二年、二十七年、三十年、四十五年、四十九年，皆有御製慧居寺詩。

長樂寺。在上元縣故臺城南。梁紹泰三年，齊兵趨倪塘，游騎至臺城門外，陳霸先總禁兵，出頓長樂寺。

清涼寺。在上元縣西石頭山，明初周王重建。俯視大江，如環映帶。本朝乾隆十六年，御賜扁額、對聯，御製游清涼寺詩。二十二年、二十七年、三十年、四十五年、四十九年，皆有御製游清涼寺詩。

永濟寺。在上元縣北燕子磯。本名弘濟，明正統中建。緣崖結構，俯臨大江。

雞鳴寺。在上元縣北雞籠山，明建。本朝康熙四十四年，聖祖仁皇帝賜額。乾隆十六年，御賜扁額、對聯。三十年、四十五年、四十九年，皆有御製雞鳴寺詩。

愛敬寺。在上元縣東北，梁武帝造。本紀：帝於鍾山造大愛敬寺，青谿邊造智度寺，又於臺内立至敬寺。太清二年，邵陵王綸赴援臺城，營於蔣山，因山巔雪寒，乃引軍頓愛敬寺。又定林寺，舊在蔣山頂應潮井後，齊東昏侯嘗射獵至此。法輪寺，在府城北覆舟山下。齊崔慧景圍宫城，頓法輪寺，對客高談處也。

同泰寺。在上元縣東北。梁紀：中大通元年，幸同泰寺，設四部無遮大會，因捨身寺中。輿地紀勝：在臺城中。又曰：有法寶寺，乃梁同泰寺也。舊志：同泰寺基，楊吳順義中起千福院。宋爲法寶寺，後爲精鋭中軍寨。明爲旗手衛營地。

靈谷寺。在上元縣東北鍾山之陽。金陵紀：蔣山寺，舊在山南，本名道林寺。梁武帝爲寶誌禪師建塔於玩珠峯前，名曰開善寺。宋曰太平興國寺，後爲蔣山寺。明移於東麓，賜名靈谷寺。本朝康熙四十六年，聖祖仁皇帝南巡，賜御書扁額、對聯。乾隆十六年，高宗純皇帝南巡，御製靈谷寺六韻詩，御賜扁額。二十二年、二十七年、三十年、四十五年、四十九年，皆有御製靈谷寺詩。四十九年，仁宗睿皇帝隨扈，御製靈谷寺詩。

半山寺。在上元縣東北，東距鍾山七里。其地名白蕩，積水爲患。宋元豐中，王安石居此，乃鑿渠決水通城河。尋捨宅爲寺，賜額曰保安禪寺。寺後即東冶亭。

草堂寺。在上元縣鍾山下，梁周容所立。通志：在慈仁鄉，明初徙此。

耆闍寺。在上元縣東北雞鳴山西，「耆」一作「祇」。隋賀若弼自京口趨建康，陳後主令樊毅屯祇闍寺。

棲霞寺。在上元縣東北攝山，即宋明僧紹故宅。

莊嚴寺。在江寧縣。梁太清三年，百濟入貢，見城闕荒地異於向來，哭於端門外。侯景怒，録送莊嚴寺。按建康實録：永和四年，謝尚捨宅造莊嚴寺。

光宅寺。在江寧縣東南。梁天監初，以三橋舊宅爲光宅寺。

大報恩寺。在江寧縣南一里，吴赤烏間建。明永樂中重建，賜額「大報恩寺」。規模宏壯，塔高十餘丈。本朝康熙三年修。二十三年，聖祖仁皇帝南巡，登塔頂，賜御書扁額。三十八年重修。乾隆十六年，高宗純皇帝南巡，御賜扁額、對聯。二十二年、二十七年、三十年、四十五年，皆有御製大報恩寺詩。四十九年，御製雨中禮報恩寺詩。是年仁宗睿皇帝隨扈，有御製報恩寺詩。

佛窟寺。在江寧縣南牛首山，舊名崇教寺。爲僧懶融開教處，號「牛頭宗」。

天界寺。在江寧縣城南二里，明洪武中建。

禪靈寺。在江寧縣西南。齊書：世祖起禪靈寺，敕謝瀹撰文。

洞玄觀。在上元縣東南方山，吴爲葛玄立。

青玄觀。通志：在句容縣治西，梁天監中建。明統志：葛仙翁故宅。

洞神宫。在上元縣東淮青橋西。

朝天宫。在上元縣西，即吴冶城。楊吴建紫極宫，宋改天慶觀。明洪武中改今名，凡大朝賀，百官習儀於此。本朝乾隆二十二年，御製朝天宫詩，賜扁額。二十七年，御製朝天宫用蘇軾韻詩。三十年，御製朝天宫再疊蘇軾韻詩。四十五年、四十九年，皆有御製朝天宫詩。

崇禧宫。在句容縣東南茅山華陽洞南。

元符宫。在句容縣茅山積金峯下，宋建。本朝康熙四十四年，御書「第八洞天」扁額。

名宦

漢

鍾離意。會稽山陰人。建武二十五年，遷堂邑令。縣人防廣，爲父報讎，繫獄，母死，廣哭泣不食。意聽廣歸家殯殮，丞掾皆争。意曰：「罪自我歸，義不累下。」遂遣之。廣殞母訖，果還入獄。意密以狀聞，竟得減死論。

三國 吴

黄蓋。零陵人。爲丹陽都尉，抑强扶弱，山越懷附。

晋

周浚。汝南安城人。揚州刺史。吴平明年，移鎮秣陵。浚賓禮故老，搜求俊乂，甚有威德，吴人悦服。

范廣。南陽順陽人。元帝承制，以爲堂邑令。丞劉榮坐事當死，郡劾付縣。榮即縣人，家有老母，至節，廣輒聽還，榮亦如期而反。後大旱，廣散私穀振饑，至數千斛。遠近流寓歸投之，户口十倍。

顧和。吴郡人。王導爲揚州，辟從事。既而導遣八部從事之部，和爲下傳。及還，導問和：「卿何所聞？」答曰：「明公作輔，縱使漏網吞舟，何緣採聽風聞，以察察爲政？」導咨嗟稱善。太寧初，導復請爲別駕，所歷有賢聲。

劉超。琅邪臨沂人。元帝時，補句容令。推誠於物，爲百姓所懷。常年賦税，主者常自四出，詰評百姓家貲。至超，作大函，村别付之，使各自書家産，投函中訖，送還縣。百姓依實投上，課輸所入，有踰常年。

温嶠。太原人。爲丹陽尹。奏王敦逆謀，請先爲之備。及王含、錢鳳奄至都下，嶠燒朱雀桁以挫其鋒，自率衆與賊夾水戰，擊王含，敗之。復追錢鳳於江寧。事平，封建寧縣開國公。

褚翜。河南陽翟人。成帝時，爲丹陽尹。時京邑焚湯，人物彫殘，翜收集散亡，甚有善政。

庾龢。鄢陵人。升平中，尹丹陽，表除重役六十餘事。

劉惔。沛國相人。累遷丹陽尹，爲政清整。時百姓頗有訟官長者，惔歎曰：「居下訕上，此弊道也。」輒寢不問。

南北朝 宋

劉義慶。宋宗室。元嘉中，爲丹陽尹。有百姓妻趙殺子婦，遇赦，應徙送避孫仇。義慶以爲骨肉相殘，宜求之法外，禮有過失之宥，律無讎祖之文，宜共天同域，無虧孝道。

劉秀之。東莞莒人。元嘉中，再除建康令，政甚有聲。遷丹陽令。

孫謙。莒人。爲句容令。清慎强記，民頌神明。

顧憲之。吴郡人。元徽中，爲建康令。於權要請託，長吏貪殘，據法直繩，無所阿縱。性清儉强力，爲政甚得人和。都下飲酒者醇旨，輒號爲顧建康。

齊

劉懷慰。平原人。高帝置齊郡於瓜步，以懷慰爲太守。至郡，修城郭，安集居人，墾廢田二百頃，決沈湖灌溉。不受禮謁，人有送新米者，懷慰出所食麥飯示之曰：「食有餘，幸不煩此。」著廉吏論以達其意。

王摛。東海郯人。爲秣陵令，清直，請謁不行。羽林隊主潘敞，有寵二宫，勢傾人主。婦弟犯法，敞爲之請，摛投書於地，更鞭四十。敞怒譖之，明日見代。

梁

江革。考城人。武帝時，遷建康令。爲政明肅，豪强憚之。

王志。琅邪臨沂人。天監初，爲丹陽尹，政務清静。有寡婦無子，姑亡，舉債以殮葬，既而無以還之。志愍其義，以俸錢償焉。年饑，每旦爲粥於郡門，以給百姓，衆悉稱惠。

陳

孔休源。山陰人。普通中，監揚州事，剖斷如流，旁無私謁。每車駕巡幸，以軍國事委之。

司馬申。温縣人。太建九年，除秣陵令。以清能見紀，有白雀巢縣庭。

唐

楊延嘉。麟德中，爲句容令。因梁故隄，置絳巖湖以溉田。

王昕。大曆中，爲句容令。復置絳巖湖，周百里爲塘，立二十門以節旱暵，開田萬頃。

白季康。太原人。令溧水。温恭誠信，貞白威嚴，邑人祀之。

宋

薛映。蜀人。真宗時，知昇州。言官有牛賦，民出租，牛死租不得蠲。帝覽章矍然曰：「此豈朝廷所知耶！」因令諸州條奏，悉蠲之。

馬亮。合肥人。知昇州。屬歲旱民饑，湖湘漕米數十舟適至，亮移文守將，發以振貧民。因奏瀕江諸郡皆大歉，而吏不之救，願罷官糴，令民轉粟相賙。

張詠。鄄城人。真宗時，知昇州。州民以詠秩滿借留，就轉工部尚書，令再任。時江左旱歉，命充昇、宣等十州安撫使。

薛顏。萬泉人。知江寧府。邏者晝劫人，反執平人以告。顏視其色動，曰：「若真盜也！」械之，果引伏。

王隨。河南人。知江寧府。歲大饑，轉運使移府發常平倉米，計口日給一升。隨置不聽，曰：「民所以饑者，由兼并閉糴以邀高價也。」乃大出官粟，平其價。

李宥。青州人。知江寧府。民有告人殺其子者，人自誣服。宥疑召問，卒伸其枉。

楊告。緜竹人。通判江寧。州盜殺商人，鑿舟沈屍江中。有被誣告者，笞服獄具。告疑其無狀，後數日，果得真盜。

包拯。合肥人。仁宗時，知江寧府。

程顥。河南人。爲上元主簿。茅山有池，産龍如蜥蜴而五色，民俗嚴奉。顥捕而脯之。

元絳。錢塘人。調江寧推官，攝上元令。置豪惡王豹子於法。甲與乙被酒相毆擊，甲歸卧，夜爲盜斷足。妻稱乙，告里長，執乙詣縣，而甲已死。絳敕其妻曰：「歸治而夫喪，乙已伏矣。」陰使信謹吏迹其後，望一僧迎笑，切切私語。絳命取僧繫廡下，詰妻姦狀，果吐實。

劉湜。彭城人。仁宗時，知江寧府。奏運蘇州米五十萬斛，以貸饑民。

蘇頌。丹陽人。知江寧縣。詳定户籍，刬剔夙蠹，簡而易行。民有忿争，頌喻以鄉黨宜相親善，民往往謝去。

王琪。華陽人。仁宗時，知江寧府。先是，府多火災〔二〕，或託以鬼神，人不敢救。琪召令廂邏，具爲作賞捕之法。未幾，得姦人誅之，火患遂息。

李迪。濮州人。仁宗時，知江寧府。

李若谷。徐州人。仁宗時，知江寧府。卒挽舟過境，寒瘠甚者，留養視之，須春温遣去。民匄於道者，以分隸諸僧寺，助給春爨。

吴中復。永興人。仁宗時，知江寧府。郵兵告巡轄官苛刻，縶而鞭之，獄具，法不至死。中復以便宜戮首惡，流其餘，入奏爲令。

陸佃。山陰人。哲宗時，知江寧府。句容人盜嫂，害其兄，别誣三人同謀。既皆訊服，一囚父以冤訴。通判以下皆曰：「彼怖死耳，獄已成，不可變。」佃爲閱實，三人皆得生。

沈錫。真州人。徽宗時，知江寧府。張懷素誅，朝廷疑其黨有脱者，江淮間往往以誣害興獄。錫至郡，有告者，按之則妄也。具疏於朝，由是他郡繫者皆得釋。

蔣静。宜興人。知江寧府。茅山道士劉混康以技進，賜號「先生」，其徒倚爲姦利，奪民葦場，强市廬舍。詞訟至府，吏觀望而不敢治，静悉抵於法。

李彌遜。吴縣人。靖康中，建康府牙校周德叛，殺官吏，嬰城自守。彌遜以江東判運領郡事，單騎扣賊，以蠟書射城中招降。賊通款，開門迎之。彌遜諭以禍福，勉使勤王。時李綱行次建康，共謀誅首惡五十人，撫其餘黨，一郡帖然。

葉義問。壽昌人。知江寧府。召秦檜所親役，同僚不可。義問曰：「釋是則何以服他人？」卒役之。

權邦彦。河間人。建炎中，知建康府。劇盜張琪擾徽州，邦彦遣裨將平之。

呂祉。建陽人。紹興三年，除直龍圖閣，知建康府。祉到官，與通判府事吴若、安撫司準備差遣陳充，共議作東南防守利便三卷上之。

張燾。德興人。紹興二十五年，知建康府。民積歲負錢帛鉅萬，悉爲奏免。三十一年，復知建康府。時金人窺江，建業民驚徙過半。聞燾至，人情始安。

趙鼎。聞喜人。高宗時，知建康。

周必大。廬陵人。紹興中，教授建康。

張浚。緜竹人。紹興三十一年，判建康府，兼行宫留守。浚至建康，即牒通判劉子昂辦行宫儀物，請乘輿亟臨幸。明年，車駕幸建康，迎拜道左。浚起廢復用，風采隱然，軍民皆倚以爲重。車駕將還臨安，勞浚曰：「卿在此，朕無北顧憂矣。」

陳俊卿。興化人。嘗權建康府事。淳熙中，除特進，判建康府。俊卿去建康十五年，父老喜其再來。爲政寬簡，罷無名之賦。

洪遵。鄱陽人。孝宗時，知建康府、江東安撫使兼行宫留守。至則揭榜，民苗米惟輸正不輸耗，聽民自持斛槩，庾人不能輕重其手。有營卒妄言揺衆，斬於市，三軍無敢譁。

李椬。臨淮人。乾道元年，知建康軍府兼本路安撫使。上書言江防十策。疏上，帝嘉其言。

辛棄疾。歷城人。乾道中，通判建康。

劉珙。崇安人。淳熙二年，知建康府、江東安撫使、行宫留守。會水且旱，首奏蠲夏税錢六十萬緡。秋苗米十六萬六千斛。禁止上流税米遏糴，得商人米三百萬斛。貸諸司錢三萬，遣官糴米上江，得十四萬九千斛。籍主客户高下給米有差。起是年九月，盡明年四月，數十萬人，無一人捐瘠流徙者。

范成大。吴縣人。帥金陵。會歲旱，奏移軍儲米二十萬振饑民，減租米五萬。水賊徐五竊發，捕戮之。

黄榦。閩縣人。倅建康。江淮豪傑，皆歸心焉。

葉適。永嘉人。慶元時，知建康府，兼沿江制置使。請節制江北諸州，創三大堡，緩急應援，首尾聯絡。流民漸歸。

黄度。新昌人。寧宗時，知建康府，兼江淮制置使。至金陵，罷科糴輸送之擾，活饑民百萬。除見税二十餘萬。擊降盜卞整，斬盜胡海首以獻。招歸業者九萬家。

徐誼。温州人。寧宗時，知建康府兼江淮制置使。初金攻廬、楚不下，留兵綴濠州以待和，時時鈔掠。誼晝夜撫循，益嚴備禦。

史彌鞏。嘉定中，知溧水縣。嚴庠序之教。

吴從龍。官建康府統制。紹定兵難，爲先鋒。援不至，被擒，使至泰州城下誘降，不屈死之。

董槐。定遠人。淳祐中，爲江東安撫使，兼知建康府。軍政弛弗治，乃爲賞三等以教射，春秋教肄士卒坐作進退擊刺之技，歲餘盡爲精兵。

馬光祖。金華人。端平初，知建康府，兼和州、無爲、安慶三郡屯田使。始至官，即以常例公用器皿錢二十萬緡支犒軍民。減租税，養鰥寡，招兵置砦，給錢助諸軍婚嫁。屬縣歲折收絲綿絹帛，倚閣除免以數萬計。興學校，禮賢才，辟召僚屬，皆極一時之選。拜端明殿學士，再知建康，士女相慶。蠲除前政逋負錢百餘萬緡。魚利税課，悉罷減予民。修建明道南軒書院及上元縣學。公田法行，光祖移書賈似道，言公田法非便，乞不以及江東，必欲行之，罷光祖乃可。

姚希得。潼川人。理宗時，爲沿江制置使，知建康府。按行江上，慰勞士卒，衆皆歡悦。溧陽饑，發廪勸分，全活者衆。創寧江軍，自建康、太平至池州列營，置屋二萬餘間，屯戍七千餘人。

杜杲。邵武人。淳祐中，擢沿江制置使，知建康府，節制安慶、和、無爲三郡。杲罷楊林堡，以其費備歷陽淮民寓沙上者，護以師。置貢士莊，蠲民租二萬八千石。

謝枋得。弋陽人。寶祐中舉進士，除撫州司户參軍，即棄去。五年，彗星出東方，枋得考試建康，摘賈似道政事爲問目，言「兵必至，國必亡」，漕使陸景思銜之，上其稿於似道，謫居興國軍。德祐元年，元兵屯駐建康，枋得以江東提刑、江西招諭使知信州。明年，吕師夔兵下安仁，進攻信州，不守。宋亡，枋得變姓名，賣卜建陽市中。元至元間，程文海、留夢炎屢薦不行。魏天祐强之而北，不食死。

胡巖起。瀛國公時，與貝寶同爲銅關將。攻溧水死，贈寶武翼郎，巖起朝奉郎。

葛邲。吴興人。爲上元丞。時金兵至江，上元當敵衝。調度百出，邲不擾而辦。留守張浚、王綸皆器重之。

趙壘之。爲上元丞。金人過江，帥鄉兵迎敵，死之。贈奉議郎。

汪立信。六安人。元兵大舉，以立信爲沿江制置使，俾就建康府庫募兵，以援江上諸郡。即以妻子託愛將金明。既至，則建康守兵悉潰，立信知事不可成，乃置酒召賓佐與訣，手爲表起居三宫，與從子書，屬以家事，夜分扼吭而卒。巴延入建康，金明以其家人免。巴延求其家，厚恤之，曰：「忠臣之家也。」「巴延」舊作「伯顔」，今改正。

程洙。休寧人。淳祐時，爲上元主簿，撫字一本經術。及代，民遮留不得發。元兵入建康，沐浴自經死。

元

張珪。定興人。至元十七年，珪年十六，攝管軍萬户。十七，拜招勇大將軍，鎮建康。世祖親撫之。奏曰：「臣年幼，軍事重，蹋禎者，從臣父祖，久列行陣，幸以副臣。」帝歎曰：「求老成自副，常兒不知出此。」厚賜而遣之。十九年，太平、宣、徽羣盜起，行省檄珪討之，悉平。

岳天禎。冠氏人。屢遷建康路總管，首定救荒之政。民立碑以記遺愛焉。

明

顧佐。太康人。永樂時，爲應天尹。公廉威重，一時勳貴豪猾，皆爲斂手。時方之包拯云。

檀凱。池州人。宣德時，爲應天府治中，大著聲績。民千餘人，乞即用爲府丞，朝議不許。及九載滿當遷，巡撫周忱再申前請，乃擢爲丞。凱練習民事，所張弛咸當人心，故人愛之不忘。

龐嵩。南海人。歷官應天府治中。疏江寧葛仙、永豐二鄉之水，立惠民莊，招復流移。集諸生講習新泉書院。歲時單騎行縣，以壺漿自隨，一蔬片楮不以煩民。

王弼。黄巖人。成化中，知溧水縣。巨猾席勢武斷，捕獲論死。境有湖可田，督民築隄，遂爲良田。

寇天敘。榆次人。正德時，爲應天府丞。時武宗駐蹕南京，江彬等求索無厭，天敘攝府事，力抑之。與尚書喬宇募拳勇，屢與禁軍相搏，使不得逞。駕駐九月，民不至大困者，天敘之力爲多。

程爀。南城人。嘉靖中，知上元縣。民居近孝陵者，以誤殺苑中獸當死，爀争之法官，得末減。時霍韜官南京尚書，有惠政，民爲歌云：「禮部霍韜天有日，上元程爀月無雲。」考滿入都，攜兩蒼頭跨驢而行，民醵金追贈，笑而卻之。

海瑞。瓊山人。穆宗時，巡撫應天，墨者多自免去，中人監織造者，爲減輿從。瑞素疾大户兼并，力摧豪强，撫窮弱，豪有力者至竄他鄉。

徐九思。貴谿人。嘉靖中，知句容縣。訟者至，必命與親識議和，和之不得，則以理諭遣。然於豪猾輩，不盡法不止。生平不嗜肉，惟啖菜，嘗繪一菜於堂。及九載遷去，父老置酒請教，九思曰：「惟勤、儉、忍三字可久耳。」士民因鏤所繪菜，而書三言於上，曰：「此徐公『三字經』也。」

徐必達。秀水人。萬曆中，知溧水縣。石臼湖水數爲患，必達築隄萬餘丈，植柳固之。邑人嘗永樂間坐尚書齊泰姻戚，戍開平者三十餘家。必達奏除其子孫戍籍。爲令四年，民懷德，祠祀焉。

董岐鳳。石屏人。萬曆中，知高淳縣。時大水，田圩盡没，乃力請於京尹許孚遠，得疏請帑金三千兩修築。又買當塗湖灘作遮浪埂，以捍南蕩圩田萬七千餘畝，至今賴之。

本朝

李正茂。順天人。順治二年，知江寧府。時百務草創，加意綏理，民以安息。

趙廷臣。遼東人。順治初，授江寧江防同知，兼理運務。盡心職掌，酌定運值，請著爲令，軍衛無擾。尤加意生儒，優其家屬，不以僉運。嘗攝知府事，時當編審，更以精覈著稱。

郭士賢。遼東人。順治六年，爲上元令。嘗請上官捐贖鍰以充倉糧，蠲民之困於歲者。邑人德之。

崔掄奇。夏邑人。順治中，爲高淳令。邑舊困虚糧賠累，掄奇至，請於巡按，題復永折，淳人大悦。

閔派魯。祥符人。順治中，知溧水縣。邑民素苦賦役不均，派魯至，計糧分里，刊爲成書，曰均里平徭册，民甚便之。又力請題折濱湖被水虚糧之田。溧自是無賠累之患。

饒應元。蘄水人。順治中，爲溧水令。性長厚，而有執持。有妖婦曹氏，以邪教惑人，應元發其姦戮之。邑户役不均，應元定三十八户爲一排，兩户爲一丁，自是輕重不畸，邑人稱便。

劉澤嗣。吴橋人。康熙中，知高淳縣。臨政嚴肅，萑苻屏迹。

于成龍。漢軍鑲紅旗人。康熙中，知江寧府。興利除弊。知無不爲。時徐州有姦民某走京師，以左道惑衆，誣人上告。事下制府，檄江寧、鎮江兩守會鞫。成龍力白冤狀。制府疑故縱，詰責甚厲，成龍持之愈力。姦民卒坐誣。瀕江蘆洲，多爲豪强隱佔。成龍以有課而無洲者爲坍江，立予豁除；有洲而無課者爲欺隱，升課而薄其罰。人皆服其平允。

校勘記

〔一〕其軍遂潰　「遂」，原作「逐」，據乾隆志卷五二江寧府津梁（下同卷簡稱乾隆志）改。

〔二〕先是府多火災　「是」，原脱，據乾隆志補。

大清一統志卷七十六

江寧府四

人物

漢

李南。句容人。少篤學，明於風角。永元中，太守馬稜坐事徵詣廷尉，吏民不安。南特進謁賀稜曰：「旦有善風，明日中時應有喜聞。」明日果有驛使齎詔書原停稜事。後舉有道，辟公府，不行，終於家。

晉

陶璜。秣陵人。仕吴，累建功績。孫晧既降，晉敕璜歸順。璜流涕數日，遣使送印綬詣洛陽。璜弟濬，濬弟抗，濬子湮，皆有名。

薛兼。丹陽人。清介有才，少與紀瞻、閔鴻、顧榮、賀循齊名，號「五儁」。初入洛，張華見而奇之，曰：「皆南金也。」

紀瞻。秣陵人。祖亮，吴尚書令；父陟，光禄大夫。瞻少以方直知名，元帝引爲軍諮祭酒。以討周馥、華軼功，封都鄉侯。

又論討陳敏功，封臨湘縣侯，尋轉尚書。上疏諫諍，多所匡益。瞻才兼文武，朝廷稱其志亮雅正。俄轉領軍將軍。王敦之逆，帝使謂瞻曰：「卿雖病，但爲朕卧護六軍，所益多矣。」乃賜布千匹。賊平，自表還家，詔以爲驃騎將軍。遣使就拜，止家爲府。卒贈開府儀同三司，謚曰穆。

王鑒。堂邑人。少以文筆著稱。初爲元帝琅邪國侍郎，中興建，拜駙馬都尉。文集傳於世。弟濤及弟子戭，並有才筆。

南北朝

齊

陶季直。秣陵人。五歲喪母，哀若成人。及長好學，淡於榮利。徵召不起，時人號曰「聘君」。宋末爲望蔡令，以疾免。齊時歷東莞、北海、建安太守，爲政清静，百姓便之。梁臺建，辭疾還里，卒。季直素清苦絶倫，及死，無以殯殮，聞者傷其志事云。

梁

陶子鏘。秣陵人。兄尚，宋末爲幸臣所怨，被繫。子鏘公私緣訴，流血稽顙，行路嗟傷，兄得釋。初，子鏘母嗜蓴，母歿後，常以供奠。梁武師至，此年冬營蓴不得，慟絶久乃蘇，遂長斷蓴味。

陶弘景。秣陵人。幼得葛洪神仙傳，便有養生之志。讀書萬餘卷，齊高帝引爲諸王侍讀。雖在朱門，閉影不交外物。永明十年，上表辭禄，乃遍歷名山，尋訪仙藥。特愛松風，每聞其響，欣然爲樂。性好著述，尚奇異，武帝即位，每有吉凶征討大事，無不諮請，時人謂之「山中宰相」。子籍，歷餘杭、錢塘令，工詩。

紀少瑜。秣陵人。本姓吴，養於紀氏，因而命族，早孤，有志節，才藻新拔。嘗夢陸倕以一束青鏤管筆授之，其文因此道進。年十九，始遊太學，備探六經。博士東海鮑皦，雅相欽悦。大同七年，引爲東宫學士。吏部尚書到溉嘗曰：「此人有大才。」將拔之。後除武陵王記室參軍。

北齊

蕭放。建業人，梁武帝弟南平王偉之孫。隨父祗至鄴，父卒，居喪以孝聞。所居廬室前有二慈烏來集，各據一樹爲巢，自午以前，馴庭飲啄，午後更不下樹，每臨時舒翅悲鳴。時以爲至孝之感。

陳

吴明徹。秦郡人。幼孤，性至孝。感祖父墳塋未修，家貧無以取給，乃勤力耕種。時天旱苗枯，明徹每至田中，號哭訴天，田苗忽更生，秋而大穫，足充葬用。初，武帝鎮京口，明徹詣之，歷有軍功。及武帝受禪，授安南將軍。太建三年，議北征，明徹決策，詔加侍中總衆軍，進克仁州，封南平郡公。逼壽陽，擒王琳等，詔以爲車騎大將軍，進攻彭城。又大破齊軍，進位司空，都督南兖州刺史。

隋

耿詢。丹陽人。從高智受天文算術，創意造渾天儀。又作爲馬上刻漏，世稱其妙。煬帝即位，進攲器，以詢守太史丞。宇文化及弑逆，詢欲去之，爲所殺。

唐

王昌齡。江寧人。官龍標尉。工詩，緒密而理精，時號爲王龍標云。

劉鄴。句容人。父三復，仕至刑部侍郎，弘文館學士。鄴少倚李德裕，歷官中書舍人，遷承旨。德裕以朋黨抱誣死，鄴申直其冤，世高其義。以禮部侍郎同中書門下平章事，後爲鳳翔節度使。黄巢方熾，帝西狩，追乘輿不及。賊捕急，不屈見殺。

許叔牙。句容人。邃於詩、禮。貞觀間，拜弘文館直學士，獻詩纂義十篇。子子儒，高宗時議北郊禮，以博學名家。

宋

孫繼鄴。金陵人。祖謙，事李昪戰死，父承睿憤將兵者不如期，致其父歿，刺殺之。太宗授繼鄴三班奉職。宜州陳進反，曹利用辟以自隨，爲前驅，破賊於大烏嶺。晁迥薦爲閤門祇候，上禦戎策十數事〔一〕。

秦傳序。江寧人。淳化中，充夔峽巡檢使。李順之亂，傳序督士卒晝夜拒戰。嬰城既久，危蹙日甚，出囊槖服玩盡市酒肉，以犒士卒，衆皆感泣力戰。傳序度力不能支，乃爲蠟書遣人間道上言，誓不降賊。城陷，赴火死。子奭，泝峽求父屍，溺死。人以爲父死於忠，子死於孝。奏至，太宗嗟惻久之，録其次子煦爲殿直，以錢十萬賜其家。

洪湛。上元人。舉進士有聲。咸平中，試舍人院，復直史館，使荆湖按視民事，條奏利病甚衆。凡五使西北，議邊要，真宗顧遇甚厚。曲宴賦詩，不移晷以獻，深被褒賞。

王綸。建康人。幼穎悟，十歲能屬文，登紹興進士第，累官監察御史。與秦檜論事，忤其意，能去。檜死，遷中書舍人。高宗收攬威柄，召諸賢於散地，詔命填委，多綸所草。歷除資政殿大學士。卒，謚章敏。

秦鉅。江寧人。通判蘄州。金人犯境，與郡守李誠之協力捍禦。救援不至，城破，鉅猶以親兵巷戰，死傷略盡。鉅歸署，疾呼吏人火諸倉庫，乃赴一室自焚。有老兵冒火抱出之，鉅叱曰：「我爲國死，汝輩可自求生。」掣衣赴火死。子浚，先往四祖山中，兵至亟還，與弟瀈俱殉難。詔立廟祀之，賜額「褒忠」。

元

樊淵。句容人。幼失父，事母篤孝。至元十二年，奉母避兵茅山。兵至，欲殺其母，淵抱母號哭，以身代死，兵兩釋之。三十年，江東廉訪使者辟爲吏，母亡奔喪，哀感行路。服闋，奉神主祀之，起居飲食，十年如平生。臺憲交薦，淵不忍去墳墓，終不起。

李桓。上元人。累官江浙儒學提舉。以文名江東，學者稱之。

明

陳遇。上元人。元末，爲温州教授，尋棄官隱居。太祖下金陵，遣使聘至，留幕中參密議，優禮備至。既成帝業，累授翰林學士、禮部侍郎，皆不受。帝終始敬信，稱爲先生而不名。學者稱爲静誠先生。

端復初。溧水人。洪武初，授磨勘司令。案牘填委，勾稽無遺。性嚴峭，不可干以私。超遷刑部尚書，用法平允。出爲湖廣參政，令民來歸者，復其賦一年，流亡畢歸。子孝文、孝思，先後使朝鮮，並著清節，朝鮮人爲立雙清館。

孫炎。句容人。能詩，負經濟。太祖下集慶，召見與語，大悦，命爲中書省掾，預計謀。從征浙東，授處州總制。禮致劉基、章溢、葉琛，送至京師。苗兵亂，執之。炎大罵，賊怒，拔刀解衣。炎曰：「此紫綺裘主上所賜，吾當服以死。」遂見害。贈丹陽縣男。

周琬。江寧人。洪武中，父爲滁州知州，坐罪論死。琬年十六，詣闕請代。帝疑爲人所教，命斬之，琬顔色不變。帝異之，命宥父謫戍邊。琬復請就刑以贖父戍，帝怒，命縛赴市曹。顔色甚喜。帝知其誠，赦之，題御屏曰「孝子周琬」。尋授兵科給事中。

齊泰。溧水人。洪武進士，歷兵部侍郎。太祖器之，臨崩，受顧命輔皇太孫。太孫立，進兵部尚書，建削奪諸王之策。及燕王入京，泰被執，不屈死。

魏澤。高淳人。洪武中，官刑部尚書。建文時，謫寧海縣丞。文皇誅方孝孺族黨，孝孺幼子德宗甫九歲，澤百計匿之，得免。

丁璿。上元人。永樂進士，由御史督大同、宣府軍儲。麓川蠻叛，乘傳往視，言用兵便宜，遂命撫雲南，督餽餉。麓川平，召爲左副都御史，所至有政聲。

楊洪。六合人。嗣祖職爲漢中百户，調開平，勇敢善戰，撫士有恩。嘗從成祖北征，至鄂諾河，獲人馬還。帝曰：「將才也。」宣德、正統間，以敢戰知名。歷左都督，充總兵官，鎮宣府。迤北亦憚之，稱爲楊王。景帝監國，封昌平伯。額森逼京師，率所部入衛，追至紫荆關。進侯，還鎮宣府。卒，贈潁國公，謚武襄。洪久居宣府，御軍嚴肅，士馬精强，爲一時冠。從子能，屢樹邊功，封武强伯。「鄂諾」舊作「斡難」，「額森」舊作「也先」，俱改正。

楊信。洪從子。幼從洪擊賊興州。賊將躍馬出陣，信直前搏戰，擒之，以是知名。景泰中，爲副總兵，鎮宣府。天順初，擊賊有功，封彰武伯。卒贈侯，謚武毅。洪父子兄弟皆佩將印，一門三侯伯，威名震邊陲。

巫凱。句容人。由百户積功至都指揮同知。永樂中，從平交阯，屢遷都督僉事。宣宗立，以總兵官鎮遼東。凱饒智略，御下嚴而有恩。在鎮三十餘年，威惠並行，前後守遼者皆莫及。

張益。江寧人。永樂進士，選庶吉士，改中書舍人，預修太宗、仁宗、宣宗實録。博學强記，詩文操筆立就。累遷侍讀學士。正統十四年，入直文淵閣。扈駕北征，殁於土木。贈翰林學士，謚文僖。

龐景華。上元人。九歲喪父，極哀毁，奉母訓力學。母疾，刲股嘗糞。鄰火將及，抱母號呼，火遂息。及卒，廬於墓，盜聞哭聲而去。天順中旌表。

王貞慶。上元人，駙馬都尉永春侯子。貞慶以貴冑世族，折節好士，有詩名，以文雅著。景泰間十才子，貞慶其一也。時稱金粟公子。

王徽。上元人。天順進士，除南京給事中。憲宗初，請開言路，敬大臣，乞罷兵部尚書馬昂，禁中官無預政事，帝頗納之。其冬皇后廢，極陳中官牛玉交搆罪，備論宦寺干政之禍。帝大怒，謫普安州判官，終陝西參議。

盧雍。江寧人。由進士歷福建參議。父喪盧墓，産芝十三本。成化中旌表。

戴睿。句容人。同居七世。成化中旌表。

張瑄。江浦人。正統進士，歷刑部郎中，有能聲。景泰時，賜敕爲吉安知府，擢廣西布政使〔二〕，皆有善政。成化中，以右副都御史巡撫福建。時滅賊黨，降敕奬勞。改撫河南，亦有聲。終南京刑部尚書。

倪岳。上元人。天順進士，改庶吉士，授編修。弘治中，累官尚書。有詔召國師領占竹於四川，岳極言不可，事竟寢。每遇修省，輒陳軍國弊政，剔抉無疑。改南京吏、兵二部，還爲吏部尚書。岳有文武才，善斷大事。既秉銓，請託不得行。尤嚴邪正之辨，天下想望其風采。踰年卒，贈少保，謚文毅。岳父謙，官南京禮部尚書，謚文僖。明世父子官翰林、俱謚文，自岳始。

莊㫤。江浦人。成化進士，改庶吉士，授檢討。與編修章懋、黄仲昭疏諫元夕張燈，忤旨廷杖。先羅倫亦以言事被黜，時稱「翰林四諫」。改南京行人司副，以憂去。卜居定山三十年〔三〕，安貧樂道，學者稱定山先生。弘治中，奉詔起，終南京吏部郎中。㫤持身慕伊川，接人慕明道，生平不尚著述，有自得輒見之於詩。天啓中，追謚文節。

邵清。江寧人。弘治中，由鄉貢教諭擢御史。正德初，巡長蘆鹽課，與中官忤，劉瑾矯詔杖之闕下，削籍去。世宗朝，歷廣西僉事。歸無室廬，依外氏以居。疾革，謂其子曰：「爲己謹獨甚難，兢兢業業，至蓋棺無過，心始釋耳。」

鄭瓛。江寧人。弘治進士，由刑部郎中出爲南昌知府。時宸濠蓄異志，招納巨盜，潛劫江淮，瓛捕之急。濠誣奏瓛捶殺王府校尉，搆中官矯旨撫按究問，濠令先械入府，辱之萬狀。濠反，因械繫之於小船，使卒圍守之。忽風吹船開，見鄰船舊卒，密諭以禍福，卒爲感動，共釋其縛。圍解，巘登岸一呼，從者千人，斬濠將范成等，馳赴贛撫王守仁，備陳賊勢。守仁使爲巡徼，俘賊三十餘人。濠平，擢山東鹽運使。

楊鋭。其先蕭縣人，以衛籍家上元。正德中，署指揮僉事，守安慶。以九江爲鄱陽上游，宜置湖口戍，乃繪圖呈樞臣。宸濠反，鋭先引軍設鉤距於江側，寇船抵岸，輒破壞。濠黨凌十一父子先登，鋭發矢皆斃之。濠怒，率衆分攻五城，鋭設方畧力拒之，焚溺無算，乘勝捕斬，賊大驚擾。濠平，進都督僉事，歷鎮遼東、淮安，罷歸卒。囊無餘貲，典衣營葬。

顧璘。上元人。弘治進士，除廣平知縣。善摘發，有吏能。正德初，知開封府，忤鎮守中官王宏，謫官下獄。嘉靖時，歷浙江左布政使，不踰年蠹弊悉除。巡撫湖廣，尤著政績。章聖太后崩，以工部侍郎督山陵宫殿諸役，程工節財，事集而民不困。論功進尚書，改南京刑部。璘當官守法，善詩古文，一時名士咸歸之。

劉麟。本安仁人，先世爲南京廣洋衛副千户，因家焉。弘治進士。適言官龐泮等言事下獄，麟偕同年生陸崑抗疏論救。正德初，歷紹興知府。劉瑾銜之，罷爲民。瑾誅起官，嘉靖時累擢工部尚書。初四司所用財物，司官動多侵漁，麟請特除一郎官主之，又上節財十四事。内府諸監局冒破金錢，減汰十四五，羣小大恨。及卒，贈太子少保。

梁材。南京金吾右衛人。弘治進士，授德清知縣，勤敏有異政。嘉靖時，累擢户部尚書。議上節財數事，多報可，經費大省。中官麥福，請盡徵牧馬草場租，材不可。又請禁勳戚陳乙土田，帝褒納，命並清覈已賜者，積患稍除。材守章程，慎出納，部政肅然。以母喪去，服除，起故官。時修建兩宫七陵，數與郭勳忤，罷歸。已復召用。凡三掌邦計，砥節如一日。卒，贈太子太保，謚端肅。

王韋。上元人。少有器識，林俊、儲巏並愛重之。與同里顧璘、陳沂相劘爲詩古文。弘治末，舉進士。性耿介，歷官有聲。仕至南京太僕少卿。丁母憂，哀毀卒。

李熙。上元人。弘治進士，官南京御史。正德元年，以災異偕同官陳十事，多切時弊。尋與同官葛浩等乞留劉健、謝遷，罪劉瑾、馬永成等，下詔獄，予杖除名。世宗立，起饒州知府，遷浙江副使，以清操聞。

張英。金吾衛都指揮。武宗將南巡，禁苑水涌，橋柱折如斬。英曰：「此變徵也，駕出必不利。」乃肉袒戟刃於胸，囊土數升，持諫疏當蹕道跪哭，刺血流地。衛士奪刃，縛送詔獄，問囊土何爲，曰：「恐污帝庭，灑土捹血耳。」詔廷杖八十，遂死。世宗立，賜祭。至福王時，追謚忠壯。

何遵。南京欽天監人。正德進士，爲工部營繕主事。時江彬導武宗遊幸，偏祀名山，遵榷木荆南還，疏言淫祀無福，彬匿不以聞。遵復與同官林大輅、蔣山卿上疏乞罷遊幸，勿爲姦邪蠱惑。彬矯旨下遵等於獄，復荷校暴午門外五日，杖五十，罷遣。遵體素羸，又憤所言不達，瘡潰，三日卒。嘉靖初，贈尚寶卿，廕一子入太學，詔禮部專祠祀之。

王鑾。錦衣衛籍。正德進士，觀政吏部，著治原二篇，太宰楊一清異之。補文選主事，不通請謁，人無有識其面者。歷驗封郎中。武宗南巡，上疏力諫，廷杖幾斃。踰年卒。

顧璞。璘從弟。正德進士，歷南京兵部郎中。有清操。所親坐事，屬璞父爲解，璞不可，竟正其罪。魏國公子以冒濫得錦衣，嘉靖初，奉詔清汰，尚書欲庇之，璞卒落其職。歷官河南副使，以正直爲同官所惡，罷官。璞好學，能詩文。歸家貧，有時絶糧，璘貽以斗粟，亦不受。其介行如此。

陳沂。鄞人，家南京。幼聰穎。正德進士，官編修。嘉靖中，以太僕卿乞歸，築遂初園，杜門著書，絶意世務。所著詩文曰拘虛集。書學東坡，旁及篆隸繪事，咸稱能品。

王暐。句容人。正德進士。以吉安推官，從王守仁平宸濠有功，遷大理寺丞。偕廷臣伏闕争大禮，下獄廷杖。累遷户部尚書，總督倉場。暐好學，敦行誼，歷官著清操。後與王杲俱下獄，斥爲民，不以其罪，時論惜之。

王以旂。江寧人。正德進士，以御史按河南。世宗繼統，欲加興獻帝皇號，抗不可。上書言弭災要務，曰勤聖學、信詔令、防矯僞、公賞罰。累擢兵部尚書，督團營，改督三邊軍務。在鎮六年，盡瘁邊計。比卒，軍民罷市，帝亦哀悼。贈少保，謚襄敏。

桂勇。應天衛人。嗣世職爲千户，中武會試。世宗時，充參將督巡捕軍。號令嚴，善稽察，盗賊屏息，京師肅清。流賊宋鋭、楊恭擾京東，以勇爲總兵官討平之。歷官右都督，掌後軍都督府兼捕務。勇持重識大體，典捕務最久，能止盗，民甚安之。

劉璽。南京龍驤衛人。幼有孝行。爲諸生，能自力學。襲世職指揮同知。嘉靖中，歷督漕總兵官，清慎自持，莅事五年，軍民懷德。罷歸，行李蕭然，書數卷而已。

金琮。上元人。爲人高簡粹白，公卿貴人，非先施不造其門。工詩善書，文徵明極喜之，得其片紙，裝潢成卷，題曰「積玉」。

許穀。江寧人。好讀書，博涉精詣，以文名。嘉靖進士，官至南京尚寶卿，罷歸。所著有歸田諸集。

武暐。溧水人。官台州知事。嘉靖三十一年，倭人犯，暐追至鈞魚嶺，力戰死。上官不以聞。其子尚實訴于朝，贈太僕丞。

焦竑。江寧人。學於耿定向、羅汝芳，舉嘉靖鄉試。定向遴十四郡名士，讀書崇政書院，竑爲之長。萬曆十七年，殿試第一，官修撰。時皇長子出閣，擇講官六人，竑與焉。嘗講次羣鳥飛鳴，皇長子仰視，竑肅立輟講，皇長子斂容聽，乃復講如初。講畢，備陳先朝典制及閭閻疾苦。爲養正圖説，採古儲君事可爲法戒者擬進之，同官沮之遂止。所注有易筌、禹貢解、遜國忠臣録、澹園集。

葛至學。高淳人。父病，刲股以療。母目失明，以舌舐之，遂能視。父母殁，並廬墓三年。天啓中旌表。

何棟如。江寧人。萬曆進士，授襄陽推官。值苗亂，棟如遣將王一桂討平之。中官陳鳳開青山礦，棟如以顯陵發脈地繪圖疏聞，事得寢。復開穀城、宜城，其黨縱掠，棟如執其爪牙二十人，當以大辟。璫布飛語激上怒，逮棟如下詔獄。在繫益讀易，習兵法。以星變釋歸。天啓中，遼報日至，棟如上書請自效，因募兵得七千人，以太僕少卿行邊。魏璫黨以冒餉劾之，遂逮下詔獄。許顯純爲鎮撫，鍛鍊考掠，屢絶而蘇。久之戍滁陽。崇禎初復職。

梁志仁。江寧人。舉於鄉，授衡陽知縣，調羅田。崇禎八年，流賊羅汝才攻城陷，志仁持長矛巷戰，殺六賊。力屈被縶，大罵，賊碎其支體而焚之。妻唐氏亦不辱被殺。事聞，贈蘄州知州。本朝乾隆四十一年，賜謚烈愍。

姚九疇。江寧人。爲浦口守禦。崇禎八年冬，賊圍江浦，九疇從遊擊汪之斌赴援，五戰皆捷，城賴以完。之斌議搜山，阻之不聽，中賊伏。九疇率所部，救出之斌于重圍。賊悉衆擊之，援絶矢盡，誘降不屈，罵賊死。

張可大。上元人。世爲南京羽林左衛千户。舉武進士，歷都司僉書，分守瓜洲、儀真。淮撫李三才使録税，監鲁保遺貲，却其家千金之餽。葉向高嘗稱之曰：「此不獨良將，且良吏也。」歷都督僉事，鎮登、萊。都城戒嚴，率師入衛，以守城功，進右都督。孔有德陷登州，不屈死之。贈太子少傅，謚莊節，建祠旌忠。本朝乾隆四十一年，賜謚節愍。

袁繼登。南京人。崇禎末，由選貢知安化縣。流賊李自成陷城，被執，求速死，賊殺之。

黄金璽。江寧人。崇禎中，舉武鄉試。南京不守，大書于壁曰：「大明武舉黄金璽，一死以愧人臣懷二心者。」遂自經。本朝乾隆四十一年，予入忠義祠。

陳士達。南京布衣。南京破，士達投水死。本朝乾隆四十一年，予入忠義祠。

馬純仁。六合人。爲邑諸生。南郡失守，純仁與友人約同死。友人背約，純仁走水濱，題銘於橋柱，抱石而死，年十八。後友人登第爲湖廣知縣，謁城隍神，儼若純仁坐殿上，遂嘔血死。本朝乾隆四十一年，予入忠義祠。

本朝

李敬。六合人。祖雲鵠，有隱德。敬中順治丁亥進士，授行人，擢御史，多所建白。出按湖廣，請免租稅，改折黄絹。犒師必身至行間，征戰屢有功。歷升刑部侍郎。

胥廷清。上元人。順治丁亥進士，知餘姚縣。時餘寇未靖，廷清單騎入山撫之，四境以安。擢工部主事，榷龍江關，盡却羡餘。家居，兄弟子姪百口共爨，時稱其孝友。

史允琦。上元人。幼孤，事母撫弟，有至性。順治丁亥進士。兩爲福建推官，屢雪冤滯。歷山西提學道，士多頌之。

蔡祖庚。上元人。順治己丑進士，授甘泉令，以政最升户部郎。歷守太原、正定二府，遷河南副使。

吕公義。江寧人。撫標把總。順治十年，署崇明營千總。時海寇張名振等犯崇明，公義誓死殺賊，陣亡。事聞，賜卹如例。

劉斌。上元人。順治武進士，爲竹溪營參將。時吴三桂賊黨攻城，斌七戰皆捷，擢副將。後仍戰殁於竹溪。事聞，賜卹如例。

劉從勛。江寧人。爲連江遊擊。順治十七年，鄭成功出擾郡縣，從勛禦之，受創陣亡。事聞，賜卹如例。

卜世儼。上元人。康熙武進士，爲鎮遠衛守備。時吴三桂賊黨馬寶陷鎮遠，力戰不支，自縊死。事聞，贈都司僉書，卹廕如例。

白夢鼒。江寧人。康熙庚戌進士，官大理評事。少與兄夢鼎俱崇尚志節，罹黨獄幾不免，時有「二白」之目。及居官，多所平反，都御史魏象樞亟稱之。康熙庚申，補行福建鄉試，夢鼒爲考官，得士極盛。

張蘊。江寧人。知山西汾陽縣。姜瓖叛，蘊守西關。賊破東關入，逼印綬，蘊妻柴氏及長子璋自殺。瓖誅，收撫殘黎，仍前職，兼理府事。

董三策。江寧人。康熙癸丑武進士，萬州遊擊。奉檄勦賊定安，轉戰百餘里，所向無前，遂恢復縣城。恃勇復深入黎洞，中毒矢死。

王應憲。上元人。少負奇氣，以文行推重於鄉，隱居著述。有河漕、水利、鹽鐵諸考。

顧來鶴。上元人，爲寧夏中衛守備。康熙十五年，王屏藩賊黨據固原，欲渡河。來鶴諭民沿河防守，叛民焦得才等倡亂，死之。事聞，贈遊擊，卹廕如例。

倪燦。上元人。康熙丁巳舉人。薦舉博學鴻詞，授檢討，與修明史。以淹雅著名。

張自超。高淳人。康熙癸未進士。博極羣書，研究經史，期於躬行實踐。釋褐後，授經講學，文行日著。所著有春秋宗朱辨義。

黄虞稷。江寧人。康熙間以薦授翰林，纂修明史。假歸，卒於家。虞稷工詩文，才思飈發。家有千頃堂，藏書最富。

吴錦江。上元人。由武舉效力兵部。期滿授四川提標守備，洊升遊擊。乾隆三十七年，隨征金川，以功擢參將。嗣因坐事革職，留於軍營效力贖罪。旋隨攻當噶爾拉山梁，陣亡。事聞，照參將例議卹，賜祭葬，廕守備。

胡鐘。江寧人。乾隆丁酉舉人。除授雲南太和知縣，升貴州遵義知府。杜絶苞苴，痛黜奢靡，發姦摘伏，莫不服其精明。卒，祀鄉賢祠。

哈國瓏。江寧人。乾隆戊申武舉。補授河南許州營千總，隨征川、楚教匪，屢戰有功，洊升甘肅涼州鎮右營遊擊。時甘肅勦敗戴家營等股匪，由竹溪竄棗嶺，負嵎抗拒。國瓏隨經略額勒登保分路抵禦，殲斃甚衆。馳入賊隊，猝受矛傷，陣亡。事聞，議卹如例，廕雲騎尉世職。

謝子庶。溧水人。孝行著聞，乾隆年間旌。

吴運鎮。高淳人。同縣吴翥南、周良遇，均孝行著聞，俱乾隆年間旌。

張瑛。上元人。捐職從九品，分發陝西。嘉慶元年，投效軍營。時邪匪滋事，參將鍾岳在西牛槽防堵。賊越山竄，瑛直前撲拏騎馬賊目，中矛傷，陣亡。事聞，賜卹，廕雲騎尉。

司馬騊。江寧人。嘉慶中，由山陽縣主簿洊擢河東河道總督。辦理河務，洞悉機宜，曹工、睢工經理，俱臻穩固。卒，賜卹如例。

流寓

三國 吴

諸葛瑾。琅邪人，避亂江東。孫權用爲司馬，使蜀通好。與其弟亮公會相見，退無私言。子恪，亦知名。

晉

周彦倫。汝南人，居鍾山下，清貧寡欲。後應詔出仕，累官國子博士。

南北朝　齊

明僧紹。平原鬲人。明經有儒術。建元初，徵爲正員，不就，隱江乘攝山。高帝謂其弟慶符曰：「卿兄高尚其事，亦堯之外臣。朕夢想幽人，固已勤矣，所謂徑路絶，風雲通。」賜竹根如意、筍籜冠，時以爲榮。

陳

馬樞。扶風郿人。六歲能誦孝經、論語，長而博極經史。隱於茅山，陳文帝徵爲度支尚書，辭不應命。鄱陽王爲南徐州刺史，固請乃行，王别築室以居之。樞惡其崇麗，乃於竹林間自營茅茨而居。有白燕巢其庭樹，馴狎几案，春來秋去，凡三十年。

唐

李白。山東人〔四〕。崔宗之謫官金陵，與白詩酒唱和。嘗月夜乘舟，自采石達金陵。白衣宫錦袍，於舟中顧瞻笑傲，旁若無人。

蕭穎士。晉陵人，客金陵。永王璘召之，不見。

宋

鄭俠。福清人。隨父官江寧，閉户苦學。王安石知其名，邀與相見，稱奬之。

明

黄宏。鄞人，著籍孝陵衛。弘治進士，歷江西左參議。賊閔廿四既降，復恃宸濠勢，剽掠九江上下，宏發兵捕之。宸濠反，被執，宏憤怒，以手梏向柱蹙項，是夕卒，賊義而棺殮之。子紹文，奔赴求得其棺。以僞命治殮，非父志，亟易之，扶柩歸。濠誅，贈太常寺少卿，祀忠烈祠。

列女

漢

李南女。爲由拳縣人妻。南明於風角，女盡得其術。嘗晨詣爨室，卒有暴風，婦從姑求歸，辭其二親。姑不許，乃跪而泣曰：「家世傳術，疾風卒起，先吹竈突及井，此禍爲婦女主爨者，妾將亡之應。」因著其亡日，乃聽還家，如期病卒。

南北朝 宋

會稽長公主。武帝女，適徐逵之。身居長嫡，爲文帝所禮，家事大小，必諮而後行。每有不得已，輒號哭，上甚憚之。初徐湛之爲大將軍彭城王義康所愛，及義康得罪，事連湛之。主號泣乞命，乃得全。

齊

蕭嶷妃庾氏。有女工婦德。宋時武帝及嶷位宦尚輕〔五〕，家又貧簿，庾氏徹己損身，以相營奉。兄弟晚還飢疲，未嘗不迎時先辦。嶷薨後亦亡。

五代　南唐

聶氏。太平鄉民女也。父早歿，與母居。隨母採薪，母爲虎攫去。蹲踞方食，聶持柴刀自虎後躍登其背，按項連割之。虎斃，因收母屍。時年十三。

元

闞文興妻王氏。建康人。文興從軍漳州，王氏與俱行。至元十七年，陳弔眼作亂，攻漳州，文興率兵與戰，死之。王氏被掠，義不受辱，乃紿賊曰：「俟吾葬夫即汝從也。」賊許之。遂負屍積薪焚之。火既熾，即自投火中死。

曹子英妻尤氏。溧水人。夫死，嚙指血，誓不再醮。

袁氏孤女。溧水人。年十五。其母嚴氏孀居貧病，卧牀數年，女事之至孝。至正十二年，火延其里，鄰婦强攜女出避。女泣曰：「我何忍舍母去，同死而已。」遂入室，抱母共焚而死。

花山節婦。失其姓氏。至元間，爲兵所逼，至崇賢鄉碑亭，嚙指出血，題詩碑上，有「遥望花山何處是」之句。遂自經死。

劉彦陽妻孫氏。至正末，彦陽爲平江倉官，卒於任。值兵亂，孫與一子二女，守櫬邸舍。城陷，子死於兵。孫被掠，犯之不從，遇害。長女貞年十八，次女潔年十六，兵脅之行。二女紿之曰：「願相從，但得埋父母骸骨免暴露。」兵從之。遂至江濱，皆赴水死。

明

楊氏。上元人，安陸侯吴復之妾。復守黔陽，卒於官，楊自經以殉。太祖手詔褒之，追封貞烈夫人。

朱約妻石氏。句容人。歸約甫一歲，約病，奉侍湯藥，三年不懈。約卒，守節終身。洪武中旌表。

鄭鉉妻郭氏。六合人。鉉不得於父，悒悒不樂。氏曰：「子弟盡孝，何患不慈。」翁欲以非禮加婦，氏厲色拒之，囓指出血曰：「遭遇若此，惟有死耳。」遂沉於河。宋濂爲之傳。

鄭瓘妻袁氏。六合人。年十八，未婚而瓘疾。氏告父母，歸鄭侍湯藥，二年不懈。瓘殁，求自盡，家人救之得不死，守節終身。

武定橋烈婦。失其名姓。永樂初，誅戮臣僚，妻子發教坊，或配象奴。烈婦題詩衣帶，赴武定橋河死。詩曰：「不忍將身嫁象奴，手提麥飯祭亡夫。今朝武定橋頭死，要使清風滿帝都。」

陳忠妻王氏。上元人。忠守交阯，氏隨之官。會黎人叛，忠陣亡。氏與二女登竹筏，出交阯東海城進海門，收忠屍殮之，扶柩浮海南歸以葬。紡績度朝夕，歷二十餘年卒。

王烈婦。上元人。夫姓汪，嗜酒廢業。僦居江東門積善橋，破屋一間，以竹篷隔内外。婦績麻自給，夫與博徒李遊。李悦婦姿，謀亂之。夫夜持脯酒與李俱至，引婦共坐，婦不從，夫怒笞婦。婦度不免，潛攜幼女坐河下，自投河死。是夜大風雨，屍不漂没。及曙，女尚熟睡草間。

張豫妻倪氏。江寧人。豫卒，氏年二十六，撫孤成立，守節五十年。宣德中旌表。

蔡烈女。上元人。少孤，與祖母居。一日祖母出，有僧乞食，挑之不從。挾以刃，拒益堅，受傷十餘處，駡不絶，宛轉死竈下。僧已遁去，官行驗，忽來首伏曰：「女拘我至此。」遂抵罪。

陳伯妻黄氏。江寧人。伯疾篤，知必不起，碎食器刺喉不死，以廚刀自刎，卒年二十一。

黄善聰。南京人。年十三失母。父販香爲業，憐其無依，改男裝從遊廬鳳間。數年父卒，變姓名曰張勝，仍習其業。踰年返南京，省其姊，改裝，始知即善聰也。

凌氏女。高淳人。許字王純姪，未嫁而夫死。純慕其色，謀爲妾，父欲許之。女覺，即自縊，救之得蘇，誓不他適。年六十卒。弘治中旌表。

王宗妻柴氏。江寧人。宗病篤，屬柴改適。及宗卒，即入别室自經死。正德間旌表。

吴達妻俞氏。江浦人。夫死，年二十二，矢志守節，有求配者害之。屢欲自盡，家人每覺而止之。正德間旌表。

馮鑑妻江氏。六合人。鑑死，紡織奉姑，教子有法。年八十餘卒。嘉靖間旌表。

本朝

王某妻汪氏。上元人。順治己亥，海寇薄近郊，氏家幕府山下，懼見辱，赴池水死。

蔣奇玉妻梁氏。江寧人。夫病篤，籲天求代。知必不起，積薪先自焚，鄉里哀之。

高烈婦。江寧人。夫姓吴，爲驢傭。氏年十七，夫歿，舅欲以甥某入贅。氏潛具卮酒，至夫墓拜哭而返，夜自經。

李順妻林氏。上元人。夫亡，喪畢餓死。康熙年間旌。同縣義烏典史趙國棟妻錢氏，國棟卒於任，氏扶櫬歸里，絶粒七日，嘔血死。常復妻劉氏，夫亡，慟而絶。

詹某妻周氏。江寧人。少無父母。歸詹後，繼姑行穢，艷氏貌美，導以淫，不從。繼姑凌逼百端，氏密紉上下衣，自經死。

王氏女。上元人。許字沈邦彦，早夭。女欲過門守貞，父不許。女刺血書貽父曰：「生則沈氏人，死則沈氏鬼。題墓曰『沈門王氏』足矣。」遂自縊。雍正年間旌。

金升妻許氏。江寧人。嫁三月夫亡，欲死以殉，救免。母攜歸，閲七年，終不食死。雍正八年旌。

朱氏女。江寧人。未婚夫亡，自經。同縣任氏女，許字楊存敏，聞訃誓不更適。或將委禽焉，女聞，遂墮樓死。鄭端聘媳某氏，聞端子訃，題絶句二首自縊。

趙氏女。江寧人。幼字葛某，遠商不歸。女初依母，母卒，葛之父迎女於家。歷二十餘年，傳葛某已殁，女即密紉其衣，投繯死。

王性善妻潘氏。句容人。夫亡，繼姑逼嫁，遂自縊。雍正年間旌。

陸思賢妻殳氏。溧水人。遇賊不辱，自殺。

陳嘉元妻潘氏。上元人。夫亡守節。同縣談自新妻馬氏，謝瑩妻張氏，宓行正妻王氏，沈尊一妻朱氏，童維新妻王氏，朱國丞妻周氏，童維新妾李氏，畢大章妻高氏，李仁瀚妻耿氏，許觀繼妻汪氏，王子向妻汪氏，焦成德妻孫氏，鄒敬妻戴氏，陸嗣曾妻王氏，郎璜妻蕭氏，卞國南妾王氏，袁楷妻鄒氏，程世堦妻余氏，方瑶次妻劉氏，湯自新妻朱氏，王嶷妻趙氏，程位妻吴氏，許子先妻張氏，程雲從妻高氏，徐漢良妻姚氏，楊德滋妻孫氏，孫成道妻徐氏，王廷相妻薛氏，熊夢鵬妻包氏，簡瑗妻梁氏，吳瑛妻李氏，吳源妻孫氏，方雲顧妻王氏，佟國勳繼妻朱氏，劉啓避妻夏氏，何文環妻陳氏，張益陽妻劉氏，龔鵬妻蘇氏，曹登俊妻李氏，諸世蕃妻吳氏，陶永學妻葛氏，張立先妻徐氏，李義貞妻劉氏，鄧琛妻李氏，俞天育妻曹氏，祁正經妻賈氏，潘起鳳妻欒氏，方求晟妻鄧氏，張植妾韓氏，張植妻汪氏，王廷俊繼妻陳氏，陳秉廉妻郭氏，徐浩妻宋氏，葉瑨妻張氏，呂千士妻張氏，叢藩妻汪氏，吳惟肖妻董氏，蔡祖修妻武氏，王兆昌繼妻陶氏，王維翰妻張氏，吳佩朝妻秦氏，李春隆妻陳氏，林有顯繼妻朱氏，陳致廣妻王氏，詹士美繼妻趙氏，王家珍妻唐氏，王盛忠妻周氏，王君和妻馬氏，丁煥妻劉氏，許永吉妻王氏，王諫忠妻陶氏，李盛之妻王氏，蔣昌祖妻俞氏，袁公弼妻倪氏，張宗仁妾周氏，方印鑾妻竇氏，張大綬妻裴氏，冷星雯妻王氏，曹天賢妻陳氏，魏甫璣妻葛氏，王良生妻馬氏，程崧妻王氏，武洛妻林氏，章景齡妻吳氏，武泗妻林氏，蔣耀妻張氏，葉煥繼妻楊氏，李時若妻李氏，程宗浩妻周氏，江直妻張氏，程宗洪妻孫氏，白鰲妻吳氏，劉美玉妻巫氏，諶堯序妾李氏，王賁妻陳氏，王永泰妻竇氏，楊邦翰妻陸氏，李宏永妻錢氏，江松妻崔氏，王正清妻汪氏，王希賢妻何氏，童垍妻夏氏，張曾爲妻周氏，蔣元吉妻丁氏，賀冠妻孫氏，吳掄世妻宋氏，李仙經妻顧氏，端木正禮妻袁氏，談昌懋妻李氏，蘇雨璠妻宋氏，程式妻王氏，徐灝妻滕氏，孫岱瞻妻張氏，顧時妻鄧氏，高官護妾張氏，曾怡安妻朱氏，李廷瑚妻許氏，王對妻金氏，樊天恒妻程氏，胡志安妻汪氏，孫琇妻王氏，孫文肇妻陳氏，均夫亡守節。貞女朱振紘聘妻何氏，朱尚禮聘妻沈氏，唐光明聘妻陳氏，徐潮聘妻蔡氏，汪宗維聘妻趙氏，張爾德婢新連趙氏，均未嫁夫亡守貞。俱乾隆年間旌。

蘭藻妻費氏。江寧人。夫亡守節。同縣梁璣妻顧氏，陳瑞陽妻沈氏，吳國賢妻蕭氏，陳應龍妻周氏，朱玉鉉妻周氏，陳憲妻談氏，陸雲祥妻上官氏，徐琬繼妻倪氏，魏汝智妻程氏，田嘉佑妻周氏，費應宏妻王氏，周公安妻陳氏，賈怡安妻周氏，林鍾琦妻葛氏，唐仲熊繼妻張氏，李長琦妻劉氏，葉文志妻朱氏，朱龍光妻巫氏，林鍾琮妻朱氏，游國珍妻方氏，周成章妻王氏，朱之琪妻曹氏，陳德明妻徐氏，葛順仁妻陳氏，陶揖妻殳氏，顧椿繼妻蔡氏，陳秉妻顧氏，劉必遵妻麻氏，劉必遂妻徐氏，林一鸞妻鄭氏，余夢龍妻周氏，楊芳植妻繆氏，蔣國正妻滕氏，戴璟妻李氏，周枚妻吳氏，王廷鑑妻李氏，趙觀國妻劉氏，畢道昌妻王氏，芮之芳妻王氏，胡邦貞妻任氏，鄧輝繼妻陳氏，汪依妻顧氏，張天墉妻曹氏，吴之熊妻楊氏，陳篤行妻李氏，吴德彬妻徐氏，汪儀妻程氏，徐瑾妻陳氏，王子章妻楊氏，宋嘉爵妻雷氏，楊文澍妻鄭氏，陳沂妻張氏，陳學斌妻虞氏，吴淦妻孫氏，張義球妻金氏，任爾霞妻唐氏，王玉章妻陳氏，薛蘭孫妻于氏，張瀚妻劉氏，業方標妻周氏，周世纘妻李氏，盛景公妻陳氏，尹衡妻張氏，羅興𦢊妻朱氏，李芳奇妻劉氏，邵學成妻袁氏，王惠公妻錢氏，慎傳妻田氏，楊擀妻郭氏，朱丹書妻林氏，萬維智妻朱氏，張世正繼妻汪氏、妾錢氏，程必誠妻汪氏，崔永仁妻蔡氏，楊廷楫妻曹氏，張士鋕妻鄧氏，費篤鰲妻朱氏，賈道齡妻馮氏，顧坤繼妻朱氏，汪驥妻許氏，王魯佩妻陶氏，汪浩妻林氏，張國昌妻曹氏，均夫亡守節。貞女朱鉉聘妻王氏，陳嘉諫聘妻周氏，均未嫁夫亡守貞。俱乾隆年間旌。

王廷璠妻裴氏。句容人。夫亡守節。同縣楊朝滿妻高氏，張祖留妻黄氏，張天馨妻笪氏，張爲律妻章氏，尚昌道妻唐氏，朱之瑛妻潘氏，高健常妻朱氏，趙明觀妾丁氏，朱之騮妻高氏，朱以豫妻吴氏，史忠義妻張氏，趙永著妻姚氏，尚昌遴妻周氏，朱兆芃妻談氏，樊可明妻王氏，張季璋妻鄒氏，汪洪妻江氏，張啓寅妻杜氏，許坤生妻張氏，笪仕鼒妻譚氏，巫啓稅妻解氏，劉朝翰妻黄氏，郭茂瑞妻葛氏，樊一仁妻朱氏，李仙蟠妻蔣氏，趙國枚妻尚氏，張洪敏妻趙氏，張右瞻妻許氏，劉大興妻魯氏，朱動妻陳氏，李英妻陳氏，李茂俊妾陳氏，戴熺妻張氏，鄭孔嘉妻仇氏，曹坦吉妻許氏，嚴孔鏸妻何氏，王家駒妻倪氏，王永思妻孔氏，楊瀛妻謝氏，王淮妻張氏，周文極妻淩氏，徐繼倫妻王氏，王肇奇妻孔氏，王肇岱妻趙氏，陳尚秉妻徐氏，胡鼎鉉妻笪氏，張美英妻宣氏，萬學曉妻王氏，葛肇祺妻戎氏，沈應祥妻王氏，孫國璽妻楊氏，駱朝樞妻錢氏，張德載妻趙氏，周憲瑜妻仇氏，王之寵妻張氏，周伯貞妾陳氏，周岳峰妻余氏，戴安侯妻朱氏，周憲鉅妻王氏，王掞妻裴氏，李秉均妻雍氏，王名登妻周氏，倪達妻俞氏，尚祚奎妻周氏，倪如松妻裴氏，王知黻妻衛氏，王善騶妻曹氏，孫瑞琬妻朱氏，均夫亡守節。俱乾隆年間旌。

謝袓妻陳氏。溧水人。夫亡守節。同縣俞生沛妻馬氏，薛惟勳妻吴氏，李長源妻徐氏，王國瑗妻俞氏，俞時正妻周氏，傅可順妻毛氏，俞時得妻梅氏，傅洪基妻陳氏，卞豫經妻楊氏，徐彦質妻張氏，傅立正妻張氏，吴廷梅妻莊氏，武駟妻沈氏，趙開洪妻張氏，司徒人文妻邵氏，陳元紹妻張氏，薛道五妻楊氏〔六〕，司徒宓妻趙氏，卞豫鐸妻胡氏，許應舉妻耿氏，葉宏彦妻錢氏，監生司徒寯妻邵氏〔七〕，均夫亡守節。貞女經之泰聘妻蕭氏，洪以賢聘妻葛氏，均未嫁夫亡守貞。俱乾隆年間旌。

趙修祺妻普氏。江浦人。夫亡守節。同縣唐廷枚妻許氏，吴璋妻葉氏，毛毓彩妻王氏，陳文鉉妻湯氏，傅齡妻莫氏，狄夢麟妻胡氏，均夫亡守節。貞女秦文焕聘妻楊氏，李氏女，均未嫁夫亡守貞。俱乾隆年間旌。

王慶妻汪氏。六合人。夫亡守節。同縣厲曉妻曾氏，錢貢妻高氏，黄學炯妻汪氏，劉本厚妻裴氏，石璘若妻李氏，董相儀妻李氏，佘國緯妻尚氏，常天序妻李氏，袁逸妻彭氏，項永遜妻許氏，洪之登妻陳氏，湯鋗妻王氏，胡明文妻陸氏，賀永諧妻湯氏，姜宏聲妻夏氏，郭瑞妻冉氏，朱穎長妻吕氏，均夫亡守節。貞女曹燦聘妻陳氏，唐洪聘妻李氏，均未嫁夫亡守貞。俱乾隆年間旌。

徐宗國妻吴氏。高淳人。夫亡守節。同縣劉觀標妻胡氏，吴位良妻岑氏，孔傳楹妻戴氏，吴待學妻談氏，芮應廷妻魏氏，吴方鉉妻葛氏，芮明芳妻杭氏，葛紹崧妻趙氏，周廷峯妻李氏，楊仕元妻吴氏，陳升楫妻徐氏，楊懋康妻施氏，趙近尹妻邢氏，吴雲妻陳氏，唐士俊妻陳氏，吴待搢妻楊氏，唐九歌妻甘氏，趙錫照妻張氏，孔毓鎬妻陳氏，孫實隆妻蔣氏，李大立妻黄氏，李昌文妻鄭氏，李生玉妻孫氏，趙其維妻吴氏，李邦穀妻谷氏，劉震慶妻孫氏，邢臯妻徐氏，史光贊妻唐氏，楊敬珏妻孔氏，吴晉崧妻孔氏，陳道瀛妻史氏，谷毓仲妻夏氏，陳其恩妻卞氏，陳長齡妻葛氏，葛至清妻陳氏，王孟棫妻魏氏，趙爾舉妻李氏，楊洪儀妻葉氏，陳朝詢妻孫氏，陳其濟妻李氏，趙晉翼妻邢氏，趙養昭妻李氏，孔毓昇妻魏氏，張正礎妻何氏，孔毓松妻邢氏，李之煜妻吴氏，孔衍球妻傅氏，楊鑾泰妻夏氏，楊毓泰妻夏氏，楊純恕妻夏氏，孫永觀妻芮氏，孔傳銘妻劉氏，王士蕙妻戴氏，孔傳鵬妻楊氏，孔毓荇妻陳氏，周應心妻李氏，周克聖妻李氏，孔傳榛妻楊氏，芮大仁妻陳氏，王伊齡妻吴氏，孫齡祚妻劉氏，韓爾明妻黄氏，陳宗卜妻趙氏，李希萊妻孫氏，劉廷朝妻陳氏，劉開鵬妻徐氏，孔毓振妻曹氏，孔毓拔妻虞氏，李大順妻趙氏，李錫惠妻趙氏，李大顔妻孔氏，吴錫思妻楊氏，邢之基妻王氏，李觀妻張氏，張協寅妻孫氏，邢珏華妻葛氏，均夫亡守節。貞女邢惠人聘妻谷氏，李允繼聘妻王氏，劉世瑋聘妻張氏，劉世祖聘妻張氏，均未嫁夫亡守貞。俱乾隆年間旌。

管嘉惠妻錢氏。上元人。夫亡守節。同縣吴宣仁繼妻李氏，張志鐸妻胡氏，葉廷捷妻張氏，孫肇宏妻陶氏，李翰蜚妻劉氏，韓蕡實妻徐氏，朱家穀妻魏氏，沈堅妻戴氏，梅鈁繼妻秦氏，陳証誼妻吴氏，秦德輝妻周氏，周廷檜妻官氏，江清妻王氏，錢納繼妻蔣氏，談樸觀妻金氏，方惟醇妻朱氏，歸慶生妻翁氏，鄧襄妻阮氏，薛南金妻金氏，陳善謙妻臧氏，劉震妻王氏，江基妻吴氏，林師求妻韓氏，郭友先妻王氏，涂昭槐妻高氏，涂昭作妻張氏，季彬妻許氏，陳允升妻李氏，孫元宰妻王氏，薄春輝妻趙氏，歸燦明繼妻陳氏，楊嘉慧妻程氏，楊文樂妻王氏，孫必仁妻唐氏，楊熙繼妻裴氏，孫必佳妻沈氏，劉宏年妻王氏，張松年妻林氏，盧永祥妻孟氏，王大楨妻陳氏，劉昌齡妻王氏，徐壽同妻楊氏，陳士進妻王氏，陳如鶴妻仲氏，張禹言妻范氏，翁剽妻蔣氏，翁崔繼妻李氏，童連妻張氏，劉崇順妻吴氏，蔡其卉繼妻楊氏，夏成鑑妻孫氏，徐廷佐妻蔣氏，均夫亡守節。貞女楊鍈聘妻侯氏，唐官訓聘妻侯氏，王和樂聘妻吴氏，田逢仁聘妻向氏，顧畯聘妻李氏，周秉中聘妻李氏，均未嫁夫亡守貞。俱嘉慶年間旌。

戴秉恒妻張氏。江寧人。夫亡守節。同縣蔡權妻王氏，某妻張氏，凌德懷妻李氏，翁長福妻張氏，朱定國妻王氏，凌德果妻方氏，王松妻程氏，程森妻金氏，任某妻張氏，章勤妻黎氏，金德明妻彭氏，蔡鑾妻鄧氏，張必達妻馬氏，陸魯道妻王氏，陸文墀妻馬氏，劉廷椿妻張氏，柯長春妻張氏，芮掄元妻楊氏，馬家俊妻穆氏，談國輝妻吴氏，童載廣繼妻張氏，陳國楨妻徐氏，毛文成妻鄭氏，姚樹滋妻陳氏，毛正本妻朱氏，鄭光熊妻曾氏，劉天相妻王氏，陳幗隴妻金氏，陶家堯妻劉氏，朱九錫妻劉氏，陳宸揆妻劉氏，單士伯妻嵇氏，徐興仁妻陳氏，均夫亡守節。貞女陳潤安聘妻金氏，楊崙聘妻馬氏，李氏女，均未嫁夫亡守貞。烈女李氏，孝女談氏，俱嘉慶年間旌。

尚徵遠妻王氏。句容人。夫亡守節。同縣尚恕妻傅氏，蔡祉妻王氏，徐永懷妻戴氏、妾豪氏，蔡瑛妾楊氏、臯氏，裴球妻王氏，尚徵仕妻張氏，駱正紱妻王氏，許尚憖妻尚氏，孔繼德妾唐氏，均夫亡守節。貞女周恒立聘妻尚氏，未嫁夫亡守貞。俱嘉慶年間旌。

葉成幹妻鄭氏。溧水人。夫亡守節。同縣阮守忠妻毛氏，顧芳馝妻張氏，顧流漳妻吴氏，梁丕基妻許氏，均夫亡守節。俱嘉慶年間旌。

吴盛先繼妻張氏。六合人。夫亡守節。同縣董坊妻孫氏，沈其禄妻印氏，陳志業妻凌氏，宋柄揚妻張氏，均夫亡守節。俱嘉慶年間旌。

姜國智妻吴氏。高淳人。夫亡守節。同縣夏錫駒妻邢氏，孔繼樞妾王氏，李杜妻許氏，孔廣昕妻陳氏，吴鎮妻邢氏，田育朝妻吴氏，孫俸朝妻倪氏，楊志柱妾陳氏，李毓里妻陳氏，錢開榜妻劉氏，邢國俊妻陳氏，史訓嚴妻楊氏，楊昌璽妾俞氏，孫佩妻陳氏，均夫亡守節。俱嘉慶年間旌。

仙釋

漢

茅盈。漢初元中得道，隱句曲，人稱茅君。盈弟衷，爲五官大夫、西河太守，固爲執金吾。各棄官渡江，求兄於東山，其後咸得仙去云。

晉

葛玄。句容人。吴時學道得仙，號曰葛仙公。以其煉丹祕術授弟子鄭隱。

葛洪。玄從孫。究覽書籍，尤好神仙導養之法。從鄭隱學煉丹，後師事鮑玄，玄以女妻之。太安中，石冰作亂，洪爲將兵都尉，攻冰破之，遷伏波將軍。冰平，洪不論功賞，見天下已亂，避地南土。元帝辟爲掾，尋遷散騎常侍，固辭不就。後止羅浮山，著述不輟，所著言黄白之事，名曰内篇；其餘駁雜通釋，名曰外篇。自號抱朴子，因以名書。餘所著碑誄詩賦雜文又數百卷。洪博聞深洽，江左絶倫。尅期而逝，舉屍入棺，輕如空衣。

許邁。一名映，句容人。少恬静，不慕仕進。攜同心徧遊名山，因改名玄，字遠遊。著書十二篇論神仙之事。後莫知所終。

南北朝　宋

慧琳。秦人，姓劉氏。有才華，兼内外之學，爲廬陵王義真所知。嘗著均善論，頗貶裁佛法，文帝見論賞之。

慧嚴。慧議。上元人。並住東安寺。學行精整，爲道俗所推。時鬬場寺多禪僧，都下爲之語曰：「鬬場禪師窟，東安談易林。」

摩訶衍。苦節有精理。大明中，於都下出新經勝鬘經，尤見重釋學。

梁

寶誌。宋太始中，出鍾山，往來都邑。被髮徒跣，語默不倫，豫言未兆，遠近驚赴。梁武帝尤深敬事，呼爲誌公。好爲讖記，所謂「誌公符」也。

陳智顗。華容陳氏子。謁慧思禪師，悟法華三昧。太建時抵建康，詔居光宅寺。

唐

王知遠。父曇選，母晝夢鳳集其身，因有娠。知遠警敏通書傳，事陶弘景，傳其術爲道士，嘗識唐太宗於微時。即茅山爲觀居之，一日謂弟子曰：「吾今署少室仙伯，將行。」即沐浴衣冠，若寢而卒。

法融。隱茅山，後入幽棲寺石室修道。虎鹿馴伏，百鳥獻花。貞觀中，四祖訪之，付以燦大師頓教法門，自後法席之盛，擬於黄梅。其寺與山遂號「祖堂」云。

五代

僧祖肩。善陰陽五行之術。楊行密將攻杭州，潛令至城下，偵險易。反報曰：「是腰鼓城也，擊之不下。」又聞其鼓角聲，曰：「錢氏子孫貴盛，未易謀也。」後悉如其言。

南唐

棲霞。一名敬真。七歲以神童及第，天祐時南渡，居茅山修道。唐主加號真素先生。嘗問何道可致太平，對曰：「王者治身心乃及國家。陛下未能去飢嗔飽喜，何論太平。」

譚峭。煉丹南岳，能入水火，隱形不見。嘗著化書，授宋齊丘。齊丘利其書，醉峭以酒，縫以革囊，投諸深淵。有漁人剖之，峭睡正濃，呼問曰：「我譚景升也。齊丘奪我化書，沉我於淵，睡囊中得大休歇。」

木平和尚。知人禍福。唐主召見於百尺樓。木平指樓言曰：「此宜望火。」初不喻其意，及淮甸交兵，龍安山置烽堠應江北，嘗登樓以觀動静，其言始驗。

宋

杯度。嘗乘木杯度水，因爲號。在建康，惟荷一蘆圌子。擲於地，數十人舉之不能得。

明

冷謙。諳音律，能畫，嘗爲仙弈圖，人争傳之。明初以黄冠入見，高帝授協律郎。因事忤旨，將誅，召至便殿。謙請飲少水就死，帝許之。左右以小罌盛水至，謙先以一足納罌中，已而漸没。呼謙輒應，視之乃空罌耳。帝命碎之，左右執罌呼之，片片皆應。自是不復見，後有遇之武當者。

慧忠。得法於智威禪師。生平一衲不易，器用惟一鐺。嘗有粟二廩，賊窺之，虎爲之守。縣令張遜入山謁問：「有何徒？」曰：「三五人。」遜曰：「可見乎？」忠擊牀者三，有三虎哮而出。其神異多類此。

土産

緞線。緞紗。

銅。鐵。唐志：溧水縣有銅。舊志：銅、鐵俱出句容縣赤山。

葛布。出句容縣。

石。出句容縣茅山，石之次玉者。又有雨花臺石，出府城南聚寶山。靈巖石，出六合縣靈巖山。

慈石。出六合縣冶山，一名吸鐵石。

石墨。出茅山。

紙。出六合縣，謂之六合箋。又府境舊亦出紙，有故紙官署，在長樂橋側。江寧縣志云齊造銀光紙處也。

鰣魚。揚子江出。

達摩菊。出六合縣。花小如錢，色白味甘。相傳達摩所植，惟産長蘆寺者佳。

蒼朮。出句容茅山者佳。

靛。出江浦縣。

黄蓮香。句容茅山出。

頗陵。上元縣志：頗陵，土人呼爲菠菜。劉禹錫嘉話録菠薐，本是頗陵。

簫管竹。黄元之丹陽記：簫管竹出慈姥山，歷代嘗給樂府。

校勘記

〔一〕上禦戎策十數事　「十數」，原倒作「數十」，據乾隆志卷五三江寧府人物(下同卷簡稱乾隆志)及宋史卷二九〇孫繼鄴傳乙。

〔二〕擢廣西布政使　乾隆志同。按，明史卷一六〇張瑄傳謂張瑄「用薦擢廣東右布政使」，轉左布政使，「八年始以右副都御史巡撫福建」，未任廣西布政使。疑此「廣西」爲「廣東」之訛。

〔三〕卜居定山三十年　「三十年」，乾隆志作「二十年」，明史卷一七九莊㫤傳作「二十餘年」。按，當以明史本傳爲正。

〔四〕山東人　乾隆志同。按，舊唐書卷一九〇下李白傳云「李白字太白，山東人」，「父爲任城尉，因家焉」。此爲乾隆志及本志所本。然新唐書卷二〇二李白傳謂「其先隋末以罪徙西域，神龍初遁還，客巴西」。范傳正唐左拾遺翰林學士李以新墓碑文謂「其先隴西成紀人，隋末被竄於碎葉」。據郭沫若考證，李白原籍隴西成紀，隋末其先人遷居碎葉，李白生於斯地，中年時曾在山東住過，故杜甫詩說「汝與山東李白好」，元稹杜子美墓係銘遂以李白爲山東人，舊唐書沿其誤。

〔五〕宋時武帝及嶷位宦尚輕　「宦」，原作「官」，據乾隆志及南史卷四二蕭嶷傳改。

〔六〕薛道五妻楊氏　「薛」，原作「薛」，據乾隆志改。

〔七〕監生司徒寯妻邵氏　「生司徒」，原脱，據乾隆志補。

蘇州府圖

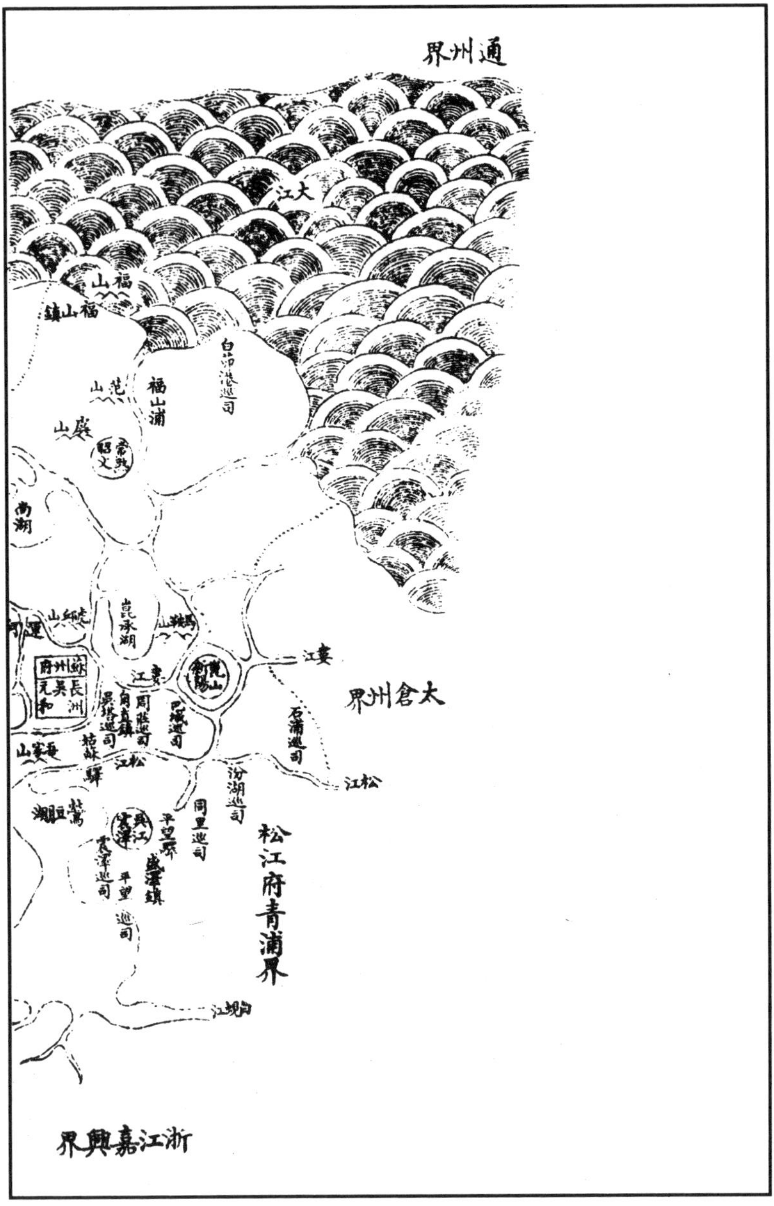
通州界
大江
福山
福山鎮
白茆港巡司
福山浦
虞山
常熟
昭文
尚湖
昆承湖
馬鞍山
婁江
崑山
新陽
太倉州界
蘇州府
長洲
吳縣
元和
婁江
周莊巡司
巴城巡司
石浦巡司
姑蘇驛
松江
松江
汾湖巡司
吳江
震澤
同里巡司
平望驛
盛澤鎮
震澤巡司
平望巡司
松江府青浦界
浙江嘉興界

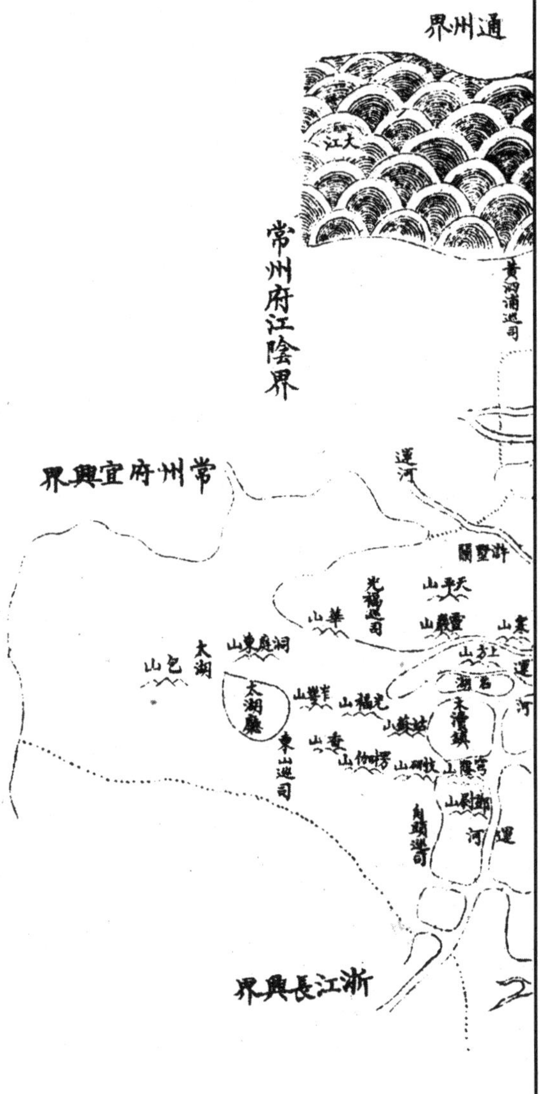
通州界
大江
常州府江陰界
黄泗浦巡司
運河
常州府宜興界
滸墅關
光福巡司
天平山
華山
靈巖山
洞庭東山
太湖
包山
上方山
石湖
太湖廳
光福山
姑蘇山
木瀆鎮
東山巡司
運河
浙江長興界

蘇州府表

	蘇州府	吳縣	長洲縣	元和縣
秦	會稽郡 始皇三十六年置。	吳縣 郡治。		
兩漢	吳郡 初置荆國。尋改吳國。景帝四年復爲會稽郡。後漢永建四年分置吳郡。	吳縣 初爲國治。尋爲郡治。	吳縣地。	
三國	吳郡 屬吳。	吳縣		
晉	吳郡	吳縣		
南北朝	吳州 吳郡 陳置吳州。	吳縣 陳爲州治。		
隋	吳郡 開皇九年廢郡，改曰蘇州。大業初復曰吳州，尋復爲郡。	吳縣 郡治。		
唐	蘇州 武德四年復爲州，屬江南東道。	吳縣 州治。	長洲縣 萬歲登天元年析置，治州郭。	
五代	蘇州 屬吳越。	吳縣	長洲縣 州治。	
宋	平江府 太平興國三年改平江軍。政和三年升府，屬浙西路。	吳縣 府治。	長洲縣 府治。	
元	平江路 至元十三年改路，屬江浙行省。	吳縣 路治。	長洲縣 路治。	
明	蘇州府 洪武初改府，直隸南京。	吳縣 府治。	長洲縣 府治。	長洲縣地。

續表

崑山縣	新陽縣	常熟縣
婁縣 屬會稽郡。		
婁縣 後漢屬吳郡。		吳、毗陵二縣地。
婁縣		
婁縣		海虞縣 太康四年置，屬吳郡。元帝置東海郡，兼置剡、朐、利城（二）〔三〕縣。永和中郡、縣俱徙。
崑山縣 梁天監中改置信義縣。大同初又分置。		海虞縣 梁屬信義郡。 海陽縣 齊置，屬晉陵郡。梁屬信義郡。 信義郡 梁析吳郡置。
崑山縣 初與信義俱廢。開皇十八年復置，屬吳郡。		省。 省。 廢。
崑山縣 屬蘇州。		常熟縣 武德七年移今治，屬蘇州。
崑山縣		常熟縣
崑山縣 屬平江府。		常熟縣 屬平江府。
崑山縣 元貞元年升州，屬平江路。		常熟州 元貞元年升州，屬平江路。
崑山縣 洪武二年復爲縣，屬蘇州府。	崑山縣地。	常熟縣 洪武三年復爲縣，屬蘇州府。

續表

	昭文縣	吳江縣	震澤縣
		吳縣地。	
南沙縣咸康七年置，屬晉陵郡。			
南沙縣郡治。常熟縣梁分置，屬信義郡。興國縣梁置，屬信義郡。			
省。常熟縣屬吳郡。			
徙。		松陵鎮地。	
		吳江縣梁開平三年吳越置，屬蘇州。	
		吳江縣屬平江府。	
		吳江州元貞元年升州，屬平江路。	
	常熟縣地。	吳江縣洪武初復爲縣，屬蘇州府。	吳江縣地。

大清一統志卷七十七

蘇州府一

江蘇省治，在江寧府東南四百五十里。東西距二百二十里，南北距二百五十里。東至太倉州界一百二十里，西至常州府宜興縣界一百里，南至浙江嘉興府嘉興縣界一百里，北至大江通州界一百五十里，東南至松江府青浦縣界一百二十五里，西南至浙江湖州府長興縣界一百三十里，東北至通州界一百五十五里，西北至常州府江陰縣界二百六十里。自府治至京師二千七百二十里。

分野

天文斗、牛分野，星紀之次。

建置沿革

禹貢揚州之域。春秋吴國都，吴滅屬越。戰國屬楚。秦始皇三十六年，置會稽郡，治吴。按本紀：定楚江南地，降越君，置會稽郡。項羽傳：二世元年，殺會稽假守殷通，起兵吴中。是郡治吴也。漢高帝六年，改置荊國。十三年，又改吳國。見地理志。景帝四年，復爲會稽郡。後漢永建四年，分置吳郡。水經注：時陽羨令周喜上書，以縣遠赴會至難，求得分置。遂分浙江以西爲吳郡，浙江以東爲會稽郡。三國屬吳。晉、宋、齊因之。梁初，分置信義郡。太清三年，簡文帝又以吳郡爲吳州。大寶元年，復爲郡。陳禎明元年，置吳州。隋開皇九年，郡廢，改州曰蘇州，並省信義郡。大業初，復曰吳州，尋復爲吳郡。唐武德四年，復曰蘇州。七年，置都督府，屬江南東道。天寶元年，復曰吳郡。乾元初，復爲蘇州。五代屬吳越。梁開平三年，表置爲中吳郡。宋初，曰蘇州吳郡。太平興國三年，改平江軍節度。政和三年，升平江府，屬兩浙路。紹興初，改屬浙西路。元至元十三年，改平江路，屬江浙行省。明初，改蘇州府，直隸南京。

本朝初屬江南省。康熙六年，分江蘇省，府爲江蘇巡撫及布政、按察兩司治。乾隆二十五年，改蘇州布政司爲蘇州等處布政司，與江寧府並爲省會。領縣九。

吳縣。附郭。在府治西南偏。東西距一百一里，南北距三十七里。東至元和縣界一里，西至常州府宜興縣界一百里，南至震澤縣界三十五里，北至長洲縣界二里。東南至吳江縣界十五里，西南至浙江湖州府長興縣界一百三十里，東北至長洲縣界二里，西北至長洲縣界十一里。周初太伯邑。春秋吳國都。秦置吳縣，爲會稽郡治。漢因之。後漢永建四年，於縣置吳郡。三國屬吳。晉及宋、齊以後因之。陳爲吳州治。隋開皇初，爲蘇州治。大業初，復爲吳郡治。唐仍爲蘇州治。五代因之。宋政和後爲平江府治。元爲平江路治。明爲蘇州府治，本朝因之。

長洲縣。附郭。府治東北偏。東西距四十一里，南北距五十二里。東至元和縣界一里，西至常州府金匱縣界四十里，南至吴縣界二里，北至常熟縣界五十里。東南至元和縣界一里，西南至吴縣界二里，東北至崑山縣界四十五里，西北至常州府金匱縣界五十里。漢吴縣地。唐萬歲通天元年，析置長洲縣，與吴縣分治州郭下。乾元二年，置長洲軍。大曆五年廢，縣如故。五代因之。宋爲平江府治。元爲平江路治。明爲蘇州府治。本朝因之。

元和縣。附郭。府治東南偏。東西距四十六里，南北距三十七里。東至新陽縣界四十五里，西至長洲縣界一里，南至吴江縣界三十五里，北至長洲縣界二里。東南至松江府青浦縣界一百二十里，西南至吴縣界四里，東北至長洲縣界六十里，西北至長洲縣界十里。本長洲縣地。本朝雍正二年，析置元和縣，與吴縣、長洲縣分治郭下。

崑山縣。在府東少北七十里。東西距五十六里，南北距八十一里。東至太倉州界三十三里，西至元和縣界二十三里，南至松江府青浦縣界八十里，北至新陽縣界一里。東南至太倉州嘉定縣界五十里，西南至元和縣界四十里，東北至新陽縣界二里，西北至新陽縣界一里。秦置婁縣，屬會稽郡。後漢永建四年，屬吴郡。晉及宋、齊因之。梁天監六年，改置信義縣。大同初，又分信義置崑山縣。隋平陳，二縣俱廢。開皇十八年，復置崑山縣，屬吴郡。唐屬蘇州。五代因之。宋屬平江府。元元貞元年，升州，屬平江路。明洪武二年，仍降爲縣，屬蘇州府。本朝因之。

新陽縣。在府東少北七十二里。東西距五十四里，南北距四十一里。東至太倉州界三十三里，西至元和縣界二十一里，南至崑山縣界一里，北至昭文縣界四十里。東南至崑山縣界二十四里，西南至元和縣界三十六里，東北至太倉州界三十里，西北至昭文縣界七十里。本崑山縣地。本朝雍正二年，析置新陽縣。

常熟縣。在府北九十里。東西距四十一里，南北距八十五里。東至昭文縣界一里，西至常州府江陰縣界四十里，南至長洲縣界四十五里，北至大江中流通州界四十里。東南至新陽縣界四十五里，西南至常州府金匱縣界五十里，東北至昭文縣界四十里，西北至江陰縣界七十里。漢吴、毘陵二縣地。晉太康四年，分吴縣虞鄉置海虞縣，屬吴郡。東晉咸康七年，又分毘陵置南沙縣，屬晉陵郡。宋、齊因之。梁增置信義郡，以海虞、南沙二縣屬之。大同六年，又分置常熟縣。隋平陳，郡廢，并所領海虞、南沙入常熟，又於縣置常州。尋復州，治晉陵，以縣屬吴郡。唐屬蘇州。五代因之。宋屬平江府。元屬平江路。元貞元年，升常熟州。明洪武初，仍降爲縣，屬蘇州府。本朝因之。

昭文縣。在府北九十里。東西距八十一里，南北距八十里。東至太倉州界八十里，西至常熟縣界一里，南至新陽縣界四十里，北至常熟縣界四十里。東南至太倉州界四十五里，西南至常熟縣界一里，東北至海口通州界六十五里，西北至常熟縣界一里。本常熟縣地。本朝雍正二年，析置昭文縣。

吴江縣。在府南少東四十五里。東西距八十一里，南北距八十里。東至松江府青浦縣界八十里，西至震澤縣界一里，南至浙江嘉興府秀水縣界七十里，北至元和縣界十里。東南至嘉興府嘉善縣界六十里，西南至震澤縣界七十里，東北至元和縣界十六里，西北至吴縣界二十里。漢吴縣地。唐曰松陵鎮。五代梁開平三年，吴越分置吴江縣，屬蘇州。宋屬平江府。元屬平江路。元貞元年，升吴江州。明洪武初，仍降爲縣，屬蘇州府。本朝因之。

震澤縣。在府南少東四十五里。東西距一百一里，南北距六十里。東至吴江縣界一里，西至浙江湖州府烏程縣界一百里，南至吴江縣界五十里，北至吴縣界十里，東南至吴江縣界五十里，西南至烏程縣界一百二十里，東北至吴江縣界一里，西北至吴縣界二十里。本吴江縣地。本朝雍正二年，析置震澤縣。

形勢

吴有三江五湖之利，江東一都會。漢書地理志。包括於越，跨躡荆蠻。既稱沃區，亦曰奥壤。晉左思吴都賦。三江雄闊，五湖腴表。風土記。川澤沃衍，有「陸海」之饒。隋書地理志。

風俗

因士類顯名於歷代，而人尚文。漢書地理志。君子尚禮，庸庶敦龐。風俗澄清，道教隆洽。隋書地理志。所化者遠，士夫淵藪。方輿勝覽。郊無曠土，多勤少儉。吳郡志。誇豪好侈，自昔有之。宋長文吳郡續圖經。

城池

蘇州府城。周四十五里，門六，水門五。環城濬濠，廣至數丈。唐乾符二年，仍舊址重築，元至正十一年增築。本朝康熙、雍正年間屢修。吳、長洲、元和三縣附郭。

崑山縣城。周十二里有奇，門六，水門五。濠廣六丈有奇。元至正十七年土築，明嘉靖十八年甃甎。本朝順治年間修，康熙、雍正年間屢修，乾隆初重修。

新陽縣城。與崑山縣同。

常熟縣城。周九里有奇，門六，水門五。西北跨山，東、南、北三面環以深濠。元因舊址展築，至正十六年甃甎，本朝康熙十九年修。

昭文縣城。與常熟縣同。

吴江縣城。周五里有奇，門四，水門五。濠廣三丈。元至正十四年，張士誠拓舊城重築。本朝順治四年修，康熙四年重修。

震澤縣城。與吴江縣同。

學校

蘇州府學。在府治南。宋景祐元年，范仲淹以所得錢氏南園建。堂前有古檜，相傳爲仲淹所植。本朝屢加修葺。入學額數二十名。乾隆二十七年、三十年、四十五年、四十九年，高宗純皇帝南巡，皆有御製文廟行禮詩。

吴縣學。在縣治西南。明宣德七年建。入學額數二十五名。

長洲縣學。在縣治東北半里。明嘉靖二十年建。入學額數十三名。

元和縣學。與長洲縣同。入學額數十二名。

崑山縣學。在縣治西。宋元祐初建。入學額數十名。

新陽縣學。與崑山縣同。入學額數十三名。

常熟縣學。在縣治東南。宋端平中建。入學額數十三名。

昭文縣學。與常熟縣同。入學額數十二名。

吴江縣學。在縣治東門外。宋紹興中建。入學額數十三名。

震澤縣學。與吴江縣同。入學額數十二名。

紫陽書院。在府學内尊經閣後。本朝康熙五十二年，巡撫張伯行建，崇祀朱子，延設院長，爲諸生肄業之所。聖祖仁皇帝御賜扁額，曰「學道還淳」。雍正十一年，發帑銀置田。乾隆三年，更發帑銀增諸生膏火。十六年，高宗純皇帝南巡，有御製詩、「白鹿遺規」扁額。二十二年、二十七年、三十年、四十五年、四十九年，皆有御製紫陽書院詩。

正誼書院。在府學東滄浪亭後。本朝嘉慶十年建。

文正書院。在吴縣禪興寺橋西。宋咸淳中建祠，祀范仲淹。元至正六年，總管吴秉彝奏改書院。本朝康熙十二年修。四十四年，聖祖仁皇帝南巡，有御賜「濟時良相」扁額。

鶴山書院。在吴縣治西南隅。宋理宗賜魏了翁第宅於此，並賜「鶴山書院」四大字。元至順間，博士柯九思奏復書院，虞集撰記。本朝康熙二十四年修。

學道書院。在吴縣東北，爲子游立。宋咸淳五年，知府趙順孫移建於武狀元坊。明嘉靖二年，知府胡纘宗以景德廢寺改。本朝乾隆八年修。

平江書院。在長洲縣治東北。

玉峯書院。在新陽縣治南。本朝乾隆八年建。

文學書院。在常熟縣治西。元至順三年建，祀子游，設山長，翰林待制楊剛中記。本朝康熙四十六年修。

虞山書院。在常熟縣虞山南麓。本朝雍正三年改建，乾隆十一年修。

梅里書院。在昭文縣東北。本朝乾隆二十九年建。

松陵書院。在吴江縣治南。本朝乾隆四年建。

震澤書院。在震澤縣治北。本朝乾隆十一年建。按：舊志載和靖書院，在元和縣虎丘西嶺。宋尹焞舊有讀書庵，嘉定七年建祠，端平二年改建書院。延祐初，徙置長洲縣治。明嘉靖十八年，仍移此。今廢。謹附記。

户口

原額人丁四十三萬八千八百三十，今滋生男婦大小共五百四十七萬三千三百四十八名口。又蘇州衛屯丁二千六百三十二名口。

田賦

田地六萬二千二百二十五頃七十九畝九分有奇，額徵地丁正、雜銀五十五萬八千八百四兩五錢一釐，又雜辦銀二千一百六兩四錢一分九釐，米八十七萬八千三百四十八石四斗八升七合二勺，豆六百四十石四斗一升九合二勺。又蘇州衛屯田三百三十六頃五畝五分有奇，額徵丁糧銀三千四百九十七兩一錢二分，米四千九百七十石二斗八升六合七勺。

山川

吾家山。在府治西南隅。本鄧尉山之支峯，居民以植梅爲業。花時一望如雪，香風度十餘里。前撫臣宋犖題「香雪海」三字鐫於石。西北石梁爲虎山橋。又有司徒廟，在青芝山北，古柏四株，雄奇蟠鬱，蓋千餘年物。北有龜山，光福塔在焉。本朝乾隆十六年、二十二年、二十七年、三十年、四十五年、四十九年，皆有御製香雪海歌。御題吳山十六景，有鄧尉香雪詩，並賜御聯一。

横山。在吳縣西南。十道志：四面皆横，故名。吳地記：又名踞湖山，在縣西南十六里。續圖經：山鎮國之西南，臨湖控越，實吳時要地。隋遷郡於横山東，亦以此山爲屏蔽。吳郡志：踞湖山，以其背臨太湖，若箕踞之勢，故名。五代錢氏時於山下造薦福寺，今里人或名爲薦福山。有五大塢，曰芳桂、飛泉、修竹、丹霞、白雲，又名五塢山。

姑蘇山。在吳縣西南。史記：上姑蘇，望五湖。寰宇記：一名姑胥山，在縣西三十五里，連横山之北。續圖經：或曰姑胥，或曰姑餘，其實一也。有姑蘇臺，姑蘇志：在横山西北。至今人稱胥臺山。

支硎山。在吳縣西南。吳地記：晉支遁道林常隱於此。中有寺曰報恩，梁武帝置。續圖經：報恩山，一名支硎山，在縣西南二十五里。昔有報恩寺，故名。所謂南峯、東峯，皆其山之别峯也。吳郡志有放鶴亭，爲遁放鶴處。又有白馬澗，爲遁飲馬處。府志有碧林泉、南池泉。或云平石爲硎，山有平石，故支遁以「支硎」爲號。姑蘇志：在龍池山東北。東址有觀音寺，故又名觀音山。本朝康熙二十八年，聖祖仁皇帝南巡，御製支硎山詩。乾隆十六年，高宗純皇帝南巡，御製恭依皇祖詩韻遊支硎山詩。二十二年、二十七年、三十年、四十五年、四十九年，疊邀宸詠及支公菴、放鶴亭詩，賜扁額二、御聯一。

黃山。在吳縣西南。隋大業九年，劉元進等作亂，自毘陵退保黃山。府志：在縣西南二十五里，諸峯高下相連，俗稱筆格山。姑蘇志：在茶磨山北四里胥塘之北。西山之半有二石洞，深可三四丈，俗名虎洞。

楞伽山。在吳縣西南。姑蘇志：一名上方山，在吳山東北。傍有茶磨嶼，以三面臨水，故以嶼名，俗稱爲磨盤山。本朝乾隆二十二年、二十七年、三十年、四十五年、四十九年，御製遊上方山楞伽寺詩，並賜扁額三、御聯二。

堯峯山。在吳縣西南。宋蘇舜欽詩：「西南登堯峯，俗云堯所基。」即此。縣志：橫山西南爲堯峯，於諸山中最高。

岝㟧山。在吳縣西南。越絶書：莋碓山〔二〕，禹遊天下，引湖中柯山置之鶴阜，更名莋碓山。水經注：太湖東，吳國西十八里，有莋嶺山〔二〕。縣志：本在太湖中，禹治水移進近東。又西南有兩小山，皆有石如卷笮，俗云禹所用牽山也。太湖中有淺地，云是笮嶺山蹠。自此以東差深，言是牽山之溝。此山去太湖三十餘里。吳地記：在縣西十二里，吳王僚葬此。續圖經：在縣西南十五里，形如獅子，今以名山。姑蘇志：獅子山北有何山，舊名鶴邑墟，故名鶴阜山。以何求、何點葬此，改今名。本朝乾隆二十七年、四十九年，御製岝㟧山詩。

胥山。在吳縣西南。史記：伍胥死，吳人憐之，爲立祠江上，命曰胥山。張晏注：「在太湖邊。」水經注引虞氏曰：松江北去吳國五十里，江側有丞、胥二山，山各有廟。昔越使二大夫伐吳，死之，故立廟山上，號曰「丞胥二王」。上有壇石。長老云胥神所治也。下有九折路，南出太湖。寰宇記：在吳縣西四十里。吳郡諸山録云：太湖之東，兩山對峙，南曰胥山，北曰香山。中一水曰胥口水，東流入胥門運河曰胥塘。按越絶書，闔閭築城，城中有小城二，徙治胥山。則胥山之名，闔閭時已有之，非因祠祀伍胥而得名也。

香山。寰宇記：在吳縣西南五十里。吳王遣美人採香於此，因名，故有採香涇〔三〕。吳郡志：香山、胥口相連，旁有溪，名採香涇。今自靈巖山望之，水直如矢，故俗名箭涇。本朝乾隆十六年、二十二年、二十七年、三十年、四十五年，御製靈巖雜詠，有採香涇詩、五疊沈德潛韻。

穹窿山。在吳縣西南。吳越春秋：由鍾穹窿者，古赤松子所取赤石脂也，去縣二十里。府志：在縣西南六十里。姑蘇志：比陽山尤高。其頂方廣百畝。山半有泉，名法雨，四時不絶。下有石堰，可灌田。本朝乾隆十六年、二十二年、四十五年，御製吳山十六景，有穹窿仙觀詩，又穹窿山望湖亭望湖詩，並賜扁額一、御聯一。

鄧尉山。在吳縣西南七十里。一名袁墓山，又名萬峯山。明統志：一名玄墓山。山峯四立，林木葱蒨。前一石，屹立太湖中，若畫屏然。上有萬峯寺，樓閣翬飛，湖光掩映，亦湖中佳處。其陰名至理山，山勢蜿蜒，前瞰太湖，對峙陽山，光福諸山夾拱。山雖北向，隆冬入山，其氣盎然。府志：漢鄧尉隱此，故名。山多梅，花時如雪，香聞數十里。本朝康熙二十八年，聖祖仁皇帝臨幸萬峯寺，御製鄧尉山詩。乾隆十六年、二十二年、二十七年、三十年、四十五年、四十九年，高宗純皇帝俱有御製遊鄧尉山詩。

光福山。在吳縣西南。後唐乾寧二年，楊行密取蘇州，錢鏐遣顧全武破行密兵於烏墩、光福，即此。府志：在縣西南七十里，或云龜山。上有光福寺。姑蘇志：鄧尉山，在錦峯西南光福里，俗名光福山。西南與玄墓、銅坑諸山聯屬。按：明統志以玄墓爲鄧尉，而姑蘇志則以鄧尉爲光福，二説不同。蓋二山岡壠東西相屬也。本朝乾隆十六年，御題吳山十六景，有光福山橋詩。

銅坑山。在吳縣西南。吳地志：縣西十里有洞山，周迴六十里。有銅坎十餘穴，深者二十餘丈，淺者六七丈。左思吳都賦所謂「採山鑄錢」者也。府志：在縣西南七十二里，一名銅井山。上有巖洞。其懸溜琮琤，匯而爲池，清甘不竭，名曰銅泉。姑蘇志：在鄧尉山西南。相傳晉、宋間鑿坑取沙土，煎之皆成銅，故名。

西蹟山。在鄧尉山西。最高大少景，然在湖濱，潭西、聚塢差勝。潭西一隅，色如鐵，名鐵山。

伏龍山。在吳縣西南。明一統志：在府城西三十六里，俗名小白陽山。左抱靈巖，右帶穹窿，前瞰太湖，中俯平疇萬頃，喬木古松，蔭蔽林谷。

彈山。在吳縣西南，一名小雞山。吳郡志：在震澤西，陸龜蒙採樵處。又笠澤叢書：光福寺西五里有小雞山，土多石少，無大樹木。縣志：在西蹟之左。其首在湖濱，身橫亘六七里，直接青芝。瀕湖處有七十二峯閣，所據極勝。

茶山。在西蹟之左，彈山之右。一名繡裘山。縣志：狀類土阜，而通體皆石。南去太湖不百步，浮六小峯如翠螺，搖曳水面，歷歷可數。

蟠螭山。在彈山之南。俗呼爲南山。斗入湖中，作蜿蜒狀，以此得名。其陰多桃花，春時望之，如錦步障。

洞庭東山。在吳縣西南太湖中。一名胥母山。越絶書：闔閭旦食於紐山，晝遊於胥母〔四〕。史記正義謂之莫釐山。姑蘇志：莫釐山，以在洞庭之東，稱東洞庭山。周迴八十里，視西洞庭差小，而岡巒起伏，廬聚物產，大畧相同。縣志：相傳隋莫釐將軍居此，故名。一名胥母，則謂子胥嘗迎母於此也。其東麓曰武山，周十二里。本名虎山，吳王養虎處，後避唐諱，改今名。本朝乾隆十六年，御題吳山十六景，有莫釐縹緲詩。

包山。在吳縣西南太湖中，所謂西洞庭山也。一作苞山。左思吳都賦：「指苞山而爲期，集洞庭而淹留。」注：「洞庭，即太湖也。」郭璞江賦：「苞山洞庭，巴陵地道。」注：「下有洞庭穴道，潛行通於巴陵。」吳地記：去縣百三十里。下有洞穴，潛行水底，無所不通，號爲「地脈」，即十大洞天之第九林屋洞天也。又引洞庭山記曰：昔闔閭使靈威丈人尋洞，秉燭晝夜而行，繼七十日，不窮而返。內石几上有素書三卷，持回上於闔閭。不識，請孔子辨之。孔子曰：「此夏禹之書，並神仙之事，言大道也。」丈人姓毛，名萇，號毛公，今洞庭有毛公宅，石室並壇存焉。續圖經：震澤有七十二山，惟洞庭最巨。居民以桑梔甘柚爲常產，每秋高霜餘，丹苞朱實與長松茂木相差於巖壑間，望之若金翠圖繪可愛。府志：林屋洞，一名左神幽虛之天。洞有三門，同會一穴。內以石門爲隔穴，中有石室、銀房、金庭、玉柱。最高者爲縹緲峯。本朝乾隆十六年，御製吳山十六景，有苞山奇石詩。

夫椒山。在太湖中，即包山。左傳哀公元年「吳伐越，敗之夫椒」，賈逵注：「越地。」杜預注：「吳越西南太湖中椒山也。」

越語：敗五湖，則椒山可得。史記正義引會稽記云：句踐逆吴，戰於五湖中，大敗而退。今夫椒山在太湖中洞庭山西北。水經注：太湖中有苞山，春秋謂之夫椒山。史記索隱：夫、椒二山，不得爲一。又山在湖中，非戰所。按：夫椒即包山，諸家無異論，惟賀循始云在洞庭西北，寰宇記則云太湖中别有夫椒山，又云在武進。九域志則止載常州下，云「吴王敗越於夫椒，即此」。明一統志在無錫縣太湖濱，一名湫山。自是人皆以夫椒爲在常州界内矣。夫是役爲吴人伐越，則宜戰於越地。賈逵以夫椒爲越地近是，而闕其地。杜預謂在太湖中，索隱已言其非，何得更迂折而西北入常州界也？諸書指説不同，今據范成大、盧熊、王鏊、楊循吉諸志，列於包山之後。

禹期山。在吴縣西南，洞庭支嶺也。吴郡志：在太湖中。舊説禹導吴江以洩具區，會諸侯於此。府志謂之禹祈山，又名禹跡山，在縣西南八十里。又有庭山，亦在縣西南八十里。柱山，在縣西南八十五里。洞庭記所謂「金庭玉柱」在此也。又西曰横山，曰陰山，晉陰長生煉丹處。

黿頭山。在吴縣西南，亦洞庭支嶺也。唐韋應物黿頭山神女歌：「黿頭之山，直上洞庭連青天。」吴郡志：一名黿山，在洞庭西山之東麓，有石闖出如黿首。一山皆青石，温潤光瑩，浙西碑石與壓砌緣池，皆取此。山下曰菴裏〔五〕，有良田，皮日休詩：「菴裏何幽奇，膏腴二十頃。風吹稻花香，直過黿山頂。」府志：在縣西南百里，禹期山東南三里，以形得名。山産青石，有天然玲瓏者，謂之花石，宋徽宗時採貢，故有花石綱。又一種色白而温潤，堪爲玩具，號爲玉石。又胎斑者，光澤可愛，可充硯石，不在端、歙之次。又石公山，在縣西南一百二十里可盤灣南二里。山根有石，形如老翁獨立水中，甚靈異。

紅鶴山。輿地紀勝：在吴縣西南八十里。府志謂之鴻鶴山，在黿山南二里。山西有神女祠，亦名聖姑山。

龍頭山。在吴縣西南一百里。府志：一名龍山，又名祈山。臨水有石如龍。

三山。在吴縣西南。水經注：太湖中有三山。唐皎然詩：「太湖三山口，吴王在時道。」寰宇記引吴興山墟名云：「三山在太湖中，白波天合〔六〕，三點黛色。」今屬吴縣。府志：在縣西南一百二十里。山有三峯，地相連接。上有吴妃太姥祠甚靈。

大雷山。在吳縣西南。楊泉五湖賦：大雷、小雷，湍波相逐。續圖經：大雷、小雷二山，相去十里。府志：大雷在縣西南一百二十里，小雷在縣西南一百三十里。

慈里山。在吳縣西南一百二十里。人煙極繁，地産佳李。

獄山。有二，並在吳縣西南一百三十里。吳郡志：太湖中有東獄、西獄二山，吳王於此嘗置男、女二獄。

寒山。在府城西，本支硎山之支峯。明處士趙宧光隱此，築小宛堂，後爲僧舍。庭前老梅，相傳宧光手植。芙蓉泉出其旁，西爲寒泉亭、清淺池、千尺雪、飛魚峽，東南爲空谷、棕房、石壁、馳煙驛。有篆書刻石，宧光舊跡也。本朝乾隆十六年、二十二年、二十七年、三十年、四十五年、四十九年，高宗純皇帝南巡，屢駐清蹕，有御製寒山別墅、綠雲樓、飛魚峽、琳琅叢、芙蓉泉、對瀑、馳煙驛、澄懷堂、清暉樓、寒山千尺雪、聽雪閣、寒泉亭詩，並賜御扁十二、御聯四。四十九年，仁宗睿皇帝隨扈，有寒山別墅詩、千尺雪詩、出閶門重遊寒山千尺雪詩。

天平山。在吳縣西。宋蘇舜欽詩：「吳會括衆山，戢戢不可數。其間號天平，突兀爲之主。」續圖經：在縣西二十里。巍然特高，羣峯拱揖，郡之鎮也。府志：有卓筆峯、飛來峯、大小石屋，皆山中奇跡。山頂正平，有望湖臺，即遠公庵遺址。山半有亭，乃白雲泉所出。姑蘇志：在支硎南五里，羣石林立，名萬笏林。其東爲雞籠山，西爲秦臺山，南有羊腸嶺，西南爲赤山。洪武初，楊基家其下。南址爲白雲寺，宋范仲淹祖墓在焉。旁即范氏義莊，後闢爲園。本朝乾隆十六年，賜額「高義園」。御製吳山十六景，有萬笏朝天詩。二十二年、二十七年、三十年、四十五年、四十九年，皆有御製遊天平山詩、題高義園詩、高義園藏范仲淹書伯夷頌疊韻詩、白雲泉疊白居易韻詩。

高景山。天平支隴也，越絶書作高頸山。其西麓對華山，厓谷盤拱處曰金盆塢，宋魏了翁墓在焉。

金山。亦天平之支隴。縣志：初名茶塢山，晉、宋間鑿石得金，易今名。楊循吉雜志：山故多美石，巉巉高聳，皆碧綠色。

或至十餘丈，有壁立之勢。

靈巖山。在吴縣西。一名研石山。越絶書「吴人於研石山作館娃宮」，即其處也。寰宇記：在吴縣西三十里，西有石鼓，亦名石鼓山。續圖經：頂有三池，日月池、硯池、浣華池，蓋吴時所鑿也。下有石室，相傳吴王囚范蠡之地。山相連屬，登其巔，俛瞰具區、洞庭，烟濤浩渺，一目千里，而碧巖翠塢，點綴於滄波之間。姑蘇志：在天平山南。新志：昔吴王置離宮於此，有琴臺、館娃宮、西施洞、響屧廊、吴王井遺蹟。其石壁峭拔者爲佛日巖，平坦處有靈巖寺。本朝康熙二十八年，聖祖仁皇帝御製靈巖山詩。乾隆十六年，高宗純皇帝南巡，建行宮於此。二十二年、二十七年、三十年、四十五年、四十九年，御製駐蹕靈巖雜詠五疊沈德潛韻詩、臨湖榭詠古，並賜御扁六、御聯九。

華山。在吴縣西。一名天池山。吴地記：在縣西三十里，蓊鬱幽邃。晉太康中，生千葉石蓮華，因名。續圖經：在縣西六十里。於羣山獨秀，望之如屏，老子謂可以度難，蓋巖穴深遠，宜就隱也。府志：山石峭拔聳秀，巖壑與虎丘、靈巖相埒。縣志：山半有池，在絶巘，横浸山脈，逾數十丈，故又名天池山。上有石屋二間，四壁皆鑿佛像。又有龜巢石、虎跑泉、蒼玉洞、桃花洞、洗心泉諸勝。其南爲鹿山，西爲清流山，東南爲龍池山。本朝康熙二十八年，聖祖仁皇帝有御製華山詩。乾隆十六年、二十二年、二十七年、三十年、四十五年、四十九年，高宗純皇帝有御製恭依聖祖仁皇帝詩韻詩，御題吴山十六景，有華山鳥道、天池石壁詩，並華山翠巖寺詩，並賜御扁二、聯二。

玉遮山。在吴縣西。姑蘇志：在陽山之南，横立如屏，今但呼爲遮山，舊志謂之查山。其南有案山、化山、苦竹山，其北有蜀山，東南有貞山，東有官山、馬山、朝山。又東爲雅宜山，本名雅兒，唐青州刺史張濟女雅兒葬此。又東則五城山。又東則真如塢，與小白陽山相連。

錦峯山。在吴縣西二十五里。姑蘇志：在陽山西南。産石紫朱色而秀潤，故名。

陽山。在長洲縣西北。一名秦餘杭山，一名萬安山。越絶書：秦餘杭山，越王棲吴夫差山也，近太湖。姑蘇志：在縣西北三十里。高八百五十餘丈，逶迤二十餘里，以其背陰面陽，故名。大峯十二，箭闕最高。戰國策云：越王以散卒三千，禽夫差於千隧。今萬安山有隧山，即其地也。吴地記：餘杭山，又名四飛山。東北有白鶴山，以丁令威名，有白石如玉，甚光潤，號曰石脂，亦曰白堊、白墡。續圖經亦名白墡山。有澄照寺、白蓮院在其下。府志：在吴縣西北三十里，與長洲縣中分爲界。

卑猶山。在長洲縣西北。一名徐侯山。吴越春秋：越王葬吴王於秦餘杭山卑猶，即此山也。吴地記：在吴縣西三十里，吴太宰嚭所葬。府志：餘侯山，在縣西北三十里。姑蘇志：徐侯山，在陽山西北十里，亦名餘杭。

雞籠山。在長洲縣西北。吴地記：在吴縣西三十里，以形似名。晉司空陸玩葬此，掘地得石鳳飛去，今鳳凰墩是也。輿地記：鳳凰山，在縣西北，蓋即雞籠也。

白石山。舊名白豕山，在長洲縣西北。越絶書：故爲胥女山，春申君初封吴，更名爲白石。去縣四十里。府志：在縣西北三十里。姑蘇志：在滸墅北，與諸山不相連。

虎丘山。一名海湧山，在元和縣。吴越春秋：闔閭冢在閶門外虎丘，專諸魚腸之劍在焉。千萬人築治之，取土臨湖口。葬三日，而白虎踞其上，故曰虎丘。南史：何求及二弟點、胤，並隱吴郡虎丘山。唐避諱曰武丘。元和志：武丘山，在吴縣西北八里，闔閭葬於此。秦始皇鑿其珍異，莫知所在，孫權穿之，亦無所得。其鑿處今成深澗。吴地記：秦始皇東巡至虎丘，求吴王寶劍。其虎當墳而踞，始皇以劍擊之，不及，誤中於石，遺迹尚存。劍無復獲，乃陷成池，古號劍池。旁有石可坐千人，號「千人石」。其山本晉司徒王珣與弟珉之別墅，咸和二年，捨宅爲東、西二寺。續圖經諸書皆以爲闔閭所葬，有金精之異，故名虎丘。然觀其巖壑之勢，出於天成，疑先有是丘而闔閭因以葬也。千人石，俗傳因生公講法得名。吴郡志：泉石奇詭，應接不暇。其最勝者，劍池、千人石、秦王試劍石、點頭石、憨憨泉，皆山中之景。府志：宋紹興中，洛人尹焞避地山中，書堂在焉。姑蘇志：「虎丘劍池」，唐顏真卿書；「生公講堂」，李陽冰書。今並存。其下有真娘墓。新志：上有雲巖寺及梅花樓、小吴軒、可中亭、平遠樓、仰蘇樓、千頃雲、小竹林諸勝。有清遠道士題詩曰：「白雲翁欲歸，青松忽消半。」顏真卿愛之，刻之石壁。本朝康熙四十二年，賜扁額一。

乾隆十六年、二十二年、二十七年、三十年、四十五年、四十九年，高宗純皇帝御製虎邱寺和東坡韻、再疊高啓虎邱次清遠道士韻、虎邱雜詠詩，並賜御書扁額四、聯二。

秦柱山。寰宇記：在崑山縣東南三十里。南帶海，上有烽火樓基，相傳吳時以望海寇。吳録：「亦名秦望山。昔秦始皇嘗登此望海，因名。」府志：今千墩寺佛殿，有山高二丈者是。按：圖經秦柱山，在海鹽縣東南三十里，其山現在。寰宇記所引山水，多所舛訛，盧熊乃執其説而傳會之，謬益甚矣。

東山。在崑山縣東南車塘里。宋范良遂讀書，築亭其上，號曰墨莊。

馬鞍山。在新陽縣西北。寰宇記：崑山縣有馬鞍山，形似馬鞍，因名。續圖經：孤峯特秀，極目湖海，百里無所蔽。上有慧聚寺，唐孟郊、張祜皆有詩，宋王安石有次韻作，皆刻於石。吳郡志：山中登臨勝處，古上方爲冠，月華閣、妙峯庵次之。又有留雲、翠屏、翠茂、夕秀諸軒及淩峯、翠微、垂雲諸閣。淳熙中火廢。山後掘地，多得奇石，玲瓏纖巧，好事者甚貴之，號「崑山石」。府志：始縣以崑山得名，今山割隸華亭，而縣名仍曰崑山，縣治又在此山之陽，人遂指此爲崑山矣。姑蘇志：廣袤三里。正統初，知縣羅永年植柏千章，名郎官柏。本朝康熙四十四年，聖祖仁皇帝駐蹕崑山，有御製登文筆峯詩。

苑山。在常熟縣西南五十里。琴川志：山有墨池，石色純黑，土人採以作硯，不亞端石。姑蘇志謂之宛山。

虞山。在常熟縣西。越絶書：虞山者，巫咸所出也，去吳縣百五里。括地志作海禺山。吳地志：常熟縣北二里有海虞山，仲雍、周章並葬東嶺上。有二洞穴，穴側有石壇，周六十丈。東二里有石室，太公呂望避紂之處。寰宇記：在縣西六里，東西十八里，有數十石室。吳都文粹：縣依山之陽，是爲隅山，以瀕海之隅也。又名虞山，以昔虞仲治此也。北行九里爲破山，以龍鬬衝破山腹爲澗而名。又北行九里爲頂山，又六七里爲小山，合而名之，或曰烏目山也。吳郡志：一名海巫山。琴川志：在縣西北一里。高一百六十丈，周四十六里有奇。

河陽山。在常熟縣西北四十五里，一名鳳凰山，出藥。對峙者爲志山，一名鶩山。

靈龜山。在常熟縣西北五十里，周二十一里。西南接常州府無錫縣界，西北接常州府江陰縣界，俗稱三界山，亦曰顧山，又曰香山。

常熟山。在常熟縣北。琴川志：在縣北三十七里。本名銅官山，唐天寳六載改名。北有石家山。

范山。在常熟縣北三十六里。梁范冀兄弟同居此，因名。

福山。在常熟縣北四十里。琴川志：本名覆釜山，以形似名。唐天寳六載改名金鳳山，梁乾化二年改今名。宋建炎三年，韓世忠控守福山，以備金人海道之師。明初，敗張士誠於福山港。新志：北臨大江，與通州之狼山相直。

龐山。在吴江縣東南三里。其北即龐山湖。

陸墓山。在震澤縣西北。吴地記：有梁門下侍郎陸雲公墓，因名。府志：在吴江縣西北二十里，接吴縣界横山。三面環山，一面臨湖。

賀九嶺。在吴縣西，一名賀家嶺。縣志：花山接連有三嶺，一涅槃，一賀九，一雞窠。過涅槃，遂接支硎之南峯。吴郡諸山録：度賀家嶺，大石如横案，上立兩石，俗云嶺北有新婦石，此其箱篋也。

拂水巖。在常熟縣虞山之南嶺上。下臨壑谷，水泉下注如練〔七〕。風拂掠之，則水倒飛，噴濺如雨。

大江。自常州府江陰縣流入昭文縣界，又東流入海。九域志：常熟縣有大江，亦名揚子江。琴川志：揚子大江在縣東，迤而北與通州對岸。東則白茅浦，東北則滸浦，正北則福山浦，西北則奚浦、黄泗浦，爲五大浦，皆通江。按：府屬常熟縣，舊名海虞，吴地記：「爲縣東臨滄海。」自是議者遂謂大海在縣，其實非也。縣北與通州相對。九域志通州止云有大江及江口鎮〔八〕。通州爲江，則對境可知，此一證也。水利書于崑山諸港浦則云入海，于常熟諸港浦則云入揚子江，自後言水利者皆然，又一證也。江應辰請罷滸浦寨議，言其地邊江，不當海道，去海尚一百六十餘里，又一證也。海水味鹹，江水味淡，今縣界雖有潮到，而味不鹹，又一證也。蓋古時縣界闊遠，故東北濱海。自明中葉分置太倉州之後，凡縣界濱海之地，已割屬之。今自江陰至縣西北，黃泗浦、奚浦以東，地勢雖漸迤而南，然自福山北距通州之狼山，又東越滸浦、白茅，又東至太倉州之七鴉口，始折而南，是爲大洋。其在常熟縣境者，止可謂之江尾，而非海也。

松江。自太湖分流逕吴江縣，東北流入長洲縣界，又東入崑山縣界，又東南入太倉州嘉定縣界，即古笠澤也。亦名南江。左傳哀公十七年：越伐吴，吴子禦之笠澤，夾水而陣。國語：吴王起師，軍於江北，越軍江南。漢書地理志：吴縣有南江，在南，東入海。韋昭曰：「笠澤，即松江，去吴五十里。」水經：南江東北爲長瀆，歷河口，東則松江出焉。酈注：松江上承太湖，更經笠澤，在吴南。松江左右，即吴、越戰處。自湖東北流七十里，江水奇分，謂之三江口。史記正義：蘇州東南三十里，名三江口。一江西南上七十里至太湖，名曰松江，即古笠澤江。元和志：在縣東五十里，經崑山入海。吴地記：一名松陵江。通志：一名吴淞江。

婁江。在長洲縣東婁門外。上承太湖，東流入崑山縣界，又東北入太倉州界。史記正義：三江口，一江東北下三百餘里入海，名曰下江，亦曰婁江。續圖經：崑山塘自婁門歷崑山縣而達海，即婁江也。記畧：崑山塘，北納陽城湖，南吐松江。宋至和二年修築，更名至和塘。舊志：至和塘合維亭諸水，至崑山縣城西南分爲二。一東繞城南爲濠，一少北入城，出東門與城南水合，又東合新洋江、夏駕浦入太倉州界。明統志：新洋江，今堙塞，僅成小浦。

白蜆江。在吴江縣東南，即古東江也。亦名白蜆湖。水經注：太湖水自三江口東南入海，爲東江。史記正義：三江口，一江之東南上七里至白蜆湖，名曰上江，亦曰東江。舊志：宋元祐中，單鍔議開白蜆江，使太湖水由華亭入海。縣志：在縣東南四十里。西北與龐山諸湖相通，西則汾湖之水匯焉。其東爲小龍港，引流入於松江。東北與長洲姚城湖相接。

三江口。在吴江縣北。吴越春秋：吴太子友曰：「越王將選死士，出三江之口，入五湖之中。」又范蠡辭越王，乘扁舟，出三江之口，入五湖。水經注：自太湖東北流七十里，江水奇分，謂之三江口。史記正義：蘇州東南三十里，名三江口。一江西南上七十里，名松江。一江東南上七十里，名東江。一江東北下三百餘里入海，名婁江。於其分處，號曰三江口。按：吳越春秋始有三江口，而不詳江爲何江。庾仲初始指松、婁、東三江，而不詳其分流在何地。張守節始指其口在蘇州府東南三十里，則已明有其地。但宋、元以來，水道變遷。朱長文始以至和塘爲婁江。盧熊分松江爲二派，謂一出長橋，一出甘泉橋，已非一地。王鏊又分松江、吳淞江爲二派，以吳淞爲東江，又謂自大姚分支，與盧熊説又異。且謂婁江自太湖鮎魚口分流，則其口又不出自松江矣。諸説皆無的據。今止就守節之説尋之，其地大約在吳江長橋西北、鮎魚口東南運河西岸、長洲小長橋之間。明統志謂在崑山縣者，誤也。

黄天蕩。在長洲縣東。亦曰皇天蕩。唐書乾寧三年，楊行密救董昌，遣兵與錢鏐戰於皇天蕩，即此。又東爲尹山湖。

長蕩。在長洲縣西北十里，周二十里。受山塘水，東通元和塘，西北達於運河。

運河。自浙江秀水縣流入震澤縣南平望鎮，曰南塘河，亦曰上塘河。與荻塘河合流曰官塘河。西北行四十里，至吳江縣城東曰北塘河，亦曰古塘河。凡三十里至夾浦，入長洲縣界，又西北入吳縣界，爲胥江，爲南濠。又北繞白公隄，出望亭，入無錫縣界。明統志：在府城西十里。南達嘉興，北接無錫。又有新開河，在府西三里南濠〔九〕，其水由閶門運河轉西北入楓橋運河。

荻塘河。在震澤縣南，宋慶曆中開。自浙江湖州府南潯鎮而東，五十三里至平望，經鶯脰湖，與南塘河合。

太湖。在府境西南。禹貢揚州，震澤底定。爾雅十藪，吳、越之間有具區。周禮：揚州藪曰具區，浸曰五湖。越語：越伐吳至五湖。史記河渠書：于吳則通渠三江、五湖。孔安國書傳：震澤，即吳南太湖。漢書地理志：吳縣具區澤在西，揚州藪，古文以爲震澤。越絶書：太湖周三萬六千頃，其千頃烏程也。吳越春秋韋昭注：五湖者，胥湖、蠡湖、洮湖、滆湖，共太湖而五，實一湖也。虞翻曰：太湖東通松江，南通霅溪，西通荆溪，北通滆湖，東連韭溪。凡有五道，故曰五湖。吳録：太湖周行五百里，故名。水經注：南江東注於具區，謂之五湖口。五湖，謂長塘湖、太湖、射貴湖、滆湖，又太湖之通稱也。括地志：太湖，在吳縣西南四十五里。張守節正義：五湖者，菱湖、游湖、莫湖、貢湖、胥湖，皆在太湖東岸，五灣爲五湖。古時應別，今並相連。陸龜蒙曰：太湖上稟咸池五車之氣，故一水五名。新唐志：太湖占蘇、常、湖、宣四州之境。續圖經：太湖吐吸江海，所容者大，故以「太」名。按：宋景祐間，范仲淹以吳人領郡，深究利病，謂松江一川必不能盡洩震澤之水，宜疏導各邑河渠以分其勢。於是親至海浦，開復茜涇等五河，至今民受其利。明永樂二年，蘇、松水患，令户部尚書夏原吉疏治。以吳淞漲塞，猝難開浚，因浚吳淞兩岸安亭等浦，引太湖諸水入劉家、白茅二港，直注江海。又浚松江之大黄浦，水患以息。弘治七年，吳中大水，命侍郎徐貫疏浚水道，貫開浚吳江長橋菱蘆之地，又開吳淞、白茅，導水入於江海，又開各斗門，以洩運河之水，由江陰入江，下流遂不復阻。本朝康熙十年，巡撫馬祐請濬劉河、吳淞江。十九年，巡撫慕天顔復濬白茅浦、孟河，而後太湖之水北達江，東達海，通流無滯矣。乾隆四十九年，高宗純皇帝南巡，時仁宗睿皇帝隨扈，有御製太湖詩。

石湖。輿地紀勝：在吳縣盤門西南十里，太湖之派，范蠡所經入五湖者。新志：在府西南二十里，白洋灣所匯也。界吳縣、吳江之間，有茶磨諸峯映帶，頗爲勝絶。宋范成大因越來溪故址小築亭榭，孝宗書「石湖」二字賜之。中有千巖觀、天鏡閣、玉雪坡、盟鷗亭諸跡，有巨石刻大士像，因名石佛寺。湖中長橋卧波，爲行春橋，風帆沙鳥，致爲清曠。本朝乾隆二十二年、二十七年、三十年、四十五年，御製初遊石湖、泛舟石湖、遊石湖疊韻、石湖八絶句詩，並賜御扁二、御聯一。海潮菴後有泉自石流出，匯爲池，可半畝餘，御題「石湖」二字，鐫之崖壁。

夏駕湖。在吳縣西。吳地記：壽夢盛夏乘駕納涼之地。吳郡志：在縣西城下。今城下但存外濠，即漕河也。河西悉爲民田，不復有湖，民猶於湖旁種菱甚美，謂之夏駕菱云。

沙湖。在長洲縣東二十里。宋水利書曰：太湖外有四湖，長洲則沙湖。姑蘇志：一名金沙湖。明弘治九年，主事姚文灝築沙湖隄，袤三百六十丈。

姚城湖。在長洲縣東南三十八里。亦名姚城江，以古揺城得名，俗訛爲「姚」。自吳江縣龐山湖東北流經姚城市，匯爲湖。南通白蜆江，東南通陳湖，入崑山縣界。

陳湖。在長洲縣東南，西通吴淞江，東通澱山湖，接崑山縣界。

女墳湖。在長洲縣西北。越絶書：闔閭女冢在閶門外道北。下方池廣四十八步。白居易詩：「女墳湖北武丘西。」吴地記：墳後陷成湖，今號女墳湖，在吴縣西北六里。寰宇記：以水繞墳，因名女墳湖。

陽城湖。在長洲縣東北，自吴淞江來，東接崑山縣界。姑蘇志：崑山之水，皆自陽城而入。縣志：湖有三，曰東湖、中湖、西湖，共廣七十里。通志：所納之水凡十，視諸湖蕩爲大。東爲包湖，爲傀儡蕩，二水與陽城合而爲一。又東爲巴城湖，北爲鰻鱺湖、施澤湖。

澹臺湖。在元和縣東南。史記：澹臺滅明南遊至江。索隱：「今吴國東南有澹臺湖，即其遺蹟所在。」吴地記：在吴縣東南十里。澹臺子羽宅陷爲湖，湖側有墳。府志：上源受太湖水，東流過寶帶橋，入運河等港。

澱山湖。在崑山縣南，接青浦縣界。府志：在崑山縣南八十里。匯蘇、秀、湖三州之水，由西南趨入吴淞江。

巴城湖。在崑山縣西北，西通陽城湖，南出至和塘，東出雉城湖。雉城湖在縣西北十八里。

崑承湖。在常熟縣東南五里。吴越春秋：昆湖周七十六頃一畝，一名隱湖。府志：長三十六里，廣十八里。東南通崑山縣界，東出白茆浦入江。通志：自常州府無錫縣以東、長洲以北之水，匯流於此。

尚湖。在常熟縣西南四里，北出黄泗浦入江。上有虞山映帶，頗爲奇勝。相傳太公尚嘗釣於此，故名。又名西湖。

龎山湖。在吴江縣東三里。西接太湖，從甘泉橋出運河，東出急水港，由白蜆江入澱山湖。姑蘇志：下流爲黎湖〔一〇〕、菱湖、葉澤湖、新湖。葉澤湖之東爲九里湖〔一一〕，亦名同湖。

汾湖。在吴江縣東南六十里蘆墟西。一名分湖，以分屬吴江、嘉興也。其東流通三泖入華亭界，其北流通鶯脰湖。

鴛脰湖。在震澤縣西南。其源自天目，東流至荻塘會爛溪水，併出平望，匯於此。以其形似鴛脰，故名。或訛爲鴛竇湖。本朝乾隆十六年，高宗純皇帝南巡，御製鴛脰湖詩。

掘城湖。在震澤縣西南，周三十里。分流爲諸涇港，入荻塘。

越來溪。在吳縣西南。史記正義：子胥亡後，越人自松江北開渠至横山，東北入吳。吳地記：胥門西五里有越來溪。吳郡志：在越城東南，與石湖通。流貫行春及越溪二橋，北入横塘，清澈可鑒。越兵自此溪來入吳，故名。

香水溪。在吳縣西南。吳郡志：在吳故宫中。俗云西施浴處，人呼爲脂粉塘。吳王宫人濯粉於此。明統志：在縣西二十七里。源自光福塘來，東過木瀆，入横塘。新志謂之箭涇，在香山下。

烏角溪。在長洲縣西北四十二里，接常州府無錫縣界。其水西達太湖，東入運河。

麻溪。在吳江縣南六十里。南匯諸湖蕩之水，東流合於爛溪，復東南經王江涇入運河。

爛溪。在震澤縣南六十里。南受浙江嘉興、石門、桐鄉諸境之水，經浙江湖州府之烏鎮，又東北匯諸湖蕩之水，注於鴛脰湖。

胥塘水。在吳縣西南。寰宇記：姑蘇山西北十二里有胥口。姑蘇志：胥口塘，在縣西南太湖口。自胥口東流九里入木瀆，香水溪匯焉。又東入跨塘，匯越來溪。又東至胥門，入運河。自横塘北流，直入運河，曰洞涇。

光福塘水。在吳縣西南。自虎丘山橋上下崦受太湖水，經靈巖山與箭涇合，東入木瀆。

山塘水。在長洲縣西北，上承運河。自城西北沙盆潭折而北，繞虎丘，又西至滸墅，入運河。姑蘇志：運河北流，與虎丘山塘水合，曰射瀆，亦曰石瀆。皇甫汸縣志：自吳國以來，遊虎丘者率由阡陌以登。至唐白居易守是州，始鑿渠以通南北，南達於運河，今之山塘是也。

元和塘水。在長洲縣北齊門外。一名雲和塘，即常熟運河也。東通婁江，西通閶門運河。

鮎魚口水。在吴江縣西北十八里。上承太湖，北流入長洲縣界，即婁江之上源也。又有夾浦，在縣北二十里，與長洲縣分界。西當鮎魚口，東接吴淞江。

琴川。在昭文縣治。琴川志：縣治前後横港凡七，若琴絃然，皆西受山水，東注運河。或曰縣有五浦注海，若五絃也。今横港水僅有一二通流，餘皆堙塞。

夏駕浦。在崑山縣東南二十里。明永樂二年，尚書夏原吉鑿夏駕浦，使吴淞江水北入婁江，遂名尚書浦。

千墩浦。在崑山縣東南三十六里，松江自吴門東下至此。江南北凡有千墩，故名。澱山湖水由此入吴淞江。明永樂二年，太常少卿袁復浚千墩浦，遂名千墩曰少卿墩。又有大石浦，在縣東南四十里，接青浦縣界。

瓦浦。在崑山縣東南。元大德八年，都水任仁發西自瓦浦浚吴淞舊江，東至嘉定石橋洪，迤邐入海。新志：在縣東南三十六里。西通奣子浦，西南通夏駕浦，東出雞鳴塘。縣境東南之水皆以此爲蓄洩。

小虞浦。在崑山縣西南三里。宋至和二年治此浦。又大虞浦，在縣南九里。明弘治十一年，工部郎中傅潮浚大虞浦。

戴墟浦。在崑山縣西三十里。宋淳祐中，發運使魏峻疏至和塘，東至此浦，亘四十餘里。

小山浦。在常熟縣西。宋宣和二年，趙霖開修張墓塘，北徹此浦。又開修山塘涇，自浦口至本縣市河。

黄泗浦。在常熟縣西北。宋宣和二年，趙霖修此浦，連小山浦，開至河口，長七十里有奇。縣志：在縣西北五十里，接常州府江陰縣界。

許浦。在常熟縣北七十里。宋時以此浦、白茆及崑山之茜涇、下張、七鴉爲五大浦。縣志：自縣東濠東行三十五里爲梅里塘，又東北行三十五里爲許浦，入江。亦作滸浦。

福山浦。在常熟縣北。宋水利書：常熟有福山東横塘、福山西横塘。是古人東取海潮，北取揚子江水灌田。姑蘇志：自縣城北行四十里，入揚子江。

白茆浦。在昭文縣東。宋景祐元年，知蘇州范仲淹濬白茆等浦。紹興二十四年，大理丞周環議以太湖東北由諸浦入江。其沿江洩水，惟白茆最大。元、明時屢經浚治。本朝康熙二十年，巡撫慕天顔浚此浦，自支塘迤東以至海口，淤道四十三里。

七浦。在昭文縣東南。一名七浦塘。舊志：西通陽城湖，南通巴城湖，北通白茆港，東入太倉州界達海。自白茆浦塞，諸水賴此宣洩。

瓜涇港。在吴江縣北九里。縣志：分太湖水東北出夾浦，會於吴淞江。

練瀆。在吴縣西南。唐皮日休詩：「空闊嫌太湖，崎嶇開練瀆。三尋鬬石齒，數里穿山腹。」續圖經：洞庭有所謂練塘者，練兵之所也。府志：在鴻鶴山西，南入平湖，北通官瀆。

交讓瀆。在長洲縣城内。續圖經：昔陸慧曉與張融並宅其間，有池，池上有楊柳二株。何點歎曰：「此池便是醴泉，此木便是交讓。」舊傳有交讓瀆，蓋因陸、張得名也。吴郡志：在羅城東北隅。又曰：有交讓巷，俗訛爲甘漿港。府志：在子城北。今爲民居所侵，僅有汚池丈許。本朝乾隆二十二年，御製有交讓瀆詩。

雪灘。在吴江縣東吴淞江岸，宋王汾取名也。

百花洲。在吴縣城内，北自胥門，南抵盤門，水極深廣。

銷夏灣。在吴縣西南。續圖經：湖岸極清處爲消夏灣。吴郡志：在洞庭西山之址，繞山十餘里，舊傳吴王避暑處。周迴湖水一灣，寒光逼人。府志：長九里。又明月灣，在太湖石公山西二里。

死亭灣。在吴縣西。寰宇記：在閶門外七里，即朱買臣妻自縊處。

錦帆涇。在吳縣城南盤門内。吳郡志：即内城沿城濠也。相傳吳王錦帆以遊。今濠故在，亦通大舟。本朝乾隆二十二年，御製雜詠吳下古蹟，有錦帆涇詩。

採蓮涇。在吳縣城内。吳郡志：在城内東南隅運河之陽。此種蓮舊蹟也，今可通舟。南畿志：上有採蓮涇橋。

投龍潭。在吳縣西南。唐皮日休詩：「龜山下最深，惡氣何洋溢。涎水暴龍巢，腥風捲蛟室。」

洗馬池。在吳縣城内府學前。又常熟縣北六里亦有洗馬池，相傳宋紹興初尹團練屯兵洗馬之處。

北池。在長洲縣治東，唐郡治内池也。又名後池。吳郡志：唐時在木蘭堂後，韋應物、白居易常有歌詠。皮日休、陸龜蒙亦有木蘭堂後池詩。梅摯有北池十詠，蔣堂有北池賦。

白龍池。在常熟縣頂山龍祠之下，歲旱於此禱雨。

横塘。在吳縣西南十里，經貫南北之大塘也。南極蠡塘，北抵楓橋，分流東出，故名。

走狗塘。在吳縣西南二十五里。越絶書云闔閭走犬長洲，此即田獵之地。

蓮塘。在吳縣西十二里。寰宇記：有田數畝，生蓮花，千葉華麗，蜀州李建中移置京師，不生。新志：横塘之西，梅灣之陰，曰蓮蕩，蓋即此也。

櫻桃塘。在崑山縣北十二里。元大德間，參政朱清申請開浚，名曰新塘。東達婁江，南通吳塘，北至常熟塘。

鹽鐵塘。在常熟縣北四十里，即海塘之内河也。姑蘇志：白茆塘南，一水東南流，曰鹽鐵塘，横亘七十餘里。

莊練塘。在吳江縣東南八十里。接諸湖蕩之水，南接浙江嘉善縣界，北入松江府華亭縣界。

憨憨泉。在元和縣虎丘山上。吳郡志：相傳爲得道僧憨憨和尚卓錫所出。

羽泉詩。

陸羽泉。在元和縣虎丘山塘。吴中水品第三。吴郡志：在劒池旁。面闊丈餘，上有石轆轤，四旁皆石壁。鱗皴天成，下連石底，泉出石脈中。郡守沈揆作亭於井旁，以爲宴坐之所。府志：即藏殿側石井，俗名觀音泉。本朝乾隆二十二年，御製有陸羽泉詩。

海眼泉。在崑山縣西北馬鞍山下。

六品泉。在吴江縣東南六里。唐陸羽品爲第四，張又新品爲第六。吴郡志：松江水，世傳第四橋下水是也。橋今名甘泉橋。好事者往往以小舟汲之。

越公井。在吴縣西。唐廣明元年，僧茂乾記云：惟兹巨井，坐當横山艮位，越來溪西百步。隋開皇十年，越國公楊素築城創井，時屯師孔多，日飲萬人。邇來三百餘年，邑則可改，井道不革。吴郡志：在治平寺前山岡上，徑丈八尺，石欄如屏繞之。

柳毅井。在吴縣西南洞庭東山。

丹井。在常熟縣治致道觀後，相傳井有藏丹。宋治平中，道士李正則浚井，得藏丹石礚，啓之，化爲雙紅鴿，飛入尚湖。又名鴿井。明學士宋濂撰銘井上。

校勘記

〔一〕莋碓山　「碓」，原作「確」，據乾隆志卷五四蘇州府山川（下同卷簡稱乾隆志）及越絶書卷二越絶外傳記吴地傳改。下文同據改。

〔二〕有莋嶺山　「莋」，乾隆志及水經注卷二九沔水作「岝」。
〔三〕故有採香涇　「涇」，乾隆志及太平寰宇記卷九一江南東道蘇州皆作「徑」。按，本志蓋改字從水，以合下引吳郡志之文。
〔四〕晝遊於胥母　「晝」，原作「暮」，據乾隆志及越絶書卷二越絶外傳記吳地傳改。
〔五〕山下曰卷裏　「山」，原無，據乾隆志補。
〔六〕白波天合　「天」，乾隆志及太平寰宇記卷九四江南東道蘇州同，方輿勝覽卷四安吉州三山條引吳興記作「四」。
〔七〕水泉下注如練　「注」，原作「泣」，據乾隆志改。
〔八〕九域志通州止云有大江及江口鎮　「止」，原作「北」，據乾隆志改。
〔九〕在府西三里南濠　「西」，原脱，乾隆志同，據明一統志卷八蘇州府山川補。
〔一〇〕下流爲黎湖　「湖」，原作「湘」，乾隆志同，據明王鏊姑蘇志卷一〇水改。
〔一一〕葉澤湖之東爲九里湖　「澤」，原脱，乾隆志同，據姑蘇志卷一〇水及上文補。

大清一統志卷七十八

蘇州府二

古蹟

婁縣故城。在崑山縣東北。秦置縣。後漢建安二十四年，孫權封陸遜爲婁侯。吴黄龍元年，又封張昭爲婁侯。宋、齊後省。吴郡志：今崑山縣東北三里有村曰婁縣，蓋故縣所治。又羅處約古圖經云：崑山縣有故城，在縣東三百步，今縣東猶謂之東城頭。近歲耕者於東寺之後，多得古城甎及銅箭鏃云。

海虞故城。在常熟縣東。晉太康四年置。宋、齊因之。隋平陳，廢入常熟。元和志：常熟縣南至蘇州一百里，本漢吴縣地。梁大同六年分置。唐武德七年，自南沙移理海虞城。九域志：縣在州北七十里。琴川志有常熟鎮，在縣東一百二十步，即廢縣，猶有鎮橋存焉。按：寰宇記虞山在縣西六里。則唐、宋故縣尚應在今縣之東，今縣蓋南宋初李閌之所移也。蓋是時縣址止緣虞山東麓，至元時築城，始展拓西偏，上跨山脊。

東海廢郡。在常熟縣北。晉置。宋書州郡志：晉元帝初，割吴郡海虞縣之北境爲東海郡，立郯、朐、利城三縣。永和中，郡縣俱移出京口。南齊志有海陽縣，屬毘陵郡。梁屬信義郡。隋省入常熟縣。其地蓋皆今縣東北濱江之地。

信義廢縣。在崑山縣西二十里。梁分婁縣置，隋廢。隋書地理志：常熟有信義縣，平陳後併入之。吴郡志：今崑山縣西二十里有信義村，即故信義縣，土人或訛爲鎮義。

興國廢縣。在常熟縣東。梁置，隋省入常熟。或曰即支塘城也，在縣東四十五里。

南沙廢縣。在常熟縣西北。晉置。宋書州郡志：南沙縣，本吳縣司鹽都尉署，吳時名沙中。吳平後立暨陽，割屬之。晉咸康七年，罷鹽署，立以爲縣。隋書地理志：吳郡領常熟縣，舊曰南沙，梁置信義郡。平陳郡廢，併所領海陽、前京、信義、海虞、興國、南沙縣入焉。舊唐書地理志：常熟縣，舊治南沙城。武德七年，移治海虞城。縣志：今縣西北五十里有南沙鄉。

吳城。今府治。史記：吳太伯奔荆蠻，自號勾吳。及武王克殷，求太伯、仲雍之後，得周章，已君吳，因而封之。傳至壽夢而吳始益大，稱王，始通於中國。春秋哀公二十二年：越滅吳。又史記：楚考烈王徙封黄歇于江東(一)，城故吳墟爲都邑。漢書地理志：會稽郡治吳縣故國，周太伯所邑。系本：諸樊始自梅里徙吳。吳越春秋：闔閭使伍子胥相土嘗水，造築大城，周四十七里，陸門、水門各八。越絶書又有伍子胥小城，周九里二百七十步。漢初劉賈有吳，築吳市西城，名定錯城，屬小城，北至平門。吳地記：壽夢始别築城，爲宫室於平門西北二里。周敬王六年，闔閭始使子胥築大城，亦曰闔閭城。西閶、胥二門，南盤、蛇二門，東婁、匠二門，北齊、平二門。隋開皇九年，楊素移郡及縣於横山東五里，新立城郭。唐武德七年，卻復舊址。後因王郢叛亂，城圮重修。寰宇記：「今闔閭城周三十里，水、陸十有二門。」續圖經：「闔閭城即今郡城。」一曰閶門。吳越春秋：「閶門者，以象天門通閶闔風也。闔閭欲破楚，楚在西北，故立閶門以通天氣，復名破楚門。」寰宇記云：「吳城西門也，春申君改爲閶門。」府志：「西北門也。」一曰胥門。吳越春秋：「越王追吳王，欲入胥門，未至六七里，望吳南門，見伍子胥之神。」府志：「西門也。」一曰盤門。吳地記：「古名蟠門，嘗刻木爲蟠龍以鎮越。」又曰：「水陸相半，沿洄曲屈，故謂之盤門。」府志：「西南門也。」一曰赤門。吳地記有赤門，在蛇門東，又東南有魴鱮門，皆非八門之數。吳郡志：「今猶有赤門灣，近葑門。」府志：「正南門也。」一曰蛇門。吳越春秋：「立蛇門者，以象地户。闔閭欲東併越，越在東南，故立蛇門以制敵國。」吳郡志云：「在巳方，故名。」府志：「東南門也。」一曰葑門，即東門。史記：子胥將死，曰：「必抉吾眼，懸吳東門之上，以觀越寇之入也。」吳越春秋：子胥與種、蠡夢曰：「越如欲入，更從東門，當爲開道貫城以通路。」乃穿東西隅以達越軍。續圖經云：「當作封門，取封禺之山以爲名。」吴地記：「匠門南三里有葑門。」皆不在八門之内。府志：「東南門也。」一曰匠門。吴地記：「又名干將門。闔閭使干將鑄劒於此，後語訛爲匠門。」一曰婁門。越絶書：「吴有婁門。」吴地記：「本號疁門，東南有秦時古疁縣，至漢改爲婁。」府志：「東門也。」一曰齊門。越絶書：「闔閭伐齊大克，取齊爲質子，爲造齊門，又曰望齊門。」吴越春秋：「闔閭爲太子波聘齊女，女少思齊，日夜號泣，因病。乃起北門，名曰望齊門，令女往遊其上。」府志：「東北門也。」一曰巫門。越絶書：「吴有巫門。」吴地記作平門，子胥平齊，大軍從此出，故號平門。東北三里有巫咸墳，亦號巫門。吴郡志：「『巫』字類『平』，因訛。今有平門塘。」府志：「北門也。」

儲城。在吴縣西南。吴地記：胥門南三里有儲城，吴王儲糧之所。

魚城。在吴縣西南。吴地記：胥門南十五里有魚城。續圖經：蓋吴王控越之地，宜爲吴城，謂之魚城，誤。周必大南歸録：魚城基厚而方，土極細，故久不壞。

越城。在吴縣西南十八里石湖旁。吴郡志：在胥門外。吴王在姑蘇，越築此城以逼之。城堞髣髴具在。

苦酒城。在吴縣西南二十里。吴郡志：魚城西南有故城，長老云吴王築以釀酒。今俗呼爲苦酒城。吴地記：在胥門西南三里。

石城。在吴縣西。吴越春秋：闔閭興樂石城。越絶書：闔閭所置美人離城也。章懷太子曰：在吴縣西南。吴郡志：硯石山有石城，去姑蘇山十里。

居東城。在長洲縣界。越絶書：居東城者，闔閭所遊，去縣二十里。劉昭注訛爲居巢城。

摇城。在長洲縣東南。越絶書：摇城，吴王子居焉，後越王摇居之。姑蘇志：在縣東南三十八里，今其地名大姚。

鴨城。在長洲縣匠門外東南二十里沙里中。寰宇記：吴王養鴨所也。又東五里有豨巷，是養猪之所。又東二里有豆園，吳王養馬處。

麋湖城。在長洲縣北五十里。越絶書：闔閭所置麋也。又巫門外有麋湖西城，越宋王城也。又有太公城、章祈城，並在縣東北。姑蘇志：章祈疑即鶻鷄，在今二十二都。

鴻城。在元和縣東婁門外。越絶書：故越王城也。又有後城、堵城，並在縣東南數十里。今尹山鄉有堵城里。

巫欐城。在元和縣東十五里。越絶書：闔閭所置諸侯遠客離城也。又有欐溪城，闔閭所置船宫也。

陽城。在元和縣東北三十里。環繞有湖，曰陽城湖。

相城。在元和縣東北五十里。相傳子胥初築城時，先於此相地壘土爲城，下濕乃止，其地因以爲名。

南武城。在崑山縣西北。漢書地理志：婁縣有南武城，闔閭所造以候越。越絶書：婁縣有城，去縣三十里。今爲鄉。姑蘇志有武城村，在朱塘鄉三四保。府志又有巴城，在縣西北十八里；金城，在縣東三里；度城，在縣東南七十里。相傳爲黄巢築。

西鹿城。江南通志：西鹿城在崑山下，有卜將軍廟，碑云葬於崑山西鹿城。

雉城。在崑山縣西北十八里。

陶城。在常熟縣東三十里。相近又有閭城、郭城、利城，皆有遺址，而陶城尤大，與莫城等。今縣境共有十二城。唐廣明中，盜起，詔諸道州縣於墅落許立城堡〔二〕，集民兵自衛。縣城之多蓋以此。

支塘城。在常熟縣東四十五里。元末張士誠浚白茆時，因故城址修築。今爲支塘市。

莫城。在常熟縣東南十二里。相傳莫邪鑄劍之所，亦謂之劍城。今有廟曰莫邪大王，或謂之莫邪城。有塘曰莫門。又縣東四十里有莫城，欒史以爲漢莫寵築以壯海防者。

扈城。在常熟縣北五里。世傳吴王建離宫扈蹕，故名。今有扈城村。

九里城。在常熟縣北九里。琴川志：今縣北福山塘東岸直九折塘口，有古城址，今尚存，去縣十三四里。

尚墅城。在常熟縣北十八里。通志：張士誠入福山港，修此城以屯兵。

金鳳城。在常熟縣北四十里。舊志：唐天祐中，吴越所築，在金鳳山下，故名。即今福山城址。

鵜城。在昭文縣東北十五里。又有朗城，亦在縣境。

養魚城。寰宇記：在吴江縣西二十五里，吴王養魚之所。

陌城。在吴江縣北。一名石頭城，亦名酒城，又名壇城。史記正義：子胥見夢越軍，令從東南入。越王乃迴軍從蘇州東南三十里三江口向下三里，臨江北岸立壇，殺白馬祭子胥。杯動酒盡，因立廟於江上。今其側有浦名上壇浦。寰宇記：石頭城，在吴縣東南三十五里大江邊，一名陌城。夫差既殺子胥，後悔之，臨江築塘，創設祭奠。百姓緣爲立廟於此。吴郡志：酒城，在壇塘邊，一名壇城。夫差祭子胥處，臨祭勸酒，故名。

干隧。在長洲縣西北。戰國策：蘇秦曰：「越王以散卒三千，禽夫差于干隧。」史記正義：干隧，在吴縣西北四十餘里。

甪里。在吴縣西南。史記：四皓有甪里先生。正義：吴人，姓周，太伯之後。今太湖中洞庭山西南，中有禄里村是。吴郡志有甪頭，即甪里，在洞庭山村。

烏夜村。在吴江縣南。吴郡志：晉穆帝后，何準女，寓居縣南，産后於此。將産之夕，有羣烏夜驚於村落，衆共異之。自後烏夜鳴，必邀恩赦。

雞陂墟。在元和縣東。越絶書：婁門外雞陂墟，吴王所以畜雞，去縣二十里。本朝乾隆二十二年，高宗純皇帝南巡，御製有雞陂墟詩。

鶴市。在元和縣東。吴越春秋：闔閭葬女，舞白鶴於市中，令萬民隨而觀之。還，使男女與鶴俱入羨門，因發機以掩之。縣志：今縣東有鶴舞橋。

南園。在吴縣治府學旁。宋王禹偁爲長洲令，常攜客醉飲於此，有詩云：「他年我若功成後，乞與南園作醉鄉。」續圖經：南園之興，自吴越廣陵王元璙帥中吴，好治林圃，於是釃流爲池，積土爲山。島嶼峯巒，出於巧思。求致異木，積歲皆合抱。舊有三閣、八亭、二臺、龜首、旋螺之類，歲久摧圮。其存者猶有流杯、四照、百花、藥室、惹雲、風月等處，每春縱士女游覽焉。又有元璙別宅，與南園相近。本朝乾隆二十二年，御製寄題南園詩。

梧桐園。在吴縣西南。吴郡志：在吴宫，本吴王夫差園也。樂府曰：「梧宫秋，吴王愁。」新志：在館娃宫側。

辟疆園。在吴縣界，晉時顧辟疆之園也。王獻之入會稽，經吴門，先不識主人。值辟疆方集賓友酣燕園中，而獻之遊歷既畢，指麾好惡，旁若無人。唐時其園猶在，顧況嘗假以居。陸龜蒙詩：「吴之辟疆園，在昔勝槩敵。前聞富修竹，後説紛怪石。不知清景在，盡付任君宅。」續圖經：任晦宅，見於皮、陸詩。有深林曲沼，危亭幽砌，殆即辟疆之園也。今任園亦不可考。本朝乾隆二十二年、二十七年，御製有辟疆園詩。

西園。在長洲縣東。吴郡志：本郡圃之西隙地，直子城，甚袤。今爲教場，俗呼後教場〔三〕。

拙政園。在婁門外。茂樹曲池，勝甲吴下。

長洲苑。在長洲縣西南。越絶書：闔閭走犬長洲。漢書：枚乘説吴王濞曰：「漢修治上林圈守禽獸，不如長洲之苑。」服虔曰：「吴苑。」孟康曰：「以江水洲爲苑也。」韋昭曰：「長洲，在吴東。」晉左思吴都賦：「佩長洲之茂苑。」元和志：長洲，取長洲苑爲名。苑在縣西南七十里。吴郡志：長洲，在姑蘇南太湖北，闔閭遊獵處也。

樂圃。在吳縣北。續圖經：本錢氏廢圃，廣輪逾三十畝。高岡清池，粗有勝致。長文棲隱於此，號曰樂圃。吳郡志：錢氏時號金谷。

館娃宮。在吳縣西南。越絶書：吳人於硯石山作館娃宮。吳都賦：「幸乎館娃之宮，張女樂而娛羣臣。」吳郡志：靈巖山頂舊有秀峯寺，即吳館娃宮也。吳地記：闔閭城西有硯石山，上有館娃宮，今靈巖寺即其地。本朝乾隆十六年、二十二年、二十七年、四十五年，御製靈巖詩雜詠，有館娃宮詩、五疊沈德潛韻。

南城宮。在長洲縣東。越絶書：南城宮在長樂里。吳郡志又有美女宮，夫差所作，土城周百九十步，句踐所進美女西施、鄭旦之宮室也。

吳宮。在長洲縣東。陸龜蒙問吳宮辭序云：「甫里之鄉曰吳宮，在長洲縣東南五十里。其名存，其跡滅，悵然興懷，因作辭以問之。」今有吳宮鄉。

東宮。西宮。在長洲縣界，闔閭所建。越絶書：東宮，周一里二百七十步。西宮，在長秋，周一里二十六步。又前宮、後宮、西宮，在吳江縣沈張湖之西，皆吳王夫差離宮也。今村名猶沿其舊。

黄堂。在長洲縣東。吳郡志：春申君子假君之殿也。後太守居之，數失火，塗以雄黄，遂名黄堂。即今太守正廳是也。天下郡治皆名「黄堂」，倣此。

木蘭堂。在長洲縣東。吳郡志：在郡治後。唐張摶自湖州刺史移蘇州〔四〕，於堂前大植木蘭花，當盛開時，燕郡中詩客，陸龜蒙詩爲一時絶唱。又雙蓮堂，在木蘭堂後，舊芙蓉堂也。至和初，郡守吕濟叔建。

三賢堂。在長洲縣東。吳郡志：舊名思賢亭，祀韋應物、白居易、劉禹錫。紹興中重建，改曰三賢堂。本朝乾隆二十二年，御製有三賢堂詩。二十七年、三十年、四十五年、四十九年，俱有御製三賢堂用高啓韻詩。

七檜堂。在長洲縣南。輿地紀勝：在天慶觀之東。葉參少卿守吳，因居焉，作此堂以佚老。

三瑞堂。在長洲縣西楓橋。宋孝子姚淳所居，其先墓有甘露、靈芝、瑞麥之異。蘇軾嘗爲賦詩，有「楓橋三瑞皆目見」之句。

四賢堂。在崑山縣城内。姑蘇志：宋孝宗朝，李衡爲御史，與諫官王希吕相繼論張説，不報。時給事中莫濟不書敕，直學士周必大不草制，四人同時去國。布衣莊治賦四賢詩以紀之。其後衡之孫潛作堂於家，畫四賢像，並祀之。

半隱堂。在崑山縣治，宋莫仲宣所築。又有西園，其别墅也。韓侂胄當國，仲宣閒居十年，號西園居士。

玉山草堂。在崑山縣西界溪上。府志：元顧仲瑛築，亦曰玉山佳處。園池亭榭，詩酒觴詠，時稱吳中第一。楊維禎爲之記。

城南佳趣堂。在常熟縣虞山東芝溪上。姑蘇志：邑人虞子賢，嘗得朱子和張忠獻城南佳趣雜詠真蹟，遂以名堂。元周伯琦書額。

齊雲樓。在長洲縣郡治後子城上，即古月華樓。吳地記：唐曹恭王所建。白居易有齊雲樓晚望詩。今名飛雲閣。本朝乾隆二十二年，御製有齊雲閣詩。

初陽樓。在長洲縣東。吳郡志：在郡中池上。皮日休詩：「危樓新製號初陽。」

觀風樓。在長洲子城西。龔明之中吳紀聞：唐時謂之西樓，白居易有西樓命宴詩，後更爲觀風，今復爲西樓。

虹月樓。在新陽縣通闤橋西。元人朱君璧善畫，嘗作紫霧龍宫圖，十年始就，人謂其妙入神品。後兵亂，君璧抱圖坐樓中，寇望虹氣貫月，疑有寶，蹤跡而至，攘取觀之，怒裂而去。楊鐵崖易其名曰虹月樓，並記之。

虎丘閣。在元和縣虎丘山。元陶九成輟耕録：平江虎丘閣，版上有一竅，當日色清朗時，以掌大白紙承其影，則一寺之形勝悉見於此，而頂反居下。本朝乾隆二十二年，御製有虎邱閣詩。

滄浪亭。在郡學之南。葉夢得石林詩話：錢氏廣陵王元璙別圃。宋蘇舜欽得之，築亭曰滄浪，因作滄浪亭記。吳郡志：積水彌數十畝，旁有小山，高下曲折，與水相縈帶。府志：子美死，屢易主，後亭爲章申公家所有。紹興後，歸韓世忠家，俗名韓王園。本朝乾隆二十二年、四十九年，有御製滄浪亭詩。

金閶亭。在吳縣閶門外，陸龜蒙謂「梁鴻墓在金閶亭下一里」是也。

池光亭。在長洲縣郡宅後池北，唐白居易命名。紹興十七年，郡守鄭滋重建。

四照亭。在長洲縣郡圃東北。宋郡守王渙爲屋四合，各植花石，隨時之宜。又有秀野亭，在城北，郡守洪遵建。

胥屏亭。在長洲縣西北。寰宇記：虎丘東北十里有胥屏亭。

流杯亭。在長洲縣北。吳地記：在女墳湖西二百步，闔閭三月三日泛舟遊賞之處。

范公亭。在崑山縣薦嚴寺後圃。宋參政范成大讀書寺中，游息於此，因名。

松江亭。在吳江縣東吳淞江口，唐白居易有淞江亭攜樂觀魚詩。方輿勝覽又有吳江亭，宋蘇舜欽有詩。

鱸鄉亭。在吳江縣東長橋上。吳郡志：始陳堯佐題松陵詩有「秋風斜日鱸魚鄉」之句，紹興中林肇爲令，作亭江上，以「鱸鄉」名之。本朝乾隆二十二年，有御製鱸鄉亭詩。

垂虹亭。在吳江縣長橋，宋慶曆中令李問建。蘇軾自杭移高密，與張子野等俱在松江，夜半月出，置酒垂虹亭上。吳郡志：吳江利往橋，有亭曰垂虹，而世並以名橋。按：米芾詩所謂「垂虹秋色滿東南」是也。

如歸亭。在吳江縣東南。吳郡志：在松江。蔡襄題壁云：「蘇州吳江之濱，有亭曰如歸者，隘壞不可居。康定元年，知縣事秘書丞張先始爲大之。」

醉眠亭。在吳江縣松江。吳郡志：李無晦所居。李高尚不仕，徙居松江，治園亭，號醉眠。

放鶴亭。在支硎山西南峯寺中。今寺廢而亭存，即支公別庵也。本朝乾隆二十七年，御製放鶴亭戲題詩。

般若臺。在吳縣城内。吳地記：晉何曾置，在吳縣西二里。東北有般若橋。

姑蘇臺。在吳縣西南。越絶書：胥門外有九曲路，闔閭造以遊姑胥之臺而望太湖，去縣三十里。又子胥諫夫差不聽，曰：「吾見鹿豕遊姑胥之臺也。」史記正義：臺在吳縣西南三十里横山西北姑蘇山上。吳地記：闔閭造此，經營九年始成。其臺高三百丈，望見三百里。本朝乾隆十六年，御製吳山十六景，有蘇臺春景詩。

射臺。在吳縣西南。越絶書：射臺二，一在華池平昌里，一在安陽里。吳地記：在吳縣横山安平里。任昉述異記：吳王射臺柱礎皆伏龜。

郊臺。在吳郡縣西南。吳郡志：在横山東麓，下臨石湖。壇壝之形儼然。相傳吳僭王時，或曾祀帝也。本朝乾隆二十二年，御製郊臺詩。

琴臺。寰宇記：吳縣硯石山有琴臺。續圖經又有響屧廊，以楩梓藉其地，西施步屧遶之則有聲，故名。本朝乾隆十六年、二十二年、二十七年、三十年、四十五年，御製靈巖雜詠，有琴臺、響屧廊五疊沈德潛韻詩。

讀書臺。在常熟縣治西，相傳梁昭明太子讀書於此。

桃花塢。通志：在吳縣城西北隅。陳沂南畿志：桃花塢，在閶門内北城下，宋時爲樞密章楶别業，後爲蔬圃。明唐寅於此地築桃花庵。

范文正義宅。在吳縣治北隅。續圖經：在普濟樓旁。樓鑰記曰：「皇祐中，仲淹訪求宗族，買田千畝，作義莊以贍之。宅有二松，名堂曰歲寒，閣曰松風。因廣其居以爲義宅，聚族其中。」

馮驩宅。吳地記：在吳縣東北二里五十步。今有彈鋏巷。其墳在側，石碑現存。續圖經謂之長鋏巷。

朱買臣宅。在吳縣穹窿山，相傳寺基其故址也。

蔡經宅。吳地記：在吳縣西北五十步。今蔡仙鄉是其隱處。吳郡志：在朱明寺西。

陸龜蒙宅。在長洲縣城内臨頓里。門有巨石，龜蒙遠祖績爲鬱林太守，罷歸，舟輕取石爲重，號鬱林石。續圖經：龜蒙始居臨頓里，晚益深遁，居震澤旁，在松江上甫里，自號甫里先生。吳郡志：甫里，在長洲縣東南五十里。

賀鑄宅。在長洲縣城内醋坊橋。又有小築在盤門外十里横塘。

元絳宅。在長洲縣東南。續圖經：在帶城橋，東表爲衮繡坊。

臯伯通宅。在長洲縣閶門内臯橋，梁鴻於廡下賃舂之所。

范蠡宅。通志：在長洲縣太湖包山。任昉述異記：洞庭湖上有釣洲，蠡嘗乘舟至此遇風，止釣於上，刻字紀焉。

丁令威宅。在長洲縣陽山文殊法海寺，有丹井存焉，號令威宅。

戴顒宅〔五〕。在長洲縣城内。顧況乾元寺記：晉戴逵子顒之宅也。又皮、陸北禪寺聯句云：「歆蒸何處避，來入戴顒宅。」續圖經：顒宅，即北禪寺也。本朝乾隆二十二年，御製雜詠吳下古蹟，有戴顒宅詩。

琴高宅。吳地記：在交讓瀆法海寺西五十步。其寺濟陽丁法海捨宅所置。法海，蓋丁令威之裔也。

韓雍宅。在元和縣葑門内。溪流環帶，宛然阡墅，吳中甲第也。

子游宅。吳地記：在常熟縣北一百九十步。中有聖井，旁有浣沙石，方四尺。琴川志：子游有東、西二巷，皆在縣治西北。

顧野王宅。在吳江縣東。府志：在縣東三里顧墟。後人即其地立廟祀之，今名顧公祠。

羅隱庵。在元和縣葑門外甫里北隅〔六〕。隱以龜蒙與之遊，因結庵於此。後爲魏了翁别業。

樂庵。在崑山縣東六里圓明村，宋侍御史李衡歸老所居。

臞庵。在吳江縣松江之濱，王份故居。圍江湖以入圃，多柳塘花嶼，景物秀野。

關隘

滸墅關。在長洲縣西北。吳地記：秦王東巡至虎丘，求吳王寶劒，虎當墳而踞，始皇以劒擊之，其虎西走二十五里忽失，即今虎疁。唐諱「虎」，錢氏諱「疁」，改爲滸墅。平江紀事：虎疁改名許市。後人訛舊音，於「許」字點水爲「滸」，「市」訛爲「墅」，迄今兩稱之。姑蘇志：元置抽分司。宣德四年，廢抽分司，設鈔關，本朝因之。

光福鎮巡司。在吳縣西五十里笠澤。本朝乾隆十一年，由木瀆鎮移此。

吳塔巡司。在長洲縣齊門外蠡口北。姑蘇志：舊在吳塔，移此。

周莊巡司。在元和縣東南七十里。本朝乾隆二十六年，由甪直移此。

石浦巡司。在崑山縣東南四十里。姑蘇志：宋祥符間設在石浦鎮，明嘉靖中移置千墩浦口。

巴城巡司。在新陽縣西十五里。元置巡司在高墟村，明徙置真義村。

黄泗浦巡司。在常熟縣西北八十里江濱，明洪武初置。

白茆港巡司。在昭文縣東北九十里。宋置寨，明初改置巡司。

同里巡司。在吴江縣東北十八里。唐名銅里，宋改今名。元置巡司，至今因之。

汾湖巡司。在吴江縣東北四十五里蘆墟村。

平望巡司。在震澤縣東南四十五里平望鎮。府志：平望與浙江烏程分界，唐本屬吴興郡，開元二十八年始改入吴縣。宋德祐初，於此置寨。元置巡司，至今因之。

震澤巡司。在震澤縣西南八十五里，西至浙江湖州府南潯十二里。

東山巡司。在吴縣西南洞庭東山。明成化中置，今因之，隸太湖廳。

甪頭巡司。在吴縣西南八十五里。姑蘇志：甪頭司管洞庭西山，隸太湖廳。

簡村鎮。在吴縣東南十五里。元置巡司，明因之，本朝雍正四年裁。

横塘鎮。在吴縣西南十三里。姑蘇志：有横塘橋，上有亭，顔曰「横塘古渡」，風景特勝。

木瀆鎮。吴地記：在吴縣西南二十七里。舊有巡司，久裁。姑蘇志：木瀆司，管木瀆、横塘、新郭三鎮。本朝乾隆十一年，移縣丞駐此。

横金鎮。在吴縣西南三十里，一名横涇。明初置巡司，後裁。

陸墓鎮。在長洲縣北八里，以有唐陸宣公墓，故名。舊有甎廠。

望亭鎮。在長洲縣北五十里。續圖經：望亭，吴王所立，謂之御亭。隋開皇九年，置爲驛。唐常州刺史李襲譽改今名。姑蘇志：唐李襲譽以梁庾肩吾詩有「御亭一回望」之句，故改稱。

陳墓鎮。在元和縣陳湖東。姑蘇志：管葑門外。其地東連崑山，南近澱山諸湖。明初置巡司，本朝乾隆二十年裁。

夷亭鎮。在元和縣東三十五里，一名維亭。吴地記：夷亭館養魚之亭。吴郡志：闔閭十年，東夷侵逼吴境，下營於此，因名之。

用直鎮。在元和縣東五十里，接崑山縣界。亦名甫里。本朝乾隆二十六年，移縣丞駐此。

蠡口鎮。在元和縣北十八里。續圖經：蠡口在長洲界，昔范蠡扁舟浮五湖，蓋嘗經此。中吴紀聞：蠡口，在齊門之北。又有蠡塘，在婁門之東。

兵墟鎮。在崑山縣東南十八里。東通太倉，南接吴淞江。

泗橋鎮。在崑山縣東南三十六里，商賈輳集。

石浦鎮。在崑山縣東南四十里。南通澱山湖，北枕吴淞江，即宋置巡司地。

安亭鎮。在崑山縣東南四十五里，接太倉州嘉定縣境。舊有税課局，今廢。

蓬閬鎮。在新陽縣東南三十里。相傳明洪武初，瓦浦有土神牌隨潮至其地，因名牌落。弘治間易今名。

慶安鎮。在常熟縣西北八十里。臨江，舊名石闥市。

福山鎮。在常熟縣北四十里。九域志：常熟縣有福山、慶安、梅李三鎮。琴川志：臨江。錢氏有國，始於福山置戍，以防南唐之軍。宋初罷。建炎初，嘗分江陰水軍戍福山。淳祐十年，建忠節寨於福山。明初置福山港巡司。嘉靖三十四年築堡城，周三里，門四，置把總防守。本朝初設參將，今改遊擊鎮守，分轄鹿苑、支塘、徐六涇等處。乾隆十九年，移海防同知駐此。

許浦鎮。在常熟縣東北七十里，北抵揚子江，東抵海。宋建炎初，韓世忠討苗正彦，駐軍許浦，即此。紹興二年置鎮。九年，司移定海。乾道六年後移屯許浦。元置許浦通事、漢軍萬户府。明置巡司，本朝雍正四年裁。

梅李鎮。在昭文縣東北三十五里。琴川志：吴越錢氏時，遣梅世忠、李開山戍此，以防江北南唐之軍。居民依軍成市，因取二將之姓以名其地。元豐間始爲鎮。

盛澤鎮。在吴江縣東南六十里。地出綢綾，商旅輳集之所。本朝乾隆五年，移縣丞駐此。

嚴幕鎮。在震澤縣東南九十里。元置爛谿巡司於此，明因之，今裁。

八赤鎮。在震澤縣南二十里。元置長橋巡司於此，明因之，今裁。

姑蘇驛。在吴縣胥門外。姑蘇志：即宋姑蘇館。明洪武元年，復改建於胥門外，本朝因之。有驛丞。

平望驛。在吴江縣東門外。唐置驛在平望鎮，後因之。本朝順治六年，移置垂虹亭下。乾隆十六年，高宗純皇帝南巡，御製平望詩。

津梁

樂橋。在吴縣治東卧龍街，吴赤烏二年建。吴郡志：白居易詩云：「紅欄三百九十橋。」楊備詩亦云「畫橋四百」，則吴門橋梁之盛，自昔固然。今圖籍所載者三百五十九橋。在郡城者，今以正中樂橋爲準，分而爲四達，隨方敘之，門外及外縣畧附見焉。

飲馬橋。在吴縣治東。宋淳祐中，知府魏庠建。

織里橋。在吴縣治西南。吴郡志：今訛爲吉利橋。

石巖橋。在吴縣城内。吴郡志：在運河上，唐白居易建，名白頭橋。宋天聖初，郡守孫冕重修，易爲孫老橋。姑蘇志：元總管道童重建，改名石巖，其自號也。

憩橋。在吴縣治西南。吴地記：吴軍憩歇於此，因名。

臯橋。在吴縣閶門内。吴地記：在吴縣北三里五十步，漢議郎臯伯通所居。本朝嘉慶十五年修。

都亭橋。在吴縣城内西北隅。吴地記：壽夢於此置都驛，以招四方賢士。

虹橋。在吴縣西閶門外，即釣橋也。元虞集有記。

渡僧橋。在吴縣西閶門外，宋建。先以舟渡，有僧呼渡，舟子弗納，僧折楊枝浮水而過，故名。西有上津橋、下津橋、來鳳橋，俱跨運河。

楓橋。在吴縣閶門外西九里。宋周遵道豹隱紀談：舊作「封橋」，後因唐張繼詩相承作「楓」。今天平寺藏經，多唐人書，背有「封橋常住」字。

五龍橋。在吴縣盤門外七里，跨運河。

虎山橋。在吴縣西南光福鎮。宋嘉泰中建，元泰定中更名泰定橋。

越城橋。在吴縣西南胥門外。吴郡志：越來溪水，自此橋北流横塘。

萬年橋。在胥門外三渡。本朝乾隆五年，撫臣徐士林、知府汪德馨建。延石爲堍，架木遠接，横跨胥江。中豁三洪，以通巨艦，商賈便焉。嘉慶二十五年重建。

行春橋。在吴縣西南。續圖經：在横山下越來溪上。吴郡志：橋甚長，跨石湖，好事者名小長橋。本朝乾隆二十二年、二十七年，高宗純皇帝俱有御製行春橋詩。

風月橋。在吴縣西南洞庭東山、莫釐、武山之間。東西相接，中貫太湖。今名渡水橋。通志：一名具區風月橋。

帶城橋。在長洲縣内烏鵲橋東。府志：迤邐近府治城南，故名。與織造舊廨相近。本朝康熙二十八年，聖祖仁皇帝南巡，於此改建行宫，賜名凝懷堂。乾隆二十二年、二十七年、三十年、四十五年，高宗純皇帝南巡，俱有御製凝懷堂詩，並御書額五、聯六。

乘魚橋。在長洲縣治東南。吴地記：在交讓瀆，昔琴高乘鯉昇仙處。續圖經：據劉向列仙傳，琴高，趙人，嘗入涿水取龍子，乘赤鯉來，不云在吴也。列仙傳有英子者，亦乘赤鯉昇天，吴中門户皆作神魚，遂立英祠。未詳孰是。

烏鵲橋。在長洲縣治東南。續圖經：烏鵲橋在郡前。古有烏鵲館，故名。

夏侯橋。在長洲縣治東南，宋皇祐間建。以橋傍有夏侯廟得名。本朝嘉慶二十三年修。

顧家橋。在長洲縣治東北。吴郡志：顧悌仕吴，爲虎頭將軍，父亡，五日絶漿而死。郡人爲之建橋。

臨頓橋。在長洲縣治東北。吴地記：有步騭石碑，見存臨頓橋。續圖經：臨頓，吴時館名。陸龜蒙嘗居其旁。

苑橋。在長洲縣治東北。吴郡志：在報恩光孝寺之西，故傳有闔閭苑圃在其旁。

百口橋。在長洲縣治東北。吴地記：後漢郡人顧訓家有百口，五世同居。鄉人效之，共議近宅造百口橋，以彰孝義。

彩雲橋。在長洲縣西北半塘寺後，左跨山塘。名曰彩雲，從里號也。

南新橋。在長洲縣西北滸墅關前。西又有北新橋，一名普賢橋，皆跨運河。

花橋。在元和縣治東北。唐白居易詩:「揚州驛裏夢蘇州,夢到花橋水閣頭。」

寶帶橋。在元和縣東南十五里,跨澹臺湖口,一名長橋。明陳循記畧:蘇州城南運河有橋,曰寶帶。自漢武帝時開,以通閩越貢賦。唐刺史王仲舒鬻所束寶帶,以助工費,因名。元末橋圮。正統七年,巡撫周忱備工料爲橋,長一千二百丈。洞其下,可通舟楫者五十有二,高其中之三以通巨艦。本朝乾隆十六年、二十七年,高宗純皇帝俱有御製寶帶橋詩。

夾浦橋。在元和縣婁門外。府志:東屬吴江。宋紹興初,建石橋。水勢迅疾,明宣德間傾圮,巡撫周忱創船十六艘,以鐵繩架爲浮橋。嘉靖間,重建石橋。

半山橋。在崑山縣治西北,跨至和塘。

酒坊橋。在崑山縣城内,舊名致和橋。

富春橋。在崑山縣城内,跨至和塘,俗名高板橋。

玉虹橋。在崑山縣東門外,跨婁江。

狀元橋。在新陽縣東南,宋衛涇建。

學士橋。在常熟縣治南。琴川志:跨運河。舊名信義橋。宋淳熙十年,知縣曾棨建,改名琴川橋。明弘治中,學士李傑建坊於此,更今名。

慶仙橋。在常熟縣治西南。姑蘇志:舊傳爲徐神翁昇仙之地,故名。

文學橋。在常熟縣治東北,舊名言偃橋。

賀勝橋。在昭文縣東。姑蘇志:東接許浦。宋紹興間,左軍李寶獻捷於此,因建橋。

垂虹橋。在吴江縣東。本名利往橋，宋慶曆八年建，搆亭其上，曰垂虹。蘇舜欽詩：「長橋跨空古未有，大亭壓浪勢亦豪。」俗因名長橋。輟耕録：吴江長橋七十二洞，元泰定二年甃以石。

小長橋。方輿勝覽：小長橋在石塘，累石爲之。續文獻通考：吴江兩長橋。至元二十九年，據本路詢究得西長橋古蹟，元長一百八丈，今兩堍築塞四十八丈。所謂東長橋者，古來無之，乃是歸附後添置。元長一百十七丈，今兩堍築塞六十丈。

三橋。在吴江縣城外。續圖經：南曰安民，在新涇；中曰利民，在七里涇；北曰濟民，在吴涇。初澄源鄉並漕河有村十七家，居河南，田占河北，欲濟無梁，郡從事夏日長爲建此橋。

底定橋。在震澤縣西南，取「震澤底定」之義。有石刻，題「宋淳祐二年重建」。跨荻塘。

隄堰

白公隄。在長洲縣西北虎丘山塘，白居易築。

長隄。在吴江縣東。一名挽路。吴江古無陸路，唐元和五年，蘇州刺史王仲舒始擁土爲塘。宋慶曆二年，以松江風濤，漕運多敗舟，遂接續松江長隄，界於江湖之間。東則江，西則湖，横截江流五六十里。治平五年，知縣事孫覺始易以石。元至正六年，諸海復增修高廣。新志：明萬曆三十三年，知縣劉時俊重築。長八十三里，建石橋十三，水竇三十七。「諸海」舊作「那海」，今改正。

採香涇堰。在吴縣西。明成化八年，知縣雍泰建。

斜堰。在崑山縣西北三十四里，接常熟縣界。明永樂中夏原吉建，以障陽城湖水注於白茆。

白茆閘。在常熟縣東北八十里，明隆慶二年建，久廢。本朝康熙二年重建。

陵墓

三代　商

巫咸墓。在常熟縣治西北。史記正義：巫咸及子賢冢，皆在常熟縣西海虞山上。府志：宋王爚爲縣令，嘗修其墓，撰碑云墓在邑之青龍山嘴。

周

仲雍墓。在常熟縣城内。史記注：索隱曰：「仲雍冢，在吴郡常熟縣西海虞山上。」吴地記：常熟縣北二里有海虞山，仲雍、周章並葬山東嶺上。寰宇記：常熟縣虞山有仲雍、齊女冢，東是仲雍，西是齊女。續圖經：梁昭明太子作虞山招真治碑云：「遠望仲雍而高墳蕭瑟，旁臨齊女則哀瓏蒼茫。」蓋梁時猶可見也。

吴王僚墓。吴地記：峕嶨山，吴王僚葬此山中。

闔閭墓。在元和縣虎丘山。越絶書：闔閭冢在閶門外虎丘下，池廣六十步，水深丈五尺。銅椁三重，澒池六尺。

夫差墓。在長洲縣西北卑猶山。

慶忌墓。吴地記：在吴縣東北三十五里，今呼慶墳。

要離墓。在吴縣閶門内。後漢書注：要離，刺吴王僚子慶忌者。冢在今蘇州吴縣西。

申公巫臣墓。在長洲縣北。吴地記：平門東北三里，有殷賢臣申公巫咸墳。寰宇記：申公巫臣冢，在匠門西南。按，申公本巫臣，非巫咸，且巫咸墓在常熟。廣微誤以巫臣爲巫咸也。

孫武墓。在長洲縣北。越絶書：巫門外大冢，吴王客齊孫武冢也，去縣十里。吴地記：平門西北二里，有吴偏將軍孫武墓。

言偃墓。在常熟縣治西北虞山東麓。

澹臺墓。在長洲縣東南。吴地記：澹臺湖側有墳。寰宇記：澹臺墓，在吴縣南十八里平城。按史記正義，子羽墓又見兖州府。

莫格墓。在元和縣北。越絶書：虎丘北有莫格冢，古賢避世者，冢去縣二十里。

吴女墓。在吴縣閶門外，亦名三女墳，即女墳湖也。吴越春秋：吴王有女滕玉自殺，闔閭葬於國西閶門外。鑿池積土，文石爲槨，題湊爲中，金鼎、玉杯、銀樽、珠襦之寶，皆以送女。宋楊奐山陵雜記：闔閭葬女於邽西，名爲三女墳。

齊女墓。在常熟縣。吴越春秋：吴王爲太子娶齊女，病且死，曰必葬我於虞山之巔，以望齊國。闔閭傷之，正如其言。吴地記：齊女葬常熟海虞山東南嶺。葬畢，化白龍冲天而去。今號爲母冢。

漢

皐伯通墓。在胥門西。吴地記：皐伯通卒，葬胥門西二百步，號伯通墩。

梁鴻墓。在吴縣西四里。後漢書：梁鴻卒，伯通等爲求葬地於吴要離冢旁，咸曰：「要離烈士，而伯鸞清高，可令相近。」

陸烈墓。在長洲縣西。吴地記：餘杭山有漢豫章太守陸烈墳。東二里有漢山陰縣令陸寂墳。

嚴助墓。在震澤縣東南爛溪旁，今爲嚴墓村。

三國　吴

孫王墓。在吴縣南。吴録：孫權追尊堅墓曰高陵。晉陽秋：惠帝元康中，吴令謝詢表爲孫氏二君墓，置守冢五人，修護掃除。吴地記：盤門東北二里有孫堅及孫策墳。續圖經：在盤門外三里。墓前有小溝曰陵浜鄉，俗稱爲孫王墓。吴郡志：吴王墓，政和間村民發墓甎皆作篆隸，得金玉瑰異之器甚多。父老相傳爲長沙王墓，郡守聞之，遽命掩塞。郡人楊友夔爲詩序其事，以爲孫堅墓。紹熙三年，郡人滕宬考據三國志，謂堅死還葬於曲阿，定以爲孫策所葬。

陸績墓。在吴縣閶門外太伯廟西。明統志：在縣西四十五里。

周瑜墓。吴地記：周瑜墳在吴縣東二里，今屬長洲縣界。

步騭墓。吴地記：步騭墳在吴縣東北三里。有石碑見存臨頓橋西南。

朱桓墓。吴地記：横山中有朱桓墓。

晉

何充墓。寰宇記：岝㟧山東一里有晉司空何充墓。

顧榮墓。在吴縣。寰宇記：在平門外九里。吴郡志：上將軍顧榮墳在吴縣東南十七里，今葑門東六里黄天蕩南。俗呼顧墓。

朱誕墓。寰宇記：在婁門外一里。晉光禄大夫。吴地記又有漢吴郡太守朱梁墓，在婁門外東南二里。

石崇墓。吴郡志：在吴縣西六里。潘岳墓，在石崇墳西北。夷堅庚志：崇墳在寶華山。

張翰墓。吴地記：在吴縣西南横山東五里。

袁山松墓。吴地記：在吴縣横山東二里。

陸玩墓。在長洲縣西雞籠山。

南北朝　梁

陸雲公墓。在震澤縣西北。吴地記：横山有梁門下侍郎陸雲公墓。姑蘇志：俗稱陸墓山，在横山西，與吴江分界。舊志訛爲陸雲墳。又或謂陸機，皆非。

陳

顧野王墓。吴地記：顧野王墳在横山東平陸地，遺言不起墳。吴郡志：在吴縣楞伽山下，近越來溪。

唐

陸象先墓。吴郡志：在光福寺西。

陸贄墓。在長洲縣齊門外六里官河西。按：皇甫汸縣志，贄卒於忠州，故忠州圖經云墓在玉虛觀南三十步。此特虛冢耳，公已歸葬。宋淳熙間，嘗於墓旁得遺刻，與所傳合。

陸龜蒙墓。姑蘇志：在甫里。旁有白蓮寺。

真娘墓。在虎丘寺側。平江記事：真娘，唐時名妓也。墓在虎丘劒池之西。往來遊士，多著篇詠。

卜珍墓。姑蘇志：在崑山西鹿城卜山，唐敬宗時將軍。

黄幡綽墓。在新陽縣西北十八里綽墩，相傳爲黄幡綽墓。至今村人皆善滑稽。

五代　吴越

錢元璙墓。在吴縣西南。續圖經：在横山下。

李開山墓。姑蘇志：在常熟縣東南四十四里，俗稱李墓。

宋

范仲淹祖墓。在吴縣西。吴郡志：在天平山三讓原，文正曾祖夢齡、祖贊時、父墉皆葬此。周迴十里，石山而土穴，人以爲范氏慶源。

韓世忠墓。在吴縣靈巖山西。吴中勝紀：韓蘄王墓旁立石甃數仞，石如之，御書「中興定國佐命元勳之碑」。

范成大墓。在吴縣西天平山南上沙村。

魏了翁墓。姑蘇志：在吴縣高景山金盆塢。
鄭虎臣墓。姑蘇志：在陽山西白龍寺南。
衛涇墓。在新陽縣東南石浦鎮。
劉過墓。在崑山縣馬鞍山東麓。宋嘉定五年，知縣潘友文買山葬於此。

元

鄭元祐墓。在吴縣西南横山。
顧仲瑛墓。姑蘇志：在崑山西北綽墩。

明

申時行墓。在吴縣吴山麓。
文震孟墓。在吴縣行春橋右。
唐寅墓。在吴縣横塘王家村。
韓雍墓。在吴縣西南雅宜山奇禾嶺。
吴寬墓。在吴縣西南薦福山西。
王鏊墓。在吴縣西南洞庭東山梁家山。

路振飛墓。在吴縣西南洞庭山法海塢。

王錫爵墓。在吴縣閶門外來鳳橋西。

孔鏞墓。在吴縣西横山丹霞塢。

周順昌墓。在吴縣西白蓮涇。

沈周墓。在長洲縣相城西。

文徵明墓。在元和縣武丘鄉花橋涇。

五人之墓。在元和縣虎丘山塘。天啓中，義民顔佩韋、馬傑、楊念如、沈揚、周文元，以魏忠賢矯詔逮捕周順昌，五人奮擊緹騎被誅。崇禎初毁忠賢生祠，合葬於此。相近又有葛賢墓，亦奮義擊税璫之爲民害者。

龔詡墓。在崑山縣城内儒學後。

葉盛墓。在崑山縣南盆瀆里。

歸有光墓。在新陽縣東南金瀆里。

瞿式耜墓。在常熟縣虞山下拂水巖西。

趙用賢墓。在常熟縣西南羅墩。

黄鉞墓。在常熟縣北門外報慈里。

顧大章墓。在昭文縣東南十里。

周用墓。在震澤縣南五十里。

校勘記

〔一〕楚考烈王徙封黄歇于江東　「王」，原作「主」，據乾隆志卷五四蘇州府古蹟（下同卷簡稱乾隆志）及史記卷七八春申君列傳改。

〔二〕詔諸道州縣於墅落許立城堡　乾隆志同，雍正河南通志卷三一輿地志古蹟蘇州府陶城條作「詔諸道州縣于郵堡置城」。

〔三〕俗呼後教場　「教」，原作「設」，據乾隆志改。

〔四〕唐張摶自湖州刺史移蘇州　「張摶」，原作「張搏」，乾隆志作「張博」，據宋范成大吴郡志卷六官宇及新唐書卷一九六陸龜蒙傳改。

〔五〕戴顒宅　「顒」，原作「容」，據乾隆志改。下文同改。按，本志避清仁宗諱改字也。

〔六〕在元和縣葑門外甫里北隅　「甫里」，原作「十里」，據乾隆志及雍正江南通志卷三一輿地志古蹟改。

大清一統志卷七十九

蘇州府三

祠廟

言公祠。通志：在學道坊，祀子游。

先賢祠。在府學内。祀唐陸元朗、陸贄，宋王旦、胡瑗、富弼、歐陽修、富嚴、蘇軾、朱長文、尹焞、王蘋、滕茂實、王映、陳長方、李侗、葉適、范成大、陸九淵、楊簡、魏了翁、周南、倪千里、陳愷、趙希懌、趙與篡〔一〕，元高智耀、游顯、甯玉。

韋蘇州祠。在府學内，祀唐刺史韋應物。宋景祐間建。

況公祠。在府學内，祀明知府況鍾。正統間建。

韓襄毅祠。在府學東，祀明韓雍。嘉靖間建。

周忠介祠。在府治東衛前，祀明周順昌。

延陵季子祠。在吴縣洞庭武山錦鳩峯下。元至正中建。

韓魏公祠。在吴縣至德橋南書巷内，祀宋韓琦。

鄭所南祠。在吴縣能仁寺，祀宋鄭思肖。

朱樂圃祠。在吴縣飲馬橋西南，祀宋祕書省正字朱長文。本朝乾隆三十年，賜御書扁額一。

湯公祠。在吴縣胥門外，祀本朝江南巡撫湯斌。後以巡撫張伯行、河道總督陳鵬年合祀。乾隆十六年，賜御書扁額一。

表忠祠。在吴縣雍熙寺西，祀明遜國忠臣姚善、黄子澄。

范文正公祠。姑蘇志：在義宅之東。續文獻通考：咸淳中，蘇州郡守潛説友建范氏祠堂，祀仲淹及其子純祐、純仁、純禮、純粹。本朝乾隆十六年，頒賜扁額，並御製范文正祠詩。

范文穆祠。在石湖上，祀宋范成大。本朝嘉慶元年修。

周濂溪祠。在長洲縣濂溪坊内，祀宋周茂叔。

甫里祠。吴郡志：在長洲縣東南五十里，祀陸龜蒙。

文待詔祠。在長洲縣西南，祀明翰林院待詔文徵明。本朝乾隆十六年，賜御書扁額。

文信國祠。在元和縣乘鯉坊。府志：祀宋文天祥。公嘗爲平江府知府。本朝乾隆三十年，賜御書扁額。

張公祠。在元和縣山塘，祀明巡撫張國維。

周文襄祠。在元和縣虎丘山，祀明巡撫周忱。又有四賢祠，祀周忱、海瑞、夏原吉、王恕。

短簿祠。在元和縣虎丘山麓。虎丘山志：東山廟，在虎丘山門内東嶺上，祀晉司徒王珣，名短簿祠。又立西山廟於西，祀珣弟司空珉。今居民祀爲土神。本朝乾隆二十二年，御製雜詠吴下古蹟，有短簿祠詩。

五賢祠。在元和虎丘山，祀唐刺史韋應物、白居易、劉禹錫，宋長洲令王禹偁、端明殿學士蘇軾。明萬曆中建。

二程子祠。在元和縣虎丘東，祀二程子。

尹和靖祠。在元和縣虎丘西庵，祀宋尹焞。焞嘗讀書於此，有三畏齋。

忠烈祠。在崑山縣春和坊東，祀明死事生員陳淮。

巫咸祠。在常熟縣昭明讀書臺下。明嘉靖中建。

草聖祠。在常熟縣學東，祀唐縣尉張旭。

吳公祠。在常熟縣治東，祀先賢言偃。方輿勝覽：吳公祠，在常熟縣學。慶元三年，知縣孫應時即講堂之東作爲此堂，以奉祠祀，朱子撰祠記。本朝康熙四十四年，賜扁額一。乾隆十六年，賜御書扁額一。

楊忠烈祠。在常熟縣南門外，祀明知縣楊漣。

虞仲祠。在常熟縣虞山東北嶺上。明成化中建。

三忠祠。在吳江縣長橋，祀吳伍員、唐張巡、宋岳飛。明洪武中建。

三高祠。在吳江縣東。吳郡志：三高祠，昔在垂虹橋南。乾道三年，縣令趙伯虛徙之雪灘，范成大爲之記。祀越范蠡、晉張翰、唐陸龜蒙。本朝乾隆二十二年、二十七年，御製三高祠詩。

周忠毅祠。在吳江縣西門内，祀明周宗建。

至德廟。在吳縣閶門内。續圖經：泰伯廟，在閶門内。舊在門外，漢桓帝時太守糜豹建。錢氏移之於内，以避兵亂也。

延陵季子侑祠焉。吳郡志：纂異記云吳泰伯廟在閶門西。皮日休詩云：「一廟争祠兩讓君。」蓋並祀仲雍舊矣。今廟在閶門内東行半里許。乾隆十六年，賜御書扁一。

伍子胥廟。吳郡志：有二。一在胥口胥江上，一在盤門内城西隅，左祀伍胥，右祀隋陳杲仁，曰雙廟。

春申君廟。吳郡志：在子城内西南隅，即城隍神廟。

聖姑廟。在吳縣太湖包山上。吳郡志：聖姑廟，在洞庭。晉王彪二女相繼卒，民以爲靈而祀之。

韓蘄王廟。在吳縣靈巖山西麓，祀宋韓世忠。本朝乾隆十六年，賜扁額一。

靈濟白龍廟。在長洲縣治陽山麓。續圖經：龍母廟，在陽山郡中。嘗於是祈雨即應，民所欽奉。吳郡志：太平興國間，建廟於山南曹巷。熙寧九年，遷於澄照寺東隅。

福吳富農龍神廟。在元和縣治西。雍正初敕建。

張公廟。在崑山縣治東南三里，祀宋知縣張方平。

夫差廟。吳地記：常熟縣郭西二里有夫差廟。世傳此廟拆姑蘇臺造。

越王勾踐廟。在常熟縣西北。

煥靈廟。在常熟縣北破山上。續圖經：唐咸通中，縣令周思輯以旱，禜龍於破山潭上，果應，於是爲堂祀之。吳郡志：政和二年，賜今額。

曹王廟。在吳江縣治東。寰宇記：即唐太宗第十四子也。調露二年，授蘇州刺史。善飛白、鳥迹書。今福善寺額、通玄石像皆其迹也。先天二年，敕立祠於松江。

寺觀

南禪寺。在郡學東。姑蘇志：唐開成間建。有千佛堂、轉輪經藏。白居易記。居易在郡，嘗書白氏長慶集留千佛堂。

雙塔寺。在府城東南隅。唐咸通中建，爲般若寺。至道九年，改壽安萬歲禪院。宋雍熙中，王文罕建兩甎塔〔二〕，遂名雙塔。

定慧寺。在雙塔寺西。吴郡志：定慧寺，萬歲院之子院也。祥符中改賜今額。府志：僧卓契順嘗居此，即訪東坡於惠州者。

法螺寺。在府治城外之西，徑接寒山千尺雪。山徑盤紆，從修篁中百折而上，勢如旋螺，故名。巖腰滴翠，澗道流泉，蓮社花源，兼斯勝槩。本朝乾隆十六年、二十二年、二十七年、三十年、四十五年、四十九年，皆有御製法螺寺詩，並賜扁額一、聯一。

報恩寺。在府城北隅，本吴通玄寺。唐爲開元寺，吴越爲報恩寺，今亦稱北寺。吴地記：通玄寺，吴大帝孫權吴夫人捨宅置。續圖經：報恩寺，在長洲縣西北一里半。開元中，詔天下置開元寺，遂改名開元。同光三年，錢氏更造，移支硎山報恩寺額於此。通志：梁僧正慧造浮圖於中，凡十一成。宋蘇軾捨銅龜以藏舍利。建炎四年，罹兵燹，寺塔俱燼。紹興間，再創，止九成。

承天能仁寺。在報恩寺西甘節坊，梁衛尉卿陸僧瓚捨宅置。初名廣德重元寺，宣和中改今額。府志：元末，張士誠據以爲宫。明洪武初，復爲寺。成化十年重建。本朝康熙五十八年，賜「金葉祥光」扁額。

寶林寺。在府城西北隅。姑蘇志：元至正間，僧圓明建。内有栟櫚徑、梧桐園、水竹亭、山茶塢、煮雪寮、停鶴館諸景。

萬壽寺。在府治東北。中吴紀聞：萬壽寺有禪月門。禪月者，唐僧貫休也，寓跡萬壽甚久。府志：萬壽寺，晉義熙中，西域僧法愔建，名浄壽院。明嘉靖時，改爲長洲學。僧證果移佛像，就寺之東結茨覆之，仍稱萬壽庵。

寶光寺。在府城東北跨塘橋。本鬱林太守陸績宅，吴赤烏時賜額。寺内向有鬱林石，今遷至府學。

靈鷲寺。在府城東北隅。梁天監中建。吴地記：梁乾化三年，錢氏爲永光院。祥符中改今額。

寶積寺。吴郡志：寶積教院，在黄土塔橋之東，舊靈巖山廨院也。府志：梁天監中建。相傳寺基爲要離宅。今爲寺中伽藍。

朱明寺。在吳縣城隍廟西。吳地記：晉朱明與弟同居，弟妻欲異居，明以金穀盡與弟，惟留空宅。一夕風雨，悉吹財帛還，弟與妻羞而自縊，明乃捨宅爲寺。新志：順治初，曾爲巡撫署。屢見神光，發地，得須菩提碑刻五百羅漢，朱明字蹟在焉。遂遷署南城，復爲寺。

白蓮花寺。在甫里。吳中舊事：寺乃陸魯望故宅。後有祠堂，蓋唐時物。

楞伽寺。在吳縣上方山上，俗名上方寺。續圖經：寺在吳縣西南橫山下。其上有塔，據橫山之巔，隋時建，有石記存焉。白樂天及皮、陸有詩。本朝乾隆二十七年、四十五年，御製上方山楞伽寺詩。

治平寺。在吳縣上方山下。梁天監二年，僧法鏡建。舊亦名楞伽，宋治平元年改今名。吳郡志：相近有寶積寺，亦名楞伽。今楞伽寺在山上，而寶積、治平在山下，蓋皆一寺所分。吳郡諸山録：寺門外八角大井石欄刻字云：「隋開皇十年楊素開。」蓋素初平陳，徙吳郡於此。本朝乾隆二十七年，御製治平寺詩。

支硎寺。在吳縣支硎山東麓。吳郡志：觀音禪院，亦曰支硎山寺，即古報恩寺基也。

南峯寺。在吳縣支硎山西。吳郡志：舊名天峯院，即支遁別菴也。祥符五年，賜今名。府志：今廢，止存支公放鶴亭。

穹窿寺。在吳縣穹窿山，梁天監二年置。相傳朱買臣故宅。或曰，吳越時德韶國師道場也。明洪武初，姚廣孝爲僧，嘗居此，敕改顯忠禪寺。嘉靖中，鬻爲民産。崇禎十三年，復建，名拈華寺。本朝康熙四十一年，聖祖仁皇帝賜「拈花禪寺」額。乾隆二十二年、二十七年、三十年，高宗純皇帝皆有御製拈花寺詩。四十五年，御製過拈花寺不入寄題詩。

白馬寺。在吳縣穹窿山西。吳郡諸山録：梁天監中，取梅梁於此，因奠白馬而得。唐會昌六年，置禪寺。姑蘇志：白馬寺即穹窿所析者。

光福寺。姑蘇志：在吴縣鄧尉山龜峯上，梁大同間建。寺有舍利塔。

實相寺。在香山西太湖濱。吴郡志：實相院，在吴縣西南七十里，古廢寺也。梁大同十年再興，祥符元年改今名。

翠峯寺。在洞庭東山。吴郡志：唐將軍席温所捨宅也。姑蘇志：在莫釐山之陰，雪竇禪師嘗居此。其遺跡有降龍井、羅漢樹、悟道泉。

彌勒寺。在洞庭東山飯石峯下。唐乾符間，吴越王建。

興福寺。在東洞庭余塢南。梁天監二年，千將軍捨宅建。

祇園寺。在洞庭西山消夏灣五峯嶺下。梁散騎常侍吴猛捨宅建。

上方寺。在洞庭西山。吴地記：上方院，在吴縣西南一百二十里，唐會昌六年置。

包山寺。在洞庭西山。吴郡志：包山禪院，在吴縣西南一百二十里。梁大同二年建，天監中再葺。

水月寺。在洞庭西山縹緲峯下。吴郡志：梁大同四年建。山有無礙泉，蘇舜欽有記。

西小湖寺。在洞庭西山縹緲峯北。梁大同二年置。吴郡志：在吴縣西南一百五十里，即舊小湖院也。相傳唐乾符中，有沈香觀音像汎太湖而來，小湖僧迎得之。有草繞像足，投之小湖，生千葉蓮花，至今有之。

東小湖寺。在西洞庭涵村東新安嶺。宋咸淳二年建。

天王寺。在洞庭西山桃花塢。唐大中元年，鑿井得天王像，賜額。

西禪寺。姑蘇志：在吴縣學前。唐貞觀初建。咸通間，有僧自南泉來，稱西禪和尚，因名寺。

瑞光寺。在吴縣盤門内。姑蘇志：吴赤烏間，僧性康建，名普濟院。宋時塔有五色光現，詔賜今額。本朝康熙四十二年，聖祖仁皇帝賜「普度羣黎」扁額。乾隆二十七年，御製小憩瑞光寺詩。

雍熙寺。在吴縣城隍廟左。府志：寺在周武狀元坊内，本周瑜故宅。梁爲陸襄宅，天監二年捨爲寺，名法水寺。宋改今名。明洪武初，以其地爲城隍廟，乃即廟左重建。

清遠寺。在吴縣蓮花峯東南。府志：本名華山寺，明僧鹿亭結茆於此，長松夾徑，寺門幽絶。本朝康熙二十三年，賜今額。

壽聖廣福寺。在吴縣吴山。吴郡志：壽聖院在吴縣西南二十里。晉天福五年，吴越中軍節度使錢文奉建，以奉其父廣陵王元璙墓祀。初名吴山院，治平中改賜今額。

思益寺。在吴縣獅山。吴地記：岝崿山中有寺，號思益，梁天監二年置。府志：元季燬，明宣德間重建。

靈巖寺。在吴縣靈巖山。一名秀峯寺。吴地記：晉太尉陸玩捨宅置。吴郡志：秀峯寺，吴館娃宫也。後爲韓蘄王功德寺，改名崇報禪院。新志：明洪武中，賜今名。本朝康熙二十八年，聖祖仁皇帝賜「嵐翠」二字額。乾隆三十年，高宗純皇帝有御製靈巖寺用趙嘏韻詩。

昭明寺。在吴縣錦峯山。相傳梁昭明太子置。或謂山産文石，故名。宋嘉泰中重建。

寶華寺。在吴縣西南寶華山。續圖經：梁人吴廣施所居爲寺，號曰寶林，錢氏改名寶華。祥符中重建。通志：梁天監中，西域僧酩酩和尚卓錫出泉，今在寺左百步。

堯峯寺。在吴縣横山西南。舊名免水院，後改曰堯峯。有十景，謂清輝軒、碧玉沼、多境巖、寶雲井、白龍洞、觀音巖、偃蓋松、妙高峯、東齋、西隱。

薦福寺。續圖經：在吴縣横山下。廣陵王元璙墓在其旁。或號薦福院，或云亦錢氏建。

開元寺。在吳縣西南。輿地紀勝：開元寺，在吳縣西南隅，寺有晉時浮海來二石像及佛鉢。梁簡文有石像銘，皮日休有佛鉢序。府志：寺在盤門内，有閣供奉大藏。純壘細甎，不用寸木。本朝乾隆二十二年，御製開元寺詩。

永定寺。在吳縣西南。吳地記：梁天監三年，蘇州刺史吳郡顧彦先捨宅置，陸鴻漸書額。

西竺寺。在吳縣西南一里。吳地記：即祥符寺。唐大中八年，處州人馬厚捨宅爲馬禪寺，錢氏改保壽院。祥符中，改今額。

天壽聖恩寺。在吳縣西南鄧尉山右。府志：唐天寶間，建天壽禪寺。宋寶祐間，又建聖恩禪庵。明洪武時重建。正統八年，賜名「天壽聖恩寺」。本朝康熙二十八年，有御賜「松風水月」扁額。乾隆二十二年、二十七年、三十年、四十五年，高宗純皇帝南巡，有御製四疊松風水月以題爲韻詩，疊賜御書額三、聯二。

天平寺。在吳縣西南天平山下。續圖經：山有白雲泉〔三〕，始見於白公詩。其寺建於寶曆二年，乃樂天爲雍州刺史之歲，因泉以興寺。宋慶曆間，賜額「白雲寺」。吳郡諸山録：今爲范文正公功德院。義倉在其中，文正祖父葬山下。

寒山寺。在吳縣西十里楓橋。相傳寒山、拾得嘗止此，故名。内有寒山、拾得二像。唐張繼宿楓橋詩云「姑蘇城外寒山寺」，即此。

龍興寺。在吳縣西。吳地記：則天皇后置，賜扁額八方。開元五年，再興此寺，刺史張廷珪模舊額鐫於碑。吳郡志：在吳縣西南，梁所置。紹興間，於官倉瓦礫中得房琯所作寺碑，韋夏卿再立者。

禪興寺。在長洲縣乘鯉坊内。姑蘇志：相傳梁天監二年，刺史孫文捨宅建。或云孫瑒故宅。瑒尚主，寺後有妙嚴公主墓。

東禪寺。在長洲縣東南。姑蘇志：吳赤烏二年，陳丞相宅池中生瑞蓮，遂捨宅爲鎮國院。唐大中間，敕改東禪明覺寺。

府志：宋巽僧杜酒仙嘗居之，今有祠。

壽聖寺。吴郡志：在長洲縣西北七里綵雲橋半塘。寺有雉兒塔，晉道生法師有誦法華經童子死，葬此。義熙十一年，商人謝本夜泊此岸，聞誦經聲，旦見墳上生青蓮花。事聞，詔建是塔，號法華院。宋治平間，賜今額。

北禪寺。在長洲縣東北，晉戴顒捨宅置(四)。有雨花堂、禁蛙池。

天宫寺。在長洲縣東北。吴郡志：天宫禪院，舊武平院。唐景福元年，僧淡然建。

雲巖寺。在元和縣虎丘山。續圖經：雲巖寺，在長洲西北九里，晉王珣與弟珉之宅。咸和二年，捨建精廬，即劍池分爲東、西二寺，皆在山下。後乃移寺山上。虎丘山志：雲巖寺，即虎丘山寺。宋至道中，知州事魏庠奏改雲巖。本朝康熙二十三年，聖祖仁皇帝南巡，恭建萬歲樓於兹山之陽。四十六年，視河南巡，頒賜扁額，凡十有五：曰「虎阜禪寺」，曰「路接天閶」，曰「青雲境」，曰「天光雲影」，曰「仙境澄潭」，曰「曠宜樓」，曰「静觀齋」，曰「香界連雲」，曰「雲光臺」，曰「連雲」，曰「澹香樓」，曰「静遠」，曰「晴巒飛翠」，曰「含輝山館」，曰「水雲深處」。乾隆二十二年、二十七年、三十年、四十五年、四十九年，高宗純皇帝南巡，皆有御製遊虎丘雲巖寺詩及静觀齋、含輝山館詩。四十九年，仁宗睿皇帝隨扈，有虎丘雲巖寺詩。

景德寺。在崑山縣治通德坊，一名西寺。晉王珉捨宅建。初名寶馬寺，宋景德二年改今額。

慧聚寺。在崑山縣馬鞍山。續圖經：高僧慧嚮，梁武帝之師，宴坐馬鞍山，二虎爲侍，感致神人，願致工力。是夜風雨暴作，遲明殿基成。事聞，武帝命建寺，敕張僧繇繪神於兩壁，畫龍於四柱。每陰晦欲雨，畫龍鱗甲欲動，僧繇又畫鏁以制之。

新安寺。在崑山縣東二百步。梁天監二年置。

聖像寺。在崑山縣東南三十里滬瀆。府志：晉建興二年，有伽葉、維衛二石佛，泛海來止，衆迎像置郡城開元寺。里人趙罕捨所居建寺，事聞，敕賜今額。明洪武間重建。

興福寺。在常熟縣破山。齊郴州刺史倪德光捨宅爲寺〔五〕，亦名破山禪院。唐常建有詩。

寶巖寺。在常熟縣虞山西麓。梁大同三年置。舊名延福，宋天禧中改賜今名。吳地記：中有浮圖七級，極莊嚴，吳人相傳自京師來，泗州僧伽塔爲第一，此爲第二。

慧日寺。在常熟縣城西北隅。梁天監間，僧慧嚮開山，今爲祝釐道場。祥符元年賜今額。

清凉寺。在常熟縣西北。舊名三峯寺，本朝康熙三十八年賜今額。

勝法寺。在昭文縣梅李鎮。乾元元年置，爲離火宅寺。宋祥符元年改今額。

明因寺。在昭文縣支塘鎮。舊名永昌，又名再昌，祥符改元，始易今額。

東塔寺。在昭文縣南。一名方塔，宋建炎四年建。本朝康熙四十六年，御賜扁額。

無礙寺。在吳江縣松江之上。名勝志：在城常樂坊西，亦名西寺。梁開平年建。

永福寺。在吳江縣八赤，宋紹興二十一年建。

寧境華嚴寺〔六〕。在吳江縣東門外。輟耕録：吳江華嚴寺浮圖之巔，望之二矢著其上，簳羽宛然。相傳南宋賈似道出督時，祝矢自誓，輒中焉。大德中，僧善信大修浮圖，更其巔而新之，視向二矢〔七〕，實銅鐵二條，交貫横亘耳。姑蘇志：梁衛尉卿陸僧瓚捨莊基建。紹興五年賜今額。

法喜寺。在吳江縣東九里。後唐長興元年建。始名崇福，大中祥符元年賜今額。

雙林寺。在震澤縣倪林里。宋咸淳中建。

殊勝寺。在震澤縣平望鎮。吳郡志：殊勝院，丞相蔡京趨驛，道由平望，因觀寺僧書華嚴經，僧以寺額爲請。蔡問書經至何品，僧云：「至殊勝功德品。」已而得「殊勝」敕額。

上真觀。在吴縣穹窿山三茅峯。府志：相傳漢初平中建，祀三茅真君。歲久傾頽，惟峯頂斷碑依稀見「三茅真君」字及宋延祐年號而已。本朝順治七年，法師施道淵興建，遂成巨構，賜今額。乾隆二十二年、二十七年、三十年、四十五年、四十九年，皆有御製穹窿山上真觀詩。

福濟觀。在府城内紅橋西北。一名神仙廟，宋淳熙間建。元至大間賜今額。

白鶴觀。在府城東北隅鶴舞橋東。相傳其地爲宋信安郡王藏春園地。至元間，道人張應玄復建，有羣鶴自東南來，一鶴結巢樹上，因名曰白鶴觀。

玄妙觀。在府城東北隅。創於晉。續圖經：唐改名開元宫。祥符中，更名天慶觀。吴郡志：紹興十六年重建。淳熙六年，復建三清殿，賜書「金闕寥陽寶殿」六字額。通志：元元貞元年，始改今額。殿中有吴道子老君像、唐玄宗贊及顔魯公書。東廡有通神庵，爲何真人所居。明正統間，造彌羅寶閣，賜道藏經。本朝康熙十二年重修，四十四年賜扁額。乾隆三十年賜扁額。

靈佑觀。在洞庭西山。續圖經：唐之神景宫也。内有林屋洞，唐時投龍於此，因建宫。天禧五年改賜今名。

清真觀。在崑山會仙橋東。府志：即宋放生池。乾道七年，建立真武殿，得樟木一段，鋸出儼具聖像，披髮仗劍，遂裝繪供奉。淳熙元年賜額。

致道觀。在常熟縣西門内虞山南嶺下。續圖經：梁天監五年，張裕來此山栖遁，建招真觀，昭明太子爲之撰碑。簡文帝改曰乾元。姑蘇志：宋治平中，道士李則正浚井，得藏丹，化雙鴿飛入尚湖。政和七年〔八〕，改致道觀。

瑞雲觀。在吴江縣城東三十里，所謂笠澤福地也。元泰定間建。

湧泉院。在吴縣西南横山下。吴郡志：舊爲程師孟光禄香火院，故程賦詩甚多。

頂山廣福院。在常熟縣西十八里。梁石使君捨宅，建爲頂山禪院。治平四年，改賜今額。有十景。

大慈塔院。在虞山拂水巖東。通志：本朝玉林通琇禪師自京還山，世祖章皇帝敕賜帑金建塔院。

應天禪院。在震澤縣蠡澤邨，唐乾符二年賜額。

青松庵。在盤門外。宋端平間建。

龍樹庵。在閶門外西五里白蓮涇南。通志：明萬曆間建。周忠介順昌以老樹拒門如龍，因名「龍樹」。

化城庵。在吴縣支硎山西。内有石壁峭立，水濺石上，日夜不絕聲，因稱「千尺雪」。

雲泉庵。在吴縣天平山范文正公墓旁。宋慶曆中建。本朝康熙三十八年，御賜扁額二。

桃花庵。在吴縣西北隅桃花塢。府志：唐寅舊居。天啓時，改名「準提庵」。浚池，得唐解元桃花庵歌及祝允明庵額。今並存。

崇真宫。在承天寺西。吴郡志：宣和中爲神霄宫。門有青石橋，扶欄雕刻之工，細如絲髮，爲吴中橋欄之最。

上真宫。在西洞庭龍頭山西三里。吴都文粹：上真觀，梁隱士葉順昌之宅。大同四年，捐宅爲宫，即今之壽聖上真宫。

靈順宫。在東洞庭楊灣，祀相國伍員。唐貞觀二年建。宋高宗時再葺。

獅子林。在府治東北隅。元至正二年建。多聚奇石，狀若狻猊。石洞螺旋，人遊其中，迷於往復。其上翹林秀木，若不階尺土，離立巖際。内有卧雲室、立雪堂、問梅閣、指柏軒、禪窩、竹谷諸景，元倪元鎮曾繪爲圖，真跡入内府。康熙四十二年，聖祖仁皇帝賜扁額。乾隆二十二年、二十七年、三十年、四十五年、四十九年，高宗純皇帝皆有御製遊獅子林詩，疊賜扁額，並命畫苑摹倪卷真跡，永藏吴中。四十九年，仁宗睿皇帝隨扈，有恭和御製獅子林詩。

名宦

漢

任延。南陽宛人。更始元年，拜會稽都尉。時中土士避亂江南，延聘請高行嚴子陵等，待以師友之禮，掾吏貧者分禄給之。省諸卒耕公田，以周窮急。行縣慰勉孝子，又禮致隱士龍丘萇署議曹祭酒，郡中賢士争往宦焉。

鍾離意。山陰人。建武初，爲郡督郵。時部縣亭長有受人酒醴者，府下記按之。意封還記，言於太守曰：「政化之本，由近及遠。宜先清府内，且闊畧遠縣細微之愆。」太守賢之，遂任以縣事。

第五倫。京兆長陵人。建武中，拜會稽太守。躬自斬芻養馬，妻執炊爨。受俸裁留一月糧，餘皆賤貿與民之貧羸者。其俗多淫祀，民常以牛祭神，用是財産困匱，前後郡將莫敢禁。倫移書屬縣，曉告百姓，屠牛者吏輒行罰。後遂斷絶，民得以安。永平五年，坐法徵，老小攀車扣馬，號呼相隨。及詣廷尉，吏民上書守闕者千餘人，得免歸。

彭修。毘陵人。建武中，守吴令。與太守俱出討賊，賊望見車馬，競射之。修障扞太守，中流矢死，太守得全。賊素聞其恩信，即殺弩中修者，餘悉降散，言曰：「自爲彭君故降，不爲太守服也。」

馬稜。茂陵人。永元中，轉會稽太守，所至有聲。

張霸。成都人。永元中，爲會稽太守。表用郡人顧奉、公孫松等，並有名稱。其餘有業行者，皆見擢用。郡中争厲志節，習經者以千數。霸始到，郡界未靖，明用信賞，賊遂束手歸附。童謡曰：「棄我戟，捐我矛。盜賊盡，吏皆休。」

王衡。永和三年，爲吴郡太守。郡丞羊珍反，攻郡府，衡破斬之。

晉

鄧攸。襄陵人。太興初，爲吴郡太守。載米之郡，俸禄無所受，唯飲吴水而已。郡大饑，攸表未報，開倉救之。臺劾擅出穀，有詔原之。稱疾去職，郡常有送迎錢數百萬，不受一錢。

南北朝　宋

劉損。蕭人。元嘉中，爲吴郡太守。至閶門，便入泰伯廟，室宇頽毁，垣墻不修。損愴然曰：「清塵尚可彷彿，衡宇一何摧頽！」乃即令修葺。

羊元保。南城人。元嘉中吴郡太守。元保廉素寡欲，故授名郡。爲郡雖無幹績，而去後常見思。

鮑照。上黨人。孝武初，除海虞令。

南齊

蕭緬。齊安陸王。世祖時，爲吴郡太守，大著風績。竟陵王子良與緬書曰：「竊承下風，數十年來未有此政。」世祖嘉其能。

梁

江革。考城人。高祖時，監吴郡。時境内荒儉，劫盜公行。革至郡，惟有公給仗身二十人，百姓皆懼不能靖寇。革廣施恩撫，明行制令，盜賊静息，民吏安之。

何遠。剡人。梁初嘗監吴郡。性耿介，疾强富如仇讐，視貧細如子弟，特爲豪右所憚。尤厲清節，妻子飢寒，不以動心。所至立祠祀之。

何敬容。廬江人。普通中，爲吴郡太守。爲政勤恤民隱，辨訟如神。視事四年，治爲天下第　。吏民詣闕請樹碑，詔許之。

謝舉。陽夏人。大同中，爲吴郡太守。先是，何敬容居郡有美績，世稱爲何吴郡。及舉爲政，聲跡畧相比。

王規。臨沂人。中大通時，爲吴郡太守。主書芮珍宗家在吴，前守宰皆傾意附之，規遇之甚薄。珍宗密奏規不理郡事，俄徵爲左民尚書。郡吏民千餘人詣闕請留，不許。

陳

沈君理。吴興人。永定初，爲吴郡太守。是時兵革未靖，軍國之用，咸資東境。君理招集士卒，修治器械，民下悦附，深以幹理見稱。

隋

劉權。豐人。開皇中，拜蘇州刺史。時江南初平，物情尚擾，權撫以恩信，甚得民和。

唐

岑仲翔。江陵人。爲長洲令。時兄羲爲金壇令，弟仲休爲溧水令，皆有治績。宰相語本道巡察御史：「毋遺江東三岑。」

韋應物。京兆長安人。建中時，爲蘇州刺史。性高潔，與顧況、劉長卿、丘丹、秦系、皎然之儔相酬唱。
于頔。洛陽人。貞元中，蘇州刺史。罷淫祠，濬溝澮，端路衢，爲政有績。
滕遂。貞元中，爲長洲令，攝吴縣。人歌之曰：「朝判長洲暮判吴，道不拾遺人不孤。」
王仲舒。并州祁人。元和中，爲蘇州刺史。變瓦屋，絶火災，賦調常與民爲期，不擾自辦。
范傳正。順陽人。元和中，蘇州刺史，有殊政。
崔俊。京兆長安人。長慶中蘇州刺史。性介潔，視贓負者若仇。奏課第一。
白居易。下邽人。寶曆中，爲蘇州刺史。
狄兼謨。太原人。太和中，由鄭州改蘇州刺史。以治最，擢給事中。
劉禹錫。洛陽人。太和中，爲蘇州刺史。以政最，賜金紫服。
楊發。馮翊人。大中時，爲蘇州刺史。治以恭長慈幼爲先。

宋

王禹偁。鉅野人。太平興國中，知長洲縣。同年生羅處約時宰吴縣，日相賦咏，人多傳誦。
宋璫。渭南人。淳化中，三吴歲饑，民疾病多死，擇長吏養治之，命璫知蘇州。璫體豐碩，素病足，至州，地卑濕，疾益甚。或勸其謝疾北歸，璫曰：「天子以民病，俾我綏撫，我以身病而辭焉，非臣子之大義也。」
陳省華。閬中人。至道中，知蘇州。遇水災，省華復流民數千户，殍者悉瘞之。詔書褒美。

陳靖。莆田人。天禧中，知蘇州。

王質。大名莘人。天聖中，通判蘇州。州守黄宗旦得盜鑄錢者百人，下獄治，退告質曰：「吾以術鈎致得之。」質曰：「以鈎人寘之死而又喜，仁者之政，固如是乎？」宗旦慚沮，爲薄其罪。

張方平。南京人。景祐中，知崑山縣。

司馬光。夏縣人。父池在杭，求簽蘇州判官事以便親，許之。

滕宗諒。河南人。慶曆中，知蘇州。

梅摯。新繁人。慶曆中，通判蘇州。二浙饑，官貸種食，已而督償頗急。摯言：「借貸本以行惠，乃重困民！」詔緩輸期〔五〕。

蔡抗。宋城人。嘉祐中，知蘇州。州並江湖，民田苦風潮害。抗築長隄自城屬崑山，亘八十里。民得立塍堨，大以爲利。

韓正彦。安陽人。嘉祐中，知崑山縣。創石隄，疏三門，得良田數萬頃。民立祠祀之。

滕元發。東陽人。哲宗時，知蘇州。

孫覺。高郵人。神宗時，知蘇州。

劉拯。南陵人。元豐中，知常熟縣。有善政，縣人稱之。

常安民。邛州人。元豐中，知長洲縣。以主信爲治，人不忍欺。追科不下吏，使民自輸，先他邑以辦。

王覿。如皋人。元祐中，加直龍圖閣，知蘇州。州有狡吏，善刺守將意以撓權。覿窮其姦狀，寘於法，一郡肅然。民歌咏其政，有「吏行水上，人在鏡心」之語。

洪彦昇。樂平人。調常熟尉，奉母之官。既至，前尉欲申期三月以規薦，而中分俸入。彦昇處僧舍，卻俸不納，如約始交印。

張克戩。開封人。徽宗時，知吳縣。吳爲浙劇邑，民喜爭，大姓怙勢持官府，克戩一裁以法，姦猾屏氣。召拜衛尉丞。

趙訓之。秦悼王五世孫，知吳縣。朱勔怙勢役州縣，訓之不爲屈。勔嘗執數輩詣縣請治，訓之悉縱之。忤勔，遂移疾去。

陳公輔。臨海人。調平江教授。朱勔方嬖倖，公輔絶不與交。勔有兄喪，諸生欲往弔，公輔不予告。

張浚。綿竹人。建炎三年，金人南侵，車駕幸錢塘，留朱勝非於吳門捍禦，以浚同節制軍馬。已而勝非召，浚獨留。時潰兵數萬，所至剽掠，浚招集甫定。會苗傅、劉正彦作亂，改元，赦書至平江。浚命守臣湯東野祕不宣，謀起兵討賊。時呂頤浩節制建業，劉光世領兵鎮江，浚齎蠟書，約頤浩、光世以兵來會，而命張俊分兵扼吳江，上疏請復辟。

趙鼎。聞喜人。知平江府。

胡松年。懷仁人。建炎中，知平江府。未入境，貪吏解印斂跡。以興利除害十七事揭於都市，百姓便之。

李光。上虞人。徽宗時，知常熟縣。朱勔父冲倚勢暴横，光械治其家僮。冲怒，風部使者，移令吳江，光不爲屈。紹興中，除顯謨閣直學士，移守平江。

趙彦倓。爲平江節度推官，攝宜興縣。時以牧馬券科爲負，嘗預用二年後税，民以此病。彦倓請諸司奏釋宿逋，禁預借，積弊遂絶。

向子諲。臨江人。紹興中，知平江府。金使議和，將入境，子諲不肯拜金詔，忤秦檜意，致仕。

蕭燧。臨江軍人。紹興中，授平江府觀察推官。時秦檜當國，其親黨密告燧，秋試必主文漕臺。燧詰其故，曰：「丞相有子就舉，欲以屬公。」燧怒曰：「初仕敢欺心耶！」

劉穎。西安人。紹興中，知常熟縣，後知平江府。

梁克家。晉江人。紹興中，授平江簽判。時金主亮死，克家移書陳俊卿，謂敵雖遁，吾兵力未振，不量力而動，將有後悔。俊卿以白丞相。陳康伯歎其遠慮，召爲祕書省正字。

周葵。宜興人。紹興中，知平江府。金使絡繹於道，葵不爲禮。

李衡。江都人。高宗時，授吴江主簿。有部使者怙勢作威，侵剥下民。衡不忍以敲扑迎合，投劾於府，拂衣而歸。

洪遵。番陽人。紹興中，金兵由海道窺二浙，朝廷以浙西副總管李寶禦之。寶駐兵平江，以遵嘗薦寶，乃命遵知平江。及寶以舟師擣膠西，凡資糧器械舟楫皆遵供億。寶成功而歸，遵之助爲多。先是，朝廷慮商舶爲敵得，悉拘入官，既而不返，並海縣團萃巨艦及募水手民兵，皆縶留未得去。遵因對論之，以船還商，而聽水手自便。吴人德之。

張孝祥。烏江人。隆興中，知平江府。事繁劇，孝祥剖决，庭無滯訟。屬邑大姓並海囊橐爲姦利，孝祥捕治籍其家，得穀粟數萬。明年，吴中大饑，迄賴以濟。

虞允文。仁壽人。隆興中，以顯謨閣學士知平江府。

汪應辰。玉山人。乾道中，以端明殿學士知平江府。

袁韶。慶元人。嘉泰中，爲吴江丞。蘇師旦恃韓侂胄威福，撓役法。提舉常平黄榮，檄韶覈田以定役，師旦密諭意，言吴江多姻黨，儻相容，當薦爲京朝官。韶不聽。是歲更定户籍，承徭賦，皆師旦黨。師旦諷言者，將論去。榮亟以是事白於朝，且薦之。

沈作賓。歸安人。開禧中，知平江府。請得節制許浦水軍，詔可。郡有使臣，故海盜也，作賓使招誘其黨。既至，慰勉之，又得强勇者幾千人，置將統之，號曰「義士」。復募郡城内外惡少，亦有幾千人，號曰「壯士」。衣糧器械，皆視官軍，而輕捷善鬭過之。於是海道不警，市井無譁。

唐璘。古田人。嘉定中，調吴縣尉，以鯁直聞。

吴淵。寧國人。紹定中，知平江府。歲大祲，因淵全活者四十二萬三千五百人。

孫子秀。餘姚人。紹定中，調吴江主簿。有妖人稱水仙，郡守王遂將使治之，莫敢行。子秀奮然請往，焚其廬，碎其像，沈其人於太湖，曰：「實汝水仙之名矣。」妖遂絶。日詣學宫，與諸生討論義理。

吴潛。寧國人。嘉熙中，知平江府。條具財計凋敝本末，以寬郡民，與轉運使王埜争論利害。授寶謨閣待制，提舉太平興國宫。

陳塏。嘉興人。淳祐中，知平江府，兼淮浙發運使。户部侍郎趙必愿舉塏最，詔特轉一官。

胡穎。湘潭人。知平江府，兼浙西提點刑獄。榮王府十二人行劫，穎悉斬之，適旬命沈於江。

黄震。慈谿人。寶祐中，調吴縣尉。吴多豪勢家，告私債則以屬尉，民多凍餒窘苦，死尉卒手。震至，不受貴家告。府檄攝其縣，及攝長洲、華亭，皆有聲。

程元鳳。徽州人。寶祐中，判平江府，兼淮浙發運使。奏免修明局米五萬石。

包恢。建昌人。景定中，知平江府，兼發運。豪有奪民包舉田、寄公租誣上者，恢上疏，指以爲小民祈天永命之一事。帝覽奏惻然，罪任事者，即歸民田。

常楙。武康人。淳祐中，調常熟尉，辟平江府百萬倉檢察。不受和糴事例，戢吏卒暴取。度宗時，知平江。值旱，故事郡守合得緡錢十五萬，楙悉以爲民食、軍餉助。蠲苗九萬，税十三萬，版帳十六萬，又蠲新苗二萬八千，大寬公私之力。飛蝗幾及境，疾風飄入太湖。節浮費，修府庫。既代，有送還事例，自給吏卒外，餘金萬楮，楙悉不受。吏驚曰：「人言常侍郎不受錢，果然。」

文天祥。吉水人。德祐中，知平江府。

元

王都中。福寧人。世祖時，以父功授平江路總管府治中，時年甫十七。僚吏見其年少，頗易視之。都中遇事剖析，動中肯綮，皆愕眙不敢欺。崑山有詭易官田者，事覺而八年不決，都中爲披故牘，洞見底裏，其人乃伏辜。學舍久壞，而郡守缺。都中曰：「聖人之道，人所共由，何獨守得爲乎？」乃首募大家合錢，新其禮殿。

桂完澤。永嘉人。嘗從西江左丞李托爾留京師，得爲平江路管軍鎮撫。會賊攻昱嶺關，完澤討之，凡再戰皆勝。尋又與賊鬭，爲所執，其妻弟金德亦被擒。臨以白刃，脅之降，皆不屈。賊怒，剖二人之腹而死。「托爾」舊作「朶兒」，今改正。

孔文貞。東平人。至元中，爲常熟縣尹。歲大潦，率民疏境内港浦，洩積水而注之江，秋乃大稔。

明

魏觀。蒲圻人。洪武中，爲蘇州知府。適承前太守虐政後，務去煩苛，與民休息。興學校，禮賢士，盡心民事，課績爲天下最。遷四川參政，因部民乞留，命還任。初張士誠以府治爲宫，而别遷府治。觀還治舊基，又濬錦帆涇，興水利。或譖其興既滅之基，坐棄市。

王觀。祥符人。由鄉薦擢蘇州知府。公廉有威，發姦擿伏，民憚若神。有黠吏錢英屢陷官長，觀縛至庭，捶殺之，姦豪屏跡。太祖遣行人齎敕褒之。與前守李亨、魏觀，後守姚善、況鍾皆賢，稱「姑蘇五太守」。

姚善。安陸人。建文中，知蘇州府。初太祖以吴俗奢僭，重繩以法，黠者更持人長短，訟獄滋多。善務持大體，不屑苛細，訟爲衰止。部内布衣賢士，咸加優禮，政譽翕然。

劉幹。修武人。永樂中，從户部尚書夏原吉按吴治水，改長洲縣丞。常躬歷塍陌，勞田畯，問所疾苦，未嘗鞭笞一人。卒於官，貧不能斂，部民助歸其喪，葬衣冠於半塘。

況鍾。靖安人。宣德中，知蘇州府。始至，羣吏抱牘請判，鍾惟吏所欲行止。越三日，召詰之曰：「若輩舞文久，罪當死。」立捶殺數人，一府大震。丁憂將去，民歌曰：「況太守，民父母。願復來，養田叟。」乞留於朝者三千餘人。詔許復任，奏免田租七十餘萬石。興利去弊，鋤强扶弱，興學校，禮文儒。九年秩滿當遷，郡民二萬餘人乞再任，詔進二秩如民請。明年卒，吏民聚哭，立祠祀之。

朱勝。金華人。正統間，知蘇州府。政尚中和，而吏治精練，物無遁情，案無滯牘。嘗曰：「吏貪，吾詞不付房。隸卒貪，吾不行杖。獄卒貪，吾不繫囚。」人歎服之。

郭南。正統中，爲常熟知縣。縣苦役，南酌輸米以給役費，民甚便之。僚屬有事於鄉，令以食物隨行。縣産軟粟，南食之而甘，曰：「後必有以此貢上者，爲民永世害矣。」命悉拔之。

龍晉。南京人。景泰初，爲常熟知縣，有善政。常疏吴淞江，獲一石，文曰：「得一龍，江水通。」績用果成。

林鶚。太平人。天順時，知蘇州府。一切簡靖，即有建革，必審覈再三。吴人重其名，旦夕責效，頗笑守迂緩。已而見其深思曲算，圖久遠利，乃稱太守爲康濟之才。

雍泰。咸寧人。成化中，知吴縣。太湖水漲，没田千頃。泰議作隄，富豪譏之於府，泰執而痛杖之。隄卒成，爲民利，稱雍公隄。民有妾亡去，妾父訟夫密殺女，匿屍湖石下。泰曰：「彼密殺汝女，汝何以知匿石下？此必汝殺他人女，冀得賂耳。」一拷而服。

邢宥。文昌人。成化時，知蘇州府。有姦民攬納秋賦，捕置之法，以其贓萬緡隄沙河、甃官道，一府利之。大水民饑，不待奏，輒發米二十萬斛以賑。宥素廉介，及治蘇，以儒學飭吏治，嚴而不苛。

楊子器。慈谿人。弘治元年，知崑山縣。興修水利，振起學校，過塾師之門，必下車升坐，取童子課程校之，獎勵若子弟然。毀淫祠百餘區，土木像投諸水火。邑民立祠祀之。九年，爲常熟知縣。蘇州諸水，率由常熟白茅港入海。侍郎徐貫既疏治之，已而有漲沙當海口，潮汐增淤，水患如故。子器相許浦塘便近可疏，乃率民濬之，遂爲水利。

曹鳳。上蔡人。弘治中，知蘇州府。俗事五通神，每禱祀，輒擊牲舉樂，謂之恭筵，費甚鉅。鳳禁之，焚其廟像，巫覡尼師不得出入士庶家。置義冢，禁火葬，裁定婚喪禮，使無奢越，善政甚著。

方豪。開化人。正德中，知崑山縣。歲大潦，民皆逃散，豪解冠帶自繫郡獄，上奏乞蠲徵。獲報可。

宋儀望。永豐人。嘉靖中，知吴縣。民輸白糧京師，輒破家，儀望令諸區各出公田，計役受田贍之。下令禁火葬，置義冢。郭外創子游祠，爲文學書院，集諸生講習其中。

王儀。文安人。嘉靖中，爲蘇州知府。以田額混淆，履畝丈之，使縣各爲籍，吏不能欺。由是以八事定田賦，以三條覈税課，徭役雜辦，無所不均，人人便之。治爲知府第一。

任環。長治人。嘉靖中，爲蘇州同知。時東南倭患起，官軍屢北。環有才畧，性慷慨，獨以身任之。嘗遇賊，身被三槍，幾殆，宰夫直前捍之，乃免，而宰夫竟死。已賊復至，裹創出海擊之，竟敗賊。累以功擢右參政、蘇松兵備。及卒，詔建祠蘇州，有司春秋致祭。

曹自守。茌平人。嘉靖中，知吴縣。清苦儉約，三年不置一衣，夜不扃署。後去官，吴民過其里，見一叟賣藥市中，視之即自守也。遂驚拜道左。

王鈇。順天人。有才畧。嘉靖進士，知常熟縣。縣大猾匿亡命作姦，鈇招之，貰其罪使爲己用。已而倭寇至，鈇語之曰：「我延爾命，正爲今日也。」衆許諾，於是立爲耆長，俾部署子弟，合邑中防卒，日夕訓練。縣故無城，鈇議城之，訖工而寇至。鈇累戰卻賊，又與指揮孔熹破賊寨，焚其舟二十七艘，溺死無算。尋追賊至海濱，陷淖中遇害。贈太僕少卿。

樊玉衡。黄岡人。萬曆中，知崑山縣。縣水災，自駕小艇驗視，與饑民對啖菜粥。朝議方急逋賦，玉衡曰：「民逋賦時，我止數齡耳。今其人已老且死，何忍窮追耶！」止不徵。民益樂輸恐後，編審户役，三日而畢。

蕭景腆。福建人。萬曆中長洲縣丞。太監張志聰過郡，指索縣令郭波不得，縛之車後。景腆率所部弓手，直前奪波，且手批志聰，市民皆梯屋飛瓦助之。事聞，逮詔獄，得免死。吴人立碑記其事。

葉成章。同安人。萬曆間長洲令。甫至，漫不省事，既而判決如流，邑中利弊，洞若觀火，吏胥屏息。以最擢御史，民立祠祀之。

耿橘。瀋陽衛人。萬曆中，知常熟縣，首復子游書院。講求水利，開濬福山塘、三丈浦、奚浦、李墓塘、梅李塘、貴涇、横瀝湖、漕横浦、六尺溝等河，工畢而民不擾，邑民世享其利。著有常熟水利、興革實政二書。

楊漣。應山人。萬曆中，知常熟縣，廉直不撓。築雲和隄五十里。設義學，聚邑之秀民延師教之。民爲立祠焉。

石崑玉。黄梅人。由饒州知府以才調蘇州，清勤愛民。歲饑，賑濟有法。巡撫李淶因事中之，落職候勘，士民數千人詣淶訟冤，誣卒白。後以福建右參政，舉治行卓異。廷謁時，吏部尚書趙焕見曰：「此石蘇州耶！」遂擢右僉都御史，巡撫大同。

陳洪謐。晉江人。崇禎中，知蘇州府。歲饑，穀騰貴，惡少年直入人家，盗劫倉粟。洪謐捕亂首杖殺之，乃發廩賑貸，勸富人平糶，大興工役，使少壯者得食，民以不饑。吴江民變，即單騎往諭，皆羅拜自伏。性慈和，非重犯不施鞭扑，人號陳母。

馮元颺。慈谿人。崇禎八年，以布政司參議備兵蘇松。時温體仁與唐世濟横於湖州，其鄉人爲盗太湖，率以兩家爲奥主，人莫敢問。元颺捕得，輒發露之。最後獲其魁，則世濟族子也，立寘之法。太倉人陸文聲，訐張溥、張采倡復社亂天下，元颺稱二人好學真修，斥文聲誣妄。遂忤體仁意，謫官。

熊開元。湖廣人。崇禎中，知吴江縣。舊南北糧運，役法不均，開元均配畫一，民歌其德。

本朝

丁允元。日照人。順治二年，知蘇州府。時定鼎之初，庶事草創，允元練習典故，因事釐正，綱紀粲然。尤加意人才，所識拔多知名士。

湯家相。趙城人。順治己丑進士，知常熟縣。潔己愛民，釐剔耗蠹，撫卹流亡，善政具舉。前令以被劾逮問，家相常左右之，力白其誣。時江南五郡逋賦二百萬緡，得旨俱奪職。家相坐免，士民争先輸納，不踰宿而額足。且以治狀走愬當事，請留弗獲。

郭文雄。文水人。順治十六年，知崑山縣，爲政簡易得民。民有逋賦者，揭姓名縣門，不遣一役，而輸者如市。邑俗多借人命爲訟端，文雄令毆人至死者，里隣公舉得實即坐之，姦民有居爲奇貨來告者，論如律，自是命案漸稀。卒於官，邑民葬之馬鞍山南。

吴道煌。宛平人。康熙二年，知蘇州府。郡舊有逋賦數百萬，道煌悉緩其徵，曰：「吾下考不辭也。」卒以免官，民爲祠祀之。

孫繼。德州人。知長洲縣。邑賦五十萬，以徵不及額去官者，前後相屬。繼主於緩徵以蘇民，曰：「已辦下考矣。」斷獄尤平允，受事日，即有上官吏來趣成前令盜案，繼察獄詞，知盜乃誣入者，盡出之，卒得真盜。

沈思舉。汀州人。康熙中，知長洲縣。鞭扑不施，而課賦無缺。立需索單於里甲，月一填報，輿皂斂跡。歲旱且蝗，思舉禱於神，蝗去而雨大至，遂以有秋。以盗案免官，民祀之前令葉成章祠，題曰「雙清」。

于宗堯。遼東廣寧衛人。年十九，知常熟縣，人或易之。宗堯鋭意吏事，釐姦興利，百務具舉，雖老成不逮。邑素苦於漕，宗堯視事三月，盡除其害。性孤介，不受一錢，豪强畏之，無敢干其法者。三年卒於官，邑男女皆巷哭，留葬虞山之麓。

郭琇。即墨人。康熙中，知吴江縣。材力强幹，屢斷疑獄，民驚爲神。徵輸行版串法，分爲十限，胥吏無從假手。總督于成龍、巡撫湯斌，皆稱其清而能，以卓異特薦。

孔胤祖。曲阜人。以貢生任經歷，署吴江縣事。時縣經兵火，城無居民，胤祖招撫勤恤。又以兵駐邑爲民患，請上官撤去之。順治三年，勦土寇陣亡。事聞，議卹如例。

校勘記

〔一〕趙與𥲅　「𥲅」，原作「篲」，據乾隆志卷五五蘇州府祠廟（下同卷簡稱乾隆志）及明一統志卷八蘇州府祠廟改。按，趙與𥲅爲宋太祖十世孫，曾知平江府，故列祀先賢祠。宋史卷四一三有傳。

〔二〕王文罕建兩甎塔　「王文罕」，原作「文王罕」，乾隆志同，據雍正江南通志卷四四輿地志寺觀及明王鏊姑蘇志卷二九寺觀乙。

〔三〕山有白雲泉　「白」，原作「右」，據乾隆志及宋朱長文吴郡圖經續記天平寺條改。按，白居易有白雲泉詩，云「天平山上白雲泉，雲自無心水自閒」。

〔四〕晉戴顒捨宅置　「顒」，原作「容」，據乾隆志改。按，本志避清仁宗諱改字也。
〔五〕齊郴州刺史倪德光捨宅爲寺　「郴」，原作「彬」，乾隆志同，據宋范成大吴郡志卷三六郭外寺及明一統志卷八蘇州府寺觀改。
〔六〕寧境華嚴寺　「寧」，原作「平」，據乾隆志改。按，本志避清宣宗諱改字也。
〔七〕視向二矢　「矢」，原作「夫」，據乾隆志及元陶宗儀輟耕録卷九吴江塔顛箭條改。
〔八〕政和七年　「政」，原作「改」，據乾隆志及雍正江南通志卷四四輿地志寺觀改。
〔九〕詔緩輸期　「輸」，原作「翰」，據乾隆志及宋史卷二九八梅摰傳改。

大清一統志卷八十

蘇州府四

人物

漢

嚴助。吴人。郡舉賢良對策，武帝擢爲中大夫，令助等與大臣辯論，中外相應以義理之文，大臣數詘。建元中，拜會稽太守。

朱買臣。吴人。家貧好讀書，不治産業，常艾薪樵，賣以給食。嚴助貴幸，薦買臣，召見，説春秋、言楚詞，帝甚悦之，拜爲中大夫，與嚴助俱侍中。是時東越數反覆，上拜買臣會稽太守。到郡，治樓船，備糧食、水戰具。將兵擊破東越有功，徵入爲主爵都尉。

陸續。吴郡人。仕郡户曹史。時歲荒，太守尹興使續於都亭賑民饘粥。事畢，興問所食幾何，續因口説六百餘人，皆分别姓氏，無有差謬。爲郡門下掾。興坐楚事，下廷尉。續繫洛陽獄，掠考五毒，肌肉消爛，終無異詞，赦還鄉里。續長子稠，廣陵太守，有理名。中子逢，樂安太守。少子襃，力行篤學，不慕榮名，連徵不就。

陸康。褒子，少以義烈稱。除高成令，歷遷武陵、桂陽、樂安太守，所在見稱。時靈帝欲鑄銅人，詔調民田畝斂十錢，康上疏切諫，徵詣廷尉，免歸。會廬江賊攻没四縣，拜康廬江太守，賊黨悉降。獻帝時天下大亂，康蒙險奉貢，詔加忠義將軍。袁術屯壽春，康以其叛逆，閉門不通。術遣孫策攻康，困守受敵，二年城陷，朝廷愍其守節。

高岱。吴郡人。輕財貴義。孫策聞其善左傳，欲與講論，爲媢嫉者所中，遇害。

三國　吴

陸績。康子。博學多識，星曆算數無不該覽。孫權統事，辟爲奏曹掾，以直道見憚，出爲鬱林太守。意在儒雅，雖有軍事，著述不廢。作渾天圖，注易釋玄，皆傳於世。

顧雍。吴縣人。孫權領會稽太守，雍爲丞，行太守事，吏民歸服。雍寡言語，舉動時當。爲丞相，所選用文武將吏，各隨其能，所任心無適莫。時訪逮民間，及政職所宜，輒密以聞，若見納用，則歸之於上，不用終不宣洩，權以此重之。弟徽，少遊學，有唇吻。

朱桓。吴人。孫權爲將軍，桓給事幕府，後遷盪寇校尉，使部伍吴、會二郡鳩合遺散。丹陽、鄱陽山賊起，桓督領諸將，周旋赴討，皆平定。爲濡須督，魏曹仁將步騎數萬向濡須，桓偃旗鼓，以誘致仁，臨陣斬溺死者千餘，以功封嘉興侯。拜前將軍。桓輕財貴義，愛養吏士，俸禄産業，皆與共分。及卒，吏士男女，無不號慕。子異，以父任除郎，拜騎都尉，代桓領兵。

顧邵。雍子。博覽書傳，好樂人倫。爲豫章太守，下車祀徐孺子墓，舉善以教，風化大行。在郡五年，卒。

張温。吴人。少修節操，顧雍稱爲當今無輩。嘗以輔義中郎將使蜀，蜀貴其才。孫權嫌其聲名太盛，會暨豔事起，即罪温，幽之有司。後病卒。

朱據。吴人。孫權以據才兼文武，使領兵屯湖熟。謙虚接士，輕財好施。赤烏九年，遷驃騎將軍，遭二宫搆争，據擁護太子，言則懇至，義形於色，遂左遷，尋賜死。

顧譚。邵子。爲太常、平尚書事。時魯王霸有盛寵，譚上書，欲安太子而便魯王，坐徙交州。幽而發憤，著新言二十篇。

張儼。吴人。以博聞多識，拜大鴻臚。寶鼎中，使於晉，賈充、荀勗等欲傲以所不知，皆不能屈。其知難篇蓋以自悼也。

晉

顧榮。雍孫。與二陸同入洛，時人號爲「三俊」。拜郎中，歷廷尉正，後還吴，爲東海王軍咨祭酒。廣陵相陳敏反，榮與周玘、甘卓、紀瞻等起兵攻敏，平之。元帝鎮江東，以榮爲軍司，加散騎常侍，凡所謀畫皆以諮焉。

張翰。吴郡人。有清才，善屬文，而縱任不拘，時人號爲「江東步兵」。齊王冏辟爲大司馬東曹掾。冏時執權，翰因見秋風起，乃思吴中菰菜、蓴羹、鱸鱠，遂命駕而歸，著首丘賦。俄冏敗，人皆謂之見幾。翰性至孝，遭母憂，哀毁過禮。其文筆數十篇行於世。

顧衆。榮族弟。出後伯父，早終，事伯母以孝聞。舉孝廉，爲鎮東參軍，歷太子中庶子。蘇峻反，王師敗績，衆潛圖義舉，吴中響應。峻平，論功封鄱陽縣伯。

顧和。衆族子。王導爲揚州，辟從事。咸康初，拜御史中丞，劾奏尚書左丞戴抗贓污百萬，付法議罪，百僚憚之。遷侍中，領國子祭酒，母憂去職。居喪以孝聞，既練，起爲尚書令。和每見催逼，輒號咷慟絶，表疏十餘上，竟不起，服闋然後視職。

陸士光〔一〕。吴人。少有雅望。元帝初，辟爲祭酒，累遷散騎常侍，拜侍中，徙尚書，以平錢鳳功進爵江陵伯。蘇峻之難，隨成帝在石頭，舉動方正，峻不敢加害。峻平，進爵爲公。

陸玩。士光弟。少有美名。元帝引爲丞相參軍，後歷侍中、司空。雖登公輔，所辟皆寒素有行之士，翼亮累世，常以宏重爲人主所貴。誘納後進，謙若布衣。

陸納。玩子。少有清操。王述引爲建威長史，累遷尚書令，恪勤貞固，始終勿渝。時會稽王道子委任羣小，納望闕歎曰：「好家居，纖兒欲撞壞之耶！」朝士服其忠亮。

張禕。吴郡人。少有操行。恭帝爲瑯琊王，以禕爲郎中令，從王至洛，還京都。劉裕以禕乃帝之故吏，素所親信，封藥酒一甖付禕，密加酖毒。禕自飲之而死。

宋

顧覬之。吴郡人。孝建中，爲湘州刺史。以政績稱，歷吏部尚書，出爲吴郡太守。幸臣戴法興權傾人主，覬之未嘗降志。蔡興宗與覬之善，嫌其風節太峻，覬之曰：「辛毗有云：孫、劉不過使吾不爲三公耳。」後爲湘州刺史，卒。覬之家門雍穆，爲州郡所重。嘗命弟子愿作定命論。

張敷。吴郡人。生而母亡，至十歲許，求母遺物，惟得一扇，乃緘録之。每至感思，輒開笥流涕。性整貴，風韻甚高。武帝召見，奇之曰：「真千里駒也。」以爲世子中軍參軍，數見接引。累遷黄門侍郎。父在吴興亡，遂毁瘠成疾，未期而卒。孝武即位，詔旌其孝道，追贈侍中，改其所居稱張孝里。

陳遺。吴郡人。宋初爲郡吏。母好食鐺底飯，遺在役，恒帶一囊，每煮食，輒録其焦以貽母。母目失明，遺入户再拜號咽，母目豁然即明。

陸徽。吴人。爲建康令，清平無私。除廣州刺史，士庶愛詠。歷都督寧、益二州諸軍事、益州刺史，威惠兼著。卒於官，家無餘財。文帝惜之，謚曰簡子。

張裕。吴人。初爲何無忌參軍，累遷揚州别駕。武帝西伐劉毅，北伐關洛，皆居守留任州事。出爲廣州刺史，綏静百越，嶺外安之。元嘉中，除會稽太守，職事甚理。尋卒於官，謚恭子。子演、鏡、永、辯、岱，俱知名，時謂「張氏五龍」。

顧琛。和曾孫。謹確不尚浮華。孝建初，爲吴郡太守，以起義功封永新侯。竟陵王誕據廣陵，遣陸延稔齎書授琛及二子寶素、寶先官，琛執延稔斬之，遣二子送其首。世祖嘉之。終員外常侍、中散大夫。

齊

張融。吴郡人。行己卓越，高帝素愛之，嘗曰：「此人不可無一，不可有二。」融有孝義，忌月三旬不聽樂。官司徒左長史。文集數十卷行於世，名爲玉海。

張岱。裕少子。州辟從事，歷爲三王府諮議。與典籤主帥共事，事舉而情得。嘗言：「我爲政端平，待物以禮，悔吝之事，無由而及。」宋元徽中，爲益州刺史，益土安其政。遷侍中、吏部尚書。武帝時，爲吴興太守，更以寬恕著名。卒，謚貞子。

張緒。吴郡人。少知名，清簡寡欲。長於周易，言精理奥，見宗一時。武帝時，遷散騎常侍。帝植蜀柳於大昌靈和殿前，嘗賞玩咨嗟曰：「此楊柳風流可愛，似張緒當年時。」

張沖。吴郡人。少有至性，父卒，每祭輒流涕。居官有幹力，屢遷郢州刺史。梁武帝起兵，手書喻意，又遣辯士説之，沖確然不回，分部拒守。梁遣曹景宗等攻城，沖固守不出。病將死，屬府僚以誠節，言終而卒。

陸慧曉。吴郡人，玩元孫。清介自立，不雜交遊，張緒稱之曰：「江東裴、樂也。」初應州郡辟，舉秀才，以母老還家，侍養十餘年不仕。高帝輔政，除爲尚書殿中郎。何點稱慧曉心如照鏡，遇形觸物，無不朗照。爲廬陵王長史，歷輔五政，治身清肅，僚佐以下造詣，必起送之。歷官輔國將軍、南兖州刺史，以疾歸，卒。三子僚、任、倕，並有英名，時謂「三傑」。

陸厥。吴郡人。少有風概，好屬文，嘗與沈約論四聲。永元初，父閑被誅，厥兄絳抱頸求代死，不獲，遂以身蔽刃，俱死。厥坐繫，尋有赦，感痛而卒。

陸澄。吴郡人。少好學，手不釋卷。累遷度支尚書令。王儉自以博聞多識，讀書過澄，集學士何憲等，盛自商略。澄待儉語畢，然後談所遺漏數千百條，皆儉所未覩。儉嘆曰：「陸公，書厨也。」

陸超之。吴郡人。雅爲晉安王子懋所知。明帝殺鄱陽、隨郡二王，晉安王舉兵入討君側，事敗，人勸超之逃亡。答曰：「吾若逃，非惟孤晉安之眷，亦恐田横客笑人。」端坐俟命。有門人周姓者，伺超之坐，自後斬之，頭墮而身不僵。

顧憲之。覬之孫。性清直。宋元徽中爲建康令，時人號曰神明。仕齊，爲東中郎長史，行會稽郡事。山陰人吕文度有寵於武帝，於餘姚立邸，頗縱横。憲之至郡，即日除之〔二〕。西陵戍主杜元懿請增牛埭税，憲之議其有乖政體，武帝並從之。由是深以方直見知。時竟陵王於宣城、臨城、定陵三縣界立屯，封山澤數百里，禁人樵採，憲之固陳不可，言甚切直。王曰：「非君，無以聞此德音。」即令罷屯禁。遷尚書吏部郎中。宋時其祖覬之嘗爲吏部，於庭植嘉樹，謂人曰：「吾爲憲之植耳。」至是果爲此職。憲之雖屢經宰郡，資無儋石，及歸，環堵不免饑寒。所著詩賦銘贊，并衡陽郡記數十篇。

梁

陸倕。慧曉子。少勤學，善屬文。嘗借漢書，失五行志四卷，乃暗寫還之，畧無遺脱。天監初，爲安成王主簿，與樂安任昉友，爲感知己賦以贈。武帝雅愛倕才，累遷太常卿。

陸襄。厥弟。弱冠遭家禍，終身蔬食，不聽音樂。昭明太子聞襄業行，啓高祖引與遊處，除太子洗馬。母憂去職，襄年已五十，毁頓過禮。太清元年，遷度支尚書。侯景陷臺城，襄與海鹽陸黯舉義兵，戰敗，以憂憤卒。

陸雲公。襄姪。好學有才思。製泰伯廟碑，張纘讀其文，歎曰：「今之蔡伯喈也。」武帝時，累遷中書黃門郎。

陸杲。吳人。少好學。天監五年，位御史中丞，性悻直，不畏强禦。爲義興太守，在郡寬惠，爲下所稱。歷左民尚書、太常卿。

張率。吳人。年十二，能屬文。嘗與同郡陸倕詣沈約，約曰：「此二子後進才秀，皆南金也。」天監初，引見玉衡殿，謂曰：「秘書丞天下清官，東南胄望未有爲之者，今以相處。」歷黃門侍郎。

張嵊。吳人。有孝行。爲吳興太守。侯景圍鄴，嵊舉義兵赴援。賊行臺劉神茂遣使説嵊，嵊斬其使，乃遣軍破神茂。後敗被執，景將舍之，嵊曰：「死爲幸。」乃殺之。世祖追贈侍中，謚忠貞。

顧協。吳人，和六世孫。舉秀才。沈約覽其策，歎曰：「江左以來，未有斯作。」普通中，有詔舉士，湘東王表薦之，召拜通直散騎侍郎。協清介有志操，初爲廷尉正，冬服單薄，寺卿蔡法度謂人曰：「我願解身上襦與顧郎，顧郎難衣食者〔三〕。」竟不敢以遺之。在省十六載，器服飲食不改其常。協博極羣書，於文字及禽獸草木尤稱精詳。撰異姓苑五卷、瑣語十卷。

皇侃。吳郡人。少好學，師事會稽賀瑒，盡通其業。仕梁爲國子助教，於學講説，聽者常數百人。撰禮記講疏五十卷，奏上，詔付秘閣，加員外散騎侍郎。性至孝，常日限誦孝經二十遍。丁母憂，感心疾卒。

陳

孫瑒。吳人。少倜儻，好謀畧，博涉經史。太建中，都督荆州刺史，出鎮公安。增修城池，懷服邊遠，爲隣境所憚。後累遷祠部尚書。瑒事親以孝聞，於諸弟甚篤睦，有財物，散之親友。及卒，尚書令江總爲之銘誌，後主又題銘後四十字，遣左民尚書蔡徵宣敕，就宅鐫之。時論以爲榮。

顧野王。吴人。偏觀經史，精記默識，無所不通。爲梁宣城王賓客。侯景之亂，野王丁父憂歸本郡，乃召募鄉黨，隨義軍援都，見者莫不壯之。太建中，累遷黄門侍郎、光禄卿。野王以篤學至性知名，其勵精力行，皆人所莫及。所撰文集二十卷。

陸瓊。吴人。父雲公，梁時掌著作。瓊年十一，丁父憂，毁瘠有至性。天嘉中，以文學累遷吏部尚書，詳練譜牒，雅鑑人倫，號爲稱職。性謙儉，不自封殖，雖位日隆，而執志愈下，俸禄皆散之宗族。暮年深懷止足，謝疾不視事。有文集二十卷。

陸温玉。瓊從父弟。幼孤好學，有志操。累遷直嘉德殿學士。文帝以其博學，引置左右。嘗使製刀銘，温玉援筆立就，無所點竄，帝歎賞之。弟瑜，並以才學娱侍左右，時人比之二應。

張種。吴郡人。爲太府卿，除左民尚書，權監吴郡。種深沈虚静，識量宏博，時以爲宰相之器。僕射徐陵，嘗抗表讓位於種。雖歷顯位，家産屢空，終日晏然，不以爲病。有集十四卷。

陸慶。吴郡人。少好學，徧通五經，節操甚高。仕梁爲婁令。天嘉初，徵爲散騎侍郎，不就。永陽王爲吴郡太守，欲與相見，慶辭以疾。慶嘗詣郡掾宗人榮，王乃微服往榮宅，穿壁觀之。王謂榮曰：「風神凝峻，嚴君平、鄭子真何以尚兹。」

張昭。吴郡人。幼有孝性。父嘗患消渴，嗜鮮魚，昭身自結網捕魚，以供朝夕。弟乾亦有至性，父卒，兄弟並不衣綿帛，不食鹽酢，每一感慟，必至嘔血。服未終，母又卒，兄弟哀毁，形容骨立。衡陽王伯信舉孝廉，固辭不受。

隋

張仲。吴郡人。覃思經典，撰春秋義畧，異於杜氏七十餘事。喪服義三卷，孝經義三卷，論語義十卷，前漢音義十二卷。

官至漢王侍讀。

潘徽。吳郡人。性聰敏，少受禮於鄭灼，受毛詩於施公，受書於張沖，講莊、老於張譏，並通大義。尤精三史，善屬文，能持論。秦王俊召爲學士，令爲萬字文，並遣撰集字書，名爲韻纂。俊薨，晉王廣復引爲揚州博士，令與諸儒撰江都集禮。

褚輝。吳郡人。以三禮學稱於江南。大業中，徵天下儒術之士悉入内史省，相次講論，輝博辯，無能屈者。擢太學博士，撰禮疏三百卷。

唐

陸德明。名元朗，以字行，吳人。善名理言。隋大業間，廣召經明士，四方踵至。德明與魯達、孔褒共會門下省，相酬難，莫能詘。王世充僭號，德明移病成皋。入唐爲國子博士，論撰甚多，傳於世。

朱子奢。吳人。善文詞。貞觀初，直國子學，累轉諫議大夫，弘文館學士。初太廟享止四室，高祖崩，將祔主於廟，詔有司詳議。以子奢言，始定七廟之制。帝嘗欲觀起居紀録，子奢曰：「陛下所舉無過事，雖見無嫌，然懼開後世史官之禍。」子奢爲人樂易，能劇談，以經誼緣飾。每侍宴，帝令論難羣臣，恩禮甚篤。

張後胤。崑山人，以學行世其家。高祖鎮太原，引爲客，以經授秦王。太宗即位，問欲何官，陳謝不敢。帝曰：「朕從卿受經，卿從朕求官，何所疑？」後胤頓首，願得國子祭酒，授之。卒年八十三，謚曰康。

陸元方。吳人。舉八科皆中。武后時，爲天官侍郎。或言其薦引多親黨，后怒，免官，令白衣領職，元方薦人如初。后召讓之，對曰：「舉臣所知，不暇問讎黨。」又薦其友崔玄暐有宰相才。后知無他，復拜鸞臺侍郎同平章事。元方素清慎，再執政，每進退羣臣，后必先訪問，外秘莫知。臨終取奏藁焚之，曰：「吾陰德在人，後當有興者。」

陸象先。元方子。器識深邃，舉制科高第，參揚州軍事，累授中書侍郎。景雲中，進同中書門下平章事。太平公主擅權，宰相争附之，象先未嘗往謁。及謀逆，召宰相議，象先不從。以保護功，封兖國公。弟景倩，監察御史。景融，工部尚書。景融於象先爲後母弟，象先被笞，景融諫不入，則自楚，母爲損威。人多其友。

陸餘慶。元方從父，陳右衛將軍珣孫。方雅有祖風，以博學稱。舉制策甲科，累監察御史。聖曆初，靈、勝二州党項誘别部寇邊，詔餘慶招慰。喻以恩信，蕃酋率衆内附。開元中，爲河南、河北宣撫使。餘慶於寒品後進，必悉力薦藉，人有過必面折，退無一言。中宗朝，以道自將，雖仕不赫赫，訖無悔尤。

張旭。吴人。善書，每大醉，呼叫狂走乃下筆，或以頭濡墨而書，既醒，自視以爲神。世呼張顛。嗜酒與李白等，號「飲中八仙」。仕常熟尉。

歸崇敬。吴人。治禮家學，多識容典。遭父喪，孝聞鄉里。天寶中，舉博通墳典科對策第一，授左拾遺。代宗幸陝，召問得失，崇敬極陳生民疲敝，當以儉化天下。以兵部尚書致仕，謚曰宣。

張鎰。後胤五世孫。居母喪，以孝聞。郭子儀表爲元帥府判。建中初，拜中書侍郎同中書門下平章事。子儀壻趙縱爲奴所告，下御史臺劾治，而奴留内侍省。鎰力争之，杖死奴。盧杞忌鎰剛直，出爲鳳翔隴右節度使，爲李楚琳所害。詔贈太子太傅。

顧少連。和裔孫，爲監察御史。德宗幸奉天，徒步詣謁，授翰林學士，再遷中書舍人。閲十年，以謹密稱，歷吏部侍郎。嘗與裴延齡會田鎬第，酒酣，挺笏曰：「段秀實笏擊賊臣，今吾笏擊姦臣！」奮且前，元友直勸解之。改京兆尹，政尚寬簡，不爲灼灼名。遷吏部尚書。

陸璪。餘慶子。舉明經，仕以清幹稱。除洛陽令，摧勒姦豪，人不敢犯。累遷西河太守。從子長源，有清譽，貞元中，由汝州刺史從宣武行軍司馬。去汝日，送車二乘，曰「吾祖罷魏州，有車一乘，而圖書半之。吾愧不及先人」云。

沈既濟。吳人。經學該明。楊炎薦其有良史才，召拜左拾遺、史館修撰，請省天后紀合中宗紀，議不行。德宗立，鋭於治，詔兩省分治待詔官，權公錢收子贍用。既濟諫止。後爲禮部員外郎，撰建中實録，時稱其能。

歸登。崇敬子。貞元初，拜右拾遺。德宗欲以裴延齡爲相，右補闕熊執易疏論之，以示登。登動容曰：「願竄吾名，雷霆之下，君難獨處。」轉右補闕、起居舍人。順宗爲太子，登父子侍讀。及即位，遷工部侍郎，獻龍樓箴。憲宗問政何先，登勸順納諫諍。進工部尚書。子融，開成初拜御史中丞。湖南觀察使盧周仁取羨錢億萬進京師，融劾奏周仁以小利市恩，恐海内因緣漁利，請還所進，代貧民租入。歷兵部尚書。

丁公著。吳人。三歲喪母，七歲見鄰媼抱子，哀感不食。父喪，負土作冢，貌力癯惙。觀察使薛苹表上至行，詔刺史弔問。李吉甫爲相，擢右補闕，充太子諸王侍讀，因著太子諸王訓十篇。穆宗立，召居禁中，條詢治理。累遷禮部尚書。

沈傳師。既濟子。治春秋，工書。貞元末，舉進士，復登制科，爲河南、江西觀察使，遷吏部侍郎。性恬退無競，更二鎮十年，無書賄入權家。初拜官，宰相欲以姻私託幕府者，傳師拒之。治家不尚威嚴，閨門自化。帑無儲錢，鬻宅以葬云。

張籍。吳人。第進士，爲國子博士，歷主客郎中。當時名士皆與遊，而韓愈尤賢重之。爲詩長於樂府。仕終國子司業。

陸亘。吳人。元和中，策制科中第，補萬年丞，歷兗、蔡、虢、蘇四州刺史，浙東觀察使，徙宣歙。文明嚴重，所到以善政稱。

陸希聲。吳縣人，景融四世孫。博學善屬文，論著甚多。爲右拾遺，見州縣利弊，上言當謹視賊盜。明年王仙芝反，株蔓數十州。累擢歙州刺史。昭宗聞其名，召爲給事中，拜户部侍郎、同中書門下平章事，以太子少師罷。

陸龜蒙。元方七世孫。性高放，通六經大義，刺史張摶辟以自佐(四)。居松江甫里，多所論撰。嗜茶，置園顧渚山下。不喜與流俗交，升舟設蓬席，賫束書、茶竈、筆牀、釣具，時謂江湖散人，或號天隨子、甫里先生。後以高士召，不至。

宋

許洞。吴縣人。折節勵學，尤精左氏傳。咸平三年進士。景德中，獻所撰虎鈐經二十卷。又著春秋釋幽五卷、演玄十卷。

鄭戩。吴縣人。力學，舉進士甲科，權三司使，復轉運使考課格，分别殿最。官至樞密副使。

范仲淹。唐宰相履冰之後，其先邠州人，後徙家江南，遂爲蘇州吴縣人。舉進士第，爲廣德軍司理參軍，晏殊薦爲秘閣校理。每感激論天下事，奮不顧身，一時士大夫矯厲尚風節，自仲淹倡之。仁宗朝，由右司諫出知睦州，徙蘇州。首建郡學，聘胡瑗爲師。州大水，民田不得耕，仲淹疏五河，導太湖注之海。遷吏部員外郎，吕夷簡不悦，罷知饒州，歷潤州、越州。元昊反，召爲天章閣待制，歷知永興軍、延州、慶州，改邠州觀察使。守邊數年，號令明白，愛撫士卒，羌人呼爲龍圖老子。進陝西路安撫招討使。元昊請和，召拜樞密副使，除參知政事。仲淹上十事，中外想望其功業。仲淹以天下爲己任，裁削倖濫，考覈官吏。僥倖者不便，謗毁稍行，會邊陲有警急，遂以仲淹爲河東、陝西宣撫使。以疾請鄧州，尋徙杭州，再遷户部侍郎，徙青州。會病甚，請潁州，未至而卒，年六十四。贈兵部尚書，謚文正。既葬，御書其碑曰「褒賢之碑」。仲淹内剛外和，性至孝，好施予，置義莊里中，以贍族人。汎愛樂善，士多出其門下。爲政尚忠厚，所至有恩，邠、慶二州之民與屬羌皆畫像立生祠事之。及卒，羌酋數百人哭之如父。四子：純祐、純仁、純禮、純粹。純祐事親孝，不應科舉。寶元中，西夏叛，仲淹連官關陝，皆將兵，純祐與將卒錯處，得其才否，由是仲淹任人無失而屢有功。

葉清臣。長洲人。天聖進士。知舉劉筠奇所對策，擢第二，宋進士以策擢高第，自清臣始。寶元初，爲兩浙轉運副使，建請疏盤龍匯、滬瀆港入於海，民賴其利。知永興軍，浚三白渠，溉田踰六千頃。仁宗御天章閣，召公卿，出手詔問當世急務。清臣聞之，爲條對，極論時政闕失，其言多斵切權貴。以爲翰林學士，權三司使。知河陽，卒。清臣天資爽邁，遇事敢行，奏對無所屈。

數上書論天下事，陳九議、十要、五利，皆當世可行者。有文集一百六十卷。

錢象先。蘇州人。進士高第，吕夷簡薦爲國子監直講，歷權大理少卿。象先長於經術，侍邇英殿十餘年，有所顧問，必依經以對，反覆諷諭，遂及當世之務。帝禮遇甚渥。屢爲刑官，條令多所裁定，持心平恕。知許、潁、陳三州，以吏部侍郎致仕。

程師孟。吴人。進士甲科，判三司都磨勘司，接伴契丹使。蕭惟輔争白溝地，師孟曰：「兩朝當守誓約，涿郡有案牘可覆視，君舍文書，騰口説，遽欲生事耶？」惟輔媿謝。出爲江西轉運使。知福州，築子城，建學舍，治行最東南。後累領劇鎮，爲政簡而嚴，罪非死者不以屬吏。得豪惡不逞者，必痛懲艾之，至斳絶乃已，所部肅然。洪、福、廣、越爲立生祠。

范師道。長洲人。進士及第。至和初，爲御史，奏請罷内降推恩，選宗室賢者養宫中備儲貳。累遷三司鹽鐵副使，直龍圖閣。師道居官勵風操，前後在言路，有聞即言。

范純仁。仲淹子。皇祐進士。仲淹門下多賢士，如胡瑗、孫復、石介、李覯之徒，純仁皆與從遊。仲淹没，始出仕。神宗朝，同知諫院，奏言王安石變祖宗法度，掊克財利，民心不安，神宗嘉納之。乃作尚書解以進。安石大怒，乞加重貶，神宗命知河中府，徙成都路轉運使。以新法不便，戒州縣未得遽行。安石怒純仁沮格，左遷知和州。哲宗立，召爲右諫議大夫。元祐三年，拜尚書右僕射，兼中書侍郎。純仁在位，務以博大開上意，忠篤革士風。凡引薦人材，必以天下公議。哲宗既召章惇爲相，純仁堅請去，遂以觀文殿大學士知潁昌府。吕大防等竄嶺表，會明堂肆赦，章惇先期言：「此數十人，當終身勿徙。」純仁齋戒上疏申理之，忤惇意，貶武安軍節度副使，永州安置。徽宗即位，授光禄卿，分司南京。純仁乞歸，疾革，以宣仁后誣謗未明，呼諸子口占遺表。卒年七十五，謚曰忠宣，御書碑額曰「世濟忠直之碑」。純仁自布衣至宰相，廉儉如一，所得俸賜，皆以廣義莊。有文集五十卷行世。子正平、正思。正平學行甚高，父卒，詔官其子孫，正平推與幼弟。紹聖中，爲開封尉，忤蔡京，羈管象州，會赦得歸。

范純禮。純仁弟。以父蔭爲秘書省正字，出知遂州。瀘南有邊事，調度苛棘，純禮一以静待之。民圖像於瀘，奉之如神。元祐初，屢遷刑部侍郎，進給事中。凡所封駮，正名分紀綱，皆國體之大者。徽宗立，拜禮部尚書，擢尚書右丞。

范純粹。純仁弟。元祐中，爲户部侍郎。紹聖初，以元祐黨人奪職。黨禁解，以徽猷閣待制致仕。純粹沈毅有幹畧，嘗惜賣官之濫，論甚剴切。

郟亶。崑山人。嘉祐進士，爲廣東安撫使機宜。上吴中水利論，六失六得，條具甚悉。除司農丞，令提舉興修。吕惠卿言其措置乖方，遂罷役。子僑，官將仕郎。嗣緝父説，亦有所發明，其書並傳於世。

米芾。吴縣人。爲書畫學博士，擢禮部員外郎。爲文奇險，妙於翰墨，得王獻之筆意。畫山水人物，自名一家。精於鑒裁，不能與世俯仰，故從仕數困。子友仁，力學嗜古，亦善書畫，世號小米。仕至敷文閣直學士。

朱長文。吴縣人。年未冠，舉進士，築室樂圃坊，著書閲古，吴人化其賢。名動京師，公卿薦以自代者衆。元祐中，召爲秘書省正字。元符初卒。哲宗知其清，賻絹百。有文三百卷，六經皆爲辯説。又著琴史。

葉夢得。吴縣人。登進士第。徽宗朝，爲議禮武選編修官，召對，除起居郎。言用人以有德爲先，又極論朋黨之弊。高宗駐蹕揚州，除户部尚書。陳待敵之計有三，曰形、曰勢、曰氣，因請南巡，阻江爲險，以備不虞。紹興初，爲江東安撫大使，奏防江措畫八事。上章請老，特遷一官，拜崇信軍節度使致仕。

黄由。長洲人。淳熙八年廷對，論内侍甘昪與曾覿、王抃相結，招權納賄，擢第一。吴自設科來，由始冠多士。累遷將作監、嘉王府贊讀。紹熙五年，孝宗疾，光宗不能問安，人情疑懼。由請嘉王過重華宫問安，孝宗爲之感動。慶元初，有請斥僞學之黨者，由執奏不可。終刑部尚書。

李彌遜。吴縣人。政和中，官起居郎，以封事剴切廢斥。宣和末，知冀州，金兵攻河朔，彌遜捐金帛致勇士修城堞，决河護塹，邀擊其遊騎。靖康中，再遷起居郎，直前論事，鯁切如初。秦檜贊和議，彌遜力陳不可，再上疏，言愈切直，以沮議落職。有詩十卷。弟彌大，崇寧進士，累遷刑部尚書。

王葆。崑山人。弱冠通諸經。宣和六年進士。紹興中，累遷考功御史。秦檜專政，百司莫敢可否事，葆獨伸滯直枉，當官不避。出知廣德軍，移守漢、瀘二州，皆著政績。歷浙東提刑，丐祠歸。葆學行深醇，尤精鑒裁，每賞識士於未遇時，後多爲名臣。

郭元邁。吴縣人。建炎中，魏行可使金，元邁以上舍應募，補和州團練，爲之副。不肯髠髮换官，卒於北。

范成大。吴縣人。紹興進士。孝宗時，充國信使，上面諭受書事。成大至燕山，密草奏，具言受書式，懷之入。初進國書，辭氣慷慨，搢笏出之，金廷紛然。太子欲殺成大，越王止之，竟全節而歸。除中書舍人。張説除樞密，成大留詞頭七日不下，上疏言之，説命竟寢。累拜參知政事。紹興中，加大學士，薨。成大有文名，尤工詩，有石湖集、攬轡録、桂海虞衡集行世。

衛涇。崑山人。淳熙進士第一，授承事郎。時初任將滿，必通謁宰執，始頒召命。王淮秉政，涇不通謁，被召三月，不得引見。尋除秘書省正字，屢上言恢復大計，辭甚剴切。紹熙中應詔上封事，觸李后及諸佞倖，出爲淮東、浙東兩路提舉，累遷御史中丞。請誅韓侂胄，論罷陳自强。拜參知政事，爲史彌遠所忌，諷御史劾罷之。卒，謚文節。弟湜，著禮記集説。

王介。吴郡人。由進士授昭慶軍簽判。光宗時，入爲學官，疏請駕覲重華宫。慶元時，韓侂胄用御筆罷諫官，介力攻之。開禧中，爲尚書度支郎，首陳用兵之禍。後累遷中書舍人，會不雨，請册免宰相史彌遠。歷知慶元府。卒，謚忠簡。介初學於吕祖謙，故文學有原委。子埜，工詩，書效歐陽詢。以父廕補官，復登第。歷僉書樞密院事。以不阿丁大全罷歸。

虞溧。蘇州人，左司郎中師旦子。以父郊恩授如皋尉，復舉慶元進士。嘉定末，累遷監察御史。理宗即位，除右正言。立朝剛正，先後封事彈章數十上，人稱其有仁者之勇，大臣之節。以秘閣修撰致仕。子弁，由進士歷知安慶府。弁以廕官提舉江西常平，並有治績。

李韶。彌遜曾孫。父文饒，爲台州司理參軍，每謂人曰：「吾司臬多陰德，後有興者。」嘉定四年，韶與其兄同時舉進士，爲太常博士。諫濟王竑獄，且以書曉史彌遠，言甚懇到。拜殿中侍御史。時魏了翁罷督予祠，韶訟之，乞亟召還。劾女冠吴知古宜出之禁庭。改遷禮部侍郎。詔忠厚純實，默坐一室，門無雜賓。

元

干文傳。平江人。少嗜學。登延祐二年乙科，累遷長洲、烏程兩縣尹，升婺源知州，又知吴江州。文傳長於治劇，所至俱有善政。長洲爲文傳鄉邑，文傳徙榻公署，無事未嘗輒出，而親舊莫敢通私謁。至正三年，召赴闕，預修宋史。擢集賢待制，以禮部尚書致仕。

顧德輝。崑山人。才情妙麗，輕財結客。築别業於茜涇西，曰玉山佳處，招致四方文學之士，置酒賦詩其中。以母喪，歸綽溪。張士誠辟之，遂斷髮廬墓，自號金粟道人。所著詩有玉山璞藁，及刻交遊詩自楊維禎而下四十餘家，曰草堂雅集，並傳於世。

明

高啓。長洲人。博學無所不覽，尤工於詩。隱居吴淞江之青丘，自號青丘子。時吴下詩人，啓尤超軼，與楊基、張羽、徐賁並稱「四傑」。洪武初，召啓修元史，授翰林院國史館編修官，復命教授諸王。三年，擢户部右侍郎，固辭。歸後，坐魏觀事誅，年三十九。

楊基。吴縣人。穎敏絶人，九歲能背誦六經。著書十餘萬言，名曰論鑒。嘗於楊維禎座上賦鐵笛歌，維禎驚喜，與俱東，語從遊者曰：「若曹就之學，優於老鐵也。」著有眉菴集。洪武初，官至山西按察使。

顧琇。吴縣人。洪武初，父充軍鳳翔，母隨行。母卒，琇奔赴，負母骨行數千里，未嘗置於地。寢則懸之屋梁，涉則戴之於頂。後父釋歸，孝養不衰。父卒，琇號泣而死。

宋克。長洲人。博涉書傳，好任俠擊劒走馬。元末思以功業自見，無所遇，杜門染翰，日費千紙，遂以善書名天下。與同邑高啓、王行、無錫吕敏、永嘉余堯臣等爲「北郭十友」。

王賓。長洲人。通經善醫，不肯爲富貴人療治，里巷及方外士招之輒往。明太祖法嚴，仕者多不保，賓佯狂以免。知府姚善造之，賓踰牆逸去。他日善屏騶從獨往，始一接。善欲薦之，終不敢發言。事母至孝，年七十疾革，抱母不釋，已死復甦，連呼母乃絶。既葬，室中猶聞呼母聲，母慟哭始息。

殷奎。崑山人。從楊維禎受春秋。洪武初除咸陽教諭，念母致疾卒。奎積學，勤於纂述，有道學統繫圖、家祭儀、陝西圖經、關中名勝集、崑山志、咸陽志諸書。

盧熊。崑山人。父觀，有學行。熊少從楊維禎遊學，精於六書。洪武初，授中書舍人，出知兖州，坐李善長事得罪。所著有説文字源章句、鹿門隱書、蘇州兖州二志、孔顔世系譜諸書。

瞿嗣興。常熟人。母疾，刲肱肉以進，疾頓愈。一日思食菱，時菱始花，嗣興解衣入水遍覓之，雙脛腫赤，僅得三菱以歸。

虞宗濟。常熟人。洪武時，其父兄並有罪，吏將逮治。宗濟謂其兄曰：「事涉徭役，國法嚴，往必死。父老矣，安可就逮？兄冢嗣未有後，我可代父兄死。」乃挺身任之，斬於市。

韓奕。吴縣人。端雅貞静，嗜讀書，無所不覽。少有目眚，筮卦得蒙，知疾不可療，遂扁其室曰蒙齋，絶意仕進。知府姚善聞其名，特詣之，奕不與見。一日伺奕在掩入其室，奕急避之楞伽山，善隨之，則已泛舟入太湖矣。善歎曰：「韓先生，所謂名可聞，身不可得見也。」

黄鉞。常熟人。建文中舉進士，爲户科給事中。丁艱歸。成祖即位，具衣冠自投琴川橋下死。本朝乾隆四十一年，賜謚節愍。

劉政。長洲人。建文初，舉鄉試第一，出方孝孺門。燕兵起，草平燕策將上，臥疾未行，聞燕兵渡江，痛哭嘔血死。

龔詡。崑山人。年十七，爲金川門卒。燕兵至，慟哭去之，隱居教授。巡撫周忱重其人，欲薦之，謝曰：「詡仕固無害，恐負往日金川門一慟耳。」竟以隱終。門人私謚安節先生。

尤安禮。長洲人。爲人尚義輕利。一友當遠戍，念其幼女無所託，安禮曰：「吾有男，當娶之。」已而友死戍所，其女已得痼疾，迄踐其言。用薦爲崇安教諭，歷知兵部郎中、貴州參議。歸居窮巷中，屋隘甚，知府况鍾割官地益之，固辭。

陳祚。吴縣人。永樂中，甫釋褐，即授河南參議。疏諫遷都北京非便，謫太和山佃户。宣德時召爲御史，巡按江西。祚上勤聖學疏，請進講大學衍義。帝大怒，謂「譏我不讀大學」，並其父母妻子悉下獄。英宗立，始復官，終福建僉事。

吴璋。吴江人。年十一失怙，母陸氏守節。永樂中，母以選給事内廷，隨親王分封韶州，改封饒州。璋往來兩藩，陟嶺，蛇蠱瀕死，遇異人得活。至饒，屢啓求見母，不允，日夜號哭不輟聲。王聞賢之，遣扶母出。三日而母卒，璋徒步扶櫬歸葬。子洪成，進士。

王永和。崑山人。性至孝，父卧疾十八年，侍湯藥不懈。永樂中，舉於鄉。歷兵科都給事中，數彈劾武將，以勁直聞。七年，超拜工部右侍郎。十四年，從駕北征，殁於土木，贈本部尚書，謚襄敏。

陳鎰。吴縣人。永樂進士，授御史，歷湖廣、山東、浙江副使，皆有聲。宣德至景泰間，以右副都御史三鎮陝，陝人戴之若父母。還爲右都御史加太子太保。卒，謚僖敏。

劉鉉。長洲人。幼孤，事母以孝聞。永樂中，舉順天鄉試。景泰四年，歷國子祭酒。時諸生出身資格，多爲權要所持，鉉與諸生約，必六館共推無敵越次者。會國計不足，部檄停月廪，鉉言養才爲國家急務，得復給。天順初，改少詹事。鉉性介特，言行不苟，讀書老而彌篤。服食儉陋，楊士奇至其居，湫隘幾難容膝，歎息而去。卒，贈禮部侍郎，謚文恭。子瀚，天順初進士，官至陝西按察使，以廉慎稱。

吴訥。常熟人。好古博學，永樂中，命以布衣侍闕廷，備顧問。洪熙中，擢御史。宣德五年，拜南京右僉都御史，進左副都御史。端方清介，克振風紀。卒謚文恪。著文章辨體行世。曾孫堂，弘治進士，官御史。武宗幸榆林，堂伏御道大呼力諫。累官大理寺少卿。

陳繼。吴縣人。生十月而孤。長博極羣書，人稱爲陳五經。母吴氏，苦志守節，繼事之極孝。有司上其事，母子並獲旌。仁宗建弘文閣，欲得賢士任之，楊士奇薦繼，召爲五經博士、直閣備顧問，終翰林檢討。

趙忠。長洲人。宣德時，由進士爲御史，歷按四川、浙江，終雲南參議。久宦無餘資，致仕歸，其友朱名仲推餘屋居之。及卒，名仲與其友襄事，乃克殮。

楊翥。吴縣人。宣宗時，楊士奇以經明行修薦，召試稱旨，授翰林檢討，改郕府長史。景泰初，以王府舊僚累遷禮部尚書，給禄致仕。翥篤行絶俗，家居，鄰人築室，檐溜於翥家，家人不平。翥曰：「雨時少，何必校也。」士奇落新第，亟邀登堂，曰：「舍初成，願得善人長德首臨之。」其見重如此。

杜瓊。吴縣人。生而孤，稍長博綜古今，兼工書畫，爲文章醇實不浮。事母至孝，有司欲以上聞，瓊固辭而請旌其母，母遂獲旌。嘗刲肱愈母疾，秘不令人知。知府况鍾兩薦之，固辭不出。宣德、景泰間，求賢詔屢下，所司輒擬薦瓊，知不可奪，益禮重焉。學者稱東原先生。

韓雍。長洲人。正統進士，授御史，巡按江西，踔厲風發。景泰時，擢廣東副使，尋巡撫江西，有才望。天順中，歷官兵部右侍郎。憲宗立，坐累貶官。會廣西猺獞爲寇，改左僉都御史，贊理軍務，討之，直擣大籐峽，破賊三百二十四砦，生擒賊魁，分擊餘黨，悉定，威震南方。遷左都御史，提督兩廣軍務。丁憂歸，復以右都御史涖故任，致仕。兩廣人念雍功，立祠奉祀。正德間，諡襄毅。

葉盛。崑山人。正統進士，授給事中。景帝虛懷納諫，凡六科建請，率盛與林聰爲之倡。廷臣議事，盛每先發，往復論難。擢右參政，督餉宣府，協贊軍務，修復獨石、馬營、龍門衛所四城及赤城、鵰鶚諸堡。天順時，以右僉都御史巡撫兩廣，尋改撫宣府。憲宗朝，擢禮部右侍郎。兵部議搜河套、復東勝，盛力言守爲長策，後師出無功，人服其先見。終吏部左侍郎，諡文莊。

劉溥。長洲人。少敏悟，八歲能賦詩。研覃載籍，與同縣鄒亮、儀真蔣忠等，號「景泰十才子」。

孔鏞。長洲人。景泰中，舉進士，知都昌、連山二縣。爲高州知府，單騎入賊砦諭降。歷廣西按察使，以右副都御史巡撫貴州，計擒悍苗。弘治初，官至工部右侍郎。

陸釴。崑山人。天順進士第一，廷試第二，爲編修。沈静好學，與張泰並擅詩才，名藉甚。孝宗在東宫，釴充講官，敷奏明暢，最爲得體。暨即位，屢遷太常少卿兼侍讀、直經筵，病歸。

徐恪。常熟人。成化進士，授給事中，數有諫諍。弘治時，累官右副都御史，巡撫河南，調湖廣。素性剛正，所至抑豪右，祛姦弊，政績卓然。中旨拜南京工部侍郎，恪言大臣進用，宜出廷推，今恩命出臣意表，臣義不敢干清議，速官謗。帝慰留，乃拜命。居官砥節奉公，苟利於民，必信其志。條列利病，每一疏出，人争傳誦。

吳寬。長洲人。成化八年會試、廷試皆第一，授修撰。弘治時，屢遷禮部尚書。時詞臣望重者，寬爲最，謝遷次之。遷入閣，屢引寬，不果用。寬行履高潔，詩文爾雅，兼工書法。生平重倫理，篤恩義，稱爲長者。卒，贈太子太保，謚文定。

王鏊。吳縣人。成化中，鄉、會試俱第一，廷試第三，授編修。弘治時，歷侍講學士，充講官。時中貴李廣導帝遊西苑，鏊講文王不敢盤於遊田，反覆規切。罷講，帝謂廣曰：「講官所指，殆爲若曹耳。」自是遊幸益省。正德初，累進户部尚書、文淵閣大學士。時劉瑾銜韓文、劉大夏，欲殺之，又欲以他事中劉健、謝遷，鏊力救得免。未幾以志不得行，力求去。鏊學問該博，立朝三十年，廉正守道如一日。卒，贈太傅，謚文恪。

李應禎。長洲人。由鄉舉入國學。中官牛玉知其名，欲延教小内豎，應禎避匿不赴。成化初，爲中書舍人，帝命書佛經，曰：「臣聞天下國家有九經，未聞有佛經也。」帝大怒，撻於廷。官至太僕少卿。

葉紳。吴江人。成化進士，歷官禮科都給事中。弘治中，太子年十七，紳請擇講官勸講。劾尚書徐瓊等二十人，復陳中官李廣八大罪，帝不能用。擢尚寶少卿，卒。

楊循吉。吴縣人。成化進士。爲禮部主事，壯歲辭官，人高其節。好古博洽，一時鮮儷。其詩文自定爲松壽堂集。

戴冠。長洲人。好古篤學，文章奮迅淩轢。尚書王恕雅重之，嘗訪以時務。大學士李東陽亦深愛其文。所著有經學啓蒙、禮記辨疑、奇字音釋、濯纓文集凡數百卷。

吴洪。吴江人。成化進士。歷廣東副使，釐剔姦弊，人以爲神。遷福建按察使，矯矯有風節。正德時，終南京刑部尚書，卒贈太子少保。三子：山、巖、崑，皆進士。山爲刑部郎中，諫武宗南巡受杖，嘉靖中，官刑部尚書。巖爲給事中，乾清宫災，奏請罷養子，斥番僧，遣還邊兵。武宗遣中官督饒州瓷器，率同官力諫。官終四川右參政。崑，吏部主事。

朱顥。長洲人。父喪廬墓，大雨冢裂，顥籲天哀號，明旦冢復平。成化中旌表。

馮琨。崑山人。成化中舉於鄉，歷薊州知州，覈還勳貴所攘地，下獄，旋復官。劉瑾用事，復興前獄，杖八十，死而復甦。薊民競守圜土，餽餉不絶。有僧素昵於瑾，語之曰：「馮知州惟飲薊州一杯水耳。」瑾乃釋還。再遷登州知州。

劉杲。長洲人。由進士累遷湖廣副使。朝議括流民戍邊，所在洶懼，杲急白上官驗文引及生業，以定去留，民乃安。三遷江西左布政使。天下朝覲官，劉瑾皆要重賄，杲故無所賫，力拒不應，士論稱其剛正。瑾誅，以時望方遷擢，而杲力乞罷詔。進右副都御史，致仕。

王哲。吴江人。弘治進士，擢御史，清軍福建。按廣東、江西，饒有政績，遷山東副使。有外國使入貢，私市鹽，哲謂不治則廢法，治之非所以柔遠，乃没鹽於官，仍給其直。歷右僉都御史，巡撫江西，益有聲。

毛澄。崑山人。弘治進士，廷試第一，授修撰。武宗時，累進禮部尚書。時帝數巡幸，澄每偕大臣切諫。宸濠謀不軌，令巡撫孫燧等奏其孝行，澄力駮之。及宸濠反，帝南征，駐蹕留都，復屢疏請迴鑾。世宗時議大禮，主爲人後之義，累命集議，持之益堅。既諭加稱興獻帝爲皇帝，累疏力争，事迄止。澄端亮有學行，論事不撓。帝欲推崇所生，遣中官諭意，至出囊金畀澄，卒不動，乞歸。卒，贈少傅，謚文簡。

吴一鵬。長洲人。弘治進士，官編修。世宗初，累擢禮部左侍郎，與尚書毛澄、汪俊力争大禮。俊去國，一鵬署部事。帝趣建獻帝廟甚亟，一鵬持之，并劾張璁、桂萼，乞付法司，不聽。頃之極諫四方災異，請帝救疾苦，罷營繕，信大臣，納忠言，優詔報之。尋命迎獻帝神主於安陸，一鵬復疏争，不納。累進尚書，入内閣典誥敕。璁、萼忌之，出爲南京吏部尚書，乞歸，贈太子太保。卒，謚文端。

盛應期。吴江人。弘治進士，授都水主事，出轄濟寧諸牐。忤中貴李廣，下獄謫官。正德初，歷雲南僉事，抑鎮守太監梁裕，爲所劾，逮下詔獄，得釋。累擢四川、江西巡撫，復總督兩廣，忤撫寧侯朱麒、中官鄭潤，引疾歸。旋以治水起右都御史，議開新河，功垂成而罷。後朱衡循新河遺跡成之，運道蒙利。

蔣欽。常熟人。弘治進士，歷南京御史。正德初，劉瑾逐大學士劉健、謝遷，欽偕同官切諫，逮下詔獄，廷杖爲民。居三日，欽獨具疏劾瑾，再杖三十，繫獄。越三日，復具疏，又杖三十。方欽屬草時，聞鬼聲，奮筆曰：「死即死耳，此藁不可易也！」聲遂止。至是創甚，越三日，卒於獄。瑾誅，贈光禄少卿，後追謚忠烈。

朱希周。崑山人。弘治進士，廷試第一，授修撰。嘉靖中，累擢禮部右侍郎。時方議大禮，數偕其長争執。尋署部事，帝以張璁、桂萼言，欲去本生之號，希周率郎中余才等疏諫。時羣臣諫者，率跪伏左順門，希周走告閣臣，亦偕羣臣跪伏。帝怒，命希周等待罪，而盡繫庶僚於詔獄。及上章聖皇太后册文，希周不赴，嚴旨譙責。已復請寬庶僚之被繫者，不納。再遷南京吏部尚書，乞休歸。希周性耿介，不妄取予，終身無他嗜好。卒，贈太子少保，謚恭靖。

陳察。常熟人。弘治進士。正德初，歷御史。劉瑾既誅，武宗猶不親政，偕同官請務講學，節嗜慾，語皆切直。帝將征宸濠，疏諫不聽。世宗初，言興獻帝不當加皇號，帝之親鞫楊言也，落其一指。察大呼曰：「臣察願以不肖軀易言命，誠不忍言獨死。」諸大臣皆愕，帝亦目攝之，察不爲動，退復具疏申理。累擢至僉都御史，巡撫南贛，因乞休，薦前御史史萬鏜等可用。忤旨，斥爲民。

周用。吴江人。弘治進士。正德時，爲南京給事中。帝遣中官劉允迎佛烏斯藏〔五〕，又以中旨除尚書劉愷、季浩等，皆抗章切諫。出爲廣東參議，有破盜功。嘉靖中，累擢吏部尚書。用端亮有節槩。卒，謚恭肅。

顧鼎臣。崑山人。弘治進士，廷試第一，授修撰。憫鄉郡賦重，條興利革弊四事。嘉靖時，復懇請并松江、常州、杭州、湖州、嘉興諸府，皆責知府釐正，賦役爲平。嘗曰：「是法行，吾家增賦且千石，然爲百貧家減千石矣。」累進少保、武英殿大學士。初崑山無城，鼎臣言當事城之，後倭亂獲全。鄉人請於朝，祠祀焉。

周廣。崑山人。弘治進士，擢御史。正德時，疏陳四事，請斥番僧、遠伶人、嚴軍令，其一則重國本。言錢瑺以宦豎僭稱庶子，罪不可言。錢大怒，傳旨謫懷遠驛丞。稍遷建昌知縣，有惠政。吏部擬除憲職，錢矯旨再謫竹寨驛丞。世宗初，復故官，累遷南京刑部右侍郎。

魏校。崑山人。弘治進士，歷南京刑部郎中，訊囚得情。守備中官劉瑯驕恣，判牒至，莫有抗者，校獨行意自如。暇則與諸曹郎余祐輩講明正學。世宗嗣位，用薦起廣東提學副使，歷江西兵備，終太常卿。卒，贈禮部侍郎，謚恭簡。校之學私淑於胡居仁，學者稱莊渠先生。著有大學指歸、六書精藴諸書。

徐禎卿。吳縣人。弘治進士。資穎特，家不畜一書，而書無所不通。幼與祝允明、唐寅、文徵明齊名，號「吳中四才子」。其詩鎔鍊精警，爲吳中之冠。既登第，與李夢陽、何景明遊，名亦相亞。

沈周。長洲人。博覽書籍，文學左氏，詩學白、蘇，字學黄庭堅。又工於畫，片楮流傳，人争寶之。事親孝，遇物和易，家無贏資，好周人急。先後巡撫欲延至幕下，並以母老辭。母年九十餘終，周亦八十矣。又三年卒。

都穆。吳縣人。七歲能詩，長遂汎濫羣籍。弘治進士。以太僕少卿致仕歸，齋居蕭然，日事讐討。所著有周易考異、史外類抄、金薤琳琅、南濠詩畧、文畧。

祝允明。長洲人。五歲能作徑尺字，九歲能詩。稍長，博覽羣籍，爲文章有奇氣，尤工書法，名動海内。玩世自放，不問生産。舉於鄉，官至應天通判。生而枝指，自號枝山。

桑悦。常熟人。書過目輒焚棄，曰：「已在吾腹中矣。」舉於鄉，官泰和訓導。敢爲大言，或問天下文章，悦曰：「惟悦，其次祝允明耳。」

唐寅。吳縣人。弘治中鄉試第一。家無擔石，客坐嘗滿。文章風采照映江左，畫入神品。宸濠以厚幣聘之〔六〕，寅察其有異志，佯狂使酒，宸濠不能堪，乃還。

文徵明。名璧，以字行，更字徵仲。長洲人。父林，官温州知府，有善政。徵明穎異挺發，與祝允明、唐寅、徐禎卿輩相切劘，名日益著。貢入都，特授翰林待詔。世宗初，預修武宗實録，侍經筵。楊一清、張璁謀欲徙徵明官，固辭求去，遂致仕。四方乞書文詩畫者接踵，周、徽諸王常以寶玩爲贈，不啓封而還之。外國使者道吳門，或望里肅拜，以不得見爲憾。優游林泉，主持風雅者三十餘年，卒年九十四。子彭，國子博士。嘉，和州學正。並能詩，工書畫篆刻，世其家。

王寵。吳縣人。性資穎拔。善行楷，妙得晉法，書無所不覩。丰儀玉立，風度汪洋，人擬東漢黄憲。與唐寅、文徵明交善，別號雅宜山人。

方鳳。崑山人。與兄鵬同舉正德進士，歷御史。武宗南巡，疏論七事，又極陳災眚屢見，宜修德以謹天戒。世宗立，數争大禮。既以災異指斥弊政，出爲廣東提學僉事，謝病歸。鵬初與鳳同以學行相砥，比議禮，鵬獨是張璁議，至南京太常卿，然意殊悒悒，遂謝去。兩人家居相友，足跡不履官寺，鄉人並賢之。

周鳳鳴。崑山人。父倫，南京刑部尚書，操履耿介。鳳鳴正德進士，嘉靖初歷刑部郎中，决疑剖滯，常冠諸司。調兵部職方，薦都督馬永才，果有功。一歲中疏百餘上，悉協機宜。擢大理寺丞，陳兵食水利諸事，多報允。署寺事，減御史馮恩死，忤張孚敬，奪官。鳳鳴性孝友，勵廉隅，盛有時望。以無罪去，士論惜之。

顧濟。崑山人。正德進士，歷刑科給事中。武宗自南都還，卧病豹房，惟江彬輩侍左右。濟請慎擇廷臣，更番入直，不報。世宗初，劾司禮太監蕭敬、都御史張綸等，不聽。帝欲加興獻帝皇號，濟疏言不可。未幾侍養歸，卒。子章志、孫紹芳，皆進士。章志南京兵部侍郎，南京故有馬快船，供中貴進奉，承其役者輒破産。章志請減其額，官爲給直僱募，積害頓除。比卒官，都人立祠祀之。紹芳，春坊左贊善。

朱紈。長洲人。正德進士。嘉靖時，歷四川副使，與副總兵何卿，共平深溝諸砦番賊。累擢右副都御史，巡撫浙江，及福建濱海諸府。時倭寇大起，紈首嚴通番之禁，率師討賊，連戰皆捷。憤閩、浙勢家庇賊，上疏數侵之。會佛郎機國人行刼，至詔安督師迎擊，擒其渠。諸勢家嗾御史劾其擅殺，罷職聽勘，遂仰藥死。紈清彊峭深，勇於任事，不恤人怨，以及於禍，朝野惜之。

沈漢。吴江人。正德進士，授給事中。嘉靖初，興獻帝議加皇號，漢疏諫，因災異陳時政缺失，指斥甚切。及刑部尚書林俊去位，復抗章争之。李福達之獄，執法大臣皆下吏，漢執奏，並除名，卒。隆慶初，贈太常少卿。

陸粲。長洲人。嘉靖進士，由庶吉士爲給事中。請帝延見大臣，面決庶政，又陳用人數事，多議行。偕御史郗元、洪清覈馬房錢穀，精心剔抉，積弊頓清。張福殺母獄起，粲上章極論，下詔獄受杖。時張璁、桂萼柄政，粲劾其專權召賄，帝立下詔，暴璁、萼罪狀罷之。已而以霍韜言，召璁還，謫粲貴州都鎮驛丞。稍遷永新知縣，乞歸，遂不出。

王穀祥。長洲人。嘉靖進士，由庶吉士，歷文選員外郎。尚書汪鋐專伺政府爲黜陟，穀祥掌司事，一切持之，鋐銜焉。會乞歸養，謫官。穆宗初，徐階當國，以爲南京文選主事，不應。穀祥善文詞，兼工書畫，與文徵明、蔡羽、祝允明輩以文翰名吳中。

袁袠。吳縣人。嘉靖進士，歷官廣西提學僉事。其學精深宏博，羣經子史，無所不窺。所著世緯二十篇、文集二十卷、皇明獻實、吳中先賢傳。兄褧，善詩古文，兼工書畫。子尊尼，進士，好古能書。

皇甫涍。長洲人。兄沖，嘉靖舉人。涍與弟汸、濂，並嘉靖進士。兄弟好學工詩，負才名，時稱「皇甫四傑」。涍官至浙江按察僉事，汸吏部郎中，濂工部主事。其後里人張鳳翼、燕翼、獻翼並負才名，吳人語曰：「前有四皇，後有三張。」

錢泮。常熟人。嘉靖進士，歷侯官、慈溪知縣，累遷江西左參政，所至皆有能聲。里居，與知縣王鐵禦倭寇，力戰而死。贈光禄卿，與鐵並立祠死所。

陸師道。長洲人。事母孝，母嘗失明，舐之而愈。嘉靖進士，累遷尚寶少卿。出使秦府，卻其厚賮。師道嗜古勤學，善詩文，工小楷古篆，兼曉繪事。時文徵明稱擅四絶，不減趙孟頫，師道從之學，盡得其傳，其風尚亦約畧相似。

嚴訥。常熟人。嘉靖進士，授編修。累擢吏部尚書，慎擇曹郎，務抑奔競，黜貪殘，振淹滯。又倣三途並用法，州縣政績尤異者，破格超擢，銓政一新。尋加太子太保、武英殿大學士，以入直西苑。勞疾乞歸，父母皆在，人皆榮之。卒，謚文靖。

瞿景淳。常熟人。嘉靖中，舉會試第一，殿試第二，授編修，典制誥。錦衣陸炳，先後四妻，欲封其最後者，屬景淳撰詞，不可。嚴嵩爲請，亦不應。累官禮部侍郎。卒，贈禮部尚書，謚文懿。子汝稷、汝説，居官皆以剛正聞。

徐申。崑山人。嘉靖初，由鄉舉歷蘄水、上饒知縣，用廉能，徵授刑部主事。冬月提牢，憫囚寒餒，時加資給，囚德之。比當代，相率譁於獄，請留三月。昭聖太后弟張延齡繫獄，世宗必欲殺之，申奏記尚書聶賢、唐龍，謂：「太后春秋高，即延齡旦暮致辟，何以慰太后心？」賢等然之，故獄久不決。後卒以延齡故，廷杖謫官。曾孫應聘，少有才名，持正不苟。萬曆進士，官太僕少卿。

袁洪愈。吴縣人。嘉靖中，由鄉試第一成進士，歷給事中。剛介疾惡，恥隨俗沈浮。嘗疏陳邊務數事，從之。出爲福建僉事，歷湖廣參政，所在以清節著。萬曆中，累擢南京禮部尚書，上疏請禁干謁，又極陳屯田廢壞之害，乞募商就耕，以所收粟麥中鹽，免内地飛輓。皆議行。就進吏部，乞休歸。洪愈性不競榮利，通籍後所居不增一椽，出入徒步如寒士，遠近重之。卒，謚安節。

徐師曾。吴江人。十二能爲詩古文，長博學，兼通陰陽律曆醫卜篆籀之説。嘉靖間，舉會試，以親老歸。閲六年，始就廷對，選庶吉士。歷吏科給事中，頻有建白。世宗方殺僇諫臣，言官緘口，師曾遂連疏乞休。萬曆初，起禮科左給事中，力辭不出。著禮記集注、周易演義，又撰正蒙章句、世統紀年、文體明辨、大明文鈔、宦學見聞、小學史斷共數百卷。

陳瓚。常熟人。嘉靖進士，知永豐縣，以治行徵授給事中。廣東、福建、江西羣盗方張，府縣多無城，以瓚言敕所司興築。已劾文選郎南軒，廷杖除名。隆慶初起官，請褒卹楊最、楊爵、羅洪先等，而誅姦黨之殺沈鍊者，皆報可。因論御史齊康，忤高拱。拱再起，謫官，終刑部左侍郎。瓚性淡静，言行恂恂，當官守職，介然不撓。卒，謚莊靖。

郭諫臣。長洲人。嘉靖進士，授袁州司李。嚴世蕃貪黷無厭，諫臣持正不懼。歷吏部主事。隆慶初，疏言正一真人不當復令傳襲，請永行革除。外戚玉田伯蔣榮、安平伯方承裕，宜視泰和伯陳萬言例，止終其身。衍聖公親喪，宜俟服除始赴京襲爵，服中免入賀。諸所陳多持正，朝議悉從之。官終江西參政。

申時行。吴縣人。嘉靖末，殿試第一，授修撰。萬曆時，累進吏部尚書、中極殿大學士。時行文彩藴藉，當張居正時，不立崖異。居正卒，時行盡反前政，務取和平。其止易漕、開水田、罷内操、平隴川、定洮河，號能斷大事。卒以建儲議，爲時所排擊，遂去位。卒，贈太師，謚文定。子用懋，進士，兵部尚書。孫紹芳，進士，户部左侍郎。

歸有光。崑山人。六歲能屬文。嘉靖間舉鄉試，徙居嘉定，來學者常數百人。有光初師同邑魏校爲古文，原本經術，而好太史公書，能得其神髓。晚始第進士，知長興縣，調順德通判，條馬政事宜，咸切利弊。隆慶間，爲南京太僕寺丞，留掌内閣制敕房，欲盡觀中秘書，遽以病卒。子子慕，舉萬曆鄉試，屏居江村，竹籬破屋，日讀書其中。與無錫高攀龍、嘉善吴志遠，潛心正學。

俞允文。崑山人。讀書汲古，工詩文。時歸有光以古文名天下，允文與之角立，兼善諸體書。王世貞與友善，其定廣五才子，以允文爲首云。

黄省曾。吴縣人。甫成童，綜貫百氏，爲文恒屈其賢豪。嘉靖舉人。遊喬宇之門，命輯諸山記，又擬作五嶽之遊，宇因呼爲五嶽山人。所著有五嶽山人集。兄魯曾，博涉能詩，正德舉人。子姬水，幼穎悟，性至孝。省曾出入必攜之，有所題咏，輒令同賦。書法亦工。

杜偉。吴江人。六歲時，祖母疾盲，舐之而愈。嘉靖舉於鄉。江西羅洪先聞其賢，聘爲子弟師，偉即從受學，時與静坐石蓮洞，學益有得。萬曆間，授河南推官，治行冠河南。遷工部主事，榷税荆州，不私一錢。渡鄱陽湖，盗入其舟，詢之爲偉，羅拜而去。

王應電。崑山人。受業同邑魏校，冥心潛思，閎覽博識。而尤篤好周禮，殫精十數載，成周禮傳詁數十卷，以就正羅洪先。洪先讀其書，與辨難，累三月，大服。應電研精字學，所著有經傳正譌、同文備考、書法指要、六義音切貫珠圖、六義相關圖。

王敬臣。長洲人。受業於魏校。事父母至孝。其學以慎獨爲先，而指親長之際、衽席之間爲慎獨之本。鄉人尊爲少湖先生。

張基。吴縣人。嘉靖舉人。母老，跬步不離，治一室，題曰「愛日」，以居母。書無所不窺，尤邃於經學，多所箋疏。歲大祲，有米數百斛，悉以賑饑者。屬當軍興之際，毀家以紓族。卒，贈翰林待詔。

趙用賢。常熟人。隆慶進士。萬曆時，官檢討，疏論張居正奪情，與吳中行同杖戍。居正歿，起官，終吏部侍郎。謚文毅。用賢剛直嫉惡，議論風發。官庶子時，常言蘇、松、嘉、湖財賦半天下，民生坐困，條十四事上之。執政以爲吳人不當言吳事，格不行。

張棟。崑山人。萬曆進士，知新建縣，有能名。擢給事中，請蠲度田虛賦，又言蠲租宜蠲起運，毋但蠲存留，皆得行。吳中白糧爲累，疏請令民出資助漕舟附載，爲政府所格，遂乞歸。尋起兵科，出巡固原，單騎歷險，盡得邊事虛實，多所論建。

王叔承。吳江人。少孤，篤學好古。遊燕京，太倉王錫爵，其布衣交也，再召，有三王並封之議。叔承遺書數千言，謂當以去就力爭，不宜依違兩端，錫爵歎服。其詩爲王世貞兄弟所許。

王穉登。長洲人。六歲善擘窠大字，十歲能詩。長益駿發，有盛名。吳自文徵明後，穉登遥接其風，主詞翰之席者三十餘年。

趙宧光〔七〕。吳縣人。讀書稽古，精於篆書，與婦陸卿子隱於寒山，足不至城市。當事慕其名，多造門求見，宧光亦不下山報謁。著有寒山雜著諸集。

顧大章。常熟人。萬曆進士。負志節，與楊漣、左光斗善。擢刑部員外郎，執法持平，屢忤魏忠賢意。熊廷弼、王化貞獄起，大章以廷弼有守遼功，宜貰之以責後效，衆不可。屢遷陝西僉事。忠賢將殺楊、左，逮大章下獄，同瘐死。崇禎初，贈太僕卿，謚裕愍。弟大韶，與大章孿生，通經史百家，尤精於詩禮，多所發明。弟大武，權奇俶儻，以豪俠自命。大章被逮，大武傾身周旋無所避。一夕見垣中白氣如斗，大武曉星象，指而泣曰：「諸君子其不免乎！」已而果然。大武護兄喪歸，益自放於酒而卒。

周宗建。吳江人。萬曆進士，由知縣擢御史。天啓初，魏忠賢、客氏亂政，宗建首疏劾之。明年璫勢益熾，宗建復三疏彈擊，忠賢大怒，矯旨削籍，嗾其黨李實誣以贓罪，下獄拷死。崇禎初，贈太僕卿，謚忠毅。

周順昌。吳縣人。萬曆進士。授福州推官，守法不撓，治最，擢吏部主事。歷文選員外郎，力以推賢退不肖爲己任。嘗推一大僚，失要人意，遂歸。魏璫秉政，順昌每與人言，輒義形於色。會給事中魏大中以劾閹被逮，順昌與之訣，因以女字其孫，閹黨詗知之，誣奏削籍逮問。緹騎至，士民大譁訟冤，移時而集者萬餘輩，毆殺緹騎數人。順昌赴詔獄，每掠治必大罵，忠賢遂遣人於夜中潛斃之。崇禎初，贈太常卿，謚忠介。

姚希孟。吳縣人。萬曆進士，授檢討。行誼修謹，立朝矯矯持風節。天啓中，從鄒元標、馮從吾講學首善書院，都給事中楊所修劾其爲繆昌期黨，削籍。崇禎中，赴召，以庶子充講官，預定逆案。温體仁忌之，出爲南京少詹事。後贈禮部侍郎，謚文毅。

張振德。崑山人。萬曆中，由選貢授興文知縣。奢崇明反，振德督兵與戰，力盡援絶，取印繫肘，北面再拜自刎。妻錢氏，二女淑昭、淑慶皆伏劒，一門死者十二人。賊見振德屍面色如生，右手握刀，忿怒如赴敵狀，皆羅拜。事聞，贈光禄卿，謚忠愍。

張世偉。吳縣人。萬曆中，舉順天鄉試，砥行植節，與周順昌、文震孟、姚希孟、朱陛宣稱「吳門五君子」。既歿，鄉人稱爲孝節先生。

李文詠。崑山諸生。萬曆中，父寢室被火，文詠突入，將抱父出，而榱棟盡覆，父子俱焚死。火息入視，屍猶覆其父。父存全體，文詠但餘一股。

王志堅。崑山人。萬曆進士，授南京兵部主事。崇禎初，以僉事督湖廣學政。其詩文法唐宋名家，不逐時好，所輯古文瀾編、瀆編及四六法海並行於世。弟志長、志慶，皆舉於鄉，讀書好古。志長貫穿經學，著有儀禮周禮註疏删翼。

蔡懋德。崑山人。萬曆進士。歷官井陘、濟南諸道，有殺賊功。崇禎末，巡撫山西。流賊破潼關，懋德孤軍拒戰，賊遣使諭降，懋德立斬之。城陷，入三立祠自經死，將吏應時盛等四十六人皆殉難。事聞，謚忠襄。本朝乾隆四十一年，賜謚忠恪。

王燾。崑山人。萬曆舉人。崇禎末，爲隨州知州。張獻忠攻隨，燾率兵拒戰，殺賊三百餘人，力竭自經死。事聞，贈太常卿，謚忠愍。本朝乾隆四十一年，賜謚節愍。

文震孟。吴縣人。天啓二年，殿試第一，授修撰。疏陳勤政講學，忤魏忠賢意，調外，震孟遂歸。崇禎初，召置講筵，連劾王永光，忠賢遺黨乘機報復。及賊犯皇陵，痛陳致亂之源。擢禮部左侍郎，兼東閣大學士。與温體仁不協，被劾落職歸。卒，贈禮部尚書，謚文肅。

陳仁錫。長洲人。天啓二年，殿試第三，授編修。喜著書，與同里文震孟俱以老成宿望登甲科，時稱得人。魏忠賢冒邊功，錫上公爵，給世券，仁錫當視草，持不可，遂削籍歸。歷南京國子祭酒。所著有羲經易簡録、明皇世法録等書。卒，謚文莊。

趙士春。用賢孫。崇禎進士及第，授編修。楊嗣昌奪情，復謀入閣，士春抗疏劾之，忤旨，謫布政使照磨。後復官，終左中允。

龔元祥。長洲人，舉於鄉。崇禎四年，爲霍山教諭。厲廉隅，以名節自任。八年，賊陷鳳陽，令逸去，元祥督士民固守。城陷，整衣冠坐，賊欲屈之，厲聲罵，遂遇害。子炳衡，號呼罵賊，賊又殺之。事聞，贈國子助教，建祠曰「忠孝」，以其子配。

宋學朱。長洲人。崇禎進士。爲御史，抗疏劾楊嗣昌、田惟嘉，時論壯之。巡按山東，方行部，大兵攻濟南急，聞警馳還，與布政張秉文等分門死守。援兵不至，城陷死之。後贈大理卿。本朝乾隆四十一年，賜謚忠烈。

徐汧。長洲人。崇禎進士，歷官右庶子。黄道周以論救錢龍錫被謫，汧兩疏争之，不聽。乞假歸。周延儒再柄國，數招之，不應。福王立，召爲少詹事，陳時政七事。安遠侯柳祚昌劾汧東林巨魁，遂移疾歸。及南都亡，投虎丘新塘橋下死。本朝乾隆四十一年，賜謚忠烈。

許琰〔八〕。吴縣人。爲諸生，磊落不羈。崇禎十七年，聞京師變，遇友人出酒宴飲，琰擲杯詬曰：「今日何日，尚欲縱酒耶！」拂衣去。已而聚哭明倫堂，琰獨衰杖擗踊，號泣盡哀，趨古廟自經，爲人所解。聞哀詔至，即稽首號慟而卒。鄉人私謚潛忠先生。時長洲諸生顧所受，爲琰立傳。南都亡，所受投泮池死。本朝乾隆四十一年，賜祀忠義祠。

盧渭。長洲人。爲諸生有聲。南渡時，馬士英入相，命史可法督師淮揚，渭抗疏乞留可法，云：「汪、黄在内，李綱在外，宋終北轅。」不納。可法建禮賢館，以招四方之士，渭與焉。揚州被圍，監守鈔關門，城破，赴水死。本朝乾隆四十一年，賜祀忠義祠。

朱集璜。崑山人。歲貢生。學行爲鄉里所推，授徒至數百人。邑東南有夏駕浦、鷄鳴塘，海潮壅沙，漸成平陸。集璜與縣令議開濬，身督其役，六閱月而復其故。南都亡，集璜偕邑人周室瑜、王佐才及室瑜子朝曠等城守。城破，皆死之。諸生陶琰聞集璜死〔九〕，亦慷慨自縊。本朝乾隆四十一年，俱賜祀忠義祠。

劉曙。長洲人。崇禎進士。南都亡，上海諸生欽浩通款於魯王，署忠義士二十三人，以曙爲首。其書爲邏者所得，捕曙對簿。曙實未嘗識浩，而絶不置辯，强項不肯屈膝。臨死，賦詩别母，乃就刃。本朝乾隆四十一年，賜謚節愍。

楊廷樞。吴縣人。諸生時，值里人周順昌被逮。廷樞與王節等，請於巡撫毛一鷺，祈具奏免逮。已而緹騎擊死，廷樞坐除名。崇禎三年，舉鄉試第一，有盛名。諸生之討阮大鋮也，廷樞與其謀。大鋮得志，先捕首事五人，廷樞與焉，會國亡乃已。後數年，以未薙髮，被執不屈死。本朝乾隆四十一年，賜謚忠節。

朱天麟。崑山人。崇禎進士。爲饒州推官，有清操。擢翰林編修，歷遷禮部尚書、東閣大學士。大兵至，永明王倉皇出走，奔安隆。天麟扶疾追從，道卒。贈少保，謚文靖。

顧錫疇。崑山人。萬曆進士，授檢討。天啓中，與魏忠賢不協，削籍。崇禎中，歷禮部侍郎，後復本部尚書。請補建文帝景皇帝廟號，及建文朝忠臣贈謚。又奪温體仁「文忠」之謚。與馬士英不協去。後寓温州江心寺，爲總兵賀君堯所害。本朝乾隆四十一年，賜謚節愍。

瞿式耜。景淳孫，汝説子。萬曆進士。崇禎初，擢給事中。十七年，以右僉都御史巡撫廣西，平靖江王亨嘉之亂。後留守桂林，加大學士，封臨桂伯。式耜在軍，與士卒同甘苦，聞時政闕失，必疏争之，兩粤皆倚以爲重。後諸鎮兵皆潰，式耜端坐府中，與總督張同敞俱死。本朝乾隆四十一年，賜謚忠宣。

校勘記

〔一〕陸士光　乾隆志卷五六蘇州府名宦(下同卷簡稱乾隆志)作「陸煜」。按，當作「陸暐」。陸暐字士光，「暐」字犯瀆聖祖名諱，故乾隆志改作「煜」，本志則改稱其字。本志因避清諱而稱字不稱名者甚夥，下不具校。

〔二〕即日除之　乾隆志同。按，顧憲之事蹟雜採之梁書卷五二及南齊書卷四六顧氏本傳，但梁書本傳此句「日」作「表」，一字之别，義則大不同，一統志史臣似難逃擅改之譏。

〔三〕顧郎難衣食者　乾隆志同。按，梁書卷三〇顧協傳此句上有「恐」字，意爲協。

〔四〕刺史張摶辟以自佐　「摶」，原作「搏」，乾隆志同，據新唐書卷一九六陸龜蒙傳改。

〔五〕帝遣中官劉允迎佛烏斯藏　「劉允」，原作「劉永」，乾隆志同，據明史卷一九〇毛紀傳、卷一九一徐文華傳改。

〔六〕宸濠以厚幣聘之　「幣」，原作「弊」，據乾隆志及明史卷二八六唐寅傳改。

〔七〕趙宧光　「宧」，原作「宦」，乾隆志同，據雍正江南通志卷一六八人物志及乾隆吴縣志卷六九人物改。

〔八〕許琰　「琰」，原作「炎」，據乾隆志及明史卷二九五許琰傳改。下文同改。按，本志避清仁宗諱改字也。

〔九〕諸生陶琰聞集璜死　「陶琰」，原作「陶炎」，亦避清仁宗諱改字也，據乾隆志改回。

大清一統志卷八十一

蘇州府五

人物

本朝

徐枋。長洲人，汧長子。明崇禎舉人。痛父汧殉難死，隱居靈巖山之上沙，閉户著書，不入城市。巡撫湯斌聞其名，屏騶從兩訪之，終不得見。隱居四十餘年卒。

徐開禧。長洲人。明崇禎進士，官翰林。爲文一本先正法程，舉業家咸師尊之。

顧鼇。吴縣人。年二歲時，父仲常爲讐金瑞甫所殺。鼇稍長知父死狀，即淬一刃挾以出入，金亦避之。順治辛丑，鼇年十八，遇金於胥口，拔刀刺之。金躍入水，鼇從之，連刺金不死，金逸去，挾貲誣鼇以盜。兵備王紀、郡丞劉瑞訊得實，卒誅瑞甫。

顧炎武。崑山人。貢生。篤志古學，邃於經史。足迹半天下，流覽山川風俗，考覈得失利病，上下今古，成一家言。有日知録、音學五書、天下郡國利病書，卷帙最富者爲肇域志。惜其書散佚不存。

尹明廷。吴人。順治進士，知平樂府。李定國之亂，城破被執，死之。事聞，贈太僕寺卿，賜祭葬。

汪琬。長洲人。順治進士，授户部主事。康熙己未，舉博學弘詞，授編修。在史館兩月，撰史稿七十五篇，稱疾歸。讀書堯峯，以文章爲己任，標望彌峻。

宋德宜。長洲人。順治進士，選庶吉士，授編修。屢遷左都御史，多所建白。歷吏部尚書，杜絶請托，清釐銓法。進文華殿大學士，贊理機政，尤稱慎密。卒，謚文恪。

孫承恩。常熟人。順治進士，官修撰，入直遇疾卒於邸。承恩神氣清朗，見者色動。爲人以孝友聞。工駢體，書仿歐陽詢，能深得其筆法。既侍顧問，寵遇日隆。及卒，時論惜之。

錢中諧。吴縣人。順治進士。康熙己未，舉博學弘詞，授編修。詩文雄贍，自名一家。

葉方藹。崑山人。順治己亥一甲三名進士，授編修。應對敷陳，皆忠樸無飾語。康熙癸丑，賜宴瀛臺，從官皆進詩賦，方藹獨作八箴以獻。又命撰太極圖説，俱稱旨，擢侍講學士。在翰林二十五年，直南書房，屢遷刑部侍郎。卒官，貧不能斂，賜金營其喪。謚文敏。

徐乾學。崑山人。八歲能文，十三通五經。康熙庚戌一甲三名進士，授編修。壬子，主順天試，所拔皆宿學，文體一變。屢遷左都御史、刑部尚書，罷歸。乾學以文章受知，試平蜀頌、瀛臺賦、經史賦、乾清宫讀書記、班馬異同辯，皆列第一。入直南書房，恪勤供職。及歸，詔攜一統志、宋元通鑑即家編輯。尋奉召復官，而乾學已殁。平生敦尚氣誼，獎拔後進單寒，於人才多所造就。

徐秉義。乾學仲弟。康熙癸丑一甲三名進士，授編修。典試順天、浙江，俱稱得士。屢遷内閣學士，賜御書「恭謹老成」扁額。

徐元文。乾學季弟。順治己亥，以第一人及第，授修撰。屢遷國子監祭酒，訓士有法。歷左都御史，整飭紀綱，澄肅吏治，屢陳時政，多見采納。以事鐫秩解任。起復原官，歷刑、户二部尚書，進文華殿大學士，兼掌翰林院事。罷歸，舟過臨清，榷使檢視囊橐，衣裝之外，惟圖書千卷，人服其清。

韓菼。長洲人。所爲經義，力振庸靡。康熙癸丑，會試第一。對策力言三藩當撤，以第一人及第，授修撰。屢遷内閣學士，謝病里居。研究經史及唐、宋古文，將著書以老。閲八年，起原官，晉掌翰林學士、禮部尚書。遇廷議，侃侃不阿，多所建白。卒，謚文懿。

蔣伊。常熟人，明禮部主事棻子。康熙進士，選庶吉士，改御史。有陳六部積習，及請減白糧價諸奏。彈劾大吏，無所撓避。又集民間疾苦，繪十二圖以獻，聖祖仁皇帝披覽嘉納。出爲參議，督糧廣東，多所興除。遷河南提學副使，以實行移士習，稱公明第一。卒於官。

楊无咎。明諸生廷樞子。痛父罹難，杜門隱居，歷八十年。覃思經學，多闡前人所未發。著有譚經録諸書。

戴笠。吴江諸生。隱居朱家港，教授生徒。土屋三間，炊烟時絶，而編纂不輟。

朱鶴齡。吴江人。邃於經學，五經皆有著述。又有李義山詩註。

彭定求。長洲人。康熙丙辰，會試、殿試俱第一，授修撰，歷侍講。先後里居二十餘年，泊若寒素。編纂儒門法語、蒙正録諸書，發明心性宗旨，粹然負儒者之重望。

潘耒。吴江人。康熙己未，以布衣舉博學弘詞，官檢討，纂修明史。以母憂歸，不復出。耒幼有神童之目，復從顧炎武、徐枋、戴笠遊，故其學貫穿淹洽，旁及星學、算數、宗乘、道藏，悉有神會。

尤侗。長洲人。博物洽聞，工詩文。以恩貢爲永平推官，鋤强扶弱。以事罷歸。康熙己未，舉博學弘詞，授檢討，纂修明史。未幾乞歸，優游林下，年登大耋。子珍，康熙進士，官翰林，世其家學。

范必英。長洲人。順治舉人。康熙己未，舉博學弘詞，授檢討，纂修明史。謝病歸，儲書萬卷，喜汲引後進，一時名雋多從之遊。

徐釚。吴江人。康熙己未，以布衣舉博學弘詞，授檢討，纂修明史。尋乞歸。所著詩文，膾炙藝苑。少刻菊莊樂府，朝鮮貢使以金餅購去，其見重如此。是科同舉者：周慶曾，常熟人，授編修；馮勗，長洲人，授檢討；朱鍾仁，崑山人，授中書。皆以文學彪炳一時，稱爲極盛。

黄儀。常熟人。精輿地之學。凡郡邑建置沿革、山川險易，畫圖著説，縷析條分。徐乾學修一統志，儀與淮安閻若璩百詩、無錫顧祖禹景范，蒐討爲多。

歸允肅。常熟人。康熙己未，殿試第一人，授修撰。辛酉主順天試，所拔皆寒畯。歷官少詹事，持正不阿。居鄉雅有清望。

陶元淳。常熟人。康熙進士，知昌化縣。作浮糧考、魚鱗册、會計經費録〔二〕，區分縣事如家事。爲民請命，與上官往復千言，動以至誠。海外武弁驕横，盡發其姦狀，將卒斂戢。時行村落，問民疾苦，行不坐乘，暑不張蓋。以勞卒，邑人思之。

嚴虞惇。常熟人。康熙丁丑一甲二名進士，授編修，洊升大理寺副，屢次平反疑獄。遷太僕寺少卿，典試楚、蜀，皆稱得人。著述甚富，其讀詩質疑三十一卷，有功詩學。

何焯。長洲人。康熙癸未，欽賜舉人。進士，選庶吉士，充武英殿纂修，改編修。性通敏，工書，博覽淹貫，長於考訂。雍正初年，贈侍讀學士。

蔣廷錫。常熟人。康熙癸未，欽賜進士，選庶吉士，授編修，洊擢内閣學士。雍正初，遷禮部侍郎，歷户部尚書，勾稽周密，諸曹宿弊，釐剔無遺。進文華殿大學士，仍兼理户部事務。卓識長才，莅事精敏，仰贊機務，悉協於當。加太子太傅，給一等輕車都尉世職。卒，謚文肅。

吴士玉。吴縣人。爲諸生，即以文名四方。康熙進士，以翰林侍講，督順天學政。累官至禮部尚書。宏通儒雅，扶獎人倫。著有映劍集。卒，謚文恪。

惠周惕。長洲人。康熙己未鴻博，辛未庶吉士，改密雲知縣。周惕邃於經學，著有詩説、易傳、春秋、三禮問諸書。子士奇，康熙進士，累官翰林院侍讀。撰易説六卷、春秋説十四卷、大學説一卷。又因新法究推步之原，著交食舉隅二卷。孫棟，元和生員，於諸經融洽貫串。謂訓詁古音古字，非經師不能辨，作九經古義二十二卷。尤邃於易，採攟漢學，撰周易述二十三卷、易例二卷。嘉定錢大昕，謂惠氏世守古學，而棟所得尤精。

嵇曾筠。長洲人。康熙進士，選庶吉士，洊升僉都御史。典試河南，還，條上貯穀、理漕、防河三事。尋授副總河，督豫河事務。累官至文華殿大學士。曾筠負經濟大畧，知人善任，恭慎廉明，累用引河殺險法，前後節省庫帑百萬。其生平勞績，治河爲大，與靳輔、齊蘇勒並稱名臣。卒，謚文敏。

彭啓豐。長洲人。雍正丁未會試、廷試皆第一，授修撰，入直南書房。乾隆七年，遷通政使，提督浙江學政，條陳學政事例。尋遷内閣學士，仍留學政任。擢刑部右侍郎，疏陳浙省利弊四事。官至兵部尚書。孫希濂，乾隆進士，由刑部主事，歷官至刑部右侍郎。

嵇璜。曾筠子。雍正進士，由庶吉士授編修，累官至文淵閣大學士。生平習於經世之務，尤善治河。歷南河、河東、河道總督，皆著聲績。性至孝，爲人外和中剛，不屑矯名沽譽，而有確然不拔之操。卒，謚文恭。

沈華。元和貢生，雍正間以薦舉入書局。後知武陵縣，勤敏莅政，不數月積牘一空。歷宜春、武功、蒲城，所在皆有政聲。

乾隆四十六年，入祀鄉賢祠。

陳祖范。常熟人。雍正進士。以病不與殿試，歸，蟄居華匯之濱，鍵户著書。乾隆庚午薦舉經學，賜司業銜。所著有經咫一卷，文、詩集各四卷，掌録二卷。

蔣溥。常熟人，廷錫子。雍正進士。由庶吉士授編修，洊擢内閣學士，尋升吏部侍郎。乾隆八年，命署湖南巡撫，旋實授。辦理永順等處苗猺軍務，頗得機宜。議築文洲園，墾田萬畝，士民同願興工。尋擢户部尚書、東閣大學士。溥居心純正，遇事從無少懈。卒，贈太子太保，入祀賢良祠，賜祭葬，謚文恪。

王錫闡。吴江人。博覽羣書，兼通中西天學。潛心測算，每天色澄霽，輒登屋卧鴟吻間仰觀星象，竟夕不寐。著曉菴新法六卷。梅文鼎曰：「從來交食，祇有食甚分數，未及其邊。惟錫闡以日月圓體分三百六十度，而論其食時所虧之邊凡幾何度，今推其法，頗精確。」

沈彤。吴江人。淹通三禮，撰周官禄田考及周官頒田異同説、五溝異同説、井田軍賦説、釋周官地征等篇，又撰儀禮小疏、春秋左氏傳小疏、尚書小疏、氣穴考畧、内經本論。其果堂集十二卷，多訂正經學之文。乾隆元年，薦舉博學鴻詞。

沈德潛。長洲人。乾隆進士，由編修洊升禮部侍郎。十四年以老乞休，命有所著作寄京呈覽。有歸愚集、西湖志纂，俱進呈。十六年、二十二年、二十七年，高宗純皇帝南巡，均賜詩。二十六年，皇太后萬壽，命集在朝諸王文武，及致仕大臣年七十上者，爲九老，並繪圖。德潛列致仕九老之首。卒，贈太子太師，入祀賢良祠，謚文慤。旋緣事削奪。四十四年，御製懷舊詩，列德潛於五詞臣末云。

施錦。元和人。湖南乾州平頭司吏目。乾隆六十年，逆苗滋事，錦率鄉勇抵禦於石灰窑，力戰陣亡。事聞，賜卹，廕雲騎尉。

費增運。震澤人。福建彰化縣典史。乾隆六十年，臺匪陳周全滋事，城陷死之。事聞，賜卹如例。

蔣元益。長洲人。乾隆乙丑會元，由庶吉士授編修，改監察御史，累官至兵部右侍郎。元益少有夙慧，於書無所不窺。官御史時，不輕建言，癸酉秋，上請更河臣疏，遂受上知。生平著述甚富，有廿一史訂誤、周易精義、清雅堂詩餘藏於家。嘉慶九年，入祀鄉賢祠。

蔣檙。常熟人，廷錫孫，溥子。乾隆進士，由編修擢侍講，在南書房行走，洊升至兵部侍郎。知武舉，疏言武闈外簾事宜，議行。卒，賜祭葬。

姜晟。元和人。乾隆進士，由刑部主事，洊升至刑部侍郎。秋讞覈議允當，屢奉命赴直隸、山東、山西、江南、湖北等省訊案。授湖南巡撫，籌辦苗匪軍務，秩然有序，鎮静得宜。嘉慶五年，擢授湖廣總督，調直隸總督。九年，擢刑部尚書。敭歷中外四十餘年。後以直隸總督任内失察處分，給四品京堂。

褚廷璋。長洲人。乾隆乙丑，考授内閣中書。癸未進士，由編修洊升侍讀學士。官中書時，纂西域圖志，凡天文、風俗、音樂、沿革，瞭如指掌。又纂西域同文志。其字滿、漢、蒙古、西番四體並列，緯以三合切音，纂四十一字母與梵書本音同異會解，奉旨載入藏經。廷璋視學湖南，培植人材，楚人士設長生位於韓文公祠側。嘉慶十一年，入祀鄉賢祠。

彭希洛。長洲人。乾隆進士，官御史。奏敕各省嚴禁浮收，並照報部以錢易銀時價，先期出示，聽民兩便。又督撫勒屬告病，州縣諱盜爲竊，所奏俱切中時弊，頒諭通行。嘉慶七年，蘇郡糧價騰貴，九年大霪雨，兩次舉行平糶。總督費淳勸諭各郡平糶，以希洛現行成法爲準。十三年，入祀鄉賢祠。

金士松。吴江人，寄籍宛平。登乾隆庚戌進士，由庶吉士授編修，累官至兵、吏二部侍郎，擢左都御史。嘉慶元年，遷禮部尚書，尋調兵部尚書。士松小心慎密，每召對知無不言，而未嘗輕洩於人。其於天下兵馬、錢糧、關河險要駐防處，尤留心焉。卒，謚文簡，入祀賢良祠。

余蕭客。長洲人。撰古經解鉤沈三十卷，凡唐以前舊說，自諸家經解所引，旁及史傳類書，片語單詞，悉著其目。又撰文選紀聞三十卷、文選音義八卷。

顧祖禹。常熟人。著方輿紀要一百二十卷，據正史考訂地理，於山川形勢險易、古今戰守攻取成敗得失之迹，皆有折衷，雖荒僻幽仄之地，一一如目見。

王翼孫。長洲人。任湖北襄陽縣呂堰驛巡檢。嘉慶元年，邪匪聶傑人聚衆滋事，擾及枝江，餘匪由枝江竄至呂堰。翼孫率兵堵禦，殺賊陣亡。事聞賜卹，廕雲騎尉世職。

陸霖。昭文人。四川候補知縣。嘉慶元年，調至達州軍營，赴東鄉禦賊，陣亡。事聞，廕雲騎尉世職。

華潤。昭文人。孝行著聞。同縣顧勳臣、董淇，俱嘉慶年間旌。

錢棨。長洲人。鄉會、廷試俱第一，授職修撰。臚唱日，有御製三元詩。洊升侍讀學士，典試雲南。尋任學政，拔取公平，輿論翕服。嘉慶四年，擢內閣學士，兼禮部侍郎。

倪定得。吳縣人。由行伍拔補蘇松鎮標中營把總，洊擢福建閩安副將。嘉慶五年，升海壇鎮總兵。時蔡牽盜船由浙入閩，定得率舟師於白丈洋擊之，沈其船一，奪其船一，擒盜犯俟塗等。七年，擢福建水師提督。九年，入覲，射中布靶，賞戴花翎。尋因病乞休，卒於家。

楊繼祖。常熟人。以孝聞。乾隆年間旌。

楊岱。繼祖子。並以孝聞。嘉慶年間旌。

流寓

漢

梅福。壽春人。元始中，王莽顓政，福一朝棄妻子，去九江，至今傳以爲仙。其後人有見福於會稽者，變姓名爲吴市門卒云。

梁鴻。扶風人。至吴依大家臯伯通，居廡下，爲人賃春。每歸，妻爲具食，不敢於鴻前仰視，舉案齊眉。伯通察而異之曰：「彼傭能使其妻敬之如此，非凡人也。」乃舍之於家。鴻潛閉著書十餘篇。

蔡邕。陳留人。靈帝末，亡命在吴。吴人有燒桐以爨者，邕聞火烈之聲，知其良木，因請而裁爲琴，果有美音。而其尾猶焦，時人名曰「焦尾琴」。

晉

戴逵。譙國人。天性高潔。孝武帝時，累徵不就。郡縣敦逼不已，乃逃於吴。吴國内史王珣有别館在武丘山，逵潛詣之，與珣遊處。

南北朝　宋

戴顒〔一〕。逵子。出居吴下，吴下士人共爲築室。乃述莊周大旨，著逍遥論。

齊

何求。廬江人。除中書郎，不拜，逃歸吴，隱武丘山。弟允，亦居武丘山西寺，講經論學。有異鳥如鶴紅色，集講堂，馴狎如家禽。

唐

楊收。世居馮翊，父遺直客姑蘇。收七歲而孤，母長孫親授經，十三通大義，善屬文，吴人號神童，造門觀賦詩，至壓敗其藩。懿宗時，官中書侍郎。

宋

蘇舜欽。銅山人。既放廢，寓於吴中。買水石作滄浪亭，益讀書。其詩體豪放，往往驚人。

賀鑄。衛州人。食官祠禄，退居吴下，引遠世故。家藏書萬卷，手自校讐。

何執中。龍泉人。爲太學博士，以母憂去，寓蘇州。比隣夜半火，執中方索居，遑遑不能去，拊柩號慟，誓與俱焚。觀者悲其孝而危其難。有頃火卻，柩得存。

王萬。濠州人。史嵩之自江上董師入相，萬首論之。疏入，遷大理少卿，萬即日還常熟寓舍。

鄧若水。井研人。嘉熙間，通判寧國府，以言罷。遂不復仕，隱太湖之洞庭山。

明

張羽。潯陽人。元季徙吴，與高啓、楊基輩爲詩友。羽博學好古文，爲文章精潔有法，工詩。有静居集。

徐賁。蜀人，元季自毘陵徙於平江。工詩，善畫山水。洪武中，官至河南布政使，有政績。著詩曰北郭集。

姜埰。萊陽人。崇禎中，官至禮科給事中。直諫廷杖，謫戍宣州衛。未至，國變，居於吴中。疾亟，謂二子安節、實節曰：「吾乃受命謫戍，今流離異鄉，死必埋我敬亭之麓。」遂没於吴之虎丘。

列女

漢

陸續母。續爲會稽太守尹興門下掾。楚王英事覺，續詣洛陽詔獄就考。續母至京師饋食，續對食，悲泣不能自勝。使者問故，續曰：「母來不得相見，故泣耳。」使者問何以知之，續曰：「母常截肉，未嘗不方，斷葱以寸爲度，是以知之。」

許升妻吕氏。字榮。升少不理操行，榮躬勤養姑，勸升修學。升後感激自厲，遂以成名。尋被辟命，爲盗所害，刺史捕盗得之。榮手斷其頭，以祭升靈。後遭寇賊，欲犯之，榮曰：「義不以身受辱。」寇殺之。是日疾風暴雨，雷電晦冥，賊懼叩頭謝罪，乃殯葬焉。

孫奇妻范氏。年十八配奇，一年而奇亡。父母以范少無子，迎還其家，范不肯歸。迎者迫之，操刀割耳及鼻，曰：「父母迎我，不過以我年少美色耳。今已殘矣，行將焉如。」迎者乃返。

三國　吴

張白妻陸氏。陸績於鬱林所生女，名曰鬱生。年十三，適張白三月，白罹家禍，遷死異郡。鬱生抗聲昭節。姚信集有表稱之，乞褒以「義姑」之號。

顧承妻張氏。張温姊妹三人，皆有節行。爲温事，已嫁者皆見録奪。其中妹先適顧承，官以許嫁丁氏，成婚有日，遂飲藥而死。其時人皆嘉歎，并圖畫爲之贊頌云。

晋

張茂妻陸氏。吴郡人。茂爲吴國内史，被沈充所害。陸氏傾家産，率茂部曲爲先登以討充。充敗，陸詣闕上書，爲茂謝不尅之責。

南北朝　宋

顧琛母孔氏。孫恩亂後，東土洊饑，孔氏發家糧以賑邑里，全活者甚衆。生子皆以孔爲名。

齊

范法恂妻褚氏。吴郡人。勤苦執婦業，永明中卒。子僧簡在都，聞病馳歸，未至，褚已卒。將殯，舉屍不起，尋而僧簡至焉。

梁

張稷女。名楚媛。適會稽孔氏，無子，歸宗。州人徐道角作亂，將殺稷，氏以身蔽父，同遇害。

唐

張鎰母。盧樅爲官人所構，鎰爲殿中侍御史，欲直之，白其母曰：「今理樅，樅免死，而鎰坐貶，爲太夫人憂。默則負官，敢問所安？」母曰：「兒無累於道，我所安也。」樅得流，鎰貶撫州司户參軍。

宋

吳永年妻何氏。吳人。建炎中，金兵道三吳，永年與姊及妻奉母而逃，母老待扶而行，卒爲賊所得，將縶之。何紿曰：「婦人東西惟命耳。」賊信之。行次水濱，謂其夫曰：「吾不負君。」遂投於河。其姊繼之。

元

錢珍妻顧氏。常熟人。至正末避亂，珍前妻邵氏所生子友安，氏所生子虎，並孩稚襁負，力難兩存。謂其夫曰：「冢子不可失，吾子可復生。」乃棄虎道旁，揮涕而去。人比之魯義姑。

明

顧春妻俞氏。吴縣人。春疾卒，氏以指抉雙目不得出，乃以剪刀刺其左目，又欲刺其右。姑奪其剪，諭之曰：「汝欲養舅姑，撫二子，留一目可也。」氏乃止，遂守節終焉。

王妙鳳。吴縣人。適吴奎。奎商於外，姑與所私飲，並欲污氏。氏不從，所私戲紾其臂，氏拔刀斷臂死。

余佈妻馬氏。吴縣人。歸佈五年而寡。無子，家酷貧，姑欲奪其志。有田二畝半，得粟不以與婦，馬不爲動。姑潛納他人聘，一夕鼓吹臨門，趣治裝，馬入卧室自經死。几上食器，糠籺尚存。

衛廷珪妻孫氏。吴縣人。隨夫商販，寓潯陽小江口。宸濠陷九江，廷珪適他往，孫與二女共一長繩自束，赴河死。

葉芸妻鄒氏。吴縣人。成婚僅兩月，而芸卒。氏毁容誓死，不出户，不見男子。姑曰：「如火盗疾病何？」氏曰：「火至委軀灰燼，盗至先自盡，疾聽其死，終不令醫診察。」年六十而卒。

彭餘璋妻鄭氏。長洲人。歸再期而夫卒，子方晬。斂畢，即赴水死。

徐宣妻卓氏。長洲人。宣卒，遺孤二，逾年皆夭。既而姑舅皆殁，竭力營葬。操守益堅，刲肱作糜以愈母疾。母即世，執喪盡禮。人皆稱其節孝。

水德妻李氏。崑山人。夫死無子，或勸改嫁，婦堅拒欲自經，其兄子覺之，得不死。洪武中同籍兄繫獄，婦當連坐，當事者脅之曰：「若適人可全。」婦曰：「吾不忍以危難改節，雖死無悔。」有司以聞，詔免其罪，並旌之。

夏景澄妻葉氏。崑山葉盛女。歸五月而夫卒，誓死不二。先依於母，母殁，復歸於夏。舅即世，執喪如禮，守節終其身。

趙一鳳妻尤氏。崑山人。夫死守志。營葬，惡少年艷其色，思强聘之，氏葬畢觸石死。

王道正妻周氏。崑山人。未歸而道正卒，父母以女年少，議改適，女堅不從，即詣夫家守節。姑亦孀居，女勤紡織，事姑盡孝。年七十四卒。

王貞女。崑山人。字顧同吉，顧死，女衣縞素赴弔，見翁姑淚下，留執婦道不去。後姑病篤，女斷一指入藥，病遂愈。人皆稱「貞孝女」云。

朱一鴻妻張氏。常熟人。一鴻家貧，出爲童子師。氏工紡織，家不能具機杼，鄰嫗憐之，俾就其家織。有宗周者，窺氏有色，百計誘之，氏覺，遂扃户不復詣鄰家。周計婦獨處易制，乃以酒物啗諸鄰，鄰素畏周，頷之。夜四鼓，挾刀斬門而入，氏號呼，頭搶地，觸瓶罍皆碎，周不敢犯而去。氏恚憤，積薪自焚，鄰嫗驚救出，已焦灼無完膚，不食十六日死。邑紳嚴訥爲建祠旌表，寘周於法。

潘興玉妻時氏。常熟人。避亂出城，與夫相失，興玉被創死。氏爲兵所逼，厲聲罵不絕口，遂被殺。經酷暑數日，顔色如生。

周應祁聘妻項氏。吴江人。應祁從父宦學，未娶，及還，病瘵卒。項氏年十九，即變服洗妝，夜分自縊。將斂，母視其中裳，皆自以績麻紉縫周固。踰三日入棺，啓纊見面，初如霜白，頃之紅顔如生，汗發如珠盈面。與應祁合葬，爲之置後。萬曆四年敕建貞烈坊。嗣子信，早卒，媳金氏，苦節四十年，能繼姑志云。

須烈婦。吴江人。夫李死，市兒悦其色，争欲娶之，姑與母亦利其嫁。婦度終不免，自經死。

葉紹袁妻沈氏。吴江人，山東副使沈珫之女。紹袁官工部郎中，習静好書。沈有隽才，工詩歌，生三女：長紈紈，次蕙綢，次小鸞，並能詩，極一時閨房之秀。吴中比之謝家、左氏。諸子並有文名。所著午夢堂十集行世。

本朝

嚴燦妻顧氏。吳縣人。夫爲仇陷獄當死。順治辛卯，巡按秦世貞按吳，氏白夫冤，自刎堂下，冤得雪。

沈子猷妻金氏。吳縣人。夫遠出，與孀姑居。姑素與鄰人通，並欲污氏，氏大罵被擊，仆地而絶。姑以暴病語人，巡撫湯斌勘實上聞，姑與所私俱棄市。

顧汝紘妻沈氏。吳縣人。夫亡殉節。同鄉黄永祥妻劉氏、周文遂妻馬氏、羅廷佐妻錢氏，均夫亡殉節。

胡士彦妻黄氏。吳縣人。夫亡守節，歸省其母。會夫家火起，氏倉皇歸，視夫棺已爲灰燼。氏泣裹餘骨，自割臂肉同置缾内，瘞城下，遂自經。

袁七妻陳氏。吳縣人。七傭作數出，比隣周二假乞火，將犯之，氏詬呼得脱，恒以刀自衛。已，周乘半夜排户入，氏持刀拒之，周怒，奪刀砍氏，斷首而走。里人擁周赴官正法。巡撫韓世琦立烈婦碑。

蔡瓊藻妻周氏。吳縣人。夫有心疾，夫兄瓊滋挑之，氏訴諸姑，姑不爲禁。氏憤自縊死。後瓊滋夜發狂，手刃妻女，遂自刎。一婢見有紅衣女子殺瓊滋，蓋氏斂時服云。同縣葉氏女，許字王某。申氏女，許字錢歷方。邵氏女，許字申希文。陳氏女，許字林大治。俱未婚夫亡，自盡以殉。

沈聖章妻王氏。長洲人。同縣宋爾城妻葉氏、鄒化明妻王氏、徐樹聲妻張氏、陳周氏，俱遭兵亂，抗節不污死。

王漢侯妻梅氏。長洲人。夫死，斂畢，自經柩前。同縣史洽妻王氏、劉昭美妻陸氏、吳泰妻尤氏，均夫亡自盡以殉。

周氏女。長洲人。許字何綸言，未嫁夫亡。欲往弔不可，遂自經死。同縣華氏女，許字施某。戴氏女，許字吳其機。吳氏女，許字宋啓業。尹氏女，許字張國富。俱未婚聞訃自盡。

蔡懋良繼妻張氏。崑山人。夫亡，值兵亂，二子皆前母出，欲偕氏避。氏曰：「未亡人得死爲幸，豈可奔走道途，以自取辱。」投井中死。次子方燧哭守母屍，竟遇害。同縣管氏女，未嫁守貞，兵至慮見辱，自縊。

張敬懷妻某氏。常熟人。與同縣章淳妻薛氏、言闇如妻某氏、徐萱妻沈氏、蕭爾亨妻許氏，俱遇兵亂，抗節不污死。

蔣氏女。常熟人。母殁，遇兵亂，拜哭母柩前，經死。

趙烈婦。失其姓，常熟人。趙故宦僕，氏美而莊，主數挑之不爲動。一日强逼之，氏泣曰：「夫人嚴，敢相從乎？」主謀於妻，妻固不妬，先召氏入密室，諭以意，因鍵其户。至暮，主人啓户入，縊死矣。

任紹孟妻言氏。常熟人。夫亡殉節。同縣吴周繼妻厲氏、孫之炯妻屈氏、席永敬妻諸葛氏、阿述臯妻秦氏、袁壽先妻譚氏，陳藝九妻蔣氏，均夫亡殉節。

程忠謀妻周氏。常熟人。少寡無子，孝養其姑三十年。姑殁，斂畢，自經。同縣邵氏女，許字張瑋，未婚聞訃，自盡以殉。

章揆蒼妻馬氏。常熟人。早寡而美，人多謀娶，舅欲嫁之。氏以死誓。後族人密與盧某訂婚，紿氏同姑探親，舁入盧家。氏覺，觸柱毁面，哭且駡。盧懼，送氏還，舅閉户不納。氏奔夫殯所號慟，投河死。

陳啓瀛妻沈氏。吴江人。遇寇刃其夫，掠氏去，兩手攀竹不從，駡不絶口，賊怒斫死。母收斂之，手猶握竹不肯脱。母哭告曰：「今母斂汝，非賊也。」乃展而斂焉。同縣迮斌妻陳氏，翁夫父子四人俱被寇殺，氏哭，同老僕赴賊巢收其屍。賊欲加刃，氏延頸曰：「殺我，以四屍還僕歸葬足矣。」賊義其烈，竟與之。又吴銘訓妻沈氏，楊應聯妻鈕氏，駡賊不從被殺。張氏女，投火焚死。沈承明妻張氏，自刎死。陳元芳妻陸氏，抗賊被殺。

宋景莪妻沈氏。吴江人。夫亡殉節。同縣金之潢妻葉氏、趙繼階繼妻周氏、陳裕容妻徐氏、管正偁妻徐氏、徐松元妻鈕氏、張樹勳妻趙氏、龐雲衢妻費氏，均夫亡殉節。

沈氏女。吴江人。許字顧某，未嫁，鄰子夜踰垣逼之。女取剪刀刺喉死。同縣顧氏女，許字張九彰。徐氏女，許字仲某。馬氏女，許字丁某。俱未婚夫亡，自盡以殉。

錢鼎臣妻鈕氏。震澤人。夫亡守節，家謀改適，不從死。

莊應龍妻張氏。吴江人。遇暴不從死。雍正年間旌。

汪肇桓妻俞氏。吴縣人。夫亡守節。同縣陸珍在妻龔氏，胡廷璧妻葉氏，陸文起妻朱氏，張國祥妻俞氏，黄文學妻王氏，趙良璧妻張氏，陳鶴齡繼妻王氏，袁永錫妻徐氏，鄭啓章妻陸氏，陸鴻業妻邱氏，陳熊妻王氏，范宏緒妻宋氏，陳機妻謝氏，鮑以錕妻沈氏，姚士俊妻朱氏，李大昌妻黄氏，朱成賓妻王氏，吴濟繼妻史氏，沈有寧妻顧氏〔三〕，陳玉田妻蘇氏，范子發妻郁氏，汪經璧妻沈氏〔四〕，薛青士妻石氏，張幼鐸妻何氏，芮方時妻陳氏，李大榮妻程氏〔五〕，李銓妻黄氏、妾曹氏〔六〕，薛昌裔妻朱氏，汪學舒妻鄒氏，朱元龍妻蔡氏，鄭啓亮妻翁氏，盛伯華妻周氏，鄭明儀妻奚氏，吴藩繼妻倪氏，蔡鳴球妾倪氏，徐允清妻湯氏，江濤妻陳氏，沈正昱妻張氏，葉漢賢妻周氏，石文英妻張氏，趙成德妻徐氏，張柱侯妻盛氏，高俣妻曹氏，周永章妻金氏，顧浤妻汪氏，曹仲溪妻張氏，濮仕天妻潘氏，江士駒妻陸氏，陳自鍈妻曹氏，沈念典妻李氏，王耀基繼妻蘇氏，汪受密妻余氏，孔興泰妻劉氏，鄧道千妻蔡氏，王宗妻周氏〔七〕，林天錦妻謝氏，林天鑑妻徐氏〔八〕，周宏德妻張氏，倪元繆妻袁氏，第御六繼妻郭氏〔九〕，秦元第妻鄧氏，裴上衡妻蘇氏，裴世俊妻陸氏，張嗣昌妻陸氏，鄒待聘妻周氏，吴汝鏡妻馬氏〔一〇〕，周鈺妻馮氏，張顯祖妻鄭氏，陸永藩妻陳氏，秦元在妻吴氏，劉子端妻項氏〔一一〕，王爾興妻陸氏，龔大賓妻顔氏，潘景曜妻張氏，周君顯妻莫氏，陳又龍妻吴氏，沈兆源繼妻王氏，汪家聲妻朱氏，虞堯臣妻高氏，鍾時俊繼妻姜氏，張啓序妻徐氏，薛起麟妻黄氏，鄭仁漢妻蔣氏，沈阮文妻王氏，卞王臣妻虞氏，陶仁趾妻干氏，陶學詩妻馬氏，安大己繼妻楊氏，張弓妻程氏，項繼悌妻吴氏，葉鳳儀妻諸氏，金尚爵妻陳氏，王仁孚妻張氏，葛國治妻陳氏，吴時珍妻顧氏，湯卓侯妻朱氏，鄭洪度妻嚴氏，蔣汝翼妻龔氏，席本稔妻夏氏，吴永肩妻葛氏，吴定功繼妻翁氏，徐道統妻顔氏，勞棟妻戈氏，夏遜來妻蔣氏，盧廷表妻王氏，汪蔣勳妾陸氏，韓廷璋妻沈氏，程奕璋妻劉氏，程廷錦妻吳氏，顧魯唯妻沈氏，潘世良妻江氏，張宗福妻程氏，吳公美繼妻顧氏，練鳳儀妻金氏，王文鏌妾張氏，高燦如繼妻周氏，江用受妻高氏，石履安妻李氏，邵廷珍繼妻周氏，吳志夔妻金氏，嚴雲山妻談氏，蔡起貞妻姚氏，申世厚妻李氏，金孝書妻葛氏，尹惟憲繼妻袁氏，陳鳳苞妻王氏，朱宗洪妻周氏，汪明道妻丁氏〔一二〕，張之澗妻譚氏，申可貞繼妻李氏、妾曹氏，王璠妻黃氏，程士先妻潘氏，熊廷柱妻袁氏，席啓楷妻姜氏，張瑞生妻馬氏，張大業妻邱氏，夏珍繼妻姚氏，顔學洙妻孔氏，張震維妾孫氏，汪文玠妾許氏，吳觀淋妻石氏，徐端文妻何氏，黃程九妻孫氏，張祖良妻許氏，高斗曜妻董氏，王聖瑞妻徐氏，吳文麟妻歸氏，吳國英妻徐氏，陳鏞妻楊氏，徐子蘭妻張氏，韓永年妻吳氏，周鉅妻江氏，章煥三妻劉氏，陸舜祺妻錢氏，談如敏妻王氏，張士錦妻陶氏，高允公妻劉氏，范昱妾張氏，朱桓妻曹氏，楊承忠妾魯氏，錢嘉瑞妻周氏，顧君祥妻莊氏，邵言璋妻李氏，謝士傑繼妻徐氏，周公輸妻張氏，周麟玉繼妻顧氏，吳聖宣妻孫氏，吳時夏妻湯氏，王行簡妻吳氏，顧惠玉妻張氏，沈鈺繼妻鍾氏，張詵兮妻談氏，陸志詠妻朱氏，汪鼎言妻陳氏，金禹宏妻徐氏，陸士鋐妻汪氏，童發乾妻顧氏，翁座週妻顧氏，秦朝覲妻黃氏，朱文謨繼妻高氏，吳沛生妻施氏，王一柱妻吳氏，顧安國妻宋氏，潘景文妾高氏，吳永清繼妻倪氏，潘嘉玉妻周氏，葛洪濟妻黃氏，王觀光妻吳氏，翁廷儼妻李氏，吳震遠妻王氏，許永昇妻張氏，郭星珠妻陸氏，沈公遠妻王氏，王進思妻沈氏，殷膚敏妻褚氏，殷嵩高妻張氏，徐鏞妻馬氏，顧德容妻江氏，洪俊妻楊氏，席啓謙妻葉氏，朱雲夔妻吳氏，殷謦之妻沈氏，吳永修妾第氏，徐鎬妻李氏，金玉梅妻顧氏，蔣尚武妻周氏，王時音妻周氏，葛國瑚妻周氏，王震清妻黃氏，錢瑩妻汪氏，蔡受禔繼妻孫氏，吳學孝妻周氏，張宗浚妻朱氏，朱世德妻汪氏，陸亮妻黃氏，王日贊妻黃氏，張國芳妾吳氏，嚴岱妻王氏，張天錫妻王氏，沈文淵妻程氏，許成棟妻翁氏，吳承恩妻於氏，陳明賢妻沈氏，翁正揚妻華氏，郁世璋妻王氏，孔毓仁妻金氏，龔安翔妻陸氏，王大年妻項氏，徐柏妻顧氏，許君榮妻陸氏，沈幼安妻秦氏，顧宗陳妻姚氏，潘掌綸妻葉氏，吳守讓妻金氏，董茂昭妻褚氏，吳定遺妾張氏，馬世榮妻顔氏，吳守約妻席氏，唐羲妻黃氏，俞文昭妻程氏，吳益先妻陸氏，顧之瑚妻許氏，俞元泰妻汪氏，吳可士妻潘氏，袁文鐸妻周氏，顧廷榮妻王氏，蔡光震妻蔣氏，陳恒若妻譚氏，周奕曾妻王氏，張仁鑑繼妻許氏，李肇敏妻張氏，顧宏謨妻童氏，汪元偉妻呂氏，顧義聞妻許氏，陳禹功妻范氏，王文彬繼妻顧氏，汪堪妻潘氏，顧志和妻王氏，王瞯妻高氏，王祥發妻高氏，章克昌繼妻杜氏，劉壽安妻翁氏，徐聞妻潘氏，江恒昭妻吴氏，蔣念宗妻程氏，葉裕廷妻席氏，蔡兆錦妻葛氏，沈卜臣妻張氏，陶琪妻唐氏，陳嘉魚妻金氏，秦德滋妻蔡氏，金名標妻周氏，唐文錦妻徐氏，沈邦彦妻范氏，居廷樞妻陸氏，何仁達妻吴氏，卜永芳妻嚴氏，李秉鈁妻吴氏，沈永坤妻葛氏，朱善繼妻陳氏，周肇基妾朱氏，秦兆琛妻鄧氏，蔡伍文妻何氏，陸廷炯妻邵氏，吴宏妻申氏，汪朝保妻潘氏，蔡軏岳妻吴氏，余澤浤妻黄氏，姜棫初妻嚴氏，孫天泰妻吴氏，吴士佳妻陸氏，胡坤妻翁氏，盛爾宜妻朱氏，唐永昇妻許氏，裘萬侯妻王氏，陶治妻周氏，鄧廷樞妻秦氏，潘兆科妾錢氏，徐舜耕妻王氏，徐序天妻鄭氏，周悦臣妻張氏，鄭武京妻曹氏，盧炯妻周氏，王鶴齡妻張氏，魏錡妻游氏，金漢章妻卜氏，吴樹衡妻蔡氏，徐御招妻陸氏，鄭匡世妻徐氏，袁永涵妻韓氏，徐與清妾盧氏，石仲宣妻孫氏，王維安妻潘氏，陶葦齋妻李氏，均夫亡守節。貞女吴氏、諸葛氏、袁氏、陸氏、楊氏、朱氏、周氏、沈氏、管氏、唐氏、張氏、何氏、周氏、楊氏、張氏，均未嫁夫亡守貞。烈女董氏，未嫁夫亡殉烈。孝女賈氏。俱乾隆年間旌。

顧汝楫妻章氏。長洲人。夫亡守節。同縣吴德純妻朱氏，吴元昇繼妻張氏，顧郁棟妻陳氏，顧士仲妻朱氏，張計成妻吴氏，王祖祥妻顧氏，沙承惪妻陸氏，徐國俊妻陸氏，朱君盛妻趙氏，王瑄妻張氏，袁鳳儀妻朱氏，金繩祖妻王氏，吴天球妻文氏，黄道明妻謝氏，周鎬妻徐氏，顧景鄴妻殷氏，張鈞妻黄氏，金德隅妻盛氏，蔣士珍妻陸氏，張鈞奏妻陸氏，李倫若繼妻邵氏，顧以球妻湯氏，謝天禄妻徐氏，朱炯妻彭氏，金上瀛妻顧氏，陳國柱妻姚氏，顧本仁妻陳氏，傅棟妻鄒氏，于明德妻施氏，方鳳翔妻范氏，表天保妻過氏，沈苞妻王氏，潘尚文妻賈氏，徐懋元妻朱氏，沈鵬南妻吴氏，高八妻潘氏，陸渠妻許氏，吴南麟妻華氏，談兆麟妻吴氏，沈天修妻顧氏，程尚九妻周氏，宋沅繼妻顧氏，張觀妻倪氏，顧梓村妻張氏，雷大坤妻顧氏，王世仁妻陸氏，王萬鍾妻金氏，張迪妻林氏，吴鳳鳴妻宋氏，汪敏學妻金氏，蔣履恭妻湯氏，施玉相妻邵氏，汪燦妻楊氏，吴德年妻程氏，鄒天禄妻王氏，鄒載妻顧氏，邢有仁妻周氏，汪肇職繼妻繆氏，吴栻妻沈氏，王希禹妻彭氏，趙屺妻秦氏，朱裕徵妻林氏，吴子仲妻糜氏，宋景瑞妻裴氏，張毓珍妻吴氏，秦錦存妻孫氏，徐希旦妻李氏，謝南吉妻周氏，倪俊德妻陸氏，尤壽增妻薛氏，潘慶聲妻沈氏，陳砥妻張氏，孟興琦妻褚氏，李隆春妻吴氏，吴廷元妾趙氏，楊球繼妻董氏，沈樹春妻胡氏，王維馨妻徐氏，張鳳翔妻胡氏，李麗春妻王氏，夏南翼妻王氏，張峙妻華氏，彭廣益妻葉氏，唐玉衡妻陳氏，金鏞妻姚氏，蔣淇妻高氏，姚子功妻計氏，徐廷鏞妻吴氏，姚爾發妻莊氏，吕王佐妻顧氏，顧道生妻夏氏，顧念峯繼妻王氏，吴公善妻楊氏，裘洪達妻朱氏，徐作霖繼妻顧氏，沈仲舜妻趙氏，朱墀繼妻邵氏，王樂天妻薛氏，范儀于妻沈氏，邵憲妻徐氏，徐謨妻張氏，曾孫慶妻李氏，韓倫妻李氏，蔣世泳繼妻毛氏，譚綸書妻謝氏，宋乾一妻陸氏，雷大晉妻陳氏，顧恒瞻妻王氏，馮宋掞妾王氏，金鼎妻夏氏，程尚鑒妻董氏，盧之達妻吕氏，張允升妻翁氏，張君秀妻王氏，袁茂文妾蔡氏，葉朝彦妻陳氏，郭賓榮妻周氏，聞鳳翼妻吴氏，葉茂華妻金氏，徐堉妻張氏，周祥游妻王氏，金舜功妻顧氏，吴宗昌妻沈氏，吴士英妻張氏，顧咨揆妾陸氏，金軾妻孫氏，周天益妻朱氏，顧元文妻蔣氏，吴傳妻曹氏，蔡允恭妻盛氏，王纘宗妻沈氏，徐德夏妻陳氏，金藴緗妻謝氏，黄肇揆妻顔氏，孫旭旦妻潘氏，高瑍妻金氏，石穀城妻方氏，俞源慶妻徐氏，顧燦妻施氏，顧定九妻吴氏，鮑以安繼妻徐氏，孫大綬妻顧氏，劉紹洙妻胡氏，吴德新妻朱氏，汪漢生妻孫氏，潘士侃妻錢氏，錢月貫妻胡氏，徐漢昭繼妻梢氏，陸觀瀾妻唐氏，彭襄文妻周氏，汪立紹妻周氏，王洪卿妻浦氏，陳雲一妾宋氏，朱趙奎妻劉氏，沈時懋妻鄒氏，施彭準妻郭氏，施見龍繼妻申氏，程鳴璋妻黄氏，張載青妻施氏，柳炫妻吴氏，王時敘妻陳氏，吴文桂妻高氏，胡懷三妻蔣氏，張日峻妻孫氏，陸梧岡妻徐氏，陳垂綱妻費氏，朱廷揚妻韓氏，毛程妻高氏，汪以寶妻程氏，宋相妻陸氏，韓炎妾李氏，袁祖燦妻徐氏，汪德培妻包氏，王大德妻劉氏，宋允文妻蔣氏，方文焯妻汪氏，陸元登妻吴氏，陳培良妻周氏，沈成恒妻江氏，表萬年妻徐氏，蔣近光妻汪氏，孟與璀妻邵氏，顧景成妻周氏，姚民標妻顧氏，裘上元妻何氏，裘萬元妻惠氏，龔致爵妻沈氏、妾蘇氏，龔文俊妻鄒氏，張玉衡妻吴氏，唐文杜妻蔣氏，朱煦成妻包氏，唐九錫妻霍氏，宋綏禄妻蔣氏，徐中道妻蔣氏，唐文炳妻陸氏，錢武妻朱氏，吴瞻淇妾羅氏，嚴延鎰妻于氏，韓必達妻周氏，歸永禮妻姚氏，顧義質妻張氏，錢銓妻蔣氏，費映辰妻徐氏，顧績妻徐氏，顧端山妻袁氏，龐大鵬妻汪氏，錢明瞻妻謝氏，周家琛妾張氏，鄒國儀妻邵氏，陳拱乾妻徐氏，汪藻妻邵氏，陸炳曾妻朱氏，邵福材妻王氏，李正芳妻沈氏，黄東河妻葛氏，沈孫遹妻陳氏，鄭華昆妻劉氏，金怡妻鄭氏，王若滄妻潘氏，陶緒淹妻楊氏，鄒奕卿妻易氏，均夫亡守節。貞女蔣氏、華氏、程氏、孫氏、胡氏、方氏、夏氏、陳氏、宋氏、朱氏、張氏、褚氏、王氏、張氏，均未嫁夫亡守貞。俱乾隆年間旌。

朱文秀妻呂氏。元和人。夫亡守節。同縣王鼎禮妻范氏，陸澄妻俞氏，申玫妻錢氏，程有禄妻朱氏，韓定京妻陳氏，許其成妻陸氏，陳玉書妻蘇氏，陸尊三妻邱氏，趙天錫妻朱氏，葉長升妻褚氏，劉梓妻黄氏，程世模妻范氏，王烈妻裴氏，陸皦妻黄氏，謝履祥妻沈氏，陸鎔妻吴氏，俞隣天妻何氏，徐燾妻張氏，顧廷槐妻毛氏，汪顯初妻張氏，吴儀妻胡氏，顧宗周妻唐氏，顧宗齡妻趙氏，申熊占妻張氏，高日華繼妻金氏，胡光裕妻沈氏，許周德妻周氏，盛玉立妻趙氏，李九鵬妻錢氏，張允文妻錢氏，沈世奕妾李氏，沈朝初妾馬氏，莊玉署妻蔣氏，文屺瞻妻周氏，宋煒妻胡氏，郭欽文妻程氏，張予燮繼妻孫氏，顧衷妻陸氏，沈曾熙妻施氏，沈曾熊妻俞氏，丁殿颺妻陸氏，凌燦雲妻車氏，周之鑑妻張氏，湯子茂妻潘氏，殷蟠逸妻沈氏，宋斗位妻張氏，張允武妻朱氏，朱原文妻尤氏，陳樹連妻黄氏，吴明山妻李氏，朱之策妻戴氏，李天爵妻傅氏，陳宋器繼妻朱氏，鄒濬繼妻黄氏，周維新妾胡氏，黄應星繼妻郁氏，劉天來妻龔氏，王豫公妻凌氏，褚士榮繼妻周氏，殷尚臣妻蔡氏，朱承業妻吴氏，蔣維垣妻錢氏，王劻妻陸氏，汪之濱妾許氏，王錦妻曹氏，裘嵫生妻吴氏，蔣尚桓妻吴氏，欽耀祖妻史氏，龔大勳繼妻邱氏，倪山堂妻江氏，胡纘德妻王氏，蘇暹妻袁氏，宋莘五妻李氏，徐覲光妻王氏，王武公妻翁氏，顧珏妻褚氏，王錫位妻章氏，伊楝妻張氏，董茂公妻顧氏，諸張筠妻褚氏，沈錫妻華氏，方瑞華妻湯氏，褚維安妻馮氏，毛元衡妻盧氏，丁世盛妻晏氏，褚維翰妻鄭氏，吴玉衡妻宋氏，俞世瑄妻陸氏，婁德培妻邵氏，楊亶時妻金氏，許先登妻胡氏，褚啓儀妻蔣氏，沈天祥妻王氏，孫楊妻顧氏，吴石安妻王氏，宋勵業妻孟氏，何允修妻胡氏，董方安妻吴氏，李鶴齡妻俞氏，沈自新妻陸氏，朱用甫妻姚氏，朱慎修繼妻馬氏，尹萬貞妻沈氏，洪令錫妻程氏，朱瑞章妻王氏，詹協和妻張氏，袁聖述妻唐氏，丁啓源妻朱氏，龔雲輔妻沈氏，於志基妻郭氏，周佩蘭妻沈氏，項德樹妻王氏，朱鼎妻沈氏，樊越妻季氏，高某妻杜氏，吴景泰妻張氏，華叔筠妻居氏，許七相妻劉氏，王嘉秩妻錢氏，陸禧妻黄氏，顧世演妻何氏，陳學永妻袁氏，張天錫妻沈氏，張天御妻姚氏，鄭震炎妻欽氏，劉奕芳妻趙氏，金顧炳妻周氏，王景登妻滕氏，陸聖公妻吴氏，黄穎妾陶氏，陸雲間妻郭氏，陶屺思妾金氏，顧宗孟妾王氏，徐成模繼妻唐氏，吴炯章妻陳氏，宋勰妻潘氏，李又常妻蔣氏，吴廷玉妻劉氏，項璧妻周氏，項元求妻支氏，李慶生妻王氏，蘇綸繼妻滕氏，許存仁妻曹氏，尤道基妻胡氏，蘇瑞卿妻金氏，祁紹妻屈氏，顧廷銨妻譚氏，周彩若妻章氏，陸菻妻吴氏，韓巖妻施氏，朱瑞行妻金氏，朱文基妻陳氏，顧奭若妻華氏，陳永銘妻吴氏，陸貞吉妻李氏，陳索臣妻凌氏，張聖武妻沈氏，謝朝初妻沈氏，謝球妻朱氏，王德明妻張氏，諸玉書妻徐氏，王玉瓚妻吴氏，丁懌妻朱氏，張日成妻王氏，石貢男妻屈氏，周大順妻徐氏，俞順山妻陳氏，俞仁吉妻殷氏，朱學海妻錢氏，邱景明妻徐氏，陸子琦妻林氏，顧其旋妻王氏，吴廷佐妻丁氏，孫天籥妻吴氏，龔汝秩妻徐氏，陸文勳妻孟氏，吴臨漢妾王氏，文軌妻許氏，朱景周妻韓氏，朱聖一妻沈氏，迮君常妻徐氏，沈天敘妻王氏，彭珍繼妻金氏，程廩年妻姜氏，諸本侯繼妻顧氏，王宗華妻顧氏，顧肇基妻鄭氏，徐桂妻馮氏，殷古蘧妻吴氏，陸顧翔妻吴氏，朱振玉妻王氏，王文忠妻顧氏，唐永麟妻潘氏，陳天孫繼妻錢氏，徐文德妻姚氏，陸彦瑜妻陳氏，范德元妻朱氏，馬龍蟠妻沈氏，徐鴻傅妻沈氏，柳丕緒妻盧氏，蘇寶田妻陸氏，計以忠妻朱氏，顧元培妻歸氏，唐茂芝妻錢氏，楊翽文妻徐氏，王御祥妻陸氏，劉漢妻陸氏，陳天儀妻徐氏，徐熙妻顧氏，洪學濂妻姚氏，湯省三繼妻蔣氏，費誠所繼妻金氏，闞永受妻阮氏，吴子常妻殷氏，徐大觀妻黄氏，顧祥宇繼妻王氏，朱殿臣妻黄氏，高岳妾鄭氏，王綸妻薛氏，周惇妻陸氏，管鑰繼妻吴氏，朱允文妻黄氏，嚴錦妻沈氏，顧漸妾馬氏，張國禎妻柴氏，錢自昭妻姜氏，汪學亮妻陳氏，朱建侯妻潘氏，章君耀繼妻吴氏，夏賢妻陳氏，顧之翰妻朱氏，顧承家妻張氏，蔣苓妻王氏，張安瑞妻顧氏，王煓文妻朱氏，程錦榮繼妻王氏，朱世英繼妻蔣氏，吴用恥繼妻顧氏，陳學潛妻毛氏，方元龍妻吴氏、妾陳氏，祖文明繼妻王氏，施紹衣妻陸氏，趙申郕妻徐氏，徐椽妻朱氏，徐機妻迮氏，顧瑞書妾李氏，沈洪陞妻陸氏，朱琇妻金氏，韓爾卿繼妻朱氏，王玉峯繼妻朱氏，陸貽南妻吴氏，李致妻宋氏，張衛師妻沈氏，朱君順妻張氏，程文綬妻鄭氏，周南士妻張氏，周南侯妻張氏，陳兆嘉妻蔣氏，樊令德妻王氏，彭遵儒妻顧氏，顧士植妻范氏，唐濬妻王氏，湯東侯妻王氏，陸一麟妻吴氏，殷濬妻沈氏，陸觀澄妻許氏，朱紹文妻張氏，施琬妻潘氏，施通元妻謝氏，戴松年妻徐氏，朱大樹妻滕氏，李兆奎妻汪氏，李宏祚妻陸氏，張佩聲妻裴氏，朱誌妻王氏，韓我濬妻施氏，金懋修妻鄧氏，張金純妻陸氏，施慥妻沈氏，顧模妻華氏，沈禹錫妻張氏，顧自任妻江氏，顧溙浹妻王氏，馬時傑妻王氏，王烜妻蔣氏，徐鑰妻吴氏，王君相繼妻周氏，張鴻吉妻洪氏，戴有通妻汪氏，丁孟棨妻顧氏，陳圻妻蕭氏，程有培妻葉氏，張文俊妻吴氏，全世德繼妻鄭氏，王珏妻杜氏，周兆麟妻錢氏，王受滄妻陸氏，王受天妻陳氏，徐萬熹妾江氏，沈模妾錢氏，蘇茂佳繼妻虞氏，王己貞妻施氏，徐彦明妻計氏，朱世乾妻馬氏，沈旦初繼妻莊氏，孫善慶妻何氏，計學海妻沈氏，申周安妾陸氏，李朱耀繼妻陸氏，李鋐妻陸氏，范漢雲妻翁氏，蔡王聘妻李氏，余文長妻胡氏，陸志望妻吴氏，殷自天妻季氏，張鳳鳴妻錢氏，湯萬熠妻韓氏，顧令名妻謝氏，徐子明繼妻楊氏，許宿發妻張氏，金傑妻范氏，陸貽禎妻沈氏，徐深公妻許氏，徐仙劉妻戴氏，顧偉妻何氏，楊震元妻馬氏，陸億齡妻諸氏，張學堪妻何氏，張學洙妻邢氏，計國柱妻夏氏，汪元素妻程氏，沈玉田妻周氏，徐濟妻毛氏，徐治妻劉氏，陸霄妻宋氏，錢廷熹妻顧氏，黄世隆妻朱氏，吴鵬妻過氏，袁玉書妻湯氏，管進妻湯氏，陳燦庚妻金氏，朱念蓼妻顧氏，祖球妻王氏，施聖培妻張氏，曹文洪妻周氏，孫玉林妻朱氏，孫洪緒妻文氏，龔在豐妻江氏，計承翰妻彭氏，計承藩妻程氏，宋繁妻黄氏，朱之棟妻陳氏，徐佐均妻陳氏，倪璠妻顧氏，吴應求妻汪氏，鄭汧妻邱氏，顧玉鳳妻沈氏，汪元鑒妻沈氏，張志遜妻雷氏，吴均妻蔣氏，管文模妻姚氏，顧善學妻黄氏，馬大成妻沈氏，蔣聖基妻陶氏，張旦齡妻黄氏，顧奭妻淩氏，沈曦初妻朱氏，周興爵妻倪氏，顧儉妻潘氏、妾周氏，汪徵錫妻陳氏，顧義山妻錢氏，蔡秉仁妻鳳氏，殷丕承妻孫氏，陶愷妻張氏，席紹華妻尤氏，汪茂林妾朱氏，張又廷妻宋氏，陸元萼妻陶氏，吴元洵妻汪氏，馬元逵妻吴氏，夏元源妻顧氏，顧俟妻鈕氏，唐殿楊妻嚴氏，潘邦稼妻施氏，吴廷選妻宋氏，歸璜妻蘇氏，沈留孫妻孟氏，蔣曾犖妻徐氏，均夫亡守節。貞女蔣氏、潘氏、李氏、馮氏、李氏、張氏、顧氏、張氏、葉氏、謝氏、李氏、陳氏、汪氏、陸氏、沈氏，均未嫁夫亡守貞。俱乾隆年間旌。

周成妻葛氏。太湖廳人。夫亡守節。同廳王奕澐妾周氏、朱梧妻張氏、曹廷燦媳郁氏、金樹妻席氏，均乾隆年間旌。

蔡履恒妻陸氏。崑山人。夫亡守節。同縣朱榮妻張氏，唐雲瞻妻陳氏，蔣元昕妻薛氏，許良初妻包氏，朱姚年妻姚氏，王敬成妻姜氏，顧絳安妻闞氏，顧調士妻胡氏，周文愷妻姜氏，朱循良妻周氏，沈濤妻張氏，孫鳴玉妻徐氏，徐顧榮妻余氏，龔瑞先妻陸氏，徐世涵妻諸氏，夏日熙妻張氏，顧鋆妾孫氏，黄茂方妻施氏，秦綸妻吴氏，秦夢龍妻周氏，羅俊卿妻淩氏，龔柏年妻唐氏，趙秉恕妻徐氏，金文立妻湯氏，包南士妻陸氏，陳聖言妻王氏，浦正國妻俞氏，支神冀妻顧氏，顧中在妻屠氏，諸紹基妻顧氏，唐秉淵妻馬氏，夏世榮妻陳氏，姚舜年繼妻陶氏，周宜生妻顧氏，周允昭妻邱氏，陳應進妻何氏，柴黄始妻李氏，龔廷璧妻范氏，翁鶴九妻趙氏，李若曾妻朱氏，朱三辰妻王氏，王亮疇妾朱氏，張四觀妻沈氏，吴思朋妻方氏，王文恒妻張氏，朱仁輝妻徐氏，沈中立妻徐氏，沈迴妻顧氏，陸開芝妻黄氏，李世祺妻邱氏，顧上衡妻吳氏，陳博儒妻陸氏，朱天恒妻顧氏，鄒玉全妻朱氏，陸潤芝妻晉氏，楊裕昆妻張氏，張桂發妻顧氏，張鳳苞妻王氏，王維周妻金氏，王德修妻葛氏，張鳳苞妾徐氏，姚永泉妻戴氏，孫唯一妻王氏，沈諧妻徐氏，沈希範妻張氏，馬天成妻羅氏，沈于齡妻顧氏，周仭于妻金氏，李乾治妻邢氏，趙汝潤妻王氏，倪茂芝妻周氏，沈天秩妻黄氏，楊全甫妻邵氏，顧震名妻朱氏，潘連妻張氏、妾陸氏，周紹臣妻嵇氏，張天申妻程氏，彭吕妻施氏，董學詩妻徐氏，賈焕文妻鄭氏，王佳文妻朱氏，周勝修妻馬氏，馬鳴佩妾徐氏，畢子美妻胡氏，程敘先妻金氏，李永徵妻凌氏，葛樂中妻沈氏，包元鈞妻祁氏，馬如圭妻朱氏，孫葵妻韓氏，張近三妻錢氏，蔡升伯妻曹氏，李璋妻周氏，馮聖五妻陸氏，曾席珍妻戴氏，杜亦顧妻陳氏，陳豳妻徐氏，沈文煜妻盛氏，任永錫妻許氏，鍾迪哲妻張氏，王自甄妻陳氏，吳廷瑞妻朱氏，葛麟之妻秦氏，朱受觀妻秦氏，高式南妻葛氏，陳翼聖妻李氏，朱雲章妻張氏，沈孟常妻吳氏，徐德高妻黄氏，陳應達妻龔氏，徐杲妻張氏，葛髗妾王氏，李天錫妻顧氏，鄭元焯妻陸氏，吳器如妻顧氏，葛耀中妻孫氏，鄭元炯妻朱氏，李懋初妻陳氏，陸鳳來妻錢氏，張允恭妻沈氏，陳留妾陸氏，陳秉文妻狄氏，陸暹繼妻顧氏，張倍侯妻金氏，朱國琳妻湯氏，鄒元亮妻徐氏，王殿虹妻俞氏，顧炯詩妻王氏，王來儀妻葉氏，吳來王妻錢氏，蔡鼎士妻宋氏，趙心蘧妻茅氏，蔡巖若妻王氏，唐茂功妻陳氏，吳斐卿妻王氏，李志修妻葛氏，鄒正言妻賈氏，朱機妻沈氏，顧文龍妻鄒氏，朱維椿妻潘氏，朱爾益妻葉氏，管兆鵬妻陳氏，姚榮基妻李氏，張習周妻趙氏，葛汝梅妻葉氏，蔡鳳階妻周氏，曹球妻任氏，陸一圻妻汪氏，曹奎卓妻施氏，均夫亡守節。貞女張氏，王氏，孫氏，均未嫁夫亡守貞。俱乾隆年間旌。

金若棟妻沈氏。新陽人。夫亡守節。同縣袁天備妻石氏，李仲鱗妻唐氏，鄧九儀妻王氏，王肇慶妻陸氏，石御成妻胡氏，朱祈旦妻陸氏，張長茂妻趙氏，趙秀涵妻薛氏，周廷焕妻俞氏，顧如玉妻李氏，郭大欽妻徐氏，陸天球繼妻管氏，王禮賓妻徐氏，彭志學繼妻王氏，方順甫妻徐氏，趙士林妻凌氏，陸順山妻盛氏，錢涵妻湯氏，王汝翼妻鄭氏，龔瑞光妻姚氏，季體剛妻鄧氏，嚴世雄妻郭氏，戴憲章妻徐氏，周文炳妻葛氏，朱天章妻徐氏，吳天吉妻張氏，唐燦如妻徐氏，戈天禄妻周氏，陳鎔成妻何氏，周振宗繼妻徐氏，葛天民妻王氏，陶禹錫妻馬氏，陶鏘妻蔡氏，周興慶妻鄭氏，王秉仁妻姚氏，吳君輔妻俞氏，周基妻俞氏，桂大成妻顧氏，胡錫永妻夏氏，徐乾德妻李氏，張彥修妻周氏，龔元熼妻張氏，張道宏妻刁氏，顧良一妻龔氏，金志江妻徐氏，嚴含章妻畢氏，張蓁初妻吴氏，姚惟一妻沈氏，徐同功妻張氏，金亦章妻胡氏，顧榮甫妻周氏，趙嗣昌妻沈氏，吴鳴九妻陳氏，卞國楨妻浦氏，毛鳴岐妻李氏，洪孝章妻程氏，王天章妻陳氏，孔毓璧妻黄氏，金燦如妻俞氏，張顯臣妻陳氏，李蒼培妻周氏，丁久公妻盛氏，周世爵妻錢氏，陸允倫妻王氏，嚴天佐妻陳氏，周朝選妻丁氏，盛翊宸妻周氏，陸九畹繼妻金氏，毛文元妻李氏，沙永年妻張氏，毛文侯妻陸氏，陸瑞妻諸氏，沈世煜妻陸氏，許國榮妻陸氏，何大經妻魏氏，徐鼎妻陳氏，張發妻雷氏，尹雙林母徐氏，顧岳材妻杜氏，陳棟妻許氏，孔崑璧妻陸氏，江繼曾妻張氏，陸昭妻陳氏，顧廷栗妻陳氏，張易初妻朱氏，陳繼宇妻張氏，許俞益妻朱氏，吴惠嘉妻徐氏，徐畹馨妻周氏，朱之繆妻葛氏，朱孫白妻顧氏，龔學聖妻陶氏，王藩公妻張氏，顧廷弼妻錢氏，歸永年妻盛氏，趙元栽妻徐氏，鄒朝榮妻袁氏，馬金國妻王氏，張學珠妻朱氏，王子德妻郭氏，張友文妻平氏，徐思順妻馮氏，周朝尊妻孫氏，周朝貴妻魏氏，陳宏祚妻徐氏，王全耀繼妻徐氏，顧南瞻妻施氏，顧瑞公妻周氏，朱在廷妻趙氏，郭漢翼妻劉氏，王秉謙妻夏氏，劉廣妻丁氏，楊舜其妻梁氏，張諤妻顧氏，徐翌功妻朱氏，徐元勳妻朱氏，王炳文妻錢氏，黄芝宇妻益氏，徐鴻漸妻龔氏，吴士芳妻朱氏，葛基妻徐氏，王官膺妻何氏，均夫亡守節。孝婦沈氏。貞女王氏、王氏、趙氏、韓氏，均未嫁夫亡守貞。俱乾隆年間旌。

何元瑞妻高氏。常熟人。夫亡守節。同縣譚錫鋐妻陳氏，郭學澧妻刁氏，劉廷光妻王氏，王予衮妾馮氏，鄒安國妻王氏，蔣浩妻曹氏，謝登妻蔣氏，孫鶴年妻平氏，金澹明妻吴氏，鄒廷孟妻胡氏，祝士旦妻聞氏，王雲尉妻丁氏，陳萬善妻高氏，錢慶宅妻陸氏，龔大武妻錢氏，王孫藝妻丁氏，薛唐卿妻蔣氏，胡廷楨妻趙氏，丁潞妻沈氏，陸禹儒繼妻孫氏，謝翰妻徐氏，桑子福妻王氏，殷再巡妻楊氏，張永年妻季氏，蔣璠妻王氏，袁韜妻張氏，徐龍光妻錢氏，席永建妻李氏，丁振宗妻徐氏，趙聖臣妻陳氏，俞純瑕繼妻陳氏，王元登繼妻殷氏，范章黻妻余氏，柳士賢妻朱氏，翁覲揚妻陳氏，陳永基妻黄氏，嚴廷陸妻朱氏，張光宙妻陶氏，羅長源妻王氏，顧鼎豐妻華氏，黄自新妻吴氏，蘇偓妻顧氏，李永録妻錢氏，李德公妻吴氏，張萬鎰妻杜氏，李清芳妻蘇氏，高劒光妻周氏，陳國鼎妻顧氏，李東震妻錢氏，李念祖妻陸氏，陳光裕妻謝氏，趙慶臻妻邵氏，王應鐵妻張氏，趙公章妻徐氏，王昌妻曹氏，王君召妻查氏，張彦可妻金氏，何德簡妻俞氏，錢佳臣妻宋氏，馬揆一妻譚氏，衛爾茂妻陸氏，許志榮妻殷氏，許志顯妻蘇氏，殷貞妻戴氏，邵宏遠妻譚氏，孫更清繼妻張氏，胡恩如妻朱氏，蘇茂甫妻盧氏，張定遠妻盧氏，殷命封妻王氏，徐漢文妻顧氏，陳雲龍妻顧氏，張士英妻毛氏，錢舜儀妻王氏，龔志元妻汪氏，龔志堯妻張氏，曾振甲妻周氏，邢銓妻戴氏，倪孟詞妻沈氏，許重光妾錢氏，錢光祖妻李氏，陳璹妾王氏，殷進妻楊氏，李燦妾徐氏，曹行甫妾李氏，李予瀛妻龔氏，周師旦妻譚氏，高志清妻王氏，朱阮妻盧氏，徐士登妻倪氏，顧天寶妻曾氏，殷王祚妻李氏，蔣纘妻張氏，吴良玉妻潘氏，陳兆美妻顧氏，黄天秩妻張氏，趙錦葵妻張氏，程宏緒妻王氏，朱維屏妻李氏，馬鷺繼妻錢氏，陶士秀妻姚氏，張維城妻徐氏，錢士秀妻譚氏，譚君昇妻陳氏，邵玉儒繼妻某氏，陳光裔妻祝氏，陳琳妻葛氏，吕升妻胡氏，翁汝弼妻錢氏，周文焕妻錢氏，王子迪妻龔氏，吴嘉相妻顧氏，蔡芳洲妻徐氏，席森岐妻錢氏，潘令愷妻李氏，沈學詩妻蒯氏，毛尚忠妻王氏，毛鳳翔妻王氏，殷汶妻屈氏，殷岳陽妻楊氏，席永敬妻諸葛氏，朱祚偉妻席氏，顧殿侯妻唐氏，范安仁妻華氏，錢南融妻張氏，胡近公繼妻曹氏，顧九驊妻王氏，朱謙光妻張氏，王元爵妻張氏，許倬妻陶氏，須安國妻朱氏，謝治經妻陳氏，龔召達妻王氏，張肇芳妻陳氏，錢璆妻張氏，錢廷松妻丁氏，孫建昌妻曾氏，席大年妻錢氏，徐朝綱妻錢氏，金象泰妻龐氏，周敬瑚妻費氏，孫琦妾金氏，孫漢文妻沈氏，繆始昌妻張氏，貢漢衡妻翁氏，貢台衡妻席氏，佘慧凡妻鄒氏，邵祖錫妻顧氏，陳俊儒妻馬氏，周大年妻魏氏，王運燦妻吉氏，殷敬業妻李氏，朱成玉妻童氏，趙延懿繼妻孫氏，孫琦妻陳氏，王建中繼妻李氏，吴君啓妻竇氏，周肇域妻毛氏，張樾妻李氏，劉嘉聯妻吴氏，陳正妻趙氏，殷鉼妻吴氏，顧復昌妻袁氏，秦元材妻王氏，季永年妻趙氏，錢登科妻黄氏，席蔣穆妻蔣氏，王邦彦妻章氏，嚴元洲妻徐氏，錢宗奕妻丁氏，李垣薇妻黄氏，季文炳妻瞿氏，王譽龍妻錢氏，李士勳妻任氏，蘇聚成妻袁氏，邢漣妻張氏，程孔臨妻陸氏，吴允仕妻周氏，孫斌妻王氏，蔣廷相妻周氏，李藻妻張氏，盧興妻陳氏，朱在公妻楊氏，陸士成妻荆氏，張鳳翥妻貢氏，薛筠妻王氏，周肇基妻潘氏，王格妻顔氏，蘇嘉裔妻倪氏，錢鑅妻王氏，倪士鳳妻程氏，譚允元妻朱氏，金文漢妻顧氏，范章信妻華氏，王慶生妻張氏，徐寶珠妻顧氏，金日爐妻劉氏，龔克和妻馬氏，李錦妻孫氏，楊爾華妻徐氏，楊璣妻陸氏，張裕昌妻薛氏，翁曾辰妻顧氏，徐耀泉妻趙氏，黄必顯妻龔氏，王文崇妻田氏，戴其丹妻徐氏，王建勳妻金氏，鄒兆斌妻周氏，周焕光妻胡氏，陳于湯妻朱氏，金萬源妻錢氏，張子發妻王氏，周鏞妻管氏，李甚章妻金氏，王國芳妻劉氏，周駿烈妻吴氏，范聲遠妻龔氏，戴瑞卿妻張氏，翁曰璜妻李氏，秦鏡妻鄒氏，黄以禮妾鄧氏，屈成棐妻錢氏，戴士英妻吴氏，張相如妻章氏，徐象南妻薛氏，徐克良妻范氏，葛致遠妻瞿氏，朱維城妻陳氏，周靖公妻黄氏，徐國柱妻李氏，李千齡妻許氏，陳良甫妻徐氏，朱燦文妻何氏，俞大年妻沈氏，鄒應斌妻顧氏，鄒是餘妻蔡氏，俞智先妻王氏，沈邦翰妻陸氏，郭象乾妻曾氏，金楷妻徐氏，王易千妻金氏，蕭瑞麟妻桑氏，錢錦妻袁氏，徐起鳳妻王氏，許堯賓妻徐氏，李方倫妻王氏，王復曾妻郭氏，錢起龍妻金氏，戈天源繼妻龔氏，席永恂妾吴氏，殷焕妻張氏，張洪亮妻唐氏，杜辰妻李氏，翁協和妻王氏，徐士臣妻李氏，高南州妻厲氏，黄世昌妻潘氏，王錦生妻支氏，葛秉均妻秦氏，袁玫妻葉氏，王恒妻龔氏，趙琦妻翁氏，王聖時妻陳氏，錢演妻趙氏，丁天祚妻徐氏，蔣燕妻蔣氏，魏宏基妻陸氏，殷以芳妻錢氏，丁曙升妻趙氏，秦松齡妻張氏，錢鶴乘妻姚氏，陸殿揚妻唐氏，王亮公妻程氏，吴廷樞妻朱氏，張廷訓妻袁氏，張舜儀妻顧氏，楊于達妻王氏，錢南英妻趙氏，包廷經妻歸氏，徐琪妻陳氏，陳照妻金氏，均夫亡守節。孝婦王氏、王氏、李氏、殷氏、陳氏。貞女李氏、馬氏、吴氏、徐氏、王氏、曾氏、蘇氏、馮氏、翁氏、周氏，均未嫁夫亡守貞。俱乾隆年間旌。

金樂宣妻殷氏。昭文人。夫亡守節。同縣范文淵妻王氏，范仁源妻金氏，許元忠妻彭氏，迪慈妻秦氏，薛毓璠妻許氏，許慎言妻孫氏，朱爾焕妻瞿氏，孫球妻馬氏，陳宇禮妻王氏，高拭妻張氏，杜徵德妻陶氏，劉順先妻陸氏，張士鯨妻朱氏，項名揚妻陶氏，譚觀德妻管氏，瞿文安妻錢氏，沈石雲妻張氏，陸承瓚妻陳氏，屈聲芝妻徐氏，程天木妻蔣氏，倪御禄妻俞氏，徐子英妻夏氏，陸瑞芝妻夏氏，錢恒宗妻邵氏，王念先妻朱氏，王懿先妻姚氏，陳行妻王氏，劉文元妻吴氏，錢平阿妻徐氏，錢宏道妻支氏，鮑士星妻方氏，王行嘉繼妻顧氏，王鶴聲妻譚氏，陳從周妻曹氏，陸子令妻吴氏，陳萬成妻吴氏，朱鐘玉妻周氏，任君亮妻戴氏，趙廷璟繼妻邵氏，繆秀臣妻張氏，李淇妻朱氏，孫沂再妻張氏，時朝妻錢氏，顧丹谷妻徐氏，王宗武妻徐氏，徐得仁妻李氏，王熒妻朱氏，邵茂先妾金氏，馮建中妻周氏，周敦臨妻朱氏，鄒輔公妻支氏，尹維瞻妻陳氏，譚泰亨妻黄氏，譚謙亨妻沈氏，温士偉妻徐氏，衛春雷妻管氏，陸令聞妻錢氏，殷永祚妻傅氏，梅公調妻倪氏，史山妻王氏，陳祥鴻妻徐氏，陳復仁妻姚氏，程允平繼妻蔣氏，譚懷妻殷氏，王孝治妻張氏，周楨繼妻王氏，孫江繼妻蔣氏，蕭爾亨妻許氏，陸允中妻程氏，童爾成妻王氏，程登爵妻巴氏，許淇妻程氏，馬遇妻吴氏，王元錦妻顧氏，龔子瑋妻靖氏，戴麗成妻邵氏，陳廷佐妻沈氏，瞿惠光妻倪氏，王芳侯妻葉氏，錢國寶繼妻沈氏，瞿亮邦妾劉氏，王六符妻方氏，吴荆實妻沈氏，蔣公權妻邵氏，王言綸妻徐氏，趙貴墀妻陸氏，吴廷模妻錢氏，婁士讓妻李氏，桑盛妻徐氏，章敘銓妻潘氏，章夢易妻徐氏，周邦傑妻陸氏，張筠若妻秦氏，顧懸智妻倪氏，沈重德妻張氏，胡時正妻周氏，唐仲蕃妻沈氏，張廷棟妻宗氏，張聚豐妻顧氏，馮兆元妻孫氏，蔣瑞妻費氏，瞿蘭妻蘇氏，譚遵善妻薛氏，盛珽妻黄氏，江高飛妻潘氏，周受禄妻王氏，胡殿臣妻蕭氏，高淏妻胡氏，鄧登妻陳氏，方照遠妻鄒氏，沈爾茂妻黄氏，沈用肅繼妻高氏，沈文宗妻閔氏，錢德坦妻張氏，王用賓妻朱氏，陳耀寰妾蔣氏，顧曉岳妻潘氏，孫源妻李氏，蔣佶妾蔡氏，張太素妻吴氏，顧永祚妻蔡氏，周世祥妻王氏，徐有常妻黄氏，諸法理妻邵氏，陳名世妻孫氏，蘇運通妻孫氏，陳世龍妻朱氏，王和妻錢氏，蔣榜妻錢氏，楊子威妻徐氏，吴廷璽妻劉氏，趙珍妻孫氏，陸順德妻夏氏，陸光曦妻張氏，嚴懋妾尤氏，歸應牧妻蘇氏，潘己觀妻鄭氏，許英妻李氏，陸慶延妻俞氏，吴希伯妻袁氏，汪鋐妾朱氏，全昌言妻陳氏，許濟妻瞿氏，畢在公妻殷氏，譚思振妻沈氏，陳贊美妻錢氏，瞿連妻周氏，譚鼎新妾何氏，趙廷珊妾袁氏，瞿懋公繼妻凌氏，潘隸楚妻花氏，徐惠忠妻張氏，胡啓謨妻金氏，嚴金乾妻張氏，衛演妻戴氏，胡泰妻王氏，繆德音妻顧氏，錢時萬妻鄒氏，孫憲章妻王氏，殷曇妾錢氏，陸天申妻徐氏，田宋惠妻湯氏，錢裕侯妻沈氏，嚴鏞繼妻陸氏，黄永思妻謝氏，周萬育妻許氏，陸定山妻劉氏，何一蛟繼妻毛氏，金五侯妻唐氏，沈席如妻歸氏，吕龍九妻徐氏，金廷燕妻胡氏，李大妻高氏，虞來九妻夏氏，王勳妻胡氏，劉慶彝妻顧氏，魯印鼇妻言氏，龔益蕃妻李氏，金武揚妻邵氏，朱慶餘妻王氏，石砥妻曹氏，吴爾壽妻朱氏，龔與參妻葉氏，周蕙妻蘇氏，馬昭德妻王氏，歸敘妻劉氏，景文潮繼妻歸氏，譚公茂妻陶氏，吴元祺妻何氏，夏憲章妻譚氏，周廷標妻顧氏，陸榮錦妻秦氏，陳揆妻孫氏，劉漠倬妻吴氏，陳奕桂妻許氏，徐令儀妻陳氏，祝茂昌妻徐氏，汪漢祥妻陳氏，黄元英妻徐氏，胡連妻何氏，陳文達妻錢氏，何景山妻吴氏，孫駿發妻陸氏，盛維翰妻金氏，張恪妻朱氏，朱宏夏妻陶氏，沈廷錦妻孫氏，許益源妻吴氏，潘純粹妻王氏，邵承綸妻孫氏，顧鋆妻魏氏，鄭沛妻許氏，鄭澂妻程氏，裴鶴齡妻錢氏，黄亦明妻周氏，余用錫妻譚氏，賈間天妻吴氏，賈元德妻沈氏，王田妻裴氏，衛文高妻劉氏，方振韶妻王氏，沈席珍妻張氏，方履益妻景氏，周敦仁妻許氏，蔣鏡妻余氏，張德逸妻周氏，姚椿妻王氏，徐莪妻姚氏，何如鯨妻陸氏，黄保純妻周氏，鄒時望妻程氏，孫廣妻黄氏，均夫亡守節。貞女范氏、鄒氏、黄氏、顧氏、趙氏、程氏，均未嫁夫亡守貞。俱乾隆年間旌。

孫楫妻朱氏。吳江人。夫亡守節。同縣周昂妻陳氏，徐孔集妻朱氏，顧芝妻蔡氏，張名翰妻楊氏，毛蘊修妻陳氏，丁芝琇妻張氏，王與蘅妻郁氏，陳景芳妻金氏，黃文炳妻趙氏，俞天衡妻鈕氏，沈德洪妻顧氏，梅炎妻陸氏，陳沂留妻顧氏，毛世丙妻丁氏，錢鈞妻盛氏，朱左黃妻王氏，沈鳳楨妻王氏，陸佩英妻沈氏，鄔錫公妻吳氏，沈玉嗣妻嚴氏，張從政妻錢氏，張從聖妻錢氏，陳迪啓繼妻徐氏，顧銓妻陸氏，葉遇春妻黃氏，沈瑞昇妻周氏，陳宗潮妻馬氏，曹輔公妻吳氏，王希旦妻周氏，沈吉士妻徐氏，周棟妻平氏，徐應來妻陳氏，王體華妻毛氏，俞淩蒼妻陸氏，王鳳岐妻金氏，陳同麓妻孫氏，沈翰如妻于氏，趙天祚妻儲氏，沈明初妻葉氏，任周翰繼妻吳氏，金士奇妻韓氏，李西升妻張氏，沈大勳妻吳氏，吳大臣妻卜氏，徐瀛妻孫氏，俞漠妻仲氏，金思培妻趙氏，楊宗夏妻鈕氏，吳靖人妻沈氏，王予廷妻包氏，錢君卿妻陶氏，楊應聯妻鈕氏，顧啓坤妻陳氏，王維祐妻鈕氏，包斐遠妻馮氏，蕭振趾妻錢氏，李漢良妻顧氏，宋廕渠妻周氏，屠芳佩妻吳氏，李祥侯妻屠氏，陳肇鸞繼妻袁氏，郭培妻陳氏，徐天發妻邱氏，汪京衍妻吳氏，楊應聯妻鈕氏，姚文木妻懷氏，龔明山妻張氏，朱芳勝妻周氏，金鴻儒妻張氏，馮亮彩妻陸氏，徐君培繼妻練氏，楊懷宇妻徐氏，邱聖益妻吳氏，金天孫妻楊氏，陳遐升妻周氏，王之杓妻吳氏，戴國珠妻葉氏，潘振楊妻鄭氏，顧衮繼妻童氏，沈念湖妻施氏，張世調繼妻章氏，潘俊卿妻吳氏，鍾翰文妻楊氏，胡俊侯妻金氏，韓源洪妻金氏，畢復亨妻金氏，戴起妻沈氏，顧叔章妻徐氏，屈天若妻顧氏，丁灼妻陳氏，葉天申妻張氏，施駕遠妻潘氏，汪佐繼妻丁氏，許昌期妻王氏，顧德輿妻錢氏，王甸服妻潘氏，於永華妻包氏，袁勝伯妻王氏，周定山妻顧氏，俞在淵妻金氏，郭柱周妻邱氏，顧修吉妻陳氏，王石奇妻鈕氏，莊璋妻錢氏，顧景椿妻朱氏，葉鼎陞繼妻陳氏，何紹宇妻徐氏，陳啓宏妻沈氏，沈鴻儒妻胡氏，謝麟羽妻陸氏，陶尚珍妻朱氏，顧尚恒妻費氏，陸君儀妻陶氏，夏鳳源妻沈氏，陳元祥妻錢氏，張翼珍妻唐氏，費友三妻陳氏，金清琬繼妻盛氏，淩榮祖妻陳氏，沈秀芳妻馬氏，王英發妻沈氏，孫備聰妻陸氏，汪佐妾錢氏，王紹遠妻朱氏，顧君亮妻陸氏，孫備聰妾陸氏，黃在昇妻唐氏，費旭妻王氏，張均梅妻朱氏，黃季章妻李氏，許妥藩妻吳氏，沈公舞妻郭氏，陳時豫妻陸氏，淩旭寰妻沈氏，周天行妻陳氏，顧鍾臣妻黃氏，沈納妾顧氏，錢廷正妻金氏，錢景山妻楊氏，張岐周妻沈氏，錢文錦妻呂氏，鄭世椿妻洪氏，沈鳴周妻王氏，沈蘭妻張氏，葉宋柟繼妻秦氏，潘茂昭妻唐氏，徐穀貽妻屠氏，吴寶成妻姚氏，周元楷妻張氏，史在李妻周氏，李永芳妻徐氏，周元楨妻董氏，陳鴻業妻倪氏，李德容妻胡氏，徐孝本妻金氏，徐宏仁妻潘氏，丁馮焞妻沈氏，沈世治妻張氏，鄒濬妻詹氏，周濟亨繼妻崔氏，陳宗實妻張氏，宋如倫妻沈氏，徐兆揚妻張氏，唐德星妻吴氏，陳蔚文妻王氏，謝仁山妻陳氏，朱聖瑞繼妻顧氏，沈源長妻蒯氏，吴有大妻徐氏，金紫紳妻柳氏，曹颺妻王氏，朱芸谷妻陳氏，袁蕁妻沈氏，孫耀衢妻金氏，沈大鎮妻許氏，王鳴玉妻周氏，計西祥妻劉氏，沈南薰妻計氏，計周英妻卜氏，孫鶴亭妻吴氏，施會侯妻童氏，朱之棟妻陳氏，沈邦彦妻范氏，卜永芳妻嚴氏，張光遠妻康氏，仲元開妻任氏，許翮妻曹氏，吕錫圭妻葉氏，殷厚存妻翁氏，袁恒妻章氏，邱星若妻沈氏，何士鏐妻陸氏，朱九敘妻徐氏，陳安國妻朱氏，李昭榮妻沈氏，諸文燦妻郁氏，陳毓德妻王氏，張咸忠妻吴氏，張季良妻吴氏，丁士麟妻沈氏，唐廷銓妻顧氏，馬一蜚妻管氏，吴九臯妻魯氏，唐濟臣妻張氏，丁日浩妻吴氏，宋應昌妻孫氏，丁日瀠妻周氏，陳紹廷妻諸葛氏，均夫亡守節。貞女陳氏、陸氏、金氏、徐氏、池氏、吴氏，均未嫁夫亡守貞。俱乾隆年間旌。

吴枚功妻沈氏。震澤人。夫亡守節。同縣沈天如妻沈氏，朱裕妻徐氏，吴祖愈妻沈氏，李元四妻李氏，沈敏一妻吴氏，潘裕卿妻盧氏，吴天保繼妻張氏，秦夏聲繼妻莊氏，秦介黄妻倪氏，秦憒朱妻黄氏，吴兆穹妻周氏，沈俊妻李氏，孫鶴千妻陳氏，蕭沈鉉妻鄒氏，凌文宣妻錢氏，潘惠安妻陳氏，陸賓王妻吴氏，羅文濤妻蔣氏，宋永室妻顧氏，顧聖文妻馮氏，周秉鑑妻陸氏，宋昭服妻朱氏，李森若妻吕氏，吴澄妻胡氏，曹儉妻潘氏，吴度庚妻張氏，吴志昭妻陳氏，諸純臣妻王氏，石廷章妻楊氏，陶玉如妻陳氏，沈蜚聲妻金氏，史章甫繼妻徐氏，潘亦文妻張氏，陳侯綸妻蔡氏，黄推臨妻莊氏，沈德先妻計氏，沈英瞻妻陳氏，沈敘斯妻秦氏，張國祥妻倪氏，沈子琴妻王氏，朱旭初妻徐氏，吴文昭妻胡氏，顧又熹妻陸氏，孫戴璜妻張氏，錢士洪妻黄氏，張毓泰妻沈氏，鈕鳴岐妻李氏，吴榆妻李氏，顧子常妻吴氏，吴繩武妻沈氏，朱緒輝妻仲氏，王士龍繼妻唐氏，趙中楷妻吴氏，吴栗妻金氏，周純臺繼妻盛氏，管翼先妻吴氏，崔湘瞻妻毛氏，顧堅妻楊氏，李寶穀妻沈氏，錢得興妻袁氏，韓聖羽妻吕氏，趙士宏妻王氏，周必達妻楊氏，吴天榮妻梅氏，金湯興妻郁氏，潘大毓妻沈氏，顧彬繼妻楊氏，周士達妻沈氏，暴崑妻陳氏，畢登南妻仲氏，湯君彩妻徐氏，王繩萬妻趙氏，錢天禄妻陳氏，吴景業妻鈕氏，黄德升妻沈氏，金既純妻何氏，潘天申妻周氏，李廷璽繼妻潘氏，袁之沂妻陳氏，施朝宗妻沈氏，陸士鋐繼妻周氏，沈繼貞妻吴氏，沈仲達妻錢氏，皇甫榮開妻孫氏，錢羽儀妻吴氏，陸坊妻黄氏，陸鈐妻鈕氏，李際隆妻韋氏，李萬青妻范氏，李際雲妻劉氏，印炳妻馬氏，金箴妻潘氏，李壽智妻孫氏，周之翰妻印氏，黄臣颺妻錢氏，畢鼇東妻潘氏，吴德貞繼妻唐氏，周繼宗妻陳氏，張體經妻孫氏，張肇紀妻閔氏，顧惠羣妻金氏，朱瑕生妻鄒氏，錢禹甸妻黄氏，張濂妻沈氏，范夔妻王氏，沈蘅林妻馬氏，顧良弼妻黄氏，陸錫年妻楊氏，趙承槐妻陳氏，于繩先妻崔氏，吴大年妻屠氏，朱昭遠妻顧氏，范焕卿妻陸氏，趙承棨妻錢氏，梅文遠妻王氏，馬仲韶妻程氏，沈時亮繼妻張氏，楊文若妻朱氏，秦佐成妻袁氏，沈士寀妻丁氏，費震妻高氏，吴國泰妻李氏，徐魯昌妻張氏，周曰庠妻吴氏，吴湘臣妻陳氏，邱志道妻錢氏，徐俊侯妻沈氏，崔源妻莊氏，沈衡山妻吴氏，鈕子蕃妻潘氏，吴學禮妻俞氏，沈子芳妻朱氏，申美妻盧氏，倪宗陛妻楊氏，陸廷瑞妻沈氏，陸廷圭妻吴氏，陳錫蕃妻汝氏，鈕應麟妻吴氏，崔文恩妻孫氏，盛隆妻王氏，朱宗元妻潘氏，費宏妻邵氏，陸臨照妻屈氏，張士增妻歸氏，沈三元妻張氏，王維安妻徐氏，卜鳴玉妻潘氏，李師夔妻陳氏，葉璽妻錢氏，周至健妻趙氏，施鵬起妻莊氏，錢文蓀妻張氏，施廷章妻李氏，莊宗璧妻沈氏，吴立夫妻莊氏，張健侯妻徐氏，沈奇三妻周氏，邱錫緯妻孫氏，沈梅予妻潘氏，姚枝發妻趙氏，李會嘉妻陸氏、妾張氏，姚震山妻梅氏，董德州妻潘氏，陳義存妻李氏，沈覲揚妻陸氏，費涵青妻任氏，沈雄萬妻張氏，潘文彬妻程氏，吴德明妻朱氏，陸隴妻何氏，陸鴻來妻沈氏，邵遇霖妻徐氏，朱寅妻盛氏，譚錦昌妻沈氏，徐巨材妻王氏，潘受寀妻馮氏，皇甫樹本妻董氏，均夫亡守節。孝婦王氏、王氏。貞女顧氏、陸氏、王氏、陸氏，均未嫁夫亡守貞。俱乾隆年間旌。

韓文珪妻朱氏。吴縣人。夫亡守節。同縣蔡璠妻秦氏，汪受禄妻蔣氏，蔡應標妻沈氏，陸本固妻李氏，何鎬妻鄒氏，黄泳錫妻吴氏，傅耕札妻朱氏，邱光照妻金氏，嚴虞聞妾馬氏，貝棟妻許氏，俞蒸妻劉氏，陸良琮繼妻徐氏，陶如藻妻唐氏，潘宗令繼妻唐氏，李成龍妻賈氏，朱存智妻張氏，徐朝樞妻宋氏，金錞和妻顧氏，吴孝源妻張氏，施本高妻吴氏，蔡茂忠妻葉氏，周金乾妻余氏，蔡順宣妻徐氏，江溪龍妻徐氏，陶秉鈗繼妻吴氏，許夔妾薛氏，張孝先妻史氏，姚三衡妻單氏，吴孝先妻金氏，姚蘊輝妻徐氏，王荃妻朱氏，嚴信準妻張氏，黃其照妻蔡氏，蔡祥光繼妻秦氏，俞宗鼎妻徐氏，蔡懷妻周氏，金志孜妻蔡氏，季得鉉妻胡氏，陳松榮妻嚴氏，汪廷枋妻張氏，蔡融明妻徐氏，顧天錫繼妻許氏，吳枝昌妻程氏，程啓元妻汪氏，劉熺妻陳氏，吳大有妻金氏，陸華繼妻淩氏，計嘉樂妻丁氏，韓連妻諸氏，陸企曾妻韓氏，毛鴻儀妻張氏，譚兆鵬妻俞氏，俞賜麟妻胡氏，葉寶文妾周氏，徐得徵繼妻蔡氏，徐滔妻蔡氏，蔡復光妻吳氏，徐尚連妻鄭氏，程殿倫妻陳氏，鄧廷在妻程氏，袁繼祖妻申氏，沈殿英妻金氏，湯一飛妻李氏，鄒文燦妻蔡氏，倪兆廉妻程氏，沈秀潮妻吳氏，譚廷銓妻冷氏，錢得成妻尤氏，徐紹文妻馮氏，徐廷璧妻陸氏，均夫亡守節。烈婦王翰文妻丁氏，夫亡殉節。貞女潘奕敘聘妻朱氏、李繼熙聘妻陳氏、洪仕灝聘妻郭氏、薛仁濟聘妻陸氏，均未嫁夫亡守貞。孝女王素，許綏之，計得凝，俱嘉慶年間旌。

張大楷妻吳氏。長洲人。夫亡守節。同縣翁士鈺妻謝氏，沈秉鉉妻宋氏，宋本溶妻顧氏，彭應奎妻吳氏，盛耀文妾朱氏，戈楙敬妻張氏，吳學祖妻宋氏，陸以增妻惠氏，夏彥明妻金氏，張登第妻陸氏，張蘭妻吳氏，朱啓太妻王氏，陶望潛妻陳氏，張秀芝妻丁氏，潘宗述妻汪氏，朱理源妻顧氏，王彭齡繼妻吳氏，汪文瑋妻貝氏，印鳳儀妻吳氏，錢嶽章妻沈氏，宋柔遠妻張氏，榮柏茂妻祝氏，范徵倜妻吳氏，陶惟楠妻吳氏，張懷明妻周氏，陳文輝妻徐氏，汪耀章繼妻吳氏，朱天一妻張氏，潘世清妻張氏，何朝桂妻潘氏，翁昌運妻任氏，蔣昆初妻王氏，徐關觀妻王氏，宋銛妻蔣氏，姚烜之繼妻孫氏，吳炳文妻趙氏，周曰瀠妻毛氏，孔毓信妻馮氏，孔傳咸妻姚氏，姚烜妾陸氏，均夫亡守節。貞女吳龍其聘妻顧氏、程家麒聘妻唐氏，均未嫁夫亡守貞。孝女沈清如，俱嘉慶年間旌。

顧鎮妻樊氏。元和人。夫亡守節。同縣汪際昌妻鄭氏，朱勳妻吳氏，汪元燮妻李氏，汪鉅妻張氏，程瑄妻潘氏，沈喬年妻陸氏，程世荃妻金氏，戈志學妻周氏，嚴振元妾王氏，韓唯曾妻胡氏，陸柱臣妻江氏，潘文虎妻顧氏，費瞻雲妻王氏，宋有元妾淩氏，孫鹿賓妻顧氏，沈學齡妻李氏，翁肇臻繼妻吳氏，陸大枝妻劉氏，李永芳妻陸氏，吳雲格妻賀氏，彭長安繼妻顧氏，宋綸邦繼妻顧氏，車文清妻林氏，戚廷璋妻劉氏，曹耀宗妻陳氏，朱邦瑜妻邱氏，顧百朋妻蘇氏，陳沛然妻管氏，朱安鼎妻夏氏，馮元得妻洪氏，盧沅琭妻沈氏，均夫亡守節。烈婦戈錦妻王氏，夫亡殉節。貞女張柏齡聘妻奚氏，未嫁夫亡守貞。俱嘉慶年間旌。

葉實蕃妻嚴氏。太湖廳人。夫亡守節。同廳嚴明逵繼妻唐氏，均嘉慶年間旌。

顧國勳妻沈氏。崑山人。夫亡守節。同縣趙元宰妻王氏、王國華妻朱氏、譚器涵妻李氏、湯潤妻鄒氏、王杏瞻妻傅氏、沈翼遵妻范氏、李鼎妻張氏、孫之基妻朱氏、鄭學成妻代氏、吴世得妻林氏、傅榮美妻顧氏、張元琛妻沈氏、吴國鑲妻褚氏，均夫亡守節。貞女俞周太聘妻王氏、龔鏸聘妻孫氏，均未嫁夫亡守貞。俱嘉慶年間旌。

徐邦光妻顧氏。新陽人。夫亡守節。同縣張光義妻陸氏、杜在堅妻鄭氏、徐世明妻宋氏、金之柏妻楊氏、趙桐郜妻金氏、殷某妻龔氏、顧培之繼妻汪氏、蔣文煜妻顧氏、朱文思妻吴氏、方家駿妻顧氏、龔瑍妻代氏、周暐妻錢氏、邵志雲妻何氏、沈益觀妻黄氏，均夫亡守節。貞女鄭春沅聘妻方氏、張廷楝聘妻李氏、平氏，均未嫁夫亡守貞。俱嘉慶年間旌。

王錫畿妻姚氏。常熟人。夫亡守節。同縣趙景元妻楊氏、楊灝妻歸氏、包錦文妻温氏、殷尚質妻陶氏、蘇震妻錢氏、陸雝喈妻朱氏、席雄妻潘氏、陸殿明妻顧氏、陶在鎔妻陳氏、楊景修繼妻黄氏、歸維禧妻孫氏、顧廷錫繼妻金氏、張敘揆妻嵇氏、金軾妻陳氏、陸繼宗妻蔣氏、蘇際昌妻李氏、席筠谷繼妻陳氏、屈得基妻曹氏、龎廷槐妻錢氏、須全得妻龎氏、范敦禮繼妻李氏、范遂祥妻錢氏、席世華妻華氏、陶瑾懷妻程氏、徐耀宗妻石氏、陸士達妻褚氏、錢景望妾孟氏、華棋妾程氏、邵淵妻歸氏、瞿上得妻王氏、張瑞芝妻錢氏、王繼宗妾殷氏、陶鴻達妻錢氏、趙貴羣妻吕氏、易聖時妻龔氏、柏珍妻周氏、李照妻毛氏、范憲章妻龔氏、孫棆繼妻馬氏、范代清妻陶氏、錢鳳超妻石氏、張鵬妻秦氏、李維貞妻荆氏、錢得成妻施氏、黄仁傑妻倪氏、李鳳翼妻張氏、邵玉書妻陸氏、孫士源妻俞氏、殷長發妻陶氏、吴周郎繼妻厲氏，均夫亡守節。貞女柏文焕聘妻王氏、劉汝謙聘妻陳氏、王渭聘妻李氏、金廷鏞聘妻楊氏，均未嫁夫亡守貞。孝女張氏、陸壽齡、周慎儀、曹芸。俱嘉慶年間旌。

邵齊烈繼妻王氏。昭文人。夫亡，偕妾許氏守節。同縣劉士訥妻嚴氏、劉丕文妻張氏、鄒文起妻瞿氏、王雨若妻江氏，吴樹名妻戈氏，曹埈妻翁氏，徐元良妻吴氏，吴巨卿妾廖氏，徐象新妻鄒氏，張宗茂妻譚氏，陳志繩妻繆氏，魚彦安妻王氏，鮑倫妻蕭氏，王茂園妻魚氏，張大鈞妻周氏，馮宗瑞妻吴氏，潘宸藻妻陳氏，王本信妻繆氏，邵容妻瞿氏，沈潮妻張氏，周裕光妾顧氏，潘濱黄妻徐氏，吴逸梧繼妻孫氏，吴樹基妻許氏，王鏞妻陸氏，邵聖籍妻王氏，諸肇基妻徐氏，胡其翩妻張氏，諸勳妻歸氏，顧式金妻瞿氏，王廷誌妻高氏，孫鍾妻汪氏，孫錦妻陳氏，鄭栻妻許氏，張廷球妻吴氏，夏鳴緒妻薛氏，歸壯行妻李氏，錢泰階妻彭氏，顧家茂妻陸氏，瞿文英繼妻王氏，周之璜妻霍氏，伍福齡妻錢氏，吴志忠妻徐氏，朱寶和妻顧氏，盧秉鈐妻張氏，邢泰幅妻殷氏，婁應鶚妻吴氏，均夫亡守節。貞女支元昌聘妻倪氏、管學淮聘妻黄氏，均未嫁夫亡守貞。孝女華大家、趙秉清、吴慎容。俱嘉慶年間旌。

沈廷諤繼妻顧氏。吴江人。夫亡守節。同縣汪岳賢妻徐氏，顧維祥繼妻陳氏，汪天福妻朱氏，詹廷柱妻沈氏，顧俊超妻王氏，袁泰妻王氏，趙三錫妻王氏，鄒如范妻朱氏，淩文宣妻徐氏，楊文佩妻張氏，沈元愷妻蒯氏，張宗元妻王氏，周世烈妻施氏，沈敬夫妻包氏，梅德墉妻葉氏，范宏基妻姚氏，陳國佐妻淩氏，陳兆麟妻張氏，顧復裕妻王氏，馮配巖妻徐氏，柳進堂妻袁氏，徐大均妾陳氏，朱洞潤妻陳氏，郭量容妻張氏，鈕泳材媳張氏，仲錦春妻吴氏，仲雲傑妻黄氏，徐樹基妻陳氏，徐熙妻陳氏，徐覲揚妻劉氏，殷沅輅妻史氏，均夫亡守節。烈婦費大業妻沈氏，夫亡殉節。俱嘉慶年間旌。

黄在中妻袁氏。震澤人。夫亡守節。同縣程其煐妻何氏，沈瑞書妻宋氏，吴禄嘉妻周氏，黄方安妻潘氏，潘仙根妻丁氏，沈錦章妻徐氏，吴朗峯妻張氏，鄒世琛妻徐氏，朱大奎妻費氏，吴璠妻張氏，周奕桂妻徐氏，淩舜來妻吴氏，薛楚良繼妻吴氏，王萬年妻唐氏，張晉唐妻陳氏，汪琥繼妻葉氏，朱士方妻張氏，何慕庭妻吴氏，徐鼎妻朱氏，陸興祖妻姜氏，周雲龍妻陳氏，周名揚妻庚氏，衛嘉儀妻鈕氏，均夫亡守節。烈婦吴榕妻沈氏，夫亡殉節。俱嘉慶年間旌。

仙釋

漢

魏伯陽。吴人。好道不仕，入山煉丹，丹成上昇。作參同契、五行相類等書。

蔡經。居胥門。遇王方平，得道去。後十餘年還家，云七月七日王君當來。及期，方平至，既見經，即遣人與麻姑相聞。須臾麻姑來，經舉家見之。

晉

竺道生。鉅鹿人。遊長安，從什公受法。來止虎丘，聚石爲徒，講涅槃經，石皆點頭。

宋

遇賢。姓林氏。宋建隆初，居長洲之明覺禪院，常以酒肉自縱。酒家或遇其來飲，所售數倍於他日。語人禍福多驗，以符治病，無不立起。創佛舍，用錢數百萬，不知所自來。

道原。吴僧。輯佛祖及近世名人禪語，爲傳燈録三十卷。

道潛。吴僧。效陶靖節爲詩，蘇軾大稱賞之。常有詩云：「隔林髣髴聞機杼，知有人家住翠微。」軾曰：「此吾師十四字師號也。」

元

周元初。嘉興人。至正中，來居葑門外報恩道院。能以符篆召鶴，自號鶴林先生。事母至孝。受五雷秘文，禱雨輒應。

土産

錦。姑蘇志：蜀錦名天下，今吴中所織，工巧殊過。

綾。寰宇記：蘇州土産綾。姑蘇志：諸縣皆有之，而吴江爲勝。唐時充貢，謂之吴綾。

絹。左傳杜預注：吴地貢絹。

紗。姑蘇志：出郡城。

羅紵。姑蘇志：出郡城，禹貢所謂「織文」是也。

布。姑蘇志：木棉布，諸縣皆有之，而常熟爲盛。崑山又有苧布、綀絲布。

絲葛。元和志：元和貢絲葛十疋。

蓆。寰宇記：土産蓆。姑蘇志：出虎丘者佳。

草履。寰宇記：蘇州土産。

白墡。一名白石脂。元和志：元和貢白石脂。吴郡志：白墡出陽山，初如斕泥，見風漸堅。膩滑精細，他處無比。

燈。吴郡志：影燈巧麗，有萬眼羅、琉璃毬者，尤妙天下。

嶑村硯。姑蘇志：出靈巖山下，石硯佳者不減歙材。

太湖石。出洞庭西山。在水中者尤佳。

綵牋。吴郡志：吴中所造。唐皮、陸有倡和魚牋詩。

針口魚。吴郡志：其形如針。

鱸魚。吴郡志：出松江。俗傳江魚四腮，湖魚三腮。

白魚。吴郡志：出太湖。

石首魚。吴地記：崑山縣石首魚，冬化爲鳬。姑蘇志：出海中，俗名黄魚。

紅蓮稻。吴郡志：自古有之，米粒肥而香。

香櫞。姑蘇志：樹高實大，類橙，香芬襲人。

橙。姑蘇志：若柚而香，木有刺。

枇杷。姑蘇志：出洞庭山。

緑橘。吴郡志：出洞庭東、西山。

楊梅。姑蘇志：爲吴中名品，出光福山銅坑第一。

韓梨。吴郡志：出常熟。

頂山栗。吴郡志：出常熟。

蓴。姑蘇志：出吴江，味甘滑，即張翰所思者。

菱。吴郡志：蘇州折腰菱，唐甚貴之。

校勘記

〔一〕會計經費録　「會計」，乾隆志卷五七蘇州府四人物（下同卷簡稱乾隆志）同，雍正江南通志卷一四〇人物志作「會稽」。

〔二〕戴顒　「顒」，原避清仁宗諱作「容」，據乾隆志改回。

〔三〕沈有寧妻顧氏　「寧」，原作「安」，據乾隆志改。按，本志避清宣宗諱改字也。

〔四〕汪經璧妻沈氏　「經」，乾隆志作「金」。

〔五〕李大榮妻程氏　「榮」，乾隆志作「容」。

〔六〕妾曹氏　「曹氏」，乾隆志作「何氏」。

〔七〕王宗妻周氏　「王宗」，乾隆志作「王榮宗」，疑此脱「榮」字。

〔八〕林天鑑妻徐氏　「林」，乾隆志作「張」。

〔九〕第御六繼妻郭氏　「第」，乾隆志作「張」，疑此誤。

〔一〇〕吳汝鏡妻馬氏　「鏡」，乾隆志作「錦」。

〔一一〕劉子端妻項氏　「端」，乾隆志作「瑞」。

〔一二〕汪明道妻丁氏　「妻」，乾隆志作「妾」。

松江府圖

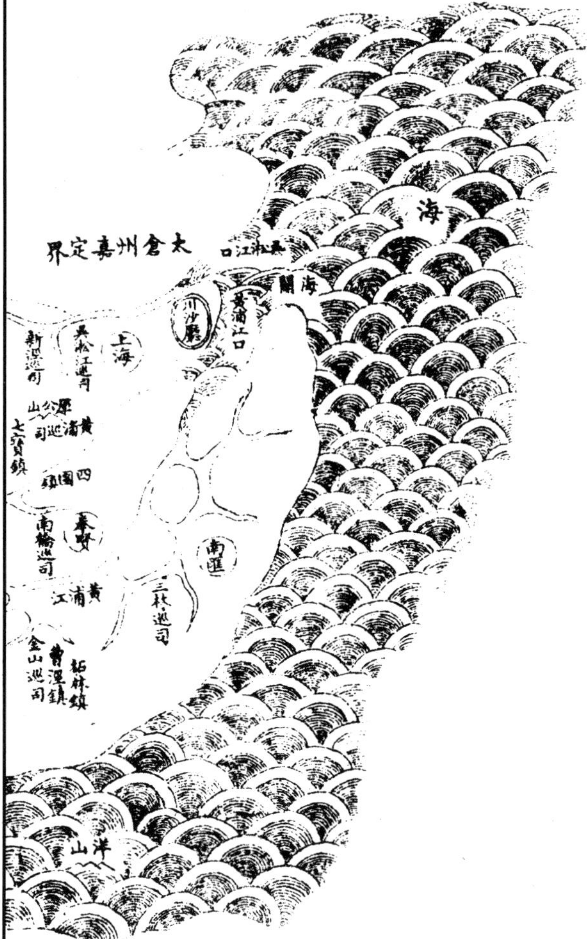
海
吳淞江口
太倉州嘉定界
海關
川沙廳
黃浦江口
上海
吳淞江巡司
新涇巡司
黃浦
七寶鎮
四團鎮
奉賢
南匯
南橋巡司
黃浦江
三林巡司
金山巡司
曹涇鎮
柘林鎮
洋山

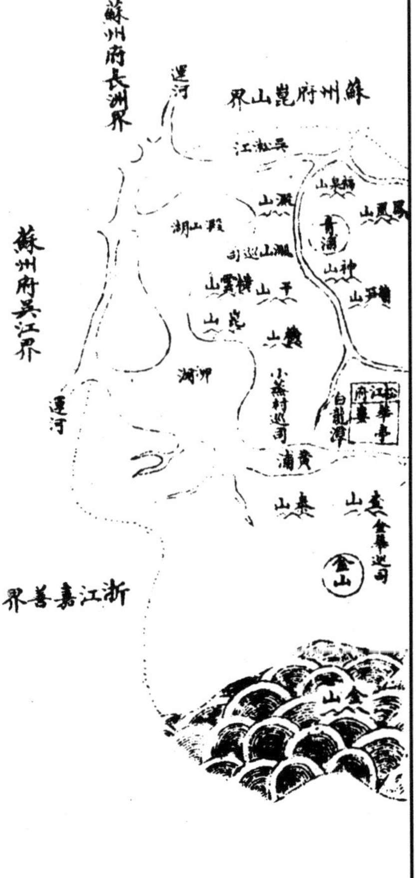
蘇州府長洲界
運河
蘇州府崑山界
吳淞江
蘇州府吳江界
澱山湖
澱山
澱山巡司
橫雲山
鳳凰山
青浦
神山
崑山
泖湖
運河
小蒸村巡司
白龍潭
松江府華亭
黃浦
秦山
查山
金山巡司
金山
浙江嘉善界
金山

松江府表

	松江府	華亭縣
秦	屬會稽郡。	海鹽縣屬會稽郡。
兩漢	會稽郡地。後漢分屬吳郡。	由拳、海鹽、婁三縣地。 海鹽縣
三國	吳郡地。	嘉興、海鹽、婁三縣地。 海鹽縣
晉		海鹽縣
南北朝		梁昆山縣地。 前京縣梁置，屬信義郡。 海鹽縣
隋		省。 廢。
唐	蘇州地。	華亭縣天寶十載置，屬蘇州。
五代	吳越屬秀州。	華亭縣屬秀州。
宋	嘉興府地。	華亭縣屬嘉興府。
元	松江府至元十四年置華亭府。明年改名，屬嘉興路。二十九年屬江浙行省。	華亭縣府治。
明	松江府直隸南京。	華亭縣。

續表

	婁縣	奉賢縣	金山縣	上海縣
	由拳、海鹽、婁三縣地。			海鹽、婁二縣地。
	梁爲崑山縣地。 胥浦縣 梁大通六年析置。尋省。			梁海鹽、崑山二縣地。
	華亭縣地。			華亭縣地。
				上海縣 至元二十九年析置，屬松江府。泰定三年屬嘉興縣。天曆元年復屬松江府。
		華亭縣地。	金山衛 洪武十九年置。	上海縣。

續表

南匯縣	青浦縣	川沙廳
	婁縣地。	海鹽、婁二縣地。
	梁崑山縣地。	梁海鹽、崑山二縣地。
	華亭縣地。	華亭縣地。
	華亭、上海二縣地。	上海縣地。
上海縣地。	青浦縣嘉靖二十一年析置。三十二年廢。萬曆元年復置,屬松江府。	上海縣地。

大清一統志卷八十二

松江府一

在江蘇省蘇州府東南一百六十里，江寧府東南六百二十里。東西距一百六十里，南北距一百五十二里。東至大海一百里，西至蘇州府吴江縣界六十里，南至大海七十二里，北至蘇州府崑山縣界八十里。東南至大海一百十里，西南至浙江嘉興府嘉善縣界五十里，東北至太倉州嘉定縣界一百十里，西北至蘇州府長洲縣界一百里。自府治至京師二千九百五十里。

分野

天文斗、牛分野，星紀之次。

建置沿革

禹貢揚州之域。春秋吴地，後屬越。戰國屬楚。秦屬會稽郡。漢爲會稽郡婁縣、由拳、海鹽三縣地。後漢分屬吴郡。晉及宋、齊因之。梁、陳、隋爲崑山縣地。唐天寶十載，始析置華亭縣，屬蘇州。五代時，吴越分屬秀州。宋屬嘉興府。元至元十四年，始於縣置華亭府。十五年，改松江府，屬嘉興路。二十九年，屬江浙行省。泰定三年，罷府。天曆初復故。府志：元泰定中罷府，仍屬嘉興路，立都水庸田司於府治。天曆元年，罷司復爲府。明亦曰松江府，直隸南京。

本朝屬江蘇省，領縣七，廳一。

華亭縣。附郭。治府東偏。東西距八十七里，南北距一百十六里。東至奉賢縣界二十七里，西至金山縣界六十里，南至海八十里，北至婁縣界三十六里。東南至奉賢縣界九十里，西南至金山縣界八十里，東北至上海縣界五十四里，西北至婁縣界一里。漢會稽郡由拳、海鹽、婁三縣地。後漢屬吴郡。三國吴以後，爲嘉興、海鹽、婁三縣地。梁以後兼爲崑山縣地。唐天寶十載，始割嘉興、海鹽、崑山三縣地置華亭縣，屬蘇州。五代時，吴越改屬秀州。宋屬嘉興府。元至元十四年，爲華亭府治。十五年，爲松江府治。明仍爲松江府治，本朝因之。

婁縣。附郭。治府西偏。東西距十九里，南北距二十七里。東至華亭縣界一里，西至青浦縣界十八里，南至金山縣界十二里，北至青浦縣界十五里。東南至華亭縣界一里，西南至浙江嘉興府嘉善縣界四十五里，東北至上海縣界五十四里，西北至青浦縣界二十七里。漢由拳、海鹽、婁三縣地。梁以後，兼爲崑山縣地。唐以後爲華亭縣地。本朝順治十三年析置，與華亭縣並治府郭下。

奉賢縣。在府東九十里。東西距七十一里，南北距六十三里。東至南匯縣界二十七里，西至華亭縣界四十四里，南至華亭縣界四十五里，北至南匯縣界十八里。東南至海一里，西南至華亭縣界六十四里，東北至南匯縣界二十四里，西北至華亭縣界七十二里。本華亭縣地，本朝雍正三年析置，屬松江府。

金山縣。在府南七十二里。東西距十里，南北距六十四里。東至華亭縣界一里，西至浙江嘉興府平湖縣界九里，南至海一里，北至婁縣界六十三里。東南至海二里，西南至浙江平湖縣界九里，東北至華亭縣界六十四里，西北至婁縣界八十一里。故小官鎮地。明洪武十九年，建金山衛。本朝雍正三年改爲縣，屬松江府。

上海縣。在府東北九十里。東西距六十六里，南北距八十四里。東至川沙廳界三十里，西至青浦縣界三十六里，南至奉賢縣界七十二里，北至太倉州寶山縣界十二里。東南至南匯縣界八十里，西南至華亭縣界三十六里，東北至寶山縣界十八里，西北至太倉州嘉定縣界三十六里。漢海鹽、婁二縣地。梁以後，爲海鹽、崑山二縣地。唐、宋爲華亭縣地。元至元二十九年，析置上海縣，屬松江府。泰定三年，屬嘉興路。天曆元年，復屬松江府。明沿其舊。本朝因之。

南匯縣。在府東百二十里。東西距八十三里，南北距七十三里。東至海二十三里，西至上海縣界六十里，南至奉賢縣界二十四里，北至川沙廳界四十九里。東南至海三十里，西南至奉賢縣界八十四里，東北至川沙廳界五十里，西北至上海縣界七十里。本上海縣地。本朝雍正三年析置，屬松江府。

青浦縣。在府西北五十里。東西距九十五里，南北距八十二里。東至上海縣界五十五里，西至蘇州府吳江縣界四十里，南至婁縣界四十里，北至太倉州嘉定縣界四十二里。東南至婁縣界七十二里，西南至吳江縣界四十五里，東北至嘉定縣界五十五里，西北至蘇州府崑山縣界三十里。漢婁縣地。梁以後，爲崑山縣地。唐以後，爲華亭縣地。元爲上海、華亭二縣地。明嘉靖二十一年，析置青浦縣，三十二年廢。萬曆元年復置，屬松江府。本朝雍正三年，析置福泉縣，與青浦同治。乾隆八年，仍省入。

川沙廳。在府東北一百二十里。東西距三十里，南北距二十八里。東至海十二里，西至南匯縣界十八里，南至上海縣界一里，北至上海縣界二十七里。東南至南匯縣界半里，西南至南匯縣界六里，東北至太倉州寶山縣界三十六里，西北至上海縣界二十四里。本朝乾隆八年，裁福泉縣併入青浦。嘉慶十年，析上海、南匯兩縣地置，屬松江府。

形勢

水淖而清，山孺而浄。九域志。負海枕江，平疇沃野。宋魏了翁學記。佩帶江湖，南瀕大海。宋唐詢華亭十詠詩序。府稱澤國，以九峯勝。通志。

風俗

顧、陸之裔，居於華亭者最著，故士奮於學，民興於仁。魏了翁學記。儒官翼翼，不異鄒魯。元趙孟頫記。勤耕織之勞，務魚鹽之利。府志。

城池

松江府城。周九里有奇，門四，濠廣十丈。明初增築。本朝康熙年間修，乾隆三十八年重修。華亭、婁二縣附郭。

奉賢縣城。舊爲青村城。周六里，門四，濠廣十丈。本朝康熙二十二年修，雍正三年置縣治，乾隆四十年重修。

金山縣城。舊治金山衛。乾隆二十四年，移治洙涇鎮，城未建。

上海縣城。周九里有奇，門六，濠廣六丈。明嘉靖中築。本朝康熙十九年修，雍正九年、乾隆四十年重修。

南匯縣城。舊爲南匯城。周九里有奇，門四，濠廣十丈。本朝康熙二十二年修，雍正三年置縣治，五年、乾隆四十年重修。

青浦縣城。周六里有奇，門五，濠廣三丈。明萬曆初築。

川沙廳城。周四里，門四。明嘉靖間築。本朝康熙年間屢修，乾隆三十七年、嘉慶十年重修。

學校

松江府學。在南門内。宋元豐七年建華亭學，元改爲府學。本朝順治十六年，屢加修葺，康熙二十三年、乾隆五十二年、嘉慶五年重修。入學額數二十五名。

華亭縣學。在縣治西南。元改建。本朝順治十二年修，康熙十九年、乾隆三十三年、嘉慶十年重修。入學額數十六名。舊額十三名，雍正三年，裁金山衛，併入三名。

婁縣學。與華亭縣同。入學額數十六名。舊額十三名，雍正三年，裁金山衛，併入三名。

奉賢縣學。在縣治東南。本朝雍正四年置縣學，附華亭。乾隆二十六年始建，四十九年修，五十七年重修。入學額數十三名。舊額十二名，雍正三年，裁金山衛，併入一名。

金山縣學。即舊金山衛學。本朝順治十五年修，乾隆五十三年、嘉慶十一年重修。入學額數十三名。舊額十二名，雍正三年，裁金山衛，併入一名。

上海縣學。在縣治東南。元延祐元年建。本朝順治、康熙年間屢修，乾隆四十六年、嘉慶十三年重修。入學額數十四名。舊額十三名，雍正三年，裁金山衛，併入一名。

南匯縣學。在縣治東門内。本朝雍正五年建，乾隆三十六年修，五十八年重修。入學額數十五名。舊額十二名，雍正三年，裁金山衛，併入三名。

青浦縣學。在縣治東南。明萬曆初建。本朝順治、康熙年間屢修，乾隆五十三年、嘉慶八年重修。入學額數二十五名。

雲間書院。在府學後。舊在城外，本朝乾隆五十三年建，嘉慶七年改建。

景賢書院。在府治東南。舊爲唐、宋忠良祠，本朝嘉慶七年，因其地改建書院并祠。

肇文書院。在奉賢縣青村城内。本朝嘉慶十年建。

文游書院。在奉賢縣南橋鎮南。本朝嘉慶十年建。

敬業書院。在上海縣治東北。舊名申江書院，本朝乾隆十三年建，三十三年改建，易今名。嘉慶十七年修。

惠南書院。在南匯縣學署東。本朝乾隆二十九年建，四十九年修。

青溪書院。在青浦縣城南。本朝嘉慶元年建，十八年修。

孔宅書院。在青浦縣北。舊有孔子廟，宋因地立書院。元至正間，里人章弼修。

清忠書院。在青浦縣青龍鎮西南。本章夢賢義塾，其子元澤請於朝，以宋仁宗賜遠祖得象「清忠」二字易今名。

户口

原額人丁二十萬九千九百四，今滋生男婦大小共二百六十三萬一千五百九十名口。又鎮海衛併金山幫屯丁一萬四千二百八十一名口。

田賦

田地四萬一百四頃九十九畝九分有奇，額徵地丁正、雜銀四十四萬一百三十七兩四錢二分八釐，又雜辦銀一千四百一十七兩一錢五釐，米四十二萬七千七百三十六石六升六合六勺。又鎮海衛併金山幫屯田三百八十三頃七十畝九分有奇，額徵丁糧銀五千八百六十七兩一錢三分七釐，米四百一十二石八升三合六勺。

山川

崑山。在婁縣西北。寰宇記：華亭谷東二十里有崑山，陸遜父祖墓在焉。輿地紀勝：在華亭縣西北二十三里長谷之東。

機、雲兄弟皆有辭學，人以爲「玉出崑岡」，故名。府志：山形圓秀而潤，旁無附麗，望之如覆盎然。梁置崑山縣在此山之北，後遷縣治於馬鞍山下，俗遂指馬鞍爲崑山，而以此爲小崑山。按：唐志華亭分嘉興縣置。元和志云分崑山、嘉興、海鹽三縣地置。又於崑山縣注云：「在蘇州東七十里，梁置。」並未嘗言遷治也。蓋今華亭、婁縣之北及青浦之境，本皆崑山縣地，故遥取以爲名耳。府志謂崑山舊治在山北，誤。

橫雲山。在婁縣西北。輿地紀勝：本名橫山，唐天寶六載改名。頂有白龍洞，下通澱山湖。府志：在崑山東北。山陽以采石缺然成窪。又東爲小橫山，與橫雲接隴，而中介一水。其東北壁立數仞，人呼爲小赤壁。

機山。在婁縣西北。府志：在橫雲山後，南北相望，以晉陸機得名。下有平原村，亦以機爲平原内史也。按：吴郡圖經崑山之北有機、雲兩山，雲山即橫雲也。

干山。在婁縣西北機山東。相傳干將曾鑄劍於此，故名。又以山形似馬，名天馬山。上有浮圖七級，登覽者極江海之觀。元楊維楨志：華亭地岸海，多平原大川。其山之聯絡於三泖者十有三，名於海内者九，其一曰干將者，九之甲也。

許山。在金山縣東南海中，金山東。去乍浦、金山、吴淞三所，皆隔一潮。

竹嶼山。在金山縣東南七十八里。又達岸山，在竹嶼東南二里。相望又有蘇山，西北去縣八十八里。

洋山。在金山縣東南海中，一作羊山。周七十餘里，四圍環抱，中有水如大湖，凡十八嶴，可容數百艘。惟北面一口可通。巔有一池，泉味獨淡，海艘往來，取給於此。海防考：南自定海，北自吴淞，皆以洋山爲扼要。

金山。在金山縣南海中。輿地紀勝：在縣東南九十里，北有寒穴泉。府志：去海一潮之涉。又有小金山，亦在縣東南海中。又有浮山，在金山西。按：楊維楨志云：「淞之南有大金、小金，出没於雲海之中。」即指此二山也。

查山。在金山縣張堰鎮南，下臨大海，東接華亭縣界。新志：相傳仙人查玉成曾煉丹於此。今有浴丹井。

秦山。在金山縣張堰鎮西。府志：俗傳爲秦望山，一曰秦駐山。相傳始皇曾登此，故名。內有仙人洞，甚深邃。又有坑産白堊，俗名白善山。

柘山。在金山縣北柘湖中。湖已涸，山在平陸，生柘樹，因名。

茶山。在上海縣東南大海中。海防考：在上海縣南蹌巡司界，與浙江之海鹽、定海海中諸山相聯絡。相近有陳錢山。

陸寶山。在青浦縣東南。輿地紀勝：在華亭北二十里，本陸氏家山。府志：界鳳凰、玉屏之間，向列九峯之一。後以取土，遂夷爲平地。

厙公山。在青浦縣東南，與陸寶隔溪相對。昔有厙公隱此，故名。

蘭筍山。在青浦縣南，舊名佘山。相傳有佘氏居此，故名。新志：其高與干山等，東西二峯，延亘數里。招提蘭若，隱現其中，望之穠郁深秀。明陳繼儒、施紹莘隱此。土宜茶，有泉名洗心，甚清冽。産筍，香如蘭。本朝康熙四十九年，聖祖仁皇帝南巡，賜名蘭筍。

薛山。在青浦縣南蘭筍山東，中隔一水。下嘗掘地得石，誌曰「玉屏」，又稱玉屏山。下有羅池。吴地記：薛道約居此，故名。

鍾賈山。在青浦縣南。府志：在干山東，一水左限沈涇塘，與盧山對峙。相傳以鍾、賈二姓居此，故名。或以介九峯間，故又名中介山。

盧山。在青浦縣南。府志：在沈涇塘，疑以盧姓得名。頹然一丘，參峙於干將、鍾賈間。下有水一泓，清激如泉。

神山。在青浦縣南，一名秀林山，又名細林山。梁簡文帝神山銘序：本名秀林山，或稱辰山，在華亭西北二十餘里。僻在一方，雖非巨麓，而自古神仙往往託跡，實震旦之靈阜也。輿地紀勝：細林山，本名神山，唐天寶六載改名。府志：在盧山之南，中有仙椅峯、屯雲峯、錦濤峯、凝雲石、甘白泉諸勝。

澱山。在青浦縣西北二十五里。府志：在機山西北。舊傳在薛澱湖中。山形四出如鼇，上建浮圖，下有龍洞。旁有一山曰箕山。

鳳凰山。在青浦縣東北。府志：在郡城之北。吴郡圖經云：山之鎮曰鳳凰，以其據九峯之首，延頸舒翼，宛若鳳翥，故名。東枕通波，西連玉屏。左有青壁，高數十仞，勢如削成。

簳山。在青浦縣鳳凰山北。元王逢遊簳山詩序：距華亭三十六里，土宜美箭，故名。一石斬然中斷，俗傳南有干山，此則干將試劒石。府志：在鳳凰山北，顧會浦東，上海之境自此始。嘉禾志：俗呼北簳，又訛爲北干，以二山在南也。有玉寶泉，甚清冽，宋張耒有詩。

福泉山。在青浦縣簳山北。舊曰覆船，後以井泉甘美，故名。

三女岡。吴郡圖經：在華亭縣東門外八十里，吴王葬三女於此。顧野王分野樞要：吴王葬女，在今南橋鎮北三里，有高岡，是其處。

岡身。在青浦縣境。古岡身有三：曰沙岡，曰竹岡，曰紫岡。南屬於海，北抵松江，長百里。世傳海上湧浪而成。

海。府境東南二面濱海。北自太倉州寶山縣界入境，南經上海縣東五十四里，又南經南匯縣東二十三里，又西南至奉賢縣東南一里，又西經華亭縣南八十里，又西經金山縣南一里，又西接浙江海鹽縣界、上海縣東北，爲吴淞江會黄浦入海之口，曰蹌口。海防考：郡境三面環海，金山當其南，南匯當其北，而青村爲東、南二面轉屈處，與海中洋山相值。明陸深集：潮起於南匯嘴，旋分兩派：南派入錢塘江，北派入揚子江。南匯嘴者，海之一曲也，在邑東南百里。府志：南與浙江之紹興、寧波相望，當天日晴明，南岸諸山歷歷可指。深夜籟寂，越中雞犬之聲相聞。自金山東過勝山，爲南洋。又東至洋山，又東南爲南大洋。北至高家嘴，爲蘇州洋。又東爲東大洋。自南大洋又南，歷閩、廣，通南海。自東大洋北，歷山東，通遼海。

松江。源出蘇州府之太湖。自崑山縣東南流入，經青浦縣北二十里，北接太倉州嘉定縣界。又東經上海縣北，南與黄浦江合，又東入海，曰吴淞海口。説者謂即禹貢三江之一，郡以此名。亦曰吴淞江。庚仲初揚都賦注：松江下七十里分流，東北入海者爲婁江，東南流者爲東江，併爲三江。史記正義：三江者，在蘇州東南三十里。一江西南上七十里至太湖，名曰松江，古笠澤江。一江東南上七十里至白蜆湖，名曰上江〔一〕，亦曰東江。一江東北下三百餘里入海，名曰下江，亦曰婁江。於其分處號曰三江口。桑欽水經：「南江，又東北爲長瀆，歷湖口，東則松江出焉。江水歧分，謂之三江口。」酈道元注：「吴越春秋稱范蠡去越，乘舟出三江之口，入五湖之中者也。」宋史河渠志：崇寧二年，通直郎陳仲方議濬吴淞江，自大通浦入海。大觀元年，中書舍人許光凝奏：姑蘇欲去水患，莫若開涇濬浦。蓋太湖在諸郡間，必導之入海，然後水有所歸。自太湖距海，有三江，有諸浦。吴人謂開一江有一江之利，濬一浦有一浦之利〔二〕，願委本路監司詳究利害。詔吴擇仁相度以聞，開江之議復興矣。元史河渠志：浙西諸山之水，受之太湖，下爲吴淞江，東匯澱山湖以入海。而潮汐來往，逆湧濁沙〔三〕，上湮河口，是以宋時設置撩洗軍人，專掌修治。元初勢豪租占，爲蕩爲田，以致湮塞不通，公私俱失其利。泰定元年，江浙行省言吴淞江等處，河道壅塞，宜爲疏滌，仍立牐以節水勢，至二年工畢。曹學佺名勝志：在青浦縣北，自吴江長橋東流至長洲尹山，北流至甫里，東北流又過華亭澱山，乃入縣境。明隆慶三年，巡撫都御史海瑞議開濬，自縣境屬於崑山，江流湍駛，灌莽之區漸成沃壤。府志：自湖至海，凡五匯四十二灣。五匯者，安亭、白鶴、盤龍、河沙、顧會浦，乃江潮與湖水相會合之地也。其將入海處，別名滬瀆。其別派自吴江分流，由急水港鍾爲大湖，曰薛澱。陳繼儒志：自太湖從吴縣鮎魚口，北入運河，經郡城婁門，東流入上、下雉瀆，抵崑山至和塘，東合新洋江，經太倉塘，合劉家港入海者爲婁江。自太湖從吴江縣長橋東北合龐山湖，入長洲界，過大姚浦，抵崑山界，分爲二：南爲吴淞江，北爲勦娘江，復合爲一，東流入嘉定界，經上海合黄浦東入海者爲吴淞江。自白蜆江從急水港過澱山湖，東至華亭，合上海黄浦，由黄浦經上海宋家港，合吴淞江北入海者爲東江。

黃浦江。首受三泖，東流經金山縣北、婁縣南、華亭縣東南、奉賢縣西北，匯南北諸水。又東北經南匯縣西六十里，又東北經上海縣城東，又東北與吳淞江合，東入海，曰蹌口，即吳淞江口也。水利志：明永樂二年，夏原吉以黃浦爲通江要道，其旁至南蹌口可徑入海，乃濬令廣深，上屬黃浦，盡縱諸水入浦，不得東注淞江。府志：黃浦爲南境巨川。其首曰潢潦涇，受黃橋、斜塘及秀州塘水，東流至詹家匯，爲瓜涇塘。演迤而東，受南北兩匯之水〔四〕，折而北流，趨上海縣，受東西兩匯之水，東北匯吳淞江以入海。源自三泖來，其上爲澱湖，爲急水港，爲白蜆江。又自松江分派而來，至入海處，約二百五十餘里，舊傳即古之東江。戰國時，楚黃歇鑿其旁支流，因稱爲黃浦，亦稱春申浦。華亭縣志：今吳淞江流與浦合，其出海之口，雖名吳淞江，實黃浦口也。合流之處，經上海而北，其闊六七里。聖祖仁皇帝南巡，御製泛黃浦江詩。

白鶴江。在青浦縣北。吳郡續圖經：宋嘉祐中，韓正彥宰崑山，開松江之白鶴匯，如盤龍之法，爲民利。宣和二年，趙霖修青龍江，自白鶴匯至艾祁塘口。府志：古稱白鶴匯。宋嘉祐間，自其北開爲直江，瀉震澤之水，東注於海。今蓋古匯遺跡。其南爲西霞浦，俱東入大盈，與青龍江相對。

青龍江。在青浦縣北。其上流西接大盈浦，東接顧會浦，北流入嘉定縣界，西通白鶴江，入吳淞江。吳志：孫權造青龍戰艦於此，故名。宋史河渠志：崇寧二年，又開青龍江。通志：昔通滬瀆入海，自宋以前，浩瀚無涯。韓世忠拒金烏珠於秀州，前軍駐青龍，中軍駐江灣，後軍駐海口，即此地也。嘉靖時，曾建青浦縣於古址之西，今猶稱舊青浦云。「烏珠」改見江寧府山川門牛頭山註。

日月河。在華亭縣治普照寺南。舊識云：「日月河通出狀元。」河久淹塞，明成化間，知府樊瑩濬之，錢福果狀元及第。後萬曆間又濬，張以誠狀元及第。又玉帶河，在華亭縣治，橫貫府學如帶，故名。

倉河。在華亭縣普照寺後。府志：軍儲北倉在其陽，故名。西南通豐樂橋，東北通通波塘，與邱家灣水合。

新運鹽河。在金山縣。自城北北流至張涇橋，與婁縣城河接，長六十三里。凡西南諸水，皆由此入黃浦。舊志：初在查山東，後以風濤之險，改浚於此。人因呼其東爲舊河。其北即古柘湖地。按志，府境運鹽河有四，其單稱運鹽河者，在府東南九十八里，今青村西之河是也。舊志：自青村鹽場北流，納百曲港諸水，又北入上海縣界爲横港。其東運鹽河，在府東南三十六里亭林鎮南，東流入鹽鐵塘。其南匯運鹽河，在南匯縣西北，自下沙場東循捍海塘北行，折爲支渠，通諸團鹽運。其西鹽河，在府南三十六里，即此河也。

舊西湖。在婁縣西南隅，一名瑁湖，因陸瑁養魚池故名。方輿勝覽：陸瑁池東有灘曰唳鶴，鶴飲此水，其聲則清。宋時爲放生池。元守張之翰建西湖書院於此。又有小湖，在西湖北，今遺跡俱廢。

谷湖。在婁縣、金山兩縣西，即古谷水。水經注：一江自太湖東南行七十里入小湖，爲次溪。自湖東南出爲谷水。谷水出吴小湖，逕由拳故城下。始皇時，淪陷爲谷，因謂長水城水爲谷水也。寰宇記：華亭谷水，下通松江。續圖經：松江東流，聚爲小湖，西北接白蜆、馬騰、谷、瑇瑁四湖。谷湖，即谷水之舊跡也。方輿勝覽：在華亭縣南，長百五十里。府志：一名谷泖，一名華亭谷。水極清冷。吴地記：海鹽縣東北二百里有長谷，陸遜、陸凱居此。按：谷水有二。婁縣南之谷水，乃西湖之異名。崑山西之谷水，則長泖之異名。而華亭谷，蓋因陸氏封邑而言，又谷水之異名也。舊以兩谷水混而爲一，又析華亭谷與谷水爲二，故多異同。

泖湖。在金山縣西北、婁縣西、青浦縣西南。一名三泖，晉陸機云「三泖之水，冬温夏涼」是也。有上、中、下三名。北爲上泖，亦曰圓泖。中曰大泖。南曰下泖，亦曰長泖。闊十八里，長百餘里。自長泖中分，西北屬青浦縣界。水利考：松江西南有澱湖，當湖，金、銀、青、白蕩漾諸水，聯絡環繞，皆源出於太湖，委之三泖。圓泖東出爲横山塘，過沈涇塘，北折至東波塘，由顧會浦分流爲艾祁浦、崧子浦，入淞江。大浦東出爲漕浜〔五〕，爲走馬塘，北折而東爲七里涇，又東出爲石湖塘，歷東、西山涇，合秀州塘，北流從通波塘入淞江。長泖則東出斜塘，爲潢潦涇，爲瓜涇塘，爲詹家匯，北折爲范家浜，合淞江。又東出爲歸涇塘、胥浦塘，並東江至掘撻涇，入黄浦。

柘湖。在金山縣北。水經注：谷水東五十里有武原鄉，秦於其地置海鹽縣，後縣淪爲柘湖。輿地紀勝：在華亭縣南，中有小山，生柘樹，故名。舊志：在華亭縣南六十里，周圍五千一百十九頃。大約查山西南，張堰東南，黄茅白葦之場，皆故柘湖也。今漸湮塞。

鶯脰湖。在上海縣西南五十五里新涇南，亦名邢竇湖。相傳二姓居此，故名。明天順四年，巡撫崔恭濬六磊塘、鶯脰湖、烏泥涇、沙竹岡，通流入黄浦。今淤塞。俗訛爲櫻桃匯，亦作鶯竇湖。

澱山湖。在青浦縣西三十里，北接崑山縣界。水利志：薛澱湖，一名澱山湖，以中有澱山也。在府西北七十二里。每歲州人以湖水之清渾，辨歲豐凶。或清或渾，或清渾析，清豐渾凶，析亦從之。舊志：其源自吴縣白蜆江經急水港而來，瀦爲湖，周迴幾二百里。北由趙屯浦，東由大盈浦，瀉於松江。南由攔路港入三泖。宋時，澱山在湖心，並湖以北，中爲一澳，曰山門溜。溜東西五六里，南北七八里，正當湖流之衝。山門溜之中，又有斜路港、大石浦、小石浦，通洩河流。後潮沙淤澱，漸成圍田。元初，湖去西北已五里餘。今趙屯、大盈去湖益遠。由何家港及南、北曹港，受湖水以洩於松江。

都臺浦。在上海縣東南，川沙廳西北。府志：故曹家溝也。明天順中，巡撫崔恭所濬，上有行臺，因名。綿亘五十餘里，東北爲連家漕，北爲水仙塘，又北爲郁家港、官路港、邵瀝港，並西通鹽塘。邵瀝之東爲翁家港，北爲陶河港，並東通運鹽河。其北爲南蹌浦，明永樂中導黄浦由此入江處，一名南蹌口。

下沙浦。在南匯縣西北。舊亦名鹽鐵塘，世傳吴越王爲此以運鹽鐵，因名。宋紹興中，通判曹泳重濬，舟楫交通，改今名。東南接捍海塘，北流爲鹽塘，貫周浦、三林諸塘，達黄浦。周浦，在縣西北四十八里，又名杜浦。又北爲三林塘，皆東接鹽塘，西流入黄浦。

趙屯浦。在青浦縣西北澱湖之北。南受湖水，瀉於松江。闊五十丈，通江五大浦之一也。元都水庸田使司水利議：趙屯、大盈二浦，注泄湖水，至元甲午開修。府志：今自北曹港分支北流，愈北愈隘，僅通舟楫。其接曹港處，名新河。一支東南流入曹港者，曰南小趙屯浦。一支東北流入江者，曰北小趙屯浦。

大盈浦。在青浦縣北，澱山湖東。起自南曹港口，北與北曹港合，過青龍江，又過白鶴匯，入松江。

顧會浦。在青浦縣東北，大盈浦東。水利志：宋乾道二年，轉運副使姜詵開通波大港，即顧會浦。府志：其上源曰通波塘。出府城北，流爲祥澤塘，別流爲崧子浦。

崧子浦。在青浦縣東北，舊名崧塘，自顧會浦分流入松江。水利志：明弘治十二年，松江通判原應宿浚崧子浦，至今通利。縣志：崧塘在青浦縣北十五里，折而北流，至縣東境，又迤而東北，歷上海縣境，入嘉定縣界，爲高家浜，達吳淞江。

盤龍浦。在青浦縣東北，崧子浦東。其上流爲盤龍塘。自府城東三里華陽港北流，貫南、北俞塘、六磊塘，東過泗涇，又貫横塘，東北流接上海縣界。隨折而北，過蒲匯塘，入嘉定縣界，達松江。其入江處曰盤龍匯。吳郡圖經：盤龍匯，介華亭、崑山之間，其徑十里。宋寶元元年，葉清臣按漕本路，釃爲新渠。道直流速，水患遂弭。府志：舊圖經以趙屯、大盈、顧會、崧子、盤龍爲五大浦。五浦之中，趙屯、大盈皆直受澱山湖水。趙屯迤西爲白鶴江，大盈以東爲青龍江，昔人論湖水下流，必由白鶴匯以達於江，又謂由青龍江入海。今白鶴、青龍，僅同溝澮。顧會、盤龍，從府城來，絶横塘入泖。

金山港。在華亭縣東南柘湖東十二里。上有金山營。又東十二里爲菊花港，一名胡家港。又東北五十里入黄浦。又三汊河，在金山營西三里，接徐浦塘。支流自平湖界新倉，經秦望山諸草蕩，北引張堰湖水，以資灌溉。明萬曆中重濬。

蕭塘港。在華亭縣東南。自葉謝鎮匯諸小水瀦爲塘，由月河橋東流入金匯塘。其支渠北流爲新涇。

運港。在華亭、奉賢兩縣界。宋史河渠志：丘崈奏：「華亭縣運港在涇塘向裏二十里，就此築堰，官民田皆無鹹潮之害。其運港但可捺堰，不可置牐。堰外別有港汊，大小十六，亦合興修。」從之。舊志：自亭林鎮前，東流入鹽鐵塘。自鎮東折北爲白龍潭，東北通葉謝鎮。

龍泉港。在奉賢縣東，北通運港。又青村港，在縣南橋塘東，達於縣城。

閘港。在南匯縣西，自新場鎮西流入黄浦。其入處乃黄浦之水折而北行處〔六〕，相傳爲東江入海故道。

北曹港。在青浦縣西南，與蘇州府崑山縣分界。合何家港、斜瀝諸水，東過縣城，入横泖。一支北折爲新河，入趙屯浦。一支北出，入大盈浦。

南曹港。在青浦縣西南，即舊鹹魚港。自澱山湖東南何家港東流，納龍河水，支分爲斜瀝，入北曹港。正流東出泰來橋，折而北爲大盈浦，南接柘澤，東爲諸家塘。

攔路港。在青浦縣西南，承澱湖水東南入泖湖。

滬瀆。在上海縣東北，松江下流也。晉隆安四年，劉牢之討孫恩，恩走入海，牢之使袁山松築滬瀆壘以備，即此。宋寶元初，兩浙運使葉清臣請開盤龍匯、滬瀆港入於海。續文獻通考：在上海縣北二十里。吴郡志：松江東瀉海曰滬海，亦謂之滬瀆。滬，水名也。凡水發源而注海，曰瀆。陸龜蒙曰：列竹於海澨曰滬，吴之滬瀆是也。晉虞潭爲吴國内史所修。今吴淞江直趨而東，又七十餘里入海，無復有瀆。其東、西蘆浦，止通潮汐而已。

横泖。在青浦縣東，一名十字港。舊志：自青浦縣治西接北曹港，分支經唐行鎮，絶大盈浦，東流過崧宅塘，絶顧會、崧子二浦，東接胡涇爲東横泖。又南至樓下、張管山爲横塘，斜入盤龍浦，明萬曆八年疏浚。

巨漕。在奉賢縣南橋塘北。自萬年涇絶黄浦而北，至六磊塘止。其一支從姚涇而西，入千步涇。

石笋灘。在南匯縣下沙捍海塘外。每二三丈輒有石立海中，故名。

御史涇。在華亭縣東南二里。首起南俞塘，其北爲斜塘。又泖涇，在御史涇東。其北即鹽鐵、盤龍、南北俞塘諸水。南流通黃浦。

沈湖涇。在華亭縣東南。又東爲洮港，皆南接捍海塘，西北流入前岡塘。

高家涇。在華亭縣東南六十五里。南接捍海塘，西北流入張涇。又東爲白茅涇，亦南接捍海塘，北流至前岡爲潘涇，至橫涇止。

採花涇。在華亭縣北。南接城河，北通二里涇，與五里塘斜對。

集賢涇。在華亭縣北門外東隅。南接城河，東北入洞涇。其北即五里塘，接婁縣界。

張涇。在婁縣南，通捍海塘。經張堰鎮西，西接新運鹽河，北行至張涇橋，與城河合。長六十三里。府志：境内堰閘凡二十餘。自捍海塘築，諸堰悉廢，惟存張涇一堰一閘。

朱涇。在婁縣西南二十七里。西接秀州塘，東貫張涇爲橫涇。又東爲蕩涇，匯諸水入黃浦。三吴水利考：西通三泖，南達嘉興，爲往來衝要。

奉賢涇。在奉賢縣東南洮港東，北流入運港。縣取名以此。

招賢涇。在奉賢縣東。明萬曆中重浚。

從令涇。在奉賢縣橫瀝東。其南通上、下橫涇，由柘瀝塘至捍海塘止。北流絶南橋諸塘，入黃浦。

界涇。在金山縣西。府志：在婁縣西南，爲浙江平湖縣之北境。東直胥浦塘，北爲大芒塘〔七〕，西爲白牛塘。接浙江嘉善縣界，北通秀州塘，東南爲橫泖。

歸涇。在金山縣西北胥浦塘北。自長泖來，西接大芒塘，東流爲橫塘。至張涇東爲後岡塘。

泗涇。在青浦縣東。其上流自婁縣祥澤塘，北流受通波涇、外波涇、洞涇、張涇四水，故名。東合盤龍塘，北出爲蒲匯塘，接上海縣界入黄浦。

新涇。在青浦縣横濼東，亦曰新涇浦。東接上海縣界，南接華亭縣界。貫黄浦捍海塘，北入淞江。宋乾道六年，命浙西轉運使劉敏士等於新涇置牐堰以捍海潮。七年，知秀州丘崈移堰於運港，即此。舊志：在華亭東南八十里横濼東，瀕海塘浦之一也。

白龍潭。在婁縣西門外。其南通小清河，北通二里涇，東出與城河合。北爲採花涇，廣十餘頃。

南俞塘。在華亭縣東門外。接城河水，東流過三里汀，南入鹽鐵塘，分流東南，爲語兒涇，入黄浦。又北俞塘，在縣東稍北，亦接城河，東流入黄浦。

徐浦塘。在華亭縣南。自運鹽河分支，東流歷浦東場，達漴闕閘止。其南通支渠，爲金山港、菊花港。

官紹塘。在華亭縣南水門外。接城河及斜涇諸水，東接御史涇，合泖涇入黄浦。又東一支南流，亦入黄浦。

通波塘。在婁縣城中。自縣西中亭橋下北流，至通波門，北流爲五里塘。又北爲祥澤塘。入青浦縣，爲顧會浦。

秦皇走馬塘。在婁縣西北，崑山北。其上流自圓泖東出，流至横雲山前爲横山塘，東流通顧會浦。

横瀝塘。在奉賢縣東，一作横濼。南絶黄浦，至捍海塘，北經青浦縣界，達吴淞江。與太倉州嘉定縣之南横瀝南北相對。

南橋塘。在奉賢縣東南淺沙塘北。東流過沙竹岡，貫横濼、從令涇，入金匯塘，東通青村港。又自沙竹岡別一支西北流爲蘆涇，爲姚涇，折而北流爲巨漕，入黄浦。

金匯塘。在奉賢縣東南。南接和尚塘，抵捍海塘。北流過金匯橋，西折爲倪家灣。又北爲岡涇塘，入黄浦。又別一支東出爲百曲港，支分數派，俱東入青村運鹽河。

瀝瀆塘。在金山縣西南，一名横瀆。自長泖來，北入胥浦。

胥浦塘。在金山縣西，相傳伍子胥所鑿。自長泖接界涇而東，絶石臼浦，至張涇東，爲前岡塘。又有後岡塘，西接横塘，東入華亭縣之亭林鎮，合前岡塘。

秀州塘。在金山縣西，俗呼爲官塘。自浙江嘉興縣楓涇鎮入界，由鎮而東，過白牛塘，絶長泖，又北折而東，貫府城中。又東與俞塘諸水合。

米市塘。在金山縣北。自東泖港口北流絶瓜涇塘，過蘆涇，與張涇合。

六磊塘。在上海縣南三十里。其上流自盤龍浦支分而東，又東流爲車溝，分爲二支。一東北流入黄浦，一北流爲烏泥涇，經縣南，迤而東南，爲華漕港。又别一支，北出爲八尺港，俱東入黄浦。

蒲滙塘。在上海縣西南四十里，接青浦縣界。西受泗涇、盤龍諸水，東流經七寶鎮，又東爲龍華港，又東南入黄浦。

沙岡塘。在青浦縣東四十里，盤龍之東南。接華亭縣界，絶黄浦，通捍海塘，北入吴淞江。

神山塘。在青浦縣南。其上流接婁縣沈涇塘，自富林西合横山塘，東合横浦，北流至蘭笋山，西入諸家塘。諸家塘，在南曹港東。又東南爲柘溪塘，入顧會浦。

白牛塘。在青浦縣西南。源自當湖來，北流入蘇州府長洲縣界。又小蒸塘、大蒸塘，俱西接此塘，東入泖湖。

金澤塘。在青浦縣西南三十五里。東北接澱山湖。其南爲章練塘，源出蘇州府長洲縣之陳湖，俱東南流入泖湖。

崧宅塘。在青浦縣北。自横泖北流，東折爲界涇，爲孔涇，爲東施浦，爲管浦。北爲七匯港，爲篠涇，通太倉州嘉定縣。

五色泉。在華亭縣西南。相傳葛洪煉丹湖上，丹成投井中，其水常五色。

湧泉。在上海縣靜安寺前，又名沸井。

龍井。在婁縣西北橫雲山。本朝順治十七年，禱雨有應，建亭井上以祀。

八角井。在婁縣西北。其水通海。歲旱投鐵簡於中，能致雨。俗謂陸氏外廚井。輿地紀勝：在陸氏宅旁。

校勘記

〔一〕名曰上江　「上江」，原作「上海」，據乾隆志卷五八松江府山川（下同卷簡稱乾隆志）及史記卷二夏本紀正義改。

〔二〕濬一浦有一浦之利　「利」，原作「力」，乾隆志同，據宋史卷九六河渠志改。

〔三〕逆湧濁沙　「濁」，原作「觸」，乾隆志同，據元史卷六五河渠志改。

〔四〕受南北兩滙之水　「滙」，乾隆志同，雍正江南通志卷六一河渠志作「涯」。下文「受東西兩滙之水」之「滙」，江南通志河渠志亦作「涯」。

〔五〕大浦東出爲漕浜　「大浦」，乾隆志同，細繹文意，當作「大泖」，此蓋承上「浦」字而誤。

〔六〕其入處乃黄浦之水折而北行處　下一「處」字原缺，據乾隆志補。

〔七〕北爲大芒塘　「芒」，乾隆志作「茫」。下文同。

大清一統志卷八十三

松江府二

古蹟

華亭故城。今縣治。唐置。元和志：縣西至蘇州百七十里。天寶十載，吴郡太守趙居貞奏割嘉興、海鹽、崑山三縣地置。吴地記：地名雲間，水名谷水。

海鹽故城。在華亭縣南六十五里。秦置。漢書地理志：會稽郡海鹽，故武原鄉。宋書武帝紀：隆安五年，孫恩北出海鹽，高祖追而翼之，築城於海鹽故治。元和志：漢時縣城陷爲柘湖，移於武原鄉。後又陷爲當湖，移置山旁。開皇元年，縣廢，地屬杭州。武德七年，地入嘉興。按舊唐書地理志、寰宇記，開元五年復置，治吴禦城。今詳見浙江嘉興府内。

胥浦廢縣。在婁縣西南。梁置。梁書侯景傳：簡文初立，分吴郡胥浦屬武原郡。府志：大通六年，析海鹽東北境置。地接胥浦，因名。尋省。今爲胥浦鄉，在縣西南四十里。又有古城，在縣西南六十里，疑即故縣也。

青浦廢縣。在今縣東北三十五里，即故青龍鎮也。相傳唐天寶五年置。宋梅聖俞有回自青龍呈謝司直詩。九域志：「華亭縣青龍鎮」，續圖經孫權造青龍戰艦於此，因名。政和中，嘗改名曰通惠。」洪邁夷堅志「建炎四年，宣撫司周望退保姑蘇，懼金兵來襲，急走通惠鎮」，是也。輿地紀勝：青龍鎮，去華亭五十里。居松江之陰，海商輻輳之所。府志：唐因其地控江連海，置鎮防禦。宋時又設監鎮理財。鎮故有學，有庫，有倉，有務，有茶場酒坊，水陸巡司，後徙廢。元時分置青龍、新涇二巡司。明洪武六年，徙置新涇巡司於此。嘉靖中，置青浦縣，尋復廢爲鎮。萬曆初，又置縣於唐行鎮，而青龍爲新涇巡司治如故。

前京舊縣。在華亭縣東南八十五里。梁置。陳書高帝紀：永定二年，割吴郡前京縣，置海寧郡。輿地紀勝：前京城，在華亭縣東南，以近京浦因名。梁天監七年築。按：隋志「平陳，并入常熟」，考常熟去華亭西北幾三百里，且中隔崑山，疑隋志誤，或別一城也。

築耶城。在華亭縣東三十五里。晉袁山松築，亦名袁山松城。輿地紀勝：將軍堰，在縣東北三十五里。舊經云袁山松置。

白苧城。在婁縣南五十里。地生野苧，因名。俗名曰白苧匯。

金山城。在金山縣界。輿地紀勝：金山城，在華亭縣南。府志：在府東南八十里。相傳吴越錢氏時，築城爲戍守處，以南接金山而名。城東十里許，當潮勢猛急處有周公墩，明嘉靖中，倭攻衛城嘗登此。今淪於海。

南武城。在上海縣東南六十五里，亦名闔閭城。漢書地理志：婁有南武城，闔閭所起以備越。太平寰宇記：袁山松城東三十里，夾江有二城相對，即闔閭所築以備越。

滬瀆城。在上海縣北。晉書：永和中，吴國内史虞潭修滬瀆壘以防海寇。隆安四年，吴國内史袁山松修滬瀆城備孫恩。五年，恩自海鹽進陷滬瀆，殺山松。太平寰宇記：城在縣東北百里，滬瀆江邊。今爲陂湖所衝，已半毁江中。府志：滬瀆東、西兩城，東城元時陷於江中，僅存西南一角。西城在東城之西北，旁有東、西蘆浦，俗呼爲蘆子城。今江流轉徙，無復遺跡。

金山衛。在今金山縣東北三十六里，本故小官鎮。南瀕海，西連乍浦，東接青村。明洪武十九年建衛，設指揮使，分置左、右、前、後四千户所，兼領松江青村、南匯等所。本朝順治四年，改設衛守備，兼置金山營參將城守。雍正三年，改置金山縣。

乾隆十五年，裁衛守備。

松江守禦所。在華亭縣東南。明洪武二年置，本朝康熙十七年省。

青村守禦所。今奉賢縣治。本宋青村鎮。明洪武二年，置青村所。嘉靖中，增設把總防守。本朝康熙十七年省。雍正三年，析華亭置奉賢縣於此。九域志：華亭有浦東、袁部、青墩三鹽場。府志：浦東場，在張堰鎮。袁部場，在華亭縣東南十四保。青墩，即青村也。海防考：郡境三面環海，金山當其南，南匯當其北。而青村爲東、南二面轉屈處，與海中洋山相值。

南匯守禦所。今縣治。明洪武二十年，設中、後千户所，屬金山衛。本朝雍正三年，置南匯縣於此。

洙涇鎮。即今金山縣治，一名珠溪鎮。宋置大盈務。元置巡司。明初置稅課局。本朝初置泖橋巡司，乾隆二十四年移縣城治此，改巡司駐舊縣城。

上海鎮。今縣治。九域志：華亭縣有華亭海。舊志：本華亭縣地，舊曰華亭海。後以人烟浩穰，海舶輻輳，遂成大市。宋紹興中，於其地置市舶提舉司及榷貨場，曰上海鎮，以地居海之上洋，故名。元至元中，割華亭東北五鄉置縣。

唐行鎮。今青浦縣治。本上海縣地。舊志：元初有大姓唐氏居此，商販竹木，遂成大市。明初置新涇稅課局，徙治於此。萬曆元年，於此置縣。

吴王獵場。在婁縣西。輿地紀勝：在華亭谷東。方輿勝覽：陸遜子孫遊獵於此，又名陸機茸。故陸龜蒙詩云：「五茸春草雉媒嬌。」按：縣有五茸城，即此。

秦皇馳道。在婁縣西。方輿勝覽：在崑山南四里。相傳有大堈路，即馳道也。

賜金園。在婁縣谷陽門外。本朝王鴻緒別墅。康熙乙酉，聖祖仁皇帝南巡，幸之，賜御書「松竹」扁額。丁亥，復駐蹕焉。鴻緒有詩恭紀。

秀甲園。在婁縣秀野橋北。本朝王頊齡别墅。康熙乙酉，聖祖仁皇帝南巡，臨幸其地。時藤花盛開，御賜「蒸霞」二字。越歲，復幸園中秋水軒，頊齡繪圖紀恩。

谷陽園。在婁縣西南舊西湖上。中有湖齋，朱之純退休之地。

日涉園。在上海縣城内。明太僕卿陳所藴建。中有竹素堂、濯烟閣、來鶴樓、菉漪亭、浴鳬池諸勝。後歸於陸氏。四方名士，多觴詠於此。

露香園。在上海縣城北隅。明道州守顧名儒築，穿池得石，有趙孟頫書「露香池」字，遂以爲名。顧氏組繡之巧，寫生如畫，世傳露香園顧繡。

南有園。在川沙廳城東隅。明王觀光構。中有十四景，趙左爲之繪圖。

南村草堂。在婁縣泗涇。元陶宗儀隱居之地。

來德堂。在金山縣治。元吕良佐别業，楊維楨有記。

清節堂。在上海縣治内。宋咸淳間，董楷提舉松江市舶時建。人服其清節，故名。

百客堂。在南匯縣下沙。元瞿氏宴饗姻黨之室。别有園池甚盛。

居竹書堂。在青浦縣治。元曹和甫宅，方回作記，趙孟頫書。今碑在府學内。

改過齋。在華亭縣東。元末，袁凱居此，楊維楨有記。

尚彝齋。在南匯縣下沙。元詩人朱聽，作詩好奇，楊維楨名其齋以規之，并系以銘。

安雅齋。在青浦縣治。元教諭曹慶孫讀書處。

烽樓。在華亭縣東南。太平寰宇記：吴時望海處。

不礙雲山樓。在金山縣張溪。元楊謙隱居，楊維楨有記。

雲錦樓。在上海縣治北。下瞰蓮池，費雄夏月飲賓於此。

泳波亭。在婁縣西。明統志：在崑山縣養魚池。宋嘉祐間，太常丞吴及宰華亭時建。後令劉鵬增大之，因民所譽，榜曰「思吴」。

谷陽亭。楊潛雲間志：在華亭縣西門外五里。宋乾道時建。

古華亭。在婁縣西。三國吴志陸遜傳：拜撫邊將軍，封華亭侯。元和郡縣志：華亭谷，在華亭縣西三十五里。陸遜、陸抗宅在其側。吴地記云谷周回二百餘里。

光淥亭。在華亭縣泖湖上。元謝伯理構爲宴樂之所，楊維楨有詩。

鶴唳亭。在婁縣西二里。今爲接官亭。

醉眠亭。在青浦縣青龍江上。宋僧行中所築，蘇軾名之。

小蓬臺。在華亭縣百花潭上。元楊維楨寓此，别有拄頰樓、草玄閣。明貝瓊有小蓬臺志。

閲耕軒。在奉賢縣南橋。明陳士傑田居，方孝孺爲詩序。

三味軒。在青浦縣治。元張麒以菰米、蓴菜、鱸魚三味奉親，故名。楊維楨作記。

萬卷軒。在青浦縣青龍江上。元莊肅聚書於其中。

梧溪精舍。在青浦縣青龍江上。元王逢避地之所。中有蘿月山房、冥鴻亭、小草軒，逢自爲記。又有最閒亭，在上海縣烏泥涇上，逢後自青龍移隱於此。

葭川村莊。在川沙廳高行鎮南。明曹泰別業。中有蟠龍岡，徐秉哲爲之記。

樂静山房。在婁縣九峯下。元衛仁復之居，王逢、陶宗儀俱有詩。

泖上新居。在青浦縣西佘山。明施紹莘所居，有三影齋、衆香亭、秋水菴、罨黛樓、語花軒、春雨堂諸勝，顧乃大爲之記。

白石山寮。在青浦縣東佘山。明陳繼儒棲隱處。

雲間洞天。在府城内。府志：宋錢良臣園，方岳有百詠詩。又岳所居爲秋厓隱所。

薌林。在華亭縣北五十里。元徐九齡居此，楊維楨有記。

顧野王宅。在華亭縣東南。輿地紀勝：海鹽縣東有顧亭林，有顧野王讀書堆。又顧亭湖，在華亭縣南三十五里，野王居此。府志：在縣東南亭林鎮。其北有湖，湖南有林，因呼顧亭湖，亦曰顧亭林。宋蘇軾有顧亭林詩。今爲寶雲寺。

衛涇宅。在華亭縣東南蕭塘鎮。今爲崇福寺。

陸機宅。在婁縣平原村，即古華亭谷。舊志：機宅在崑山下，又别宅在谷陽門内，今普照寺。又有黄耳冢，在華亭縣南二里。事載述異記。

袁山松宅。在青浦縣泗涇。晉隆安中，山松爲吴郡太守，子孫遂居於此。今其地曰崧子里，水曰崧塘。

章楶宅。在青浦縣青龍江上。宋神宗時，楶監華亭鹽税，寓居於此。築思堂，蘇軾爲記，子孫遂家焉。

孔宅。在青浦縣治北九里。府志：宋淳熙間，居民浚河得碑云：「天寶六年，黄池縣令朱氏，葬於崑山縣全吴鄉孔氏宅西南。」其地有廟，在慧日院側。孔子未嘗適吴，意孔氏子孫僑寓宦遊於吴，遂居此耳。宅後侵於慧日院。今院在孔宅涇北，廟在涇南，其相去頗遠，或疑後人改作也。本朝康熙四十四年，聖祖仁皇帝南巡，御賜扁額、對聯各一。

顧謙宅。在青浦縣東北崧子里。

水雲深處。在華亭縣東南六十里。明曹士璜居此，貝瓊有記。

瓢湖小隱。在青浦縣澱湖東。元謝士安隱此，任士林有序。

山舟。在婁縣干山西麓。宋周鏞及弟鎬所居，元趙孟頫篆額，陸居仁爲之記。鏞著述甚富，宋末屢徵不出，其子孫世居是山。本朝乾隆三十七年，其裔孫厚堉以藏書獻，高宗純皇帝御製詩以賜，並賚佩文韻府。因構亭其地，恭奉宸翰及賜書焉。

鶴坡。在南匯縣西北。輿地紀勝：在華亭縣東七十里。其地出鶴，俗謂之鶴窠。舊志：在今下沙鎮，一名鶴沙。

古窩。在華亭縣。元末陳珍所居。創於宋咸淳初，歷百餘年尚存，故名。楊維楨有記。

關隘

海關。在上海縣東北黄浦江南。海商帆檣所集之地。

金山巡司。在華亭縣東南六十里胡家港堡。明洪武十九年，自張堰鎮移置此。

小蒸村巡司。在婁縣西三十六里，青浦縣西南四十五里。三面傍泖湖。明洪武七年置。今鎮屬青浦，官屬婁縣。

南橋巡司。在奉賢縣西三十四里。明萬曆中置，今因之。

金華巡司。在金山縣東北三十六里金山衛。本朝乾隆二十四年，移泖橋巡司駐此，改今名。

黄浦巡司。在上海縣西南。

吴淞江巡司。在上海縣西北。明洪武五年置，今因之。

三林莊巡司。在南匯縣周浦鎮。

澱山巡司。在青浦縣西珠街鎮。

新涇巡司。在青浦縣新涇鎮。

亭林鎮。在華亭縣東南三十六里。宋乾道九年，修瀕海諸堰，因置監堰官於此。又置金山巡司。明廢。今爲商旅輻集之所。

葉謝鎮。在華亭縣東南五十里。明洪武初置税課局，弘治十七年，併入張堰。又南爲蕭塘鎮。

曹涇鎮。在華亭縣東南七十里，界柘林、金山之間。縣丞駐此。

柘林鎮。在華亭縣東南七十二里，地近柘山。明嘉靖三十四年，爲倭寇所據。事平，建堡置戍，城周四里。本朝增設守備防守。

沙岡鎮。在華亭縣東北四十里。即古三岡之一，與竹岡、紫岡相去五里。自府至上海，道必由此。

風涇鎮。在婁縣西南五十四里，南接浙江嘉善縣。舊置風涇驛於此，一名白牛市。

四團鎮。在奉賢縣北。縣丞駐此。

陶宅鎮。在奉賢縣西北十八里。明設巡司及税課局於此，今裁。

張堰鎮。在金山縣北，亦名張涇堰。自府城至金山孔道。宋時置堰，以捍柘湖入海之水。明置税課局，今裁。

龍華鎮。在上海縣西南十八里，以龍華古刹著名。漕河涇環其南，蒲匯塘抱其北，居黄浦大灣中。

烏泥涇鎮。在上海縣西南二十五里，接華亭界。元置巡司及太平倉、蘆子税課局於此。明洪武六年，仍置税課局，今裁。

吴會鎮。在上海縣西南五十里，舊名吴匯。元置鄒城巡司於此，明裁。

閔行鎮。在上海縣西南。明洪武六年，置黄浦巡司於此。

法華鎮。在上海縣西十八里。

下沙鎮。在南匯縣西。府志：宋建炎中，置兩浙都轉運鹽使司，治下沙場，兼置下沙鹽場。元遷周浦鎮。明正統二年，又遷於新場鎮，在下沙場南九里，一名南下沙場。

泗涇鎮。在青浦縣東三十七里，傍泗涇塘。

七寶鎮。在青浦縣東南四十五里，居華亭之東北、上海之西南，爲三縣分界處。前臨蒲匯塘，商旅輻集。明初置税課局，本朝設縣丞駐此。

金澤鎮。在青浦縣西南三十五里。東南通長泖，元設澱山巡司。明初移於珠街鎮。

朱家角鎮。一名珠街鎮，在青浦縣西十里。商賈輳集，爲邑巨鎮。明初移澱山巡司於此，今因之。

趙屯鎮。在青浦縣西北二十七里趙屯浦上，以宋高宗南渡屯兵於此，因名。又名漢城里。舊有巡司，今裁。

盤龍鎮。在青浦縣東北盤龍匯。

黄渡鎮。在青浦縣東北五十里吴淞江南岸。北岸屬太倉州嘉定縣界。

八團鎮。在川沙廳東。明設南蹌巡司，後廢。本朝增設參將、守備等官，駐兵鎮守。商賈輻輳，爲廳巨鎮。

廣富林市。在青浦縣東南神山下。爲入郡孔道，南接婁縣界。

梅源市。在上海縣西北三十六里，地名王庵。其地方幅十餘里，土人俱植梅，花時香聞數里。

白龍潭。在婁縣西門外。縣丞駐此。

雲間驛。在婁縣西門外潤澤橋西。明洪武初置，三十年改爲遞運所。又舊有風涇、上海二驛，皆廢。又有西湖驛，在府治東。鳳涇驛，在鳳涇鎮。俱宋置，明裁。

津梁

東震橋。在華亭縣治東，本名虹橋。宋政和中建亭其上，改名鎮橋。

雲間第一橋。在婁縣西南八里，跨古塘浦上。宋建。

秀野橋。在婁縣西五里，跨沈涇塘。

石湖橋。在婁縣西，跨石湖塘。明初建。

百曲橋。在奉賢縣東南，跨百曲港。

萬安橋。在金山縣西南三十六里。明初建，爲江、浙往來孔道。

學士橋。在上海縣黄浦口，明陸深建。

百步橋。在上海縣龍華寺東，跨百步塘上。

吴淞江橋。在上海縣北，一名闕橋，跨江上。

李將軍橋。在南匯縣周浦鎮。相傳袁山松部將李松居此，因名。

啓秀橋。在南匯縣周浦鎮東南，爲南北諸水會處。

棣華橋。在青浦縣東門内，跨横泖。

祥澤橋。在青浦縣東南，一名塘橋。元至正中建。東北通上海及太倉州嘉定縣，西北通蘇州府崑山縣，最爲要道。

鳳凰橋。在青浦縣東南，跨顧會浦。

萬柳橋。在青浦縣東北青龍鎮東一里萬柳隄上。

横涇渡。在奉賢縣亭林鎮南，接華亭縣界。

隄堰

郎家橋堰。在上海縣東門外，以縣南肇家浜引黄浦水直貫城中，故築堰於浜口，以防潰決。

海塘。府志：上海、南匯、奉賢、華亭、金山五縣濱海，舊有捍海塘，相傳唐開元中創築。東北自太倉州寶山縣，迤西南至浙江海鹽縣澉浦，亘三百三十里，高如城垣。内外皆有塘溝相夾，内曰運鹽河，又曰横港，外曰塹濠，又曰護塘溝。前代屢經增修。宋乾道七年，知秀州丘崈奏修華亭瀕海十八堰，以禦鹹潮。元大德五年，築華亭縣捍海塘。至正二年，增築塘一千五百三丈。明成化八年，知松江府白行中督修華亭自浙江海鹽抵上海界，築三萬四千七百六十餘丈。又爲外隄，起戚漴至浙江平湖縣界五十三里。上海自華亭抵太倉州嘉定界，築一萬七千七百四十八丈。萬曆三年復修。十二年，築外捍海塘。崇禎七年，於漴闕建捍海石塘二百八十九丈。十三年，復建石塘二百六十三丈。本朝順治七年，塘圮復修。康熙七年，修築圮缺共二千二百丈。雍正二年，修内外捍海塘工未半，海溢，世宗憲皇帝命尚書朱軾馳勘。六年，詔發帑金興修，悉易土爲石，築塘一千八百七十五丈。十二年，復築外護土塘一層，工力完固，而安瀾永慶矣。

日赤港石閘。在上海縣西六里。又有薛家浜石閘，在縣東南門外。俱明萬曆中置。

黄浦口閘。在上海縣東北黄浦口，本朝康熙十二年建。

陵墓

漢

陸閎墓。在華亭縣西北四十里。

陸康墓。在婁縣西北二十里。

笮融墓。在上海縣北亭鄉，其旁有笮墓涇。

三國　吴

陸抗墓。在婁縣西北二十二里。

陸瑁墓。在婁縣西北二十二里。

陸遜墓。在婁縣西北二十三里。太平寰宇記：崑山有吴相昭侯陸遜墓。

諸葛瑾墓。在奉賢縣坍石橋西。本朝雍正九年，知縣舒芬於其墓得殘碑，因重爲立石。

晉

陸機墓。在華亭縣西北二十五里。又青浦縣治北三十里有高丘，舊呼陸丞相墓。明嘉靖中，土人見墓上有一金蛇，盜伐其冢，得古器甚多。後聞於官，悉捕治，命封其塋地。

袁山松墓。在上海縣長人鄉。相傳山松既被害，其部下李祥收骸骨葬之於此。

唐

顧謙墓。在青浦縣崧子里。

宋

詩人儲泳墓。在南匯縣西北周浦鎮。

元

三高士墓。在婁縣西北干山東麓。三高士爲楊維楨、陸居仁、錢維善。

孝子徐誠墓。在南匯縣長人鄉，貝瓊志。

瞿霆發墓。在南匯縣西北下沙鎮。

秦裕伯墓。在南匯縣淡井廟北。

明

袁凱墓。在華亭縣東門外賢游涇上，墓傍有白燕庵。

陸樹聲墓。在華亭縣北城壕之北。

三節婦墓。在上海縣東肇家浜，葬主簿李從吉妻劉氏、二女，唐文祥妻妙貞，沈源妻妙堅。

祠廟

唐宋忠良祠。在府城南，祀唐平章侍郎陸贄、宋丞相李綱。

王忠毅祠。在府城普照寺西，祀本朝江南提督王之鼎。康熙四十六年，聖祖仁皇帝御賜「純忠遺愛」扁額。

沈文恪祠。在府城興聖寺後，祀本朝侍郎沈荃。康熙年間，聖祖仁皇帝賜扁額，曰「清慎勤」，曰「格物」，曰「落紙烟雲」，曰「飛霞舊德」。又賜對聯曰：「兩幅彩箋揮逸翰，一聲寒玉振清詞。」

胡公祠。在府學西，祀元教授胡存道。

董文敏公祠。在華亭縣城内，即棠溪書院故址，祀明董其昌。本朝康熙四十四年，聖祖仁皇帝巡幸松江，御題「芝英雲氣」四字額。

三烈祠。在華亭縣城内，祀明烈婦陳氏、許氏、烈女楊氏。

父子忠孝祠。在華亭縣學東，祀明馮恩及子行可、楊允繩父子。

顧侍郎祠。在華亭縣東南亭林鎮，祀陳顧野王。

方正學祠。在華亭縣治西，明萬曆中建，祀方孝孺。本朝康熙中重修，聖祖仁皇帝賜額「忠烈名臣」。

夏周二公祠。在華亭縣治西南，祀明周忱、夏原吉。

三賢祠。在婁縣七星橋側。舊爲范文正祠，明崇禎時以范履冰、范純仁合祠。

二俊祠。在婁縣西北崑山上，祀晉陸機、陸雲。

衛文節祠。在奉賢縣西北蕭塘鎮，祀宋衛涇。明崇禎間，移建城内。

羣忠祠。在上海縣城内，祀明上海縣丞劉東陽、建平縣丞宋鼇、鎮海衛指揮使武尚文、浙江鎮撫吴賢、鳳陽散官丁爵、邑人楊鈿等六人，皆嘉靖間死倭難者。

築耶將軍祠。在上海縣南長人鄉，祀晉袁山松。

黄道婆祠。在上海縣西南烏泥涇上。道婆本鎮人，初淪落厓州，元元貞間附海舶歸。閩、廣多種木棉，紡織爲布，名曰吉貝。道婆最善是業，州里宗之，因教以製造捍彈織紡之具，錯紗配色綜線挈花之法，利被一鄉。及卒，鄉人趙如珪立祠祀之，張之象有記。

忠勇祠。在南匯縣城内，祀明死倭難邑人李府及其二子香、黍。

葉公祠。在南匯縣東一團鎮，祀明巡鹽御史葉永盛。

四賢祠。在青浦縣南神山，祀晉陸機、陸雲、張翰、陳顧野王。

海忠介祠。在青浦縣南，祀明海瑞。

喬公父子祠。在川沙廳治之川沙堡，祀明贈潞安府同知喬鏜，及子雲南副使木。

輔國將軍廟。在華亭縣治西南，祀吴陸遜、陸抗。

古境廟〔二〕。在青浦縣臨泖。相傳元兵至泖上，有老人指示他往，居民獲免殺掠，以爲神祐，故祀之。

寺觀

雲峯寺。在府城妙明橋西北，舊爲北道堂。名勝志：宋乾道中，建北道堂於北禪寺，即此也。元爲本一禪院，本朝康熙四十四年賜今額。

禪定寺。在雲峯寺東，本名瑞應院，宋淳祐初建。本朝康熙四十二年賜今額，聖祖仁皇帝御書「般若相」扁額。

寶雲寺。在華亭縣城内，本顧野王故宅。有元牟巘重修寺記，趙孟頫書碑。

寶相寺。楊潛雲間志：在華亭縣西南，唐乾符初建。

超果寺。在婁縣西。本名長壽寺，唐咸通中建，宋改今額。本朝康熙四十四年，聖祖仁皇帝御書「虹光勝蹟」四字。

明行寺。在奉賢縣南橋鎮。五代晉天福初建，宋太平興國中賜額。

法忍寺。在金山縣洙涇鎮，唐咸通中建。

松隱寺。在金山縣松隱鎮，元至正間建。趙孟頫書「松隱」二字，因以爲名。

龍華教寺。在上海縣龍華村，相傳寺塔爲吴赤烏年建。

静安寺。在上海縣滬瀆上。舊爲重圓寺，宋大中祥符改今額，周弼有記。名勝志：寺有緑雲洞，兩旁雜植檜竹桐柏，趙孟頫扁以是名，楊維楨爲志。

華嚴院。在上海縣西南六十里。後梁開平初，都水使者錢綽建。宋治平中，賜額爲明心教寺。寺有石函觀音像，禱求響答。

吉雲寺。在青浦縣青龍鎮，舊名隆福寺，唐天寶間建。其北有隆平寺，俗稱南寺、北寺。宋陳林記，米芾書。本朝康熙五十二年，聖祖仁皇帝南巡，賜今額，御書「精嚴壽相」扁額。

仙鶴觀。在華亭縣南朝真橋東，宋紹興中建。

長春道院。在華亭縣南門内集仙橋北，元大德中建。

太素道院。在華亭縣南門外，元至正中建。中有雲巢，爲楊維楨、錢惟善、周之翰遊處。

崑山塔院。在青浦縣，即今小崑山泗洲塔院，宋乾道初建。本朝康熙四十四年，賜「奎光燭泖」扁額。

樵隱庵。在金山縣。本朝康熙四十四年，賜「禪林宗宿」扁額。

緑雯庵。在川沙廳治東。旁有大銀杏一株，圍數抱，高十餘丈，昏夜懸燈，海船望以收口。

真境庵。在川沙廳高行鎮西北，宋端平初建。

名宦

三國　吴

顧雍。吴郡人。弱冠爲合肥長，後轉任婁令，有治績。

晉

袁山松。陳郡人。少負才名，爲吴郡太守。孫恩亂，山松守滬瀆城，城陷被害，其將李祥收尸葬焉。

唐

張聿。琅邪人。宰華亭，政治懔然。吏民有犯，書之於籍，許以自新，再犯則勘籍杖之。府吏有所需，則榜邑門曰：「府以某事下縣索某物若干，期某日齊足。」民感其誠，供輸無敢後。嘗有以干乞爲業者，入其界，曰：「此政不可撓。」遂抵他境。

宋

錢貽範。彭城人。慶曆中，知華亭縣。講求水利，開顧會浦、盤龍塘、趙屯、崧子、大盈諸水，民受其利。

吴及。静海人。皇祐間，知華亭縣。時旱蝗，及禱於横山得雨，蝗亦避境，至秋大稔。乃教預修水利，以待淫潦。明年大水，阡陌堅完，溝洫通利，復稔如初。比三年，家給人足。

劉鵬。瑞金人。元祐間，宰華亭，下車日，先修庠序，次立教誡，以至簿書期會，各有條理。在官不十旬，一境告治。絃歌堂、艮閣、三山亭、思吴堂皆其所作。

黄瑀。閩縣人。紹興中，權華亭縣。歲凶，瑀請常平使者發廩以賑，使者謂須俟奏報。瑀曰：「民命在旦夕，苟可生之，雖得重罪不悔。」退即發粟賑給，全活甚衆。

劉俣。紹興末，知華亭縣。邑賦孔亟，俣謁臺府，願寬假三月。乃歸治酒政，損闗徵，不三月，課入自倍，逋賦以償。海濱有泰山、鹽鐵、蚌港三堰，俱不治，俣作隄障水，灌田六萬畝。

李遹。監華亭税，被檄視潦，舟行民田中。有監司圭田，吏不敢以潦聞。遹曰：「水潦爲患，上供且應復，况圭田乎？」盡復其租，常平使者聞而奇之。

楊槱年。丹徒人。淳熙間，知華亭縣。華亭賦重，歲饑，民不堪命，乃盡蠲賦入之無藝者，以私帑代輸。提點刑獄司，檄繫平民十餘爲强盜，廉得其情，即釋之。吏請須報，公曰：「民以盗繫，少稽則生理蕩矣。吾甘以故縱獲戾，毋使吾民之及此也。」

丘崈。江陰軍人。孝宗時，知華亭縣。捍海堰廢且百年，鹹潮歲大入，壞濱海田，蘇、湖皆被其害。崈至，奏創築，三月堰成，三州舄鹵復爲良田。

孟文龍。亞聖公裔，監華亭船場。時賈似道柄國，百僚悉墮法守，文龍盡職不少怠。

黄震。慈谿人。寶祐中，調吴縣尉，攝華亭，皆有聲。

元

僕散翰文[二]。至元末，知府事，奏析華亭東北爲上海縣，請以府直隸行中書省。在任愛民如子，秩滿歸，民匝道咨嗟流涕，翰文乃慰謝之。

張之翰。邯鄲人。以翰林侍讀學士出知松江府。歲荒，奏除民租十萬餘石。

趙知章。睢陽人，松江運鹽分司。至元間，兩浙鹽税計引四萬，後松江一郡至十萬有奇，民大困。知章以廉律己，諭富者出財，貧者傭力，財力相資，課以大集。

焦榮。青城人。知松江府，平役法，修水田，復義倉。趙孟頫爲撰神道碑。

申杲。真定人。皇慶元年，知松江府。以忠信仁厚爲治，隨事悉心，百廢修舉。濟南張養浩爲撰去思碑載其事。從子秉禮，元統元年知府事，亦有善政。士民刻石頌德，謂之「棠蔭碑」。

張如砥。歷城人。延祐元年，知上海縣。潔己愛民。三年秋，浙西大水，壞禾稼，行省檄縣徵賦如常，如砥力争得減。明年春，大饑，復白於省，發粟賑卹。以清惠聞。

鄧巨川。真定人。至治初，爲上海丞。縣境瀕海，穀不宜稻，農惟樹藝豆麥，而有司徵收概科秔米。有力者轉糴以輸，貧則破産流徙，責里正代償。巨川知其弊，上其議於行省，請易米以豆麥。泰定二年，始聽以豆麥準，著爲令。

汪從善。婺源人。知松江府。松江濱海，春夏水溢，田不受種藝。秋潦，穀且不實。從善飭縣築隄防水，親授方畧。城西南有晉陸瑁魚池，從善新之，更名西湖書塾，設掌祠，置祭田，招師弟廪膳之。

俞師魯。婺源人。至治中，除松江府知事，有政績。民爲之歌曰：「俞公未來，案牘分投，吏饞而欺。俞公既來，官僚怡怡，吏飽而嬉。惟其黑幘，使我心惻。」

何蒙。泰定間尹上海，貧而能廉。家奴十餘口，屑麥作粥以食。歲歉，請發粟賑貸，民賴以全。

張德昭。邢臺人。至正七年，尹華亭。歲澇，都水使者勒取有秋狀，德昭固争，至投所授敕求去，使者乃止。錢衮爲八字頌刻之郭門，曰：「公平廉明，勤儉慈讓。」時謂實録。

劉輝。開封人。至正中，爲上海尹。勸豪右出粟，行常平法，置社學百六十餘所，修鄉約禮。有兄弟争財，連歲不決，輝召諭之，皆感泣而去。

王至和。樂安人。至正間，知松江府。興學校，重農事，考釋奠禮，制執事者冠服，刻栽桑圖以教民。嘗歲饑，盡發常平粟，復勸富人出粟鈔賑卹之，凡活饑民二十五萬口有奇。禮部尚書于文傳有記。

胡存道。諸暨人。至正中，爲松江府學訓導。苗兵亂，將焚學舍，存道叱賊曰：「吾與學存亡，若即殺我，我學不可燬也。」賊怒刃之，遂駡賊而死。

何緝。泰州人。至正末，知上海縣。興學校，勸農桑，毁淫祠，斥巫覡，明刑正法，勸善懲惡，民俗以變。

明

蕭九萬。南昌人。洪武間，知華亭縣。嘗書「容忍思慮」四字，疏其義，揭門屏間，以誨訟者。疏陳民弊五事，忤旨被逮，臨刑，齧指血録詩報母云：「微臣斬首丹心在，尚有英魂返故鄉。」

周繼瑜。洪武末，爲松江同知。燕師渡江，瑜募兵勤王，不克，械至京，磔於市。本朝乾隆四十年，予謚烈愍。

侯端。盱眙人。永樂中，授金山衛指揮同知。十六年，倭寇入犯，端巷戰被重傷，復招散卒進戰，焚賊船十餘艘。賊不得歸，遂盡殲之。

黄子威。進賢人。永樂中，知松江府。居身廉潔，治民有方。歲大水，躬履鄉邑賑救，民忘其災。以母憂去官。宣德初，已更三守，民猶念之，乞還任。帝從之，治行益著。

魏驥。蕭山人。永樂中，授府學訓導，督課精勤。每夜分自攜茗粥勞問，諸生感激自奮，多成就。

王源。龍巖人。永樂中，爲松江同知。奏捐積逋數十萬石，平反冤獄，時稱神明。

趙豫。安肅人。宣德中，知松江府。與民休息，雖煢獨亦得詣府言情。擇民謹厚者爲吏，訓以禮法。每訟者至，好言諭之，曰：「明日來。」逾宿，忿漸平，止不來，故有「松江太守明日來」之謡。在職十年，清静如一日。

張楨。正統中，上海縣丞。撫字有方，民乞於巡撫周忱，奏用爲上海知縣，政聲大著。

王衡。稷山人。成化中，知松江府。清嚴公正，人不敢干以私。止息囂訟，囹圄數空。民運糧至瓜州、淮安交兑者，苦官軍摧剥，有司不敢言。衡疏其弊，請就支於本倉，且劾總兵官不戢軍士。有旨約束，而二運皆停。中貴人以織造至松，多所需索，衡以法裁之，皆斂手不敢肆。興學校，重經術，賓禮賢俊，諸生見者，無長幼與之均禮。在官七年，清介如一日。

樊瑩。常山人。成化中，知松江府。前知府王衡廉明威惠，瑩操行與之並，而剗賦役、袪姦蠹過之，頌聲翕然。

聶豹。永豐人。正德中，知華亭縣。濬境内諸塘港，民不苦水，復業者三千餘户。

鄭洛書。莆田人。嘉靖初，知上海縣。縣民善訟，爲擇鄉老，以時勸行遜讓，而懲其不率，期年，訟漸息。設義冢、社學、社倉，規制悉備。尤善摘發姦伏，一邑號爲神明。

劉東陽。四川人。嘉靖中，上海縣丞。倭黨蕭顯來寇，追擊之於太平寺，衆潰走，遇害。

方廉。浙江新城人。嘉靖中，知松江府。時數歲中倭連至，增陴浚塹，建敵樓爲守禦計，賊不獲逞。上海故無城，亟議築之。賊猝至，竟賴以全。又立賞格，募健兒，俾自保聚。遣客兵過半，閭里晏然。

何繼之。廣東人。嘉靖中，知松江府。時歲大祲，繼之發賑平糶，安集流亡，全活者甚衆。

俞大猷。泉州人。嘉靖間，爲南直隸副總兵，駐金山衛。始至，兵不滿三百，乃權集河船士兵，扼險守要。明年，海寇攻金山，禦卻之。旋將永順兵禦賊王家涇，又以閩兵戰陸涇壩，皆大捷，柘林之賊遂空。已復破賊於吴淞江、三板沙、茶山洋，江南賊盡平。

許維新。堂邑人。萬曆間，知松江府。明敏廉幹，政持大體，風俗爲之一變。維新於兵獄錢穀，無不通曉，吏抱牘次第待署而已。然深察民隱，虚懷聽受，未嘗簡忽。與士大夫往還，必訪政事得失、閭閻疾苦。秩滿，父老設生位道旁，供明鏡止水以送之。

彭長宜。海鹽人。崇禎中，知上海縣。時浙西民變，巡撫遣兵戍川沙，修怨者告捕益急。長宜曰：「民變非盗賊比，有司治之足矣。」遂撤兵，分别昭雪，獲免者甚衆。民逋賦多畏鞭扑，恒賄吏祈免，而賦益不登。長宜第省其羨入，勸諭速輸，勿予杖。民間感悦，賦入倍他日。

方岳貢。穀城人。崇禎時，知松江府。海濱多盗，獲輒杖殺之。東南臨大海，海水時齧土爲禾患，易以石隄二十里，遂爲永利。郡漕數十萬石，而諸倉乃去城五里，爲築城護之。凡救荒、助役、繕城、課士，咸有成績，舉卓異者數，以督賦不如額，十四年不得調。岳貢安之，士民亦惟恐其去。

麥而炫。高明人。崇禎間，知上海縣。歲旱，率吏民步禱，有龍見於龍華，雨立至。明年春，麥秀兩歧。有虎暴，旋即遁去。坐事免，百姓罷市，詣臺乞留。而炫固辭，始聽去，繪圖四以紀德政：龍見，甘雨，歧麥，虎渡河也。

眭明永。丹陽人。崇禎中，華亭教諭。大兵下松江，明永題詩明倫堂，投繯死。

本朝

楊之易。應山人。順治二年，任松江同知。提督吴勝兆謀逆，之易不從，被殺。之易，楊漣子也。康熙年間，奉旨贈卹。

傅世烈。奉天人。順治三年，知松江府。值吳易遣其黨窺松江西倉城，率兵往襲之，擒獲多名。以功遷徽寧道，未行，時吳勝兆叛，養死士困鬭甚力。世烈冒鋒刃直前，衆披靡，盡殺賊黨，擒勝兆。以身受重創，踰時卒。事聞，加贈卹廕。

閻紹慶。魯山人。順治六年，知上海縣。屏斥姦宄，徵輸有法，每大寒暑，不笞一人，而賦自辦。十二年，海寇犯境，鎮弁王璟誣縣民通寇，紹慶詣臺使力保之，全活甚衆。有海邦讞畧一百六十條。

李復興。濱州人。康熙三年，知婁縣。郡民舊苦里役，逃亡相屬。復興立均田均役法，悉罷年首、甲首諸名。知府張羽明請於巡撫韓世琦，使松郡諸屬皆用其法。郡人爲祠，祀之白龍潭上。

任辰旦。蕭山人。康熙六年，知上海縣，敏於聽斷。修吳淞閘，十月而工成，民不病役。上海没水田六十餘畝，賦額未除，輸者輒破家。前官屢勘不得實，辰旦日往來泥沙中，按册釐其荒者，籍上，得減除額徵有差。

史彬。天津人。康熙十六年，知婁縣。時均田、均役初行，藉以中飽者頗言未便，賴彬力持其說，事乃定。在婁三載，省刑恤訟，崇文教，勤賑卹，禁火耗，革濫差，民愛之如父母，有「一輪明月，萬里清風」之頌。

張庚。惠來人。康熙二十七年，知青浦縣。修學宫，復尊經閣。縣多姦吏，庚繩以法，使不得逞。民間疾苦，無隱不達。年餘罷去，民攀留者填塞城闉，不得出，乃築惠來書院居之。

俞兆岳。海寧人。雍正元年，除松江同知。免浮糧，築海塘，土易以石。巡撫李衛查勘海塘，疏言惟俞兆岳所築工程合式。十年秋，颶風海溢，松江新塘無害。

周中鋐。山陰人。知華亭縣，政簡而不弛，刑協而不煩。雍正二年，邑被水災，力請賑濟，多所甦全。四年，知松江府，會濬吳淞江，於劉家河築堰。地近海，洪流雄悍，薪楗難施，堰未成舟覆，没於水。事聞，贈太僕卿，賜祭葬。

欽璉〔三〕。長興人。雍正三年，知南匯縣。時縣新設，事皆創始，璉規畫井然，廉明强幹，愛民如子。再任再罷，縣人至今尸祝之。

戴仁行。濟寧人。雍正十三年，知福泉縣。性和而介，遇事裁決必親，不假手幕僚胥吏。一切徵賦，隨其物力之便，完及限額而止。民無差擾，輸納踴躍。乾隆六、七兩年奏銷，十分全完，通省所未有也。

周隆謙。天津人。乾隆十六年，知青浦縣。首建義塾，加惠童蒙，民有不馴者，喻以理，無不洗心革面。徵漕無勺合贏，躬親較視，胥吏不得緣以爲姦。在任三年，謳歌載道。調任去，百姓如失慈父母焉。

許治。雲夢人。乾隆二十二年，知華亭縣。自奉儉約，徵漕無絲毫沾潤。尤講求水利，田資灌溉，民甚德之。

龐作楝。江西人。乾隆二十二年，知金山縣。綜覈名實，不濫不苛，錢糧出納，尤能潔己奉公。制府尹繼善條陳漕政，有「倣照龐令收漕」之語。

校勘記

〔一〕古境廟　「境」，乾隆志卷五八松江府祠廟作「鏡」。

〔二〕僕散翰文　乾隆志卷五九松江府名宦（下同卷簡稱乾隆志）及雍正江南通志卷一一四職官志名宦皆作「布薩翰文」。本志蓋改譯，句末當書「『僕散』舊作『布薩』，今改正」，此條脱漏。

〔三〕欽璉　「璉」，原作「連」，據乾隆志及雍正江南通志卷一〇七職官志改。下同改。按，本志蓋避乾隆皇太子永璉諱改字。

大清一統志卷八十四

松江府三

人物

三國　吴

陸遜。吴郡人。始仕幕府，歷右護軍、鎮西將軍，封婁侯。昭烈帝率大衆向西界，權命遜爲大都督，破其四十餘營，改封江陵侯。諸葛亮秉政，與權連和，時事所宜，權輒令遜語亮，並刻權印以置遜所。赤烏七年爲丞相，疏陳太子正統，魯王藩臣，當使寵秩有差，彼此得所，上下相安。權責讓，遜憤恚卒。

陸瑁。遜弟。好學篤義。公車徵拜議郎，選曹尚書。孫權欲親征公孫淵，瑁上疏諫，權嘉其詞理端切，遂不行。

陸凱。遜族子。赤烏中，除儋耳太守，討朱崖有功，遷建武校尉。討山賊克捷，累拜征北將軍，領豫州牧。孫晧寶鼎初，遷左丞相。時政事多謬，凱上書諫，義形於色。表疏皆指事不飾，忠懇内發。

陸胤。凱弟，爲尚書選曹郎。太子和聞其名，待以殊禮。會魯王霸與和分争，陰相譖搆，胤坐收下獄，楚毒備至，終無他辭。赤烏十一年，交部騷動，以胤爲刺史、安南校尉，喻以恩信，務崇招納，渠黨出降，交城清泰。徵爲西陵都督，封都亭侯。

陸抗。遜子。拜建武校尉。建衡二年，都督信陵、西陵諸軍事，聞都下政令多闕，數上言陳事宜。破西陵，誅步闡，貌無矜色，得將士歡心。拜大司馬、荆州牧，卒。

晉

陸機。抗子。少有異才，文章冠世。慨吴之亡，乃著辨亡論二篇。太康末，與弟雲俱入洛，張華見之曰：「伐吴之役，利獲二俊。」累遷太子洗馬、著作郎，歷中書郎。時齊王冏矜功自伐，機作豪士賦以刺。成都王穎表機爲平原内史，假後將軍。軍敗，穎怒，收殺之。所著文章二百餘篇，行於世。

陸雲。機弟。性情正，有才理，與兄齊名，號「二陸」。爲浚儀令，一縣稱其神明。歷中書侍郎，成都王穎表爲清河内史。兄機敗，並收殺雲。所著文章三百四十九篇，又撰新書十篇，並行於世。

陸喜。瑁子，機從父兄。少有聲名，好學，著書百篇，又作西州清論傳於世。

宋

衛膚敏。華亭人。宣和進士，累官祕書省校書郎，命假給事中。使金，既至，知金兵已舉，不爲屈。斡喇布遣人約相見，欲使之拜，膚敏曰：「兩國之臣相見，而用君臣禮，是北朝一國而兩君也。」長揖而入，以語折之，爲所留。靖康初，始還。高宗時，遷衛尉少卿。建議山東、淮南諸路徙民入城，爲清野計，命大臣留守汴京，車駕早幸江寧，帝頗納之。遷中書舍人，凡命令不合公議者，率封還之。累遷禮部侍郎，卒。「斡喇布」舊作「斡離不」，今改正。

儲泳。華亭人。居周浦。有詩名，精陰陽五行，通儒玄理。著有祛疑説。弟湋，亦以詩名。

柳約。華亭人。大觀進士。深於經學，大爲儒者師慕。靖康初，權殿中侍御史，論三鎮不可棄。高宗時，金人大入，列郡震恐，莫有奔問官守者。約於橫潰中，屹保孤城，悉力捍禦，擢權户部侍郎。未幾以敷文閣待制食祠禄卒。約天性至孝，母病，泣禱於天，願損己壽以益親。母尋愈。

曹應符。華亭人。謹身飭行，爲鄉里推重。咸淳中，登進士，授衢州司户參軍。會宋亡，遂隱不仕。族人光遠以進士辟監華豐莊，改軍器監簿，宋亡，亦不仕云。

謝國光。華亭人。宋亡不仕。元治書侍郎程鉅夫奉詔使江南，搜訪遺賢，以國光薦。杜門稱疾，堅辭不赴，棲隱終身。

衛富益。華亭人。宋亡，設壇祭文、陸死事諸人，詞極悲愴。隱居教授，不應有司之薦。後攜子避地霅上，卒年九十有六。

元

任仁發。華亭人，世居青龍。年十八，舉於鄉。元兵南下，主帥見而器之，委招安海島，引爲青龍水陸巡警官，累遷貳都水監，凡水議皆仁發主之。任守宰，具奏政績。後以浙東道宣慰副使致仕。著有水利書十卷行世。

周之翰。華亭人。幼穎悟，博究羣書，尤通象數之學，有乾坤闔闢、天地生成、陰陽變化、山川流峙四圖并贊，以發明其奥。講授於鄉以終。

陸居仁。華亭人。泰定中，舉於鄉。工詩古文，與楊維楨、錢維善遊，殁同葬干山，號三高士墓。

湯文英。華亭人。世篤孝友，八世同居。至元間，表其閭，復其家。

姚玭。華亭人。至正中，奉母避亂，屢瀕於危。及母遇疾，暮夜思食魚，無從得。家養一烏甚馴擾，玭諭以意，即飛去攫一魚至，人咸稱異。行省聞而辟之，以親老不就。

徐初。華亭人。早喪母，父信後母讒，初事之益謹。父悟曰：「汝吾孝子也。」後母子長不事事，初愛之不衰。至正中，浙右警，初糾率鄉勇數千禦寇。或誣其有異志，縛送泖上軍，初厲聲曰：「我欲反，率斥鹵氓蹈海去矣，尚能戴我頭見將軍乎？將軍欲率土有民，必歸諸正，天下烏有自首賊也！」帥壯其言，釋之，薦以官，卒不赴。

彭汝器。上海人。博學有史材，嘗評宋史，謂杜后遺命立太宗，與宋宣公舍與夷而立穆公，同爲貽亂於後。太宗問傳代之事，趙普知爲太宗謀，而不知爲太祖謀，欺天之罪不可逭。神宗將崩，宣仁后預製小黄袍以備倉卒，立哲宗，稱宋賢后，當以宣仁爲首。餘悉類此。

曾遇。華亭人。博學敏文辭，尤邃七書，工筆札。以薦授安吉縣丞，致仕，與王昭大、詹潤、徐順孫同遊齊譽，時稱「雲間四俊」。

吕良佐。上海人。好學有才氣，與楊維楨、陸居仁遊，嘗爲應奎文會。至正兵起，總帥欲板爲華亭尹，辭，請以白衣議事，帥賢之。因俾自集白甲，保障鄉里，全活者千餘家。

明

沈德四。華亭人。祖母病，割股肉療之，即愈。已而祖父病，又割股以進，亦愈。洪武中旌表。

何廣。上海人。洪武中，以明經知任丘縣，卓有惠政。升江西僉事，再升湖廣參議，所至皆著能聲。嘗著律解辨疑，法家宗之。

袁凱。華亭人。博學有才辨。洪武間，薦授御史。武臣恃功驕恣，凱上言，請於都督府延通經學古之士，令諸武臣於都堂聽講，或罹過悮，宜加矜恕，帝納其言。凱工詩，有盛名，嘗在楊維楨座，賦白燕擅場，人稱之爲袁白燕。

陸宗善。華亭人。洪武中，以實學高行舉於鄉，再令劇邑，所至有惠政。善爲詩，流麗雄偉而不忘歸正。書法亦清勁。子顧言、顧行，並有詩名。

沈度。華亭人。成祖初，詔部簡能書者入翰林，度與其選。凡金版玉册，用之朝廷，藏祕府，頒屬國，必命度書。遂由翰林典籍，累遷侍講學士。弟粲，亦以工書，爲中書舍人，擢侍講，終太常少卿。兄弟並篤孝友，爲士林所重。

管訥。華亭人。工詩能文，有蚓竅集。評者謂與袁景文並駕。

夏衡。華亭人。永樂中，累官至太常卿。成祖北征，宣宗討武定州，皆預扈從。衡莅事内閣最久，謙厚縝密，未嘗泄禁中語。廉静寡欲，公退，閉門獨坐，泊如也。

衛青。華亭人。由薊州百户改山東備倭。永樂十八年，蒲臺妖婦唐賽兒作亂，青方屯海上，率千騎晝夜馳至城下，大敗之。帝聞，賜書勞青，擢山東指揮使。英宗立，進都督僉事。青有孝行，善撫士卒，居海上十餘載，海濱人請於朝，立祠祀焉。

葉宗人。華亭人。永樂中，知錢塘縣。縣爲浙江省會，徭重，豪猾有力，往往搆黠吏得財役貧。宗人令民自占甲乙書於策，以次簽役。按察使周新嘗潛入其室，見厨中惟魚臘一裹，歎息去。明日，召宗人共食，飲至醉，用儀仗導之歸，時呼爲「錢塘一葉清」。

黄翰。華亭人。永樂進士，授江西按察僉事，升參議，改參廣東，歷山東按察使，罷歸，卒。翰爲人豪俊，多權畧，嘗聽政都察院，有疑獄，一問即決。居官所至能舉職。江西人以左道惑衆，廣東畜蠱毒，採生殺人，皆捕誅之，俗爲一變。其爲文豪健敏捷，未嘗起草，字畫亦遒勁，行草題署得名。

錢溥。華亭人。正統進士，試薔薇露詩稱旨，授檢討。歷南京吏部尚書，致仕。卒，謚文通。溥少有文名，既擢第，聲譽勃起。嘗與楊一清論學，一清韙之。又與巡撫周忱論便民條約，復移書當事，論積荒、召佃、煎鹽、水次倉四事，多見施行。弟博，亦有文名。

夏寅。華亭人。力學工詩。正統進士，累官南京吏部郎中。成化初，考滿入都，上陳時政，多議行。歷浙江右參政。處州民有苦虐政走聚山谷者，曰：「須夏公來乃歸。」寅檄至，果散。終山東右布政使。寅清直無黨援，嘗語人曰：「君子有三可惜：此生不學一可惜，此日閑過二可惜，此身一敗三可惜。」世傳爲名言。

張說。華亭人。天順進士，歷刑部員外郎。成化中，督浙江學政，力拒請託，校士有聲。孝宗立，累官吏部侍郎，嘗兩攝選事，衆稱公允。遷南京右都御史，就改吏、兵二部尚書，以年老乞休。卒，贈太子太保，謚莊簡。

唐珣。華亭人。天順進士，知合州，屢遷福州知府，歷順天府尹。善治劇，豪强戢服。再擢右都御史，總督兩廣軍務。討平江盜，賜敕嘉勞。卒於鎮。廣人思之不衰。

張祚。華亭人。景泰進士，授御史，遷廣東按察僉事。廉慎精密，嶺表信服之。會韓雍討蠻寇，以祚有才識，檄使從征，大破靈山縣及高、廉二州諸賊。祚雖用兵，不樂以武節見。新興、新會民多通盜，東莞土豪倡亂，皆解散之，誅首惡而已。擢河南副使，致仕歸。

王霽。上海人。成化進士，知黄州府，民愛戴，秩滿賜誥旌異。弘治初，爲太僕卿，以馬政廢弛，奏行七事，宿弊悉釐。畿輔、山東、河南，逋課馬至萬餘匹，請令折價，公私便之。用薦巡撫山東，益有聲。終大理寺卿。

張弼。華亭人。成化進士，知南安府，毁淫祠，建社學，士民爲立祠。弼善詩文，工草書，張東海之名，流播外裔。有鶴城、東海諸稿。

曹時中。華亭人。成化進士，授刑部主事，歷雲南僉事。單車之官，以治行聞。弘治中，遷浙江副使，屏絶苞苴，威令大行。爲人端謹和易，至析義理，臨事機，權衡可否，確然不能易。工詩及書。遭喪廬墓，有芝産焉。都御史林俊，嘗舉以自代。

錢福。華亭人。弘治庚戌，試禮部、廷對皆第一，授修撰。詩文藻麗敏妙，登第後，名聲烜赫，遠近以牋版乞題者無虚日。

顧清。華亭人。弘治時，鄉試第一。成進士，授編修。正德初，劉瑾柄政，清獨不與通，出爲南京兵部員外郎。瑾誅，累擢禮部右侍郎，與尚書毛澄請建儲宫、罷巡幸，疏凡數十上。嘉靖初，以南京禮部侍郎進尚書，致仕。卒，謚文僖。

張鳴鳳。上海人。弘治進士。正德初，官御史，劾大僚張元貞等六人，復與同官葛浩等疏留劉健、謝遷，諫用劉瑾、馬永成等。下詔獄，予杖，削籍。後起湖廣僉事，進副使。鳴鳳初令永康，有政績。在湖湘，治復最。以母憂歸，卒。

陸深。上海人。弘治進士，改庶吉士，授編修。世宗時，進詹事，掌翰林院。卒，謚文裕。深少與徐禎卿相磨切，爲文章有名，工書博雅，爲詞臣冠。

曹閔。上海人。知沙縣事。被徵，民號泣攀留，累日不得去。官御史，與張鳴鳳等同得罪。後當起官，以養母不出。母終枕塊，得寒疾死。

張弘至。弼子。弘治丙辰進士，授刑科給事中。十二年，陳初政漸不克終八事，皆切時弊。時親王之國，所次舍悉多耗費，弘至力言之，爲稍裁損。孝宗晚年從廷臣請，遣官覈騰驤四衛虚冒弊，尋中止，弘至抗章争，卒覈之。武宗立，以户科右給事中奉使安南，還，遷都給事中，卒。

潘恩。上海人。嘉靖進士，知鈞州有聲。歷撫河南，著威惠。累擢刑部尚書、左都御史，列上振憲紀四事。時嚴嵩柄國，恩禮法自持，嵩不能撓。尋以年老致仕。恩有器量，其爲外史，竿牘不達京師，立朝能守正。萬曆初，賜存問。卒，贈太子少保，謚恭定。子允哲、允端，皆進士。

董傳策。華亭人。嘉靖進士，除刑部主事。三十七年，疏嚴嵩稔惡悞國六罪，下獄。問主使，拷掠慘毒，再絶復甦。會地震得宥，謫戍南寧。穆宗立，召復故官。隆慶中，累遷南京大理卿，進禮、工二部侍郎。

馮恩。華亭人。嘉靖進士，除行人，學於王守仁。擢南京御史，極論大學士張孚敬、方獻夫、右都御史汪鋐姦狀，帝大怒，詔下獄論死。及朝審，鋐已爲冢宰，主筆東向坐，令拽恩使向西跪。恩起立不屈，且罵鋐，歷數其罪。觀者皆曰：「是御史，非但口如鐵，其膝其膽其骨皆鐵也。」因稱「四鐵御史」。長子行可，時年十三，刺血上書，請代父死。帝覽疏感動，乃得戍雷州。越六年遇赦還。穆宗初，即家拜大理寺丞，致仕。行可後舉於鄉，歷官有善政。

徐階。華亭人。嘉靖進士，授編修，歷禮部尚書、東閣大學士。時嚴嵩爲首輔，深嫉之，階智足相馭，嵩不能圖。嘗密疏發仇鸞罪狀，鸞坐得罪。嵩以楊繼盛疏引二王，欲竟其獄，以階言遂止。外事嵩甚謹，内深自結於帝，卒逐嵩。乃盡反嵩行事，屏絶苞苴，收召人望，優假言官，嘉、隆之政，多所匡救。其保全裕王、止帝幸顯陵，功尤大。帝崩，迎立裕王，密具遺詔，盡起大禮大獄言事諸臣。累官吏部尚書，建極殿大學士。尋與高拱不協，去位。卒，贈太師，謚文貞。玄孫念祖，以諸生授中書。乙酉，松江破，與妻張氏、妾陸氏、李氏，皆自縊死。本朝乾隆四十一年，賜謚節愍。

陸樹聲。華亭人。嘉靖中，會試第一，改庶吉士，授編修。歷太常卿、掌南京祭酒事，整飭學規，著條教十二以勵諸生。神宗初，累拜禮部尚書。迤北要增歲幣，兵部將許之，樹聲力争，卒不能奪。萬曆中，陳時政十事，語多切時弊。樹聲端介恬雅，難進易退，通籍六十餘年，居官未及一紀。卒，贈太子太保，謚文定。弟樹德，嘉靖進士。砥行飭檢，名德亞於兄。子彦章，萬曆進士，官南京刑部侍郎，以節概聞。

楊允繩。華亭人。嘉靖進士，授兵科給事中。劾兵部尚書趙廷瑞舉動乖違，廷瑞遂奪職。時倭患日棘，胡宗憲、趙文華方督兵，與嚴嵩深相結，大肆貪黷。允繩極論其弊。未幾巡視光禄，劾丞胡膏僞增物直，膏窘，誣允繩誹謗齋醮，下獄廷杖，竟棄市。穆宗立，贈光禄少卿。天啓初，謚忠恪。

周思兼。華亭人。嘉靖進士，知平度州。舉治行第一，當遷，州人走闕請復留一年。擢工部員外郎，進郎中，出爲湖廣僉事。岷府宗室將軍殺人，思兼廉得其姦狀，縛姦黨悉繫獄，乃列其罪奏聞。以艱歸，不復出，卒。

王圻。青浦人。嘉靖進士，授清江令，擢御史。忤時相，謫外。歷遷陝西參議，致仕歸。築室松江之濱，種梅萬樹，曰梅花源，以著書爲事。有續文獻通考、三才圖繪諸書行世，人皆服其博洽。

龔愷。華亭人。嘉靖進士，官御史。馬市開，命尚書史道主之，道徇俺答請，以粟豆易牛羊。愷劾道委靡遷就，世宗杖愷八十，既杖，官如故。尋列靖江王驕恣狀，疏止大征粵寇。終湖廣副使。

莫如忠。華亭人。嘉靖進士，累官浙江布政使，潔修自好。夏言死西市，門下士咸避匿，如忠治其喪，時論多之。善草書，詩文有體要。子是龍，十歲能文，皇甫汸、王世貞亟稱之，尤工書法。

包節。先世嘉興人，其父始遷華亭。節生五歲而孤，母躬教育之。舉嘉靖進士，累官御史，劾兵部尚書張瓚貪穢，出按雲南，以疾歸。起故官，再按湖廣。顯陵守備中官廖斌擅威福，節欲繩之，語先洩，爲斌所陷，逮詣詔獄榜掠，永戍莊浪衛。節念母不克終養，日飲泣病死。弟孝，後節三年舉進士，累官御史。與兄節分居南北臺，並著風采，又皆有至性，時並稱其孝。

喬鏜。上海人。國子生，下筆有奇氣。嘗遠遊，心動馳歸，則父正以思子病，見之，喜而愈。島夷内寇，鏜首發練士兵議，幕府奇之。又爲畫便計，塞川沙口，濬海塘外壕，次第行之，出戰皆捷。滅倭之功，實始於此。既上功，將不次需用，竟以謗讟故恚恨卒。鄉人思其功，建仰德祠祀之。子木，十歲能文，十三爲諸生。倭入寇，父鏜奉檄練鄉兵，士大夫皆守陴。賊衆擁東，人皆東守，木堅西備。賊果夜渡西濠，梯入陴，發礮，殪者甚衆。隆慶中，成進士，知安吉州。罷貢粟，勾股其田，區别高下，豪右斂手。遷潞安同知、河南僉事、井陘兵備，所至有異政。會失直指意，謝病不出。

徐獻忠。華亭人。由鄉舉知奉化縣。居二年，罷歸，愛吴興山水，遂徙居焉。時棹小艇，扣舷吟弄，以天隨、玄真自況。初工時文，後肆力於九經，作春秋稽傳録、洪範或問、大易心印、四書本義，及三江水利考、山房九笈、樂府原、唐詩品，凡數百卷。爲人孝友，内外淳備。自著述外，無他嗜好，工真草書。卒，友人王世貞輩私謚之曰文惠。

何良俊。華亭人。少篤學，二十年不下樓。與弟良傅，並負俊才，當路知其名，以歲貢特授翰林院孔目。久之意不樂，嘆曰：「吾有清森閣在海上，藏書四萬卷，名畫百籤，乃棄此而僕僕牛馬走乎！」遂移疾歸。良傅，官禮部郎中。

徐億。華亭人。親喪廬墓，墓距家四里，每祭祀還家，未嘗入内，暮仍宿廬中。喪既除，猶不食鹽酪，不括髮者十年。垂老入市，市人聚觀，有邀至家令子孫識之，曰：「此徐孝子也。」嘉靖中賜旌。

唐汝詢。華亭人。五歲失明，日端坐，聽諸兄佔畢，因通諸經子史百家，及稗官野乘，皆以耳受。善屬文，尤工詩。箋註唐詩，援據精博，人咸稱服。有編篷、姑蔑二集。

唐文獻。華亭人。萬曆殿試第一，自修撰歷詹事。既争郭正域事，遂失政府意。尋拜禮部右侍郎，掌翰林院事。初文獻出趙用賢門，以名節相矜許，同年生給事中李沂劾張鯨被廷杖，文獻掖之出，資給其湯藥。掌翰林日，當考察，執政欲庇一人，執不許。卒，贈禮部尚書，謚文恪。

吴炯。華亭人。萬曆進士，歷兵部主事。性恬淡，居家十二年，始起故官。久之，進光禄丞。顧憲成講學東林書院，爲御史徐兆魁醜詆，炯爲奏辯，詞婉事析，黨人亦莫能難。兩捐萬金佐軍餉，家無贏資。官終太僕寺卿。

徐三重。青浦人。萬曆進士，授刑部主事。時張居正當國，政尚嚴，三重獨持平。爲尚書嚴清所器，令總諸司奏章，益矜恕有聲。三年，謝病歸。學者稱爲鴻洲先生〔二〕。其學以考亭爲宗，自壯至老，編摩未嘗釋手。士大夫語家法者，率推徐氏爲第一。所著有庸齋日記、信古餘論、徐氏家則諸書。子貞稷，舉進士，官四川副使，亦以清節聞。

葉有聲。上海人。萬曆進士，由知縣擢禮科給事中。疏劾魏忠賢，削籍。崇禎初復官，終副都御史。

董其昌。華亭人。父漢儒，有學行。其昌舉萬曆進士，改庶吉士，授編修。皇長子出閣，充講官。坐失執政意，出爲湖廣副使，移疾歸。起故官，督湖廣學政，不徇情囑，爲勢家所怨，謝事歸。光宗立，召爲太常少卿。天啓二年，擢本寺卿。時修神宗實録，命往南方採輯章疏及遺事。其昌廣搜博徵，録成三百本，書成表進，有詔褒美。擢禮部右侍郎，尋轉左，拜南京禮部尚書。閹竪用事，其昌深自引遠，踰年請告歸。詔加太子太保致仕，卒贈太子太傅。福王時，謚文敏。其昌天才俊逸，少負重名，魏璫薰轑衣冠，奄人請書翰者，一切謝絶。然不激不隨，故得免於黨人之禍。書法超越諸家，獨探神妙。其畫集宋元諸家之長，四方金石刻，得其制作手書，以爲二絶，人擬之米芾、趙孟頫云。

夏嘉遇。華亭人。萬曆進士，授保定推官。用治行徵，當擢諫職，爲齊、楚、浙三黨所沮，授禮部主事。會遼東喪師〔二〕，嘉遇劾閣臣方從哲、兵部趙興邦受賕墮邊，未報而興邦遷秩。嘉遇益憤，屢疏劾之，興邦卒引去。光宗立，嘉遇遷考功員外郎，佐趙南星秉公銓注，左光斗、魏大中皆善之。及南星去位，左、魏獄興，嘉遇亦被逮，憤恨發病卒。崇禎初，贈太常少卿。

許譽卿。華亭人。萬曆進士，由金華推官授給事中。楊漣劾魏忠賢，譽卿抗疏繼之，又論救趙南星、高攀龍，坐鐫秩歸。崇禎初，起兵科給事中。鳳陽陷，譽卿痛憤，劾樞輔誤國，屢疏攻温體仁，皆不見用。吏部尚書謝陞希體仁意，出之南京，尋削籍。福王時，起光禄卿，辭不赴。

錢龍錫。華亭人。萬曆進士，累官吏部右侍郎。天啓時，忤魏忠賢，削其籍。崇禎初，起禮部尚書，兼東閣大學士，加太子太保。初御史高捷、史䕸罷，王永光力引之，頗爲龍錫所扼。二人大恨，及袁崇焕殺毛文龍，捷遂上疏言文龍之死，龍錫實主之，䕸復繼言之，遂逮戍定海衛。福王時，始復官還里。

徐光啓。上海人。萬曆進士，改庶吉士，歷贊善。從西洋人利瑪竇學天文、曆算、火器，盡其術，遂徧習兵機、屯田、鹽筴、水利諸書。遼東四路師敗，京師震動，累疏請練兵自效，神宗壯之。超擢少詹事，兼河南道御史，練兵通州。天啓中，遼陽破，請多鑄西洋大礮資城守，帝善其言。旋擢禮部右侍郎，爲閹黨所黜。崇禎初召還，復申練兵屯鹽之說。擢禮部尚書，監督西洋人纂曆書數百卷。以本官兼東閣大學士，卒，累贈太保，謚文定，詔進其所著農政全書。

喬一琦。上海人。萬曆武舉。四十七年，以遊擊監朝鮮兵，出寬甸道，與劉綎並禦大兵於阿布達哩岡。軍敗，投滴水崖死，贈都督同知。本朝乾隆四十一年，賜謚忠烈。

孫士美。上海人。以舉人授舒城教諭。崇禎八年，流寇犯舒城，士美代縣令堅守，城獲全，擢知深州。崇禎十一年，大兵至，力守三日，城破自刎。父訥，同時自縊，一家死者十三人。本朝乾隆四十一年，士美賜謚烈愍，訥祀忠義祠。同縣瞿騫，知滕縣，崇禎十五年，大兵破城死之。乾隆四十一年，賜謚烈愍。

張錫眉。上海人。崇禎舉人。甲申闖變，命妻黄氏及妾、女俱赴水死，徧身自書姓名而縊。本朝乾隆四十一年，入祀忠義祠。

施大經。上海人。萬曆舉人，通判瑞州。璫議採木，大經抗言曰：「開採名爲利，其實厲民。民迫爲盜，貴人能撲滅乎？」璫語塞，遂止。監郡多惠政。既引疾歸，起惠州通判，轉崇府審理正。歸著澤谷農書若干卷。子沛，天啓初以貢授河南通判。會出師給素袍，士譁，兵備楊嗣昌以屬沛，使易五色，一夕而具，師遂發。轉南康同知，不赴。嗣昌督師，致書邀之，亦不應。溥，崇禎間以貢授永清衛經歷，遷知樂亭縣，未赴。闖賊破京師，溥嘆曰：「父兄皆荷國恩，我豈可失臣節。」仰藥死。本朝乾隆四十一年，賜謚節愍。

陳繼儒。華亭人。少與董其昌齊名，工詩善畫，重然諾，饒智勇，王錫爵、王世貞雅重之，名動一時。四方縉紳及山人遊客過從無虚日，下至野店僧寮，悉懸其畫像。崇禎中，公卿交薦，屢奉詔徵用，不赴。年八十餘卒。

衛時春。華亭人，新城伯穎玄孫，嗣爵。崇禎時，掌後府。京師陷，時春懷鐵券，闔門十七人皆赴井死。

王鍾彦。華亭人。崇禎時工部員外郎。闖賊至，守彰義門燈燎〔三〕。守將韓某開門納賊，被執，不屈死。本朝乾隆四十一年，賜謚烈愍。

宋天顯。華亭人。崇禎中内閣中書舍人。京城陷，爲賊所執，逼書僞詔，駡賊觸階死。本朝乾隆四十一年，賜謚烈愍。

沈猶龍。華亭人。萬曆進士，由知縣擢御史，累官都御史，總督兩廣，平海寇。乙酉，守城被執，不屈死。本朝乾隆四十一年，賜謚忠烈。

李世祺。青浦人。天啓進士，授行人。崇禎三年，擢刑科給事中，疏劾大學士温體仁、吴宗達，并劾兵部尚書張鳳儀溺職狀，帝怒，貶福建按察司檢校。久之，起行人司副，屢遷太僕寺卿。明亡，杜門不出，卒。

李待問。華亭人。崇禎進士，授中書舍人。工文章。南京破，被執，不屈死。本朝乾隆四十一年，賜謚忠烈。

吴嘉印。華亭人。天啓舉人，歷官户部主事。南京破，時方奉使出城，聞變亟還，謁方孝孺祠，從容投繯死。本朝乾隆四十一年，賜謚節愍。

陳子龍。華亭人。生有異才，工舉子業，兼治詩賦古文。崇禎十年，舉進士，選紹興推官。東陽諸生許都反，旬日間聚衆數萬，巡按御史左光先命子龍爲監軍討平之，以功擢兵科給事中。福王立，上江防之策。知時事不可爲，遂乞歸。後數年，坐事死。嘗輯名臣疏議，曰經世文編行於世。本朝乾隆四十一年，賜專謚忠裕。

夏允彝。華亭人。弱冠舉於鄉，好古博學。崇禎十年，與陳子龍同舉進士。知長樂縣，善決疑獄。吏部尚書鄭三俊舉天下廉能知縣七人，以允彝爲首。被薦入都，未及用而北都陷，南還，南都失守，賦絶命詞，赴水死。本朝乾隆四十一年，賜謚忠烈。子完淳，七歲能詩文。以子龍獄連及，逮下吏，談笑自如。臨刑，色不變。本朝乾隆四十一年，賜謚節愍。兄之旭，亦縊死文廟。同縣舉人徐孚遠，生員戴泓，以松江破赴水死。上海諸生馬元調，僑居嘉定，城破死之。本朝乾隆四十一年，俱予入忠義祠。

章曠。華亭人。崇禎進士，知沔陽州，擢按察使僉事，監武漢軍。張獻忠破武昌，曠崎嶇軍伍，調畫有方，以功累加兵部尚書，卒於行間。

張肯堂。華亭人。天啓進士，知濬縣。弭盜安民，聲績甚著。入爲御史，累遷右僉都御史，巡撫福建。與鄭芝龍擁立唐王，兵敗，衣冠南向坐，視其四妾、一媳、一女孫先縊死，乃自縊。本朝乾隆四十一年，賜謚忠穆。

包爾庚。上海人。崇禎進士，知羅定州。鎮兵譁，守道被圍，爾庚單騎馳諭，皆下馬羅拜，一州獲靖。猺蠻跳梁，總督率師勦捕弗戢，爾庚開誠布公，許其自新，渠魁感激來歸。擢兵科給事中，以母老乞歸養。本朝順治初，舉山林隱逸，徵聘不起。

何剛。上海人，英敏負才畧。崇禎中，舉於鄉。十七年入都，陳選練滅賊諸策，擢職方主事，募兵金華，都城陷還鄉。先是，陳子龍、夏允彝將聯絡海舟，直達天津，捐貲召募，得二千人，訓練以待。至是，福王命剛統之，進本司員外郎，從史可法守揚州。城破，投井死。本朝乾隆四十一年，賜謚忠節。

侯承祖。上海人。崇禎末，以衛指揮署南匯所印，政教嚴飭，立囤法以絶飛灑，吏不敢欺。擢參將。大兵至，令軍士守城，自率兵出禦。城破力竭，與長子世禄俱被執就戮。本朝乾隆四十一年，賜承祖謚忠烈，世禄入忠義祠。

王域。華亭人。崇禎時，官江西按察使副使，管建昌府事。大兵破建昌，械至武昌被戮。本朝乾隆四十一年，賜謚烈愍。同縣章簡，明末知羅源，募兵守南門，城破死之。本朝乾隆四十一年，賜謚節愍。

陳于階。上海人。爲欽天監博士。本朝官兵下南京，自縊於公署。乾隆四十一年，賜謚節愍。

朱永佑。上海人。崇禎進士，官吏部左侍郎。從唐王至舟山，城破，被戮死。本朝乾隆四十一年，賜謚烈愍。

王維恭。華亭人。明末，以左軍都督府掌府事，華亭侯。從桂王入緬，死難。本朝乾隆四十一年，賜謚烈愍。

本朝

周茂源。華亭人。順治進士，歷刑部郎中，知處州府。山路險仄，募民開鑿二百餘里，皆成坦途。又招集流亡，給牛種，墾田一千八百餘頃。罷官家居，日事著述，有鶴静堂集。

李雯。上海人。力學好古，與陳子龍齊名。明崇禎間，雯父逢申被謫戍而非其罪，雯叩閽陳辨，得白。闖賊破京師，逢申盡節死。順治初，廷臣交薦雯才可用，授内院中書。

沈荃。青浦人。順治九年，廷對第三人。授編修，出爲河南大梁道，有政績。歷官詹事。卒，謚文恪。荃學行醇潔，好獎進士類，書法尤有名。

王廣心。華亭人。順治進士，授行人，遷御史。巡視京東二倉，條陳漕政前後三十餘疏，蠹弊肅清。又修築通會河，輓輸無阻。以親老乞歸。卒，崇祀鄉賢祠。

顧大申。華亭人。順治進士，授工部主事，分司夏鎮河道。節省公費，以築鎮城，人服其廉幹。又設兩湖書院以造士。擢洮岷道僉事，卒於官。大申少有經濟，多所著論，江南之濬劉河、吴淞江，皆用其議云。

施維翰。華亭人。順治進士，授臨江推官。擢御史，條奏皆關大體。屢遷右副都御史，巡撫山東，再遷浙江總督。前院劾軍士鼓譟一案，縲絏二百餘人，維翰至，即日會讞，多平反。調福建總督，未抵任卒，謚清惠。

王光承。華亭人。歲貢生。博學工詩文，淡於榮利，明季屢辭徵辟。與弟烈隱居上海新場鎮，躬耕養父，足不入城市者三十餘年，卒。著有鎌山堂集。

沈天成。華亭人。康熙十三年，福建耿精忠反，執總督范成謨。天成在幕，亦被械繫，歷三載不屈。及聞范殉節，即自縊。事聞，贈國子學正。有聽鵑詩一卷，被繫時作。

葉映榴。上海人。順治進士，改庶吉士。歷官湖北糧道。康熙二十七年，武昌兵變，露刃呼譟，入巡撫轅門，巡撫避匿。映榴挺身出諭，賊不應，逼之從逆，瞋目叱之。賊勒入署，以兵環守，乃繕遺疏付家人，升公座，駡賊自刎。賊大驚，入拜而去。事聞，贈工部右侍郎，廕一子，御書「忠節」二字謚之。

王頊齡。華亭人。康熙進士，授太常博士。己未，舉博學宏詞，改授編修，纂修明史，累官工部尚書、武英殿大學士。雍正初，以老乞休，世宗憲皇帝手敕慰留。年八十四卒，贈少傅，謚文恭。項齡以文學進，歷卿曹，諳練典故。在政府八載，恪誠純一，以風度稱。又與項齡同舉鴻博者，錢金甫，上海人，康熙進士，授編修，終通政使。吴元龍，婁縣人，康熙進士，以郎中改授編修，終侍講。

王鴻緒。項齡弟。康熙進士，授編修，歷侍讀學士。妖人朱方旦以左道惑衆，鴻緒疏列其三大罪，方旦伏法。累遷左都御史，總裁明史。自工部尚書轉户部，解任歸，後復召入都，修詩經傳説彙纂及省方盛典，並爲總裁官。所著明史稾列傳二百餘卷。

焦袁熹。婁縣人。康熙舉人。五十二年，詔求實學之士，華亭王項齡、安溪李光地交章薦，奉旨召見，以親老固辭。袁熹至性純孝，究心先儒之學，師事陸隴其。所著各經説、太極圖述等書數十卷，俱能發宋儒所未發。所居浦南之焦家村，學者稱南浦先生。

張照。婁縣人。康熙進士，授檢討，入直南書房，累官刑部尚書。照學殖淹贍，才思敏給，書法雄勁，屢荷宸獎。卒，贈太保，謚文敏。

吴燧。上海人。康熙副貢。燧學問純粹深博，性恬退，居家孝友，鄉黨稱焉。張照、張起麟、顧成天輩皆從其學。著有存初文集。子啓秀，諸生，亦有文譽。

黄之雋。先世安徽休寧人，徙居江蘇華亭。康熙進士，改庶吉士。雍正元年，奏中元祭聖祖仁皇帝文，稱旨，授編修。歷官中允。乾隆元年，薦舉博學鴻詞。撰述甚富，編唐堂集六十卷。嘗集唐人詩句爲香屑集十八卷，凡古今體九百三十餘首。又集唐人文句爲之序，亦三千餘言。

沈大成。金山人。貢生。覃精經史，諸子百家，咸能貫串。性恬淡，不應科舉。著有學福齋集。

蔡湘。上海人。監生。工詩文，有聲譽，與王士禛、朱彝尊輩倡和，皆服其才。客死交城，年甫二十。有竹濤集。

胡寶瑔。青浦人。雍正舉人。乾隆八年，由内閣中書入直軍機，遷侍讀。尋授福建道御史，轉户科給事中，歷順天府府丞、府尹、副都御史、兵部侍郎，巡撫山西，調河南、江西。卒，謚恪靖。寶瑔性敏給，久直軍機，遇事慎嘿，輒自言能見鬼神，以謝問朝政者。乾隆十三年，從經略傅恒定金川，歸與飲至，儒臣榮之。

喬光烈。上海人，一琦從曾孫。乾隆進士，知寶雞縣。到官日，釋冤獄，開水利，勸農桑，修學校。歷官河南布政使，所在有聲。會黄河口決，光烈親率官弁駐隄，撈救難民以萬計。總理工賑，動帑至二百三十萬。擢貴州巡撫，調任湖南，整飭吏治，軫念民艱。以事削職，旋起甘肅布政使，卒。著有最樂堂集。

許椿。婁縣人。舉乾隆六年浙江榜鄉薦，知内江縣，有惠政。會金酋不靖，大吏檄辦糧站，死木果木之難。贈道銜，入祀昭忠祠。

王昶。青浦人。乾隆進士。二十二年，高宗純皇帝南巡，召試授内閣中書，轉員外郎。以從征緬甸、金川有功，賞戴花翎，累官刑部侍郎，告歸。昶生平以勤慎自持，敭歷中外三十餘年，並著懋績。

曹錫寶。上海人。乾隆進士。擢御史，疏劾大學士和珅家人劉全服舍踰制，疏入會勘，無左證，部議鐫級，改革職留任。嘉慶四年，贈副都御史。

陸錫熊。上海人。乾隆進士。二十七年，召試授内閣中書，入直軍機，洊升郎中。會編輯四庫全書，因仿劉向、曾鞏之例，作提要載於卷首，編擬稱旨，授侍讀。累官左副都御史，卒。錫熊學問賅洽，貫通古今，若契丹國志、勝朝殉節諸臣録、舊五代史、河源記畧、歷代職官表、八旗通志，凡有經進之書，皆與編纂。自著有篁村集、寶奎堂集。

趙文哲。上海人。乾隆二十七年，召試授内閣中書。三十三年，坐事論罷。會用師緬甸，軍前效力，復原官，尋升户部主事。時小金川搆釁，隨將軍温福進勦，死木果木之難。贈光禄寺少卿，入祀昭忠祠。

馬汝良。松江人。安籠鎮中營守備。從征緬甸，擊賊葫蘆口，陣亡。事聞，廕卹如例。

王春煦。婁縣人。乾隆進士，授編修，擢御史，知宜昌府。嘉慶元年，川、楚教匪滋事，賊首林之華等屯據長陽縣之榔坪，遊擊邱作訓、知縣黄應文赴援被害。春煦至長陽，守孤城者六月，殲賊無算，城卒獲全。五年四月，卒於官，贈道銜。

趙秉沖。文哲次子。由國子生薦直懋勤殿。乾隆四十七年，賜舉人，授内閣中書。歷部科卿寺，累官户部侍郎。嘉慶十九年卒，卹典如例。

張位中。上海人。乾隆進士，知射洪縣，廉能爲蜀令最。嘉慶五年，教匪訌北川，其黨由梁山竄大竹。位中被檄署縣，方葺雉堞，撫流亡，部署未竟，而賊麕至。率團練兵出禦，斃數十人，又親射殪一人。以衆寡不敵，死之。事聞予卹，入祀昭忠祠。

孟景源。上海人。由行伍洊升江西水師南昌營守備。嘉慶元年，隨征湖北邪匪，連日轉戰被傷，殁於陣。事聞議卹，廕雲騎尉世職。

鍾德。華亭人。由行伍洊升直隸涿州營守備。嘉慶元年，署忠順營都司，調赴湖北，隨征教匪，累戰有功。二年，隨四川總兵百祥勦賊於蓬州之徐家埸，殲戮甚衆。旋有步隊賊由巴州來援，德併力抗拒，身受重傷卒。事聞，加等議卹，廕雲騎尉，入祀昭忠祠。

葉炳銓。華亭人。由行伍洊升陝西興漢鎮遊擊。嘉慶二年，防守洵陽屬之閭河口，突有自楚竄回邪匪，至南岸水淺處測探偷渡。炳銓率兵衆追殺，殲戮無數。三年，截勦賊匪樊人傑等。賊兵恃衆不退，炳銓奮勇衝殺，力竭陣亡。事聞議卹，廕雲騎尉。

校勘記

〔一〕學者稱鴻洲先生　「洲」，原作「州」，乾隆志卷五九松江府人物（下同卷簡稱乾隆志）同，據雍正江南通志卷一六三人物志改。按，明史卷九八藝文志著録徐三重鴻洲雜著十八卷，亦作鴻洲是也。

〔二〕會遼東喪師　「師」，原作「事」，據乾隆志及明史卷二三六夏嘉遇傳改。

〔三〕守彰義門燈燎　「彰義門」，雍正江南通志卷一五三人物志同，乾隆志作「廣寧門」。

大清一統志卷八十五

松江府四

流寓

唐

朱放。襄州人。遭寇亂，避地雲間。貞元初，召爲拾遺。劉長卿贈以詩云：「詔書徵拜脱荷裳，身在東山閉草堂。閶闔九門通禁籍，華亭一鶴在朝行。滄洲離别風煙遠，青瑣幽深漏刻長。今日卻回垂釣處，海鷗相見已高翔。」然放終不就也。

宋

梅堯臣。宛陵人。工詩。初廕主簿，後賜進士，累官尚書都官員外郎。以叔詢知蘇州，往來於青龍鎮間。著有青龍雜志。

林景曦。平陽人。咸淳間，累官從政郎。元兵南下，遂不復仕。至元十五年，楊連真伽盡發宋諸陵，時景曦求得高、孝兩朝骨，爲兩函貯之，葬紹興之蘭渚山，植冬青樹志之。後居雲間最久，有雲間懷古諸作，時稱霽山先生。

章楶。浦城人。始仕，試大理寺評事，監華亭鹽税。樂其風土，因家於青龍江之崧宅。累官至樞密院，封秦國公。謚莊敏。

邵桂。淳安人。咸淳進士，授處州教授。國亡不仕，娶曹澤女，因家於松之小蒸，爲斯文領袖四十年。

元

楊乘。濱州渤海人。累官江浙行省左右司員外郎，坐海寇掠漕糧舟免官，寓居松江。張士誠入平江，其徒郭良弼、董綬言乘於士誠，招之。乘曰：「是欲引我以濟其惡耶。」乃與客痛飲竟日，整衣冠自經死。

任士林。奉化人。少穎悟，書經目不忘。文章沈厚正大，一以理爲宗，不作庾語棘人喉舌，趙孟頫輩咸推爲今之柳河東。大德間，攜家華亭，與衛山齋善，有訪山齋詩，及興聖塔華藏諸院記。至大初，舉安定書院山長，卒。

錢惟善。錢塘人。舉鄉貢，寓居華亭。經明行修，有羅刹江賦著名於時。詩法唐人，尤極清致。

柯九思。仙居人。以廕補華亭尉，不就。文宗即位，擢爲典瑞院都事，直奎章閣，授鑒書博士。罷官後，流寓松江。九思善畫竹石，得文同筆意。至正間卒。

黄公望。莆田人。工山水，通算術。補浙省掾，忤權貴，棄去，黄冠野服，往來三吴間。至松，與曹知白善，多留小蒸。後其地有精九章算術者，蓋其傳也。

明

楊維楨。山陰人。避地富春山，徙錢塘，張士誠累招不赴。徙居松，築玄圃、蓬臺於松江上，海内薦紳大夫與東南才俊之士，造門納履無虚日。嘗吹鐵笛，作梅花弄，見者以爲神仙中人。洪武中，將召用，遣翰林詹同奉幣詣門，維楨賦老寡婦謡一章以進。帝成其志，仍給安車歸山。

陶宗儀。黄巖人。家貧，教授松江。張士誠據吴，署爲軍咨，不赴。洪武中，命有司舉人才，宗儀引疾不就。著有輟耕録、説郛、書史會要、四書備遺傳於世。

孫作。江陰人。元末，挈家入吴，惟載三代藏書兩敝篋。門弟子爲買田築室於松焉。洪武初，授編修，累官國子司業。著有滄螺集。

王震。蘇州人。洪武初，嘗徵校大祀樂，後徙華亭。時初頒大成樂，諸郡皆聘震教習。永樂初復徵，以老疾辭。著有八音圖、彭溪稿。

王逢。江陰人。太祖欲辟用之，堅卧不赴，隱居上海之烏泥涇，歌詠自適。洪武十五年，以文學徵，有司敦迫上道。時子掖爲通事司令，以父年老叩頭泣請，乃命吏部符止之。著有梧溪詩集七卷。

秦裕伯。大名人。累官福建行省郎中。世亂棄官，避地上海以養母。吴元年，太祖檄起之，裕伯對使者曰：「裕伯受元爵禄而背之，不忠也；母喪不終，忘哀而出，不孝也。不忠不孝之人，何益人國？」洪武初，復起之，稱疾。太祖手書諭曰：「海濱之兵好鬭，裕伯智謀之士，堅不起，恐有後悔。」遂入朝，命以官，屢辭。後爲待制，尋出知隴州。

楊基。其先蜀人。文采秀麗，爲名流所稱。洪武初，遊松江，爲府學訓導。與丘克莊、錢希賢同官，當時分教，有司得自延聘，皆極州里之選。

列女

元

王子温妻諸氏。華亭人。家貧，以女工自給，略無愠色。至正中，兵掠松江，子温欲挈以逃。氏泣曰：「奈何以我一婦人累君，君第往，我自爲計。」乃與鄰嫗避於城隅陋室中。賊入，鄰嫗多爲所污，氏獨怒罵不屈。賊掣刃剖其腹，罵不絶口而死。

朱道存妻費氏。上海人，名元琇。至正間，苗寇陷城，氏被執。寇露刃欲犯，氏怒罵不已，寇怒，刳之。妹元徽，嫁陶氏，年三十，夫亡，誓死不嫁。時稱「雙節」。

沈景新母、妻。上海人。至正中，景新爲上海吏。苗寇至，姑、婦俱爲所掠，欲污之，姑、婦大罵。寇怒，殺其姑，縛婦髮馬尾曳殺之。

明

任仕中妻俞氏。上海人。年二十一而寡，子女俱幼，誓不改適，撫教子女。女長，適俞邦用，邦用亦早喪，或勸女改嫁。女曰：「再嫁則俞氏祭祀誰奉？且辱吾母。」乃歸與母同居守節。洪武初，旌爲雙節之門。

張文通妻俞氏。上海人。文通疾革，語氏曰：「吾將死，汝年少無子，宜自爲計。」氏泣曰：「父命事夫，夫死無子，將何從？願從夫子於地下。」文通歿，是夕俞自縊。

鄧林妻湯氏。上海人。通孝經、列女傳。歸未久而寡，鄧族利其産，迫使改嫁。湯曰：「我生死鄧家耳。」乃盡其貲以還鄧族，躬織紝自給。年九十三卒。

錢岐妻宋氏。華亭人。夫歿自縊，家人救之，不得死，遂不食卒。年二十五。事聞，旌表。

張氏三節婦。華亭人。張璿妻胡氏、張璣妻瞿氏、張珩妻楊氏，俱夫亡守節。成化中，詔旌三節之門。

蔡倫妻唐氏。上海人。夫亡守志。有二子，長子式堅娶侯氏，亦早卒。姑婦並以節著。成化中旌表。

張氏。松江楊玉山妾〔一〕。納氏踰月，以妻妒，使之大歸。張屏居南京，楊亦數往來，所贈以千計。後二十餘年，楊坐累家破，怏怏失明。張聞，直造楊廬拜主母，大慟，悉出向所贈，具妝嫁其二女，并爲二子納室。踰年楊死，遂守節而終。

何四妻王氏。青浦人。嘉靖中，倭寇至，被執，不屈死，屍浮於河。越三日，父母收其屍，兩手猶握襟帶云。

韓洪謨妻張氏。華亭人。嘉靖中，倭亂，洪謨被殺。張號哭赴死所，俱死之。同縣陸野塘妻，亦被執，不屈死。

陶氏女。華亭人。家貧未嫁。嘉靖中，倭寇至，與其母避賊。賊及，俱沈於河。有鄰女張氏，亦爲寇所逼，投河死。

朱氏二女。華亭人。嘉靖中，倭寇入城，與婢張連袂投水死。

朱世勳妻王氏。華亭人。嘉靖中，倭亂，與其小姑投水死。同縣朱煥妻焦氏、譚應禮妻高氏，俱不辱遇害。

萬盛年妻蘇氏。上海人。盛年有膂力，善騎射，萬曆中，戰死於滴水涯。凶問至，蘇泣曰：「夫能死忠，我獨不能死節乎！」遂自經死。

許烈婦。松江人。贅嚴氏子爲壻，嚴飲博不治生。諸博徒共謀誘嚴以金，嚴即以意誨婦，婦叱之，屢加箠撻不從。一日，諸惡少以酒餚進，婦拔刀自刎死，年二十五。

上海烈婦。失其姓。既嫁，夫患瘋，舅姑恐子喪而婦去，謀奪以妻少子。婦覺，告其夫，夫泣遣之歸。夫死，舅姑不以告，露棺水濱，以俗忌惡疾也。氏聞，盂飯至棺所哭祭，祭畢，以巾冪面投水死。

黄龍妻顧氏。上海人。夫殁，姑許配他姓。顧佯語姑曰：「幸延吾母爲别。」母至，具酒食泣拜曰：「大人幸自愛，長與膝下辭矣。」僞起更衣，遂入室自經死。

張亮臣妻楊氏。上海人。亮臣殁，遺腹生男。楊勉終喪，托孤親族自縊。同縣唐子亮妻杜氏，夫亡無子，自經死。華廷璋妻陶氏，夫亡赴水，舅姑救之，不食死。李君盈妻孫氏，少寡，事姑鞠子歷十年。子既婚，召子婦曰：「向不死，待汝成立耳。汝善事祖母。」遂不食死。又貞女秦小姑，許字華明徵，明徵殀，小姑聞訃不食，請奔喪，七年骨立，死於柩前。

吕延禧妻吴氏。青浦人。延禧亡，撫孤守節。甲申之變，絶食死。明年郡被兵，其子吕稷，守母喪不去，遂遇害。時稱「一門節孝」。

陳君修妻楊氏。婁縣人，居潢溪。鼎革時，有游卒執君修將害之，氏趨救，許以身代，得釋。執氏，氏紿曰：「我有藏金，攜以同往。」信而釋之，躍入瀝瀆塘。卒怒，挺矛叢刺，溪水爲赤。越二日，屍浮水上，得就殮焉。同時死節者，有徽商孫氏婦、儒生孫諤妻顧氏。又總兵吴志葵妻范氏，志葵死，自刎以殉。侯承祖妻周氏，承祖父子殉難，氏偕長女自刎死。百户濮寅妻常氏，寅守城，爲仇所殺，氏即縊死。其僕婦陸氏，爲寅夫婦埋掩，有欲污之者，不從，臠殺之。張乾妻衛氏，城破，偕姑竇氏赴水死。陳元爵妻某氏，夫婦偕死。徐念祖妻張氏，念祖死難，氏與子婦等十七人俱自縊死。張六妻某氏，遭亂，六入白黨爲盗，既死，官判氏改適人，氏下堂，以裙帶絞頸死。

王彦章妻楊氏。華亭人。夫亡，養舅姑，撫孤子。子端亦早死，端妻倪氏，事姑不嫁，並守節義。

沈匡濟妾翟氏。華亭人。夫歿，坐卧一小樓，亂兵至，投井死。同縣吴期仲妻沈氏，亦投井死。沈元齡妻葉氏，夫亡自縊。配祀三烈祠。張氏女，幼爲莊氏養媳，夫亡，舅議以女配姪，女聞信，投水死。程迪聘妻錢氏，迪殤，錢閉户自縊。盧氏本僕婦，夫病革，語盧年少可他適，盧以死自誓，夫亡，盧絶粒死。黄士英妻潘氏，夫亡，遂閉户自縊。

魯祥妻張氏。婁縣人。其姑故娼也，因與祥共迫氏爲娼。氏不從，箠撻脅之。氏潛赴萬安橋急湍中死，八日得其屍，面如生，衣上下百結。里人爲立祠墓側。

顧仲修妾姚氏。金山人。仲修及妻相繼死，翁欲奪其志，氏投水死。同縣董謹妾華氏，夫亡，僅育一女，及女嫁，遂自盡。

喬軫妻馬氏。上海人，夫亡守節。順治初旌。

顧颺妻倪氏。上海人。海寇刧其家，氏觸墻死。同縣馬鳴仲妻顧氏，爲游兵所掠，不受辱，投水死。沈春妻顧氏，姑與春之叔母謀共逐春，氏偕春赴吴淞牐死。陸昇階妻曹氏、唐元晟妻楊氏、吴連妻張氏、周某妻張氏、顧德修妻王氏、童嘉恕妻褚氏、徐俊妻張氏、某妻唐氏、夏某妻瞿氏、徐士述妻趙氏、徐大禄妻秦氏，俱夫亡自盡。喬以韶妻何氏，避亂之母家，遇游兵掠之，不從，赴水死。烈女何佩，父死母寡，許字未婚，避兵洋涇，一騎突至，逼污之。何泣且駡，遇害，母亦死。

顧宏妻唐氏。南匯人。夫亡，母勸改適，氏號慟欲死，幼女哀哭，願偕死，並沈於河。同縣唐望麟妻潘氏、馬繼援妾孫氏，俱夫亡自盡。

唐嘉會聘妻楊氏。青浦人。未嫁而嘉會亡，父母欲議婚，女聞之，自經死。與嘉會合葬，順治年間旌。

沈廷棟妻曹氏。青浦人。遇賊不屈，抱幼女投貞溪死。同縣蘇惠妻葉氏、陶尚象妻周氏，俱夫亡絶粒死。

宋雍妻顧氏。奉賢人。夫亡守節。康熙年間旌。

馮飛五妻蔡氏。上海人。夫亡守節。同縣馮德甫妻汪氏、馮仲章妻沈氏，均夫亡守節。烈婦王五妻陳氏，守正捐軀。俱康熙年間旌。

張鋆妻田氏。金山人。夫亡守節。同縣程志文妾張氏、蔡氏，金大成妻王氏，徐貞九妻張氏，張洪妻郁氏，黄允疇妻程氏，陳静遠妻胡氏，姚宏炯妻馮氏，朱文炳妻鄭氏，王其義妻姚氏，陳秩華妻曹氏，周丕文妻陸氏，陸渭公妻顧氏，夏汝訥妻黄氏，沈爾堪妻張氏，沈宗鎬妻黄氏，林銓妻曹氏，方榕妻孫氏，張光民妻田氏，光民子臻妻吴氏，均夫亡守節。俱雍正年間旌。

張曰兮妻范氏。上海人。守正捐軀。同縣顧奇妻某氏、顧定妻朱氏，均守正捐軀。俱雍正年間旌。

包良有妻朱氏。南匯人。夫亡守節。同縣邵珩妻翁氏、談柏妻施氏，均夫亡守節。俱雍正年間旌。

張文輝妻顔氏。青浦人。夫亡殉節。雍正年間旌。

張棨潞妻范氏。華亭人。夫亡守節。同縣龔方逖妻范氏，張棨溮妻顧氏，金子韓妻傅氏，周如林妻張氏，陸元黼妻蔣氏，陸靖公妻鄭氏，董威寶妻顧氏，胡嘉誠妻潘氏，胡熙妻嚴氏〔二〕，徐念蒸妻杜氏，項時選妻許氏，徐孝思妻王氏，楊宗錦妻沈氏，施宏雅妻沈氏，項時綺妻汪氏，葉應龍妻黄氏，周維藩妻沙氏，彭恒年妻吴氏，王玉泓妻葉氏〔三〕，陸金鏐妻戴氏，張洪璧妻范氏〔四〕，周緯妻鄭氏，陳開九妻王氏，蔣中宇妻張氏，孫文燦妻沈氏，吴三省妾石氏，袁豐年妻蔣氏，黄偉人妻王氏，朱君卿妻唐氏，徐念哲妻朱氏，徐國焕妻楊氏，方静思妻宋氏，俞洪學妻金氏，莊勳妻張氏，袁珍妻姚氏，姚世敉妾華氏，單玉華妻尹氏，胡日金妻王氏，倪身修妻顧氏，顧方開妻黄氏，胡方濂妻夏氏，富丕文妻吴氏，楊連萼妻段氏，張象杓妻杜氏，劉文豪妻盛氏，張公燦妻俞氏，汪三遠妻邵氏，章曠繼妻吴氏、妾陳氏，單長笠妻姚氏，周鎬京妻盛氏，王瑩妻金氏，王瀛海妻姚氏，孫羽揆妻顔氏，吴雲初妻蔣氏，駱浩如妻顧氏，汪震繼妻林氏，陸張衮妻張氏，吳冠妻張氏，吳紫錫妻王氏，楊楚佩妻黄氏，展燦英妾翟氏，廖賡鍾妻盛氏，張鋐妻董氏，周文開妻顧氏，沈宗本妻葉氏，陳于宣妻莊氏，夏成章妻于氏〔五〕，沈五修妻金氏，胡學敏妻姜氏，陳懋遠妻蔡氏，阮旦貞繼妻陸氏，陸思誠妻湯氏，金景華妻張氏，吳一禮妻楊氏〔六〕，施茂公妻翁氏，姚宏度妾金氏，趙文儀妻邵氏，金瑹章妻張氏，金聖祥妻謝氏，董祖源妾許氏，沈爚珊妻李氏，曹于謙妻葉氏〔七〕，楊廷顯妻蘇氏，葉介傅妻許氏，鈕正輝妾俞氏，姚彙初妻林氏，張金殿妻倪氏，楊宏淳妻馮氏，高煒妻施氏，王嘉植妻張氏，潘方朝妻金氏，胡殿英妻鄧氏，陳曰銘妻褚氏，王希章妻潘氏，劉遽若妻唐氏，金寶南妻朱氏，高煒妻孫氏，沈炳妻胡氏，周士䮭妻楊氏，郭彪妻殷氏，周聯棣妻邵氏，沈成章妻張氏，錢禹川妻田氏，朱輔鼎妻徐氏，沈德馨繼妻奚氏，張應源妻單氏，吳宗昌妻杜氏，張萬春繼妻宣氏，倪珠林妻沈氏，朱某妻徐氏，鍾某妻黄氏，均夫亡守節。貞女張麟聖聘妻宋氏、譚楠年聘妻沈氏、吳佺聘妻周氏、謝經聘妻楊氏、周邵炳聘妻范氏，均未嫁夫亡守貞。俱乾隆年間旌。

賈夏谷妻俞氏。婁縣人。夫亡守節。同縣徐啓昊妻陸氏，盛朝廣繼妻吳氏，張肇嘉妻許氏，葉方彬繼妻曹氏，葉天授妻沈氏，黄禹範妻程氏，杜世章妻張氏，周照妻朱氏，吳玉山妻沈氏，周格妾張氏，顧天賢妻朱氏，姚嶧山妻楊氏，賈式彝妻郁氏，許玠妻賈氏，許佐臣妻張氏，林鏡妾陳氏，楊虞生妻滎氏，吳昌緒妻邵氏，張清淵妻林氏，王玠妻張氏〔八〕，陸蔚文妻盛氏，莫延宣妻張氏，戴武妻孫氏，徐壽周妻鄭氏，高文蔚妻顧氏，謝忻妻施氏，胡炳妻徐氏，陸君美妻盛氏，金澤林妻朱氏，沈斗章妻徐氏，戴素文妾張氏，聞人炎妻陸氏，顔翼賓妻程氏，張秉彝妻朱氏，淩日藻妻馮氏，馮盛忠妻沈氏，許雲章妻姜氏，瞿欽仁繼妻顧氏，馮進忠妻姚氏，張彦容妾章氏，王書臣妻蔣氏，張鎮治妻莫氏，黄閣妻顧氏，張紹曾妻楊氏，湯宗英妻高氏，胡求玉妻吳氏，章有容妻朱氏，李煒妻馮氏，李思在妻張氏，姚世敘妻何氏，馮準中妻盛氏，顧笠宸妻徐氏，吳杰妻葉氏，朱震南妻張氏，顧子一妻金氏，周臣猷妻柏氏，李選學妻朱氏，平雍珍妻龔氏，胡九成妻費氏，沈介三妻謝氏，李德甫妻錢氏，諸濤妻朱氏，王祖燕妻許氏，張賓揆妻諸氏，莊洪緒妻王氏，陳正誼妻徐氏，雷建安妻趙氏，吳敘妻張氏、妾張氏，沈世元妻顧氏，吳昆受妻陳氏，汪世元繼妻王氏，范鳴遠妻孫氏，曹宇謙妻葉氏，沈介明妻楊氏，曹丕顯妻錢氏，馬晟妾王氏，馬志道妻項氏，蔣景和妻夏氏，陸文彬妻潘氏，陳達忠妻顔氏，趙念祖妻許氏，吳瀛妻張氏，趙秋野妻周氏，王疏秀妻馮氏，陳斯佐妻顧氏，某妻雷氏，某妻陸氏，畢漢洸妻孫氏，蔡學溥妻雷氏，周忠哭妻陸氏，程球妻張氏、妾孫氏，褚仁則妻陳氏，潘佐仲妻葉氏，汪濂妻秦氏，倪景山妻韓氏，朱文琊妻俞氏，朱世宏妻范氏，葛文隴妾吳氏，周廷灝妻葉氏，張士俊妻夏氏，康廷佐妻張氏，陸國斌妻韓氏，謝雷門妻楊氏，黃士臺妻趙氏，楊宗鏡妻沈氏，孫鴻妻周氏，潘芳朝妻金氏，王瑞章妻張氏，張某妻黃氏，蔡士棟妻張氏，朱啓蕃妻林氏，戴涵妻俞氏，高觀妻范氏，夏南章妻吳氏，王錟妻唐氏，秦炳妻汪氏，杜聯馨妻夏氏，吳龍田妻金氏，陸鉉妻蔣氏，陳壽昌妻王氏，均夫亡守節。貞女徐氏、汪殿揚聘妻張氏，周厚垂聘妻高氏，均未嫁夫亡守貞。烈女徐氏，未嫁夫亡，殉烈。俱乾隆年間旌。

韓方川妻吳氏。奉賢人。夫亡守節。同縣吳振元妻周氏，陸康齡妻沈氏，王廷耀妻黃氏，陸蘭生妻陳氏，陸宗盛妻姜氏，汪飛雲妻程氏，汪彩侯妻程氏，莊永年妾沈氏，鄒金煜繼妻唐氏，程履芳妻朱氏，陳章妻屠氏，衛鼎九妻朱氏，費承江妻何氏，范以賢妻宋氏，范孝述妻盛氏，宋詢若妾王氏，陳士衡妻胡氏，張元紀妻陳氏，均夫亡守節。貞女周翌峯聘妻徐氏、宋森聘妻查氏，均未嫁夫亡，守貞。烈女韓氏、劉氏，均未嫁夫亡殉烈。俱乾隆年間旌。

姚文洽妻陳氏。金山人。夫亡守節。同縣姚廣成妻吳氏、姚歌南妻陳氏、金畹如妻王氏、王寅妻張氏、張保翼妻沈氏、周中侯妻陸氏、黃仲德妻胡氏、曹宋音妻莫氏、姚高松妻葉氏、胡秉文妻陳氏、吳義瞻妻胡氏、王圖煜妻陳氏、王世楨妻陸氏、蔣錫朋妻吳氏、曹椿妻陸氏、施文煥妻謝氏、宋德元妻龐氏、程一鳴妻畢氏、徐成亮妻高氏，均夫亡守節。貞女吳健羽聘妻唐氏、顧慎高聘妻陳氏、吳德文聘妻李氏，均未嫁夫亡守貞。俱乾隆年間旌。

淩維策妻黃氏。上海人。夫亡守節。同縣淩兆蘭妻王氏，沈祥生妻王氏，鈕文瑞妻梅氏，莫元愷妻錢氏，王省臣妻秦氏，顧翌周妻金氏，俞士鵬妻張氏，王應奎妻顧氏，陸相恩妻陳氏，陳成之妻陶氏，淩肇英妻陸氏，諸敬愷妻顧氏，王文顯妻陸氏，顧文思繼妻陳氏，奚天表妻張氏，李宏基妻沈氏，淩洪疇妻張氏，姚華顯妻陸氏，張尚智繼妻倪氏，毛君賢妻張氏，徐忠甫妻高氏，喬以萊妻周氏，黃孚遠妻金氏，强文杲妻蔣氏，張麟妻王氏，潘永煥妻金氏，蔡天吉妻朱氏，張維周妻包氏，顧開宗妻沈氏，張秉連妻仇氏〔九〕，楊紹思妻曹氏，王禹臣妻沈氏，陸肇嘉妻趙氏，吴永年妻陸氏，淩世賡妻桂氏，陸虎臣妻王氏，沈松舟妻陸氏，嚴庶翼妻范氏，陳政在妻徐氏，朱與曾妻黄氏，姜世奇妻孫氏，劉清其妻張氏，蔣鑑妻郭氏，喬赴麟繼妻李氏，朱忝林妻薛氏，高培甲妻施氏，朱竟觀妻沈氏，趙松年妻朱氏，尤玉秀妻陳氏，王習妻申氏，胡洪芳妻何氏，朱允嘉妻唐氏，曹子賢妻趙氏，吴燦英妻顧氏，吴金聲妻陳氏，王鎮妻嵇氏，陸開妻周氏，黄公彩妻沈氏，沈元一妻龔氏，李宗沅妻滕氏，徐茂英妻莊氏，朱堂妻莊氏，潘洪三妻劉氏，顧景章妻毛氏，周選繼妻王氏，王洪裔妻金氏，蔣儒妻孫氏，張堃妻孫氏，朱在喬妻徐氏，王方旦妻徐氏，方逢吉妻劉氏，張漢英妻孫氏，黄文遠妻潘氏，張殿侯妻盧氏，曹宗元妻趙氏，淩人表妻印氏，張元良妻吴氏，陳鼎賢妻王氏，秦秉恭妾曹氏，曹培鯉繼妻胡氏，曹炳曾妾夏氏，邵元斌妻曹氏，周鎬妻王氏，戴天秩妻何氏，顧韋城妻蔡氏，張鉅妻康氏，周允昌妻鄒氏，曹潤元妻彭氏，侯君榮妻孫氏，楊人奇妾孫氏，陳友三妻錢氏，陳某妻錢氏，許元來妻趙氏，徐洪遠妻瞿氏，陸秉穀繼妻高氏，趙文鍾妻張氏，陶斯詠妻莊氏，朱岳栻妻趙氏，康瞻廷妻陳氏，朱義觀妻沈氏，朱洪年妻沈氏，朱君諒妻薛氏，沈重熙妻顧氏，尤文秀妻陳氏，均夫亡守節。烈婦陳氏，夫亡殉節。貞女王維安聘妻盛氏、淩存澤聘妻祝氏、曹綏祖聘妻黄氏、惟驪聘妻淩氏、諸仁靄聘妻朱氏、高仲珍聘妻董氏，均未嫁夫亡守貞。烈女郭氏，未嫁夫亡殉烈。俱乾隆年間旌。

吴槐妻朱氏。南匯人。夫亡守節。同縣朱熹妻周氏，高維績妻周氏，鍾允文妻陸氏，趙邦彦妻奚氏，嚴敬凡妾王氏，陳元勳妻劉氏，朱如瀾妻喬氏，沈士林妻孫氏，周大賚妻桂氏，朱贊臣妻吴氏，嚴士林妻姚氏，李其芳妻康氏，金有章妻蔣氏，姚日舒妻杜氏，錢泰嚴妻夏氏，潘英甫妻奚氏，方履嘉妻顧氏，張公尹妻傅氏，黄日章妻王氏，顧西崙妻張氏，馬時茂妻申氏，衛九如妻陳氏，金宫維妻張氏，張堯妻金氏，張肇先妻胡氏，衛聖妻陳氏，顧用烈妾陸氏，沈雲望妻陳氏，張銘法妻曹氏，朱照乘妻張氏，楊秉龍妻陸氏，宋九蘭妻顧氏，潘旋履妻陳氏，唐煒妾張氏，顧學千妻潘氏，張毓需妻富氏，趙述先妻俞氏，潘聖則妻韓氏，趙亦助繼妻徐氏，唐天士妻許氏、妾顧氏，衛天昇繼妻陸氏，衛旋一妻楊氏，儲昊妻傅氏，朱合一妻蔡氏，張之璀妻唐氏，葉朱曜妻朱氏，汪鼎妻張氏，孫安舒妻傅氏，李士英妻趙氏，某妻王氏，徐濟寰妻陸氏，李廷聞妻王氏，吴廣涵妻張氏，王時樊妻潘氏，華錫封妻鈕氏，金宫維妻張氏，周煦妻華氏，莊賡揚妻李氏，陳天申妻杜氏，朱大本妻陸氏、妾張氏，均夫亡守節。烈婦黄某妻喬氏，夫亡殉節。貞女葉志學聘妻王氏、王視德聘妻陸氏，均未嫁夫亡守貞。俱乾隆年間旌。

邵承曾妻王氏。青浦人。夫亡守節。同縣朱其容妻程氏，陳其周妻黄氏，俞芝蘭妻薛氏，吕梓妻倪氏，宋汝威繼妻何氏，程天門妻徐氏，趙希霞妻胡氏，朱良才妻陸氏，金丕周妻羅氏，金岐周妻孫氏，任次山妻滕氏，黄曙妻伍氏，沈諧妻陸氏，嚴文佩妻徐氏，張聖遊妻李氏，王于謙妻陳氏，王迪人妻尹氏，許書存妻池氏，張國棟繼妻周氏，陳維欽妻陸氏，周思陶妻馮氏，黄德裕妻李氏，張錫爵妻許氏，陳仲偉妻陳氏，王才焕妻顧氏，錢彙曾妻王氏，沈訓妻汪氏，陳湘維妻李氏，徐本培妻吴氏，薛維章妻包氏，倪起莘妻萬氏，孫師登妻潘氏，吴家備妻俞氏，萬斯銓妻蔣氏，汪士俊妻蔡氏，蔣奉徵妻顧氏，葉慎行妻張氏，龔樹勤繼妻王氏，諸原儲妻畢氏，邵格芳妻顧氏，高文言妻李氏，陸朱雲妻陳氏，岑璘繼妻吴氏，沈七妻徐氏，張祉妻徐氏，陸爾陞妻羅氏，孫鋌妾唐氏，錢聖徵妻趙氏，陸岐達妻胡氏，陸國祥妻鄧氏，倪吉人妻沈氏，張元鼒妻陸氏，淩舜調妻張氏，王公三妻張氏，曹天標妻吴氏，吴觀都妻金氏，吴懋先妻張氏，吴文正妻邵氏，吴大英妻邵氏，倪若達妻徐氏，胡席儒妻王氏，駱聖瑞妻張氏，黄騰妻尤氏，張坤元妻陸氏，蔣鳳徵妻顧氏，徐明基妻王氏，張志學妻沈氏，陳以仁妻黄氏，張鎮西妻吴氏，任永清妻方氏，賈國華妻俞氏，蔣培穀妻倪氏，蔣旭妻倪氏，朱紹宸妻郭氏，陳德芳妻莊氏，陸文尉妻章氏，程寶官妻徐氏，均夫亡守節。張大燦聘妻程氏、方廷獻聘妻姜氏、趙冠垂聘妻李氏、徐子望聘妻胡氏、盛達三聘妻沈氏，均未嫁守貞。乾隆年間旌。

吴宗禮妻周氏。華亭人。夫亡守節。同縣金昆江繼妻陸氏，宋德修妻潘氏，趙德成妻劉氏，金必裕妻褚氏，施國棟妻張氏，朱振顯妻周氏，張夢徵妾胡氏，陸聚峯妻潘氏，顧德備妻施氏，陸汝賢妻徐氏，陸馭陶妻張氏，袁某妻張氏，王某妻張氏，顧世望妻葉氏，吴天章妻沈氏，楊輝章繼妻鮑氏，吴應斗妻汪氏，均夫亡守節。烈婦袁上達妻張氏，守正捐軀。貞女唐昆聘妻孫氏，未嫁夫亡守貞。俱嘉慶年間旌。

馮大淵妻盛氏。婁縣人。夫亡守節。同縣許淵若繼妻袁氏，秦玉泉妻許氏，黄淌妻姜氏，吴龍田妻金氏，陸鉉妻蔣氏，楊坤元妻顧氏，張洪盛妻胡氏，沈庸熙妻蔣氏，沈錫庭妻金氏，潘鋠妻陳氏，宋洸鏞妻沈氏，張德輿妻蔣氏，張錫爵妻沈氏，王錦成妻朱氏，周厚釁妻董氏，周厚士妻孫氏，胡廷楨妻沈氏，張玉階妻聞人氏，陳學忠妻馬氏，姚培誠妻顧氏，馬光樞繼妻張氏，張子訒繼妻姚氏，朱某妻姜氏，許鳴周妻顧氏，吳秉謙妻張氏，沈純康妻金氏，均夫亡守節。貞女康心如聘妻宋氏、馮氏，均未嫁夫亡守貞。俱嘉慶年間旌。

曹衡山妻蔡氏。奉賢人。夫亡守節。同縣路古年妻蔣氏，唐存恕妻陳氏、子斌妻韓氏，王廷梁妻何氏，裴超妻張氏，衛鎬妻裴氏，錢翔鳳妻袁氏，錢靄士妻葉氏，劉中權妻陳氏，莊繩澤妻鞠氏，莊繩謨妻范氏，吳材杰妻周氏，均夫亡守節。俱嘉慶年間旌。

張先進妻王氏。金山人。夫亡守節。同縣李芳園妻張氏，胡來潫妻姚氏，殷坤妻沈氏，黃世楨妻沈氏，黃世英妻曹氏，沈維謙妻程氏，徐祖盤妻阮氏，張源妻蔡氏，張敦樞妾姚氏，汪心一妻范氏，顧坤成妻朱氏，徐清仁妻陳氏，胡成章繼妻金氏，邵鋐繼妻徐氏，均夫亡守節。貞女方氏，李氏，沈維恒聘妻彭氏，均未嫁夫亡守貞。俱嘉慶年間旌。

黃森妻陸氏。上海人。夫亡守節。同縣姜佩玖妻楊氏，淩孝熙妻唐氏，陳久耀妻蔣氏，楊祖望妻陸氏，李廷楷妾毛氏，徐本源妻黃氏，李光照妻朱氏，沈璧琮妻唐氏、妾徐氏，王智超妻周氏，張某妻王氏，王希曾妻趙氏，均夫亡守節。貞女黃庭經聘妻張氏，淩存誥聘妻張氏，何愛金聘妻金氏，均未嫁夫亡守貞。俱嘉慶年間旌。

范周名妻祝氏。南匯人。夫亡守節。同縣閔振域妻葉氏、周德懷妻嚴氏、程德瑊妻施氏、唐文成妻徐氏、奚學海妻黃氏、李永維妻龔氏、張輔九妻黃氏、費祐堂妻王氏、程滋本妻吳氏、蔡夢菉妻黃氏、陸金聲妻蔡氏、張堅如妻鮑氏、程芬妻奚氏、周變繼妻胡氏，均夫亡守節。烈婦楊大觀妻喬氏、蔣夢松妻馬氏、項海觀妻方氏，均夫亡殉節。烈女錢存厚聘妻胡氏，未嫁夫亡殉烈。俱嘉慶年間旌。

吳紹基妻錢氏。青浦人。夫亡守節。同縣方信妻盛氏，張遂和妻沈氏，沈鶴彬妻徐氏，高燦妻席氏，王伊周妻彭氏，胡國選妻周氏，高鳳煒妻陸氏，張天禄妻沈氏，錢承宣妻徐氏，錢康妻周氏，朱紹扆妻郭氏，蔡開先妻任氏，王斌妻吴氏，張静山妻沈氏，許洪綬妻周氏，潘仁裕妻徐氏，朱三觀妻顧氏，徐恕妾顧氏、陸氏，張魯美妻黄氏，許志繼妻侯氏，喬濂妻俞氏，江永遂妻鍾氏，均夫亡守節。貞女蔡玉山聘妻陸氏、諸純聘妻沈氏，均未嫁夫亡守貞。俱嘉慶年間旌。

仙釋

唐

王可交。華亭人。業耕釣。一日掉舟入江，忽見中流有彩舫，載七道士，呼可交名，令登舫。一道曰：「好骨相，合爲仙。」一道與之二粟，甘如飴，命黄衣送上岸。覓所乘舟不得，乃在天台山瀑布寺前。僧迎問之，可交曰：「今早離家，葢三月三日。」僧曰：「已九月九日矣。」後辟穀住四明山不出。

藏奂。姓朱，華亭人。母生時有異香。稍長，詣嵩嶽受戒。大中間，居洛陽長壽寺，尋歸姑蘇，再住明州，所在學禪者雲集。咸通中示寂，賜號心鑑。

船子和尚。名德誠，蜀人。入藥山洪道禪師室，大明宗旨。常乘小舟，往來朱涇，人號爲船子和尚。忽一日，覆舟而逝。咸通中，僧藏暉即其覆舟處建寺焉。

宋

德聰。姓仰氏，姑蘇張潭人。初受戒於梵天寺，參諸方密契心印。太平興國中，結廬佘山之東峯，有二虎大青、小青爲侍。

挂一書梁間，見者問之，曰：「此佛經也。」問常讀否，曰：「既知其義，何再讀爲？」天禧初，趺足而逝。

希最。湖州施氏子。母感異夢而生。出家受天台教，緇流愛而畏之，號曰義虎。嘗講經青龍鎮隆平塔院，後居勝果寺，有鬼物爲變怪，師爲講輪迴因果，鬼投書悔謝，自稱沈光，有「自蒙懺解，已生他地」之語。師臨終，作偈而死。

鰕子和尚。名智儼，居静安寺。七月十五日，村郭設會，寺僧赴會殆盡，惟智儼在寺。有胥村人來齋僧，請同往齋所，見捕鰕者，智儼買一斗啖之，謂漁者曰：「齋回償汝錢。」及還，漁者索錢，智儼曰：「還汝鰕。」隨吐活鰕盈斗，人始異之。將示寂，斂蒲草爲萬餘繩，懸諸廊廡，曰：「吾將作大緣事。」既坐蜕，人競施錢，懸繩皆滿，遂建佛閣。人稱静安寺爲鰕子道場。

海月。名慧辨，華亭傅氏子。生有異徵，父母令出家，入普照寺得法，遂領寺事。遷杭州僧正，蘇軾倅杭，甚高其行。一日示寂，遺言東坡至方合龕。四日軾至，見其趺坐如生，頂尚温，遂以詩哭云：「生死猶如臂屈伸，情鍾我輩亦酸辛。樂天不是蓬萊客，憑仗西方作主人。」

鐵笛禪師。蜀人，名普，衆稱普首座。好吹鐵笛，慕船子和尚，居華亭。久之，語人曰：「吾去矣。」復偈别其徒曰：「坐脱立亡，不如水葬。一省柴燒，二免開壙〔一〇〕。誰是知音，船子和尚。」遂於青龍江上乘木盆，張布帆，吹笛泛遠而去。

可觀。字宜翁，華亭傅氏子。得法於車漢卿法師。紹興間，主當湖德藏寺，嘗曰：「松風山月，此我無盡鉢。」乾道中，值重九，指座云：「胸中一寸灰已冷，頭上千莖雪未消。老去只宜平地坐，不知何事又登高。」合掌而化。

净真。華亭人。嘉定間，爲興聖寺僧，有道行。嘉熙中，浙江錢塘爲海水衝決，請於安撫趙端明，願投海救水災，遂自沈於海。三日而返，謂衆曰：「我在龍宫説法，此塘不復壞矣。」語訖，復入海。安撫上其事，賜號護國法師。

元

覺慶。四明鄞人。自幼窮究禪學，年二十，禮梅峯和尚，深入悟門。至正中，至陳源堅家，端坐而逝。越三日，將火之，忽徧體汗下，因停龕十日，顔貌如生，鬚髮自長。瞻禮者無不嘆異。

明

德然。華亭張氏子。有異相，口能容拳，舌能舐鼻。誦法華經於杭之天龍寺，參洪石屋，囑以緣在吴松，爲書「松隱」二字，遂結庵郡南，扁曰「松隱」。嘗劙指血，命高行僧書華嚴經。洪武初，以高行薦。尋還，建塔七級，奉藏所書華嚴經，沐浴辭衆而逝。

朱蒲包。上海沈氏僕也。年十八，爲寶山募兵，遇異人授藥一丸，服之，遂不知寒暑飢渴。衣破衲，冒以蒲包，飲之酒輒醉，笑卧當街，人呼爲蒲包仙。行必挾竹四竿，夜宿，植竹途中露卧。市人釀酒敗，朱以竹攪甕，輒變爲甘。生平不爲人談禍福，或無意吐一語，必奇中。後無疾而化。

土產

綾。出府城。府志：一名吴綾。唐天寶中，吴郡貢方紋綾。

三梭布。出府城。府志：古名吉貝，有紫、白二種。明成化間士貢，弘治元年罷。

花毯。出府城。府志：翦絨花毯，色異巧，有廣幅至數丈者。

兼絲布。以白苧或黄草兼絲爲之，苧宜采色，爲暑服之冠。又有以絲作經而緯以緜紗，曰絲布，染色尤宜。

番布。出上海烏泥涇鎮。

撥羅絨紋繡。出南匯下沙鎮。以采絨縷結，實之以緜，花樣隱起若羅紋，謂之下沙繡。

銀器。制作極精。元時有唐俊卿，與嘉興朱碧山、平江謝君餘並稱。

銅器。府城、上海皆有之，極工緻精好。

鹽。出南匯。

鶴。瘞鶴銘，壬辰歲得之華亭。沈括云：華亭鶴窠所出爲得地。府志：宋江淹詩：「華亭失侶鶴。」唐韓偓詩：「正憐標格出華亭。」皮日休亦云：「以錢半千，得華亭隻鶴。」按：鶴窠即今下沙也。

鱸魚。出松江。府志：俗名四腮鱸。隋時，吴郡獻松鱸，謂之金虀玉膾。唐白居易詩：「水膾松江鱗。」韋應物詩：「松江獻白鱗。」羅隱詩：「鱸憶松江滿箸紅。」

沙鈎。出上海海堧中。

鯔魚。魚若披緇，故名。郡人於潮泥地鑿池，仲春潮水中，捕盈寸者種之，秋而盈尺。腹背皆腴，池魚之最。海中亦有之，味不及也。

推吹魚。一名吹沙，出通潮河。魚無細骨，冬月腴爽極珍，至春則尾腐以敗。一種短而紅腮名蝦虎者，亦然。

鮆魚。出泖湖。形如刀，長者盈尺，一名刀魚。

河豚。海及江浦皆有之。

鰣魚。鉅鱗不燦，厥味鍾焉。出海中。鄉俗以夏至後半月，敘爲三時。魚盛於四月，取迎時之義，故名。

梅魚。似石首而小，尾少鬣。迎梅時有之，故名。海鮮最先出者。且有白蝦並美，俗因有梅魚白蝦之會以賞新云。

比目魚。出黄浦。身形如篛，故一名篛魚，亦名板鞁。

海螄。土人熟買。

蓴。出華亭谷及松江。吴郡志：香滑如芼羹。四月初生，名雉尾蓴，最肥美。五六月葉舒，莖細如釵股，短長隨水淺深，名絲蓴。至秋冬名瑰蓴，有蝸蟲著其上，不可食。

雷蕈。出沿海草蕩間。雷初鳴，有暈幅員三五丈，名蕈緯，蕈生緯中，故名。味類蘇菇。

天菜。狀如木耳而嫩，亦出草蕩間，夏月雨過則有之。

桃。出上海縣。有水蜜桃爲第一。

顧繡。出上海縣。府志：山水、人物、書法、花鳥，無不生動入妙。

談箋。出府城内。相傳明侍郎談倫，得搗染法於内府，子孫以是爲業。箋凡數種，有名玉版、玉蘭、鏡面官箋者爲最。

校勘記

〔一〕松江楊玉山妾　「玉」，原作「王」，據乾隆志卷五九松江府列女（下同卷簡稱乾隆志）及雍正江南通志卷一八三人物志列女改。

〔二〕胡熙妻嚴氏　「胡熙」，乾隆志作「胡熙臣」。

〔三〕王玉泓妻葉氏　「妻」，乾隆志作「妾」。

〔四〕張洪璧妻范氏　「張洪璧」，乾隆志作「張拱璧」。

〔五〕夏成章妻于氏　「于氏」，乾隆志作「干氏」。

〔六〕吴一禮妻楊氏　「禮」，乾隆志作「體」。

〔七〕曹于謙妻葉氏　「于」，乾隆志作「宇」。

〔八〕王玠妻張氏　「玠」，乾隆志作「衸」。

〔九〕張秉連妻仇氏　「連」，乾隆志作「璉」。按，本志蓋避乾隆皇太子永璉諱改字。

〔一〇〕二免開壙　「壙」，原作「礦」，乾隆志同，據五燈會元卷一八改。

常州府圖

通州如皋界
通州泰興界
孤山
通州如皋界
靖江營
靖江
大江
君山
江陰
綺山
楊舍鎮
横山
顧山巡司
五瀉河
運河
黄公山
安陽山
無錫
金匱
膠山
尚湖
高橋巡司
惠山
錫山
望亭巡司
軍將山
運河
蘇州府常熟界
蘇州府長洲界

揚州府江都界
大江
鎮江府丹陽界
安徽廣德州界
浙江長興界
太湖
荆溪
西溪
東溪
楊巷鎮
張渚巡司

常州府表

	常州府	武進縣		
秦	會稽郡地。			
兩漢	會稽郡毗陵縣地。後漢分屬吳郡。		毗陵縣屬會稽郡。後漢屬吳郡。	
三國	吳置興農校尉。		毗陵縣	
晉	晉陵郡太康二年置毗陵郡。永嘉五年改名，徙治丹徒。義熙九年復移來治。		晉陵縣太康二年郡治。永嘉五年改名。	武進縣太康二年分置，屬毗陵郡。
南北朝	晉陵郡		晉陵縣	武進縣宋大明末屬南東海郡。梁省。
隋	毗陵郡開皇九年廢郡，置常州。大業初州廢，復改郡。		晉陵縣	
唐	常州武德三年復置州。天寶初復曰晉陵郡。乾元初復州，屬江南東道。	武進縣垂拱二年復分置，州治。	晉陵縣	武德初復置，屬常州。八年省入晉陵。
五代	常州屬南唐。	武進縣	晉陵縣	
宋	常州晉陵郡屬浙西路。	武進縣	晉陵縣	
元	常州路至元十三年升路，屬江浙行省。	武進縣路治。	晉陵縣	
明	常州府初曰長春府，尋改名，直隸南京。	武進縣府治。	洪武初省入。	

續表

	陽湖縣	無錫縣
		無錫縣 屬會稽郡。後漢屬吴郡。
		吴省。
南蘭陵郡 大興初置。 蘭陵縣 郡治。 南東莞郡 東晉僑置。 莒縣 僑置，郡治。 姑幕縣 東晉僑置，屬南東莞郡。		無錫縣 太康元年復置，屬毗陵郡。後屬晉陵郡。
齊末省。 蘭陵縣 屬南琅邪郡。 東莞郡 莒縣 齊建武三年省。		無錫縣
開皇九年省入曲阿。		無錫縣 屬毗陵郡。
		無錫縣 屬常州。
		無錫縣
		無錫縣
		無錫州 元貞元年升州，屬常州路。
	武進縣地。	無錫縣 洪武初復爲縣，屬常州府。

續表

金匱縣	江陰縣	宜興縣
	毘陵縣地。	
	利城縣元帝置，屬東海郡。 暨陽縣太康二年置，屬毘陵郡。尋屬晉陵郡。	義興郡永嘉四年置。
	江陰郡梁置。 江陰縣梁太平三年析置。 利城縣 暨陽縣	義興郡
	開皇九年廢。 江陰縣屬毘陵郡。 省。 省。	廢。
	武德三年置暨州。九年廢。 江陰縣屬常州。 武德三年復置，屬暨州。尋省。 武德三年復置，屬暨州。九年省。	
	江陰軍南唐昇元中置。 江陰縣南唐爲軍治。	
	江陰軍熙寧四年廢。建炎四年復置，屬兩浙西路。 江陰縣	
	江陰州至元十四年升路。復降州，屬常州路。尋直隸行省。 江陰縣州治。	
無錫縣地。	初改連洋州，尋復故。洪武初改縣。 江陰縣屬常州府。	

續表

陽羨縣 屬會稽郡。後漢屬吳郡。			
陽羨縣 吳分屬吳興郡。			
陽羨縣 郡治。	國山縣 永興初分置，屬義興郡。	臨津縣 永興初分置，屬義興郡。	義鄉縣 永興初分置，屬義興郡。
陽羨縣	國山縣	臨津縣	義鄉縣
義興縣 改名，屬毗陵郡。	省。	省。	省。
義興縣 武德七年置南興州。八年州廢，屬常州。		武德七年復置，屬南興州。八年省。	
義興縣			
宜興軍 太平興國初改名，仍屬常州。後改置軍。			
宜興州 至元十五年升府。二十年仍爲縣。明年又升府，兼置縣。元貞初廢府、縣，改州，屬常州路。			
宜興縣 洪武初復爲縣，屬常州府。			

續表

	荊溪縣	靖江縣
		海陵縣地。
宋永初三年分置綏安縣，屬義興郡。梁省。		
		海陵、吴陵二縣地。
		泰興縣地。
		改屬江陰縣。
	宜興縣地。	靖江縣成化七年析置，屬常州府。

大清一統志卷八十六

常州府一

在江蘇省蘇州府西北二百三十里，江寧府東南二百七十里。東西距一百九十里，南北距二百八十五里。東至蘇州府常熟縣界一百四十里，西至鎮江府丹陽縣界五十里，南至浙江湖州府長興縣界二百里，北至大江北岸通州泰興縣界八十五里。東南至蘇州府長洲縣界一百四十里，西南至安徽廣德州界二百三十里，東北至通州如皋縣界一百七十里，西北至揚州府江都縣界一百二十里。自府治至京師二千五百三十五里。

分野

天文斗、牛分野，星紀之次。

建置沿革

禹貢揚州之域。春秋吳地，史記吳世家：季札封於延陵。按太康地理志，武進縣故延陵邑，季札所居。後屬越。戰國屬楚。秦爲會稽郡地。漢爲會稽郡毘陵縣。北境爲臨淮郡地。後漢永建四年，分屬吴郡。三國吴分置典農校尉。晉太康二年，省校尉置毘陵郡。永嘉五年，以毘陵郡封東海王世子毘，因避諱改曰晉陵郡，徙治丹徒。永興元年，析置義興郡。東晉太興初，又徙治京口。義熙九年，還治晉陵。宋、齊以後因之。隋開皇九年，郡廢，置常州。大業初，復曰毘陵郡。唐武德三年，復曰常州。天寶初，復曰晉陵郡。乾元初，復曰常州，屬江南東道。五代屬南唐。宋仍曰常州晉陵郡，屬浙西路。元至元十三年，升常州路，屬江浙行省。明初曰長春府，尋復爲常州府，直隸南京。

本朝屬江蘇省，領縣八。

武進縣。附郭。東西距五十一里，南北距六十五里。東至陽湖縣界一里，西至鎮江府丹陽縣界五十里，南至陽湖縣界十五里，北至通州泰興縣界五十里。東南至陽湖縣界五里，西南至鎮江府金壇縣界六十里，東北至陽湖縣界十五里，西北至丹陽縣界八十里。春秋吴延陵邑。漢置毘陵縣，屬會稽郡。後漢屬吴郡。晉太康二年，爲毘陵郡治，又分置武進縣。永嘉五年，改毘陵曰晉陵。宋、齊以後因之。隋仍爲毘陵郡治。唐武德初，復置武進縣，爲常州治。八年，省入晉陵縣。垂拱二年，復分置武進縣。五代、宋因之。元爲常州路治。明洪武初，省晉陵入武進，爲常州府治。本朝因之。

陽湖縣。附郭。東西距四十六里，南北距一百二十里。東至無錫縣界四十五里，西至武進縣界一里，南至宜興縣界七十里，北至江陰縣界五十里。東南至宜興縣界一百里，西南至武進縣界二十五里，東北至江陰縣界五十里，西北至武進縣界一里。本武進縣地。本朝雍正二年，析置陽湖縣，與武進縣分治郭下。

無錫縣。在府東南九十里。東西距五十里，南北距一百十里。東至金匱縣界半里，西至陽湖縣界五十里，南至蘇州府長洲縣界七十七里，北至江陰縣界三十三里。東南至長洲縣界四十三里，西南至陽湖縣界五十一里，東北至江陰縣界五十一里，西北至陽湖縣界五十一里。漢置無錫縣，屬會稽郡。後漢改屬吴郡。三國吴分置典農校尉，省縣屬焉。晉太康元年，復置，屬毘陵郡，後屬晉陵郡。宋、齊以後因之。隋屬毘陵郡。唐屬常州。五代、宋因之。元元貞初，升爲無錫州，隸常州路。明洪武初，復爲縣，屬常州府。本朝因之。

金匱縣。在府東南九十里。東西距七十里，南北距一百十里。東至蘇州府常熟縣界七十里，西至無錫縣界半里，南至蘇州府長洲縣界七十七里，北至江陰縣界三十三里。東南至長洲縣界四十里，西南至無錫縣界十五里，東北至常熟縣界七十里，西北至江陰縣界三十三里。本無錫縣地。本朝雍正二年，析置金匱縣。

江陰縣。在府東七十里。東西距一百六十里，南北距七十四里。東至蘇州府常熟縣界九十里，西至武進縣界七十里，南至無錫縣界五十四里，北至靖江縣界二十里。東南至常熟縣界八十里，西南至武進縣界七十里，東北至常熟縣界七十五里，西北至武進縣界七十二里。秦時爲暨陽鄉。漢毘陵縣地。晉太康二年，析置暨陽縣，屬毘陵郡，尋屬晉陵郡。宋、齊因之。梁太平三年，析置江陰縣，兼置江陰郡。隋開皇九年郡廢，縣屬毘陵郡。唐武德三年，置暨州。九年州廢，縣屬常州。五代南唐昇元中，置江陰軍。宋熙寧四年軍廢，建炎四年復置。二十七年廢，三十一年復置，屬兩浙西路。元至元十四年，升江陰路，後降爲州，屬常州路，尋直隸行省。明初，改曰連洋州，尋復爲江陰州。洪武初，改州爲縣，屬常州府。本朝因之。

宜興縣。在府南一百二十里。東西距一百六十里，南北距六十里。東至蘇州府吴江縣界九十里，西至鎮江府溧陽縣界七十里，南至荆溪縣界半里，北至陽湖縣界六十里。東南至荆溪縣界三十里，西南至荆溪縣界九十里，東北至陽湖縣界七十里，西北至鎮江府金壇縣界七十里。漢置陽羡縣，屬會稽郡。後漢屬吴郡。三國吴分屬吴興郡。晉永興元年，於縣置義興郡。宋、齊以後因之。隋初郡廢，改縣曰義興，屬毘陵郡。唐武德七年，置南興州。八年州廢，仍屬常州。五代因之。宋太平興國初，改曰宜興縣。宋末改置軍。元至元十五年，升宜興府。二十年，仍降爲縣。二十一年，又升爲府，兼置宜興縣爲府治。元貞初，府縣俱廢，改爲宜興州，隸常州路。明洪武初，復曰宜興縣，屬常州府。本朝因之。

荆溪縣。在府南一百二十里。東西距一百八十里，南北距八十里。東至蘇州府吴江縣界九十里，西至鎮江府溧陽縣界九十里，南至浙江湖州府長興縣界八十里，北至宜興縣界半里。東南至長興縣界七十里，西南至安徽廣德州界一百里，東北至宜興縣界三十里，西北至鎮江府溧陽縣界九十里。本宜興縣地。本朝雍正二年，析置荆溪縣。

靖江縣。在府東北一百五十里。東西距一百二里，南北距五十二里。東至通州如皋縣界六十里，西至通州泰興縣界四十二里，南至江陰縣界三十五里，北至泰興縣界十七里。東南至江陰縣界五十里，西南至武進縣界五十里，東北至如皋縣界七十里，西北至泰興縣界五十里。漢海陵縣地。唐爲海陵、吴陵二縣地，屬泰州。宋爲泰興縣地。元改屬江陰縣。明成化七年，析置靖江縣，屬常州府。本朝因之。

形勢

三江之雄闊，五湖之腴表。風土記。岡阜相屬，林麓鬱然。毘陵舊志。川澤沃衍，有海陸之饒；物産豐阜，足衣食之供。隋志。大江横其北，太湖處其東。宋政和河溝記。北抵江、淮，東連海道。宋圖經。三吴襟帶之邦，百越舟車之會。寰宇記。山長水遠，氣秀地靈。元宜興圖册。土厚水深，山澤清曠。元路學興造記。

風俗

秀而多文，愿而循理。君子尚義，庸庶厚龐。隋志。承泰伯之高蹤，由季子之遺烈。居英賢之舊地，雜吴夏之語音。人性佶直，黎庶淳讓，敏於習文。寰宇記。事簡易治，民醇相安。食服之度漸靡，禮義之風寖盛。舊志。

城池

常州府城。周十里有奇，高二丈五尺。門七，水門四，池廣十六丈，深二丈。明洪武二年改築。本朝雍正八年修。武進、陽湖二縣附郭。

無錫縣城。周十八里，高二丈一尺。門四，水門三，池廣一丈七尺，深二丈。宋乾興中築。本朝康熙七年修。

金匱縣城。與無錫縣同。

江陰縣城。周九里有奇，高二丈五尺。門四，池廣四丈二尺，深七尺。明正德中築。

宜興縣城。周九里有奇，高二丈五尺，門四，池廣三丈，深一丈五尺。明永樂中增築。

荊溪縣城。與宜興縣同。

靖江縣城。周七里有奇，高一丈八尺。門四，池廣六丈五尺，深一丈八尺。明成化中築，嘉靖中甃甎。

學校

常州府學。在府治西。宋太平興國初建，德祐時燬於兵。元至元間重建。本朝康熙年間修。入學額數二十五名。

武進縣學。在縣治東南。元大曆年間重建。本朝順治、康熙年間屢修。入學額數十三名。
陽湖縣學。與武進縣同。入學額數十二名。
無錫縣學。在縣治南。宋嘉祐間建。本朝康熙年間修。入學額數十三名。
金匱縣學。與無錫縣同。入學額數十二名。
江陰縣學。在縣治西南。宋崇寧間建。本朝順治年間屢修。入學額數二十五名。
宜興縣學。在縣治西南。宋景德中建。本朝順治、康熙年間屢修。入學額數十三名。
荆溪縣學。與宜興縣同。入學額數十二名。
靖江縣學。在縣治西南。明成化中建。本朝康熙七年修。入學額數二十名。
道南書院。在府治朝京門内。宋楊時嘗講道於此。紹興初立祠祀，後燬於兵。明正德中，即毘陵驛址建。
延陵書院。在府城雙桂坊季子祠西。本朝康熙十年建。
龍城書院。在府治。明隆慶間建，本朝乾隆十九年修。
東林書院。在無錫縣治東。宋楊時講學處，久圮。明成化中，建於泰伯瀆上。本朝康熙年間重建。
二泉書院。在無錫縣慧山寺。明正德間建。本朝順治年間修。
暨陽書院。在江陰縣治。本朝乾隆二十三年建。
東坡書院。在宜興縣蜀山。明弘治間建。本朝康熙年間修。
蜀山書院。在荆溪縣治。本朝乾隆二十四年建。

正誼書院。在靖江縣治。本朝乾隆八年建。

馬洲書院。在靖江縣南門外。明知縣陳函輝建。

户口

原額人丁五十九萬三千七百八十六，今滋生男婦大小共三百八十九萬五千七百七十一名口。

田賦

田地五萬五千七百九十二頃六十四畝四分有奇，額徵地丁正、雜銀五十六萬七千四百三十九兩四錢四分一釐，又雜辦銀四千五百二十二兩九錢一釐，米三十五萬五千一百七十石二斗三升三合一勺。

山川

黄公山。在武進縣東南八十里，去太湖十五里。相傳爲楚黄歇所封地。有龍泉灣。其東南有龜山，又南有梅堂山。

黄山。在武進縣西北七十里孟河東，俯瞰大江。南有孤陳山，東北有小山入江，謂之吴尾，以羣山自西來至此而盡也。又東有九龍山，自孤陳至此有九小山相連屬，故名。又江北六里亦有黄山，上有石室，楊吴時置烽燧之所，今曰黄山門，爲江防要津。江防考：黄山門，在包港江心，水流湍悍，盜賊出没之地，又當常、鎮二郡之交。上下瞭望，幾及百里，實京口之門户也。

孟城山。在武進縣北八十里，俯瞰大江。相傳晉孟嘉嘗隱於此。孟河經其下入大江。又西有嘉山，上有白龍潭，鄉人歲旱禱雨於此。

横山。在武進縣東北三十五里，延袤二十餘里。舊名芳茂山，晉右將軍曹横葬此，因易今名。寰宇記作二横山，有二山相連續。風土記又謂之大横峴。其北五里曰三山，三峯相連，中一峯尤峻拔。明初，張士誠遣兵寇常州，吴良自江陰取間道，殲其援兵於無錫之三山，即此。

馬蹟山。在陽湖縣東六十里。輿地紀勝：在州東太湖中。巖壁間有馬蹟隱然，世傳秦始皇游幸馬所踐。舊志：在縣東南九十里。周百二十里，與津里山相接。其西麓曰西青，石壁峭立，多石窟，圓如馬蹟，因名。明初下常州，俞通海以舟師略太湖入馬蹟山，破張士誠水寨，即此。

夾山。在陽湖縣東南七十里太湖中，南北五里，夾秦、陽二小山。中峽有馬鞍嶺。

津里山。在陽湖縣東南。唐邵偃記曰：山連馬蹟、夫椒，峯巒回合，波影映帶，實爲奇觀。輿地紀勝：在縣東南一百三十里太湖中，一名秦履山，相傳秦始皇嘗自夾山登此。通志：江陰縣西南二十里有秦望山，俗稱茶岐山，即此山也。

皇山。在無錫縣東五十里。劉昭後漢志注：上有泰伯冢。寰宇記引輿地志云：泰伯宅東九里有皇山。舊志：相傳梁鴻居於此，又名鴻山。

獨山。在無錫縣西南十八里。錫山之脈，西南來，至此中斷。北與管社山相望爲浦嶺門，南與充山相對峙爲獨山門，果溪之水由二門入太湖。又有三山，在獨山門外，屹立太湖中，與獨山相望。

横山。在無錫縣西南二十里。東與龍山勢若相附，中斷爲平疇，通華利口。

路耿山。在無錫縣西南二十五里。前臨長廣溪，後負太湖，據諸山之勝，巖巒重疊。上有石池，冬夏不盈涸〔一〕。

青山。在無錫縣西南三十五里。一名章山，亦曰青山灣。面太湖，其西有韓灣、孟灣諸山。

閶江山。在無錫縣西南四十里。相近曰歸山。下有闔閭城，又有閶江，亦太湖之別浦也。

軍將山。在無錫縣西南四十里，近太湖。下有龍潭，南唐時屯兵於此，以備吴越。

惠山。在無錫縣西，一名慧山。縣志：西域僧慧照居之，故名。隋志：無錫縣有九龍山。寰宇記：九龍山，一名冠龍山。又曰惠山，在縣西北七里，一名九隴山。通志：古名華山，又曰歷山，又名西神山。有九峯，下有九澗，有慧山寺第二泉在焉。泉之上有方圓二池，其中相通，而圓池最佳。相傳隋大業末，上有龍鬭，又名龍鬭山。本朝乾隆十六年，高宗純皇帝南巡，有御製登惠山寺詩。二十二年、二十七年、三十年、四十五年、四十九年，俱有御製惠山疊前韻詩。三十年，御製泛舟游惠山即景雜詠詩。

錫山。在無錫縣西五里，惠山之支麓也。唐陸羽惠山記：東峯當周、秦間，大産鉛錫，故名錫山。漢興，錫方殫，故創無錫縣。王莽時，錫復出，改縣名曰有錫。後漢有樵客於山下得銘云：「有錫兵，天下争。無錫清，天下安。有錫沴，天下弊。無錫乂，天下濟。」自光武至孝順之世，錫果竭，順帝更爲無錫縣，此錫山名所由始也。按宋聶厚載縣治記云：「樵客得銘，合在文景之世。是時弭師偃革，天下清宴，故神靈薦祉，其銘出矣。因之創縣，宜彰其美。陸云後漢得銘，非也。」本朝乾隆十六年，高宗純皇帝南巡，有御製雨中游錫山詩。二十二年，有御製錫山詩。

龍山。在無錫縣西惠山北。越絶書：縣西有龍尾陵道，春申君所築，今山尾亦呼曰龍尾，上有曰龍潭。蘇軾詩：「石路縈迴九龍脊，水光翻動五湖天。」即此。自龍山稍斷復突起曰華利山，有華利口，在縣西十八里。又西即歷山。

安陽山。在無錫縣西北五十里。風土記「周武王封周章少子贇於無錫安陽鄉」，即此。元末，張士誠將莫天祐屯兵於此，以塞宜興東出之道。舊志：在縣西北五十一里，接武進縣界。上有龍湫。

顧山。在無錫縣東北六十五里，一名東顧山。接常熟及江陰二縣界，又名三界山。上有龍潭。通志亦謂之香山。

金匱山。在金匱縣城中，邑之鎮也。縣以此名。

膠山。在金匱縣東四十里。長九里，有滌硯、寶乳二泉。

芙蓉山。在金匱縣東北二十五里。芙蓉湖在其下，故名。上有天乙峯，爲歲旱祈禱處，又名龍泉峯。

綺山。在江陰縣東十里。輿地紀勝：昔吴王泛舟至此，見野花繁盛如綺，因名。俗譌爲啓山。上有善利泉。

定山。在江陰縣東二十五里，一名女山。唐法響禪師駐錫於此。有玉乳泉，一名虎跑泉。

香山。在江陰縣東二十九里。輿地紀勝：上有採香徑。府志：又名香灣。左岡中發一泉，紆迴而下，夾澗有桃，名桃花澗。其西爲鳳凰山，又西七里爲盤龍山，一名蛟山。唐垂拱中，有黄龍蟠其上，故名。

沙山。在江陰縣東四十五里。頂有「金鵞石」。舊志：相傳初本平地，晉、宋間江水泛漲，涌沙成山。

白鹿山。在江陰縣東五十里。輿地紀勝：在縣東五十五里。相傳吴王出獵得白鹿於此。

由里山。在江陰縣東南十五里。輿地紀勝：四面皆九里，又名九里山。

白龍山。在江陰縣東南五十里，形如龜，俗呼爲龜山。上有白龍洞。

君山。在江陰縣北澄江門外，縣鎮山也。其巔有松風亭。通志：在縣北一里，一名瞰江山。突起平野，俯臨大江。宋南渡後，置營寨於山麓，爲戰守要地。又北五里曰黄山，與君山皆以春申君名。

蕭山。在江陰縣東北十五里，以蕭氏世居其下而名。一名小山。上有祭江臺，其東有彭公山。

真山。在江陰縣東北十五里。輿地紀勝：在縣東十八里。又祥符圖經作甑山，又名石牌山。

浮山。在江陰縣東北揚子江中。西臨石磴，東控巫門，爲江海門户。

穿石山。在宜興縣東南二十里，一名蛟山。有石穴，受許陂長流，民田藉以灌溉。又名洞山，產茶。

唐貢山。在宜興縣東南三十五里。東臨罨畫溪，產茶。唐時入貢，因名。金沙泉在其下。

蘭山。在宜興縣東南五十里。輿地志：石蘭山斗入太湖，五里有石麓如岸者二：南曰大蘭山，北曰小蘭山，相連二里。通志：一名香蘭山，接浙江安吉、長興二縣界。

張公山。在宜興縣東南。中有洞，郭璞云：洞中南北二堂，相傳張道陵居此，因名。水流入圻瀆。府志：高六十仞，麓周五里。洞深五十餘仞，北向一竇，廣踰四尋，游者秉炬達燒香臺，可坐百人，行約三里許，南望小洞通徹，道書第五十八福地也。洞後有白馬洞、白鶴洞，皆有水出，合流入罨畫溪。西南曰佛窟洞，有玉女潭。又西南三里許曰天窟洞，有龍湫。又西曰水犀洞，洞凡三穴，亦曰君陽洞。

煙山。在宜興縣西南三十里。諸峯環峙，上有釣魚磯，下臨深淵。相傳吴孫堅嘗釣於此。

小坯山。在宜興縣西一百里。寰宇記：在長塘湖中。水底有石室，北流入圻溪。通志：一名白石山。稍北爲大坯山，接鎮江府金壇、溧陽二縣界。

㔻山。在宜興縣西北七十里，周三十里有奇。按廣韻，㔻烏后切，山名。詳見鎮江府山川門「㔻山」注。

柚山。在宜興縣西北八十里洮湖上，與湖中大坯山對峙。多巨石，不產林木。

計山。在宜興縣東北二十五里。通志：巔有池，其西峯曰金鵞山。唐初嘗置鵞州於義興，故名〔二〕。

陽山。在宜興縣東北三十五里，一名峅山。多縱石，而有大横峴以承流泉。下爲陽溪。

頤山。在荆溪縣東南三十五里。通志：唐陸希聲隱於此，嘗著二十七詠〔三〕，誌臺池泉石林木之勝。

蜀山。在荆溪縣東南三十八里。屹然特立，旁無附麗。本名獨山，宋蘇軾愛其風景類蜀，改今名。

義山。在荆溪縣東南六十里。東臨太湖，南接浙江長興縣界。

荆南山。在荆溪縣南，縣主山也。高而大，巖洞絶勝。上有龍池，歲旱禱雨輒應。其北爲南嶽山，孫晧既封國山，遂以此山爲南嶽。其地爲古陽羡産茶處。

小心山。在荆溪縣西南三十五里，即君山西峯也。有金泉出此。通志：一名敷金嶺。

國山。在荆溪縣西南五十里。三國吴孫亮五鳳二年，陽羡離里山大石自立。孫晧天璽元年，陽羡山有石空裂十餘丈成室，名曰石室，表爲天瑞。乃遣司徒董朝至陽羡封禪國山，以明年改元天紀，以協石文。梁天監八年，或請封會稽禪國山，不果。寰宇記引輿地志云：「本名離里山，有九峯相連，亦名九斗山，又名升山。」吴孫晧封禪爲中嶽，改爲國山。東北有兩重石洞，土人呼爲石室。周幽王二十四年忽開，可容千人。又有石柱，呼爲「玉柱」。水流注章溪。輿地紀勝：有善卷洞，周幽王時所開。舊志：延袤三十六里。

龍池山。在荆溪縣西南七十里，高五里。南巖曰白雲，壁立數百仞，其石皆白。有龍池。

章山。在荆溪縣西南七十里。寰宇記：在縣西南六十里。風土記曰有芳巖，即此。通志：一名黄山，周六十八里。

分界山。在荆溪縣西南百里，接安徽廣德州界。

孤山。在靖江縣東北二十五里。舊在大江中，去岸五六里，距山百步有石磴，亦在水中。明成化間，潮沙壅積，轉而成田。今山在平陸。

垂腳嶺。在宜興縣南六十里，接浙江長興縣界。

梅花塢。在宜興縣東南三十六里。唐陸希聲詩：「凍蕊凝香雪艷新〔四〕，小山深塢伴幽人。」即此。

若冰洞。在二泉之上，今雲起樓右二十步許。唐僧若冰劚巖得之，故洞及泉並以若冰名。本朝乾隆二十七年、三十年、四十五年，高宗純皇帝南巡，俱有御製若冰洞詩。

大江。自鎮江府丹陽縣流入，經武進縣北，又東至江陰縣北，又東入蘇州府常熟縣界。禹貢：漾水東爲北江入海。漢書地理志：毗陵縣，江在北，東入海，揚州川。寰宇記：江陰縣北至江二里，至江心泰州海陵縣界四十里。通志：在府北五十里，江陰縣北一里，而靖江之東南也。西自丹陽入界，經府治北，東抵江陰東，北與通州、泰州相對，行郡境百八十餘里。靖江縣志：舊自郡北迤東，至今縣西分爲二派，繞縣南北以入海。縣居江海之交，中流屹立，明天啓以來，潮沙壅積，縣北大江竟爲平陸。江防考：江中哨守之處爲青草沙。自是而東北，有蒲沙，又東爲唐沙。三沙之中，巫山門在焉，亦曰巫子門。

後河。在府城内，一名市河。宋史：郡守李餘慶穿龍塘河，經大市，引惠明河東注，出裏虹橋，與運河合。

運河。自蘇州府吴縣界西北流入，經無錫縣城東，又西北流經武進縣城南，又西北流入鎮江府丹陽縣界。通志：在府南，自望亭入無錫縣界，流經郡治西北，抵奔牛鎮，達於孟河，行百七十餘里。吴夫差所鑿。隋大業中，自京口穿河至餘杭，擬通龍舟，此其故道也。自唐武德後累濬，遂爲江南之水驛云。河渠志：望亭北爲常州府無錫縣境。又北二十里曰新安，又北三十里經縣城南，引而西北十里至高橋，合江陰縣運河。又北二十里經洛社，又北二十里經横林，爲武進縣境。又東北十里經戚墅堰，十里經丁堰，二十里達常州府城。

西蠡河。在武進縣西南，亦名南運河。自宜興縣流入，北合運河。通志：一名浦陽溪。北枕運河，南經陳渡橋入滆湖。又有東蠡河，在荆溪縣東十五里。北接餘皮滄，東南入於太湖，宋咸平中浚。

得勝新河。在武進縣西十八里，舊名烈塘河。運河自連江橋分流，北流四十三里入江。宋紹興中，郡守李嘉言開濬，臨江置閘，即今魏村閘。明洪武二十四年濬治，廣二丈，改今名。本朝雍正五年重濬。

孟瀆河。在武進縣西三十里奔牛鎮。東南接運河，北流六十里入江。唐志：縣西四十里有孟瀆，引江水南注通漕，溉田四千頃。唐會要：元和八年，刺史孟簡因故渠開之，因名。明永樂四年，詔漕船自孟瀆出江入白塔河，江行不踰半日，省風濤之險。尋罷。正統以後，巡撫周忱、巡按林應訓相繼浚治。本朝康熙二十年，巡撫慕天顔請濬孟河。四十六年，修建孟河北牐，以備蓄洩。雍正五年重濬，并造犂船，歲時拖刷淤墊。

水磴河。在陽湖縣東四十里。東南接運河，北過無錫入江陰界。

網頭河。在陽湖縣西青山門外，延袤六十五里。東北流分爲四支，曰澡港、桃花港、利港、申港。又東入江陰縣界，接無錫高橋河。

鴨城河。在無錫縣東二十里。源自運河，東行至甘露鎮，分爲二派。一南流入蠡湖，一北出至河東北三十五里爲漢塘河，北貫興塘港，與新河接。新河，南宋時所開，北通大江，今塞。

雙河。在無錫縣北五里，亦曰雙溪。自運河分流南出，分爲二派。一南流合於梁溪，一西流達直湖港，入武進縣界。

五瀉河。在無錫縣北十四里。宋熙寧末，郟僑議治常、潤之水，莫若決五瀉堰，使水徑入江。通志：源出芙蓉湖，南枕運河。宋元祐間，治芙蓉湖爲田，因開堰置閘，後架石梁其上，名曰高橋。通江陰運河。

橫河。在江陰縣東。輿地紀勝引長編云：宋乾興元年，知軍崔立開横河六十里，通漕運。舊志：自城中接黄田港，東流七十里，經常熟縣界入大江。

長河。在江陰縣東南十里，一名東河。自縣南門運河分流，東南入無錫縣界，匯入新河。

滆湖。在武進縣西南三十五里。郭璞江賦：「具區洮滆。」酈道元以滆爲五湖之一。通志：一名西滆，又名沙子湖。東西三十五里，南北百里，中與宜興分界。東連太湖，西通蕪浦港。

陽湖。在陽湖縣東五十里，以近陽山得名。在無錫湖之東，東西八里，南北三十二里。北通茭饒、臨津二湖，共爲三湖，東南入太湖。

芙蓉湖。在陽湖縣東，無錫縣西北，江陰縣南。一名上湖，又曰射貴湖。越絶書：無錫湖者，春申君治以爲陂，周萬四千頃。其一千三頃，毘陵上湖也。水經注：射貴湖，爲五湖之一。寰宇記：上湖，一名射貴湖，一名芙蓉湖，又謂之無錫湖。在晉陵、江陰、無錫三縣界，西去州五十里。東南流爲五瀉水。舊志：昔時湖岸南北相距八十里。宋元祐中，堰湖爲田，湖流漸塞。明萬曆中，縣丞郭之藩築隄捍之，圓可二十里，中築界隄，長十餘里。北障江潮，南捍湖水，自是濱湖皆爲良田。

蠡湖。在無錫縣東南五十里。寰宇記有蠡瀆，西北去縣五十里，范蠡伐吴開造此瀆。通志謂之漕湖。按蘇州府長洲縣界。又名孟河。唐書志：元和八年，孟簡開泰伯瀆，并導蠡湖，故亦名孟河。

濠湖。在無錫縣南六十里，俗名鵝肫蕩。西通漕湖，北接蘇州府常熟縣界，東接蘇州府長洲縣界。

太湖。在無錫縣西南三十里。東接蘇州府界，宜興縣東四十五里，東南接浙江長興縣界。

五部湖。在無錫縣東北十里。東西二十里〔五〕，南北十里。其源濁而流清，溉田百餘頃。漢末，陶穀隱居五部湖，即此。

織墩湖。寰宇記有傘墩，在江陰縣東四十里，吴王闔閭第八子葬於此。舊志：周四十七畝，宋紹興十六年，詔爲放生池。

洮湖。在宜興縣西北九十里，一名長塘湖。風土記：陽羨西北有洮湖。宋庾業爲義興太守，西討孔顗至長塘湖，即此。

寰宇記：長塘湖，在縣西一百里，即洮湖也。通志：周迴百有餘里，上受溧陽、金壇之水，下通太湖，入於海。

白鶴溪。在武進縣西南三十里。寰宇記：在縣西南三十里。舊志：運河自奔牛東三里分流爲直瀆，又南合三溪河，又南經鳴鳳鄉爲鳴鳳河，又南由垂虹溝入滆湖，即白鶴溪也。

烏角溪。在無錫縣東南五十里。東至望亭驛接運河，西流入太湖。

梁溪。在無錫縣西門外，源出惠山。相傳古溪極隘，梁大同中重浚，故名。或以梁鴻居此而名。自惠山引而東，接雙河南派之水，南流繞城西，至縣西南二里分爲二：一西南流十八里爲小渲瀆，又西爲大渲瀆，各南流二十里，復合爲清祈瀆，又西南由獨山門入太湖；一南流經石塘下爲長廣溪，又西南出吴塘門入太湖。

東舍溪。在荆溪縣東南三十六里。唐顧況詩：「家住義興東舍溪。」寰宇記有圻溪，俗呼爲罨畫溪，在城南三十六里。源出懸腳嶺，東流入太湖。唐刺史李栖筠於溪南置貢茶舍，俗謂之東舍溪，又名五雲溪。通志謂之東瀉溪，舍、瀉聲相近而誤也。

荆溪。在荆溪縣南，以近荆南山得名。自鎮江府溧陽縣流入，承永陽江，下注震澤。漢書地理志：中江出蕪湖西南，東至陽羡入海。虞喜曰：「漢初置荆國，以有荆溪在陽羡界爲名。」寰宇記：即漢志蕪湖之中江水也。九域志「縣有陽羡溪」，亦即此。輿地紀勝：首受蕪湖水，東至陽羡入湖。明萬曆府志：廣德、溧陽、金壇及本縣迤西諸山澗水，流匯於城西，曰西溪，亦曰西九。謂之九者，計里三九縱横皆九里也。城東曰東溪，亦曰東九。東西溪皆茫然巨浸，又東入太湖。成化二十年，知縣袁道自西溪南鑿便民河，一名後袁河。嘉靖二十年，知縣馮維訥又自東溪南鑿通澤河，以避東、西九風波之險。又有新溪，在縣南一里，宋嘉祐中鑿，東西皆接荆溪。

章溪。在荆溪縣西南三十五里。源出章山，北流合慈湖溪入荆溪。慈湖溪，在縣西南八十里。源出沸泉山，北流入荆溪。又有濮溪，在縣東五里，源出君山，東北流入荆溪。

白雲溪。在荆溪縣西六十里。自鎮江府溧陽縣流入，即荆溪之上源也。又有蓮花溪，在縣西北六十里，源出㢭山，東流合白雲溪。

吴溪。在荆溪縣東北十五里，一名浯溪。西南接荆溪，東北流入太湖。

澡港。在陽湖縣北五十里，一名鼉子港。南接網頭河，北入大江，袤四十里。

花渡港。在無錫縣西北三十五里。東貫運河，西貫直湖港入陽湖。又有雙牌港，在縣西北四十五里，東連運河，南入陽湖，與武進縣分界。

谷瀆港。在江陰縣東六十四里。北引江水，南行絶横河，經三河口，分爲二派，一西南入新河通無錫縣界，一接長河。

夏港。在江陰縣西十里。導江水東南行，出蔡涇閘與黄田港合，北入於江。寰宇記：陳至德初，移縣治夏浦。輿地紀勝謂之夏港，春申君長子所開。舊志：蔡涇，在縣西南十里，西接夏港，東出蔡涇閘，貫運河而東北入於横河。

申港。在江陰縣西三十里，一名申浦。東入無錫五瀉河，西入武進戚墅堰，合於三山石堰，又北流入大江。寰宇記：春申君所開置。輿地紀勝：宋太守劉堂、漕臣姜銑，建議濬申、利二港。明侍郎徐貫重濬。

利港。在江陰縣西五十里，東北行二十五里入大江。輿地紀勝：本名漁浦，因漁利故名。久廢。乾興元年，知軍崔立教民濬治，既成，溉田千頃。

黄田港。在江陰縣北三里。輿地紀勝：在縣北二里，黄歇所開。舊志：導江水南行，於江口置閘曰黄田閘，洩水至城北中流貫城。又支分東出爲横河，又南出爲運河。至縣南二里曰九里河，又東經蔡涇閘。

瀾港。在靖江縣西南。通大江，西接城河。

伯牙瀆。在武進縣西三十里。南通運河，北入大江。

孝感瀆。寰宇記：去州八十五里。王祥寓居武進尚義鄉，母病思魚，祥解衣，將剖冰求之，忽有雙鯉躍出，即此瀆也。舊志：在縣西南，通滆湖。

泰伯瀆。在無錫縣東五里。唐書地理志：在縣南五里，東連蠡湖。元和八年，刺史孟簡開。寰宇記：長八十七里。

百瀆。在宜興縣西南七十里爲上瀆，東北六十里爲下瀆。宋單鍔水利書曰：古人以荆溪不足以勝數郡奔注之水，故於震澤之口開瀆百條。又開横塘瀆，延亘四十里，以貫百瀆，分荆溪之流下震澤。今大半堙塞。宣和二年，趙霖修百瀆五十八條，長六十二里。

東洲。在武進縣東南百里太湖濱。五代梁開平二年，吴越將張仁保攻常州之東洲，拔之。淮南將陳璋等馳救，大破仁保於魚蕩，復取東洲。

惠山泉。在無錫縣西惠山白石隖下，一名慧山泉。唐陸羽次第名泉得二十種，以廬山康王谷洞簾水爲第一，此泉爲第二。其水東出過漪瀾堂之前，自龍吻吐注下池，深廣方丈，分流爲二。一北徑黿池、金蓮池出寺塘涇，下運河。一西道錫山澗，沿洄入梁溪，曲匯斜分，溉田常數十頃。泉上有亭，聖祖仁皇帝南巡臨泉上，御書「品泉」二字刻於漪瀾堂。乾隆十六年、二十二年、二十七年、三十年、四十五年、四十九年，高宗純皇帝南巡，叠頒御製惠泉詩及第二泉詩、汲惠泉烹竹爐歌叠舊作韻詩。

金沙泉。在宜興縣西南二十二里。輿地志：金硎承小心山泉，硎中沙石色炯炯如金，因名。流入慈湖溪。

劒井。輿地紀勝：葛仙翁駐馬之地。郡人有拜樞相擢大魁者，皆先一歲瑞氣氛氲，升騰累日。邑宰陸元光立石紀之。明一統志：在武進縣東南二十里。本朝乾隆四十五年，高宗純皇帝南巡，有御題劒井詩。

石井。在江陰縣大安坊，俗呼爲舜井，遇旱不涸。

校勘記

〔一〕冬夏不盈涸　「涸」，原作「洄」，據乾隆志卷六〇常州府山川（下同卷簡稱乾隆志）改。

〔二〕故名　乾隆志作「蓋以山名」，據上下文意當是。

〔三〕嘗著二十七詠　「二」，原脱，乾隆志同，據明一統志卷一〇常州府山川及雍正江南通志卷一三輿地志山川補。　按，所謂二十七詠，即其山居即事二十七首，全唐詩存其二首。

〔四〕凍蕊凝香雪艷新　「雪」，乾隆志同。　按，全唐詩卷六八九録陸希聲陽羨雜詠十九首，其梅花塢云「凍蕊凝香色艷新，小山深塢伴幽人」，字作「色」，不作「雪」。

〔五〕東西二十里　「二十里」，原作「三十里」，據乾隆志及讀史方輿紀要卷二五南直常州府、雍正江南通志卷一三輿地志山川改。

大清一統志卷八十七

常州府二

古蹟

晉陵故城。今武進縣治。春秋公羊傳襄公二十九年：吴季子去之延陵。史記：吴季札封於延陵。漢置毗陵縣。漢書地理志：季札所居。越絶書：毗陵，故爲延陵〔一〕。晉改曰晉陵。輿地紀勝有金斗城，五代楊吴順義中，刺史張伯琮所築。明洪武初省。舊志：縣有羅城，即郡治舊城也。楊吴天祚二年築，周二十七里有奇，明洪武初改築新城，遂廢。又有外子城，在羅城内，一名金斗城，亦楊吴順義中所築，周七里有奇。宋建炎中毁，紹興九年復修築。明洪武初，改築新城，西北仍其舊址，東南過之。又内子城，在縣治西北，即今郡治地也。唐景福初，淮南節度楊行密築。今廢。

姑幕故城。在武進縣東南。東晉明帝僑置南東莞郡，屬南徐州。宋書州郡志：郡治莒縣，領東莞、姑幕共三縣。齊志作東莞郡，其姑幕縣，建武三年省。輿地紀勝引舊圖經云有大姑、小姑二城，在縣西南六十里。又引十道志云縣有青城。舊志：青城，在縣東南二十里，或云即古莒縣也。

武進故城。在武進縣西北七十里。吴大帝改丹徒爲武進。晉太康二年，復曰丹徒，分丹徒、曲阿二縣地別置武進縣，屬毗陵郡。宋大明末，改屬南東海郡。隋志：曲阿有武進縣，梁改爲蘭陵。唐武德三年復置，屬常州。八年，省入晉陵。元和志：

晉置武進縣於丹陽縣東五十里。垂拱二年，復分晉陵西界置武進縣於州郭内，至今因之。

蘭陵故城。在武進縣西北九十里。晉太興初，置南蘭陵郡及蘭陵縣，屬南徐州。齊本紀：中朝之亂，蕭整自蘭陵過江，居武進縣之東城里。時寓居江左者，皆僑置本土，加以「南」名，遂爲南蘭陵人。地理志蘭陵縣，屬南琅邪郡，而無南蘭陵郡，蓋齊末郡先廢也。隋開皇九年，并入曲阿。舊志：今名阜通鎮。又青城鎮南有圓壇，高丈餘，廣十畝，西有方壇，高不盈尺，廣七八丈。舊傳爲圜丘、方澤，蓋皆齊、梁時置。

無錫故城。今縣治。漢置。元封元年，封東越降將多軍爲侯邑。宋書州郡志：吴時分無錫以西爲毗陵典農校尉，縣因省。晉太康元年復立。元和志：縣西北至常州九十六里，漢舊縣也。

暨陽故城。寰宇記：古暨陽城，在江陰縣東四十里。漢莫寵所築，以捍海寇，因名莫城。晉置暨陽縣於此。隋省。唐武德三年，復置暨陽縣，屬暨州。九年，仍省入江陰。今有莫城鄉，在縣東。

江陰故城。陳書本紀：永定元年，以江陰郡奉梁主爲王。隋志：毗陵郡領江陰縣，梁置。元和志：縣東南去常州五十里，本漢毗陵縣之暨陽鄉，梁敬帝置。寰宇記：梁太平三年分蘭陵置〔二〕。九域志：在州東北九十里。祥符圖經：縣城，唐天祐十年楊吴所築，周十三里有奇，北瀕大江，内有子城。宋慶元五年重修，元毁。舊志有古城巷，在縣治東北。

利城故城。在江陰縣西五十里，晉徙置。宋書州郡志：晉元帝割海虞北境，立東海郡及利城等縣。永和中，郡移出京口，縣亦寄治焉。文帝世爲實土。隋志：江陰舊有利城、梁豐二縣，平陳廢入。唐武德三年，復置二縣，屬暨州。尋與州俱廢。寰宇記：利城，戰國時築，一名茗溪。九域志：縣有利城鎮。輿地紀勝引輿地志云：晉元帝以海虞北境之十山立利城縣。宋元嘉八年，遷於武進之利浦。今利城鎮西南三里有子城基，城濠遺址尚存，疑古縣治。舊志：縣西有利城鎮。其梁豐無考。

陽羡故城。在宜興縣南五里，漢置。高帝五年，封功臣靈常爲侯邑。晉永嘉四年，陽羡人周玘三興義兵討賊有功，因置義興郡以寵之，治陽羨縣。隋改陽羨縣爲義興。唐武德七年，爲南興州治，又析置陽羨縣屬焉。八年州廢，仍併陽羨入義興。章懷太子曰：陽羨故城，在義興縣南。元和志：縣北至常州一百二十里。陽羨故城，在荊溪南。寰宇記：陽羨故城，在今縣南，一名蝦虎城。

國山故城。晉永興初，分陽羨地置，屬義興郡。隋平陳，廢入義興。寰宇記：國山城，在縣西南五十里。晉元帝置於白石山，成帝移於平地，去舊城七里。舊志：城在永豐鄉西，臨章溪。

義鄉故城。在宜興縣西南八十里義山下。晉永興初，分長興縣地置，屬義興郡。隋平陳，廢入義興。

綏安故城。在宜興縣西南八十里。劉宋永初三年，分廣德、故鄣、長城、陽羨、義鄉五縣地置，屬義興郡。梁、陳時廢。

臨津故城。在宜興縣西北五十里。晉永興初，分陽羨縣地置，屬義興郡。隋平陳，廢入義興。唐武德七年復置，屬南興州。八年廢。

淹城。在武進縣東南二十里。越絶書：毘陵縣城南，故淹君城也，東南爲淹君子女冢。舊志：其城三重，周廣十五里，濠塹深闊。今外城多圮，内濠亦堙，惟内城、中城屹然。中濠、外濠，廣可十五丈，深亦不減三丈。留城在淹城東五里，周廣準淹之内城。相傳吳王囚越質子淹留於此，故名。

鼓城。在武進縣東北二里，有方、圓二城，東西相對，或作虎城。又縣北有韓城，相傳五代時里民韓氏築此以保鄉里。縣北三十里有疇城，又北十五里有祿城，皆五代時戍守處。

胥城。在陽湖縣永勝西鄉。東晉時，僑置莒縣於此。陳沂南畿志：胥城，舊傳子胥所築。

春申君城。在無錫縣。後漢書郡國志註：春申君城在無錫。

泰伯城。在無錫縣東南三十里，今曰梅里鄉，泰伯廟在焉。吳越春秋：泰伯之荊蠻，自號爲勾吳，起城周三里，名曰故吳。

劉昭後漢志注：無錫縣東皇山有泰伯冢，去墓十里有舊宅，井猶存。史記正義：自泰伯至壽夢，俱居梅里村，在無錫縣東南六十里，蘇州北五十里。諸樊始徙吴。寰宇記云：泰伯城西去縣四十里，平地高三丈。顧野王輿地記「吴築城於梅里平墟」，即此。

闔閭城。在無錫縣西南五十里，近太湖，故址猶存。顧歡吴地記：伍員伐楚，軍還，築大、小二城。

黄城。在無錫縣西。與斗城相近，俗謂之黄斗城。史記：楚考烈王徙封黄歇於江東，城故吴墟爲都邑。寰宇記有黄城，去城十二里。

范蠡城。在無錫縣西十里，今名斗城。寰宇記：歷山西有范蠡城。

鴨城。寰宇記：西去無錫縣十二里，相傳吴王牧鳧鴨處。舊志又有麋城，在縣東二十里，吴王豢麋處。

舜城。輿地紀勝：江陰縣有東舜城、西舜城，二鄉有舜井。舊志：在縣東南七十里。今曰東順鄉、西順鄉。

盜城。輿地紀勝：在江陰縣南三十里，相傳盜跖嘗居此。舊志有陶城，在縣東南三十里。相近又有閶城、郭城，相傳皆南唐屯戍處，而陶城爲大。蓋即「盜城」之譌。

艦浦城。寰宇記：在江陰縣西十八里。古老云，陳至德元年，江陰郡守倪啓徙郡縣治夏浦〔三〕，因築此城。舊志亦曰夏浦城。隋開皇九年，復還今治而城廢。

天子路。在武進縣西北。齊書祥瑞志：太祖舊鄉有大道，相傳秦皇所經，呼爲天子路。舊志：在萬歲鎮西。

九里村。在武進縣北門外。宋泰始二年，孔顗等以會稽諸郡之兵，西應晉安王子勛，前軍孫曇瓘軍於晉陵，九里列五城，互相應援。通鑑注：其地去城九里。

寄暢園。在無錫縣惠山寺左。明正德中，尚書秦金并南隱、漚寓二僧舍爲之，名鳳谷行窩，後副都御史秦燿易今名。本朝聖祖仁皇帝南巡，屢駐蹕於此，有御製詩，并御書額二、聯一。乾隆十六年、二十二年、二十七年、三十年、四十五年、四十九年，高宗純皇帝南巡，俱有御製詩，錫峯名曰介如，亦系以詩，并賜御書額二、聯一。四十九年，仁宗睿皇帝隨扈，有御製寄暢園詩。

毘陵宫。在武進縣東南十五里，地名夏城鎮。隋大業十二年，於郡東南起宫苑，周十二里，爲十六離宫。環以清流，蔭以嘉木，擬於東都西苑，而奇麗過之。未及臨幸，尋以盜起，遂爲邱墟，今自城而東南，岡阜環列，地形高昂，即離宫故址也。

避暑宫。在陽湖縣東南馬蹟山之内閭灣，世傳吴王闔閭避暑之處，其蹟尚存。

凝露堂。輿地紀勝：在州宅西偏。唐大曆中，州内廳東階下二松，甘露下降，刺史獨孤及上其事，略曰：「根幹枝葉，露灑皆徧，潔白凝冱，味同飴蜜。」今「凝露」之名，蓋取諸此。

匪懈堂。在武進縣治西，宋建。光宗在東宫時，書扁以賜吴城〔四〕。

李公書堂。在無錫縣惠山。輿地紀勝：唐李紳幼時，肄業於惠山龍鳳院，有題惠山六詩。

漪瀾堂。在無錫縣二泉傍，背山臨流，明李東陽篆額。宋蘇軾詩有「還將塵土足，一步漪瀾堂」之句。堂基舊爲真賞亭。宋蘇紳宰邑建亭，亭前甃池方丈，深二尺，即泉之下池。本朝乾隆二十二年、二十七年、三十年、四十五年，高宗純皇帝南巡，皆有御製漪瀾堂詩，並賜御書堂額。

清白堂。在江陰縣治内。輿地紀勝：在郡圃。淳化中，郡守趙遂良訓詞有「清白傳家」之語，因以名堂。

雙檜堂。輿地紀勝：在江陰縣射廳後。前有雙檜，故名。其榜三大字，張孝祥書。

浮遠堂。在江陰縣君山上，取蘇軾「江遠欲浮天」之句。北臨大江，南望城市，一郡之勝概也。孫覿有詩。

立齋。在武進縣治内，宋知州家鉉翁建。

飛霞樓。在武進縣玄妙觀東北，虚敞高爽。元虞集爲記。

望湖閣。在金匱縣東南梅里鄉，元高士倪瓚故居。又有雲林草堂。

陽羨館。在荆溪縣荆溪上。唐建，張祜有詩。

荆溪館。在荆溪縣漕湖上，以通荆溪，故名。宋高宗嘗駐蹕於此。

艤舟亭。在府治東南三里。宋蘇軾常繫舟於此，後人因以名亭。亭前有池如偃月，相傳蘇軾洗硯處。本朝乾隆二十二年、二十七年、三十年，高宗純皇帝南巡，御製跋馬過常州至艤舟亭進舟詩，兩疊原韻，又頒「玉局風流」扁。四十九年，仁宗睿皇帝隨扈，御製艤舟亭詩。

薝蔔亭。輿地紀勝：在武進縣太平法華寺。宋蘇軾有詩。

東五亭。輿地紀勝：在武進縣東南二里。唐大曆中，刺史獨孤及建，擬謝安東山之游。貞元中，刺史韋夏卿加置四亭，合而爲五，故又曰東五亭。夏卿有記。

多稼亭。在武進縣西北，宋明道間建。

二泉亭。在無錫縣。二泉潛洩，略無形聲。池二，同覆一亭。圓爲上池，方爲中池，兩地隔尺許，本有穴相通，撓之則俱動，而中池之味遠不逮上。汲泉者瓶罌負擔，皆上池獨給之。本朝乾隆二十七年，高宗純皇帝南巡，御製二泉亭詩。

品泉亭。在無錫縣惠山。本朝聖祖仁皇帝南巡，駐蹕惠泉上，御書「品泉」二字刻於漪瀾堂，遂名品泉亭。乾隆三十年，高宗純皇帝南巡，有御製品泉亭詩四首。

曲水亭。輿地紀勝：在無錫縣惠山寺前。其水九曲，中有方池，一名浣沼。明統志：梁建。宋縣令蘇舜欽重鑿渠，引水流觴。

繡嶺亭。在無錫縣惠山西，宋光禄勝中允建。以花木繁盛，故名。

練江亭。輿地紀勝：在江陰縣圃子城上。

赤石亭。輿地紀勝：在江陰縣東三十里。上有周穆王廟，下有朱砂。

東浦亭。寰宇記：在宜興縣東三十五里。

章浦亭。在宜興縣東二十五里章浦側。臧榮緒晉書云周處封章浦亭侯，即此。舊志：章浦亭，在洴浰浦中。

𠄘山亭。寰宇記：在𠄘山東南，四面水入荆溪。風土記云：後漢建武時，封蔣澄爲𠄘山亭侯。舊志：𠄘山亭，在宜興縣西六十五里，以𠄘山爲名。元置巡司，明廢。

釣臺。在荆溪縣北，臨荆溪。南齊任昉嘗釣於此，有詩。

竹鑪山房。在無錫縣。王紱畫壁並竹茶鑪在聽松菴。紱嘗病目，寓菴之秋濤軒，既愈，圖廬山景於軒之左壁，黄少保淮乃題長歌於其右。時有竹工至自吴興，因造鑪式，編竹爲之，高不盈尺，圓上方下，類道家乾坤壺，規制精密。並圖畫以傳。後壁燬於火，竹鑪及詩卷移貯惠山寺彌陀殿，爲竹鑪山房。本朝乾隆二十二年、二十七年、三十年、四十五年、四十九年，高宗純皇帝南巡，御製竹鑪圖詩及王紱竹鑪煎茶圖卷，三疊前韻，並賜御書扁額。

東坡別業。輿地紀勝：在宜興縣滆湖，去縣四十里。東坡嘗有詩云：「買田陽羨吾將老。」即此。

王祥故宅。在武進縣西南滆湖西。輿地紀勝：武進有王祥宅。祥母舍宅爲觀，即今澄清觀。

杜康故宅。輿地紀勝：在江陰縣東四里，今有杜橋。舊志：杜橋在南水關内。

郭璞故宅。在江陰縣東北。寰宇記：在黄山北，去縣七里。

黄埠墩。在金匱縣北二里。本朝乾隆十六年、二十二年、二十七年，高宗純皇帝南巡，俱有御製黄埠墩詩。其上有觀音樓。二十二年，賜題扁額。

水榭。在荆溪縣北。唐杜牧嘗寓於此，有詩。

馬馱沙。在靖江縣。廣陵志：三國吴赤烏中，有白馬負土入江，壅積而成，遂有東、西二洲，因呼爲馬馱沙。一名驥沙，又名陰沙。宋建炎三年，岳飛渡百姓於陰沙。歷宋以來，居民漸蕃，爲泰州屬縣地，設巡司治之。元改屬江陰縣。明成化三年，增設縣丞於此。七年，置縣治焉。舊志：嘉靖三年，西沙蕉山港得斷碣云：「吴大帝牧馬大沙。」隔江一洲，爲牧馬小沙。蓋俗譌合「牧馬」爲一聲，又譌「大」爲「馱」也。

關隘

奔牛鎮巡司。在武進縣西三十里，亦曰奔牛塘。宋元兇劭之亂，遣華欽等拒義軍，相遇於曲阿奔牛塘。九域志又有奔牛堰，相傳古有金牛奔此，故名。明洪武九年置巡司。鎮西五里有奔牛臺，亦名金牛臺。自臺而西十五里，即鎮江府丹陽縣之吕城鎮。

小河寨巡司。在武進縣西北九十里孟河閘東。宋置小河寨於小河村，元改置巡司。明嘉靖三十二年，移孟河堡。

馬蹟巡司。在陽湖縣東六十里。宋置馬蹟山寨。本朝乾隆二十二年，由戚墅移此。

高橋巡司。在無錫縣西九十里五瀉河口，明洪武初建。

望亭鎮巡司。在金匱縣東南五十里。晉咸和三年蘇峻之亂，王舒假顧颺監晉陵軍事，於御亭築壘。梁庾肩吾詩：「御亭一迴望，風塵千里昏。」寰宇記：御亭，在常州東南一百三十八里，吴縣西六十里。吴大帝所立。隋開皇九年，置爲驛。唐常州刺史李襲譽改曰望亭驛。九域志：縣有望亭一鎮。舊志：在運河南岸。明置巡司。

顧山鎮巡司。在江陰縣西南。本朝乾隆三十三年，由石頭港移此。

鍾溪巡司。在宜興縣北五十里，明置巡司。

下邾巡司。在宜興縣東北三十五里，明洪武中置。

湖㳇鎮巡司。在荆溪縣東南五十里，明洪武三年置。九域志：縣有湖㳇、張渚二鎮。

張渚巡司。在荆溪縣西南六十里。元設茶園提領所二處，以掌茶税。明初改設批驗茶引所，又置巡司於此。嘉靖中，以批驗茶引所併入巡司。

新港巡司。在靖江西南小沙團。宋置新港巡司於馬馱沙，屬江陰。永樂四年移置此，後改屬靖江。

横林鎮。九域志：晉陵縣有横林鎮。舊志：在武進縣東南三十五里，爲運道通渠。

青城鎮。唐大順初，泰州賊孫儒遣其黨據常州，楊行密遣李友屯青城拒之。九域志晉陵縣有青城鎮。舊志：在武進縣西北六十里。有宋酒務巷。

阜通鎮。九域志晉陵縣有萬歲鎮。舊志：今名阜通鎮，在武進縣西北九十里。宋分置税務局於此。

新安鎮。在無錫縣東南三十里。元初，置新安巡司。至正中，張士誠築城爲屯田之所。東出吴門，此爲必經之地。

潘葑鎮。在無錫縣西北十八里。梁乾化三年，吴越錢傳瓘攻常州，淮南將徐温擊卻之於此。今爲往來通道。又西十二里曰洛社市。

楊舍鎮。在江陰縣東七十五里，商旅輳集。宋設官兵守衛，爲沿江衝要。明嘉靖三十七年倭亂，築城周二里，以參將領之，與常熟之福山、通州之狼山相爲應援。本朝改設水師守備。又青暘鎮，在縣南四十里。縣志：縣濱江爲險，而青暘實腹裏之衝要。

夏港鎮。在江陰縣西十里。帆檣相屬，綿亘數里。明宣德中，設利港巡司。天順中，以利港廢塞，移置於此。又石頭巡司，在縣東三十里石頭港口，成化二十三年置。又范港巡司，在縣東六十里范港口，洪武三年置。今廢。

楊港鎮。在宜興縣北。本朝乾隆三十三年，移縣丞駐此。

陳阜鎮。在靖江縣東三十里，舊名斜橋。商民輳集，分兵防守。

生祠堂鎮。在靖江縣西十七里。北連通州、泰興，南通大江，舟楫交通。

新豐市鎮。在靖江縣西三十五里。又有西安鎮，在縣西四十五里，舊名鎮海市。距通州、泰興、新市五里，民居稠密，百貨駢集，爲邑巨鎮。

游塘營。在武進縣西南二十里，一作「牛塘」。明初，常遇春攻常州，敗張士誠兵於此。

靖江營。在靖江縣治東。明萬曆九年，以倭警設總練司，統練水陸官兵。分水、陸二哨。本朝順治六年，改置守備，統兵駐防。康熙九年，增置遊擊，添設官軍沿江戍守。

石橋寨。在江陰縣東四十里。劉恕十國紀年：宋伐南唐，吴越亦取其江陰石橋寨。今有石橋鎮。又安邊寨，在縣東南四十里，南唐所置。今明教寺即寨舊址。

申浦寨。在江陰縣西六十里。唐永泰中，商民輳集，貨物豐繁，名申浦市。宋置寨。今爲申浦鎮。

孟河堡。在武進縣西北九十里。明嘉靖三十二年，以倭亂築城，周七里有奇，門四，南北水門二，孟瀆貫其中。移小河巡司於此，增置孟河營。本朝仍設守備統兵駐守，而巡司亦因之。又澡港巡司，在縣北五十里。明初置，在江北沙新河。洪武二十八年，以江北沙隸泰興縣，改置於江口。

庱亭壘。在武進縣西。三國吴志：建安二十三年，孫權射虎於庱亭。晉咸和三年，蘇峻作亂，郗鑒守丹徒，築庱亭壘。寰宇記：庱亭鋪，在縣西五十里，接丹陽縣界。

于塘村。在靖江縣西北三十里，舊晉陵縣依仁鄉地。元置于塘巡司。明初，以司在江北新河口，因改屬泰興縣。今爲縣分界處。

甘露市。在無錫縣東六十里。唐大順二年，甘露鎮使陳可言據常州，即此。元置巡司，明廢。又蕩口鎮，在縣東五十五里，在甘露市西南。竹塘市，在縣北六十里，接江陰縣界。

長涇市。在江陰縣東六十里，接無錫縣界。民居稠密，由此出蘇州府常熟縣，亦爲通道。

津梁

横林橋。在武進縣東南三十里，跨運河。元至治間建。

五牧橋。在武進縣東南四十五里，接無錫縣界。

虹霓橋。在陽湖縣東，俗名滕公橋。唐至德初建。

風波橋。在無錫縣東南四十五里望亭鎮。

高橋。在無錫縣西北十里，跨五瀉河口，運河經其側。

潘葑橋。在無錫縣西北十五里。又洛社橋，在縣西北三十里。皆跨運河。

善教橋。在江陰縣治南，舊名驛橋，一名善政橋。宋建石梁，跨黄田港。

夏港橋。在江陰縣西十里，長三十五丈。宋紹定中建。

杜橋。在宜興縣東門外，一名上橋，俗呼蝦蟇橋。相傳爲杜牧水榭故址。

長橋。在宜興縣南。晉周處傳：長橋下有蛟，食人爲害，處入水斬之。元和志：跨荆溪，即處斬蛟處。寰宇記：在宜興縣城前二十步。又陸澄地理鈔云，創自後漢袁府君玘。宋元豐中，改爲荆溪橋。

譚公渡。在靖江縣東南蘇家港口，濟大江。

隄堰

戒袽隄。在靖江縣西南瀾港渡口。

望亭堰。在無錫縣東南四十里，以禦常州之水，使入太湖，不爲蘇害。

文成壩。在武進縣東南七里。先是，城中水出東水門直行，明萬曆九年開新河，使水南入運河。旁築二壩，建祠屋其上，曰文成里。

文興壩。在靖江縣西門外。舊西南境之水從南直瀉大江，故築壩於此，使水南繞城濠由東南出。

魏村閘。在武進縣西北，舊名烈塘閘。跨得勝河口。明洪武三年，設守禦百户所，舟楫由此出口入江，六十里達揚州，最爲便捷。正統以後，隨浚隨塞。嘉靖中，知州李畫就閘壘成陡板，以禦江潮。萬曆中重浚。

孟河閘。在武進縣西北孟瀆河上。明洪武二十九年建，本朝康熙二十年重濬。

于塘閘。在陽湖縣北澡港口。又永安閘，在縣北網頭河上。

馬師閘。在江陰縣東四十三里蔡港、横河之交。

蔡涇閘。在江陰縣南十二里蔡涇通運河處，亦曰南閘，又曰下閘。又黄田閘，在縣北一里，亦曰上閘。

東閘。在靖江縣東二十里天生港上。又東山閘，在縣東南三里蘇家港上。

寒山閘。在靖江縣西南里許瀾港上。又平山閘，在縣西南三十餘里繆家港上。

陵墓

周

泰伯墓。在無錫縣東五十里皇山西麓吴王墩。吴越春秋：泰伯卒，葬梅里平墟。元和志：縣東三十九里有梅里山，泰伯葬處。

吴季札墓。越絶書：毘陵上湖中冢者，延陵季子冢也。古名延陵墟，去縣七十里。皇覽曰：季子冢在暨陽鄉。元和志：在晉陵縣七十里申浦之西。寰宇記：在江陰縣西三十五里申浦。

漢

顧容墓。在無錫縣東南十八里。

袁玘墓。在宜興縣西南。寰宇記：漢時縣令，死後爲神，葬荆山，因改爲君山。

晉

華寶墓。在無錫縣西惠山下。

郭璞母墓。在江陰縣西。晉書：璞以母憂去職，卜葬地於暨陽，去水百餘步。人以近水爲言，璞曰：「當即爲陸矣。」其後沙漲，數十里皆爲桑田。輿地紀勝：今去申港八里許，有璞母墓。

周處墓。在荆溪縣治東南荆溪南岸。

南北朝　齊

琅邪王子陵墓。在無錫縣北二十五里。

王琨墓。寰宇記：在無錫縣東北二十五里。又王僧達墓，在縣東北四十里膠山南嶺下。

梁

敬帝墓。在江陰縣西。輿地紀勝：良信鄉有一大土封，素號蒼堆，相傳爲蕭天子墓，即敬帝墓也。

隋

陳杲仁墓。在武進縣南陳墓灣。

宋

胡宿墓。在武進縣東南十五里。

張燾墓。在武進縣南七十里梅堂山。

張守墓。在武進縣西朱夏墅。

鄒浩墓。在武進縣北門外，地名林莊。

尤袤墓。在無錫縣西南二十里。

葛勝仲墓。在江陰縣東南十五里由里山。

葛邲墓。在江陰縣南四十里。

胡世將墓。在宜興縣東横山。

蔣之奇墓。在宜興縣東南十里滄浦山。

陳襄墓。在宜興縣西南八十里。

岳霖墓。在宜興縣西。

姚峕墓。在荆溪縣西南南嶽山。

元

倪瓚墓。在金匱縣東北芙蓉山上。

明

胡濙墓。在武進東南文成壩。

邵寶墓。在無錫縣惠山第四峯。

高攀龍墓。在無錫縣西南七里。

施武墓。在無錫縣西大池。

李應昇墓。在江陰縣東。

繆昌期墓。在江陰縣東。

祠廟

王節愍祠。在府城内迎春橋北，祀明御史王章。

忠節祠。祀明俞德惠。

忠祐祠。在武進縣治東，俗名西廟，祀隋陳杲仁。

東坡祠。有二：一在武進縣治西，一在荆溪縣蜀山，祀宋蘇軾。

龜山祠。在武進縣西門内，祀宋楊時。

秦淮海祠。祀宋秦觀。舊在無錫縣惠山，明正德間改建縣治東。

華孝子祠。在無錫縣惠山泉左，祀晉華寶。

顧端文祠。在無錫縣惠山寺左，祀明顧憲成，以弟允成配祀。

高忠憲祠。在無錫縣惠山，祀明高攀龍。

李忠定祠。在無錫縣惠山麓，祀宋李綱。

馬文忠祠。在無錫縣惠山秀嶂街，祀明馬世奇。

周濂溪祠。在無錫縣錫山麓，祀宋儒周敦頤。本朝乾隆二十二年，御賜祠額，御製先賢周敦頤後嗣持小像求祠名詩。

于忠肅祠。在無錫縣錫山，祀明于謙。

顧右丞祠。在無錫縣南，祀晉顧悦之。

愍忠祠。在江陰縣治東南，祀明錢錞。

伍胥祠。寰宇記：在江陰縣東南七十五里胥湖南岸。

三賢祠。在荆溪縣治西，祀宋唐棣、明周衡、萬吉。

延陵季子廟。在武進縣治東南。本朝乾隆十六年，御賜廟額。
化被王廟。在武進縣東，祀晉顧凱之。通志：即顧凱之宅。
至德廟。在無錫縣治東，祀周泰伯。舊在縣東梅里鄉，明洪武十年移置縣治東，弘治十年重建於梅里鄉故址。
周孝侯廟。在宜興縣治東南，祀晉周處。
岳武穆廟。在宜興縣治南，祀宋岳飛。
袁府君廟。在宜興縣治西南，祀漢袁玘。

寺觀

天寧寺〔五〕。在武進縣城東半里，唐建。中有塵外樓。本朝乾隆二十七年賜扁聯。
東山寺。輿地紀勝：晏公類要云在無錫縣西七里。宋元徽中，沙門僧顯於此立華山精舍。陸羽云，唐大同中，有青蓮花生於此。司馬光有寄題東山寺詩。
惠山寺。在無錫縣西五里惠山第一峯之白石隖。劉宋司徒長史湛茂之別墅，名歷山草堂。景平初，爲僧寮，曰華山精舍。梁大同中，改法雲禪院。唐會昌中廢。嗣後屢有廢興。本朝康熙二十三年，聖祖仁皇帝南巡，稍加修葺。乾隆十六年、二十二年、二十七年、三十年、四十五年、四十九年，高宗純皇帝南巡，屢駐清蹕，有御製惠山寺詩，又惠山寺三疊舊作韻詩，并頒賜聯額。四十九年，仁宗睿皇帝隨扈，有御製惠山寺詩。

靜慧寺。在金匱縣南新安鄉，宋嘉定中建。本朝乾隆二十二年，頒賜扁額。

善卷寺。在荆溪縣善卷洞，南齊建。唐司空李蠙讀書於此。今廢。

玄妙觀。在武進縣城東南四里。明統志：宋名天慶，元改今名，觀壁有畫龍，相傳仙人李懷仁遺蹟。

聽松庵。在無錫縣惠山桃花隖下。明洪武中，僧普真即繡嶺亭故址爲庵，植松其中，因以爲名。秋濤軒内有王紱畫及竹茶鑪故蹟。本朝乾隆十六年、二十二年、二十七年、三十年、四十五年，高宗純皇帝南巡，俱有惠山聽松庵詩，並賜御書扁額。

天中宫。在宜興縣張公洞前。宋蔡肇有詩。

名宦

漢

袁玘。陽羨令。造長橋以利涉。玘生有神異，逆知水旱，無病而卒，邑人祀之。

晉

賀循。山陰人。除陽羨令，以寬惠爲本，不求課最。

張闓。丹陽人。元帝踐阼，出補晉陵内史。在郡甚有威惠。時所部四縣並以旱失田，闓乃立曲阿新豐塘，溉田八百餘頃，每歲豐稔。

劉超。臨沂人。明帝時,出爲義興太守。未幾,徵拜中書侍郎,遷射聲校尉。時軍校無兵,義興人多義隨,超因統其衆以宿衛,號爲「君子營」。

王藴。太原人。左降晉陵太守,有惠化,百姓歌之。

南北朝　宋

傅隆。靈州人。元嘉中,出爲義興太守,有能名。

齊

王瞻。瑯邪人。爲晉陵太守。潔己爲政,妻子不免飢寒。王敬則作亂,路經晉陵郡,民多附之。臺軍討賊黨,言於朝曰:「愚人易動,不足窮法。」明帝許之,所全活萬數。

梁

任昉。博昌人。武帝時,爲宜興太守。歲荒民散,以私奉米豆爲粥,活三千餘人。時産子者不舉,昉嚴其制,罪同殺人,孕者供其資費,濟者千室。在郡所得公田奉秩八百餘石,昉五分督一,餘者悉原,兒妾食麥而已。及被代登舟,止有絹七疋、米五石。至都無衣,沈約遺帬衫迎之。

蕭昱。梁宗室。武帝時，爲晉陵太守。下車勵名節，除煩苛，明法憲，嚴束姦吏，旬日之間，郡中大安。俄而暴卒，百姓行號巷哭，市里爲之諠沸。田舍有婦女夏氏，年百餘歲，扶曾孫出郡，悲泣不自勝。其惠化所感如此。百姓爲立廟建碑，以紀其德。

褚翔。陽翟人。義興太守。在政廉己，省繁苛，去浮費，百姓安之。郡西亭樹久枯死，翔至郡，忽更生枝葉，百姓咸以爲善政所感。

蕭曄。爲晉陵太守。初至郡，歲旱虔禱，果雨。舊多猛獸爲害，曄在政六年，此暴遂息。

劉孺。彭城人。晉陵太守。在郡和理，爲吏民所稱。

范岫。考城人。居官廉介，爲晉陵太守，曾作牙管筆一雙，猶以爲費。

劉杳。平原人。武帝時，爲臨津令，有善政。秩滿，縣三百餘人詣闕請留，敕許焉。

陳

王勱。臨沂人。梁武帝時，位晉陵太守。時兵饑之後，郡中凋弊，勱爲政清簡，吏人便安之。太建初，東境大水，勱復爲晉陵太守，在郡甚有威惠。郡人表請立碑頌政德，詔許之。

孔奐。山陰人。永定三年，除晉陵太守。清白自守，妻子並不之官，惟以單船臨郡。所得秩俸，隨即分贍孤寡。郡中號爲「神君」。

王猛。臨沂人。宣帝立，遷晉陵太守。威惠兼舉，姦盜屏蹟。郡人歌之，以比漢之趙廣漢。

唐

李元道。鄭州人。貞觀中，歷常州刺史。風績清簡，下詔褒美。

姚崇。硤石人。神龍時，歷常州刺史。

嚴挺之。華陰人。調義興尉，號才吏。姚崇爲州刺史，異之。

李栖筠。趙人。肅宗時，出爲常州刺史。歲旱，死徙踵路，栖筠爲浚渠通江流灌田，遂大稔。宿賊張度保陽羡西山，累年吏討不克。至是發卒捕斬，支黨皆盡，里無吠狗。乃大起學校，堂上畫孝友傳示諸生。爲鄉飲酒禮，登歌降飲。人人知勸，爲刻石頌德。

獨孤及。洛陽人。代宗時，徙常州刺史，甘露降其庭。

孟簡。平昌人。元和中，出爲常州刺史。州有孟瀆久淤閼，簡治導，溉田凡四千頃。

五代　南唐

陸昭符。常州刺史。吴越時，城邑荒殘，昭符爲政寬簡，遂富實。一日坐廳事，電光如金蛇遶案，吏卒皆震仆。昭符撫案叱之，雷電頓止，得鐵索重數百斤，命置之庫中。

李處厚。義興令。從王茂章爲軍鋒，與後梁苦戰被執，瞋目大罵，遂被害。

宋

馬亮。合肥人。至道中，通判常州。吏民有因緣亡失官錢，籍其貲猶不足償，妻子連逮至數百人。亮縱去，緩與之期，不踰月盡輸所負。羅處約使江東，以亮治行聞，擢知濮州。

李若谷。豐人。景德中，知宜興縣。官市湖㳇茶，歲約户稅爲多少，率取足貧下。若谷始置籍備勾檢，茶惡者舊没官，若谷使歸之民，許轉貿以償其數。

崔立。鄢陵人。真宗時，知江陰軍。屬縣有利港久廢，立教民濬治。既成，溉田數千頃。又開横河六十里，通運漕。

吴遵路。丹陽人。仁宗初，知常州。嘗預市米吴中，以備歲儉，已而果大乏食，民賴以濟。自他州流至者，亦十全八九。

王罕。華陽人。寶元初，知宜興縣。縣有湖田，歲訴水輕重失其平。罕躬至田處，列高下爲圖。明年訴牒至，按圖示之，某户可免，某户不可免，衆皆服。范仲淹在潤，奏下其式於諸道。西方用兵，科箭羽於東南，價踴貴。罕白郡守倍其直市之，而令民輸錢。旁州聞之，皆願如常州法。

許恢。慶曆中，知晉陵。勤恤民隱，濬申港、戚墅、竈子三港，以資灌溉。

司馬旦。涑水人。嘉祐中，知宜興縣。俗多囂訟，旦痛繩之，民稍以詆冒爲耻。長橋圮，勸民修治，不勞而成。

阮洪。嘉祐間宜興縣尉。深明水利。時邑若潦，洪屢上書監司，乞開百瀆，得允。遂疏導四十九瀆，民賴其利。

徐的。建安人。通判常州。屬歲饑，出米爲糜粥以食餓者。

陳襄。侯官人。英宗時，知常州。運渠横遏震澤，積水不得北入江，爲常、蘇二州病。襄度渠之丈尺與民田步畝，定其數，授以浚法。未幾，遂削望亭古堰，水不復積。

賈易。無爲人。調常州司法參軍。自以儒者不嫻法令，歲議獄，惟求合於人情。曰：「人情所在，法亦在焉。」訖去，郡中稱平。

郭申錫。魏人。爲晉陵尉。民訴弟爲人所殺，申錫察其色懼而哭不哀，曰：「吾得賊矣，非汝乎！」執而訊之，果然。

于溥。大觀中江陰丞。悉心水利，於黄田、蔡涇諸處建上下閘，又導申、利二港，民皆賴之。

楚執柔。政和中江陰丞。嘗治横河、市墩、新河諸港，使水有蓄洩，田皆大稔。

朱倬。閩縣人。宣和中，調宜興簿。金將侵邊，居民求避地，倬爲具舟給食，衆賴以濟。未幾，民告滂於郡，郡檄倬考實。乃除田租什九，守怒不能奪。

方允武。衢州人。爲宜興巡檢。建炎三年，金人入縣之金泉鄉，允武率土軍鄉民迎敵，殺獲數級。後遇金兵梅嶺村，力戰而歿，詔贈兩官。

岳飛。湯陰人。建炎間，金烏珠攻常州，宜興令迎飛移屯焉。盜郭吉聞飛來，遁入湖，飛遣王貴、傅慶追破之，又遣辯士馬皐、林聚盡降其衆。有張威武者不從，飛單騎入其營斬之。避地者賴以免，圖飛像祠之。金人再攻常州，飛四戰皆捷。

葉顒〔六〕。仙遊人。紹興中，屬常州逋緡錢四十萬，守坐免，移顒知常州。顒初至郡，無旬月儲，未一年，餘緡錢二十萬。或勸獻羨，顒曰：「名羨餘，非重征則横斂，是皆民之膏血也。以利易賞，心實恥之。」

葉衡。金華人。紹興中，知常州。時水潦爲災，衡發倉爲糜以食饑者。疫大作，衡單騎命醫藥自隨，徧問疾苦，活者甚衆。

陳謙。永嘉人。孝宗時，知常州。開孟瀆河，溉田數十萬頃，歲屢豐。

袁燮。鄞人。調江陰尉。浙西大饑，常平使羅點屬任賑恤。燮命每保畫一圖，田疇、山水、道路悉載之，而以居民分布其間，凡名數、治業悉書之。合保爲都，合都爲鄉，合鄉爲縣，徵發、争訟、追胥，披圖可立決。以此爲荒政首。

趙彦倓。宋宗室。攝宜興縣。縣自中興後，預借民明年税，民挾此得慢其令。彦倓請禁預借，邑遂易治。

趙彦橚。宋宗室。慶元初，知晉陵縣。歲饑，彦橚賑恤有方，所活幾二十萬，又以羨錢爲五等户代輸。

唐璘。古田人。紹定間,知晉陵縣。鄰州田訟,至有泣愬諸使,願送晉陵可否者。

孫子秀。餘姚人。理宗時,檄督宜興縣圍田租。既還,白水災。總領恚曰:「軍餉所關,而敢若是!」力争之,遂免。徙浙西提點刑獄,兼知常州。淮兵數百人浮寓貢院,給餉不時,死者相繼。子秀請於朝,創名忠衛軍,置砦以居,截撥上供贍之。盜劫吴大椿,前使者諱其事,誣大椿與兄子煟争財自劫其家。子秀廉得其實,悉平反之。

王安節。德祐初,劉師勇復常州,以安節與張詹守常,已而王良臣導元兵攻常。常城素惡,安節等築柵以守,相拒兩月不下。元丞相巴延自將攻之,破其南門,安節揮雙刀率死士巷戰,臂傷被執,降之不得,乃殺之。

姚訔。知常州。入常甫十餘日,元兵攻常,城破死之。贈龍圖閣待制。

阮應得。知無錫縣。元兵至,出戰,一軍皆没,應得赴水死。

元

曹伯啓。碭山人。至元中,遷常州路推官。豪民黄甲恃財殺人,賂佃客誣伏。伯啓讞得其情,遂坐甲殺人罪。

劉溶。平原人。爲武進縣尹。至正中,寇陷常州,官軍潰散,溶獨率民兵戰於葛城南,死之。

明

楊國興。定遠人。太祖初,以右翼元帥守宜興。常州人陳保二既降復叛,屢來寇,國興執斬之。

吴良。定遠人。太祖初,良從徐達攻克江陰,即以良爲指揮使守之。張士誠大舉來寇,良與弟楨擊敗其衆。良夜宿城樓,枕戈達旦，訓將練兵，常如寇至。暇則延儒生講論，新學宮，立社學，大開屯田，均徭省賦。在境十年，封疆晏然。太祖詣江陰勞軍，周巡壁壘，歎曰：「良吾之吳起也！」洪武三年，封江陰侯。

趙泰。潞城人。永樂中，爲常州府同知。有廉惠聲。濬孟瀆、得勝二河，作魏村牐，諸所興築，民無言勞者。周忱撫江南，與況鍾議減重糧，泰亦請減常州官田租。

莫愚。臨桂人。宣德中常州知府。皦皦著名績。

張宗璉（七）。吉水人。宣德中，謫常州同知。朝遣御史李立理江南軍籍，檄宗璉自隨。立受黠軍詞，多逮平民實伍，宗璉數争之。宗璉務廉恕，見立暴横，心積不平，疽發背卒。民白衣送喪者千餘人，爲建祠君山。

周斌。昌黎人。天順時，知江陰縣，有德政。民歌曰：「旱爲災，周公禱，甘露來。水爲患，周公禱，陰雨散。」

袁道。吉水人。成化中，知宜興縣。民苦西九之險，乃鑿夾河至洴浰三十餘里，舟行既便，水得宣洩。

金洪。鄞人。弘治初，知靖江縣。時逋賦日積，有田已圮而賦未除者，爲賦他田之新漲者以充其額。又勸民墾荒，墾多者得贖罪。由是邑無曠土。

張曰韜。莆田人。正德中，授常州推官。武宗南巡，江彬縱其黨横行，將抵常州。曰韜兼綰府縣印，召父老豪傑約曰：「彬黨至，若等力與格。」又釋囚徒，令與丐者各具瓦石待。已彬黨果累騎來，父老遮之境上曰：「常州比歲災，府中惟一張推官，一錢不入，即欲具芻秣，亦無以辦。」彬黨稍退。曰韜即上書巡按御史言狀，由是常以南諸府得安，曰韜力也。

孫顯。華州人。知靖江縣。開七十二港以納江潮，民資灌溉之利。

李畫。林縣人。嘉靖中，知武進縣。邑賦役款目煩冗，吏緣爲姦。畫條列輕重，使民易曉，弊遂革。歲大祲，白巡按請行折兑，民賴以安。開浚後河，計田徵力，分六曹而籍之，名曰毘陵掌故。

王其勤。松滋人。嘉靖中，知無錫縣。邑城久壞，其勤甫下車，即議修築。三月城成，倭寇突至，登陴以守，邑賴以全。又丈田定賦，釐剔欺隱，捐無名糧數千石。邑人立祠祀之。

趙錦。餘姚人。嘉靖中，知江陰縣。巨盜許貴出没爲患，錦設策擒之。歲饑，勸民相假貸。上官行部，有責供張不辦者，錦從容言曰：「民饑且死，忍復朘削之耶？」其人赧而罷。江陰人德之，爲立祠。

丁謹。澤州人。嘉靖中，知宜興縣。明初，武、宜二縣額賦倍於他邑，謹入覲奏請均之，得旨以府屬餘米補額。於是田賦就輕。

錢錞。鍾祥人。嘉靖中，知江陰縣。初授官，倭已熾，三十三年入犯，鄉民奔入城者萬計，兵備道王從古不納。錞曰：「民死不救，守空城奚爲？」遂開門縱入，而身自搏戰於斜橋，三戰卻之。明年倭分衆犯塘頭，錞提狼兵戰九里山。薄暮，雷雨大作，伏四起，錞戰死。贈光禄少卿，建祠致祀。

歐陽東鳳。潛江人。萬曆中，知常州府。布帷瓦器，吏胥不能牟一錢。擒姦人劇盜且盡。顧憲成輩講學，爲建東林書院。居四年，謝事歸。

廖惟俊。新建人。萬曆中，知靖江縣。開東北河達孤山港，民賴其利。

劉五緯。萬縣人。萬曆中，知無錫縣。案無留牘，摘發如神。邑有天授、青城、萬安三鄉，圩田千頃，遇澇皆成巨浸。五緯躬率衆圩民併工挑築，及成，遂爲沃壤。甃官塘五十里，邑稱爲劉公塘。

曾櫻。峽江人。天啓二年，知常州府。持身廉，爲政愷悌公平，不畏彊禦。織造中官迫行屬禮，卒不屈。無錫高攀龍、江陰繆昌期、李應昇被逮，櫻助昌期、應昇貲，而經紀攀龍死後事，出其子及僮僕於獄。宜興毛士龍坐忤魏忠賢，遣戍，櫻諷士龍逃去。上官捕其家人，賴櫻以免。武進孫慎行忤忠賢當戍，櫻緩其行。忠賢敗，事遂解。

閻應元。順天通州人。崇禎中江陰典史。海賊顧三麻入黄田港，應元往禦，手射殺三人，賊退。以功遷英德主簿，道阻不赴，寓居江陰。明年南京亡，列城皆下，典史陳明遇請應元入城，屬以兵事。大兵力攻，應元守甚固。大兵從祥符寺後城入，衆猶巷戰，男婦投池井皆滿。應元赴水，被曳出，死之。本朝乾隆四十一年，賜謚忠烈，入祀忠義祠。

陳明遇。浙江人。崇禎末江陰典史，居官以長厚稱。大兵逼城，破家殉義，與閻應元死守孤城八十日。兵入，舉家自焚。本朝乾隆四十一年，賜謚烈愍，入祀忠義祠。

馮厚敦。金壇人。崇禎末江陰訓導。大兵入城，冠帶縊於明倫堂。妹及妻王結衽投井死。本朝乾隆四十一年，賜謚節愍，入祀忠義祠。

本朝

蕭起元。奉天人。順治二年，守常州鎮。以寬大戢兵禁暴，民有更生之樂。

孫振先。泗州人。順治初，署武進縣。時署守宗灝貪暴，且將請兵屠城。振先以死争之，乃止。

夏一鶚。奉天人。順治三年，知常州府。時山湖藪澤尚多伏莽，一鶚悉心勞來，威惠並著，盜賊皆爲良民。

崔宗泰。奉天人。順治十二年，知常州府。惠貧弱，抑强豪，發摘姦伏，吏民驚若神明。十三年征閩，大兵駐郡，有游騎逐婦女二人溺死，宗泰白將軍按法治之。麾下肅然，民得安堵。

鄭重。建安人。康熙初，知靖江縣。濬柏城、石定等五港以資蓄洩，復疏七十二支港匯灌團河。

吴興祚。漢軍正紅旗人。康熙三年，知無錫縣。均甲役，丈田畝，清漕兑。時積逋甚多，興祚捐資代償。

駱鍾麟。臨安人。康熙八年，知常州府。爲政簡易近民，有訟者懇惻誨諭。九年大水，遍歷窮鄉勸賑。十年旱，葛衣草履步禱，日食糲飯一盂，引咎自責。興延陵書院。尋以艱去，郡人思之。

包括。錢塘人。康熙十五年進士，由刑部員外郎知常州府。著有政績，入祀名宦祠。

祖進朝。奉天人。康熙二十三年，由廕生除知常州府。操持廉介，莅事慎勤。其減徭輕耗，興學正俗，戢姦除暴，息訟安民，均有惠政。以失察法寶一案降調，民呼籲於巡撫湯斌請留。斌上其事，特旨開復以勸廉吏。進朝由是益自勵，加意振作。未幾，以老病乞免，民懷思之不置云。

校勘記

〔一〕越絶書毗陵故爲延陵　「故」，原作「改」，乾隆志卷六〇常州府古蹟(下同卷簡稱乾隆志)同，據越絶書卷二外傳記吴地傳改。

〔二〕梁太平三年分蘭陵置　「三年」，乾隆志、雍正江南通志同。按，梁太平僅兩年，此言「三年」，誤。太平寰宇記卷九二亦作「三年」，蓋訛誤已久。

〔三〕江陰郡守倪啓徙郡縣治夏浦　「夏浦」，原作「長浦」，乾隆志同，據太平寰宇記卷九二江南東道江陰軍改。本志卷八六常州府山川夏港條引寰宇記亦言「陳至德初移縣治夏浦」，是也。

〔四〕書扁以賜吴城　「吴城」，乾隆志同。按，吴城者無考。明一統志卷一〇常州府宫室匪懈堂條作「吴珹」，考宋會要輯稿后妃二，吴珹爲宋高宗皇后吴氏之親侄，於理爲合，可以信據。本志誤。

〔五〕天寧寺　「寧」，原作「安」，據乾隆志及明一統志卷一〇常州府寺觀改。按，本志避清宣宗諱改字也。

〔六〕葉顒　「顒」，原作「容」，據乾隆志及宋史卷三八四葉顒傳改。按，本志避清仁宗諱改字也。下注文同改。

〔七〕張宗璉　「璉」，原作「連」，據乾隆志及明史卷二八一張宗璉傳改。按，本志蓋避乾隆皇太子永璉諱改字。下注文同改。

大清一統志卷八十八

常州府三

人物

漢

許武。陽羨人。太守第五倫舉爲孝廉。武以二弟晏、普未顯，欲令成名，於是割財産爲三分，自取肥田廣宅，二弟所得並悉劣少。鄉人皆稱弟克讓而鄙武貪婪，晏、普以此並得選舉。武乃會宗親，理産所增三倍悉以推二弟，郡中翕然稱之。位至長樂少府。

虞俊。無錫人。少以孝友稱。哀帝時，爲御史，遷丞相司直。王莽召爲司徒，俊飲藥卒。光武即位，表其墓。

許荆。武孫。少爲郡吏，舉孝廉。和帝時，稍遷桂陽太守。在事十二年，父老稱歌。以病自上，徵拜諫議大夫。荆孫馘，靈帝時爲太尉。

彭修。毘陵人。年十五，父爲盜所劫，修拔刀前持盜。盜相謂曰：「此童子義士也。」辭謝而去。後仕郡爲功曹。張子林等作亂，修守吴令，與太守俱出討賊，中流矢死。賊素聞其恩信，即殺中修者，悉降散，曰：「自爲彭君故降。」

高彪。無錫人。舉孝廉，試經第一，除郎中，校書東觀。數奏賦頌奇文，因事諷諫，靈帝異之。後遷内黄令。帝敕同僚祖於上東門，詔東觀畫彪像以勸學者。彪到官有德政，上書薦縣人申屠蟠等。卒於官。子岱，亦知名。

三國　吴

周魴。陽羡人。少好學。舉孝廉，歷鄱陽太守。討彭綺，生擒送詣武昌。遣人齎牋七條，誘魏大司馬曹休，休信魴，帥步騎十萬入皖，魴合衆隨陸遜横截休，斬獲萬計。事捷軍旋，賜爵關内侯。在郡十三年卒。賞善罰惡，恩威並行。

華覈。武進人。以文學自典農都尉爲秘府郎，歷東觀令，領右國史。與韋曜、薛瑩等並撰吴書。孫晧時，屢陳便宜，書百餘上，皆有裨益。

晉

周處。魴子。膂力絶人，勵志好學，有文思，志存義烈，言必忠信。仕吴爲東觀左丞，入洛遷新平太守，歷遷御史中丞。凡所糾劾，不避寵戚。及氐人齊萬年反，朝臣惡處强直，使隸夏侯駿西征。軍無後繼，力戰而殁。贈平西將軍。處著默語及風土記，并撰集吴書。元帝爲晉王，加處謚曰孝。

周玘。處子。强毅沈斷，有父風，名重一方。舉秀才，除議郎。張昌、陳敏、錢璯反，玘率合鄉里義衆，俱討平之。三定江南，開復王畧，封烏程縣侯。帝以玘頻興義兵，勳誠並茂，乃以陽羡及長城之西鄉、丹陽之永世，别爲義興郡，以彰其功焉。卒謚忠烈。

周筵。處次子靖子。卓犖有才幹。拜征虜將軍。徐馥亂，筵族兄績亦聚衆應之，詔筵輕騎還陽羡殺之。及王敦作難，王師敗績，筵聞季父札開城納敦，憤叱慷慨，形於辭色。尋遇害。

顧愷之。無錫人。博學有才氣。桓温引爲大司馬參軍。義熙初，爲散騎常侍。愷之有三絶：才絶，畫絶，癡絶。所著文集及啓矇記行於世。

南北朝　宋

華寶。無錫人。父豪，晉義熙末戍長安，寶年八歲。臨别謂寶曰：「須我還，當爲汝上頭。」長安陷，豪殁。寶年至七十不婚冠，或問之，輒號慟彌日，不忍答也。同郡薛天生，母遭艱菜食，天生亦菜食。母未免喪而死，天生終身不食魚肉。又同郡劉懷允與弟懷則，年十歲遭父喪，不衣絮帛，不食鹽菜。齊建元三年，并表門閭。

蕭思話。南蘭陵人。父源之，歷徐、兖二州刺史，永初元年卒，贈前將軍。思話有令譽，襲爵封陽縣侯。後拜郢州刺史，加都督。卒，謚曰穆侯。思話歷十二州，仗節監督者九。愛才好士，人多歸之。子惠開，少有風氣，涉獵文史，雖貴戚而居服簡素。丁父艱，居喪有孝性。襲封封陽縣侯，再遷御史中丞，百僚憚之。尋除少府，加給事中，卒。弟惠明，亦有時譽，泰始初，出爲吴興太守，卒。

蔣恭。義興臨津人。元嘉中，晉陵蔣崇平爲劫見禽，云與恭妻弟吴晞張爲侣。晞張妻息移居恭家，時録晞張不獲，收恭及兄協科罪。恭、協並款舍住晞張家口，而不知劫情。恭列晞張妻息是婦之親，親今有罪，恭身甘分，求免兄協。協列是户主，求免弟恭。郡縣上詳，州議以爲並不合罪。後除恭義成令，協義招令。

許昭先。義興人。叔父肇之，坐事繫獄，七年不判。昭先爲料訴，無日在家，餉饋肇之，莫非珍新，無有懈怠。沈演之嘉其操行，事由此得釋。昭先父母老病，家無童役，竭力致養，宗黨稱之。刺史辟爲參軍，以親老不就。

余齊人。晉陵人。少有孝行，爲邑書吏。大明二年，父殖在家病亡，信未至，齊人謂人曰：「比肉痛心煩，必有異故。」信尋至，以父病報之。四百餘里，一日而至，方知父死，號踴慟絶，良久乃蘇。問父所遺言，母曰：「汝父恨不見汝。」齊人號叫殯所，須臾便絶。有司奏改其里爲孝義里。

齊

蕭嶷。高帝第二子。寬仁宏雅，有大成之量。封豫章王。武帝以事失旨，高帝頗有代嫡之意。而嶷事武帝，恭悌盡禮，未嘗違忤，故武帝友愛尤深。高帝崩，哭泣過度，眼耳皆出血。爲政寬厚，得朝野懽心。進位大司馬。嘗戒諸子曰：「凡富貴不驕奢，以約失之者鮮矣。」薨，詔喪儀一依漢東平王蒼故事，謚文獻。

蕭鈞。高帝子，封衡陽王。有孝行，所生區貴人卒，居喪盡禮，尫羸骨立。性好學，善屬文，嘗手自細寫五經爲一卷，置於巾箱中，以便檢閱。諸王聞而争效，巾箱五經自此始。

蕭鑑。高帝第十子，封始興王。年八歲，喪所生母，哀號過成人。永明中，爲益州刺史，巴西蠻夷望風降附。性甚清，在蜀十年，未嘗有所營造。王儉嘗歎曰：「始興王雖尊貴，而行履都是素士。」

蕭鋒。高帝第十二子，封江夏王。工書，能屬文。嘗著修柏賦以見志。

蕭鏗。高帝第十六子，封宜都王。三歲喪母，及有識，自悲不識母，常祈請幽冥，求一夢見。至六歲遂夢見母，向左右説容貌衣服，皆如平生。聞者莫不欷歔。

蕭子良。武帝第二子，封竟陵王。少有清尚，禮才好士，天下才學皆遊集焉。上親視政，子良啓陳寬刑息役，輕賦省徭。正位司徒，集學士抄五經百家，依皇覽例爲四部要略千卷。

蕭子懋。武帝第七子，封晉安王。廉讓好學。七歲時，母阮淑媛病篤，有獻蓮花供佛者，子懋流涕，願花不萎。七日花更鮮紅，人稱孝感。永明八年，撰春秋例苑三十卷奏之，武帝敕付秘閣。延興初，起兵遇害。

陳元子。義興人。建元三年，大使巡行天下，奏義興陳元子四世同居一百七口，詔表其閭。

蕭叡明。南蘭陵人。母病風，積年沈臥，叡明晝夜祈禱。時寒，下淚爲冰如筯，額上叩頭血亦冰。忽有一人以小石函授之，曰：「此療夫人病。」叡明受之，忽不見。函中有三寸絹，丹書「日月」字，母服之即平復。永明五年，居母喪，不勝哀卒。

吴達之。義興人。嫂亡無以葬，自賣爲十夫客以營冢槨。從祖弟敬伯，夫妻荒年被畧賣江北，達之有田十畝，貨以贖之，與同財共宅。建元三年，詔表門閭。

蕭惠基。思話孫，仕齊爲都官尚書。永明中，遷太常，加給事中。立身退素，朝廷稱爲善士。

蕭文琰〔一〕。蘭陵人。竟陵王子良嘗夜集學士刻燭爲詩，四韻者則刻一寸，以此爲率。文琰曰：「頓燒一寸燭而成四韻詩，何難之有。」乃與丘令楷、江洪等，共打銅鉢立韻，響滅則詩成，皆可觀覽。

蕭懿。少有令譽。歷晉陵太守，以善政稱。崔慧景入寇，懿率鋭卒入援，慧景衆潰，追斬之，授中書令。時東昏肆虐，舊將並見誅夷。徐曜甫勸令西奔，不從，曰：「古皆有死，豈有叛走中書令耶！」尋賜藥殞。天監六年，追封長沙郡王，謚宣武。

梁

蕭景。武帝從父弟。八歲，隨父在郡，居喪以毀聞。及長好學，才辯有識斷，武帝踐祚，封吴平縣侯、南兖州刺史，吏人畏敬如神。遷都督、郢州刺史。卒於州。

蕭秀。文帝第七子。與同母弟始興王憺，並以孝聞。居母喪，累日不進飲，文帝親取粥授之。秀美風儀，性方静，雖左右近侍，非正衣冠弗之見。天監元年，封安成郡王，歷江州、荆州、郢州刺史。遷雍州刺史，在路薨。四州人裂裳爲白帽，哀哭以送迎之。贈司空，謚曰康。秀於武帝布衣昆弟，及爲君臣，小心敬畏，過於疏賤者。帝益以此賢之。

蕭偉。文帝第八子。天監元年，封建安王。有惡疾，所生母陳太妃薨，毁頓過禮，水漿不入口累日，惡疾轉增。十七年，改封南平郡，爲中書令、大司馬。薨，謚元襄。偉性端雅，持軌度，少好學，篤誠通恕，趨賢重士，常若弗及。由是四方遊士當時知名者，莫不畢至，梁藩邸之盛無過焉。而性多恩惠，尤愍窮乏。朝廷得失，時有匡正。子恪，折節學問，所歷以善政稱。恪弟恭。封衡山縣侯，除雍州刺史，政績有聲。子静，有文才而篤志好學，位給事黄門侍郎。

蕭恢。文帝第十子。七歲能通孝經、論語。天監元年，封鄱陽郡王，再遷開府儀同三司，都督荆州刺史。薨，謚忠烈。恢有孝性，所生母費太妃有目疾，空中忽見聖僧及道人慧龍下針，豁然開朗，咸謂精誠所至。恢性通恕，輕財好施，凡歷四州，所得俸禄，隨而散之。

蕭憺。文帝第十一子。天監元年，封始興郡王。詔徵還朝，人歌曰：「始興王，人之爹。赴人急，如水火。何時復來哺乳我。」後爲開府儀同三司，薨，謚忠武。子暎，封廣信侯，居太妃憂，泣血三年。爲北徐州刺史，吏人懷之。歷廣州刺史，卒，謚寬侯。暎弟昱，封上黄侯，名盛海内，爲宗室推重。

陳慶之。義興國山人。幼隨武帝，甚見親賞，恒思立效。除奉朝請，屢破魏兵，以功封永興侯，除南、北司二州刺史，加都督。卒，謚曰武。慶之性祗慎儉素，不衣紈綺，不好絲竹。善撫軍士，能得其死力。

蕭子顯。齊豫章王嶷子。天監初，爲太尉録事參軍。好學，工屬文，爲沈約所稱。撰齊史，書成表奏，詔付秘閣。歷侍中、吏部尚書。

蕭子雲。子顯弟。勤學有文藻。性沈静，不樂仕進。年三十，方起家爲秘書郎中。大通中，爲臨川内史，人吏悦之。善草楷，爲時楷法。官至侍中、國子祭酒。

陳昕。慶之子，爲臨川太守。太清二年，爲雲騎將軍。侯景渡江，昕説其儀同范桃棒歸降。事泄，景邀得之，逼昕令更射書城中，云桃棒且輕將數十人先入。景欲裹甲隨之。昕不從，遂見害。

蕭勵。景子，仕太子洗馬。母憂去職，殆不勝哀，每一思至，徒步至墓，或遇風雨，仆卧中路，起而復前，家人不能禁。景薨於郢鎮，勵不進水漿者七日。廬於墓所，親友隔絶。後襲封吴平侯。勵性率儉，而器度寬裕。聚書至三萬卷，披玩不倦。卒，謚光侯。弟勸，少以清静自立，封西鄉侯。大寶元年，謀誅侯景，事發遇害。勸弟勔，封東鄉侯，及勸同見害。勔弟勃，封曲江鄉侯。陳武禪代之際，舉兵不從，尋敗遇害。

蕭眎素。思話孫。天監中，位丹陽尹丞。武帝賜錢八萬，一朝散之親友。性静退好學，能清言。後爲諸暨令，十餘日，掛衣冠而去。獨居屏事，非親戚不得至其籬門。卒，謚曰貞文先生。

蕭洽。惠基子。幼敏悟，及長，好學博涉，善屬文。位南徐州中從事，清身率職，饋遺一無所受。後拜司徒左長史，卒於官。有文集二十卷行於世。

蕭琛。蘭陵人。少明悟，有才辯。梁武帝在西邸，與琛有舊。天監中，累遷平西長史。琛頻莅大郡，不事產業。特進金紫光禄大夫，卒。

蕭業。文帝長子懿子。天監二年，襲封長沙王，歷南兗州刺史。徙湘州，尤著善政。零陵舊有二猛獸爲暴，無故相枕而死。郡人見猛獸旁一人曰：「刺史德威神明，所以猛獸自斃。」言訖不見，衆並異之。業性敦篤，所在留意。爲侍中，薨，謚曰元王。子孝儼，除秘書郎。從幸華林園，獻頌甚美，帝深賞異之。

蕭藻。懿子，封西昌縣侯。性謙退，不求聞達。善屬文，尤好古體。頻莅州鎮，大吏咸稱之。侯景亂，或勸奔江北，藻曰：

「吾國之台鉉，正當同死朝廷耳。」因不食而薨。

蕭介。南蘭陵人。少穎悟，有器識。大同中，爲揚州府長史，以清白稱。會侍中闕，帝用介爲之。應對左右，多所匡正。太清中，侯景入壽陽，帝納之。介極言不可，帝不能用。介性高簡，惟與諸兄弟文酒賞會，時人以比謝氏烏衣之遊。武帝嘗置酒賦詩。介染翰便成，文不加點。

蕭象。長沙宣武王第九子。衡陽宣王暢無子，詔象嗣。象生長深宮，始親庶政，舉無失德，朝廷稱之。遷秘書監，薨。

蕭諮。恢子。位衛尉卿，封武林侯。簡文即位之後，侯景周衛轉嚴。諮不忍離帝，朝覲無絶。賊惡之，令人刺殺於廣莫門外。

蕭修。諮弟，封宜豐侯。性至孝，年十一，丁所生徐氏艱，自荆州反葬。中江遇風，修抱柩長號，血淚俱下，終得無他。葬訖，廬墓次，野鳥馴狎。武帝嘉之，以班告宗室。敬帝立，遥授修太尉，遷太保。時王室浸微，修雖圖義舉，力弱不能振，遂發背嘔血而薨。

蕭嗣。恢世子範子。性驍果，有膽畧，傾身養士，皆得死力。範薨，嗣猶據晉熙。城中食盡，侯景遣任約攻嗣，時賊方盛，咸勸且止，嗣曰：「今日之戰，蕭嗣效命死節之秋也。」及戰，遇流矢中頸，帶箭手殺數人。賊退，氣絶。

陳

周文育。義興陽羨人。本姓項氏〔一〕。從武帝，累軍功，封壽昌縣公。討平蕭勃，授開府儀同三司。後爲熊曇朗所害。謚忠愍。

蕭摩訶。蘭陵人。年十三，單騎出戰，軍中莫有當者。從侯安都拒齊軍，隨吴明徹北征，累功封廉平縣侯。後主初，授驃騎大將軍。陳亡，賀若弼以刀臨頸，辭色不撓。隋文帝曰：「壯士也。」

蕭允。介子。凝遠有識鑒，不以榮利干懷。爲會稽長史。及還長安，隋欲授以官，允辭。文帝義之，賜帛。弟引，方正有器度。侯景亂，與宗親奔嶺表。及北還，歷建康令。性亢直，不事權貴，曰：「吾之立身，自有本末，安能致屈。」

隋

蕭該。恢孫。性篤學，讀書通大義。撰漢書及文選音義。

唐

許胤宗。義興人。武德初，進散騎常侍。關中多骨蒸疾，轉相染，得者皆死，胤宗療視必愈。或勸其著書，答曰：「古之上醫，要在視脈，病乃可識。病與藥值，惟用一物攻之，氣純而愈速。脈之妙處不可傳。虚著方劑，終無益於世。」

蕭德言。引子。明左氏春秋。貞觀時歷著作郎、弘文館學士。太宗詔魏徵、虞世南、褚亮及德言，哀次經史百氏帝王所以興廢者上之。帝愛其書博而要，賚賜尤渥。德言晚節學愈苦，爲太子侍讀，封武陽縣侯。高宗初，卒，謚曰博。

秦景通。晉陵人。與弟暐俱有名，皆精漢書，號大秦君、小秦君。景通仕至太子洗馬，兼崇賢館學士。暐後復踐其官及職。

蔣儼。義興人。擢明經第，爲右屯衛兵曹參軍。太宗將伐高麗，募爲使者，人皆憚行，儼奮然請行。爲莫離支所囚，以兵脅之，不屈，納窟室中。高麗平，乃得歸，帝奇其節。高宗時，遷殿中少監，數陳時政利病。尋封義興縣子。以太子詹事致仕，卒。

高智周。晉陵人。登進士第，初授越王府參軍。遷費令，民安其化，刻石頌美。入擢祕書郎，拜壽州刺史。治尚文雅。歷黄門侍郎。儀鳳初，進同中書門下三品，與郝處俊監莅修國史。後以散騎常侍致仕。卒，謚曰定。

劉禕之。晉陵人。父子翼，李百藥嘗稱之曰：「子翼詈人，人都不恨。」巡察使表所居爲孝慈里。禕之文辭華敏。武后擢至中書門下三品。嘗私語鳳閣舍人賈大隱曰：「后能廢昏立明，盍反正以安天下？」大隱表其言，后怒。或告禕之罪，鞫治，以敕示禕之。禕之曰：「不經鳳閣鸞臺，何謂之敕？」后以爲拒制，賜死。

薛登。義興人。通貫文史，善議論。調閬中主簿。天授中，累遷左補闕。時選舉濫甚，乃上疏極言。爲常州刺史，屬宣州賊鍾大眼亂，百姓潰震。登嚴勒守備，闔境賴安。景雲中，爲御史大夫。僧慧範怙太平公主勢，登將治之。或勸以自安，答曰：「憲府直枉，朝奏暮黜可矣。」遂劾奏，反爲主所構，出岐州刺史。開元初，再爲太子賓客，詔給致仕禄，卒。

蕭嵩。晉陵人。父瓘，爲渝州長史，居母喪，以毁卒。嵩貌偉秀，姚崇稱以遠到。開元初，擢中書舍人，俄爲相，封徐國公。帝委嵩擇相，嵩推韓休。尋拜太子太師，請老，卒。

許景先。義興人。少舉進士，詣闕獻大像閣賦，擢拜左拾遺。開元初，與張九齡等同知制誥，以文翰稱。張説稱其屬辭豐美，有中和之度。

蕭穎士。晉陵人，梁鄱陽王恢七世孫。觀書一覽即誦，通百家譜系、書籀學。開元中，舉進士，對策第一。天寶初，補秘書正字。召詣史館待制。李林甫見疾，俄免官。山南節度使源洧辟掌書記。賊攻南陽，洧欲退保江陵，穎士説而止。後授揚州功曹參軍，去官。穎士樂聞人善，以推引後進爲己任，所獎目皆爲名士。與李華齊名，世稱蕭李。子存，亮直有父風，能文辭。歷比部郎中，張滂主財賦，辟存留務京師。裴延齡與滂不協，存疾其奸，去官。

王遇。常州人。至德間，與弟遐俱爲賊執，將釋一人。兄弟相讓死，賊感其意，乃盡釋之。

蕭復。嵩孫。廕爲宫門郎。歷拜吏部尚書、同中書門下平章事。嘗言宦者權望太重，又言楊炎、盧杞穢盛德。杞對上或諂諛，復厲言杞詞不正。後廢居饒州，卒。復望閥高華，厲名節，不通狎流俗。及爲相，臨事嚴方，數咈帝意，故居位亟解。然性孝友，既貶晏然，口未嘗言所累。

蕭俛。嵩曾孫。貞元中，及進士第，又以賢良方正對策異等，拜右拾遺。穆宗立，進拜門下侍郎。王播賂權幸求宰相，俛劾播纖佞不可污台宰。帝不許。自請罷，移病分司東都。性簡潔，以聲利爲污，疾邪太甚，故輕去位無所籍。文帝即位，累召不起，以壽卒。母韋賢明，治家嚴。俛雖宰相，侍左右如褐衣時。居喪哀毁。既老，家於洛，自放山野，優遊窮年。

蕭倣。嵩曾孫。太和中，擢進士第，除給事中，時推其直。懿宗引桑門入禁中，倣諫以爲天竺法割愛取滅，非帝王所尚慕。進中書侍郎，再遷司空，封蘭陵縣侯。子廩，第進士，遷尚書郎。爲人退約少合。廣明初，以諫議大夫知制誥，内外畏讋。

五代

江景防。常州人。吴越以一隅捍四方，賦税之額，加舊數倍。宋平諸國，定税悉仍舊籍。錢氏納土，景防當上圖籍，歎曰：「豈可使民困無已，吾以一身任之。」遂沈圖籍於河，自劾失亡狀。吴越减税，由景防爲之。

宋

張觀。毘陵人。太平興國中，拜監察御史。會三司言劍外賦税輕，詔觀按行稍增之。疏言遠民不宜輕動撓，因留不遣。又諫罷治佛寺，不報。後移廣南西路轉運使，卒。觀廣覽漢史，雅好論事，辭理切直，有古人之風焉。

杜鎬。無錫人。幼好學，博貫經史。舉明經，解褐集賢校理。太宗觀書祕閣，詢鎬經義，進對稱旨，改虞部員外郎。大中祥符中，進秩禮部侍郎，卒。鎬性和易，清素有懿行，士類推重之。

杜杞。鎬子。蔭補將作監主簿，歷天章閣待制。杞性强記，博覽書傳，通陰陽術數之學。有奏議十二卷。兄植，以文雅知名，終少府。弟樞，亦强敏，爲比部員外郎。

陳思道。江陰人。事母兄以孝悌聞，鬻醢以給晨夕。母病，思道衣不解帶者數月。母喪既葬，哀鬻醢之利奉其兄〔三〕，結廬墓側，夏日種瓜以待過客。白兔馴狎，虎豹環廬而卧。咸平元年，詔賜束帛，旌其門。

葛宫。江陰人。舉進士，授中正軍書記〔四〕。善屬文，上太平雅頌十篇，真宗嘉之。治平中，轉工部侍郎，卒。宫性敦厚，恤録宗黨，撫孤嫠，賴以存者甚衆。宫弟密，仕至太常博士，天性恬静，年五十致仕。子書思，踵登第，調建德主簿。時密已老，欲迎之官。密難之，遂投劾歸養。居父喪，哀毁骨立，終禫不忍去冢舍。後至朝奉郎，歸休。子勝仲、孫立方，皆以學業至侍從，世爲儒家。

蔣堂。宜興人。擢進士第，爲楚州團練推官。後以尚書禮部侍郎致仕，卒。堂爲人清修純飭，遇事毅然不屈。貧而樂施，好學，工文辭，延譽晚進，至老不倦。尤嗜作詩，有吴門集二十卷。從子之奇，爲部使者十二任，六典會府，以治辦稱。

胡宿。晉陵人。登第爲揚子尉。召修起居注，知制誥。慶曆六年，京東兩河地震，登、萊尤甚。宿兼通陰陽五行災異之學，疏言恐有内盜起於河朔。明年，王則果以貝州叛。李仲昌開六塔河，民被害，宿請斬以謝河北，仲昌由是南竄。拜樞密副使。治平中，以太子少師致仕。薨，謚文恭。宿爲人清謹忠實，内剛外和，臨事重慎不輒發，發亦不可回止。居母喪，三年不至私室。其當重任，尤顧惜大體。子宗炎。哲宗崩，遼使來弔祭，宗炎以鴻臚少卿迓境上。使者不易服，宗炎以禮折之，須其聽命乃相見。從子宗愈，舉進士甲科，同知諫院。王安石用李定爲御史，宗愈争之。元祐初，進御史中丞。哲宗嘗問朋黨之弊，具君子無黨論以進。遷吏部尚書，卒。從子宗回，歷樞密直學士。

單鍔。宜興人。嘉祐進士。博學，志經濟。著吴中水利書。

錢公輔。武進人。第進士甲科，爲集賢校理，進知制誥。英宗即位，陳治平十議。神宗立，拜天章閣待制，拂王安石意，出知江寧府。徙揚州，改提舉崇福觀，卒。

錢顗。無錫人。初爲寧海軍節度推官。治平末，爲殿中侍御史。許遵議謀殺案，顗以爲遵所見迂，執不從。二年而貶。將出臺，於衆中責同列孫昌齡媚事王安石。後徙秀州，蘇軾遺以詩，有「烏府先生鐵作肝」之句，世因目爲「鐵肝御史」。

袁默。無錫人。登進士第。官司農簿，獻無逸傳。累遷河北轉運判官。弟黠，元豐乙丑進士，工詩，蘇軾以爲有驚心駭目之奇。時號「二袁」。

張舉。常州人。登進士甲科，閉户著書。元豐中，近臣薦其高行。元祐時，大臣復薦之，起教授潁州，辭不就。復詔拜秘書省校書郎，敕郡縣致禮。舉孝弟修於家，忠信行於友，聲名聞於人，蹈中守常，從容不迫，爲當時名流所慕。徽宗時，賜謚曰正素先生。

鄒浩。晉陵人。第進士，調潁昌府教授。哲宗親擢爲右正言。有請以王安石三經義發題試士者，浩論其不可。陝西奏邊功，中外皆賀，浩獨言持勝爲難。章惇用事，浩數其不忠侵上之罪。賢妃劉氏立，浩請停册禮，惇詆其狂妄，削官。徽宗立，召還。蔡京用事，再謫嶺表。稍復直龍圖閣，疾作。楊時省之，猶眷眷以國事爲問，語不及私。高宗時，謚曰忠。

張守。晉陵人。登進士第，擢監察御史。建炎初，議南渡。守上防淮渡江利害六事，權樞密院事。張浚欲以吕祉往淮西撫諸軍，守以爲不可，浚不聽，遂有酈瓊之變。建康謀帥，上曰：「用大臣有德望者，惟張守可。」至鎮數月薨。

蔣璨。宜興人，之奇從子。知平江、臨江二府，鋤刈强梗，豪黠畏之。有景坡堂詩卷。

蔣興祖。之奇孫。以蔭累調饒州司録，遷知武陽縣。積雨河溢，興祖躬救護，露宿其上四旬，隄以不壞。靖康初，金兵攻京師，道過縣，或勸走避。興祖曰：「吾世受國恩，當死於是。」金遣騎來攻，不勝去。明日師益至，力不敵，死焉。贈朝列大夫。

胡交修。晉陵人。登進士第，授泰州推官，進直學士院。論天下大勢，請修政事，選將帥，蒐補卒乘以張國勢，撫綏疲瘵以固國本。朝論欲以四川交子行之諸路，交修力陳其害。後除端明殿學士，知合州，卒。交修簡重寡言，進止有度，在詞苑爲稱職，事繼母以孝聞，撫二弟極友愛。

胡唐老。宿曾孫。登進士第，歷南京國子博士。靖康元年，擢殿中侍御史。金人再犯京師，唐老請就拜康王大元帥，俾召天下兵入援。又疏乞命范致虚爲宣撫使，節制諸路。進徽猷閣待制，知鎮江府。潰卒戚方等欲犯臨安，唐老不從，遂遇害。詔贈徽猷閣直學士，謚忠愍。

胡世將。唐老弟。登進士第，爲監察御史。紹興中，金人入，世將復隴州，破岐下諸屯，又取華、虢，兵威稍振。除資政殿學士，致仕，卒。

周葵。宜興人。宣和中進士，調徽州推官。高宗時，除御史，在職兩月，言事至三十章，且歷條所行不當事凡二十條。孝宗時參知政事，加資政殿大學士，致仕。

李熙靖。晉陵人。擢第爲右司員外郎，忤王黼貶秩。靖康初，提舉醴泉觀。張邦昌使直學士院，熙靖固拒，憂憤廢食卒。

蔣芾。之奇曾孫。紹興中，進士第二。孝宗時，累遷起居郎，簽書樞密院事。首奏加意邊防，及拔將材於行伍。又採衆論，參己見，爲籌邊志上之。拜同平章事，兼樞密使，再提舉洞霄宫，卒。

尤袤。無錫人。紹興中，擢進士第，爲泰興令，遷著作郎。張説入西府，袤率三館上書諫。遷太常少卿。南渡來，恤禮散失，高宗崩，上下罔措，每有討論悉付之。光宗即位，除給事中，極論廢法用例之弊，進禮部尚書。袤少從喻樗、汪應辰遊，方乾道、淳熙間，忌程氏學者目爲「道學」，將攻之。袤言：「此名一立，賢人君子入其中，俱無得免，非盛世所宜。」有識者以爲知言。有遂初小藁六十卷，内外制三十卷。

丘宻。江陰軍人。隆興元年進士，知慶元府。韓侂胄議北伐，宻力論金人未必敗盟，中國當示大體。後拜同知樞密院，卒。宻嘗慷慨謂人曰：「生無以報國，死願爲猛將以滅敵。」其忠義性然也。

李祥。無錫人。隆興進士，爲錢塘縣主簿，歷國子祭酒。丞相趙汝愚以言去國，祥上疏争之，爲言者所劾。太學諸生上書留之，俱得罪。主沖佑觀，再請老，以直龍圖閣致仕。

蔣重珍。無錫人。嘉定中，進士第一，簽判建康軍。遷校書郎，進爲君難六箴。端平初，入對上五事，乞召真德秀、魏了翁用之。兼崇政殿説書，務積精誠以悟上意。每草奏，齋心盛服，有密啓，則手書削藁，帝稱其平實。後官刑部侍郎，致仕卒。謚忠文。

向士璧。常州人。紹定五年進士，累官湖北安撫副使，進直龍圖閣。合州告急，士璧赴援，數立奇功，升湖南制置副使。解潭州圍，進兵部侍郎。賈似道疾其功，誣死。德祐初，詔復官，立廟潭州。

吴載堅。宜興人。寶祐進士，授四川提刑按察使。疏陳親賢、遠佞、選將、練兵四事，不報。後與文天祥起兵，敗歸，築土室居之，家人罕見其面。

陳炤。常州人。登第，爲丹徒縣尉，丁母憂歸。北兵至常，炤率義兵戰禦，自夏徂冬不能下。丞相巴延自將圍其城，炤與姚訔固守，矢盡城破，訔死之，炤猶巷戰，死焉。追贈訔龍圖閣待制，炤直寶章閣。

包圭。晉陵人。性沈毅，有籌畧。元兵圍常州，郡守姚訔聞圭名，引與共戰守。城陷，訔遇害，圭猶歛兵巷戰，被執，罵賊死。

元

王彬。武進人。早孤，事母盡孝。天曆歲旱，鄉鄰絶食，彬假之粟，不納其券。郡縣將上聞，彬力乞寢。

陸垕。江陰人。幼以孝友聞。至元間，巴延師南下，垕率其鄉人見，議論有合，兵遂不涉其境，鄉人義之。巴延奏授同知徽州路總管府事，累遷浙西廉訪使。所至以黜贓吏、洗冤獄爲己任，嘗奏免儒役，及舉行浙西助役法。

陸文圭。江陰人。幼而穎悟，讀書過目成誦，博通經史百家及天文、地理、律曆、醫藥、算數之學。延祐設科，再中鄉舉。文圭爲文，融會經傳，縱横變化，莫測其涯際。東南學者皆宗師之。朝廷數遣使馳幣聘之，以老疾不果行。卒。文圭爲人剛明超邁，以奇氣自負。有牆東類稾二十卷。

梁益。江陰人。博洽經史，工文辭。其教人以變化氣質爲先務，學徒不遠千里從之。所著有三山稾、詩緒餘、史傳姓氏纂，又有詩傳旁通，發揮朱子之學爲精。

倪瓚。無錫人。强學敦行，工詩，善書畫。所居幽迥絶塵，藏書數千卷，手自勘定，古鼎名琴，陳列左右，自號雲林居士。性好潔，盥濯不離手。俗客造其廬，去輒洗滌其處。家故雄於貲，一日盡散給親故，人咸怪之。未幾兵興，富家悉被禍，而瓚扁舟往來自若。張士誠鈎致之，逃以免。士信致幣乞畫，又斥去。士信恚，一日出遊，聞異香出葭葦，疑爲瓚也。物色漁舟果得之，抶之幾斃，迄無一言。以壽終。

王逢。江陰人。元末，避亂華亭，徙上海。張士誠辟之不就。洪武中，以文學徵，以老病辭。有梧溪詩集。

明

謝應芳。武進人。自幼篤志好學，以道義名節自勵。至正初，知時不可爲，隱白鶴溪上，搆小室曰龜巢，因以爲號。郡辟教鄉校子弟，先質後文，諸生皆循循雅飭。及江南底定，徙居芳茂山。達官縉紳過郡者，必訪其廬，應芳議論必關世教，切民隱。德望重於東南。

吴雲。宜興人。爲湖廣行省參政。太祖議再遣使招諭元梁王，雲請行。時梁王遣鐵知院輩使漠北，爲大軍所獲，太祖令與雲偕行。既入境，鐵知院等謀誘雲詐爲元使，改制書給梁王，雲不從被殺。梁王送給孤寺殯之，詔馳傳返葬。弘治中，贈刑部尚書，謚忠節。

俞德惠。無錫人。洪武初，官行人，奉使廣西，不屈節以死。有祠。

施武。無錫人。洪武中舉明經，擢御史，以言事謫渾源州亂嶺關巡檢。死於謫所。

張籌。無錫人。父翼，方張士誠據姑蘇時，其將莫天佑守無錫，明太祖命胡大海討士誠。翼說天佑降，城得全。籌於洪武中薦授翰林，歷禮部尚書，有文學，記誦淹博，歷代禮文沿革無不通曉。更定社稷祀典，最當帝意。

儲福。無錫人。建文時，爲燕山衛卒。燕兵起，挈妻逃去。永樂初，捕亡卒，編福曲靖衛。仰天哭曰：「福雖一介賤卒，義不爲從逆之臣。」日夜號泣，竟不食死。

陳濟。武進人。博學無所不通。成祖修永樂大典，濟布衣爲都總裁。書成，授左贊善。五皇孫皆從受經。所著有綱目集覽正誤。

陸士隆。無錫人。洪武中，舉明經，拜監察御史。抗疏發胡惟庸姦狀，忤旨見殺。妻及子皆死之。劉基爲作忠節孝歌。

陳洽。武進人。好古力學，與兄濟、弟浚並有名。洪武中，以薦授兵科給事中。大軍討安南，洽贊軍務，尋掌布、按二司事，仍參軍務。宣宗時，成山侯王通討黎利，師至應平之臨沙河欲渡，洽言地勢險惡，恐有伏，宜且駐師覘賊。通不聽，兵陷泥淖中，伏發，官軍大敗。洽躍馬入賊陣，揮刀殺賊數人，自剄死。事聞，贈少保，謚節愍。

王紱。無錫人。洪武中就徵，累戍朔州。永樂初，以善書薦，供事文淵閣，授中書舍人。紱尤工山水竹石，瀟灑出塵，可繼倪瓚。

嚴本。江陰人。精究法律，著刑統輯義四卷。永樂中，薦至京，試律議中式，授刑部主事，再用薦改大理寺正。本故以律學起家，而持身方正，不苟阿徇，所平反至多。

徐佛保。江陰衛卒。母病劇，藥弗能效，佛保剖脅割肝，煮液以進，疾頓愈。永樂中旌表。

段民。武進人。舉進士，改庶吉士，預修永樂大典、五經四書大全。歷山東左參政，大著聲績。宣德時，擢南京户部右侍郎。尋調刑部，令考察南京百官。廉介端謹，及卒，無以爲殮。謚襄介。

胡濙。武進人。建文二年進士，授兵科給事中，歷進禮部尚書，加少傅，卒。濙節儉寬和，喜怒不形於色，一時稱其德量。其智能周身，遇事無矯激，故歷事六朝，十知貢舉，立朝六十餘年，榮遇不衰。

趙鉉。江陰人。生六歲，祖父俱以遇賊死，隨母吴氏避難，又相失，育於祖父之故人。稍長，展轉訪求，得母於鄞縣，迎歸養。及卒，廬墓三年。洪熙元年旌表。

倪敬。無錫人。舉正統進士，擢御史。景泰中，上言請罷桑門之供，輟宴佚之娱，止興作之役，寬直臣之囚。帝不懌，謫廣西宜山典史。英宗復辟，詔授祥符知縣。安遠侯柳溥器敬，西征請以自隨，遂改督府都事。踰年師還，遽卒，上類惜之。

杜宥。江陰人。景泰五年進士，擢御史。時多災異，與同官倪敬等言事。帝不懌，謫典史，尋遷英德知縣。賊至死守，移龍州通判，謝病而歸。

趙敔。武進人。景泰進士，授御史。成化初，爲于謙訟冤，乞復官遣祭，從之。按河南時，荆襄賊擾南陽，敔賑荒弭變，治甚有聲。帝將遣中官造紙浙江，以歲歉民困止之。按江西，值大饑，盡心賑救。秩滿，就遷按察使，專撫饑民。後改山西。

徐溥。宜興人。景泰中，進士及第，授編修，尋參機務。弘治末，加少師，乞休。卒，謚文靖。溥性凝重，度量宏遠，居内閣十二年，務守成法，與同列協心輔治，事有不可，輒共争之。性至孝，嘗再廬墓。自奉甚薄，好施予，置義田八百畝贍宗族。

盛顒〔五〕。無錫人。景泰進士，爲御史。天順初，劾石亨、曹吉祥諸違法事，下獄。降束鹿知縣，有善政。歷知邵武、延平，民皆愛之。累遷刑部右侍郎，遇重獄，務求其生。改左副都御史，巡撫山東，亦有惠澤。

秦永孚。無錫人。與弟仲孚，刺心血以療父病。及父歿，同廬墓三年。成化中旌表。

王沂。武進人。父㒟，南京吏部尚書，謚文肅。沂成化進士，歷禮部郎中。西域貢獅子，又有貢刀劍至二萬者。沂言是求且無厭，宜損其賚予，從之。弘治中，以右副都御史巡撫保定諸府。時賦役煩重，力爲裁損。滹沱河溢，壞真定民田廬，築隄捍之，奏免雜辦二年，民賴其利。

楊璿。無錫人。舉進士，歷山西參政。檢覈民户，立三等法，均徭役。成化三年，以副都御史撫治荆襄，移撫京畿，修八府荒政。又撫河南，所在奏績。

吴儼。宜興人。成化進士，改庶吉士，歷侍講學士。劉瑾竊柄，聞儼家多貲，啗以美官，儼峻拒之，罷官。瑾誅，復職，拜南京禮部尚書。武宗北巡，儼切諫，不報。卒，謚文肅。

邵寶。無錫人。成化進士，知許州，遷江西提學副使。宸濠索詩文，峻却之。正德初，歷擢右副都御史，總督漕運。劉瑾擅政，寶至京，絶不與通。瑾怒，勒致仕去。瑾誅，起貴州巡撫，拜南京禮部尚書，以母老辭。卒，謚文莊。寶事母至孝，學以洛閩爲的。嘗曰：「吾願爲真士大夫，不願爲假道學。」所著學史、簡端二録，定性書説、漕政舉要諸集。學者稱二泉先生。

徐問。武進人。弘治進士，授廣平推官，歷巡撫貴州。獨山州賊蒙鉞殺父爲亂，問督兵誅之。遷户部尚書，引疾去。問清標絶俗，居官四十年，敝廬蕭然，田不滿百。好學不倦，粹然深造，爲士類所宗。

史良佐。江陰人。弘治進士，擢御史。正德初，與同官貢安甫等劾劉瑾，請留劉健、謝遷。下詔獄，前後杖九十，不死，削籍歸。瑾誅，起雲南僉事，平苗亂，大興農田之利。

秦金。無錫人。弘治進士，授户部主事，累擢巡撫湖廣。郴州桂陽猺龔福全稱王，金先後破砦八十餘，禽福全。改户部左侍郎。中旨仍置皇莊，金乞勘正德間額外侵佔者，悉歸其主，而盡徹管莊之人。帝從其議。金爲人樂易，及居官，一以廉正自持，在户部尤孜孜爲國。尋加太子太保，改南京兵部尚書，致仕歸，卒。孫柱，授中書舍人，忤張居正罷官。

湯沐。江陰人。弘治進士，授御史。以不附劉瑾，謫武義知縣。嘉靖中，入爲大理卿。給事中陳洸罪死，帝特宥爲民，沐争之，不聽。坐讞李福達獄罷歸，卒。沐居官三十載，屏絶餽遺，以廉潔稱。

葛嵩。無錫人。弘治進士，擢禮科給事中。閲薊州軍儲，核貴戚所侵地歸之民。武宗時，以釐營弊，力抗權倖。又請出先朝宫人，罷馳騁射獵，因劾魏國公徐俌。已又偕九卿請誅奄豎。劉瑾斥爲姦黨，罷歸。

毛憲。武進人。正德進士，爲給事中，數有論劾。奉使湖南，見民流離，馳疏請帝憂勤以保天命。忤旨停俸。復言邇者冗官、冗兵、冗匠，耗費無紀，乞盡行釐革。帝再巡邊，偕同官屢諫，并乞早建皇儲，皆不報。嘉靖初致仕。憲性孝，爲人敦行誼，矜名節。其學主不欺，以敬義爲要，學者多宗之。

貢安甫。江陰人。正德初，爲南京御史。兵部尚書劉大夏爲中官所扼而罷，疏乞留之。又偕同官乞留劉健、謝遷，罪劉瑾、馬永成，遂被逮爲民。起山東僉事。

楊淮。無錫人。正德進士，授户部主事，遷郎中。監京倉，革胥徒積弊殆盡。後監内庫，奄人例有供餽，淮悉絶之。公勤廉慎，爲尚書孫交、秦金所重。嘉靖三年，伏闕争大禮，受杖月餘卒。後贈太常少卿。

周衝。宜興人。以鄉舉知應城縣，有惠政。嘉靖初，爲唐府紀善。上書陳修德裕後十二事，王重之，薦於朝，加五品俸。衝初受業王守仁，後復從湛若水遊，與蔣信集師説爲新泉問辨録。

唐順之。武進人。嘉靖八年會試第一，改庶吉士，尋調吏部主事。請朝太子，削籍歸。倭躪江南北，召爲職方郎中，命往南畿、浙江視師。順之以禦賊上策，當截之海外，倭泊崇明三沙，督舟師邀之，斬馘一百二十，沈其舟十三。擢右僉都御史，條上海防善後九事。順之於學無所不窺，爲古文洸洋紆折，卓然大家。子鶴徵，歷官太常卿，亦以博學聞。

席上珍。靖江人。邑諸生。强力有膽。嘉靖中，倭寇薄城，上珍率壯士百餘，從東門鼓噪而出，殺賊數十人。至秦家橋，賊衆悉至，力竭遇害。

萬士和。宜興人。嘉靖進士，改庶吉士，歷江西僉事。分巡饒州，歲裁上供磁器千計。進湖廣參政，撫納叛苗二十八砦。殿工採木旁午，士和經畫曲至，民賴以安。萬曆初，進禮部尚書。災祲屢見，奏乞杜倖門，容戇直，汰冗員，抑干請。多犯時忌，積忤張居正，遂謝病去。居正歿，起官不赴。卒，謚文肅。

陳可達。靖江人。與父佾渡江覆舟，可達先登，操櫓入江救父，遂同溺。三日後，抱父屍出，顔色如生。

王問。無錫人。嘉靖進士，歷南京車駕郎中。有詔清武職冒濫，按籍論黜，請託不得行。出爲廣東按察僉事。乞養歸，父卒，不復仕。築室寶界山，讀書三十年，不履城市。清修雅尚，海内慕之。子鑑，進士，知武定州。有治行，進太僕卿致仕。

張選。黄正色。皆無錫人。同登嘉靖進士，選爲户科給事中。時享太廟，遣郭勛代。選言祫享不親行，跡涉怠玩。帝怒，杖八十，已死復甦。正色爲南京御史，劾中官鮑忠、駙馬都尉崔元、禮部尚書温仁和，所過納饋。忠等因譖之，下詔獄。遣戍遼東。正色與選相友善，先後以直節顯。穆宗初，起選通政參議，召正色爲太僕卿，俱致仕卒。

薛應旂。武進人。嘉靖進士，知慈谿縣，歷浙江提學副使。應旂工文字，與王鏊、唐順之、瞿景淳齊名，天下稱「王唐瞿薛」。其閱文所品題，百不失一。所編有宋元資治通鑑、考亭淵源録、甲子會紀、四書人物考、高士傳、薛子庸語。

周子義。無錫人。嘉靖進士，改庶吉士，歷國子祭酒。訓士有方，暇則兀坐，未嘗造執政門。歷吏部左侍郎，掌詹事府。研窮經術，及濂洛關閩之説，學日邃。卒，贈禮部尚書，謚文恪。子炳謨，萬曆進士，歷禮部右侍郎，協理詹事府。魏忠賢招炳謨，將置之政地，正色拒之。崇禎初，贈禮部尚書，謚文簡。

蔡元鋭。無錫人。嘉靖中，倭寇入犯，與弟元鐸負父逃匿，賊執元鋭，令言其父所在，不從見殺。元鐸不知，挾重貲往贖，並遇害。後獲旌。

吴中行。武進人。隆慶進士，萬曆時官編修。張居正遭父喪，舉朝乞留，中行獨憤然首疏論之。自是趙用賢、艾穆、沈思孝、鄒元標相繼疏入，皆杖戍。中行受杖時，陰雲蔽空，天鼓大震，氣絶復蘇。居正死，薦起，卒爲執政所抑，終侍讀學士。

施策。無錫人。隆慶進士，授禮部主事。乞南就養，補吏部考功。會考察，策攝郎中事，一秉至公，尚書爲請不能奪。後復補禮部，定宗藩則例，務持大體，有宗室乞恩壽千金，不納。遷尚寶卿。故事，勳衛入直，詣尚寶領符牌。法久弛，策疏請申行，禁地乃肅。累遷太僕寺卿。乞歸，結茅大池山中，日事吟詠，歷三十年卒。著有崇正文選、唐詩類選、勵庵詩集行世。孫元徵，萬曆進士。崇禎初，官國子監助教，疏劾魏、崔餘黨徐時泰、孫之獬、陳其慶等。歷湖廣、福建副使，以清節著。

顧憲成。無錫人。萬曆進士，補驗封主事。大計上疏，語侵執政，謫桂陽州判官。歷考功員外郎。三皇子並封，憲成言九不可，議遂寢。尋遷文選郎中。會推忤帝意，削籍歸，卒。崇禎初，贈吏部右侍郎，謚端文。憲成有志聖學，暨削籍里居，益覃精研究，一以程朱爲宗。學者稱涇陽先生。

顧允成。憲成弟。性耿介，勵名節。萬曆中，殿試對策，言張居正罔上行私，執政駭且恚，置末第。都御史海瑞，爲南學臣所詆，允成偕同年抗疏劾之，奪冠帶還家。尋以教授用，遷禮部主事，力詆閣臣張位，謫光州判官。乞假歸，不復出。

張納陛。宜興人。萬曆進士，由刑部主事改禮部。與顧憲成等争三王並封，又争拾遺事，謫鄧州判官，乞假歸。生平尚風節，顧憲成講學東林書院，納陛與焉。又爲麗澤大會，東南人士争赴之。

錢一本。武進人。萬曆進士，知廬陵縣，徵御史。入臺，即發江西巡按貪墨狀，出按廣西。上論相、建儲二疏，言詞最戇直，帝銜之，斥爲民。與顧憲成輩分主東林講席，學者稱爲啓新先生。

史孟麟。宜興人。萬曆進士，授庶吉士，改吏科給事中。三王並封議起，孟麟争之。覩梃擊事，請册立皇太孫，且救御史劉光復。帝怒謫官。熹宗立，擢太僕卿，卒。

劉元珍。無錫人。萬曆進士，授主事，進南京職方郎中。抗疏言沈一貫比暱憸人，錢夢皐以朋黨之説空善類。帝怒，除其名。光宗即位，起光禄少卿，卒。

薛敷教。應旂孫。萬曆進士，以名教自任。會御史王藩臣劾巡按周繼，不具揭都察院，爲其長所劾，藩臣坐停俸。敷教上言，請更易兩都臺長。詔歸省過。三年，起鳳翔教授，遷國子助教。尋以救趙南星，謫光州學正。省母歸，與顧憲成、高攀龍輩講學，卒。

高攀龍。無錫人。萬曆進士，授行人。疏劾輔臣王錫爵，力詆鄭材、楊應宿讒諂宜黜，謫揭陽縣典史，歸。熹宗立，起光禄丞，遷少卿。疏劾戚畹鄭養性及閣臣方從哲交結罪狀，拜左都御史。發崔呈秀穢狀，爲魏忠賢所惡，削籍歸。璫復矯旨逮問。肅衣冠，草遺表，投水死。崇禎初，贈太子少保，謚忠憲。攀龍操履篤實，涵養邃密，粹然一出於正，爲當代大儒。

安希范。無錫人。萬曆進士，授行人。遷吏部主事，改南京吏部主事。疏請斥楊應宿、鄭材，爲小人媢竈之戒；復高攀龍、吴宏濟，以獎忠良；并嚴諭閣臣王錫爵，無挾私植黨，讎視正人。帝怒，斥爲民。熹宗嗣，將起官，先卒。

葉茂才。無錫人。萬曆進士，除刑部主事。歷南京工部右侍郎，謝病歸。茂才恬淡寡嗜好，以醇德稱。及官太僕，清流盡斥，邪議益棼，遂奮身與抗，人由是服其勇。

繆昌期。江陰人。萬曆進士，官檢討。天啓初，魏忠賢逐輔臣劉一璟，昌期詣輔臣葉向高，言重臣不可輕逐，内傳不可奉，一璟乃得善去。遷左贊善，進諭德。楊漣劾忠賢，會有言漣疏乃昌期代草者，忠賢怒甚。及趙南星、高攀龍輩斥逐，昌期皆具疏懇留。忠賢益怒，遂落職，後令緹騎逮治，死獄中。崇禎初，贈詹事，謚文貞。

李應昇。江陰人。萬曆進士。除南康府推官，士民服其公廉。天啓初，拜御史，抗疏譏切近習，魏忠賢惡之。已復言宜罷内操。楊漣劾忠賢得嚴旨，應昇憤，即抗疏繼之，并劾魏廣微。萬璟之死也，應昇言廷杖不可再。又代高攀龍草疏，劾崔呈秀，呈秀暮夜就邸乞哀，正色拒之。已而璫惡愈熾，嗾黨誣論削籍，又入之織奄李實疏中，與繆昌期、周順昌等同被逮，死獄中。崇禎初，贈太僕卿，謚忠毅。

孫繼皋。無錫人。萬曆甲戌殿試第一，歷吏部侍郎。萬曆二十四年。陳太后梓宫發引，帝嫡母也，當送門外，以有疾遣官代行。繼皋言之，帝怒，抵其疏於地。及三殿災，致仕去，卒。

王就學。武進人。萬曆進士，授户部主事。三王並封議起，就學詣王錫爵規之，爲流涕，遂反並封之詔。尋以清望，調吏部員外。陳太后梓宫將發，詔遣官代行。就學疏奏非禮，帝不省而心甚銜之，後斥爲民。

王道濟。武進人。萬曆武進士。初授江陰把總，以五百人殺倭江上，江水盡赤。擢鹽城守備，歷遷廣東總兵。黎蠻叛，道濟戰敗之，追至九星洋，斬其渠，俘數百人，黎蠻平。授都督同知。以憂歸，聞京師已失，不食而卒。

浦邵。無錫人。賊縛其父虞將殺之，邵以首迎刃而死，父得免。

陳幼學。無錫人。萬曆進士，知確山縣。政務惠民，開河渠百九十八道。調繁中牟，政績茂著。遷刑部主事，中官殺人棄其屍，幼學具奏，逮置之法。恤刑畿輔，出矜疑三百餘人。遷湖州知府，一郡大治。升九江兵備副使。告終養歸，卒。中牟、湖州並祠祀之。

湯兆京。宜興人。萬曆進士，知豐城縣，徵授御史。時礦税繁興，姦人争言利，兆京偕同官力諫，不聽。吕圖南爲周永春劾，棄官歸，兆京爲圖南申雪，帝稍奪兆京俸。兆京以不得其職，拜疏徑歸。兆京居官廉正，遇事慷慨。其時黨勢已成，屢遭排擊，卒無能一言污之者。天啓中，贈太僕卿。

吴達可。宜興人。萬曆進士，以知縣最擢御史，巡視長蘆。歲饑，繪圖請賑。税使馬堂議加鹽税，户部已許之，達可力争得已。改按江西，税使潘相請開廣信山採大木，鑿泰和山石膏，皆以達可諫而止。歷升通政使，奏請正疏式、屏讒邪、重駁正、懲姦宄，皆嘉納焉。乞休，卒。

沈應奎。武進人。萬曆中，由鄉舉知裕州。歲大旱，饑民嘯聚山谷，上官遣兵勦之不克。應奎單騎入其壘，曉以禍福，衆即解散。嘗作文驅虎，虎悉遠遁。尚書孫丕楊道其境，不迎謁，丕楊突入其署，應奎方焙餅炙韭，邀與共食。丕楊異之，入朝稱其廉。召爲刑部員外郎。歷汀州知府，終南京光禄少卿。

孫慎行。武進人。萬曆中，進士第三，授編修，擢禮部右侍郎。時郊廟大享，帝不躬親，東宫輟講，皇長孫九齡未就外傅，瑞王未婚，楚宗人久錮，代王廢長立幼，久不更正，慎行並切諫。熹宗立，拜尚書。初光宗大漸，李可灼以紅鉛丸藥進，俄帝崩，廷臣劾之，大學士方從哲令引疾歸。慎行請討從哲，誅可灼。後謝病去。慎行學既深造，其操行皭然不滓，爲一時搢紳冠。卒，贈太子太保，謚文介。

侯先春。無錫人。萬曆進士，除太常博士。時張居正柄政，朝士争附之，先春獨不與通。已轉禮科給事中，再轉兵科，歷吏科，奉命閲遼鎮。上因革利弊三十餘事。回朝，囊橐蕭然。後以憂去，服除，補兵科都給事中。以遼璫恣横劾罷大帥，上疏極争之，謫按察司知事。遂不出。

吴桂森。無錫人。父汝倫，官給事中。桂森與顧憲成、高攀龍，講學東林書院。同郡錢一本善易，從之遊，盡得其旨要。所著有周易象述、書經説、曲禮説、息齋筆記。同邑許世卿，少孤，事祖及母以孝聞。舉萬曆鄉試。東林之會，攀龍以前輩事之。

陸大受。武進人。萬曆進士，授行人，歷遷户部郎中。福王將之藩，詔賜莊田四萬頃，大受請大減田額。因劾鄭國泰驕恣亂法，尋出爲撫州知府，以清節著。天啓初，補韶州，卒。

何士晉。宜興人。萬曆進士，授寧波推官，擢工科給事中。首疏請通章奏，緩聚斂。及張差梃擊事起，咸疑謀出鄭國泰，士晉疏劾之。帝怒，出爲浙江僉事。光宗立，遷太僕卿。天啓中，總督兩廣軍務。魏忠賢大熾，除名，卒。莊烈帝立，復官賜恤。

萬象春。無錫人。萬曆進士，選庶吉士，屢遷禮科都給事中。前後七十餘疏，多關軍國計。歷山東巡撫，引疾歸。起南京工部右侍郎，未至，卒。

陳于廷。宜興人。萬曆進士，由知縣徵授御史，即疏詆閣臣朱賡。尚書王紀被斥，特疏申救。歷吏部左侍郎，忤魏忠賢，斥爲民。崇禎初，起南京右都御史，召拜左都御史，以議罪援引不當，削籍歸，卒。福王時，贈少保。子貞達，官順天府知事。甲申，賊陷都城，死之。

蔣允儀。宜興人。萬曆進士。天啓中，擢御史，疏張鶴鳴罪，力詆方從哲。崇禎四年，以右僉都御史撫治鄖陽諸府，流賊大至。中官陳大金來援，副使徐景麟見其多攜婦女，疑爲賊，礮擊之。大金訴諸朝，逮允儀下獄戍邊。論薦，未及用而卒。

華允誠。無錫人。天啓二年殿試，極陳奄寺之害，授都水司主事。崇禎中，歷職方司員外郎。憤温體仁、閔洪學亂政，疏陳三大可惜，四大可憂。以省親歸，事母色養備至。母卒，哀毁骨立。允誠踐履篤實，晚年涵養益粹，不以功名利禄動其心。

盧象昇。宜興人。父國霖以孝聞。象昇舉天啓進士，授户部主事，歷大名、廣平、順德兵備，舉卓異，進按察使。象昇善射，嫺將畧，能治軍。山西賊入畿輔，連破之。以右僉都御史撫治鄖陽，與總督分道擊賊，皆捷，漢南寇幾盡，威名爲賊所憚。進兵部侍郎，賜尚方劍。李自成勢甚盛，象昇大破之。會京師警，召入衛，尋總督宣、大、山西，大興屯利。後至嵩水橋，與大兵遇，象昇礮盡矢窮，猶奮鬭，身中四矢三刃，手格數十人，乃死。贈太子少師、兵部尚書。福王時，追謚忠烈。本朝乾隆四十一年，賜謚忠肅。弟象晉，象昇既殉難，或誣以不死，棺不得斂。象晉訟於朝，并請祭葬。及國變，爲僧以終。

劉熙祚。武進人。天啓四年舉人。崇禎中，歷巡按湖南。張獻忠破蘄、黄，巡撫王聚奎撤守長沙遁走，沿途焚劫。熙祚奉吉、惠二王走廣西，已返永州拒守。俄賊騎追至，執見獻忠，不屈見殺。本朝乾隆四十一年，賜謚忠烈。弟永祚，知興化。大兵入城，仰藥死。弟綿祚，知永豐縣。鄰境九蓮山，賊窟其中，綿祚大破之，以勞卒。

錢春。一本子。萬曆進士，授御史，甚有聲。歷遷光禄卿，魏忠賢黨劾春倚東林父作子述，削籍歸。崇禎初，累遷南京户部尚書，疏請改折白糧，忤旨歸。

陳震亨。江陰人。以都指揮守泗陵。流寇陷盱眙，率部下五百人往禦，殺賊無算，殲其魁。力盡被執，罵賊死。贈昭勇將軍，立祠死所。

張瑋。武進人。少孤貧，以學行聞。舉進士，授户部主事，調兵部職方，歷郎中。杜請託，絶苞苴，清望甚著。出爲廣東提學僉事。大吏建忠賢祠，欲瑋撰上梁文，遂投劾歸，授徒自給。崇禎朝起官，終僉都御史。瑋貞介廉潔，一時鮮儷。後贈左都御史，謚清惠。

薛聞禮。武進人。以吏員授黄陂典史。張獻忠陷城，愛其才，挾與俱去，即亡歸，率民殺僞令。賊復大至，罵不絶口死。本朝乾隆四十一年，賜謚烈愍。

王章。武進人。崇禎元年進士，知諸暨縣，擢御史，有直聲。賊薄都城，與給事中光時亨守阜城門。及城陷，時亨乞降，章不屈，攢槊刺死，猶一手據地，張口怒目，若叱賊狀。妻姜氏在籍聞之，一慟而卒。後贈大理寺卿。本朝乾隆四十一年，賜謚節愍。

王之栻。章次子。唐藩授兵部司務，彈劾不避權貴。擢兵部職方主事，兼金衢監軍道，奉命宣諭江上。會大兵至，不屈死。本朝乾隆四十一年，賜謚忠節。兄之柯，博學工文章，以廕授錦衣衛指揮僉事。痛父死節，終身不仕。

馬世奇。無錫人。幼穎異嗜學，有文名。舉崇禎進士，改庶吉士，進左庶子。都城陷，肅衣冠，捧所署司經局印望朝拜畢，自縊死。二妾朱、李亦自經。福王時，贈禮部右侍郎。本朝乾隆四十一年，賜謚文肅。世奇砥礪名行，居館閣最有聲，好推引後進，不妄取與。

金鉉。武進人。少以聖賢自期。崇禎戊辰進士，歷國子博士、工部主事。中官張彝憲總理户、工二部，檄諸曹謁見如堂官禮。鉉憤，抗疏争，忤旨，尋落職。十七年春，起兵部主事，巡視皇城。京師陷，鉉哭趨入朝，知帝崩，解牙牌北向四拜，投金水河死。母章氏、妾王氏、弟錝，並同日死。本朝乾隆四十一年，賜謚忠潔。

王孫蘭。無錫人，崇禎進士，授刑部主事。歷遷廣東副使，分巡南雄、韶州。連州猺賊爲亂，馳湟川進勦，三戰皆捷，猺遂降。張獻忠陷長沙、衡州，韶士民聞之，空城逃。賊所設僞官傳檄將至，自縊死。朝廷憫其忠，命予贈恤。

莫可及。宜興人。官長沙府照磨。崇禎末，攝寧鄉縣事。賊破城，不屈死。二子若鼎、若鈺，俱遇害。

薛應玢。武進人。崇禎末，以監生署隴州同知。流寇攻城，勒兵固守，城陷，詈賊死。本朝乾隆四十一年，賜謚節愍。

王音。武進人。崇禎武進士，授廣東惠州碣石都司。以平海寇功，授海南樂安參將。甫一月，黎蠻叛，結諸洞兵圍之數重，音力戰而死。

王行儉。宜興人。崇禎進士，由刑部員外郎知重慶府。重慶宿重兵，撫馭有方。張獻忠陷城，被執臠死。本朝乾隆四十一年，賜謚忠烈。

盧象觀。象昇弟。崇禎進士。英畧視其兄，而文采過之。後殉國難，赴水死。本朝乾隆四十一年，賜謚忠烈。其從兄象同與故將陳安，俱抗節殉難。

吴鍾巒。武進人。受業顧憲成、高攀龍，爲心性之學。及門數百人，江陰李應昇爲最。應昇罹璫禍，被逮過郡，交遊莫敢通，鍾巒獨迎至館，談論如平生。崇禎中，舉進士，爲桂林推官。城破，自焚死。本朝乾隆四十一年，賜謚忠烈。

戚勳。江陰人。由國子生授中書。崇禎末，命督餉福建。甫竣事，旋里，城破，舉火自焚。本朝乾隆四十一年，賜謚烈愍。

從者二十餘人，同邑城破殉難者：舉人夏維新，諸生王華、吕九韶。時貢生黄毓祺與門人徐趨逸去，偵江陰無備，襲之不克，趨被執死，毓祺繫獄死。本朝乾隆四十一年，俱予入忠義祠。

許用。江陰諸生。南京亡，列城皆下，用昌言城守，遠近應者數萬人。大兵從祥符寺後城入，用舉火自焚。本朝乾隆四十一年，予入忠義祠。

龔廷祥。無錫人。崇禎十六年進士。福王時，爲中書舍人。知國祚必移，作書與子，以死自誓。城陷，投武定橋水死。本朝乾隆四十一年，予入忠義祠。

吴炳。宜興人。萬曆進士，歷江西提學副使。江西地失，流寓廣東，走靖州，爲大兵所執，送衡州。炳不食，自盡於湘山寺。

堵胤錫。宜興人。崇禎進士，以户部郎中知長沙府。督鄉兵破滅山賊，名知兵。爲湖北巡撫，駐常德，撫降賊李錦之衆三十萬，軍聲頗振。後死於潯州。

本朝

顧樞。無錫人，憲成孫。斂跡不入城市。淹貫五經，尤深書、易，著易蘘折衷衆説，不尚文辭，心體力行而已。

顧宸。無錫人。有文名，蓄書尤富，晚輯宋文選、杜律注解。

孫夢簡。宜興諸生。篤孝友，隱居教授生徒，以紫陽山學規爲式。邑令欲識其面，謝不可。雅慕倪瓚爲人。

莊應會。武進人。順治初，補江西參政。計殲逆賊金聲桓，遷右布政使。郡城以從逆當屠，應會所救免者數萬人。癸巳入覲，疏除袁、瑞二郡浮糧。官至刑部侍郎，卒。弟應詔，知興寧縣。時山賊竊發，惠、潮諸郡縣皆不守。應詔募兵堅拒，不解甲者百五十餘晝夜，援兵至，賊乃退。時江西有金聲桓之變，大將軍譚泰聞其能，疏擢瑞州府推官，與謀平賊。興寧人思其功，立祠祀之。

陳貞慧。明少保于廷子。少在復社有名。阮大鋮以逆案久錮，謀復用，貞慧與池州吴應箕、無錫顧杲等草檄攻之。後大鋮起南都侍郎，乃以他事屬鎮撫司逮治。尋得脱，屏居故里，不入城市，十二年而卒。

高世泰。無錫人。以東林先緒爲己任，葺道南祠麗澤堂於梁溪。祁州刁包等相與論學，時有「南梁北祁」之稱。大學士熊賜履講學，出世泰門下。

莊冏生。武進人。工詩古文，兼善繪事。順治丁亥進士，歷官右庶子兼侍讀。

邵長蘅。武進人。少稱奇童，十歲爲諸生。長工詩古文，性坦易。著有青門集，宋犖序刻之。

王襄。武進人。父道洽，從族叔於廣東戎幕，久無耗。襄出門尋父，經百艱，比至，則父與叔俱前卒。遇父友指葬處，扶柩歸。母疑非真，命異日勿合葬，忽棺蓋裂，窺見道洽鬚眉如生。襄授徒養母，在館忽心動，疾馳六十里省母，適鄰火延燒，母悸不能起，襄負母出烈燄中，人以爲孝感。

吕宫。武進人。順治丁亥一甲一名進士，官至弘文院大學士。常請停織造及江、浙白糧，以蘇民困。又薦江東耆舊有文行者。引疾歸，卒。所著有五經辨訛、羣書通解行世。

馮達道。武進人。順治丁亥進士，官户部主事。時江西布政莊應會疏除袁、瑞二州浮糧，章下所司，同列者難之。達道力争，得報可。出守漢中，有帥府吏請爲責債者，達道叱曰：「吾爲太守，乃當爲若輩役耶！」遂求去。帥府撻其吏謝焉，乃出視事。尋擢河東鹽道，更先封後製例爲先製後封，商人德之。

劉懤。靖江人。順治丁亥進士，知建安縣。時閩疆未靖，建安賊據山爲固，勢尤張。懤親率官兵進勦，誅其渠魁，而赦其餘黨，全活數萬人。

周維翰。武進人。以照磨署鉅鹿縣事。順治六年，河南賊黨掠鉅鹿，死難。

薛信辰。無錫人。順治己丑進士。知潮州府，發守將郝尚久姦謀。已而尚久果叛，信辰抗不從賊，賊下之獄。乃潛遣其子，約總兵吴六奇進兵，謀泄，尚久將害之，會官兵進討，賊敗乃免。擢副使，備兵井陘。時有圈地之令，信辰調劑得宜，兵民悦服。歷官浙江布政使，所至以惠政聞。

顧煜。無錫人。順治己丑進士，知象山縣。清勤自飭，邑以大治。失上官意，罷歸，邑人歌思之。所著有尚書講義、經濟鉅文、古文粹諸書。

儲曾。宜興人。順治己丑進士，知永豐縣。豐多盜，擒其渠魁，餘悉解散。戍卒奪民財，曾寘之獄，其黨詐稱提標官持檄索還，曾并執訊論如法，驕兵斂跡。以徵賦不及額免歸。子振，官右庶子。掄，官臨川知縣。俱有名。

潘瀛選。宜興人。順治己丑進士，知河間府。營兵以餉不時給，夜譁，礮聲四起。瀛選升堂，召諸弁約束之，諸弁素服瀛選，立爲解散。質明而餉亦辦，人服其應變才。

侯杲。無錫人。順治己丑進士，知宣平縣。宣平民多逋賦，杲輸家貲補之。辦軍興供億，未嘗擾民，亦不廢事。後以刑部郎中督九江關，悉罷額外征，商旅德之。丁外艱歸，遂不出。

邵廷紀。宜興人。父席，爲盜所執。廷紀年十九，請代父。盜釋其父，炙廷紀至死。

趙起芳。武進人。官沭陽縣訓導。順治八年，山東寇賊襲城，與其子殉難。事聞，議卹如例。

徐之龍。江陰人。知神木縣。順治庚寅春，逆賊王永强哨黨陷城，之龍死之。子廷綸、寵綸，皆遇害。事聞，贈僉事。

鄒忠倚。無錫人。順治壬辰廷對進士第一。爲人孝友謙謹，無聲色貨利之好。子卿森，與從兄顯吉，俱以詩畫擅名。

路遴。宜興人。順治壬辰進士，知永平府。捐俸築灤河石隄數百丈，水患得息。俗多獷悍，遴治之以嚴，訟清俗易。三年，上官交薦治行第一。卒於官，民立祠祀之。

周季琬。宜興人。順治壬辰進士，選庶吉士，尋改御史。極言漕政之弊，積蠹惕息。康熙五年，聖祖仁皇帝猶未親大政，季琬因議祀典，請躬承匕鬯以發其意。疏入，留中。明年季琬卒，前疏忽奉俞旨，因賜驛歸其柩，蓋異數也。

張令憲。無錫人。知香山縣。順治壬辰，滇寇陷城，死之。子丹翰，亦遇害。事聞，贈僉事。

華鍾。本姓秦，無錫人。知富川縣。順治中滇寇至，被執，投水死。事聞，贈僉事。

秦鉽。無錫人。順治乙未會試第一，廷對第三人，授編修。出爲廣東參議，備兵杭、嚴。有告無爲邪教者，牽繫多人，其教戒飲酒食肉。鉽即於堂下各食以酒肉，散遣之。按察江西，有叛人久未獲，所司得姓名相似者，鍛鍊誣服。鉽訊釋之，賊亦旋獲。

秦松齡。無錫人。順治乙未進士，入翰林，罷歸。康熙己未，召試博學鴻詞，歷官諭德。嘗與睢州湯尚書斌，講求性命之學。工詩古文，與同邑嚴繩孫齊名，而詩格尤高。所著有毛詩日箋、蒼峴山人集行世。弟松岱，講學東林，尤邃於易。著有周易析微二十卷。

許之漸。武進人。順治乙未進士。任户部主事，擢御史，疏救科臣楊雍建，參革義王孫可望，懲莊頭劉七，皆著風采。旋巡視陝西茶馬，歸。

鄒祗謨。武進人。順治戊戌進士。事母以孝聞，母教之極嚴。祗謨以讀書娱其母，日記萬言。工詩古文。

侯曦。無錫人。順治戊戌進士，注選推官。先是，曦父鼎鉉令黄岡，母以寇氛未赴，留曦侍養。曦聞警，兼程二千里，省父於危城中，寇退始歸。父有田三頃，命諸子得第者與之，曦不專受，分給其弟。

董文友。武進諸生。少與鄒祗謨齊名。工詩古文，於天文、曆象、樂律、方輿之旨，多所發明。晚年悉棄去，專事窮經，尤長於周易、春秋。著有正誼堂集。

周宏。無錫人，郡邑鄉飲賓入祀鄉賢祠公謨子。康熙甲辰進士，廷試第三人，授編修。己酉典試山西，時制舉始復八股，宏一以光正爲法，所得士皆夙有文譽者。榜發，三晉翕然。官至侍講學士。旋以親老，乞終養歸。居官恪勤，爲人清介。生平好讀書，多著作。宏父病，與弟宜振侍奉湯藥，衣不弛帶者凡三閱月。及父卒，擇地安葬，結廬守墓。服闋後賦詩志慟，哀溢詞外，讀者悲之。四十七年，翠華南幸，行宫有宏書扇，上覽見之極稱賞，查問宏履歷，宏因病自陳，尋卒。著有易通廣義、敦本集、浄緣居集。弟宜振，康熙二十一年進士，歷任浙江錢塘、太平知縣，所至有政聲。

趙申喬。武進人。康熙庚戌進士，知商邱縣。治事不假幕客，部民一見不忘。擢刑部主事，歷官浙江巡撫。易海塘土以石，祭江神，潮不逼岸，工遂竟。改撫湖南，禁私派重耗，貪墨屏息。入爲左都御史，進户部尚書。爲人清介剛直，不可干以私。每九卿會議，意有不合者，輒别奏聞。卒謚恭毅，祀賢良祠。弟申季，丁丑進士。任遷江令，革除科派，禁輯獞蠻劫掠及豪强債利。舉卓異，改授編修，督學山東。廉慎自矢，評文不假手幕友。以勞卒官。申喬子熊詔，康熙己丑進士第一人，官侍讀。有四香堂集。

嵇永仁。無錫人。廩生。閩督范承謨聞其賢，延之幕。康熙甲寅，耿精忠將叛，永仁勸承謨早爲備，賊尤銜之。既叛，幽承謨，百計脅永仁降，不屈。獄中以炭畫壁作詩〔六〕，與承謨遥倡和。後聞承謨遇害，遂自經死。贈國子監助教。雍正中，敕建祠。賜「忠節流芳」扁額。

杜嶠。無錫人。爲廉州守備。康熙十四年，吴三桂僞將王宏勛率賊犯廉州，城陷，不屈死。事聞，卹廕如例。

儲方慶。宜興人。博學工詩文。康熙丙午鄉試第一，登進士，知清源縣。山水數漲爲城害，歲修堰，民至破産。方慶禱白龍神，水竟徙流南去城十里，因移建神廟以鎮之。清源人歎爲神異。

任宏嘉。宜興人。康熙丙辰進士，授行人，擢御史，歷左通政。負氣不畏强禦，遇事敢言，一時重其風采。

嚴繩孫。無錫人。六歲能作徑寸大字。工詩古文。康熙己未，以布衣舉博學鴻詞。試日，因目疾僅成一詩，特命授檢討，蓋異數也。在明史館纂隱逸傳。官至中允。有秋水集二十卷。

陳維崧。貞慧子。工詩詞古文，尤長儷體。康熙己未，舉博學鴻詞，授檢討。文名冠館閣。著湖海樓集行世。

陶自悅。武進人。康熙戊辰進士。知猗氏縣，減耗羨歲二千餘金。擢知澤州，捕鹽梟，卻商人規例，減鹽價十之四。告歸，研精宋五子書，教人言動皆有法則。

高愈。無錫人，攀龍從孫，學有淵源。孝友肫懇，尤嚴於取與。年七十，門弟子以新冠爲壽，猶卻之。邃經學，尤精周禮。同時華學泉、劉齊，並績學植行。鄉後學以九經著録者，朱宗洛、華玉淳、王千仞、秦鳴雷、侯鳳苞。

向璿。江陰人。始爲姚江之學，繼讀攀龍人譜，遂幡然從之。著有志學録。

儲欣。宜興人。少孤，率兩弟讀書，嘗至夜分。博通經史。年六十，始領康熙庚午鄉薦。一試禮闈不利，遂絶意仕進，杜門著書。有在陸堂文集。子姪大文、在文、郁文、雄文，並以能文名於時。在文，康熙己丑進士，官編修。大文、郁文、雄文，皆康熙辛丑進士，大文官庶吉士。

楊名時。江陰人。康熙辛未進士，授編修，洊官吏部尚書，總督雲、貴。雍正六年罷職。乾隆九年，起禮部尚書，直上書房，卒於官。優詔軫惜，以名時學問醇正，品行端方，贈太子太傅，賜謚文定，入祀賢良祠。

劉於義。武進人。康熙壬辰進士，由翰林歷官山東巡撫，擢吏部尚書，總督直隸。尋移陝、甘，以軍需案落職。起直隸布政使，再任吏部尚書。洊歷中外，恪著忠勤，加太子太保、協辦大學士。卒，謚文恪。

杜詔。無錫人。康熙間，以詩受知。壬辰，賜進士，官庶吉士。乞養歸，不復出。有雲川閣集，並選唐詩叩彈集行於世。

顧棟高。無錫人。康熙六十年進士，授中書，以事罷。乾隆十五年，舉經明行修之士，棟高與焉。年老，授司業銜。尋奉特旨召見，奏對首以三吳俗敝，請崇節儉風示海内。嘉之，賜御製七律二章。二十二年，高宗純皇帝南巡，召見，加祭酒銜，賜御書「傳經耆碩」四字。卒年八十一。棟高所學，合宋、元、明諸儒而一之，著大儒粹語二十八卷，毛詩類釋二十一卷，春秋大事表百三十一篇。討論精覈，多前人所未發。時同邑吳鼎，同舉經學，官侍讀。鼎兄主事鼐，均有經説著於世。

潘思榘。陽湖人。雍正甲辰進士，改庶吉士。歷官安徽、福建巡撫，所至皆著政績。卒，謚敏惠，祀賢良祠。

惲壽平。名格，以字行。武進諸生。自號南田草衣。卓有詩名，尤工繪事。

鄒一桂。無錫人。雍正丁未進士。歷官内閣學士，兼禮部侍郎。工花卉禽鳥，可匹南田。

任啓運。荆溪人。精心力學，著作斐然。雍正癸丑進士。詔求通性理者，啓運膺首薦，廷對稱旨，授翰林。歷官宗人府丞，總裁「三禮館」，朝夕恪勤，研摩經義。老而彌篤，諸經皆有纂述，尤邃於三禮，學者稱釣臺先生。子翔，乾隆壬戌進士，能以經學世其家，官吏部郎中，卒。

秦蕙田。松齡孫。乾隆丙辰進士第三人。歷官刑部尚書，加太子太保。久任西曹，綜核名法，爲時所重。爲學湛深經術，嘗慨禮經名物制度諸儒詮解互異，因精考古今因革，按周官吉、凶、軍、賓、嘉之目，撰五禮通考二百六十二卷，又周官象義若干卷。卒，謚文恭，入祀鄉賢祠。

劉綸。武進人。乾隆元年，舉博學鴻詞科第一，以諸生授編修。歷官户部侍郎，兼順天府尹。遇事精飭，入直樞禁，尤清慎自將。晉文淵閣大學士。卒，贈太子太傅，謚文定，祀賢良祠。從弟星煒，乾隆戊辰進士。由編修洊歷學士，直上書房，升工部侍郎，卒。星煒，文筆博贍，尤工駢體，有思補堂集。子躍雲，乾隆三十一年一甲三名進士，官至兵部侍郎。

程景伊。武進人。乾隆己未進士，改庶吉士。歷吏部尚書、文淵閣大學士。景伊美鬚雅量，處貴顯，澹泊若儒生。服官恪勤清慎，始終一節。卒，謚文恭。

周金紳。無錫人。乾隆己未進士。任四川新寧知縣，崇文廟，葺書院，講學課文，增修邑志。鹽總某餽白金欲專鹽利，金紳叱還之。聽訟明允。以疾卒官，祀名宦祠。著有握蘭詩鈔。

錢維城。武進人。乾隆乙丑進士第一人。歷官工部侍郎，調刑部，深諳律意，剖悉必歸精審。視學浙江，黜浮靡，崇經術，士風一變。奉命讞貴州獄，適古州逆苗香要倡亂，維城偕巡撫倍道馳赴，檄兵勦捕。指示翕張，動中機會，擒磔首惡，撫定餘衆。兼通聲律，工繪事，著有茶山詩文集三十卷行世。卒，贈尚書，謚文敏。

華希閔。無錫人。由舉人應博學鴻詞科。乾隆十六年，高宗純皇帝南巡，希閔獻廣事類賦、遜志録、經史質疑各壹帙，恩賞知縣。希閔天性純孝，篤志窮經，平生著述頗多。卒，祀鄉賢祠。

周曰萬。無錫人。雍正十年，與父永禧同舉鄉試。乾隆十六年，與弟曰贊同登進士。任景寧知縣，諸弊肅清。改安慶教授。致仕歸，主講東林，學者奉爲模楷。卒，祀鄉賢祠。弟曰贊，由庶吉士改户部主事，遷員外郎，視學雲南、河南。性沈毅。典試山西，秋暑甚，曰贊肅衣冠升堂閱卷至夜分，房考官列坐，不敢平視。從弟掞，乾隆三十六年進士，任浙江縉雲、鄞縣知縣。取士公明，所拔皆宿學。需次時，仍資硯田以養，屢主講席，成就尤衆。

臧琳。武進人，縣諸生。治經以漢注、唐疏爲主，著經義雜記三十卷，尚書集解一百二十卷。於詩、禮二經王肅私竄以難鄭者，尤推見至隱。閻若璩見其書，以爲精確。

管幹貞。原名幹珍，陽湖人。乾隆丙戌進士。由編修洊升吏部侍郎，歷充鄉會試同考官，貴州、順天鄉試主考，己酉會試副總裁，皆稱得人。擢漕運總督，多所疏劾，又疏陳江西軍丁疲敝，設策調劑。屢次督運有功。

嵇承志。無錫人。乾隆年間由舉人中書洊擢長蘆鹽運使。搶築馬家口一帶隄工，又於北倉一帶水漲，修築土埝，捐貲趧辦，得保無虞。嘉慶七年，署河東河道總督。黄沁廳屬水勢陡漲，妥速堵築。衡工大壩告成後，以年老遷京職。

如例。

王日杏。無錫人。由刑部主事隨將軍温福進征金川。乾隆三十八年，值木果木師潰，死之。事聞，贈尤禄寺少卿，廕卹如例。

徐瓚。陽湖人。知新繁縣。乾隆三十八年，隨將軍温福進征金川。值木果木師潰，死之。事聞，議卹贈道銜。

楊夢槎。金匱人。知酆都縣。乾隆三十八年，隨將軍温福進征金川，死木果木之難。事聞，議卹贈道銜。

顧光旭。金匱人。由户曹擢御史。乾隆三十九年，攝四川按察使，督餉金川。冰雪中轉運，歷碉砦五百里，居民不擾。旋軍日，遮道臚歡。方論功時，以養親乞歸。修東林遺矩，著有響泉集、梁溪詩鈔。

秦震鈞。金匱人。乾隆三十九年，以州判權山東臨清州篆。時逆犯王倫滋事，震鈞團民勇，與州屬官吏分堞嚴守。賊攻城急，震鈞悉力抵禦，固守二十日。事聞，特升臨清知州，洊擢濟東道。卒，祀鄉賢祠。從子瀛，由中書直樞廷，歷官刑部侍郎，著有小峴文詩集。

湯大奎。武進人。知鳳山縣。乾隆五十一年，臺匪林爽文滋事，陷彰化，復攻鳳山。大奎聞警自刎。子荀業，被賊戕死。事聞，廕卹如例。

孫永清。金匱人。由中書直樞廷，歷官廣西巡撫。乾隆五十三年，安南阮黎争嬗，敂關輸款。永清撫讋之，粤徼率服。

楊揆。金匱人。由中書直樞廷。乾隆五十六年，從征廓爾喀，擢川北道。嘉慶初，協勦川、楚教匪，升四川布政使，督餉緩急洞中機要。揆少與兄芳燦齊名。芳燦以伏羌守城卻逆回功，擢靈川牧，升户曹郎。各著有集。

杭世隆。何欲行。俱陽湖人。並以孝聞。均乾隆年間旌。

王銑。陽湖人。任華陰縣丞。嘉慶二年，川陝教匪滋事，銑赴鎮安縣大甕溝運送軍糧，遇賊坪化溝，力戰陣亡。事聞，賜卹廕雲騎尉世職。

邵志桂。宜興人。以孝聞。嘉慶年間旌。

徐思直。荆溪人。以孝聞。嘉慶年間旌。

流寓

唐

薛戎。寶鼎人。客毗陵陽羡山，年四十餘不仕。江西按察使李衡辟署幕府，三反乃肯應。

杜牧。咸寧人。歷官中書舍人，剛直有奇節。殖産陽羡，因卜居焉。元張雨題水榭詩序曰：「水榭在義興東郭。」

宋

蘇軾。眉山人。神宗手札移軾汝州，有曰：「蘇軾黜居思咎，閱歲滋深，人材實難，不忍終棄。」軾未至汝，上書自言飢寒，有田在常，願得居之。朝奏入，夕報可。建中靖國元年，卒於常州。

李綱。邵武人。以論水災去國，居宜興。時李光亦以論事貶，道由義興水驛，綱自出呼曰：「非越州李司封船乎？」留數日，定交而别。

王居正。揚州人。范宗尹薦於朝。召至，謂宗尹曰：「時危如此，公不極所學拔元元塗炭中，尚誰待？」居正避寇陽羡山，勉出見公，一道此意耳。」宗尹媿謝。

胡松年。懷仁人，卜居陽羨。雖居間不忘朝廷事，屢言和糴、科斂、防秋利害，帝皆嘉納。紹興十六年病革，呼其子曰：「大化推移，有所不免。」乃就枕，鼻息如雷，有頃卒。人謂不死也。

呂祖泰。婺州人，寓常之宜興。有氣誼，學問該洽。徧遊江淮，交當世知名士。

校勘記

〔一〕蕭文琰　「琰」，原作「棪」，據乾隆志卷六一常州府人物（下同卷簡稱乾隆志）及南史卷五九王僧孺傳附傳改。下注文同改。

〔二〕本姓項氏　「姓」，原作「性」，據乾隆志改。

〔三〕裒鬻醯之利奉其兄　「裒」，原作「衺」，據乾隆志及宋史卷四五六陳思道傳改。

〔四〕授中正軍書記　「中正」，乾隆志同。按，宋史職官志「節度使」下有忠正，無「中正」。據宋史卷八八地理志，忠正軍爲壽春府節度軍額。此「中正」當作「忠正」，中華書局點校本宋史卷三三三葛宮傳改作「忠正」是也。

〔五〕盛顒　「顒」，原作「容」，據乾隆志及明史卷一六二盛顒傳改。按，本志避清仁宗諱改字。

〔六〕獄中以炭畫壁作詩　「中」，原作「守」，據乾隆志改。

大清一統志卷八十九

常州府四

列女

南北朝

蕭矯妻羊氏。晉陵人。性至孝。居父喪，哭輒吐血。母疾，中夜祈禱，忽見一人自稱枯桑君，曰：「夫人無恙，今泄氣在亥，西南求白石鎮之。」言訖不見。明日如言，而疾果愈。

吳康之妻趙氏。晉陵人。父亡弟幼，遇歲饑，母老病篤。趙詣鄉里告乞，鄉里憐之，各分升米，遂得免。及嫁康之，未幾夫亡，家欲更適，誓言不貳。

蔣儁之妻黄氏。義興人。夫亡不重嫁，家逼之，欲自殺乃止。詔表門閭。

唐

蕭俛母韋氏。賢明治家嚴，俛雖宰相，侍左右如褐衣時。

鄒待徵妻薄氏。從待徵官江陰，袁晁亂，薄爲賊所掠。將污之，不從，語家媼使報待徵曰：「我義不辱。」即死於水。賊去，得其屍，義聲動江南。

南唐

何氏。江陰人。爲江賊所掠，欲污之。何氏曰：「當修容以見。」須臾，盛飾以出，立船頭駡賊，赴水而死。

宋

鄒浩母張氏。晉陵人。初浩除諫官，恐貽親憂。母曰：「兒能報國，無愧於公論，吾顧何憂！」及浩兩謫嶺表，母不易初意。

胡淑修。晉陵胡宿女，嫁李之儀。讀書善文。之儀母死，氏負土封穴，哭泣不輟。手植松柏，遂成茂林。

蔣氏。江陰僉判李易母。建炎中，金人入夏港，守臣胡舫謂易曰：「吾曹有死城郭之義，公母宜少避。」易歸告其母，母曰：「我去，則汝決不肯守。願與汝同死。」聞者皆泣下。

謝天與妻鄧氏。晉陵人。其姑以哭子喪明，氏竭力侍養。元兵至，火其廬，急扶姑避後圃。氏被獲，乘間赴水死。

元

姚臨妻金少安。宜興人。至正中，兵亂，臨挈家入太湖。追兵至，氏度不免，赴水死。

儲氏二女。宜興人。一嫁薛執中，一未字。爲紅巾賊所掠，過馬塘渡口，二女相抱赴水死。

鄒珙妻華氏。無錫人。至正十七年，隨夫避賊。賊追及，顧謂夫曰：「我義不受辱，君善自保。」遂赴水死。

趙氏二女。江陰人。至正中，廣德寇掠江陰，其姊抗節死。越三年，盜起，妹亦赴水死。同縣陳惠妻曹氏、朱道存妻費氏，俱被掠不辱遇害。

明

陳存信妻程氏。武進人。明兵攻常州，存信爲百户，死之，氏號慟幾絶，行求其屍葬之。子壽嗣爲百户，征閩，爲盜所殺。氏食貧守節終其身。詔旌之。

儲福妻范氏。無錫人。福死既葬，范時年二十。居貧奉姑甚謹，每悼其夫，則走山谷中大哭，不欲聞之姑也。偶見澗邊草，取織席，鬻以奉姑。及姑歿，廬墓旁，年八十餘卒。後席草不復生。士人即其廬爲祠祀之。

陳旭妻臧氏。武進人。旭亡，自經死。詔旌其門曰「貞烈」。

華源長妻鄒氏。無錫人。源長疾革，以孤託母而不及婦。氏歎曰：「靡他之志，夫不我信。」遂自縊。越二日夫亡。

劉玉妻龔氏。江陰人。夫死，貧不能殮。有少年欲資之棺，氏不受。既而欲强娶之，氏縱火自焚，抱夫屍而死。

惲某妻巢氏。許字未嫁，夫死。父母欲爲擇配，遂自縊。

吴氏三節。江陰人。吴宗傑妻周氏、宗道妻木氏、宗善妻花氏，宗傑兄弟俱以行役死殊方，三婦相與謀歸大骨祔葬，守節終其身。詔旌其門曰「三節」。

孫氏，馬氏。靖江人。正德中，爲流賊所掠，不屈死。

華禕妻吴氏。江陰人。正德中，賊犯城，氏爲所逼，堅拒不從，磔其屍投之江中。

尤輔妻成氏。無錫人，從輔寓靖江。江水夜溢，家人倉猝登屋。氏整衣欲上，問：「爾等衣乎？」衆謝曰不暇。氏曰：「安有男女裸而與之俱生者？我則死耳。」厥明水退，氏端坐死榻上。

孟元卿妻李氏。武進人。夫卒，守節養姑。姑復卒，葬畢，自縊死。

朱某妻顧氏。名玉潔，靖江人。夫死，舅欲奪其志，氏不從。會流賊掠其境，抱夫木主自縊死。

陸子才妻蔡氏。無錫人。嘉靖中，倭寇至，爲所獲，赴水死。

陳鸜兒。靖江人，陳雲家婢。嘉靖間，年十六，抱雲幼子避倭。賊掠之，女紿曰：「以此兒送鄰家，當從汝。」賊信之。女送兒去，即隨賊行，賊不疑，忽躍入江死。

余彦昭妻楊氏。無錫人。彦昭戍滇南卒，氏年二十一，子甫期。家貧誓不他適，養姑以天年終。既而子婦俱早卒，氏又撫其孤，志益厲。詔旌之。

陸氏，任氏，吴氏。三人皆邵氏婦。明末，並死於兵。同里黄氏、蘇氏，皆不辱遇害。

王育才妻姚氏。武進人，御史章母。育才早世，章甫八齡，姚夜課每至漏盡。家貧甚，漚麻紡織，向市易升斗粟以爲常。及章爲諸暨令，醉歸，姚命杖之，曰：「朝廷以百里付酒人乎？」章伏地不敢仰視。其嚴憚如此。崇禎年間旌。

華曠度妻王氏。無錫人。王母家江陰華墅。明末，忍死脱夫亂兵中。

本朝

周魁妻何氏。武進人。夫墮河死，氏沿河號泣，兩晝夜始得夫屍。翁令改適，自經死。同縣蔣九逮妻岳氏、李某妻朱氏，俱夫亡自盡。許之濬妻吴氏，遇暴不從死。

海烈婦。武進人，陳有量妻。運丁林顯瑞，以銀誘氏夫婦入糧船，遣夫他往，百計誘脅。氏堅拒自經死。官勘實，林伏辜。邑人立祠於西門外運河旁。

沈士珍妻馬氏。無錫人。夫亡，自盡以殉。同縣諸士蘭妻葉氏、張錫妻朱氏，亦夫亡自盡。又朱某聘妻曹氏、金兆聘妻王氏，俱未婚聞訃各自盡。

邢烈婦。江陰人，失其姓。適邢某。值城破，氏據井欄坐，見一男子來欲投井。氏叱曰：「汝輩易覓死所，留此以爲我婦人盡節地。」兵近，乃踴身入焉。同縣徐步妻許氏，闔門赴井。許國楝妻李氏，挈媳女自焚。倪春岡妻高氏、殷華石妻吴氏、曹氏女，皆爲兵所迫，不辱死。潘宗宏妻李氏，夫亡自盡以殉。

戴川妻張氏。江陰人。川以事謫戍陝西，娶氏生二子。川歿，氏籲當事，請歸江陰守節。督撫哀其志，賞給驛馬，移咨江蘇巡撫。氏以驛中廩給供口糧，徒步攜二子歸。同邑人士義之，爲裒金供其饘粥。

尹佐妻陳氏。宜興人。遇强暴不污死。同縣邵國初妻任氏、邵齊姜妻陸氏、邵璽妻任氏、邵遂祖妻吴氏、丁佳妻黄氏、丁明妻黄氏、毛里泰妻史氏、沈伯芳妻黄氏、蘇氏女、任氏女，皆爲兵所掠，不辱死。萬文彪繼妻曹氏、談邦植聘妻某氏、邵正垣聘妻張氏，俱夫亡殉節。

瞿元春聘妻董氏。武進人。夫亡殉烈。雍正年間旌。

馮繼冉妻薛氏。陽湖人。守正捐軀。同縣張聖姐，亦守正捐軀。俱雍正年間旌。

徐祇先聘妻丁氏。江陰人。未嫁夫亡，殉烈。同縣楊安基聘妻孫氏、陸繩武聘妻夏氏、徐某聘妻胡氏、陳世榮聘妻何氏、李燮聘妻周氏、方某聘妻趙氏、沈釁瑩聘妻倪氏，均未嫁夫亡殉烈。俱雍正年間旌。

張洪勳妻劉氏。武進人。夫亡守節。同縣王元儒妻顔氏〔一〕，謝景福妻李氏，謝天符妻董氏，卜藹吉妻金氏，王壽于妻孫氏，李文壁妻蔣氏，張錫疇妻繆氏，王鴻謨妻徐氏，周二喻妻李氏，孫異撰妻陸氏，惲延祺妻黄氏〔二〕，劉高峩妻姜氏，吴瑞岐妻白氏，蔣玉林妻孫氏，徐震德妻周氏，吴蘭生妻黄氏，湯自申妻龔氏，惲起儀妻謝氏，惲啓謀妻鄭氏，李克麟妻周氏〔三〕，李良玉妻葉氏，王漢儒妻郁氏，袁銘鼎妻薛氏，楊企雲妻梅氏，湯應森妻常氏，巢恒忠妻朱氏，蔣文長妻巢氏，李文翼妻徐氏，葉春華妻蔣氏，曹茂昭妻陳氏，鄒望齡妻巢氏，楊文輝妻丁氏〔四〕，屠永文妻丁氏，王啓運妻謝氏，柳華妻謝氏，莊輝妻唐氏，劉聖臨妻秦氏，樊德培妻張氏，張永高妻鈕氏，丁象明妻董氏，周大瑛妻巢氏，樊士迴妻高氏〔五〕，唐元樞妻蔣氏，惲彦先妻陳氏，蕭天錫妻謝氏，顧哲先妻汪氏〔六〕，惲方成妻謝氏，劉之纓妻蔣氏，畢天輝妻朱氏，莊振妻龔氏，莊豫章妻龔氏，巢繼周妻張氏，孫之稼妻莊氏，李廷芳妻蔣氏，徐朝志妻周氏，宣瑞豐妻周氏，莊慎學妻周氏，謝封申妻張氏〔七〕，蔣琳珍妻顧氏，樊吉士妻袁氏，徐道登妻鄒氏，程士達妻江氏，朱廷佐妻高氏，張漢明妻邱氏，李同聲妻楊氏，鄭漢昭妻陶氏，鄭瑞玉妻包氏，莊守仁妻孫氏，鈕維欽妾高氏，樊心培妻李氏，吴元鳳妻何氏，徐體乾妻蕭氏，屠景鏞繼妻俞氏，蔣二南妻王氏，顧祖培妻王氏，薛而珍妻莊氏〔八〕，汪如衡妻黄氏，黄建績妻汪氏，周大宗妻景氏，臧寅生妻高氏，馬自進妻褚氏，劉楫妻蔣氏，唐文仲妻惲氏，許大鵬妻石氏，吴其妻楊氏，吴來妻蔣氏，金念堦妻趙氏，祝南山妻張氏，陳天德妻楊氏，陸炳妻莊氏，袁瑞生妻潘氏，符萬榮妻李氏，丁廷俊妻吴氏，沈堯臣妻朱氏，徐春生妻姜氏，唐鳴朝妾尹氏，唐介昭妻孟氏，許之鎬妻商氏，黄虎臣妻徐氏，邵顯榮妻吴氏，邵楷妻童氏，許元瀚妻張氏，陸銘功妻吴氏，邵錫和妻章氏，張大武妻陳氏，裴友浩妻蔣氏，陳襄文妻吴氏，薛翰妻吴氏，莊奏功妻荊氏，蔣名芳妻竇氏，薛芝溪妻高氏〔九〕，謝孟澤妻荊氏，趙與聞妻章氏，李守一妻周氏，謝廷儀妻李氏〔一〇〕，劉大臨妻許氏，許汝明妻汪氏，汪次羙妻方氏，陳學聖妻吴氏，李重章繼妻張氏〔一一〕，陳元斌妻高氏，龔廷玉妻曹氏，王彥貞妻陳氏，陳芝蕙妻薛氏，周普侯妻施氏，謝保中妻黄氏，朱天池妻張氏，梅聖先妻蔣氏，諸葛琳繼妻束氏，巢天錦妻顧氏，巢咸亨妻湯氏，陳五惇妻芮氏，章漸妻郭氏，徐鳳彩妻潘氏，周西雍妻謝氏，周良輔妻陳氏，趙聲遠妻史氏，薛椿山妻張氏，巢晉臣妻鄒氏，唐飛龍妻吳氏，陳學賢妻鄒氏，王永銓妻張氏，張朝柱妻吳氏，何守旦妻杜氏，顧秉文妻李氏，王志發妻葉氏，王家信妻胡氏，瞿慶萃妻吳氏，張鳴九妻袁氏，孫枝生妻許氏，孫紹周妻徐氏，孫冉揚妻卜氏〔一二〕，蔣方侯妻王氏，談建行妻高氏，鄭澤智妻鄒氏，吳貽大妻繆氏，均夫亡守節。烈婦周赤文妻黄氏，陳儒妻姚氏，鄒光濤妾朱氏，黄繁祉妻陸氏，徐鏡妻吳氏，高壽祥妻蔣氏，均夫亡殉節。貞女鄒承謨聘妻金氏，章受兹聘妻孫氏，吳荆山女吳氏，何茂川聘妻吳氏，湯敦業聘妻汪氏，楊養吾聘妻吳氏，均未嫁夫亡守貞。俱乾隆年間旌。

張易升妻鮑氏。陽湖人。夫亡守節。同縣段德星妻張氏，周緒妾閔氏，李祥雲妻戈氏，朱士鳳妻陳氏，史樹德妻薛氏，錢吉甫妻蔣氏，張重熙妻吳氏，董班妻楊氏，譚國賓妻袁氏，承友諒妻張氏，黄玉佩妻嚴氏，陳新宇妻尤氏，李鳴球妻金氏，朱觀成妻徐氏，宣國煌妻周氏，蔣正嘉妻鄒氏，楊喬生妻錢氏，薛承發妻顧氏，李天敘妻張氏，丁文斗妻歐氏，龔人位妻薛氏，朱章甫妻黄氏，奚洪元妻閔氏，楊廷望妾李氏，高天翼妻秦氏，吳正其妻陳氏，吳永祉妻孫氏，邵公甫妻吳氏，陸遇霖妾馬氏，汪飛麟妻劉氏，陸爾和妻吳氏，池於宣妻吳氏，吳公望妻陳氏，李廷樞繼妻徐氏，張宗傑妻堵氏，段振雍妻陸氏，吳紹栗妻承氏，陸雲妻孫氏，李朝宸妻蔣氏，段夏聲妻王氏，蔡長庚妻吳氏，王昌祚妻張氏，陳其鏞妻符氏，楊世雄妻錢氏，吕葉舟妻岳氏，金玉衡妻惲氏，馬雲芝妻徐氏，殷元格妻茅氏，吳本立妾陳氏，劉濬文妻錢氏，管聖植妻巢氏，張漢明妻邱氏，楊藎臣妻蔣氏，盛大觀妻吳氏，盛文止妻陸氏，謝振麟妻吳氏，謝振濤妻湯氏，金亮福妻孟氏，陳君憲妻鮑氏，周國興妻梁氏，吳于濤妻劉氏，趙焕章妻沈氏，方永蕃妻錢氏，董祖修妻蔣氏，潘廷錦妻朱氏，李乾元妻周氏，歐孟臣妻馮氏，錢景福妻徐氏，郭景汾妻李氏，錢鶴慶妻陳氏，吳廷翰妻張氏，張象文妻章氏，徐子建妻陸氏，張鳳鳴妻路氏，黄良德妻丁氏，胡復陽妻馬氏，金元璋妻陸氏，李大成妻陳氏，朱翰芳妻錢氏，楊瞻雲妻周氏，唐曜九妻胡氏，俞惟臣妻華氏，吳蓼初妻楊氏，蔣明楊妻秦氏，徐念祖妻丁氏，楊繼兑妻諸氏，張達聰妻周氏，吕漢公妻許氏，錢大經妻岳氏，張連玉妻趙氏，王介範妻唐氏，薛安仁妻董氏，顧士珍妻楊氏，王起虬妻黃氏，周子超妻張氏，强秉信妻杜氏，王國植妻何氏，王之楝妻蔣氏，賀天嘉妻鄒氏，賀芳林妻戴氏，周蓋章妻丁氏，鄧啓後妻周氏，陳勳妻顧氏，趙元士妻楊氏，惲青峯妻趙氏，卞克讓妻毛氏，楊廣期妻是氏，曹台衡妻蔣氏，史宏妻吴氏，顧問繼妻周氏〔一三〕，陸秉禮妻唐氏，蔣魯侯妻沈氏，史慎旃妻沈氏，王朝生妻殷氏，劉觀妻張氏，談峯妻胡氏，均夫亡守節。貞女何文炯聘妻吴氏，蔣維遜聘妻惲氏，施氏女，均未嫁夫亡守貞。烈女施壽林，未嫁夫亡殉烈。孝女張裕中聘妻蔣氏，潘某妻陳氏，潘大士妻鄭氏，俱乾隆年間旌。

馬志熹妻張氏。無錫人。夫亡守節。同縣祝洪度妻許氏，黃球妻楊氏，孫肇萃妻秦氏〔一四〕，陳永勝妻楊氏，秦成烈妻倪氏，董維奕妻張氏，杜誠妻余氏，張耀初妻陸氏，顧經永妾潘氏〔一五〕，葉彤繼妻薛氏，王鳧仙妻錢氏，吴顯彝妻沈氏，丁奉疇妻楊氏，朱君任妻顧氏，時恭默繼妻賈氏，丁兆方妻朱氏，葉玉翠妻陸氏，華敬宗妾蔣氏，唐時祥妻葛氏，何子績妻趙氏〔一六〕，孫福妻張氏，劉潢妻高氏，葉汝敷妻徐氏，林埏妻顧氏，賈隆祖妻劉氏，唐仁裕妻鄒氏，周啓祥妻白氏，楊亶衡妻黃氏，費成璵妻周氏，吴文學妻張氏，戈正學妻查氏，徐漢倬繼妻秦氏，薛世昭妻端氏，孫文煜妻蔡氏，强爾新妻賈氏，葉以鋐妻陳氏，胡子斐妻徐氏，丁允執妻濮氏，曹惠源妻王氏，繆昌麟妻衛氏，强松妻謝氏，王家楫妻侯氏，秦本忠妻吴氏，秦渭鷹妻黃氏，陳國器妻竇氏，孫煥妻秦氏，吴柱妻呂氏，張宗毅妻浦氏，胡之御妻程氏，馬名驥妻錢氏，孫國臨妻秦氏，虞文炳妻畢氏，强文達妻葛氏，馬天閑妻姚氏，鄒知權妻嵇氏，錢奕箕妻鄒氏，楊天士妻黃氏，嚴溯曾妻黃氏，施廷望妻周氏，温載采妻吴氏，趙純仁妻張氏，楊燕異妻薛氏，劉服書妻楊氏，陳鍾杰妻范氏，劉憲侯妻孫氏，葉方莞妻俞氏，施昌序妻侯氏，邵之驥妻曹氏，杜璵妻郁氏，邵瑞侯妻施氏，李臯文妻高氏，吴源頤妻侯氏，盛顯宗妻劉氏，劉諄若妻李氏，許端形妻程氏，岳馴妻季氏，李鳳鳴妻高氏，徐周臣妻薛氏，陸士元妻李氏，孫聖儀妻李氏，秦汝瀚繼妻華氏，秦鍾麟妻華氏，華穰妻薛氏，莫漢潮妻虞氏，丁明昆妻毛氏，唐子兆妻楊氏，邵瓚妻沙氏，王以仁妻高氏，馬良玉妻顧氏，吴耀基妻沈氏，是克俊妻江氏，糜平侯妻李氏，吴元標妻王氏，王特星妻馮氏，吴維鑣妻華氏，陳九錫妻高氏，費用輝妻楊氏，秦養熙妻陸氏，侯漢嘉妻張氏，毛爾榮妻張氏，邵公安妻龔氏，王祚昌妻徐氏，劉侯妻史氏，陳廷瑞妻支氏，陳廷琮妻强氏，畢之璵妻龔氏，陳校魁妻鄧氏，秦廷章妻錢氏，嵇曾安妻顧氏，葉觀妻顧氏，王秀臣妻蔡氏，姚盛虞妻吴氏，侯方照妻强氏，吕侯妻朱氏，史濤妻黄氏，楊維城妻華氏，顧鄴妻秦氏，孫渭綸妻謝氏，馮君録妻臧氏，馮有能妻宋氏，鄒辰策妻華氏，楊仲明繼妻朱氏，吴滋時繼妻顧氏，張漢侯妻徐氏，吴天池妻王氏，陸朝遴妻顧氏，曹元吉妻吴氏，曹柏年妻唐氏，華九錫妻楊氏，朱文球妻沈氏，馮森高妻陸氏，胡紹伯妻侯氏，浦克紹妻陳氏，吴廷輝妻陸氏，吴廣培妻張氏，張仲昌妻蔣氏，馮期億妻韓氏，吴楚白繼妻陳氏，朱德滋妻陸氏，朱乾曙妻邵氏，顧起鳳妻沈氏，成肯堂妻章氏，喬雲濟妻杜氏，吴九徵妻周氏，蘇步由継妻黄氏，沈玉書妻李氏，張欽聖妻顧氏，吴允元妻張氏，葉承基妻許氏，吕蘄頤妻高氏，秦涑妻方氏，任仲義妻夏氏，劉禹梅妻倪氏，浦顯瑞妻沈氏，戈師旦妻某氏，季宗沂妻華氏，龔大觀妻孫氏，楊彝然妻徐氏，張繼高繼妻華氏，吴武龍妻馬氏，張如翰妻胡氏，楊中立妻榮氏，吴天生妻柳氏，蔣協若妻馬氏，邵繩武妻季氏，費大賓妻徐氏，邊希亮妻孫氏，李起先妻林氏，施然妻秦氏，張允鉽妻成氏，蔡爾端妻周氏，陳孝思妻蘇氏，宣維興妻王氏，顧培生妻高氏，范彌灝妻姚氏，華文先妻厲氏，吕莊頤妻周氏，楊世枚妻華氏，黄汝澄妻錢氏，丁允謙妻毛氏，馮九齡妻袁氏，張效良妻沈氏，丁昌祚妻葉氏，曹雲卿妻薛氏，丁士洪妻徐氏，臧衡臣妻許氏，葉顯章妻邵氏，欽尚公妻劉氏，周鳳鳴妻盛氏，吴子高妻王氏，趙襄侯妻吴氏，楊坤妻鄒氏，薛泰衢妻徐氏，毛仲明妻徐氏，岳鳴沖妻黄氏，張天爵妻周氏，闞崇綱妻沈氏，楊宗源妻屠氏，張彭年妻殷氏，周玉成妻曹氏，郁孫源妻孫氏，陶世泰妻葉氏，毛爾華妻張氏，朱子遠妻陳氏，强屺瞻繼妻朱氏，周勝瑞妻張氏，張焠妻談氏，計丕揚妻丁氏，華燿妻葉氏，華秉仁妻王氏，王允培妻莊氏，華之葵妻胡氏，高惟山妻李氏，李士荃妻虞氏，徐士榮妻吴氏，虞文俊妻楊氏，虞士文妻黄氏，李宗泌妻吴氏，張子瞻妻宣氏，秦承澤妻孫氏，朱名望妻鮑氏，陳文彩妻丁氏，許伊重妻張氏，孫之譽妻莊氏，金九成妻倪氏，朱積學妻胡氏，薛行妾唐氏，朱賢學妻周氏，徐武英妻張氏，許仁朴妻俞氏，盛廷標妻張氏，戴春華妻沈氏，錢昭發妻劉氏，陳松年妻高氏，鄭鶴妻吴氏，倪尚恭妻劉氏，顧泰徵妻卞氏，張宗耀妻高氏，高洪生繼妻胡氏，沈合璧妻張氏，臧天武妻吴氏，强雲鳳妻丁氏，陸萬鍾繼妻賈氏，孫孝恭妻陸氏，秦汲妻趙氏，浦迪如妻侯氏，楊文佩妻葛氏，沈晉棟妻楊氏，顧駿妻楊氏，吴爾德妻顧氏，吴維札妻沈氏，薛端尚妻華氏，陸應泰妻黄氏，周茂良妻鄧氏，陳桐妻薛氏，倪懋質妻許氏，楊埴妾王氏，趙大受妻汪氏，朱夔臣妻邊氏，張範臣妻沈氏，王維球妻鄒氏，張君蕃妻姚氏，宣標妻朱氏，朱善慈妻許氏，奚兆禎妻丁氏，張元贊妻劉氏，范子雲妻葉氏，丁仁涵妻鄒氏，郭元調繼妻岳氏，華廷相繼妻薛氏，吴耀先妻李氏，李思正妻姚氏，糜君璋妻吴氏，蘇式侯妻杜氏，蘇文宏妻姚氏，秦志鴻妻楊氏，孫開社妻顧氏，胡公定妻吴氏，孫魯蕩妻周氏，吴揆妻章氏，吴方慶妻許氏，蘇惠生妻吴氏，楊宸鉞妻倪氏，楊宏妾過氏，江躬本妻華氏，闞在田妻劉氏，張明義妻馬氏，鄧聖臣妻王氏，華虎炳妻秦氏，王静元妻王氏，孫其傑妻鄒氏，張宣哲妻吕氏，張惠英繼妻周氏，史嘉元妻張氏，周元相妻顧氏，張兆眉妻陳氏，范咸一妻徐氏，秦元豫妻顧氏，章吉生妻楊氏，諸錫侯妻嚴氏，秦瑕錫妻顧氏，胡錫任妻范氏，高惟江妻賈氏，諸御陸妻陳氏，柯衬妻龔氏，朱國標妻陸氏，嚴福令妻馮氏，王瑞章妻蔣氏，楊文英妻王氏，莫佑之妻宣氏，童宏勳妻陸氏，華君盛妻李氏，陳文龍妻張氏，華霖妻龔氏，吴允色妻沈氏，黄琦妻顧氏，姚廷洲妻華氏，王孫蘭妻嚴氏，華天佑妻鄒氏，劉秉鉉繼妻宋氏，王際盛妻華氏，朱銓妻張氏，錢萬生妻宋氏，孫任妻張氏，孫士芳妻吴氏，蔡廷修妻周氏，朱慶鑑妻曹氏，沈文學妻蔡氏，秦靖然妻吴氏，陸永錫妻吴氏，唐朝諍妻闞氏，唐朝政妻浦氏，楊存琦妻周氏，嚴瑞英妻臧氏，馮拱奎妻李氏，吴天來妻朱氏，周茂正妻張氏，鄒應祥妻顧氏，王洪信妻李氏，朱田學妻高氏，馮之譁妻薛氏，朱承始妻周氏，葛成章妻曹氏，尤漢文妻張氏，陳漢良妻陳氏，馮宗駒妻張氏，沈士鳳妻濮氏，邵禹鍾妻强氏，丁嵎祥妻郭氏，丁成玉妻許氏，虞彭齡繼妻顧氏，高尚賢妻華氏，張效程妻石氏，徐再籧妻龔氏，朱璞妻錢氏，黄兆鰲妻舒氏，沈公惠妻許氏，秦之樞妻楊氏，徐汝瑄妻李氏，胡錫福妻張氏，汪光道妻許氏，吴啓元妻施氏，張慎樞妻陸氏，顧廷相妻朱氏，均夫亡守節。烈婦華敬宗妾謝氏，孟浩生妻陸氏，均夫亡殉節。貞女孫祖昌女，袁浩聘妻張氏，宣醇衷聘妻周氏，秦慶聘妻張氏，胡公九聘妻曹氏，胡昇錫聘妻劉氏，范君模聘妻梅氏，均未嫁夫亡守貞。俱乾隆年間旌。

張沅妻秦氏。金匱人，夫亡守節。同縣袁九霞妻姚氏，浦如璣妻陳氏，程世榮妻黄氏，華奕纓妻吴氏，陳廷桂妻楊氏，安高發繼妻吴氏，陳棟妻徐氏，許嘉埏妻李氏，祝以中妻蔡氏，侯謙妻强氏，周鶴松妻吕氏，戴鴻音妻王氏，顏維祚妻華氏，錢毅妻雷氏，楊贊禹妻郭氏，施泰妻毛氏，趙蓉孫妻陳氏，孫燾妻朱氏，秦明然繼妻施氏，吴廷弼妻周氏，蔡源妻張氏，朱大年妻李氏，鄒大立妻錢氏，華鼒妻王氏，侯頤妻徐氏，張文紳妻李氏，周憲昭妻朱氏，諸永嘉妻錢氏，孫廷英妻唐氏，鄧世茂妻錢氏，黄洪元妻宿氏，華鋐昌妻范氏，蔡岵基妻秦氏，吳天石妻周氏，施廷錫妻薛氏，陸曰懿妻楊氏，倪文勳妻華氏，錢鉅妻黃氏，何如鐸妻姚氏，華文江妻談氏，秦本敬妻姚氏，張承訓妾單氏，李潢妾顧氏，馬南斌妻殷氏，倪其燮妻朱氏，周鴻仁妻王氏，廉鶴妻舒氏，田莘生妻宿氏，呂命榮妻黃氏，華世綸妾孫氏，華璜妾顧氏，王元進妻吳氏，虞世文妻黃氏，周銘綱妻華氏，計汝翼妻吳氏，張宜卿妻王氏，吳德成妻丁氏，高宏憲妻華氏，滕謨妻顧氏，華實登妻浦氏，華公進妻陸氏，顧漢章妻黃氏，錢鎬妻華氏，朱文錦妻唐氏，徐志道妻張氏，楊守典妻沈氏，方其煥妻許氏，嚴若臨繼妻駱氏，劉珍妻朱氏，倪之勳妻王氏，黃西金妻楊氏，倪雋超妻何氏，沈奇珍妻韓氏，華孳鯤妻曹氏，蔡嶽妻朱氏，顧天爵妻姚氏，虞士達妻朱氏，林君酎妻陸氏，華士宏妻錢氏，華容民妻金氏，諸爾暹繼妻姚氏，華世隆妻冷氏，邵熊符妻王氏，王芳型妻淩氏，張子諒妻黃氏，黃太占妻許氏，滕嘉賓妻朱氏，嚴補雲妻張氏，鄒熙臣妻闕氏，鄒舜臣妻楊氏，華學契妻朱氏，鄒良佐妻錢氏，倪畹公妻高氏，朱元俊妻華氏，錢克昌妻章氏，華協如妻錢氏，華塄繼妻吳氏，王公憲妻趙氏，鮑維振妻顧氏，宋佩玉妻盧氏，高廷章妻周氏，王瑞章妻曹氏，陳廷祥妻吳氏，徐維翰妻華氏，高煒文妻諸氏，顧熙文妻秦氏，過德衡繼妻杜氏，楊棟材妻李氏，朱思本妻華氏，倪爾俊妻秦氏，曹田生妻盛氏，戴天祥妻顧氏，朱大慈妻倪氏，蔡犀照妻周氏，朱汝鎏妻徐氏，劉素臣妻蔡氏，朱子榮妻安氏，秦來御妻張氏，華應魁妻唐氏，沈君泰妻朱氏，蘇世銓妻王氏，鄒澄雲妻丁氏，蘇襄侯妻張氏，李文質妻朱氏，華澄亨妻錢氏，曹天申妻華氏，曹志希妻毛氏，朱宗明妻費氏，華書升妻談氏，方亮臣妻鄒氏，顧允承妻華氏，曹與園妻徐氏，司馬昭妻蔡氏，蔣文燦妻曹氏，顧亦千妻鮑氏，華文和妻錢氏，顧九階妻朱氏，賈懋林妻華氏，費德順妻周氏，華汝馨妻錢氏，許公標妻胡氏，張聖宣妻馬氏，范君祥妻戴氏，趙明虞妻黃氏，王允斌妻華氏，倪大音妻陸氏，萬仲方妻費氏，陸良賓妻成氏，丁子高妻吳氏，許維鏞妻胡氏，喬天佑妻高氏，倪書紳妻秦氏，倪垂範妻華氏，秦望子妻錢氏，嚴朱熙妻楊氏，閔斌妻宋氏，趙永仁妻戴氏，吳永安妻丁氏，華德明妻沈氏，過子衛妻徐氏，黃士薪妻過氏，周霨集妻秦氏，華應龍妻侯氏，蔡永賢妻錢氏，施廷耀妻張氏，尤明理妻唐氏，蔣元侯妻周氏，顧俊招妻華氏，華履端妻王氏，王允安妻鄒氏，方廷藩妻顧氏，安世榮妻華氏，黃隆海妻王氏，秦檠妻華氏，華孳騏妻倪氏，王聖生妻錢氏，楊善維妻周氏，薛紫躔妻華氏，顧起安妻侯氏，朱仲興妻鮑氏，祝宏緒妻傅氏，吳應嘉妻章氏，尤雲章妻蔣氏，華其千妻錢氏，錢爾成妻朱氏，倪嶽祥妻尤氏，顧騰霄妻尤氏，朱松恒妻包氏，華元英妻顧氏，徐久亨妻王氏，萬浩生妻奚氏，許進龍妻陸氏，高籌妻仇氏，張國俊妻何氏，錢位時妻楊氏，費銓妻華氏，馬敘生妻華氏，王德源妻錢氏，尤念新妻虞氏，諸士雄妻包氏，華弼妻鄭氏，蘇永林妻李氏，華如境妻計氏，黄大勳妻周氏，倪明培妻侯氏，黄宸妻瞿氏，高焕若妻張氏，華綏禄妻鄒氏，范彌懿妻朱氏，顧逵妻華氏，張廷秀妻朱氏，過有成妻顧氏，張仁樞妻劉氏，談宜怡繼妻瞿氏，朱永安妻周氏，倪金張妻胡氏，王宗沂妻莊氏，華聖茀妻惠氏，陳應昌妻朱氏，錢天霞妻華氏，顧咸吉妻陸氏，方晉侯妻馮氏，袁君達妻顧氏，袁天倫妻張氏，徐子唯妾韓氏，楊諟卿妻周氏，曹季真妻華氏，華吉甫妻朱氏，華元祖妻倪氏，華維明妻錢氏，楊直方妻王氏，强式穀妻曹氏，倪道生妻錢氏，華孟曾妻曹氏，朱士倫妻徐氏，倪起龍妻華氏，鄒麟徵妻邵氏，趙紹音妻周氏，王有文妻袁氏，華雲九妻徐氏，李元璋妻唐氏，許廷鏞妻滕氏，陸在中妻王氏，尤橐生妻胡氏，李躬玉妻陸氏，徐希郊妻張氏，楊楚望妻王氏，華天祥妻秦氏，王允祥妻成氏，華明溢妻徐氏，華世緯妻周氏，蔣熙臣妻包氏，許麟妻蔡氏，杜成章妻張氏，華玉堂妻鄒氏，華天壽妻徐氏，許賓三妻周氏，周驥來妻許氏，秦宏妻侯氏，姚夢熊妾徐氏，陳曾三妻某氏，均夫亡守節。烈婦浦氏，夫亡殉節。貞女堵麟蒸聘妻張氏，趙維康聘妻費氏，沈士縉聘妻王氏，顧日立聘妻金氏，糜鑑仁聘妻王氏，馬嘉謨聘妻蔣氏，王烈聘妻鄒氏，華柟聘妻徐氏，秦葉勳聘妻施氏，費象謙聘妻秦氏，陸天相聘妻劉氏，侯歷聘妻殷氏，均未嫁夫亡守貞。俱乾隆年間旌。

沈應麟妻吴氏。江陰人。夫亡守節。同縣陳奎妻陸氏，沙廷相妻陳氏，薛自超妻沈氏，薛鍾妻陳氏，徐祚妻吴氏，貢起元妻李氏，吴江楓妻倪氏，許君仁妻盧氏，劉炳如妻嚴氏，孔傳儒妻張氏，王如緯妻孫氏，丁仲玉妻於氏，徐有琳妻朱氏，祝邦萊妻龐氏，奚長錫妻秦氏，孔毓嶜妻劉氏，江鶴皋妻王氏，薛廷珂妻劉氏，包熙祥妻殷氏，徐奕雲妻許氏，陳體乾妻李氏，薛德五妻章氏，李朝珍妻薛氏，趙衡如妻劉氏，薛宏育妻戚氏，張其長妻陳氏，薛皋聞妻林氏，薛宏期妻趙氏，薛雲潤妻黄氏，趙錫武妻徐氏，孫詩妻趙氏，楊景時妻沈氏，徐煌妻趙氏，許耀章妻何氏，許明井妻張氏，劉宏緒妻袁氏，何純嘏妻劉氏，薛聖執妻李氏，劉之祺妻高氏，耿爲章妻吴氏，潘夔麟妻施氏，甯永修妻任氏，奚又錩妻張氏，沈師周妻孟氏，周履溪妻薛氏，薛正德妻石氏，薛元升妻過氏，徐岵望妻薛氏，薛來源妻王氏，薛聖敬妻徐氏，奚宗賓妻華氏，徐悟妻葉氏，巫邦莫妻李氏，陸孝文妻黄氏，車翰臣妻高氏，劉繼祖妻鄧氏，黃雲秀妻查氏，朱公言妻童氏，劉嘉仁妻湯氏，張健之妻華氏，胡正泰妻陳氏，趙巘妻吴氏，許莊己妻高氏，王與鴻妻承氏，金爲琛妻貢氏，吕秉臣妻周氏，裴友浩妻蔣氏，李邦正妻徐氏，李又白妻薛氏，蔡綏遠妻趙氏，章又曾妻金氏，何純嘏妻徐氏，郭御青妻沈氏，朱嘉賓妻何氏，韓學淑妻陳氏，邢殿揚妻顧氏，張國柱妻趙氏，吴國禎妻蔡氏，包德明妻朱氏，貢丹霞妻徐氏，蔡宏毅妻錢氏，周懷忠妻夏氏，蘇世英妻高氏，陳鍾妻趙氏，吴國琳妻劉氏，胡一驥妻薛氏，沙漢昭妻黃氏，潘子英妻王氏，吴敬典妻邢氏，朱起蛟妻周氏，徐維岳妻楊氏，薛台妻李氏，張子孝妻龐氏，繆名皋妻劉氏，劉欽宸妻吴氏，周邦憲妻陸氏，徐履淳妻戚氏，胡士顯妻陸氏，曹士美妻徐氏，陸邵公妻任氏，李運泰妻顧氏，吴三省妻戚氏，鄧述豐妻孫氏，馬元進妻陳氏，薛鳴皋妻劉氏，吴遵謙妻程氏，匡元嘉妻徐氏，王位超妻須氏，王宗湖妻丁氏，許坤仁妻錢氏，吴成之妻趙氏，陳鼎妻許氏，李燦如妻周氏，陸聖瞻妻朱氏，蔣壆妻邢氏，金成耀妻姚氏，陳仲偕妻趙氏，章世珍妻吴氏，朱士仁妻李氏，繆之鈞妻吴氏，潘源妻陶氏，陶鈺妻倪氏，夏宗泗妻湯氏，周爾佑妻李氏，杜楷妻施氏，孫宗灼妻周氏，胡鳳儀妻沈氏，邵天一妻張氏，徐濤妻楊氏，陶洪妻徐氏，吴治妻劉氏，徐大賓妻王氏，程汝行妻張氏，李斌之妻陳氏，均夫亡守節。烈婦倪舜臣妻陳氏，沈洪達妻府氏，繆朝興妻孫氏，均夫亡殉節。貞女方其潤聘妻吴氏，章學禮聘妻尹氏，俞曾起聘妻徐氏，徐樂山聘妻韓氏，夏宗魯聘妻周氏，朱履仁聘妻吴氏，陳元開聘妻查氏，徐雯聘妻孫氏，均未嫁夫亡守貞。俱乾隆年間旌。

史雲程妻儲氏。宜興人。夫亡守節。同縣儲純武妻潘氏，戴錫祥妻史氏，陳三錫妻鄭氏〔一七〕，詹象琨妻吴氏，萬景僑妻吴氏，史遐佐妻徐氏，汪習成妻吴氏，陳玉鑑繼妻鄒氏，曹佐臣妻周氏，曹秉淵妻荆氏，吴定勳妾黃氏，徐錦堂妻邵氏，錢允數妻許氏，任連妻吴氏，湯卜臣妻吴氏，蔣成品妻潘氏，陸雲標妻徐氏，蔣文邁妻沈氏，徐基植妻顧氏，徐芳妻吴氏，吴焕妻歐氏，黃大中妻謝氏，吴金式妻蔣氏，吴觀瀾妻周氏，馮彦英妻史氏，周錫元妻李氏，周宏仕妻邵氏，張杏侯妻蔣氏，吴士林妻黃氏，潘五雲妻王氏，沈其遠妻蔣氏，徐泯生妻吴氏，賀永言妻蔣氏，蔣鳳岐妻湯氏，張修竹妻陳氏，張緒安妻秦氏〔一八〕，周鳴鶚妻許氏，吴聖修妻沈氏，顧永蔭妻唐氏，張嘉猷妻黃氏，蔣廷璠妻黃氏，蔣有源妻陳氏，張俊傑妻朱氏，黃隨妻吴氏，徐時雍妻吴氏，徐焕秩妻史氏，吴其昌妻楊氏，徐兆行妻宗氏，程廷佩妻項氏，楊集鳳妻張氏，謝義方妻顧氏，葉賓華妻佘氏，吴羽飛妻蔣氏，蔣永麒妻杜氏，周鳴來妻糜氏，佘千里妻吴氏，陳惠南妻裴氏，王元祥妻徐氏，周朝椿妻王氏，李家駒妻孫氏，蔣泰來妻黄氏，畢聖友妻錢氏，張雲從妻許氏，宗可成妻史氏，邵仁鳳妻蔣氏，周永昇妻謝氏，徐盈成妻王氏，蔣師韓妻周氏，宗之濱妻吴氏，李士興妻趙氏，戴鍾秀妻周氏，邵爾佑妻丁氏，徐公淳妻周氏，戴爾繩妻史氏，吴德善妻陳氏，莊仲珩妻吴氏，徐江普妾夏氏，萬于宣妻吴氏，王組榮妻唐氏，杭屺雲妻馬氏，吕鳳遥繼妻許氏，汪馨孫妻周氏，毛心培妻張氏，儲師孟妻楊氏，蔣邦傑妻潘氏，周孚吉妻杭氏，戴邦臣妻蔣氏，吴政和妻孫氏，毛趾仁妻張氏，吴夢瀾妻許氏，均夫亡守節。烈婦邵齊疆妻陸氏，邵璽妻任氏，戴時義妻周氏，邵遂祖妻吴氏，戴洪儒妻周氏，余秉堅妻黄氏，朱楚良妻管氏，均夫亡殉節。貞女胡兆祥聘妻周氏，徐中杰聘妻任氏，徐嘻聘妻崔氏，陳維衛聘妻王氏，陸其中聘妻唐氏，朱明遠聘妻何氏，吴倬聘妻杭氏，胡國泰聘妻瞿氏，吕宏遥聘妻馮氏，吴繩復聘妻徐氏，均未嫁夫亡守貞。烈女談邦直聘妻蔡氏，未嫁夫亡殉烈。俱乾隆年間旌。

陳應蕃妻虞氏。荆溪人。夫亡守節。同縣蔣洪謨妻吴氏，蔣先甲妻潘氏，都士杏妻張氏，陳永元妻吴氏，丁景賢妻黄氏，周爾詢妻陳氏，曹封山妻王氏，任熙臣妾陳氏，路遇妻湯氏，路朝岳妻任氏，徐雲稷妻成氏，蔣廷勷妻黄氏，蔣天翼妻宗氏，吴士連繼妻陸氏，吴鼎妻萬氏，潘作楫妻湯氏，許來遠妻王氏，楊宏遠妻陸氏，楊甲元妻張氏，徐雯英繼妻黄氏，蔣廷堅妻潘氏，蔣錫圭妻史氏，錢藜照繼妻許氏，談蘭如妻宗氏，徐繹如妻萬氏，周裕成妻王氏，張茂時妻陳氏，黄彦鳴妻盛氏，談天石妻陸氏，馬文益妻陳氏，羅廷茂妻陳氏，任錫九妻蔣氏，陳紹箕妻邵氏，王學曾妻張氏，李印憲妻汪氏，傅梅妻任氏，丁顯妻蔣氏，儲鳳集妻郁氏，孫燕妻任氏，張廷瑞妻武氏，謝繼宗妻王氏，單子虞妻戴氏，談大鏞妻張氏，吴惠卿妻談氏，吴天助妻談氏，邵茂德妻袁氏，錢子馨妻邵氏，蔣昌期妻周氏，吴立賢繼妻伏氏，張時法妻廬氏，沈茂增妻王氏，胥伯超妻馬氏，胥廷彩妻潘氏，周錫侯妻朱氏，周仲卿妻李氏，任效成妻阮氏，徐子騫妻張氏，李鳴鳳妻劉氏，莊子奕妻鄭氏，談宗靈妻任氏，許疇繼妻賀氏，周正和妻錢氏，陳斆王妻張氏，俞舜臣妻徐氏，馬文格妻任氏，宋禹謨妻陳氏，楊天良繼妻王氏，裴正陽妻邵氏，佘炳文妻張氏，陳振豪妻鮑氏，陳受全妻陶氏，吴吉士妻史氏，唐文明妻楊氏，陳士忽妻徐氏，許敏修妻淩氏，錢恒岳妻潘氏，任築巖妻徐氏，陳菁英繼妻薛氏，陳萬書妻蔣氏，萬陸銓妻蔣氏，崔文炳妻陳氏，蔣起富妻邱氏，朱象乾妻董氏，馬廷濟妻吴氏，談調梅妻萬氏，朱尚儒妻萬氏，俞虞佐妻彭氏，許瑄妻蔣氏，萬人瞻妻羊氏，馬文爀妻吴氏，崔文表妻淩氏，崔令善妻王氏，周元鼎妻吕氏，管仲芳妻吴氏，周文炳妻吴氏，張廷佐妻吴氏，蔣侶鶴妻丁氏，管應陽妻湯氏，丁攀龍妻路氏，張佩絃妻吴氏，張翰臣妻許氏，蔣子俊妻吴氏，馬廷宣妻毛氏，周瑞宇妻張氏，張瑞廷妻李氏，鄭學仁妻高氏，謝聖愷妻陳氏，陳雲彰妻陸氏，李雲程妻葛氏，莊爲周妻周氏，任振趾妻徐氏，李朝紱妻潘氏，路學濂妻儲氏，吴曾三妻張氏，黄鼎全妻潘氏，莫士超繼妻丁氏，莫隆恩妻史氏，徐路衡妾某氏，潘富明妻許氏，任文侯妻盛氏，高東旭妻干氏，周方白妻傅氏，吴山妻徐氏，徐銘帶妻任氏，談季彩妻黄氏，任曾期繼妻徐氏，均夫亡守節。貞女許重逢聘妻趙氏，盧學亨聘妻成氏，馬元彪聘妻陸氏，均未嫁夫亡守貞。俱乾隆年間旌。

陳起鋗妻劉氏。靖江人。夫亡守節。同縣陸子益妻孫氏，王應麒妻盛氏，陳允安妻劉氏〔一九〕，孫英妻秦氏，毛叔箴妻包氏，劉西基妻馬氏，朱學準妻范氏，季書田妻薄氏，劉公彦妻錢氏，聞行先妻孫氏，陳啓綱妻朱氏，孫復先妻劉氏，王天山妻何氏，朱文先妻盧氏，黄如珍妻高氏，朱鑑妻劉氏，王之蕃妻湯氏，姚世奇妻繆氏，趙侯妻倪氏，均夫亡守節。貞女何振曜聘妻劉氏，朱達士聘妻顧氏，朱基綿聘妻桂氏，均未嫁夫亡守貞。俱乾隆年間旌。

吴述存妻張氏。武進人，夫亡守節。同縣陳尚賓妻屠氏，吴昌妻楊氏，謝鈺妻劉氏，薛南來妻陸氏，管薪傳妻陸氏，梅永祥妻費氏，吴學瀛妻趙氏，謝爵妻劉氏，屠廷植妻魏氏，吴祖留妾王氏，楊怡妻葉氏，馬學良妻周氏，葉五松妻姚氏，高聲振妻陳氏，鄭謹庸妻巢氏，萬泳妻陳氏，毛樛妻曹氏，汪宏遠妻殷氏，劉正中妻袁氏，岳宗藩妻錢氏，金南洲妻屠氏，姚瀛洲繼妻姜氏，屠克敬妻孟氏，薛琳妻汪氏，謝鈞妻荆氏，夏紀良妻金氏，沙鳳瞻妻楊氏，常夢齡妻金氏，范顯安妻高氏，劉臯聞妻胡氏，高景賢妻萬氏，朱昂霄妻徐氏，劉維清妻張氏，尤煊妻周氏，均夫亡守節。烈婦施松受妻羅氏，守正捐軀。貞女惲源興聘妻張氏，趙濂聘妻吕氏，蔣斗燦聘妻吕氏，均未嫁夫亡守貞。俱嘉慶年間旌。

顧民書妻謝氏。陽湖人。夫亡守節。同縣王紹紳妻陸氏，朱邦英妻李氏，惲曾唯妻金氏，袁時茂妻莊氏，陳景賢妻劉氏，李健林妻高氏，吴驥妻潘氏，吴振聲妾王氏，張毓洙妻王氏，張蟾賓妻姜氏，黄錫疇妻費氏，陳震妻劉氏，劉學遜妻莊氏，吕維人妻史氏，陸揚妻潘氏，戚正榮妻楊氏，尤子芳妻趙氏，吴應隆妻張氏，趙漣妻張氏，汪襄妻楊氏，卞同正妻莊氏，楊紹文妻常氏，孫枝生妻許氏，楊爾侯妻周氏，楊復初妻朱氏，楊貽吉妻計氏，王和妻何氏，馮凝妻黄氏，吴懋遠妻王氏，顧驊繼妻莊氏，王壽南妻毛氏，管金斗妻蔣氏，黄端士妻白氏，均夫亡守節。烈婦姚勝鳳妻吴氏，夫亡殉節。貞女徐剛中聘妻賀氏，湯八壽聘妻陳氏，吴儼立聘妻周氏，朱晉齡聘妻姚氏，均未嫁夫亡守貞。烈女徐方州女徐氏，守正捐軀。孝女夏筠心。俱嘉慶年間旌。

孫祥興妻沈氏。無錫人。夫亡守節。同縣蕭禹樸妻吴氏，孫國顯妻陳氏，蕭源州妻陳氏，沈學海妻黄氏，蕭文柏妻王氏，華鉞妻鄒氏，胡德先繼妻徐氏，吴炳文妻鄒氏，鄒積仁妻范氏，華迪彙妻鄒氏，楊嘉禾妻陶氏，張聖開妻劉氏，朱德豐妻馮氏，吴彭年妻盛氏，張柏齡繼妻袁氏，許漢武妻馬氏，華肇泰妻秦氏，華肇丰妻沈氏，胡志仁妻劉氏，浦明德妻方氏，侯秉銓妻華氏，葉在田妻馬氏，吴晉堦妻鄒氏，鄒汝珩妻徐氏，任甸繼妻趙氏，史文焯妻朱氏，繆宗昌妻唐氏，鄒瓚妻淩氏，高鼎元妻朱氏，華汝綸繼妻楊氏，賈雲淩妻吴氏，楊炳然妻沈氏，沈延禧妻丁氏，楊陛茨妻劉氏，王洪興妻胡氏，劉輔公妻華氏，張安培妻華氏，張成恒妻錢氏，王廷榮妻吴氏，徐重光妻華氏，華洽繼妻吴氏，范介王妻楊氏，榮大儒妻薛氏，陸旭旦妻馮氏，鄒恩妻張氏，均夫亡守節。烈婦司馬時山妻華氏，夫亡殉節。貞女施莘傳聘妻吴氏，陸慶安聘妻吴氏，曾國安聘妻胡氏，均未嫁夫亡守貞。孝女錢蘭，胡素娥，俱嘉慶年間旌。

高際妻張氏。金匱人。夫亡守節。同縣錢大才妻顧氏，徐修原妻楊氏，倪萬均妻范氏，王會清妻楊氏，華太初妻傅氏，嚴惟金繼妻尤氏，姚文隆妻范氏，平起鳳妻虞氏，陸天相妻劉氏，周尊三妻朱氏，孫昇妻劉氏，趙景新妻朱氏，朱林章繼妻陳氏，王周薪妻周氏，王午昌妻錢氏，宋式範妻陳氏，詹肇堂妻邵氏，華起涑妻錢氏，華樹勳妻朱氏，華王堂妻錢氏，朱廷賢妻秦氏，侯錫爵妻朱氏，朱式武妻顧氏，徐肇鐘妻朱氏，汪元昕妻嵇氏，朱沛繼妻高氏，趙昌言妻淩氏，徐培元妻馮氏，楊日彩妻杜氏，楊濟川繼妻孫氏，沈大成妻吴氏，陳惟智妻任氏，王錦繡妻陳氏，潘敬德妻陸氏，華弦妻朱氏，顧京妻孫氏，朱修齡妻全氏，錢益朋妻楊氏，蔣祀妻朱氏，趙景元妻汪氏，楊衡妻鄒氏，鄒璜妻侯氏，朱緒成妻錢氏，高纘烈妻祝氏，華章煥妻王氏，徐起鵬妻華氏，華文璋繼妻周氏，均夫亡守節。烈婦喬瓚妻汪氏，夫亡殉節。貞女陳煥發聘妻華氏，未嫁夫亡守貞。孝女李瓊。俱嘉慶年間旌。

戈近三妻薛氏。江陰人。夫亡守節。同縣陸某妻邵氏，徐熙妻劉氏，陶鈿妾龔氏，劉鈐妻張氏，楊曦妻陳氏，薛安妻胡氏，包政妻劉氏，祝景松妻徐氏，繆夢薛妻周氏，王曰賢繼妻唐氏，孫兆鰲妻王氏，王法繼妻蔡氏，張淩霄妻吴氏，徐漢雄妻黄氏，金應侯妻鄭氏，李勝祖妻劉氏，李雲和妻顧氏，金錦堂繼妻王氏，巫鶴妻張氏，章士樸妻陳氏，尤然妻孫氏，楊有妻韓氏，均夫亡守節。烈婦黄紹南繼妻朱氏，夫亡殉節。貞女張慶餘聘妻王氏，吴沅觀聘妻包氏，周宗址聘妻吴氏，徐漢雄聘妻黄氏，袁德洪聘妻陸氏，錢廷禄聘妻吴氏，貢一鳴聘妻陸氏，張廷炳聘妻陳氏，徐揆聘妻朱氏，趙時椿聘妻周氏，均未嫁夫亡守貞。孝女吴月觀。俱嘉慶年間旌。

歐酉元妻錢氏。宜興人。夫亡守節。同縣黄景福繼妻湯氏，杭宗書妻吴氏，錢受益妻陸氏，彭允生妻胡氏，蕭文柏妻王氏，張汝奎妻王氏，徐廷佐妻蔣氏，楊恭妻蔣氏，徐兆豐妻張氏，賈學川妻周氏，宗敘增妻尹氏，尹起梓繼妻戴氏，褚德芳妻史氏，吴推妻陳氏，潘恒妻任氏，朱克仁妻張氏，史公球妻戴氏，汪作槐妻吴氏，楊治謙妻朱氏，蔣廷光妻吴氏，徐潤妻周氏，盧元壽妻董氏，任太言繼妻謝氏、妾張氏，儲元益妻王氏，儲純孫繼妻吴氏，蔣于賓妻潘氏，王青宣妻錢氏，潘曾述妻曹氏，潘曾佑妻徐氏，湯有恒妻談氏，周沅亨妻湯氏，湯有鑒妻吴氏，盛誥德妻路氏，均夫亡守節。貞女儲曾曜聘妻曹氏，吴泰徵聘妻程氏，均未嫁夫亡守貞。俱嘉慶年間旌。

談宏遠妻陳氏。荆溪人。夫亡守節。同縣李桂林妻欽氏，談德順妻吴氏，閔熙妻陳氏，盧岳忠妻錢氏，徐衡繼妻周氏，曹德川妻談氏，陳獻章妻吴氏，陳獻文妻史氏，陳叔原妻黄氏，盧敘惇妻張氏，閔大倫妻許氏，余桂英妻陳氏，於守義妻潘氏，杜鈐妻張氏，任企鏊妻吴氏，徐近仁妻毛氏，周廷芳妻賈氏，王陛紱妻任氏，余治南妻張氏，錢揆一妻蔣氏，王宗旦妻吴氏，陳錦綬妻蔣氏，周開先妻潘氏，吴允彩妻徐氏，何奎妻陳氏，儲承紱妻管氏，任謙妾田氏，任馥妻路氏，丁震妻陳氏，周懷禮妻程氏，朱徽妻程氏，徐桐妻盧氏，顧景和妻范氏，陳來雎妻任氏，周魯璵妻談氏，潘景榮妻朱氏，均夫亡守節。烈婦范顯麟妻薛氏，吴坤元妻繆氏，俱夫亡殉節。貞女潘騄聘妻王氏，潘淇泉聘妻吴氏，均未嫁夫亡守貞。俱嘉慶年間旌。

陳文煥妻陳氏。靖江人。夫亡守節。同縣嚴震妻劉氏，朱至妻陳氏，均夫亡守節。貞女劉玉田聘妻顧氏，夫亡守貞盡孝。俱嘉慶年間旌。

仙釋

梁

王八百。隱横山，修煉歲久，白日遐舉。後建登仙觀，丹井常存。

唐

毛萇。入張公洞，自洞底東至太湖中洞庭，得石穴而出。今山上有毛公洞。

宋

申屠有涯。居宜興。攜一瓷瓶。一日與衆同舟渡，飲酒大吐，衆逐之。乃挈瓶登岸，倚杖而吟，吟畢，跳入瓶中。衆皆驚駭，舉瓶碎之，寂無所見。

劉混康。晉陵人。幼遇異人，授以咒術，治病輒驗，徽宗聞而召之。後居茅山，賜號葆真沖和先生。尋仙去。

陳葆光。住天慶觀。嘗夢玄武授以白璧，遂善符篆，治病立愈。撰丹神蒙求三卷。

莫謙之。宜興僧人。德祐中，糾合義士捍禦鄉閭，歿於戰陣。

徐道明。天慶觀道士。德祐中，北兵圍城，道明取觀之文籍，置石函藏坎中。兵屠城，道明危坐炳香讀老子書。兵使之拜，不顧，誦聲琅然，以刃脅之不爲動，遂死焉。

明

正傳。號幻有，溧陽吕氏子，住宜興龍池。説法爲臨濟正傳，宗風大振。

圓悟。號密雲，宜興蔣氏子。受衣拂於龍池，説法金粟、天童最久。大闡宗旨，爲緇流領袖。崇禎中，賜紫衣。

本朝

覺譽。號天隱，宜興閔氏子。與圓悟同師，名亦相亞。順治中，示寂於罄山。

通琇。字玉林，江陰楊氏子。嗣覺譽法席。順治中，再召至京師，禮遇優渥，賜號大覺普濟能仁國師。

土産

綢絹。唐志：土貢。寰宇記：武進出緊紗。

布。元和志：貢細苧紅、紫二色綿布。唐志：又貢兔褐皁布。新志：有木棉、苧蔴數種。

帨。出無錫延祥鄉者佳。

烏銀。以白銀製爲簪珥之屬，刻畫花草，用藥點染。

鐵器。鑪鼎之類，出無錫。

蒲屨。席。唐志：土貢。寰宇記：晉陵、無錫二縣，皆出龍鳳細席。

茶。唐志：貢紫笋茶。寰宇記：出義興。

薯蕷。唐志：土貢。

香秔。唐志：土貢大、小香秔。

紙。元和志：土貢。

蠟。子鱭魚。江陰縣出。

石蠶。府境出。

校勘記

〔一〕同縣王元儒妻顏氏　「王」，乾隆志卷六一常州府列女（下同卷簡稱乾隆志）作「黄」。